Deutsches

Urheber- und Erfinderrecht.

Eine systematische Darstellung

von

Erwin Riezler,

Professor an der Universität Freiburg i. Br.

München und Berlin.

J. Schweitzer Verlag (Arthur Sellier).

Deutsches
Urheber- und Erfinderrecht.

Eine systematische Darstellung

von

Erwin Riezler,
Professor an der Universität Freiburg i. Br.

Erste Abteilung.

Allgemeiner Teil. Besonderer Teil: Urheberrecht an Schriftwerken und Tonwerken; Urheberrecht an Kunstwerken und Photographien Geschmacksmusterrecht.

1909.
München und Berlin.
J. Schweitzer Verlag (Arthur Sellier).

Vorwort.

Das Urheber- und Erfinderrecht ist einer der jüngsten Zweige des allgemeinen Zivilrechts. Schon seine Existenz und noch mehr sein Ausbau bedeuten einen bemerkenswerten und erfreulichen Sieg des Individualismus in einem Zeitalter, in welchem den stets vorhandenen Tendenzen zur Vergemeinschaftung der Lebensgüter mehr als je auch ernste wissenschaftliche Unterstützung zuteil wurde. Kein Wunder, daß der Sieg nicht leicht und nicht mit einem Schlage zu erringen war! Jetzt, da er errungen ist, gilt es einzusehen, daß der individualistische Gedanke auch in der Herrschaft über die Geistesgüter nicht überspannt werden darf. Um das richtige Maß streiten wir heute, und diesen Streit spiegelt die wenig harmonische Gesetzgebung wieder.

Diesem Stand der Dinge muß auch der rechtswissenschaftliche Betrachter Rechnung tragen. Er kann hier unmöglich stets in der unpersönlichen Ruhe verharren, mit der er Rechtssätze darlegt, deren innere Berechtigung jahrhundertelange Erfahrung erwiesen hat. Im Urheberrecht führt die Gesetzeserkenntnis vielfach notwendig zur Gesetzeskritik.

Neben dem dogmatischen und entwickelungsgeschichtlichen tritt daher in diesem Buche der rechtspolitische Gesichtspunkt hervor. Aber es schien mir doch unbedingt geboten, die Grenze zwischen dem geltenden Recht und dem wünschenswerten Recht überall mit unzweifelhafter Deutlichkeit erkennen zu lassen. Erst wo diese Klarheit besteht, ist ein Weiterbauen möglich.

Meine Darstellung geht von dem Grundgedanken aus, daß trotz aller durch die Verschiedenheit der Gegenstände des Urheberrechtes gegebenen Besonderheiten eine partikularistische Behandlung der einzelnen Urheberrechte doch immer eine wissenschaftliche Halbheit bleiben muß; daß es vielmehr die Aufgabe ist, zu zeigen, wie nicht nur das Gebiet der Urheberrechte überall durchdrungen ist von den Normen des allgemeinen bürgerlichen Rechtes, sondern daß auch alle Urheberrechte einschließlich des Erfinderrechtes untereinander starke gemeinsame Züge tragen, die einheitlich gezeichnet werden müssen, und daß sich diese Behandlungsweise insonderheit auch auf die Rechtsschutzmittel in höherem Maße, als es bisher geschehen ist, zu erstrecken hat.

In Verfolgung dieses unitarischen Gesichtspunktes kam ich zu dem auf den ersten Blick in seinem Umfange vielleicht allzu beträchtlichen „Allgemeinen Teil".

Daß dieser Methode auch Nachteile anhaften, empfinde ich selbst: es wirkt störend, daß auf diese Weise die Schutzmittel des Urheberrechtes vor seinem Gegenstande und vor seiner geschichtlichen Entwickelung behandelt werden; auch muß im Allgemeinen Teile manches vorweggenommen werden, worauf im Besonderen Teile noch einmal ausführlicher zurückzukommen ist. Diese Nachteile werden aber, glaube ich, doch erheblich überwogen durch den Nutzen, der sich aus der vergleichenden Zusammenfassung nicht nur für die wissenschaftliche Erkenntnis, sondern auch für die Gesetzgebungspolitik ergibt: gar manche Eigenheit eines Spezialgebietes erscheint, gemessen an den Normen der verwandten Gebiete, als eine zufällige und unhaltbare Eigenheit.

Meinen ursprünglichen Plan, das gesamte Werk auf einmal zu veröffentlichen, gab ich auf infolge der offiziellen Ankündigung, daß die Reform des Patentgesetzes nahe bevorstehe. Mit Rücksicht darauf entschloß ich mich, die Darstellung der Besonderheiten des Patentrechtes einer nach der gesetzlichen Neuordnung herauszugebenden zweiten Abteilung des Buches vorzubehalten. In dieser werden auch das Gebrauchsmusterrecht und das internationale Urheber- und Erfinderrecht behandelt werden.

Ambach, im September 1909.

Erwin Riezler.

Inhaltsübersicht.

Erstes Buch.

Allgemeiner Teil.

Zweites Buch.

Besonderer Teil.

Erster Abschnitt.

Das Urheberrecht an Schriftwerken und Tonwerken.

Zweiter Abschnitt.

Das Urheberrecht an Werken der bildenden Künste und an Photographien.

Dritter Abschnitt.

Das Urheberrecht an Geschmacksmustern.

Nachträge und Berichtigungen.

S. 21 Zeile 24 lies: Unsere Gesetzgebung steht offenbar nicht auf dem Boden der dualistischen Theorie.

S. 33 Anm. 11: Lallier selbst erklärt sich gegen die Auffassung des Namensrechtes als Eigentum.

S. 38 Anm. 7: Vgl. auch Adler, Das Erfinderrecht nach österreichischem und deutschem Recht, in Zeitschr. f. d. ges. Handelsrecht Bd. 65 S. 200 ff.

S. 69 Anm. 10: Seligsohn, Patentgesetz, ist überall nach der 3. Auflage zitiert; die erst während des Druckes dieses Buches erschienene 4. Auflage (1909) konnte leider nicht mehr benutzt werden.

S. 130: Neuestens gewährt das (in seiner Begründung bedenkliche) Urteil des Reichsgerichts vom 3. Februar 1909 (RGE. Bd. 70 S. 249 ff.) einen Anspruch auf Rechnungslegung über den vom Patentverletzer gezogenen Gewinn nicht nur bei wissentlicher, sondern auch bei grobfahrlässiger Patentverletzung.

S. 202 Anm. 1: Von der Geschichte des deutschen Buchhandels erschien 1909 Bd. 3 (1740—1804 umfassend) von J. Goldfriedrich.

S. 213 Anm. 5 ist bei der Literaturangabe nachzutragen: F. Huth, Das Recht des Autors. Erläutert von Beispielen aus der Rechtspraxis. (Charlottenburg 1909).

S. 202—396: Der linke Kolumnentitel ist infolge eines Druckversehens nach der Revision unvollständig. Er muß lauten: „Besonderer Teil. Urheberrecht an Schriftwerken und Tonwerken“.

Erstes Buch.

Allgemeiner Teil.

I. Gliederung des Rechtsstoffes und Quellen.

§ 1.

I. Das Urheberrecht als subjektives Recht ist die Befugnis, über die Ergebnisse des eigenen geistigen Schaffens in bestimmter Weise ausschließlich zu verfügen. Der Inbegriff der Normen, die sich mit diesem Rechte befassen, bildet das Urheberrecht im objektiven Sinn.

Der Rechtsschutz, der durch diese Normen gewährt wird, beruht auf der Grundidee, daß die geistige Arbeit, die neue Kulturwerte schafft, nicht minder ihres Lohnes wert ist als die körperliche. In einer Rechts- und Wirtschaftsordnung, die wie die unsrige auf individuelle Güterverteilung gegründet ist, wird dieser Lohn am besten dadurch gesichert, daß dem Geistesarbeiter ein ausschließliches Verwertungsrecht für seine Schöpfungen, wenigstens für eine gewisse Zeit, gewährt wird. Dieses private Verwertungsrecht, das wir eben wegen seines ausschließlichen Charakters in seiner wirtschaftspolitischen Funktion und in vielen Beziehungen auch in seiner rechtlichen Bedeutung mit dem Sondereigentum zu vergleichen haben, muß, wenn die Idee des gerechten Lohnes festgehalten wird, dem geistigen Urheber des neugeschaffenen Wertes zukommen. Unter diesem allgemeinen rechtspolitischen Gesichtspunkte gesehen wird das Urheberrecht zu einem sehr umfassenden Begriff, der die aus geistigem Schaffen jeder Art fließende Berechtigung in sich faßt.

In Wirklichkeit ist aber jene Idee wie in den meisten Gesetzgebungen so auch in der deutschen nicht vollkommen durchgeführt. Während nämlich auf dem Gebiete des literarischen, musikalischen, künstlerischen und kunstgewerblichen Schaffens das ausschließliche

Verwertungsrecht an der geistigen Schöpfung grundsätzlich nur in der Person des wahren oder vermuteten [1]) Schöpfers entsteht, das Urheberrecht also unbedingt der Urheberschaft folgt, werden das Patentrecht und das Gebrauchsmusterrecht demjenigen zuteil, der die Erfindung zuerst bei der Behörde angemeldet hat, ohne Rücksicht darauf, ob er wirklich der Urheber der Erfindung ist oder nicht; hier folgt also das Recht, wenigstens in seiner Vervollkommnung als ausschließliches Verwertungsrecht, offenbar nicht unbedingt der Urheberschaft. Zu dieser Abweichung von der Grundidee drängten Zweckmäßigkeitsrücksichten; man wollte das Patenterteilungsverfahren (und ebenso die Gebrauchsmuster-Eintragung) nicht durch die häufig außerordentlich schwierige Prüfung der wahren Erfinderschaft beschweren und verzögern. Die Einsicht in dieses Motiv zur gesetzlichen Gestaltung drängt uns jedoch zu der Anschauung, daß es sich im Grunde auch bei der Patenterteilung an den Anmelder nur um eine, wenn auch besonders qualifizierte, Vermutung der Urheberschaft bzw. Erfinderschaft handelt.[2])

Der angedeutete, bei näherer Betrachtung ziemlich äußerliche, Gegensatz führt zu dem Begriff der Urheberrechte im eigentlichen und engeren Sinne, nämlich derjenigen Schutzrechte, die unbedingt der Urheberschaft folgen. Ihnen gegenüber steht das Erfinderrecht in seinen besonderen Ausgestaltungen als Patentrecht und Gebrauchsmusterrecht.

Immerhin weisen beide Gruppen von Rechten in ihrem Wesen und in ihrer Durchbildung im Einzelnen soviel Gemeinsames und zugleich gegenüber anderen Rechten Charakteristisches auf, daß für die wissenschaftliche Betrachtung, die diese gemeinsamen Züge aufzudecken hat, ein Bedürfnis besteht, sie beide mit einem gemeinsamen Namen zu benennen. Durch die Kollektivbezeichnung als „geistiges Eigentum" wird ebenso wie durch die als „Immaterial-Güterrechte" oder „Eigengüterrechte" von vornherein zu einer wichtigen konstruktiven Streitfrage in einer Weise Stellung genommen, deren Berechtigung erst zu prüfen ist. Es sei daher gestattet,[3]) vorläufig im Allgemeinen Teile den neutralen Ausdruck Urheberrecht im weiteren Sinne zu gebrauchen, in welchem auch das

---

[1]) Ueber Vermutung der Urheberschaft s. unten § 10.

[2]) Vgl. unten § 10, I, 2.

[3]) Dernburg (Bürgerliches Recht Bd. 6 S. 36 ff.) hält dies für unzulässig

Patentrecht und das Gebrauchsmusterrecht inbegriffen sind. Entspricht dieser Ausdruck aus dem angeführten Grunde auch nicht vollkommen der positiven Gestaltung aller hiemit einbezogenen Rechte in der deutschen Gesetzgebung, so entspringt er doch sicher dem Rechtsideal; eine gesunde rechtspolitische Tendenz wird stets dahin gehen, nach Möglichkeit den wahren Erfinder auch zum Rechtsträger an der Erfindung zu machen; daß dieser Gedanke nicht durchaus verwirklicht ist, hat seinen Grund nicht in seiner grundsätzlichen Verleugnung, sondern nur in der praktischen Schwierigkeit seiner unbedingten Durchführung.

II. Innerhalb der Gegenstände des Urheberrechtes im engeren Sinne gehören Schriftwerke und Tonwerke durch die gemeinsame Art ihrer sinnlichen Wahrnehmbarkeit zusammen; ihre Ausdrucksformen sind Laute und Schriftzeichen, sie werden wahrgenommen durch Hören und Lesen. Gegenüber den Werken der bildenden Kunst bilden sie eine Gruppe für sich, deren Einheitlichkeit auch in der Gesetzgebung hervortritt.

Zu einer besonderen Gruppe der gewerblichen Urheberrechte gelangt man, wenn man die Gemeinsamkeit der gewerblichen Zweckbestimmung betonend, die Photographien, die Geschmacksmuster und die Gebrauchsmuster zusammenstellt.

Demnach würde sich folgende Einteilung des Stoffes ergeben:[4])

A. Urheberrechte und zwar

a) Urheberrecht an Schriftwerken und Tonwerken (literarisch-musikalisches Urheberrecht),
b) Urheberrecht an Werken der bildenden Kunst,
c) die gewerblichen Urheberrechte, nämlich
 α) an photographischen Werken,
 β) an Geschmacksmustern (kunstgewerbliches Urheberrecht),
 γ) an Gebrauchsmustern.

B. Patentrecht (Erfinderrecht im engeren Sinn).

Gegen eine solche Gliederung besteht aber, wenn wir nicht eine abstrakte Theorie, sondern eine auf der Grundlage des geltenden positiven Rechts aufgebaute Darstellung des Urheber- und Erfinder-

[4]) Ihr folgt im Wesentlichen Gierke, DPrR. Bd. 1 S. 748 f.; nur behandelt er das literarische und das künstlerische Urheberrecht zusammen.

rechtes geben wollen, ein schweres Bedenken. Die Teile, aus denen das sogenannte „gewerbliche Urheberrecht" sich zusammensetzt, stehen unter sich in keiner, mit anderen Teilen der gesamten Urheberrechte dagegen in einer nahen äußeren Verbindung durch die geltende deutsche Gesetzgebung. Das Urheberrecht an Werken der bildenden Künste und dasjenige an Werken der Photographie sind jetzt in einem und demselben Gesetze wesentlich gleichen Regeln unterstellt. Andrerseits ist der Gebrauchsmusterschutz dem Patentschutz nachgebildet; das Gebrauchsmustergesetz stellt sich dar als eine Ergänzung zum Patentgesetz, wo es Lücken hat, ist die Anwendung der patentgesetzlichen Regeln in weitgehendem Maße gerechtfertigt.[5])

Man mag die dadurch für das deutsche Recht gegebene Trennung von Geschmacksmusterrecht und Gebrauchsmusterrecht für verfehlt und die Schaffung eines beide Gebiete umfassenden einheitlichen Musterrechtes für erwünscht halten[6]): Zweckmäßigkeitsgründe sprechen doch dafür, im Besonderen Teile der einmal bestehenden Rechtslage auch in der Systematik Rechnung zu tragen.[7])

Mit Rücksicht darauf liegt eine andere Einteilung des Stoffes nahe, die wir unserer Darstellung im Besonderen Teile zugrunde legen:

A. Urheberrechte und zwar

a) Urheberrecht an Schriftwerken und Tonwerken;
b) Urheberrecht an Werken der bildenden Kunst und der Photographie;
c) Geschmacksmusterrecht.

B. Erfinderrecht und zwar

a) Patentrecht,
b) Gebrauchsmusterrecht.

Dem Verlagsrecht als einem aus dem Urheberrecht abgeleiteten Rechte gebührt systematisch seine Stellung da, wo von der

[5]) Vgl. RGZS. Bd. 46 S. 1 ff.

[6]) Von dieser Auffassung geht Kohler in seinem Musterrecht (1909) aus.

[7]) Daß die Grundlagen des Geschmacksmusterrechts und des Gebrauchsmusterrechts in weitgehendem Maße dieselben sind und daher eine Behandlung unter einem einheitlichen Gesichtspunkte wohl am Platze ist, ist Kohler ohne weiteres zuzugeben. Aber ich gehe darin, wie noch darzulegen ist, noch weiter, indem ich eine auf alle Urheberrechte sich erstreckende gemeinsame Behandlung wichtiger Grundprobleme für möglich und nützlich erachte und so zu einem „Allgemeinen Teile" komme.

Übertragung des literarischen und künstlerischen Urheberrechtes gehandelt wird.

III. Die Quellen des deutschen Urheber- und Erfinderrechtes sind ausschließlich reichsrechtliche. Nach Art. 4 Ziff. 5 u. 6 der Reichsverfassung unterliegen die „Erfindungspatente" und der „Schutz des geistigen Eigentums"[8]) der Gesetzgebung des Reiches. In Kraft sind zurzeit folgende Reichsgesetze:

1. Gesetz betr. das Urheberrecht an Werken der Literatur und der Tonkunst vom 19. Juni 1901 (abgekürzt LUG.);

ferner die §§ 57—60 des älteren Gesetzes betr. das Urheberrecht an Schriftwerken usw. vom 11. Juni 1870;

2. Gesetz über das Verlagsrecht vom 19. Juni 1901 (abgekürzt VerlG.);

3. Gesetz betr. das Urheberrecht an Werken der bildenden Künste und der Photographie vom 9. Januar 1907 (abgekürzt KUG.);

ferner die §§ 17, 18, 19 des im übrigen außer Kraft getretenen Gesetzes betr. das Urheberrecht an Werken der bildenden Künste vom 9. Januar 1876;

4. Gesetz betr. das Urheberrecht an Mustern und Modellen vom 11. Januar 1876 (sog. Musterschutzgesetz, abgekürzt MSchG.);

5. Patentgesetz vom 7. April 1891 (abgekürzt PG.).

Formell in Geltung, tatsächlich ohne Bedeutung, sind auch noch die §§ 41—45 des älteren Patentgesetzes vom 1. Juni 1877.

6. Gesetz betr. den Schutz von Gebrauchsmustern vom 1. Juni 1891 (abgekürzt GMG.);

7. Gesetz betr. den Schutz von Erfindungen, Mustern und Warenzeichen auf Ausstellungen vom 18. März 1904.

IV. Diese Spezialgesetze regeln natürlich nicht alle Rechtsfragen, welche auf urheberrechtlichem Gebiet erwachsen können. Vielmehr sind, soweit diese Fragen privatrechtlichen Charakter haben, das BGB., soweit sie strafrechtlichen Charakter haben, das Strafgesetzbuch als subsidiäre Rechtsquellen maßgebend. So ist z. B. der Bereicherungsanspruch, welcher dem in seinem Rechte verletzten Urheber auch gegen den gutgläubigen Verletzer zusteht, nicht aus den Urheberrechtsgesetzen zu entnehmen, sondern aus den §§ 812 ff.

[8]) Ueber das Unzutreffende dieses Ausdrucks s. unten § 6.

des BGB. Der abwehrende Anspruch gegenüber widerrechtlichen Eingriffen wird in den Urheberrechtgesetzen nicht berührt; er folgt aus den allgemeinen Grundsätzen des bürgerlichen Rechtes. Nießbrauch und Pfandrecht am Urheberrechte bestimmen sich nach den Vorschriften des BGB. Verstoßen urheberrechtliche oder patentrechtliche Geschäfte gegen die guten Sitten, so sind die §§ 138, 826 BGB. maßgebend; so ist z. B. der Fall des § 826 gegeben, wenn ein Arbeiter, der eine patentfähige Erfindung gemacht hat, sich wegen der möglichen Verwertung bei einem Geschäftsmanne erkundigt und dieser nun, nachdem er sich die Sache hat erklären lassen, rasch für sich das Patent anmeldet.[9])

V. Grundsätzlich gilt für das ganze Gebiet des Urheber- und Erfinderrechts das sog. Territorialitätsprinzip. Die inländische Gesetzgebung kann einen Schutz der Urheberrechte nur im Inland gewähren, und das Recht aus dem Patent ist in seiner Wirkung beschränkt auf das Gebiet des Staates, der es erteilt hat. (Näheres darüber unten § 16.) Das Interesse der Urheber und Erfinder an einem Rechtsschutze ihrer Schöpfungen geht aber über das Gebiet des einzelnen Staates hinaus. Diesem Interesse tragen in neuerer Zeit wichtige völkerrechtliche Verträge in weitgehendem Maße Rechnung.

Damit ist ein internationales Urheber- und Erfinderrecht entstanden, von dem später ausführlich die Rede sein wird. Als seine wichtigsten Quellen seien hier schon angeführt:

1. die Uebereinkunft betr. die Bildung eines internationalen Verbandes zum Schutz von Werken der Literatur und Kunst vom 9. September 1886 (sog. Berner Übereinkunft (abgekürzt BÜ.), mit der Pariser Zusatzakte (acte additionel) vom 4. Mai 1896 und der Deklaration vom gleichen Tage. Eine neue Fassung mit wesentlichen Änderungen brachte die im November 1908 geschlossene Berliner Uebereinkunft.[10])

[9]) S. Stammler, Die Lehre von dem richtigen Rechte S. 483.

[10]) Die Berliner Konferenz trat zusammen am 14. Oktober 1908, die neuen Vertragsbestimmungen wurden unterzeichnet am 13. November 1908. Vgl. über die Ergebnisse vorläufig Daude im „Recht" 1908 S. 869 ff.; ferner Röthlisberger, Die Ergebnisse der Berliner Urheberrechtskonferenz von 1908 im Lichte Kohlerscher Forschung in den „Studien zur Förderung des gewerblichen Rechtsschutzes" (Festgabe für Kohler 1909) S. 491 ff.

2. Die internationale Übereinkunft zum Schutze des gewerblichen Eigentums vom 20. März 1883 (sog. Unions-Vertrag, abgekürzt UV.), mit dem Madrider Protokoll vom 15. April 1891 und der Brüsseler Zusatzakte vom 14. Dezember 1900.

Dazu kommen mehrere Sonderabkommen, die das Deutsche Reich mit einzelnen Staaten geschlossen hat.

II. Literatur und Hilfsmittel.

§ 2.

I. Systematische Bearbeitungen des gesamten Urheber- und Erfinderrechtes geben auf der Grundlage der älteren Rechtsordnungen:

Klostermann, Das geistige Eigentum an Schriftwerken, Kunstwerken und Erfindungen, 2 Bde. 1867 und 1869.

Daude, Lehrbuch des deutschen Urheberrechts (1888).

Gierke, Deutsches Privatrecht, Bd. 1 S. 748 ff.

Stobbe-Lehmann, Handbuch des deutschen Privatrechts, 3. Aufl., Bd. 3 S. 1 ff.

Die neuen Gesetze liegen zugrunde den Darstellungen von

Crome, System des Deutschen Bürgerlichen Rechts, Bd. 4 S. 1 ff.

Dernburg, Das Bürgerliche Recht, Bd. 6 S. 1 ff; zurzeit (Mai 1909) noch unvollendet, fortgesetzt von Kohler).

II. Die systematischen Bearbeitungen einzelner Gebiete werden, ebenso wie die Kommentare zu den einzelnen Gesetzen und die Monographien über einzelne Materien bei deren Darstellung genannt werden. Schon hier sei hingewiesen auf die systematischen Werke von

J. Kohler: Deutsches Patentrecht (1878);

— Handbuch des Deutschen Patentrechts in rechtsvergleichender Darstellung (1902);

— Lehrbuch des Patentrechts (1909);

— Urheberrecht an Schriftwerken und Verlagsrecht (1906);

— Kunstwerkrecht (1908);

— Musterrecht (1909);

ferner auf

Damme, Das deutsche Patentrecht (1906);

Osterrieth, Lehrbuch des gewerblichen Rechtsschutzes (1908).

III. Von Zeitschriften sind zu erwähnen:

Le droit d'auteur. Organe officiel du bureau de l'ùnion internationale pour la protection des oeuvres littéraires et artistiques. (Erscheint in Bern.)

Gewerblicher Rechtsschutz und Urheberrecht. Zeitschrift des Deutschen Vereins für den Schutz des gewerblichen Eigentums (seit 1896). Von 1891—1896 „Zeitschrift für gewerblichen Rechtsschutz".

Blatt für Patent-, Muster- und Zeichenwesen (PMZBl.).

IV. Entscheidungen sammeln:

Gareis, Die patentamtlichen und gerichtlichen Entscheidungen in Patentsachen; (fortgeführt von Osterrieth als „Entscheidungen in Patent-, Muster- und Markenschutzsachen");

Meves, Das Urheberrecht, erläutert durch die Rechtsprechung (1907).

V. Sammlungen von Gutachten:

Gutachten des k. preußischen lit. Sachverständigenvereins (bzw. später der Sachverständigenkammer) sind herausgegeben

aus den Jahren 1864—1873 von Heydemann und Dambach;
aus den Jahren 1874—1889 von Dambach (1891); endlich
aus den Jahren 1902—1907 von Daude.

VI. Lehrzwecken dient

E. Josef, Rechtsfälle zu den gewerblichen Schutzrechten (1906).

III. Das Wesen der Urheberrechte und ihre Stellung im Rechtssystem.

§ 3.

1. Die Urheberrechte als absolute Gegenstandsrechte.

I. Die Urheberrechte[1]) sind absolute Rechte. Damit ist zweierlei gesagt:

[1]) In dem weiteren Sinne, in welchem auch Patentrecht und Gebrauchsmusterrecht dazu gehören s. oben S. 2.

1. einmal, daß sie gegen jeden wirken, der sie stört, nicht nur gegen einen bestimmten einzelnen Verpflichteten. Dieser absolute Charakter kommt auch dem Verlagsrechte zu, wenn schon dieses aus dem Vertragsverhältnisse zweier bestimmter Personen, des Urhebers und des Verlegers, entsprungen ist; denn der Verleger kann das ihm zustehende, aus dem Urheberrecht abgeleitete Recht zur Vervielfältigung und Verbreitung des ihm überlassenen Werkes gegenüber jedermann geltend machen, der sich mit diesem Recht in Widerspruch setzt, nicht nur gegenüber dem Urheber.

Unangemessen wäre es, die Urheberrechte wegen ihrer Wirkung gegenüber jedermann als „dingliche Rechte" zu bezeichnen,[2]) denn dieser Ausdruck erweckt zu leicht die falsche Vorstellung, als ob es sich um solche Rechte handeln würde, die innerhalb des sachenrechtlichen Gebietes liegen. Das Urheberrecht ist aber keine Sach-Herrschaft; es erschöpft sich nach der freilich anfechtbaren Gestaltung in unserer positiven Gesetzgebung auch nicht in einer der Sachherrschaft analogen Macht über ein unkörperliches Gut, sondern ist stark mit personenrechtlichen Elementen vermengt.

2. Mit der Kennzeichnung der Urheberrechte als absoluter Rechte ist aber zugleich die Auffassung abgelehnt, die in den Urheberrechten überhaupt keine wahren Rechte positiven Inhalts, sondern lediglich eine Reflexwirkung von Verbotsgesetzen erblicken will. Diese von namhaften Schriftstellern[3]) vertretene Ansicht, durch welche die Lehre vom Urheberrecht in das Gebiet der Deliktsobligationen verwiesen wird, stellt das wahre Verhältnis auf den Kopf; sie ist grundsätzlich ebenso verkehrt wie etwa eine Theorie, die das Eigentum als einen Rückschlag des Diebstahls- und Unterschlagungs-Verbotes charakterisieren wollte. Mag man das subjektive Recht als ein rechtlich geschütztes Interesse bestimmen oder

---

[2]) So Klostermann, Das geistige Eigentum S. 114; Lasson, Rechtsphilosophie, S. 625 ff.

[3]) Insbes. Gerber, System des DPrR. § 219 und Iherings Jahrb. Bd. 3 S. 359 (Gesammelte juristische Abhandlungen S. 261 ff.) unter Zustimmung von Laband, Staatsrecht 4. Aufl. Bd. 3 S. 226 ff. und Zeitschrift für Handelsrecht Bd. 23 S. 621 ff., sowie Otto Mayer, Zeitschrift f. Handelsrecht Bd. 26 S. 422 ff.; dagegen Stobbe-Lehmann, Bd. 3 S. 7 ff.; Kohler in Iherings Jahrb. Bd. 18 S. 132 ff. (S. A. S. 5 ff.); Klostermann, Urheberrecht S. 1 ff.; Wächter, Autorrecht S. 9 ff.; Schuster, Wesen des Urheberrechts S. 23 ff.; Gierke, DPrR. Bd. I S. 756.

als ein Wollendürfen oder als einen durch die Rechtsordnung gewährleisteten Anteil an den Lebensgütern: immer fallen die Urheberrechte unter diesen Begriff. In unserer Gesetzgebung ist die Rechtsqualität der Stellung des Urhebers deutlich genug anerkannt: vor allem durch die Bestimmungen über die Übertragbarkeit des Urheber- und Erfinderrechtes, denn nur Sachen und Rechte können Gegenstand von Übertragungs-Geschäften sein, nicht bloße Reflexwirkungen; sodann dadurch, daß Verletzungen der Befugnisse des Urhebers und Erfinders ausdrücklich als „Rechtsverletzungen" bezeichnet werden;[4]) endlich dadurch, daß dem Inhaber der urheberrechtlichen Befugnisse nicht nur gegen denjenigen, der in sie schuldhaft unberechtigt eingreift, sondern auch gegen denjenigen, der sie gutgläubig verletzt, ein Anspruch (aus ungerechtfertigter Bereicherung)[5]) gegeben ist, was vom Standpunkte einer bloßen Deliktstheorie aus unerklärlich wäre. Die Leugnung der Eigenschaft der Urheberbefugnisse als echter subjektiver Rechte würde schließlich auch zu praktischen Unzuträglichkeiten führen, indem sie die Anwendung aller Gesetzesbestimmungen unmöglich machen würde, welche eben solche Rechte voraussetzen. Es könnte z. B. das literarische Urheberrecht und das Patentrecht nicht Gegenstand eines Nießbrauches sein, da nach dem BGB. wie nach allen Rechtsordnungen ein Nießbrauch an bloßen Reflexwirkungen undenkbar ist.

Das Ergebnis ist also: die Befugnisse des Urhebers und Erfinders sind nicht eine Folge von Verbotsgesetzen, sondern umgekehrt sind die Rechtsfolgen im Falle der Verletzung eine Reaktion des bestehenden Urheberrechts, eines subjektiven Rechtes positiven Inhalts.

II. Dem Urheberrechte als einem absoluten Herrschaftsrechte fehlt wie dem Eigentum die Beziehung auf eine bestimmte andere Person. Es stellt sich nicht als ein persönliches Verhältnis eines Berechtigten zu einem bestimmten Verpflichteten dar, sondern als eine rechtlich geschützte unmittelbare Macht über ein immaterielles Gut, das zugleich ideellen Wert und Vermögenswert hat. Das Urheberrecht ist demnach kein „Anspruch" und unterliegt daher nicht der Verjährung; die zeitlichen Schranken, welche dem Leben der Urheberrechte gesetzt sind, sind keine Verjährungsfristen.

---

[4]) S. die Titelüberschrift des vierten Abschnitts des LUG.

[5]) S. unten § 27.

Wohl aber können **aus** dem Urheberrecht Ansprüche (vgl. BGB. § 194) erwachsen, wenn eine das Recht verletzende Handlung vorgenommen wird oder ein ihm widersprechender Zustand besteht. Diese Ansprüche richten sich immer gegen bestimmte Personen; sie gehen auf Unterlassung der Zuwiderhandlung, Schadensersatz, Herausgabe der ungerechtfertigten Bereicherung, sie unterliegen einer Verjährung von verschieden bemessener Dauer.

III. Die Urheberrechte sind absolute **Rechte an unkörperlichen Gütern, an Geisteserzeugnissen**; diese bilden das Objekt des Rechtes. Neben den sinnfälligen Gegenständen, den körperlichen Sachen, gibt es auch nicht sinnfällige immaterielle Güter, die eine ökonomische Ausbeute gewähren können. Wie das Sachenrecht eine absolute Herrschaft über körperliche Gegenstände gibt, so das Urheberrecht über unkörperliche. Die Urheberrechte gehören also gleich den Sachenrechten in die weitere Kategorie der **Gegenstandsrechte**.

Es ist die Meinung vertreten worden,[6]) die Urheberrechte entbehrten überhaupt eines positiven Herrschaftsgebietes, sie gehörten zu den gegenstandslosen absoluten Rechten. Sie seien nichts als rechtliche und zwar wesentlich vermögensrechtliche Qualitäten der berechtigten Personen, etwa wie die Kaufmannsqualität. Das Untersagungsrecht des Urhebers gründe sich nicht auf eine positive Herrschaftsbefugnis, sondern auf seinen Status als Urheber.

Diese Auffassung gerät, folgerichtig durchgeführt, in unlösbaren Widerspruch mit den von der Rechtsordnung anerkannten und durch ihre Normen geregelte Erscheinungen des tatsächlichen Verkehrslebens. Eine Übertragung und Vererbung des Urheberrechts wird bei ihr schon höchst bedenklich; Pfandrecht und Nießbrauch am Urheberrecht werden einfach unbegreiflich. Man käme zu der absonderlichen Kategorie von dinglichen Rechten an Rechtsqualitäten!

Mit Recht ist die herrschende Meinung jener Theorie, die mit der schon besprochenen Gerber'schen Lehre von dem Urheberrechte als einer bloßen Reflexwirkung von Verbotsgesetzen starke Berührungspunkte hat, nicht gefolgt.

[6]) von **Adler**, Zur juristischen Konstruktion des Urheberrechts, im Arch. für Bürgerliches Recht Bd. 10 S. 104 ff.; gegen ihn **Kohler** ebenda S. 241 ff.

§ 4.

2. Der Urheber als Träger von Vermögensinteressen und als Träger idealer Interessen.

I. Mit der Bestimmung der Urheberrechte als absoluter Gegenstandsrechte ist ihr Wesen noch unvollkommen gekennzeichnet. Es bleibt die Frage offen, ob sie absolute Vermögensrechte sind oder Persönlichkeitsrechte, d. h. solche Rechte, die[1]) ihrem Subjekt die Herrschaft über einen Bestandteil der eigenen Persönlichkeitssphäre gewährleisten. Darüber wird immer noch lebhaft gestritten.

Manche betrachten das Urheberrecht seinem ganzen Inhalt nach als ein reines Vermögensrecht; das geistige Interesse des Autors falle nicht ins Gebiet des Rechtes, sondern in das der Ethik. In die Rechtssphäre trete der Urheber erst damit ein, daß sein Werk ein Vermögensobjekt wird und ein Rechtsschutz greife demgemäß erst da Platz, wo die materielle Nutzung des Erzeugnisses zu Vermögenszwecken in Betracht kommt. Zwar könne der Urheber mittels der ihm zustehenden Ausschließlichkeit der Vervielfältigung auch persönliche Interessen verfolgen, allein diese individuellen Interessen kämen nur als Motiv für die Ausübung des Rechts, nicht für das Wesen des Rechts selbst in Betracht.[2]) Im Gegensatz dazu stellt eine andere Theorie den im Urheberrecht enthaltenen Schutz persönlicher Interessen derart in den Vordergrund, daß daneben das nicht zu leugnende vermögensrechtliche Element nur als eine Begleiterscheinung von sekundärer Bedeutung erscheint. Diese auf Immanuel Kant zurückführbare Theorie, die namentlich im Lager der Germanisten ihre Vertreter hat, betrachtet das Urheberrecht seinem Wesen nach als ein Persönlichkeitsrecht, oder (was dem Sinne nach dasselbe ist) als ein Individualrecht.[3])

---

[1]) Nach Gierke, DPrR. Bd. 1 S. 702.

[2]) In diesem Sinne namentlich Wächter, Das Autorrecht S. 1 ff. Im wesentlichen dieselbe Grundauffassung haben: Klostermann, Urheber- und Verlagsrecht S. 1 ff. und (für das Patentrecht) in Busch's Archiv Bd. 35 S. 11 ff.; Goepel, Ueber Begriff und Wesen des Urheberrechts S. 49, wohl auch Foerster, PreußPrR. Bd. 2 § 134. Ueber Kohlers Auffassung des Urheberrechtes als eines Immaterialgüterrechts s. unten S. 18 ff.

[3]) Unter den Vertretern der Theorie des Persönlichkeitsrechts sind hervorzuheben: Kant, Metaphysische Anfangsgründe der Rechtslehre (1797) § 31, II; Neustetel, Der Büchernachdruck nach römischem Recht S. 44 ff.; Renouard,

Jede dieser beiden Theorien hat durch die Entwickelung der ihr eigenen Elemente die Einsicht in die Aufgaben der Gesetzgebung auf dem Gebiete der Urheberrechte gefördert, aber keine von ihnen ist deren rechtlichem Wesen völlig gerecht geworden. Es ist ebenso einseitig, die ideelle Seite der Urheberinteressen ausschließlich zu betonen, wie es einseitig ist, außer Acht zu lassen, daß auch sie des rechtlichen Schutzes bedarf.

Wir dürfen uns nicht durch den Wunsch nach einer glatten und restlosen systematischen Einreihung in die eine oder andere Kategorie zu einer Gewaltkonstruktion verleiten lassen. Die unbefangene Betrachtung des positiven Rechts zeigt uns, daß vermögensrechtliche und rein individuelle Interessen beim Urheber eine so bedeutende Rolle spielen, daß es nicht angeht, seine Rechtsstellung nur nach einem dieser Elemente zu charakterisieren. Die Urheberrechte stellen, einmal angenommen, daß es überhaupt methodisch richtig ist, die Rechte nach dem Charakter der in ihnen geschützten Interessen zu klassifizieren, keinen reinen Typus dar, sondern einen gemischten; sie sind dann absolute Rechte, die ihrem Subjekt eine Herrschaft über einen Vermögenswert sichern und es zugleich in seinem rein individuellen Interesse schützen.

Diese Doppelfunktion, die grundsätzlich allen Urheberrechten (auch den technischen) innewohnt, ist nunmehr als im geltenden Recht begründet zu erweisen.

II. Die Wertung der vermögensrechtlichen Interessen ist die geschichtlich frühere.

Traité des droits d'auteur (Paris 1838/39); Bluntschli DPR. 3. Aufl. § 46 ff.; Felix Dahn in Behrends Zeitschrift für Gesetzgebung Bd. 5. (1871) S. 1 ff., in Krit. Vierteljahresschrift 1878 S. 356 ff., DPR. Grundriß S. 44 ff.; Dambach, Kommentar zum LUG. von 1870 S. 12; vor allem aber Gierke, DPrR. Bd. 1 § 85.

Gareis, der für das Urheberrecht ursprünglich (Das juristische Wesen des Autorrechts sowie des Firmen- und Markenschutzes, in Busch's Archiv Bd. 35 S. 185 ff., Grundriß zu Vorlesungen über DPrR. § 140 ff.) den Ausdruck Persönlichkeitsrecht abgelehnt und die Urheberrechte als „Individualrechte" bezeichnet hatte, gebraucht neuerdings (Enzyklopädie und Methodologie der Rechtswissenschaft 3. Auflage § 18, IV S. 81 ff.) selbst beide Ausdrücke im gleichen Sinn; der Streit über diese rein terminologische Frage, der nie große Bedeutung gehabt hat (vgl. einerseits Gareis in Busch's Archiv Bd. 35 S. 198 ff., andererseits Gierke § 81 Anm. 2) darf also wohl als begraben gelten.

Das literarische Urheberrecht hat sich, wie noch gezeigt werden soll,[4]) aus einem Privilegienschutz entwickelt, welcher der Förderung des Gewerbes der Buchdrucker und Verleger, also rein materiellen Interessen, diente. Die Autoren selbst fanden ursprünglich keinen Schutz als Schöpfer ihrer Werke, sondern höchstens als Verleger, wenn sie ihr Werk selbst verlegten und ihnen ein gewerbliches Privileg gegen Nachdruck verliehen wurde. Auch die ältesten allgemeinen Anordnungen gegen Nachdruck (aus dem 16. und 17. Jahrhundert) sind nicht den Schriftstellern, sondern dem Buchhandel zuliebe ergangen. Und selbst noch als im 18. Jahrhundert sich die Überzeugung Bahn brach, daß nicht nur der Verleger, sondern der Urheber selbst geschützt werden müsse, wurde dieser Schutz lange Zeit damit motiviert, daß der Verfasser Eigentümer seines Werkes sei, also mit einem rein vermögensrechtlichen Gesichtspunkte.[5])

Das moderne Schutzmittel für die Erfindung, das Patent, hat sich historisch gleichfalls aus dem Privileg entwickelt;[6]) als treibendes Moment für die Erteilung solcher Privilegien darf man gewiß nicht den idealen Gedanken suchen, daß die dem Kopf des Erfinders entsprungene Idee Stück seiner Persönlichkeit ist und darum Schutz verdient, sondern den Wunsch, das einheimische Gewerbe zu fördern und nebenbei wohl auch den, dem geldbedürftigen Landesherrn oder Fiskus eine willkommene Einnahme zu schaffen.

Heute sind wir über das Privilegienwesen hinausgewachsen; wir haben auch die Auffassung, daß der Urheber als „Eigentümer" zu schützen sei, überwunden. Aber noch immer, und vielleicht mehr als in früheren Zeiten, lebt im Gesetzgeber, der in diesem Punkte sicher die Auffassung der beteiligten Volkskreise wiedergibt, die Vorstellung, daß es im Urheberrechte Vermögenswerte zu schützen gilt. Der Gesetzgeber, der die Schriftsteller und Komponisten gegen Nachdruck, die bildenden Künstler gegen Nachbildung ihrer Werke schützt und den Erfindern ein ausschließliches Herstellungs-, Ver-

---

[4]) S. unten § 42.

[5]) Joh. St. Pütter, Der Büchernachdruck nach echten Grundsätzen des Rechts geprüft (1774) S. 25, sagt, die Werke seien „ursprünglich unstreitig ein wahres Eigentum ihres Verfassers, so wie ein jeder das, was seiner Geschicklichkeit und seinem Fleiß sein Dasein zu verdanken hat, als sein Eigentum ansehen kann

[6]) Näheres darüber später.

äußerungs- und Gebrauchsrecht an ihrer Erfindung gibt, schützt sie damit bewußt in der ökonomischen Verwertung ihrer Arbeit; er schafft den rechtlichen Boden dafür, daß die materielle Nutzung dieser Arbeit als ein ihrer Verfügung unterliegendes Verkehrsgut gelte, als ein Vermögenswert, der wie andere Vermögenswerte Gegenstand einer rechtsgeschäftlichen Übertragung sein kann. Diese Eigenschaft des Urheberrechtes als einer möglichen Quelle vermögensrechtlicher Nutzung, die für alle Urheberrechte in der Gesetzgebung durch die ausdrückliche Bestimmung der Vererblichkeit und der Übertragbarkeit unter Lebenden deutlich genug anerkannt ist,[7]) ist nicht nur von akzidenteller Bedeutung, sondern etwas diesem Rechte Immanentes und darum für seine Charakteristik Wesentliches.

Daß es im einzelnen Falle Schriftwerke, Kunstwerke und Erfindungen gibt, die sich tatsächlich wirtschaftlich nicht verwerten lassen, ändert an dieser Charakteristik nichts; denn ob ein Rechtsgut ein wirtschaftlich produktives Ergebnis zu zeitigen imstande ist, ist für seine juristische Wertung als Vermögensrecht, mit der wir es hier allein zu tun haben, gleichgültig.[8])

Der rechtliche Begriff des Vermögens ist ebensowenig von der tatsächlichen Erträgnisfähigkeit abhängig, wie etwa der rechtliche Begriff des Handelsgewerbes davon, daß wirklich ein Gewinn erzielt wird.

Über den Begriff des Vermögens im Rechtssinne herrscht freilich keine Einigkeit; während die herrschende Lehre sich damit begnügt, die Vermögensrechte einfach den geldwerten Rechten gleichzustellen, kommt Sohm[9]) zu der Formulierung, Vermögensrechte seien die veräußerlichen Rechte mit Einschluß ihrer Tochterrechte. Aber jede dieser beiden Auffassungen muß die Urheberrechte zu den Vermögensrechten rechnen: sie sind geldwert und veräußerlich.

Die Leugnung des vermögensrechtlichen Charakters der Urheberrechte würde endlich auch zu praktisch unliebsamen Folgerungen

---

[7]) Vgl. LUG. § 8, KUG. § 10, MSchG. § 3, PG. von 1891 § 6, GMG. § 7.

[8]) In diesem letzteren Punkte hat Kohler (in Busch's Archiv Bd. 47 S. 184 ff., Urheberrecht S. 13), wenn auch seiner Polemik gegen Gierke im übrigen nicht in jedem Punkte beizustimmen ist, m. E. völlig recht.

[9]) Archiv für Bürgerliches Recht Bd. 29 S. 179 ff., Iherings Jahrb. Bd. 53 S. 373 ff.

führen. So könnte z. B. der Abwesenheitspfleger (s. BGB. § 1911) eines Urhebers oder Erfinders dessen urheberrechtliche oder patentrechtliche Interessen nicht wahrnehmen, da er eben nur zur Fürsorge für Vermögensangelegenheiten legitimiert ist.

III. Die Wertung der Urheberinteressen als ideeller Interessen ist verhältnismäßig jung.[10]) Insbesondere gilt dies für die Anerkennung dieser Interessen als besonderer zu schützender Rechtsgüter.

Ist doch die bewußte Anerkennung bestimmter Herrschaftsrechte über einen Bestandteil der eigenen Persönlichkeitssphäre als besonderer subjektiver Rechte überhaupt erst ein Ergebnis der modernen, stark germanistisch beeinflußten, Rechtsentwickelung. Noch die Bannerträger der gemeinrechtlichen Wissenschaft des 19. Jahrhunderts, voran Savigny, standen den Persönlichkeitsrechten überhaupt, für die sie als selbständige Kategorie neben den Vermögensrechten in den römischen Quellen keinen Beleg fanden, ablehnend oder zum mindesten skeptisch gegenüber. Heute läßt sich angesichts der gesetzlichen Festlegung der Rechte auf den Namen, auf die Firma, auf die Marke, auf die Mitgliedschaft in einem Verein, die Existenzberechtigung dieser Kategorie nicht mehr bestreiten.

Schon ein gesundes Rechtsgefühl erblickt im Urheberrecht nicht nur eine Anweisung auf einen gewissen Vermögenswert, sondern zugleich den Ausdruck dafür, daß der Nachdruck eine Infamie gegen den geistigen Schöpfer des Werkes ist. Viele haben dieses Gefühl laut bezeugt.[11])

Der Gegenstand des Urheberrechtes, das geistige Erzeugnis, hat zwar, sobald es sich aus dem Gedankenbereiche seines Schöpfers in irgendwelcher Form losgelöst hat, selbständigen Bestand, aber es kommt doch auch nach dieser Loslösung nicht nur als ein vermögensrechtliches Nutzungsobjekt in Betracht, sondern immer noch als eine Ausstrahlung seines Geistes, an der sein individuelles Interesse hängt, durch deren Anerkennung sein Selbstgefühl gehoben, und durch deren Mißachtung seine Persönlichkeit, nicht nur sein

---

[10]) Immerhin gibt schon Neustetel (Der Büchernachdruck nach römischem Recht betrachtet, Heidelberg 1824) dem Autor die actio injuriarium gegen Nachdruck.

[11]) So z. B. Molière in der Vorrede zu seinen Précieuses ridicules: C'est une chose étrange qu'on imprime les gens malgré eux! Je ne vois rien de si injuste, et je pardonnerais toute autre violence plutôt que celle-là.

Geldbeutel, geschädigt wird.[12]) Das gilt in gleicher Weise für Schriftwerke, Tonwerke und Erfindungen.[13]) Allerdings kann die Wertung, welche die Rechtsordnung einem Lebensgute zuteil werden läßt, mit dessen Schätzung durch seinen Träger nicht immer zusammenfallen, sondern muß die allgemeine Wertung des Gutes durch die Volksgenossen für die Gestaltung des Rechtsschutzes von mitbestimmendem Einfluß sein. Aber sieht etwa die Allgemeinheit in dem Werke eines Künstlers nur dessen Geldquelle? Wird für sie nicht die Person eines Dichters oder Philosophen selbst charakterisiert durch sein Werk? Haben wir nicht die Auffassung, daß der Person eines Schriftstellers zu nahe getreten wird, wenn sein von ihm selbst zur Veröffentlichung noch nicht bestimmtes Werk durch einen Unbefugten vor das Publikum gestellt wird?

Daß im Urheberrecht nicht nur rein materielle, sondern auch ideelle Interessen des Urhebers Schutz bedürfen und finden, ist also wohl unbestreitbar. Um dieser Interessen willen das Urheberrecht als ein Persönlichkeitsrecht zu erklären, wäre aber doch nur dann gerechtfertigt, wenn der Begriff des Persönlichkeitsrechtes von dem Charakter des durch das Recht geschützten Interesses abhängen würde. Diese Klassifikationsmethode begegnet aber einem starken Bedenken. Bei dieser Art der Begriffsbestimmung bekommt die Kategorie des Persönlichkeitsrechtes leicht jene Verschwommenheit der Grenzlinien, die einen Hauptgrund dafür bilden, warum ihre allgemeine Anerkennung so lange sich verzögert hat; insbesondere geht dabei die Möglichkeit einer klaren Grenzziehung gegenüber dem Vermögensrecht verloren, da es natürlich, wofür eben die Urheberinteressen ein Beispiel bieten, Interessen gibt, die zugleich materieller und persönlich-ideeller Natur sind.

Bestimmt man dagegen die Persönlichkeitsrechte als diejeni-

[12]) Dieses natürliche Empfinden hat gewiß auch Kohler, wenn er auch noch so sehr betont (Urheberrecht S. 6), wie schwer es wäre, „wie Bleimäntel die dicken und dünnen Bände stets auf sich zu schleppen, die man in seinem Leben geschaffen hat".

[13]) In diesem Sinne kann man wohl von einem geistigen Bande sprechen, das den Schöpfer mit seinem Werke verbindet. Es erscheint mir daher der Spott, mit dem von Freydorf (Autorrecht und Rechtssystem S. 56 ff.) das vinculum spirituale Felix Dahns (in Behrings Zeitschrift für Gesetzgebung und Rechtspflege Bd. 5 S. 1 ff.) übergießt, nicht recht am Platze.

gen Rechte, die von der Person ihres Trägers nicht abgelöst werden können,[14]) so gewinnt der Begriff an Bestimmtheit. Von diesem Standpunkte aus werden wir gewisse Befugnisse des Urhebers, aber durchaus nicht alle, als persönlichkeitsrechtliche anzusprechen haben. Wie sich nun auf dem Gebiete des Urheberschutzes Vermögensrecht und Persönlichkeitsrecht zueinander verhalten, soll im folgenden dargelegt werden.

§ 5.

3. Verhältnis des Vermögensrechts zum Persönlichkeitsrecht.

I. Auch bei grundsätzlicher Anerkennung der Tatsache, daß die Rechtsordnung nicht nur vermögensrechtliche, sondern auch ideelle Interessen der Urhebers schützen soll und wirklich schützt, sind über das Verhältnis der vermögensrechtlichen zum persönlichkeitsrechtlichen Elemente zwei verschiedene Auffassungen möglich, die wir die monistische und die dualistische nennen möchten.

a) Die monistische Theorie sagt: das vermögensrechtliche und das persönlichkeitsrechtliche Element sind immanente Bestandteile eines einheitlichen Rechtes. Beide wurzeln in einem Grundrechtsverhältnisse, welches mit dem Gesamtnamen Urheberrecht bezeichnet wird. Ein und dasselbe Recht hat hier eine Doppelfunktion.

Ob bei dieser grundsätzlichen Anschauung die Klassifikation des Rechts dann nach der einen oder nach der anderen seiner Funktionen geschieht, ob also das Urheberrecht ein Vermögensrecht mit persönlichkeitsrechtlichen Beziehungen, oder ein Persönlichkeitsrecht mit vermögensrechtlichen Beziehungen genannt wird, ist von nebensächlicher Bedeutung.

b) Nach der dualistischen Theorie, die Kohler[1]) begründet hat, sind die beiden Elemente, das vermögensrechtliche und das

---

[14]) Von dieser Auffassung geht z. B. Sohm in Iherings Jahrb. Bd. 53 S. 383 aus.

[1]) Kohler hat seine Auffassung in einer Reihe von Schriften vertreten, vgl. insbes Patentrecht S. 7 ff., Autorrecht S. 123 ff., ArchZivPrax. Bd. 82 S. 191, Buschs Arch. Bd. 47 S. 169 ff., ArchBürgR. Bd. 10 S. 246 ff., Urheberrecht an Schriftwerken S. 1 ff.; eine dualistische Theorie vertritt auch Osterrieth, Altes und neues zur Lehre vom Urheberrecht S. 61 ff. Nach ihm um-

ideelle, dogmatisch scharf zu trennen. Nach ihr ist das Urheberrecht ein Güterrecht, d. h. ein Recht an einem außerhalb des Menschen stehenden Rechtsgute; da dieses Rechtsgut unkörperlicher Natur ist, ist das an ihm bestehende Recht als ein Immaterial-Güterrecht[2]) zu bezeichnen. Die Immaterialgüterrechte bilden neben den Rechten an körperlichen Gütern (dem Eigentum und den dinglichen Rechten) eine besondere vermögensrechtliche Kategorie. Außerhalb des Immaterialgüterrechtes und von dessen rechtlichem Schicksal grundsätzlich unabhängig, besteht aber als ein selbständiges einem anderen Rechtsgebiete angehöriges Recht ein Persönlichkeitsrecht oder Individualrecht, das sich in den verschiedensten Richtungen äußert.

II. Bei der Beurteilung dieses Gegensatzes der Theorien wird man vor allem nicht außer acht lassen dürfen, daß Vermögensrechte und Persönlichkeitsrechte nicht unabänderliche in ihren Grenzen unverrückbare Kategorien sind. Was das Persönlichkeitsrecht vom Vermögensrecht scharf trennt, ist seine Abhängigkeit von einer persönlichen Eigenschaft seines Trägers. Ob diese Abhängigkeit besteht, steht aber für eine Reihe von Rechten nicht kraft irgendwelcher logischen Notwendigkeit ein für allemal fest, sondern ist abhängig von der jeweiligen positivrechtlichen Gestaltung der einzelnen Rechte.[3]) Der Kreis der Vermögensrechte kann sich daher je nach der historischen Entwickelung verengen oder erweitern.

faßt das Urheberrecht Rechte, die zwei vollständig verschiedenen Rechtsgebieten angehören; er unterscheidet das Recht am Geistesgut, das er „geistiges Eigentum" benennt, und den „Individualschutz", in dem er aber kein Recht, sondern nur die begriffliche Zusammenfassung von Strafnormen erblickt. Vgl. auch Lobe, Ausschlußrecht und Persönlichkeitsrecht in den „Studien zur Förderung des gewerblichen Rechtsschutzes (Festgabe für Kohler 1909) S. 3 ff. Gegen die Kohlersche Auffassung Beseler, DPrR. § 210 Anm. 8, Gierke in Zeitschrift für Handelsrecht Bd. 19 S. 266 ff. und DPrR. Bd. 1 S. 762 ff.; H. Lehmann in Zeitschrift für Handelsrecht Bd. 42 S. 354 ff; Stobbe-Lehmann, DPrR. 3. Aufl. Bd. 3 S. 30 ff.; Schuster, Wesen des Urheberrechts S. 40; Allfeld, LUG. S. 21 ff., KUG. S. 17 ff. Eine monistische Auffassung hat auch Crome System des BürgR. Bd. 4 S 6 Anm. 38.

[2]) Sohm (in Jherings Jahrb. Bd. 53 S. 384 Anm. 18) will den Ausdruck „Immaterialgüterrechte" durch „Eigengüterrechte" ersetzen.

[3]) Vgl. Sohm a. a. O. S. 380 ff.; auch Kloeß im ArchZivPrax. Bd. 103 S. 92 ff.

Jedoch gerade für den Schutz der Urheberinteressen besteht die Möglichkeit einer solchen Wandelung doch nur bis zu einem gewissen Grade. So ist das Interesse des Urhebers oder Erfinders an der Anerkennung seiner Urheberschaft oder Erfinderschaft notwendig verknüpft mit seiner Eigenschaft als Urheber oder Erfinder. Ist dieses Interesse überhaupt ein rechtlich geschütztes, so wird man es nur als Persönlichkeitsrecht auffassen können, niemals als Güterrecht. Andererseits ist z. B. das Interesse an der ausschließlichen Vervielfältigungs- und Verbreitungsbefugnis nicht notwendig mit der Eigenschaft seines Trägers als Urhebers verknüpft, und es wird auch tatsächlich von der positiven Rechtsordnung, wie schon die Übertragbarkeit zeigt, wie ein Güterrecht behandelt.

Angesichts dieser grundsätzlichen inneren Verschiedenheit der Natur der in Betracht kommenden Interessen ist es nicht unbegründet, wenn Kohler diejenigen Urheberinteressen, die sich von der Person nicht trennen lassen, dogmatisch zu sondern sucht von denjenigen, die im Güterverkehr verwertbar sind, und wenn er so zu einem Dualismus von Immaterialgüterrecht und Persönlichkeitsrecht gelangt. Auch rechtspolitisch erweist sich diese Auffassung als förderlich; so erleichtert sie z. B. entschieden das Verständnis für die Forderung an den Gesetzgeber, daß ein Schutz von Briefen auf Grund des Persönlichkeitsrechtes unter Umständen auch da bestehen soll, wo ein Urheberrecht nicht bestehen kann.

Aber zweierlei wird man doch nicht übersehen dürfen:

1. Auch das sog. Immaterialgüterrecht dient nicht ausschließlich dem Schutz geldwerter Interessen, sondern zugleich dem ideeller Interessen[4]), und es ist insofern, falls man das Recht nach der Funktion des geschützten Rechtsgutes charakterisiert, zwar nicht unrichtig, aber auch nicht völlig erschöpfend, wenn das Immaterialgüterrecht einfach als Vermögensrecht bezeichnet wird.

---

[4]) Das erkennt wohl Kohler selbst an, z. B. ArchZivPrax. Bd. 82 S. 228: „Das Vermögensrecht an einem Gegenstand enthält die geistigen Interessen schon in sich."

Vgl. RGE. vom 28. November 1902 in DJZ. 1903 S. 32: „Die Rechte des Urhebers beschränken sich nicht auf die vermögensrechtliche Seite, haben vielmehr die ausschließliche Disposition der Person des Urhebers über die Gestaltung seiner wissenschaftlichen oder künstlerischen Gedankentätigkeit zur Grundlage."

Wenn wir also davon ausgehen, daß im Immaterialrecht sowohl vermögensrechtliche als auch ideelle Interessen geschützt sind und keines dieser beiden Elemente gegenüber den anderen als etwas grundsätzlich nur Sekundäres sich bezeichnen läßt, so ist damit doch nicht gesagt, daß das Verhältnis beider Interessen zueinander in jedem Stadium des Rechts das gleiche sei, oder daß die Funktion des Schutzes ideeller Interessen gegenüber der vermögensrechtlichen Funktion gleiche praktische Bedeutung habe. Vielmehr ist unverkennbar:

a) daß mit der Veröffentlichung des Schriftwerkes, Tonwerkes, Kunstwerkes oder der Erfindung bei allen Urheberrechten die Loslösung des Werkes oder der Erfindung von der Person des Schöpfers, die schon durch die endgültige Gestaltung des künstlerischen oder technischen Gedankens bis zu einem gewissen Grade stattgefunden hat, in noch höherem Grade eintritt, und daß infolgedessen mit der Veröffentlichung die Funktion des Persönlichkeitsschutzes wenn auch nicht völlig erlischt, so doch mehr zurücktritt;

b) daß bei den auf dem Gebiet des Industrierechts liegenden Urheberrechten naturgemäß die vermögensrechtliche Seite gegenüber der ideellen praktisch noch mehr in den Vordergrund tritt als beim literarischen oder künstlerischen Urheberrecht. Insbesondere überwiegt sie bei dem durch Anmeldung und Patenterteilung zum Patentrecht entwickelten Erfinderrecht.

2. **Unsere Gesetzgebung** steht offenbar nicht auf dem Boden der monistischen Theorie. Wichtige Erscheinungsformen des Persönlichkeitsrechtes, z. B. das Recht auf Anerkennung der Urheberschaft oder Erfinderschaft, finden im Gesetz überhaupt keine Erwähnung. Aber auch wo das Persönlichkeitsrecht im Gesetz hervortritt, ist es mit dem Immaterialgüterrecht vermengt, als ob es sich um ein einheitliches Recht handeln würde.[5])

Darauf, daß die vermögensrechtlichen und persönlichkeitsrechtlichen Elemente jeweils in einem und demselben Gesetze enthalten sind, ist freilich kein Gewicht zu legen; das ist eine Aeußerlichkeit, durch welche noch nicht bewiesen wird, daß der Gesetzgeber auch eine dogmatische Zusammengehörigkeit angenommen hat.

[5]) Gegen diese Vermengung im geltenden Recht außer **Kohler** auch **Mittelstaedt** in DJurZtg. 1906 S. 1128 ff. und im Sächs. Arch. f. Rechtspflege 1907 S. 203 ff.

Aber die materiellrechtliche Gestaltung in den verschiedenen Urhebergesetzen weist nur allzu deutlich darauf hin, daß der Gesetzgeber Immaterialgüterrecht und Persönlichkeitsrecht nicht auseinanderhält, sondern nur als verschiedene Seiten eines und desselben Grundrechtes betrachtet. Im einzelnen tritt der Persönlichkeitsschutz in folgendem hervor:

a) Es besteht ein Rechtsschutz des Interesses an der Nichtveröffentlichung des Werkes. Der Urheber eines Schriftwerkes ist, solange nicht der wesentliche Inhalt öffentlich mitgeteilt ist, ausschließlich zu einer solchen Mitteilung befugt. LUG. § 11 Abs. 1. Er hat also als Urheber ein Recht zur Geheimhaltung des Werkes; wer dieses Recht verletzt, verletzt sein Urheberrecht, obwohl dabei eine Vermögensschädigung nicht in Frage steht. Wiewohl es sich dabei offenbar um ein Persönlichkeitsrecht handelt, so wird dieses doch als ein Bestandteil des Urheberrechts selbst behandelt, denn es wird in § 11 ein urheberrechtlich schutzfähiges Werk vorausgesetzt und das Recht ist begrenzt durch die Dauer des Urheberrechtes.

b) Der Erfinder kann seine Erfindung, solange er will, geheimhalten, sie ungenutzt lassen, oder mit Wahrung seines Geheimnisses in seinem Gewerbebetrieb ausbeuten, oder sie unter Preisgabe seines Geheimnisses bei der Patentbehörde anmelden. Dieses Wahlrecht ist Ausfluß seines schon vor der Patentierung bestehender Erfinderrechtes,[6]) es gehört seiner Persönlichkeitssphäre an und kann von dieser wider seinen Willen nicht abgelöst werden. [7]) Im Gesetze wird es völlig ignoriert.

c) Auch bei erlaubtem Abdruck oder erlaubter Benutzung eines fremden Schriftwerkes oder einer fremden Abbildung besteht die Verpflichtung zur deutlichen Angabe der Quelle; vgl. LUG. §§ 18 Abs. 1, 25, 44.[8]) Der Verfasser, der sein Werk unter seinem Namen der Oeffentlichkeit übergeben hat, hat einen Anspruch darauf, daß es auch bei einer Vervielfältigung oder Benutzung, die er nicht hindern kann, wenigstens als sein Werk in der Oeffentlichkeit er=

[6]) Das Erfinderrecht ist nicht identisch mit dem Patentrecht, wie im Besonderen Teile näher ausgeführt werden wird.

[7]) RGE. in ZivS. Bd. 52 S. 231 berührt diese Frage, ohne sie zu entscheiden.

[8]) Anders in den Fällen der §§ 16, 17, 18 Abs. 3.

scheint. Nicht sein Vermögen, sondern seine Persönlichkeit beansprucht diesen Schutz.

d) Auf dem Gebiete des künstlerischen Urheberrechts liegt eine Anerkennung des Persönlichkeitsrechtes in der Vorschrift, daß der Name oder der Namenszug des Urhebers auf dem Werke von einem andern als dem Urheber selbst nur mit dessen Einwilligung angebracht werden darf (KUG. §§ 13, 34), sowie in dem Verbote, den Namen oder eine sonstige Bezeichnung des Urhebers des Werkes auf der an sich erlaubten Vervielfältigung in einer Weise anzubringen, die zu Verwechselungen Anlaß geben könnte. (KUG. §§ 18 Abs. 3, 33 Abs. 1 Ziff. 1.)

e) Sowohl auf dem Gebiete des literarischen und musikalischen als auch auf dem des künstlerischen Urheberrechtes hat, auch wenn der Urheber das Urheberrecht übertragen hat, der Erwerber mit Rücksicht auf das persönliche literarische und künstlerische Interesse des Urhebers grundsätzlich nicht das Recht, ohne besondere Einwilligung des Urhebers Änderungen an dem Werk oder seiner Bezeichnung vorzunehmen; LUG. §§ 9, 38 Abs. 2, KUG. §§ 12, 32 Abs. 2, vgl. auch § 21.

f) Wäre das Urheberrecht nach der Auffassung des Gesetzgebers ein reines Vermögensrecht, so müßte es nach § 857 ZPO. in vollem Umfange der Zwangsvollstreckung unterliegen. Nach geltendem Rechte aber findet die Zwangsvollstreckung in das Recht des literarischen, musikalischen oder künstlerischen Urhebers oder in sein Werk gegen den Urheber selbst ohne dessen Einwilligung nicht statt, gegen den Erben des Urhebers ist ohne seine Einwilligung die Zwangsvollstreckung nur zulässig, wenn das Werk erschienen ist. Vgl. LUG. § 10, KUG. § 14. Wie die amtliche Begründung zum Entwurf des neuen LUG. hervorhebt, wahrt diese weitgehende Beschränkung der Zwangsvollstreckung „in vollem Maß die Rücksicht auf die Persönlichkeit des Verfassers"[9]; auch das deutet darauf hin, daß nach der Auffassung des Gesetzes der individualrechtliche Gehalt, um dessenwillen die Zwangsvollstreckung „in das Recht des Urhebers" unterbleibt, eben diesem Rechte immanent ist.

g) Auch daß das Urheberrecht auf die Erben **als Ganzes**

[9]) Vgl. erläuternde Bem. zum Entwurf. Amtl. Ausg. Berl. 1899, S. 34; dazu Birkmeyer, Die Reform des Urheberrechts S. 11.

Näheres über die Zwangsvollstreckung im Urheberrecht unten in § 62.

übergeht, d. h. nicht nur in seinem vermögensrechtlichen, sondern auch in seinem personenrechtlichen Gehalt,[10]) weist auf die Vermengung beider Elemente hin.

III. Wenn demnach die Urheberrechte nach der Auffassung unserer Gesetzgebung auch den Interessen der Persönlichkeit dienen, so gehören sie darum nach der gesetzlichen Gestaltung doch nicht zu den höchst persönlichen Rechten. Das Wesen der höchst persönlichen Rechte liegt nämlich darin, daß sie von der Person ihres ursprünglichen Trägers nicht loslösbar sind. Die Urheberrechte aber gehen in ihrem vollen Umfang auf die Erben über, auch unter Lebenden können sie beschränkt oder unbeschränkt auf einen anderen übertragen werden. Es ist freilich eine Streitfrage, ob nach dem Gesetz die unbeschränkte Übertragung des Urheberrechts unter Lebenden dem Erwerber das Urheberrecht nur in seinen vermögensrechtlichen oder auch in seinen persönlichkeitsrechtlichen Inhalt verschafft; aber selbst wenn wir letztere Auffassung nicht als im Sinne des Gesetzes liegend annehmen würden, müßte doch jedenfalls angenommen werden, daß der Urheber durch ausdrückliche Erklärung zugunsten eines anderen auf individualrechtliche Befugnisse verzichten kann.[11])

IV. Als Persönlichkeitsrechte, die ihrer Natur und gesetzlichen Gestaltung nach völlig außerhalb des Urheberrechts stehen, mit diesem aber teilweise einen gewissen losen äußeren Zusammenhang, z. B. den der Behandlung in der gleichen Kodifikation, haben, seien erwähnt:[12])

1. Das sog. Recht am eigenen Bild, das nun in KUG. § 22 gesetzliche Anerkennung gefunden hat; dieses Persönlichkeitsrecht ist vom künstlerischen oder vom photographischen Urheberrecht am Bild völlig unabhängig, ja es wird sogar regelmäßig einem anderen Subjekte zustehen als dieses.

---

[10]) Anerkannt durch RGE. in ZivS. Bd. 12 S. 52 ff.

[11]) Gierke Bd. 1 S. 707 stellt den Satz auf, daß die Persönlichkeitsrechte an sich höchst persönliche Rechte sind, daß sie aber „mancherlei Abwandlungen ihres höchst persönlichen Wesens" erfahren können. Wenn diese „Abwandlungen" aber wie bei dem Urheberrechte in der völligen Aufhebung der wesentlichen Begriffsmerkmale des höchst persönlichen Rechts bestehen, tut man m. E. besser, jenen Satz als unhaltbar überhaupt fallen zu lassen. Ein höchst persönliches Recht, das vererblich und übertragbar ist, ist ein contradictio in adiecto.

[12]) Nicht um sie hier eingehend zu behandeln, sondern nur zur klareren Grenzziehung.

2. Das Recht auf Anerkennung der Erfinderschaft. Auch dieses in der Gesetzgebung noch nicht ausdrücklich anerkannte reine Persönlichkeitsrecht ist in seinem Wesen und Inhalt mit dem Erfinderrecht nicht identisch. Es kann sich auch auf Erfindungen beziehen, die urheberrechtlich nicht oder nicht mehr geschützt, z. B. nicht patentfähige Arznei- und Genußmittel-Erfindungen.

Auf literarischem und künstlerischem Gebiete entspricht dem Recht auf Anerkennung der Urheberschaft die Verpflichtung desjenigen, der erlaubtermaßen ein fremdes Werk benutzt, die benutzte Quelle anzugeben; die Nichtbefolgung dieser Vorschrift, die Anmaßung eines fremden Werkes als eines eigenen, bildet als Plagiat eine strafbare Übertretung. LUG. § 44, KUG. § 40.

3. Der Schutz gegen öffentliche Mitteilungen von bisher nicht veröffentlichten Privatbriefen, Tagebüchern oder persönlichen Aufzeichnungen anderer Art. Der 1899 veröffentlichte Entwurf des neuen LUG. (E. § 44 Abs. 2, Begründung S. 30) wollte durch eine Strafvorschrift einen Schutz gewähren an Schriften, an denen ein Urheberrechtsschutz nicht besteht und verfolgte damit „ausschließlich den Zweck, Eingriffe in das Gebiet der Persönlichkeit abzuwehren." Das geltende Gesetz kennt nun zwar eine derartige Vorschrift nicht, trotzdem aber wird in der Theorie allgemein die Schutzbedürftigkeit, von manchen sogar ein auf der Grundlage des Persönlichkeitsrechts gegebener Schutz (BGB. §§ 823, 826?) an nicht urheberrechtlich geschützten Briefen angenommen.[13]) Daß dieses um allgemeine Anerkennung erst ringende Persönlichkeitsrecht unabhängig vom Urheberrecht ist, ist unbestreitbar.[14])

4. Das rechtlich geschützte Interesse einer Person daran, daß nichts Unwahres über sie und die Äußerungen ihres Geisteslebens in die Öffentlichkeit gelangt. Aus der, wenn auch nicht schuldhaften, Verletzung dieses Persönlichkeitsrechtes erwächst dem Verletzten ein privatrechtlicher Berichtigungsanspruch.[15])

---

[13]) Grundsätzlich verneint wird ein solches allgemeines Persönlichkeitsrecht in RGE. in ZivS. Bd. 69 S. 403. S. des Näheren darüber unten § 46.

[14]) Nur darüber wird gestritten, ob, wenn dieses Recht gesetzliche Anerkennung finden soll, die Vorschrift besser im LUG. oder im StGB. untergebracht wird. Keinesfalls ist diese Aeußerlichkeit für das Wesen des Rechts entscheidend. Vgl. einerseits Goltdammer in seinem Arch. f. StrR. Bd. 11 S. 384 ff., andererseits Birkmeyer, Reform S. 12.

[15]) Vgl. Oetker im Gerichtssaal Bd. 68 S. 421 ff. und namentlich eingehend F. Kitzinger, Die Berichtigungspflicht der Presse und das Recht auf Berichtigung, in Zeitschr. f. d. ges. StrRW. Bd. 27 S. 872 ff.

5. Das Namensrecht (BGB. § 12), das Firmenrecht (HGB. § 37), das gewohnheitsrechtlich bestehende Wappen- und Siegelrecht und das Warenzeichenrecht (Reichsgesetz zum Schutz der Warenbezeichnungen vom 12. Mai 1894). Sie sind absolute Persönlichkeitsrechte besonderer Art.

Das Warenzeichenrecht (Markenrecht) zeigt zwar mit den Urheberrechten in mancher Beziehung eine Verwandtschaft, insbesondere in der Art des Rechtsschutzes, unterscheidet sich aber von ihnen wesentlich dadurch, daß es nicht wie sie an einem Ergebnisse irgendwelcher schöpferischen Geistestätigkeit besteht. Der Rechtsschutz ist lediglich an die formale Voraussetzung der Eintragung der Marke geknüpft.

6. Der Anspruch auf privatrechtlichen Schutz gegen unlauteren Wettbewerb nach dem Reichsgesetz vom 27. Mai 1896[16]) und gegen Kreditgefährdung durch wahrheitswidrige Behauptungen gemäß § 824 BGB.

V. Man nennt den von der Rechtsordnung geschützten Bestandteil der Persönlichkeitsspähre des Urhebers mehrfach die Urheberehre, die wiederum die speziellen Erscheinungsformen der literarischen Ehre, Künstlerehre, Erfinderehre, aufweist.[17]) Gegen eine solche Ausdrucksweise ist nichts einzuwenden, solange sie nicht zur Grundlage einer rechtlichen Konstruktion des Urheberrechts überhaupt gemacht wird. Allerdings gibt es ein Rechtsgut der Ehre (geschützt durch StGB. §§ 185 ff., BGB. §§ 823 Abs. 2, 826), seine Verletzung richtet sich aber gegen die Person als solche, nicht gegen ihre einzelnen Leistungen.[18]) Dagegen gibt es neben dieser allgemein jedem Menschen zukommenden Ehre, die in seiner auf der Achtung der Mitmenschen beruhenden Stellung gegenüber diesen besteht, wohl keine spezifischen Rechtsgüter der literarischen

---

[16]) Eine Aenderung dieses Gesetzes steht unmittelbar bevor.

[17]) Vgl. Dernburg, Bürg. R. Bd. 6 S. 46 ff.; Schanz, Die Erfinderehre und ihr rechtlicher Schutz (1906).

[18]) So mit Recht Frank, StGB. Bem. II 2 zu § 185; Rspr. d. RG. in StrS. Bd. 1 S. 27.

Vgl. auch Schopenhauer, Parerga Bd. 1 (herausgegeben von Frauenstädt, Leipzig, F. A. Brockhaus 1908) S. 385: Die Ehre — im Gegensatz zum Ruhm — ist nicht die Meinung von besonderen, diesem Subjekt allein zukommenden Eigenschaften, sondern nur von den, der Regel nach, vorauszusetzenden, als welche auch ihm nicht abgehen sollen.

Ehre, der Künstlerehre, der Erfinderehre[19]), jedenfalls hat deren Verletzung mit dem Urheberrecht nichts zu tun. Wenn ich jemandem vorwerfe, seine Dichtung sei gemein oder sein Gemälde geschmacklos, so habe ich sein Urheberrecht nicht angetastet. Unerlaubte Vervielfältigung und Plagiat verletzen zwar Befugnisse des Urhebers, aber die Ehre des Urhebers wird davon gar nicht berührt.[20]) Erhebt endlich jemand gegen mich den Vorwurf des Plagiates, so habe ich zwar ein rechtliches Interesse an der Feststellung der Originalität meines Werkes und ich kann dieses Interesse durch Klage auf Feststellung des Bestehens meiner Urheberschaft geltend machen, gleichgültig, ob diese noch mit einem Urheberrecht verbunden ist, oder auch durch Klage auf Feststellung des Nichtbestehens der Urheberschaft eines anderen, der sie für sich in Anspruch genommen hatte; aber Gegenstand dieser gerichtlichen Feststellung, das Rechtsverhältnis im Sinne des § 256 ZPO., ist niemals mein Urheberrecht, sondern ein reines Persönlichkeitsrecht, welches dadurch juristisch nicht schärfer bestimmt wird, daß man es als „literarische Ehre" bezeichnet.

VI. Mit der Anerkennung der persönlichrechtlichen Elemente in der geschützten Rechtssphäre des Urhebers wird der Boden des positiven Rechtes nicht verlassen. Es handelt sich auch, wenn diese Anerkennung schon vom Rechtsgefühl des modernen Kulturmenschen gefordert wird nicht um ein Naturrecht, nicht um „angeborene Rechte";[21]) auch die Persönlichkeitsrechte sind das Ergebnis einer geschichtlichen Entwickelung, auch sie haben ihre Quelle in der gegebenen historisch bedingten Rechtsordnung.

VII. Darf das Recht des Schriftstellers, Künstlers und Erfinders nicht als ein Naturrecht aufgefaßt werden, so darf aber noch weniger umgekehrt behauptet werden: es bestehe ein allgemeines natürliches Recht auf Nachdruck, und das Urheberrecht sei nur eine durch Zweckmäßigkeitsgründe gebotene Einschränkung

---

[19]) Die Frage, ob es angesichts des § 824 BGB. ein besonderes Rechtsgut der „Kreditehre" gibt, ist hier nicht zu erörtern.

[20]) von Freydorf (Autorrecht und Rechtssystem, S. 59): Die literarische Ehre hat „mit dem Autorrecht ebensowenig zu tun, wie die Bauernehre mit dem Grundeigentum".

[21]) Das scheinen manche zu verkennen, so z. B. Ortloff in Iherings Jahrb. Bd. 5 S. 297.

der natürlichen allgemeinen Freiheit; diese künstliche Schranke, die ursprünglich zugunsten bestimmter Verleger, allmählich auch zugunsten bestimmter Urheber von der Staatsgewalt geschaffen sei, habe für die so Begünstigten eine rechtliche Ausnahmestellung, eine Art Monopol, geschaffen.[22]) Mehrfach wird dieses sog. Monopol den ausschließlichen Gewerbeberechtigungen an die Seite gestellt. Die historische Entwickelung des Urheber- und Erfinderrechts, die vom Privilegienwesen ausgeht (vgl. unten § 43), hat dieser Auffassung Vorschub geleistet. Aber längst hat man erkannt, daß der Vergleich der Urheber- und Erfinderbefugnisse mit dem Monopole, das die ausschließlichen Gewerbeberechtigungen gewähren, ein völlig unzutreffender ist: einmal insofern, als die Schriftsteller, Künstler und Erfinder ihr Alleinrecht an etwas Neuem, bisher in der allgemeinen Gütermasse nicht Vorhandenem, ausüben, was erst ihrer eigenen schöpferischen Tat sein Dasein verdankt, während die Inhaber jener Gewerbeberechtigungen durch ihr Monopol nur bestimmte, bisher der Benutzung durch jeden zugänglichen Werte der allgemeinen Benutzungssphäre entziehen, nicht aber zugleich das Gesamtvermögen um neue Werte bereichern; dann aber auch insofern, als eine neu geschaffene Gewerbeberechtigung der allgemeinen Handlungsfreiheit einen Gegenstand, an dem sie bisher sich betätigen konnte, entzieht, während die Entstehung des Urheberrechtes zusammenfällt mit der Neuschaffung seines Gegenstandes und daher den bisherigen Betätigungsbereich der allgemeinen Handlungsfreiheit um nichts einengt.

§ 6.

4. Geistiges Eigentum und gewerbliches Eigentum.

I. Der Nichtjurist spricht, wenn er das Urheberrecht, namentlich, wenn er dasjenige an Schriftwerken meint, vielfach von einem geistigen Eigentum. Die deutsche Reichsverfassung scheint

---

[22]) Von dieser schon bei Griesinger (Der Büchernachdruck, 1822, S. 16 ff.) sich findenden Betrachtungsweise geht insbesondere Schäffle (Die nationalökonomische Theorie der ausschließenden Absatzverhältnisse, Tübingen 1867) aus. Vgl. dagegen Kohler in Iherings Jahrb. Bd. 18 S. 191 ff. und im Arch. f. ZivPr. Bd. 82 S. 188 ff.; Hermann, Staatswirtschaftliche Untersuchungen, 2. Aufl. S. 122; Gierke S. 757 f.

diesem Sprachgebrauche die gesetzliche Sanktion zu erteilen, indem sie in Art. 4 als eine der Reichsgesetzgebung unterliegende Angelegenheit den „Schutz des geistigen Eigentums" nennt.

Unsere geltende Privatrechtsordnung beschränkt jedoch, in Übereinstimmung mit dem römischen Recht, den Eigentumsbegriff auf Sachen. Die Sachen bestimmt das BGB. (§ 90) als körperliche Gegenstände. Für die Urheberrechte ist es aber gerade charakteristisch, daß sie Herrschaftsrechte über etwas Unkörperliches sind. Daraus ergibt sich schon, daß der Ausdruck „geistiges Eigentum" keine rechtlich zutreffende Kennzeichnung dessen gibt, was gemeint ist.

II. Und doch ist es mit dieser einfachen Ablehnung der eingewurzelten Bezeichnungen auf Grund des heutigen gesetzlichen Sprachgebrauches nicht getan. Es gilt vielmehr, zu betonen, daß hinter dem anscheinend laienhaften Begriff des geistigen Eigentums eine bedeutsame juristische Theorie steht, welche in der Rechtswissenschaft der romanischen Länder heute noch herrscht und auch in Deutschland die Erkenntnis der Schutzbedürftigkeit des Urhebers erheblich gefördert hat.[1])

Dem Volke ist der Eigentumsbegriff der typische Vertreter des Rechtsbegriffs überhaupt. Es spricht unbefangen von Eigentum auch bei Rechten, die keine Sachherrschaft geben, selbst von Eigentum an Forderungen. Mit dieser Volksauffassung, die alles, was einer Person vermögensrechtlich zugehört, als ihr Eigentum bezeichnet, befand sich die Rechtsauffassung des deutschen Mittelalters in einer viel weiter gehenden Übereinstimmung als die heutige. Das frühere deutsche Recht hat den Eigentumsbegriff auch auf Herrschaftsrechte an unkörperlichen, nicht sinnfälligen Gegenständen erstreckt.[2])

So ist es nicht verwunderlich, wenn man, als überhaupt der Gedanke sich Geltung verschaffte, daß dem Urheber die Alleinherrschaft über seine geistige Schöpfung gebühre, und man nun

[1]) Vgl. über die Geschichte und Bedeutung dieser Theorie Klostermann, Das geistige Eigentum, insbes. S. 7 ff.; Osterrieth, Altes und Neues zur Lehre vom Urheberrecht S. 78 ff.; Kohler, Die Idee des geistigen Eigentums, im Arch. f. d. ZivPr. Bd. 82 S. 141 ff.; UrhR. an Schriftwerken S. 21 ff.; Kuhlenbeck, Urheberrecht und Verlagsrecht S. 20 ff.

[2]) Vgl. Gierke, Deutsches Privatrecht Bd. 2 S. 360.

die rechtliche Art dieser Herrschaft zu bestimmen suchte, diese als Eigentum konstruierte. Zu dieser Auffassung bekennen sich fast ausnahmslos die Schriftsteller, die im 18. Jahrhundert gegen den Nachdruck geschrieben haben; so der Baseler Thurneisen in seiner Schrift de recusione librorum furtiva (1738); Ehlers, über die Unzulässigkeit des Büchernachdrucks (1784); Graeff, Versuch einer einleuchtenden Darstellung des Eigentums und der Eigentumsrechte des Schriftstellers und Verlegers (1794); in bedeutsamer Weise auch der Philosoph Fichte (sämtl. Werke Bd. 8 S. 223 ff.), der unterscheidet zwischen dem Inhalt eines neuen Gedankens und der Form, in der er vorgetragen wird, an dieser Form dem Verfasser des Werks das Eigentum zuschreibt und ihm das Recht gibt, „zu verhindern, daß Niemand in sein ausschließliches Eigentum an dieser Form Eingriffe tue und sich des Besitzes bemächtige". Pütter (Der Büchernachdruck nach ächten Grundsätzen des Rechts, 1774), bei dem sich wertvolle Angaben über die frühere Literatur finden, gibt dem Verleger ein dem Eigentum verwandtes Recht, dessen Verletzung er als quasi furtum erklärt.[3]) In der französischen Rechtswissenschaft kann die Theorie des geistigen Eigentums heute noch als die herrschende bezeichnet werden.[4]) Im 19. Jahrhundert hat die Gesetzgebung die Idee des geistigen Eigentums zu verwirklichen gesucht. So kennt das Badische Landrecht von 1809 (Satz 577 d a ff.), welches, wenn auch der ihm sonst vorbildliche Code civil über das Urheberrecht keine Bestimmungen hat, sich hier doch der französischen Rechtsauffassung anschließt, ein „Schrifteigentum" und bestimmt darüber in seinem Satz 577 d b: „Das Schrifteigentum erstreckt sich nicht nur auf die Handschrift, sondern auch auf deren Inhalt; es enthält daher das Recht, über die Vervielfältigung durch Abschrift oder Abdruck nach Gutachten zu verfahren."

Von weiteren Gesetzen, die ihre Aufgabe darin sehen, das „Eigentum" des Schriftstellers und Künstlers an ihren Werken zu schützen, sind hervorzuheben: das preußische Gesetz vom 11. Juni 1837 zum Schutz des Eigentums an Werken der Wissenschaft und Kunst gegen Nachdruck und Nachbildung und das österreichische

[3]) Weitere Nachweise aus der Literatur des 18. Jahrhundert geben Osterrieth a. a. O. S. 85 und Kohler im Arch. f. d. ZivPr. Bd. 82 S. 175 ff.

[4]) Vereinzelte französische Gegner zitiert Kohler a. a. O. S. 199.

Gesetz vom 19. Oktober 1846 zum Schutz des literarischen und artistischen Eigentums.

III. Die Theorie des geistigen Eigentums hat noch heute auch in Deutschland ihre Anhänger. Folgerichtig durchgeführt wird sie von Osterrieth, Altes und Neues zur Lehre vom Urheberrecht (1892). Ebenso huldigt ihr Dernburg.[5]) Auch Kuhlenbeck[6]) hält den Ausdruck geistiges Eigentum für unbedenklich und die in Deutschland dagegen herrschende Abneigung für eine Pedanterie. Er macht geltend, Eigentum im weiteren (sprachlichen) Sinne sei eben nichts anderes als die ausschließliche Beziehung einer Person zu einem Rechte, die Rechtssprache des Lebens werde daher stets z. B. vom Eigentum an Forderungen, vom Bergwerkeigentum usw. reden.[7]) Wenn das BGB. den Eigentumsbegriff auf die Herrschaft über eine Sache beschränkt und dabei unter Sachen nur körperliche Gegenstände versteht, so sei dies wissenschaftlich verfehlt und praktisch bedenklich; es handle sich hier um „einen unverdaulichen Rest des römischen Rechts in seiner byzantinischen Verknöcherung".

Aber wenn wir auch zugeben, daß der Gegenstand des Eigentums im BGB. in unzweckmäßiger Weise zu eng bestimmt ist, daß es insbesondere wünschenswert gewesen wäre, die Möglichkeit eines Eigentums an Energien und an der Sachgesamtheit als einer res incorporalis anzuerkennen, und das BGB. uns kaum die endgültige Festlegung des geschichtlich wandelbaren Eigentumsbegriffes gebracht hat: so betrachten wir doch den Widerspruch der herrschenden Meinung gegen die Konstruktion des Urheberrechts als eines geistigen Eigentums nicht als eine nur an den Gesetzeswortlaut sich anklammernde scholastische Engherzigkeit, sondern als voll berechtigt; denn

1. die Eigentumstheorie vermag dem ideellen Gehalt, den die Urheberrechte neben den vermögensrechtlichen aufweisen, nicht

---

[5]) Bürg. R. Bd. 6 S. 35 ff.

[6]) Urheberrecht und Verlagsrecht (1901) S. 44.

[7]) Die an sich sehr berechtigte Forderung, daß die Juristensprache mit der Volkssprache im Einklang bleiben soll, wird auch bei der volkstümlichsten Gestaltung des Rechtswesens immer nur eine annähernde, nie eine vollkommene, Erfüllung finden können. Der Jurist wird z. B. immer Eigentümer und Besitzer, Leihe und Darlehen unterscheiden müssen, der Laie wird sie immer wieder verwechseln.

gerecht zu werden. Eigentum ist Herrschaft über etwas von meiner Person völlig Losgelöstes; Urheberrecht ist, wenigstens nach der Auffassung der deutschen Gesetzgebung, zugleich Herrschaft über einen Bestandteil der eigenen Persönlichkeitssphäre;

2. das Eigentum ist in allen Rechtsordnungen ein Herrschaftsverhältnis von grundsätzlich unbegrenzter Dauer; die zeitliche Schranke, an die alle Urheberrechte gebunden sind, widerspricht dem historischen Begriff[8]) des Eigentums.

3. Die Eigentumstheorie verleitet nur allzu leicht zu dem Mißverständnisse, als ob etwas Sinnfälliges, das Manuskript, die Partitur, das Gemälde, die neue Maschine der eigentliche Gegenstand der rechtlichen Herrschaft sei.[9])

4. Macht man mit der Eigentumstheorie wirklich Ernst, so führt sie zu unannehmbaren Folgerungen, so zu einer Ersitzung des geistigen Eigentums, zu einem Diebstahl;[10]) man hat dann einer theoretischen Konstruktion zuliebe die Fühlung mit dem Boden des positiven Rechts verloren.

IV. Dieselben Gründe, die es verbieten, das Urheberrecht an Schriftwerken, Tonwerken und Werken der bildenden Kunst als geistiges Eigentum zu erklären, sprechen auch dagegen, das Urheberrecht an kunstgewerblichen Mustern und Modellen, an Gebrauchsmustern und an Erfindungen als „gewerbliches Eigentum" zu bezeichnen. Daß diese Bezeichnung nur die Bedeutung eines nicht sehr glücklich gewählten Bildes hat, ist umsomehr zu betonen, als nicht nur die französische Jurisprudenz eine propriété industrielle kennt, sondern auch die internationale Übereinkunft vom 20. März 1883 sich als eine solche „zum Schutz des gewerblichen Eigentums" bezeichnet und darunter den Schutz der Er-

---

[8]) Nicht dem logischen, denn das Eigentum ist überhaupt keine abstrakte logische Kategorie; dies betont namentlich treffend Gierke, Deutsches Privatrecht Bd. 2 § 120 Anm. 2 S. 348.

[9]) Daß dies nicht der Fall ist, geben natürlich auch die Vertreter der Eigentumstheorie zu. Aber es ist für sie doch mißlich, zum Verständnis ihrer Theorie immer erst erklären zu müssen, daß sie unter „Eigentum" etwas anderes verstehen als das Gesetz.

[10]) So in der Tat Osterrieth a. a. O. S. 100 ff. (Ersitzung), 101 ff. (Diebstahl).

findungspatente, der gewerblichen Muster und Modelle, der Fabrik- oder Handelsmarken und der Handelsnamen versteht.[11])

V. Ebensowenig wie das Urheberrecht selbst fallen einzelne in ihm enthaltene Befugnisse unter den Begriff des Eigentums; es ist daher keine juristische Kennzeichnung, wenn z. B. das im Urheberrecht an Bühnenwerken enthaltene ausschließliche Aufführungsrecht als „Bühneneigentum" bezeichnet wird.

IV. Gemeinsame Grundzüge aller Urheberrechte.

§ 7.

Möglichkeit gemeinsamer Behandlung. Analogie.

I. Die geschichtliche Entwickelung der einzelnen Urheberrechte ist eine verschiedenartige. Zwar nimmt sie sowohl beim literarischen und musikalischen Urheberrecht als auch beim Erfinderrecht ihren Ausgang vom Privilegienwesen, aber die Weiterentwickelung wird durch so ungleichartige Momente beeinflußt, daß eine gemeinsame Darstellung nicht möglich ist. Wir behalten es daher dem Besonderen Teile vor, den historischen Werdegang der einzelnen Urheberrechte darzustellen.

Das rechtliche Wesen der Urheberrechte ist dagegen bei allen dasselbe. Sie sind, wie im Vorausgehenden gezeigt wurde, absolute Gegenstandsrechte an unkörperlichen Gütern.

Aber auch im übrigen zeigen alle Urheberrechte so viele stark hervortretende gemeinsame Grundzüge,[1]) daß es wohl gerechtfertigt erscheint, sie unter gewissen Gesichtspunkten einheitlich zu betrachten. Ist es doch Aufgabe der Rechtswissenschaft überhaupt, in der Fülle der Einzelerscheinungen den gemeinsamen Rechtsgedanken aufzusuchen und aus der Vielgestaltheit der Anwendungsfälle die leitende Idee zu abstrahieren. Eine solche theoretische Verall-

[11]) In der französischen Rechtswissenschaft ist sogar der Versuch gemacht worden, ein Eigentumsrecht am Namen zu konstruieren; vgl. Lallier, De la propriété des noms et des titres (1891).

[1]) Ueber Wechselbeziehungen zwischen den gewerblichen Schutzgesetzen s. Kent in den „Studien zur Förderung des gewerbl. Rechtsschutzes" (Festgabe für Kohler 1909) S. 15 ff. — Die Breslauer Diss. von C. Burchardt, Urheberrecht, Erfinderrecht und gewerbliches Urheberrecht in ihren wesentlichsten Beziehungen zueinander (1908) konnte ich, da sie mir erst bei der Revision zu Gesicht kam, nicht mehr berücksichtigen.

gemeinerung ist natürlich immer nur bis zu einem gewissen Grade möglich und darf nicht vergessen lassen, daß die verschiedenen Urheberrechte, trotz wichtiger gemeinsamer Elemente, doch in vielen Punkten verschiedenen Rechtsnormen unterstehen, was seinen Grund hat in der durch kein Rechtssystem zu beseitigenden tatsächlichen Verschiedenart der Lebensverhältnisse, auf deren Boden jene Rechte erwachsen.[2])

Für die wissenschaftliche Behandlung eignen sich zur Aufnahme in den „Allgemeinen Teil“ vornehmlich folgende Lehren:

1. über Begründung und Subjekt des Urheberrechtes;
2. über den in wesentlichen Punkten allen Urheberrechten, einschließlich des Erfinderrechts, gemeinsamen Inhalt, sowie über die grundsätzlich zeitliche begrenzte Dauer der Urheberrechte;
3. über die Verkehrsfähigkeit, insbesondere Übertragbarkeit dieser Rechte;
4. endlich wird auch die Lehre von den Rechtsschutzmitteln, sowohl den zivilrechtlichen als auch den strafrechtlichen, am besten schon im Allgemeinen Teile einen Platz finden, da diese Mittel für alle Urheberrechte im wesentlichen dieselben sind.

II. Manche Rechtsgedanken, die der Gesetzgeber nur in einem der verschiedenen Urhebergesetze ausspricht, haben eine allgemeinere innere Berechtigung, so daß sie sich von einem Gebiet der Urheberrechte auf ein anderes übertragen lassen. So bestimmt z. B. das Patentgesetz, daß für Erfindungen an Nahrungs-, Genuß- und Arzneimitteln ein Patent nicht erteilt werden kann; das

---

[2]) Die Verschiedenheiten sind immerhin so stark, daß praktische Rücksichten es geraten erscheinen ließen, auf die Kodifikation der Urheberrechte in einem einheitlichen Gesetze zu verzichten und die jeden einzelnen Interessentenkreis berührenden Rechtssätze in je einem besonderen Gesetze zusammenzustellen Im Gegensatz zu diesem Standpunkte der Reichsgesetzgebung ist in Österreich in dem Gesetz vom 26. Dezember 1895 das Urheberrecht an Werken der Literatur, Kunst und Photographie zusammengefaßt.

Innerhalb des reichsdeutschen LUG. ist es wiederum eine reine Frage der äußeren Zweckmäßigkeit, ob das jus singulare bezüglich der Werke der Tonkunst in einem besonderen Abschnitt für sich behandelt werden soll (wofür Birkmeyer, Reform S. 3 im Interesse der Uebersichtlichkeit eintritt), oder ob es mit den Bestimmungen über die Werke der Literatur äußerlich zusammengestellt werden soll, so daß es im Gesetz zerstreut zu finden ist, wie es nun tatsächlich der Fall ist.

Gebrauchsmustergesetz hat keine ähnliche Bestimmung; trotzdem ist wegen Gleichheit der Gründe im Wege der Analogie anzunehmen, daß Nahrungs-, Genuß- und Arzneimittel auch des Gebrauchsmusterschutzes nicht fähig sind.[3])

Aber keineswegs gilt die Analogie als ein allgemeines Prinzip, sondern ihre Berechtigung bedarf der besonderen Prüfung für den einzelnen Fall. Wenn z. B. das Patentgesetz vorschreibt, daß für Erfindungen, deren Verwertung den guten Sitten zuwiderlaufen würden, ein Patent nicht erteilt werden kann, so darf daraus nicht gefolgert werden, daß auch Schriftwerke, deren Inhalt gegen die guten Sitten verstößt, nicht Gegenstand des literarischen Urheberrechts sein könnten.[4])

1. Entstehung und Träger der Urheberrechte.

§ 8.

a) Die Begründung der Urheberrechte.

Der Erwerb der Urheberrechte kann ein originärer oder, da die Urheberrechte übertragbare Rechte sind, ein abgeleiteter sein. Wir handeln hier zunächst nur von dem originären Erwerbe.

I. Alle Urheberrechte nehmen ihren Ursprung aus einem geistigen Schaffen.

Dieses geistige Schaffen, das Dichten, Malen, Erfinden usw. erscheint rechtlich nicht als Ausübung eines subjektiven Rechtes, sondern einfach als Betätigung der jedem Menschen zukommenden allgemeinen Handlungsfreiheit, als sog. res merae facultatis. Aber es ist doch nicht zu verkennen, daß für die Freiheit in der Betätigung der eigenen körperlichen oder geistigen Arbeitskraft unsere geltende Rechtsordnung einen so spezifischen Rechtsschutz ausgebildet hat, daß diese Freiheit sich wohl als ein besonderes Rechtsgut, das der Arbeitsfreiheit, bezeichnen läßt.[1]) Verträge,

---

[3]) Im Gebrauchsmusterrecht ist die Analogie aus dem Patentrecht in ganz besonderem Maße gerechtfertigt, da das GMG., wenn auch nicht äußerlich, so doch nach Veranlassung und Inhalt, als ein Ergänzungsgesetz zum Patentgesetz sich darstellt.

[4]) S. darüber des Näheren unten § 45.

[1]) Näheres darüber in meinem Aufsatz über Arbeitskraft und Arbeitsfreiheit in ihrer privatrechtlichen Bedeutung, im Arch. f. bürg. R. Bd. 27 S. 219 ff.

durch welche diese Freiheit in einer unseren Anschauungen über die guten Sitten widersprechenden Weise eingeengt werden, sind nach § 138 BGB. nichtig; so z. B. der Vertrag, durch den ein Maschinentechniker oder Chemiker sich einem anderen gegenüber verpflichten würde, auf jede Erfindertätigkeit dauernd zu verzichten.[2])

II. Das geistige Schaffen, aus dem das Urheberrecht entspringt, kann wie jedes Tun innerhalb der durch § 138 BGB. gezogenen Grenzen Gegenstand einer Verpflichtung sein. Jemand verpflichtet sich, einen Aufsatz zu schreiben, ein Porträt zu malen, eine Büste zu modellieren, ein Tapetenmuster zu entwerfen usw. Solche und ähnliche Verpflichtungen werden überaus häufig in Verträgen übernommen. Diese Verträge können privatrechtlich verschiedenen Charakter haben; häufig werden sie Dienstverträge, noch häufiger Werkverträge sein. Man wird gegen die herrschende Meinung den Satz aufstellen dürfen, daß Verpflichtungen zu geistiger und künstlerischer wie überhaupt zu irgendwelcher Arbeitsleistung, obwohl klagbar und durch Urteil feststellbar, doch niemals im Wege der Zwangsvollstreckung gemäß § 888 Abs. 1 ZPO. erzwingbar sind. Die ZPO. § 888 Abs. 2 spricht dies zwar nur für den Fall der Verurteilung zur Leistung von Diensten aus einem Dienstvertrage aus. Aber die Ausdehnung auf Fälle anderer Verträge, insbesondere Werkverträge, läßt sich rechtfertigen durch die Erwägung, daß die Arbeitskraft ein immanenter Bestandteil der Persönlichkeit selbst ist, und daß nach unserer Rechtsordnung die lebende Persönlichkeit weder als Ganzes noch in ihren einzelnen Funktionen und Fähigkeiten unmittelbarer Gegenstand von Rechtsgeschäften, oder, anders ausgedrückt, Gegenstand von „Verfügungen" sein kann; die Zwangsvollstreckung steht aber rechtlich einer Verfügung gleich.

III. Nicht aus jedem geistigen Schaffen entsteht ein Urheberrecht, sondern nur aus einem solchen, welches zu einer Gestaltung wissenschaftlicher oder künstlerischer oder zu einer Lösung technischer Ideen führt. Nicht die Gedankenarbeit als

---

[2]) Ist der sich Verpflichtende Handlungsgehilfe, Handlungslehrling oder gewerblicher Arbeiter, so sind für die Beurteilung solcher vertragsmäßiger Beschränkungen der künftigen Arbeitsfreiheit die Vorschriften des HGB. § 74 f. bzw. der GewO. § 133 f. (EG. z. HGB. Art. 9 Ziff. 2) maßgebend.

solche wirkt rechtserzeugend, sondern nur diejenige, die zu einem originellen Ergebnisse geführt hat. Das Ergebnis kann ein Schriftwerk, Tonwerk, Werk der bildenden Kunst, ein gewerbliches Muster oder Modell oder auch eine „Erfindung" sein; in jedem Falle besteht das Erfordernis der Neuheit und der Eigentümlichkeit. Hier berührt sich die Frage der Entstehung des Urheberrechts mit der nach seinem Gegenstande.[3])

IV. Es ist zur Begründung des Urheberrechts nicht erforderlich, daß das Ergebnis des geistigen Schaffens, aus dem es entspringt, veröffentlicht wird. Die Gesetzgebung mancher Staaten läßt das Urheberrecht an Schriftwerken und musikalischen Werken erst entstehen, wenn das Werk bei einer zuständigen Behörde angemeldet und in ein Register eingetragen ist[4]) oder macht die Eintragung zur Bedingung der Klagbarkeit.[5]) Unser deutsches Recht kennt dieses Erfordernis nicht, ebensowenig wie dasjenige der Niederlegung oder Einreichung von Exemplaren. Wohl aber bestehen nach unserem Rechte bei gewissen Urheberrechten andere Erfordernisse, die erst erfüllt sein müssen, damit das im geistigen Schaffen des Urhebers wurzelnde Recht zur Entstehung oder zur vollen Entfaltung kommen kann. Diese Erfordernisse sind teils öffentlichrechtlicher, teils privatrechtlicher Natur:

1. Ausländer haben ein Urheberrecht im Deutschen Reich, soweit ihnen nicht ein solches nach § 55 LUG. oder nach internationalen Verträgen, insbesondere der Berner Übereinkunft, zukommt, nur, wenn sie die Reichsangehörigkeit erwerben und erst von diesem Augenblicke an. Kohler (Urh. R. S. 222) spricht davon, daß sie vorher ein „unvollkommenes Autorrecht" haben, eine „Art von natürlichem Autorrecht". Aber ein „Recht", das noch keinerlei rechtliche Wirkungen zu äußern vermag, ist eben nach unserer Auffassung überhaupt noch kein Recht.[6])

---

[3]) Der Gegenstand der Urheberrechte ist im besonderen Teil für die einzelnen Urheberrechte besonders zu betrachten.

[4]) So in Italien, Spanien, den Vereinigten Staaten von Nordamerika u. a.; s. Kohler, UrhR. S. 226.

[5]) So in England nach dem Gesetz von 1842, in Frankreich nach dem von 1793, in Japan nach dem Gesetz vom 3. März 1899.

[6]) Es wäre m. E. verfehlt, das von Kohler sog. unvollkommene Autorrecht mit dem unvollkommenen Rechte in Parallele zu setzen, dem eine naturalis obligatio entspricht. Denn dieses vermag rechtliche Wirkungen zu äußern (z. B.

2. An gewissen Zeitungsartikeln bestehen die im Urheberrechte enthaltenen ausschließlichen Befugnisse grundsätzlich nur, wenn die Artikel mit einem Vorbehalt der Rechte versehen sind (LUG. § 18).

3. Das Urheberrecht, das für den Urheber eines gewerblichen Musters oder Modells mit dessen Schaffung entsteht, ist zunächst nur ein unvollkommenes. Seine volle Kraft entfaltet es nur dann, wenn der Urheber das Muster oder Modell zur Eintragung in das Musterregister anmeldet und ein Exemplar oder eine Abbildung des Musters usw. bei der Musterregisterbehörde niedergelegt hat; vgl. MSchG. § 7. Anmeldung und Niederlegung sind also hier formelle Erfordernisse zwar nicht für die Entstehung, wohl aber für die wirksame Ausübung des Rechts.

4. Ähnlich verhält es sich mit dem Urheberrecht an Gebrauchsmustern. Es entsteht mit der Schaffung des Werks. Zu einem vollkommenen Rechte entfaltet es sich aber erst mit der Anmeldung beim Patentamt, mit der gleichzeitig auch die Gebührenzahlung zu erfolgen hat, und mit der vom Patentamt verfügten Eintragung in die Gebrauchsmusterrolle. Vgl. GMG. § 2 und 3.

5. Auch das Erfinderrecht entsteht schon mit dem Schöpfungsakte der Erfindung, nicht erst mit ihrer Patentierung,[7]) aber es ist zunächst ein unvollkommenes Recht, das zu seiner Vervollkommnung der Anmeldung und zu seiner vollen Kraftentfaltung der Patenterteilung bedarf.[8]) Auch hier hängt also nicht die Entstehung, wohl aber der Grad der Intensität des Rechtes von Voraussetzungen ab, die außerhalb des geistigen Schöpfungsaktes liegen.

V. In einer Reihe von Fällen stellt das Gesetz für die Urheberschaft eine Rechtsvermutung auf; darüber ist noch besonders zu handeln. S. § 10.

VI. Die geistige Schöpfungstätigkeit, aus der das Urheberrecht entsteht, ist nicht Vornahme eines Rechtsgeschäftes.

---

soluti retentio), jenes nicht. Auch mit dem unvollkommenen Urheberrecht, das dem Schöpfer eines gewerblichen Musters oder Modells vor der Eintragung und dem Erfinder vor der Patentierung zukommt, läßt sich das sog. „unvollkommene Autorrecht" des Ausländers nicht vergleichen.

[7]) Anerkannt durch RGE. in ZivS. Bd. 29 S. 49; Bd. 37 S. 41; RGE. in StrS. Bd. 28 S. 27.

[8]) Näheres darüber im Besonderen Teile.

Das muß betont werden, weil Kohler (Iherings Jahrb. Bd. 18 S. 133) die entgegengesetzte Lehre vertreten hat.[9]) Er hat darauf hingewiesen, daß aus dem Schreiben eines Buches, dem Malen eines Bildes „auf der Billigung des Rechts beruhende Rechtsfolgen hervorgehen, welche nicht schon mit dem Natureffekt als solche gegeben sind"; aus dem Rechtseffekt sei auf die rechtsgeschäftliche Tätigkeit zu schließen. Demgegenüber betrachten wir als Rechtsgeschäfte nur solche Tatbestände, die als wesentliches Element eine bewußte Willenserklärung enthalten. Der Rechtserfolg, der an die geistige Schöpfung geknüpft wird, nämlich die Entstehung des Urheberrechtes, hängt aber nicht davon ab, daß der Schöpfer durch seine Tätigkeit eine Gestaltung oder Veränderung seiner privatrechtlichen Verhältnisse vornehmen will. Auch aus der Begründung eines Wohnsitzes, auch aus der reinen Besitzerwerbshandlung, gehen rechtliche Folgen hervor, die nicht schon mit dem Natureffekt gegeben sind, und doch haben diese Akte anerkanntermaßen keinen rechtsgeschäftlichen Charakter. Das Erfinden ist ebensowenig ein Rechtsgeschäft wie das Finden,[10]) das geistige und künstlerische Schaffen ebensowenig wie die Spezifikation.

Das Urheberrechte begründende geistige Schaffen, das seiner Natur nach kein Rechtsgeschäft ist, wird aber zur Willenserklärung dann, wenn es zugleich die bewußte Erfüllung einer Verbindlichkeit dargestellt (vgl. oben Ziff. II).[11])

Aus unserer Auffassung, daß die geistige Schöpfung keinen rechtsgeschäftlichen Charakter hat, ergeben sich praktische Folgerungen:

1. Auch der Geschäftsunfähige begründet durch seine geistige Schöpfung ein Urheberrecht, der in der Geschäftsfähigkeit

---

[9]) Gegen ihn Klöppel über den Begriff des Urheberrechts in Gruchots Beitr. Bd. 34 S. 7 ff., Bd. 35 S. 76 ff.

Neuestens scheint Kohler (vgl. Bürg. R. Bd. 1 S. 578 ff., UrhR. S. 228) an seiner Auffassung, die er so ausführlich und energisch geltend gemacht hatte, nicht mehr festzuhalten. Er erklärt jetzt die Schöpfung für eine „latente Rechtshandlung" d. h. eine neutrale Tätigkeit, die rechtliche Elemente in sich aufnehmen kann.

[10]) Auch an dieses knüpfen sich rechtliche Folgen, Finderrechte und Finderpflichten.

[11]) Der theoretische Streit darüber, ob die Erfüllung einen Erfüllungsvertrag erfordert, kann hier auf sich beruhen; vgl. Klein, Die Natur der Erfüllung in Hess. Rechtspr. 1904 S. 22 ff.

Beschränkte natürlich erst recht. Daß Geschäftsunfähige tatsächlich geistiger Schöpfung fähig sind, kann wohl vorkommen und es besteht kein Grund, solchen Schöpfungen den Urheberschutz zu versagen. Nicht durch jeden die „freie Willensbestimmung" ausschließenden dauernden Zustand krankhafter Störung der geistigen Tätigkeit (s. BGB. § 104 Ziff. 1) wird die Fähigkeit, eine Erfindung zu machen und die Fähigkeit zur originellen literarischen, musikalischen, künstlerischen Produktion aufgehoben. Man denke nur an die letzten Werke eines Hölderlin, Nietzsche, Schumann. Auch ist es wohl denkbar, daß ein wegen geistiger Krankheit Entmündigter (§ 104 Ziff. 3) nicht oder nicht mehr geisteskrank ist.

Wo zur Vervollkommnung des Rechtes eine Willenserklärung dazu kommen muß, wie beim Erfinderrecht die Patentanmeldung, kann diese natürlich nicht von einem Geschäftsunfähigen ausgehen.

Die Wahrnehmung des Urheberrechtes eines Geschäftsunfähigen fällt seinem gesetzlichen Vertreter zu.

2. Es kann nicht etwa angenommen werden, schriftstellerische Leistungen beleidigenden oder sittenwidrigen Inhalts vermöchten nach den §§ 134, 138 BGB. ein Urheberrecht nicht zu erzeugen; denn diese Gesetzesbestimmungen beziehen sich nur auf Rechtsgeschäfte.

3. Beim originären Erwerb des Urheberrechts durch die geistige Schöpfung gibt es keine echte Vertretung im Sinne der §§ 164 ff. BGB. Das bedarf näherer Erklärung.

§ 9.

b) Stellvertretung in Begründung und Ausübung des Urheberrechtes? Urheberschaft der Angestellten.

I. Wenn jemand bei der Schaffung eines geistigen Werkes oder eines Kunstwerkes oder einer Erfindung sich der bloß untergeordneten Hilfstätigkeit eines anderen bedient, z. B. durch ihn Zitate nachschlagen oder auf ihre Richtigkeit kontrollieren läßt, das fertige Ölbild firnissen läßt usw., so kommt diese Hilfstätigkeit urheberrechtlich gar nicht in Betracht, gleichgültig, in welchem rechtlichen Verhältnisse der Gehilfe zu demjenigen steht, für den er arbeitet.[1]) Von einer Stellvertretung kann hier keine Rede sein.

---

[1]) Nicht hierher gehört der Fall des § 47 VerlG., auf den Kohler, UrhR. S. 229 hier hinweist und dem auch Kuhlenbeck UrhR. S. 295 die Überschrift

II. Auch dann liegt Stellvertretung nicht vor, wenn jemand einem anderen die Gedankenfolge einer literarischen Arbeit bis ins Einzelne genau angibt und ihm nur die stilistische Redaktion überläßt.[2]) In diesem Falle hat der Redaktor entweder nur die Rolle einer urheberrechtlich überhaupt nicht in Betracht kommenden Hilfsperson, oder er wird, wenn seiner Redaktionstätigkeit eine individuelle geistige Bedeutung zukommt, Miturheber am Werke.

III. Dagegen könnte es sich fragen, ob nicht von einem Erwerb von Urheber- und Erfinderrechten durch Stellvertretung dann gesprochen werden kann, wenn jemand in Erfüllung einer rechtlichen Verpflichtung ein Geistes- oder Kunstwerk hervorbringt oder eine Erfindung macht; sei es, daß er eine rechtsgeschäftliche Verpflichtung zur Herstellung eines bestimmten Werkes oder zu Bemühungen in der Richtung auf eine bestimmte Erfindung übernommen hat, oder daß er auf Grund eines privatrechtlichen Anstellungsverhältnisses (hauptsächlich kommt Dienstvertrag in Betracht, aber auch Werkvertrag ist möglich, selbst Lehrlingsvertrag denkbar) im allgemeinen zu literarischen oder künstlerischen oder kunstgewerblichen oder technischen Arbeiten oder zu einer Tätigkeit im Laboratorium im Dienste eines Arbeitgebers verpflichtet ist, oder endlich, daß ihn eine derartige Verpflichtung auf Grund öffentlich-rechtlichen Anstellungsverhältnisses als Beamten des Staates oder der Gemeinde trifft.

Auch wenn wir im allgemeinen zugeben, daß der Vertretungsbegriff, mit dem unser BGB. nur für die Abgabe von Willenserklärungen operiert, eine entsprechende Anwendung auf andere Rechtshandlungen verträgt, ist doch in keinem Falle Anlaß zur Annahme eines vertretungsweisen Erwerbes des Urheberrechtes gegeben. Denn:

1. Der Besteller eines einzelnen Schriftwerkes, Tonwerkes, Kunstwerkes, Musters oder Modells erwirbt daran überhaupt kein Urheberrecht, wenn ihm dieses nicht durch Vertrag übertragen ist, wo-

---

„Stellvertretungsverhältnis des Verfassers" gibt. § 47 setzt voraus, daß nicht derjenige, der als Besteller „den Inhalt des Werks, sowie die Art und Weise der Behandlung genau vorschreibt", sondern der andere, dem die formgestaltende Tätigkeit völlig überlassen bleibt, Urheber wird. Der Fall hat also mit einem Rechtserwerb durch Stellvertreter nichts zu tun. Richtig Allfeld, Bem. 2 A, b zu § 47 VerlG. S. 553.

[2]) Der Fall ist zu unterscheiden von dem des § 47 VerlG., vgl. Allfeld a. a. O. Die Grenze wird freilich manchmal nicht leicht zu ziehen sein.

für keinerlei Vermutung spricht. Auch das Sacheigentum am bestellten Bild, an der Büste usw. verschafft ihm kein Urheberrecht. Dieses verbleibt dem Künstler.[3])

2. Wenn jemand auf Grund privatrechtlichen Anstellungsverhältnisses oder als Beamter des Staates oder einer sonstigen öffentlichen Körperschaft innerhalb seines dienstlichen Wirkungskreises Geisteswerke oder Kunstwerke schafft oder Erfindungen macht, so erwirbt daran grundsätzlich er selbst das Urheberrecht, nicht sein Dienstherr bzw. der Staat. Ein echtes Stellvertretungsverhältnis, das dem Dienstherrn bzw. Staat ein ursprüngliches Urheberrecht an den Werken und Erfindungen des Angestellten verschaffen würde, besteht nicht.[4]) Wohl aber ist es eine Frage der Auslegung des zwischen beiden bestehenden obligatorischen Verhältnisses, ob nicht auf Grund dieses Verhältnisses (des Dienstvertrags usw.), das in der Person des Angestellten entstandene Urheberrecht auf den Dienstherrn übergehen soll, ohne daß es dazu eines weiteren besonderen Übertragungsaktes bedarf. Die Frage wird sehr häufig zu bejahen sein. In solchen Fällen liegt im Dienstvertrag oder sonstigen obligatorischen Vertrage zugleich die Zession der künftig in der Person des Angestellten auf einem bestimmten Gebiete erwachsenden Urheberrechte.[5]) Der Dienstherr erwirbt also nicht als Vertretender ein ursprüngliches, sondern als Zessionar ein abgeleitetes Urheberrecht.[6])

[3]) Nach § 8 des (jetzt aufgehobenen) Ges. v. 9. Jan. 1876 ging bei Porträts und Porträtbüsten das Nachbildungsrecht auf den Besteller über. Aber auch darin lag nicht ein originärer Erwerb des Urheberrechts durch den Besteller, sondern ein abgeleiteter. Vgl. Allfeld Bem. 2 § 8 gegen Kohler in Iherings Jahrb. Bd. 18 S. 331. Jetziger Rechtszustand: KUG. § 18.

[4]) Die Stellvertretungstheorie vertritt namentlich Kohler, Patentrecht S. 58 ff. Handbuch des Patentrechts S. 234 ff., Iherings Jahrb. Bd. 15 S. 329 ff., UrhR. S. 228; ebenso (für das frühere Recht) Reichsgericht bei Bolze Bd. 18 Nr. 98. Vgl. dagegen Klöppel in Gruchots Beitr. Bd. 34 S. 19 ff.; Allfeld, Bem. 2 zu LUG. § 2. Nicht recht klar ist Kuhlenbeck, Bem. 2 zu § 2 S. 80; er spricht zuerst von einem „Stellvertretungsverhältnis", scheint aber im folgenden doch anzunehmen, daß es sich um ein abgeleitetes Urheberrecht handelt.

[5]) Man beachte für diese Konstruktion:

1. den hauptsächlich auf Urheberrechte gemünzten § 413 BGB.
2. daß es eine Zession künftiger Forderungen gibt;
3. daß der Abtretungsvertrag keine ausdrückliche Erklärung erfordert.

[6]) Aus der reichen Literatur sind namentlich die Verhandlungen des deutschen Juristentags hervorzuheben: vgl. die auf das Erfinderrecht beschränkten

Allerdings besteht für die Zession von Rechten das Erfordernis ihrer Individualisierung; eine solche liegt aber in hinreichendem Maße in der vertragsmäßigen Bezugnahme auf die aus einem bestimmt abgegrenzten Tätigkeitsbereiche entspringenden Urheberrechte. Ein Vertrag, durch den jemand sich verpflichten würde, alle auf irgendwelchem Gebiet liegenden, künftig in seiner Person zur Entstehung kommenden Urheberrechte abzutreten, wäre nichtig.

Die Auslegung des Vertrages, durch den sich jemand zu dauernder literarischer, künstlerischer oder Erfindertätigkeit verpflichtet, hat, wie die aller Verträge, so zu geschehen, wie Treu und Glauben mit Rücksicht auf die Verkehrssitte es erfordern (BGB. § 157, vgl. § 242). Dieser Grundsatz ist im einzelnen Falle auch maßgebend für die Beurteilung der Frage, ob und in welchem Umfange im Vertrage eine stillschweigende Abtretung künftiger Urheberrechte zu finden ist. Aus der Beurteilung nach der Verkehrssitte ergibt sich z. B. schon, daß, wer im Auftrage ein wissenschaftliches Gutachten verfaßt, im Zweifel daran das Urheberrecht selbst behält, daß die Kirchengesellschaft, die einen Prediger besoldet, kein Urheberrecht an dessen Predigten erhalten soll, und daß der Staat, der einen Chemiker oder einen Maschinentechniker als Professor anstellt, an dessen Erfindungen kein abgeleitetes Urheberrecht erwirbt.

Als praktische Folge unserer Auffassung, daß dem Geschäftsherrn an den Werken oder Erfindungen des Angestellten, wenn überhaupt, nicht ein ursprüngliches Urheberrecht kraft Stellvertretung, sondern nur ein abgeleitetes Urheberrecht zusteht, ergibt sich, daß

Gutachten von Osterrieth (Verh. des 28. d. Jur. Tag. Bd. 1 S. 194 ff.) und von R. Alexander-Katz (ebenda S. 212 ff.), dazu die mündlichen Ausführungen von Edwin Katz, Mittelstädt, Klöppel, Seligsohn, Oppenheimer (ebenda Bd. 3 S. 469 ff.); sodann die auch auf andere geistige Schöpfungen ausgedehnten Gutachten von Schanze (Verhandlungen d. 29. d. JurT. Gutachten Bd. 1 S. 82 ff.), Osterrieth (ebenda Bd. 3 S. 253 ff.) und dazu die Referate von Allfeld (ebenda Bd. 5 S. 313 ff.) und Klöppel (S. 327 ff.); ferner: v. Siemens, Das Recht der Angestellten an den Erfindungen, in Gew. Rechtsschutz und Urheberrecht Bd. 12 S. 203 ff.; Bolze, Das Recht der Angestellten an den Erfindungen ihres Etablissements; Rauter, Das Recht an der eigenen Erfindung, in Leipziger Zeitschr. 1908 S. 425 ff., 506 ff.; Fuld, Das Urheberrecht der Angestellten von kunstgewerblichen Betrieben im „Recht" Bd. 12 (1908) S. 508 ff.; Schwagmeier, Das Urheberrecht des Geschäftsherrn an Werken und Erfindungen seiner Angestellten (Heidelberger Diss. 1908).

die Schutzdauer nicht vom Tode des Geschäftsherrn, sondern von dem des wahren Urhebers an zu berechnen ist.

Von der behandelten Frage juristisch scharf zu trennen ist die, ob es für den in einem Vertrags- oder Anstellungsverhältnisse Tätigen ein Recht auf Anerkennung der Urheberschaft oder Erfinderschaft gibt. Besondere gesetzliche Sanktion hat ein solches Recht nicht gefunden. Der theoretischen Betrachtung erscheint es als ein Persönlichkeitsrecht, für welches der Schutz der §§ 823, 826 anzusprechen ist; diese Auffassung entspricht sicher auch der Billigkeit und dem praktischen Bedürfnisse.

3. MSchG. § 2 bestimmt: Bei solchen Mustern und Modellen, welche von den in einer inländischen gewerblichen Anstalt beschäftigten Zeichnern, Malern, Bildhauern usw. im Auftrage oder für Rechnung des Eigentümers der gewerblichen Anstalt angefertigt werden, gilt der letztere, wenn durch Vertrag nichts anderes bestimmt ist, als der Urheber der Muster und Modelle.

Dabei handelt es sich weder um eine bloße Gehilfenschaft noch um einen originären Erwerb des Urheberrechtes im Wege der Stellvertretung. Seinem Wortlaute nach scheint das Gesetz hier eine Fiktion für die Urheberschaft aufzustellen; es scheint vom eigentlichen Schöpfer des Musters völlig abzusehen und den Anstaltseigentümer als den wirklichen Urheber zu betrachten.[7]) Richtiger dünkt

---

[7]) Diese Auffassung vertritt namentlich Allfeld, Bem. 1 zu MSchG. § 2, auch Gareis, Rechtsenzyklopädie 3. Aufl. S. 85 (§ 18, IV, 5). Der von Allfeld angeführte Wortlaut des § 2 („gilt" als Urheber) kann für die Konstruktion nicht als maßgebend erachtet werden; sagt doch auch LUG. § 2, daß der Uebersetzer als Urheber „gilt", obwohl hier sicher keine Fiktion vorliegt (solche unechte Fiktionen auch in LUG. § 5, KUG. § 7). Bedenklicher ist unserer Ansicht freilich MSchG. § 16, der ausländischen Urhebern den Schutz für im Inland gefertigte Erzeugnisse nur gewährt, wenn sie im Inland eine gewerbliche Niederlassung haben. Darnach könnte der Anstaltseigentümer aus den Schöpfungen seiner ausländischen Arbeiter keine Urheberrechte ableiten. Aber es liegt wohl, wenn auch nicht im Wortlaut, so doch gewiß im Sinne des § 16, daß er auf den im § 2 geregelten Spezialfall keine Anwendung findet. Der Zweck des § 16 ist nicht ein höherer Schutz des inländischen Urhebers gegenüber dem ausländischen, sondern die Bevorzugung der inländischen Fabrikation vor der ausländischen. Diesem Zwecke des Gesetzes wird aber auch unsere Auffassung, die das vom ausländischen Zeichner erworbene Urherrecht kraft Gesetzes auf den Eigentümer der inländischen gewerblichen Anstalt (§ 2) übergehen läßt, völlig gerecht.

es uns, den Fall als den einer sogenannten gesetzlichen Zession (cessio legis) aufzufassen. Eine solche kann ja nicht nur bei Forderungen, sondern auch bei Rechten anderer Art vorkommen. Das Urheberrecht entsteht also in der Person des Zeichners usw., aus dessen schöpferischer Tätigkeit das Muster oder Modell hervorgeht: zu fingieren ist nur kraft dispositiver gesetzlicher Vorschrift die Übertragung dieses Urheberrechts auf den Anstaltseigner. Dessen Urheberrecht ist nicht ein fiktiv originäres, sondern ein fiktiv abgeleitetes.

Eine analoge Anwendung des MSchG. § 2 auf andere urheberrechtliche Gebiete ist ausgeschlossen.

IV. Gewisse Akte, die zur vollen Entfaltung eines schon entstandenen, aber zunächst unvollkommenen Urheberrechts notwendig sind, können durch einen Vertreter (gesetzlichen Vertreter oder Bevollmächtigten) vorgenommen werden; so die Anmeldung und Niederlegung eines gewerblichen Musters oder Modells bei der Registerbehörde (MSchG. § 7), die Anmeldung des Patentes (PG. von 1891 § 3), im Gebrauchsmusterrecht die Anmeldung des Modells beim Patentamt und die damit zu verbindende Zahlung der Gebühr (GMG. § 2). Nicht nur eine Vertretung in der Erklärung, sondern auch eine Vertretung im Willen ist dabei möglich.

Selbstverständlich kann auch die Geltendmachung der aus dem Urheberrechte sich ergebenden Befugnisse stets durch einen Vertreter erfolgen.

V. In gewissen Fällen besteht für die Geltendmachung (nicht für den Rechtsbestand) von Urheberrechten sogar ein **Vertretungszwang**. Wer nämlich nicht im Inland d. h. hier im Gebiete des Deutschen Reichs wohnt, kann nach PG. von 1891 § 12 Abs. 1 den Anspruch auf Erteilung des Patents und die Rechte aus dem Patent nur geltend machen, wenn er im Inland einen Vertreter bestellt hat. Dieser ist zur Vertretung im Patenterteilungsverfahren, sowie in den dasselbe betreffenden bürgerlichen Rechtsstreitigkeiten[8]) und zur Stellung von Strafanträgen[9]) befugt. Ebenso muß nach GMG.

---

[8]) Klagestellung **gegen** den nicht vertretenen, im Ausland wohnenden Patentinhaber ist möglich, ebenso dessen Verteidigung dagegen. Vgl. RGE. in ZivS. Bd. 42 S. 92, **Allfeld** Bem. 3, b PG. § 12.

[9]) Auch zum Anschluß an die öffentliche Klage als Nebenkläger und zur Geltendmachung als Buße; so **Allfeld** Bem. 5, c, **Seligsohn** Bem. 9 zu PG. § 12.

§ 13 Abs. 2 derjenige, der im Inland weder einen Wohnsitz noch eine Niederlassung hat, gleichzeitig mit der Anmeldung eines Gebrauchsmusters einen im Inland wohnenden Vertreter bestellen; dessen Namen und Wohnsitz werden in die Gebrauchsmusterrolle eingetragen.

In beiden Fällen haben die Vertreter dem Patentamte gegenüber ihre Bevollmächtigung durch eine Vollmacht nachzuweisen. Die Vollmacht kann nur auf prozeßfähige physische Personen, nicht auf juristische Personen und nicht auf eine Firma, lauten. Sind mehrere Personen bevollmächtigt, so gelten sie für befugt, sowohl gemeinschaftlich als auch einzeln die Vertretung wahrzunehmen; eine abweichende Bestimmung dürfen die Vollmachten nicht enthalten (s. § 28 der Ausf.-Vdg. zum PG. v. 11. Juli 1891).

In beiden Fällen ist die Bestellung eines inländischen Vertreters zwar obligatorisch, durch sie wird aber die eigene Legitimation des berechtigten Urhebers zur Geltendmachung seiner Rechte nicht ausgeschlossen.[10]) Aus dieser gleichmäßigen Legitimation des Vollmachtgebers und des Bevollmächtigten ergibt sich die unliebsame Möglichkeit eines konkurrierenden, ja selbst kollidierenden Handelns beider.[11])

Zur Substitution ist der Vertreter im Zweifel berechtigt.

§ 10.

c) Vermutung der Urheberschaft.

I. Für die Urheberschaft einer Person stellen die Gesetze in manchen Fällen eine Vermutung auf. Diese Vermutung ist regelmäßig eine einfache, durch jeden Gegenbeweis widerlegbare, in einem wichtigen Falle jedoch eine qualifizierte, gegen die nur ein bestimmter Gegenbeweis zulässig ist.

1. Einfache Vermutungen:

a) Enthält ein erschienenes Schriftwerk auf dem Titelblatt, in der Zueignung, in der Vorrede oder am Schlusse den Namen eines Verfassers, so wird vermutet, daß dieser der Urheber des Werkes sei. Ist das Werk durch Beiträge mehrerer gebildet, so genügt

[10]) Vgl. RGE. in StrS. Bd. 6 S. 10, Gew. Rechtsch. u. UR. Bd. 6 S. 160, Allfeld Bem. 6 zu PG. § 12.

[11]) Vgl. meinen Aufsatz über Konkurrierendes und kollidierendes Handeln des Vertreters und des Vertretenen, im Arch. f. ZivPr. Bd. 98 S. 372 ff., wo ich den im Texte besprochenen Fall übersehen habe.

es zur Begründung dieser Vermutung, wenn der Name an der Spitze oder am Schlusse des Beitrags abgegeben ist (LUG. § 7 Abs. 1).

b) Bei Werken, die vor oder nach dem Erscheinen öffentlich aufgeführt oder vorgetragen sind, wird ohne Rücksicht darauf, ob das Werk vorher schon bei einem Verleger erschienen ist oder nicht,[1]) vermutet, daß derjenige der Urheber sei, welcher bei der Ankündigung der Aufführung oder des Vortrags als Verfasser bezeichnet worden ist. LUG. § 7 Abs. 3.

c) Ist auf einem Werke der bildenden Kunst oder der Photographie der Name eines Urhebers angegeben oder durch kenntliche Zeichen (z. B. Monogramm) ausgedrückt, so wird vermutet, daß dieser der Urheber des Werkes sei. KUG. § 9 Abs. 1.

d) Wer nach MSchG. § 7 ein gewerbliches Muster oder Modell zur Eintragung in das Musterregister anmeldet und niedergelegt hat, gilt bis zum Gegenbeweis als der Urheber.[2]) MSchG. § 13.

e) Ist die Veröffentlichung eines Schriftwerkes oder Tonwerkes bis zum Ablauf von 30 Jahren seit dem Tod des Urhebers nicht erfolgt, so wird vermutet, daß das Urheberrecht dem Eigentümer des Werkes d. h. der Handschrift zusteht.[3]) LUG. § 29 Satz 2. Das darf natürlich nicht dahin verstanden werden, als ob hier das Urheberrecht mit dem körperlichen Eigentum identisch sei oder auch nur aus ihm sich ableite; nur die gleiche Zuständigkeit beider an sich grundverschiedener Rechte wird vermutet.[4]) Jeder Gegenbeweis ist zulässig.

Wie ist es nun, wenn vom Originale des Werkes mehrere Duplikate bestehen, die sich im Eigentum verschiedener Personen befinden? In diesem Falle, wie Allfeld[5]) will, die Vermutung einer Rechtsgemeinschaft nach Bruchteilen nach BGB. §§ 741 ff. anzunehmen, ist m. E. nicht begründet; das würde voraussetzen, daß ein Recht mehreren gemeinschaftlich zusteht. Dies trifft aber auf unsern Fall

[1]) Anders § 53 des Ges. vom 11. Juni 1870.

[2]) Für das Gebiet des Gebrauchsmusterrechts besteht eine gleichartige Vermutung nicht. Sie darf auch nicht im Wege der Analogie auf dieses Gebiet übertragen werden.

[3]) Für das Urheberrecht an Kunstwerken gilt das nicht. Vgl. KUG. § 26.

[4]) Gegen diese Vermutung de lege ferenda Kohler UrhR. S. 240.

[5]) Bem. I, 4 zu § 29. — Kohler a. a. O. wirft die Frage nur auf, ohne sie zu beantworten.

nicht zu. A hat das Alleineigentum an der Handschrift a, B hat anderes Recht, nämlich das Alleineigentum an der Handschrift b; daß beide Handschriften dasselbe unkörperliche „Werk" (im urheberrechtlichen Sinn) enthalten, schafft zwischen den beiden Eigentümern keine Rechtsbeziehung. Jeder hat also die Vermutung für sich, allein urheberberechtigt zu sein; jeder ist Dritten gegenüber prima facie berechtigt, die Urheberrechte geltend zu machen.[6]) Will aber A sein Recht gegenüber dem B geltend machen, so setzt dieser ihm einredeweise seine eigene Berechtigung, für welche auch eine Vermutung besteht, entgegen; dann ist es Sache des A, diese Einrede durch Gegenbeweis zu entkräften. Bei dieser Auffassung bleibt die Regel, daß A seine eigene Berechtigung als eine aus dem Sacheigentum zu vermutende nicht zu beweisen braucht, unberührt. Er hat nur das Negativum zu beweisen, daß B nicht berechtigt ist.

2. Eine qualifizierte Vermutung besteht auf dem Gebiete des Patentrechtes.

Wer nämlich eine objektiv schutzfähige Erfindung zuerst nach Maßgabe des Patentgesetzes angemeldet hat, hat auf die Erteilung des Patentes Anspruch (PG. von 1891 § 3). Von ihm wird also vermutet, daß er der berechtigte Erfinder sei. Gegen diese Vermutung ist nicht jeder Gegenbeweis zugelassen, sondern nur der der widerrechtlichen Entnahme der Erfindung d. h. der Beweis, daß der wesentliche Inhalt der Anmeldung den Beschreibungen, Zeichnungen, Modellen, Gerätschaften oder Einrichtungen eines anderen entnommen ist, der aus diesem Grunde gegen die Patenterteilung an den Anmelder Einspruch erhebt; vgl. § 3 Abs. 2.

II. Tragweite der Vermutungen.

1. Die besprochenen Vermutungen beziehen sich nur auf die Urheberschaft nach ihrer subjektiven Seite; vermutet wird nur die Tatsache, daß der genannte Urheber der wirkliche Urheber sei. Dagegen beziehen sie sich nicht auf die objektive Schutzfähigkeit des Werkes. Sie setzen diese vielmehr voraus und haben, wenn es an dieser fehlt, keine rechtliche Bedeutung.[7]) Dies gilt insbesondere auch für die unter I, 1, e genannte Vermutung.

---

[6]) Um eine wahre Kollision von Rechten handelt es sich dabei aber nicht. Das wäre nur der Fall, wenn § 29 nicht eine bloße Vermutung, sondern eine Fiktion aufstellen würde.

[7]) Schuster, UrhR. der Tonkunst S. 93 will die Vermutung des jetzigen LUG. § 7 Abs. 1 (früher § 28 Abs. 2) auch zu Ungunsten des genannten Ur-

Dem Wortlaute nach gilt es auch für die unter I, 1, d erwähnte Vermutung des MSchG. § 13, wonach derjenige, der ein gewerbliches Muster oder Modell zur Eintragung in das Musterregister angemeldet und niedergelegt hat, als Urheber gilt. Aber die Praxis[8]) erstreckt diese Vermutung nicht nur auf die mit der Urheberschaft von selbst gegebene Eigentümlichkeit, sondern auch auf die an sich von ihr verschiedene Neuheit des Musters, als ob eine Vermutung des Urheberrechtes vorgeschrieben wäre. Diese ausdehnende Auslegung scheint sich zu einer gewohnheitsrechtlichen zu entwickeln; über das theoretische Bedenken, das ihr entgegensteht, darf man um so eher hinwegsehen, als es in der Tat bei der unendlichen und für den Einzelnen kaum übersehbaren Menge vorhandener Geschmacksmuster ein unbilliges Verlangen wäre, vom Anmelder den Beweis der Neuheit zu verlangen; vielmehr erscheint es nur gerechtfertigt, diesen Beweis dem Gegeninteressenten aufzubürden, der die Neuheit bestreitet. Immerhin kann diese Auffassung nur gelten, soweit es sich um Eigentümlichkeit und Neuheit handelt, nicht soweit die Zugehörigkeit des Musters zur Kategorie der schutzfähigen Gebrauchsmuster überhaupt in Frage steht; diese Zugehörigkeit wird in § 13 nicht vermutet, sondern vorausgesetzt.

2. Sämtliche besprochenen einfachen Vermutungen haben im Zivilprozeß schlechthin Geltung.[9])

Grundsätzlich gelten sie auch für den Strafprozeß; hier ist jedoch zu beachten, daß die Führung des gegen sie zulässigen Gegenbeweises nicht schlechthin vom Belieben einer Partei abhängt, sondern daß das Gericht nach StPO. § 243 Abs. 3 auch von Amts wegen zum

---

hebers gelten lassen; stünde also fest, daß das Werk nachgedruckt ist, so würde er bis zum Beweis des Gegenteils als Verfasser des Nachdrucks gelten. Gegen diese Auffassung mit Recht Allfeld Bem. 2 zu § 7.

[8]) Vgl. ROHG. Bd. 24 S. 403, RGE. Bd. 8 S. 15 ff, ferner die von Kohler im Arch. f. bürg. R. Bd. 27 S. 205 ff. kritisierten Urteile des Kammergerichts vom 1. Oktober 1904 und des Reichsgerichts vom 1. April 1905; im Sinne der Praxis auch Allfeld Bem. 3 zu § 13. Dagegen Schanze, Erfindungen und Muster, S. 378 und Kohler a. a. O. Gegen letzteren wiederum Bolze, Die Rechtsvermutung des § 13 des MSchG., in D. JurZtg. 1906 S. 227 ff. unter Hinweis auf den für unseren § 13 vorbildlichen § 8 des österreichischen Gesetzes von 1859. Jedoch bringt das österreichische Gesetz, das bestimmt, daß der Eingetragene „als der wirkliche Eigentümer des Musters angesehen wird" die Tragweite der Vermutung zu viel klarerem Ausdruck als das deutsche.

[9]) Vgl. EG. z. ZPO. § 13 Abs. 1; ZPO. § 292.

Zwecke dieses Beweises die Ladung von Zeugen und Sachverständigen, sowie die Herbeischaffung anderer Beweismittel anordnen kann.[10]) Diese Berechtigung ist, soweit die Beweiserhebung zur Aufklärung der materiellen Wahrheit und damit zur Urteilsfindung dienlich ist, zugleich Verpflichtung.

III. Die gemeinsame Rechtsidee, die den Vermutungen der Urheberschaft zugrunde liegt, ist die, daß derjenige, auf den gewisse äußere, der Oeffentlichkeit gegenüber in die Erscheinung tretende Merkmale, wie Aufdruck oder Aufschrift seines Namens, Anmeldung zu einem öffentlichen Register, Eigentum am körperlichen Substrat,[11]) als auf den Inhaber einer Berechtigung hindeuten, in seiner tatsächlichen Machtposition von der Rechtsordnung so lange geschützt wird, bis diese als eine unberechtigte erwiesen wird. Es handelt sich also hier um eine der mannigfachen Erscheinungsformen des sehr verschiedener Gestaltung und Wirkung fähigen Publizitätsgedankens.

§ 11.

d) Scheinbare Fiktionen der Urheberschaft.

Fiktionen der Urheberschaft finden sich im deutschen Rechte nicht. Die in der Gesetzessprache übliche Fiktionsform („gilt") tritt in den Urheberrechtsgesetzen zwar ziemlich häufig auf, aber sie wird mißbräuchlich angewendet. Die scheinbaren Fiktionen entpuppen sich bei der näheren Prüfung als unechte Fiktionen.

1. So liegt in Wahrheit keine Fiktion vor, wenn LUG. § 2 bestimmt, daß bei einer Übersetzung eines Schriftwerks der Übersetzer, bei einer sonstigen Bearbeitung der Bearbeiter als Urheber „gilt". Der Übersetzer und der Bearbeiter sind die wirklichen Urheber des hier in Frage stehenden Werkes, nämlich der Übersetzung oder Bearbeitung als eigentümlicher Schöpfungen. Hier wirkt die gesetzliche Ausdrucksweise nur verwirrend.[1])

Ebenso steht es, wenn im Falle der Verbindung eines Schriftwerkes mit einem Werke der Tonkunst oder mit Abbildungen im LUG. § 5 bestimmt wird, daß für jedes dieser Werke dessen Verfasser auch nach der Verbindung als Urheber gilt; und ebenso, wenn

---

[10]) Vgl. RGE. in StrS. Bd. 20 S. 145.

[11]) LUG. § 29 Satz 2.

[1]) Gegen sie, leider ohne Erfolg, schon Birkmeyer, Reform S. 32.

KUG. § 7 sagt: „wird ein Werk der bildenden Künste mit einem Werk der Photographie verbunden, so gilt für jedes dieser Werke dessen Urheber auch nach der Verbindung als Urheber. Das gleiche gilt, wenn ein Werk der bildenden Künste oder ein Werk der Photographie mit einem Werk der Literatur oder der Tonkunst oder mit einem geschützten Muster verbunden wird".

In allen diesen Fällen will das Gesetz nur zum Ausdruck bringen, daß durch die Verbindung mehrerer Werke an der wahren Urheberschaft nichts geändert wird, daß jeder Urheber sein selbständiges Urheberrecht an seinem Werk behält und daß durch die Verbindung nicht etwa auf urheberrechtlichem Gebiet eine der sachenrechtlichen Akzession (vgl. BGB. § 946) oder Adjunktion (§ 947) zu vergleichende Änderung der Rechtslage eintritt.

2. Zu Unrecht bedient sich das Gesetz einer Fiktionsform auch im LUG. § 4 Satz 1 und dem völlig gleichlautenden KUG. § 6: besteht ein Werk aus den getrennten Beiträgen Mehrerer (Sammelwerk), so ist für das Werk als Ganzes der Herausgeber als Urheber anzusehen. Er ist einfach deshalb dafür „anzusehen", weil er bezüglich des Sammelwerkes (Konversationslexikon, Staatswörterbuch, Zeitung usw.) als Ganzen durch seine Auswahl und Prüfung der Beiträge und die Anordnung des Stoffes selbst eine individuelle geistige Tätigkeit entfaltet hat, die eben im Ganzen zum Ausdruck kommt, und daher der wahre Urheber des „Ganzen" ist. Das ist keine Fiktion. An den einzelnen Beiträgen als solchen behält aber mangels einer anderweitigen Vereinbarung der einzelne Bearbeiter sein Urheberrecht.

Wenn LUG. § 4 und KUG. § 6 des weiteren bestimmen, daß, wenn bei Sammelwerken ein Herausgeber nicht genannt ist, der Verleger als Herausgeber gilt, so hat diese anscheinende Fiktion im praktischen Leben nicht die Bedeutung einer solchen, weil sie nahezu immer entweder völlig der Wahrheit entspricht, oder doch zwischen dem Herausgeber und dem Verleger ein Vertragsverhältnis besteht, auf Grund dessen das Urheberrecht am Ganzen auf letzteren übertragen ist.

3. Auch im Falle des MSchG. § 2 (Urheberrecht des Anstaltseigentümers an den Mustern und Modellen der Angestellten) handelt es sich m. E. nur scheinbar um eine fiktive Urheberschaft; in Wirklichkeit wird nicht die Urheberschaft, sondern nur der Übergang des

Urheberrechtes fingiert. Das ist schon oben (in § 9 unter III, 3) ausgeführt.

4. Am zweifelhaftesten erscheint die Frage, ob nicht eine echte Fiktion vorliege, beim Urheberrecht der juristischen Personen.

§ 12.

e) Das Urheberrecht der juristischen Personen und der Gesamthänderschaften.

I. Juristische Personen des öffentlichen Rechtes (der Staat, das Reich, Gemeinden, Universitäten, Akademien, Kirchengesellschaften), die als Herausgeber ein Werk veröffentlichen, dessen Verfasser nicht auf dem Titelblatt, in der Zueignung, in der Vorrede, oder am Schluß genannt wird, werden, wenn nicht ein Anderes vereinbart ist, als Urheber des Werkes angesehen[1]). LUG. § 3. Die Beweislast für einen vertragsmäßigen Vorbehalt trifft den Verfasser.

Nur natürliche, nicht juristische Personen sind des geistigen Schaffens, aus dem das Urheberrecht entspringt, fähig.

Gierke[2]) freilich nimmt, von seiner bekannten Organtheorie ausgehend, grundsätzlich an, ein Urheberrecht könne auch als Recht einer Verbandsperson entstehen; denn ein Geisteswerk könne von einer Verbandsperson in ihrem Wirkungskreise durch ein hierzu berufenes Organ geschaffen werden. Zur Erklärung des jetzigen gesetzlichen Standpunktes ist mit dieser Organtheorie, mag man sich sonst zu ihr stellen wie immer,[3]) jedenfalls nicht auszukommen. Denn nach LUG. § 3 besteht das Urheberrecht der juristischen Person ja gar nicht von dem Augenblicke an, in dem das Werk durch ihre „Organe" geschaffen wird, sondern erst von der Veröffentlichung des Werkes durch die juristische Person an; wird das Werk vorher durch das „Organ" selbst veröffentlicht, so steht diesem selbst als dem genannten Verfasser das Urheberrecht zu.

[1]) Das gilt, auch wenn eine staatliche oder kirchliche Behörde, z. B. ein Ministerium, Statistisches Amt, Bischöfliches Ordinariat, innerhalb des ihr zugewiesenen öffentlichen Wirkungskreises als Herausgeber ein Werk veröffentlicht.

[2]) D. PrR. Bd. 1 S. 781.

[3]) Gegen sie überhaupt Meurer, Die Juristische Person S. 156 ff., Schloßmann in Iherings Jahrb. Bd. 44 S. 289 ff.; Hölder, Natürliche und Juristische Personen S. 55 ff.

An demselben Grunde scheitert aber wohl auch die von Kohler[4]) vertretene Konstruktion, der hier einen Fall des Erwerbes durch Stellvertretung annimmt. Folge dieser Auffassung wäre, daß, wer im Namen eines anderen (der juristischen Person) ungenannt arbeitet, diesem damit unmittelbar das Urheberrecht verschafft. Das will aber § 3 gar nicht besagen.

Enthält also LUG. § 3 eine Fiktion? Nach der Meinung mancher Schriftsteller wird die Urheberschaft der juristischen Person fingiert, also die Tatsache, daß diese Urheberin des Werkes sei.[5]) Diese Meinung hat zweifellos den Wortlaut des Gesetzes für sich, das ja sagt, daß die juristische Person als „Urheber des Werkes" angesehen werde. Aber die wissenschaftliche Erfassung des Gesetzesinhaltes braucht sich durch diesen Wortlaut nicht strenge gebunden zu fühlen, wenn sie mit einer anderen rechtlichen Auffassung, die den Tatsachen weniger Gewalt antut, gleichfalls zu dem vom Gesetz angestrebten Ergebnisse zu gelangen vermag. Natürlicher erscheint es zu sagen: Das ursprüngliche Urheberrecht steht in allen Fällen dem wahren Urheber zu. Wahrer Urheber ist aber der von der juristischen Person beauftragte Verfasser, nicht die juristische Person selbst. Wenn also überhaupt etwas fingiert wird, so ist es nicht die Urheberschaft, sondern der Umstand, daß das aus der Urheberschaft sich ergebende Urheberrecht auf die juristische Person unter den im § 3 genannten Voraussetzungen übertragen wird. Diese Übertragung entspricht unter jenen Voraussetzungen aber durchaus dem wahren Willen des Verfassers. Auch die Übertragung wird also nicht fingiert; sie wird vielmehr nur vermutet.[6]) Gegen diese Vermutung ist der vom Verfasser zu führende Gegenbeweis zulässig, daß etwas anderes vereinbart wurde. Diese

[4]) UrhR. S. 228. Vom Standpunkt seiner Theorie aus ist die Fassung des § 3 allerdings, wie er selbst sagt, „eine äußerst unklare". Mir scheint aber die Unklarheit mehr in der Theorie zu liegen, mit der er an das Gesetz herantritt.

[5]) In diesem Sinne Birkmeyer, Reform S. 8, und Kuhlenbeck Bem. 4 zu § 3; wohl auch Allfeld, da er es (Bem. 2 zu § 3) als den Willen des Gesetzes ansieht, daß die juristischen Personen ein ursprüngliches Urheberrecht haben.

[6]) Auch Kohler a. a. O. Anm. 19 erblickt in § 3 eine „Vermutungsbestimmung". Aber er bezieht die Vermutung auf die (vertretungsweise erworbene) Urheberschaft selbst, während ich sie nur auf die Uebertragung beziehen möchte.

unsere Auffassung, die im Urheberrecht der juristischen Person nicht ein ursprüngliches, sondern ein abgeleitetes Recht und in der Vorschrift des § 3 nicht eine Fiktion, sondern nur eine Vermutung erblickt, wird vielleicht nicht dem Wortlaute, aber sicher dem Zwecke des Gesetzes gerecht. Ist aber der stets fatale Notbehelf der Fiktion irgendwo entbehrlich, so lasse man ihn fallen!

Dieselbe Bedeutung wie dem LUG. § 3 kommt auf dem Gebiete des künstlerischen Urheberrechts dem KUG. § 5 zu. Hier ist bestimmt, daß juristische Personen des öffentlichen Rechts, die als Herausgeber ein Werk erscheinen lassen, das den Namen des Urhebers nicht angibt, „als Urheber des Werkes angesehen" werden, wenn nicht ein anderes vereinbart ist.

II. Auch das Erfinderrecht kann, wie die übrigen Urheberrechte, als ein aus einer geistigen Schöpfung entspringendes Recht, nur in einer natürlichen, nicht in einer juristischen Person zur Entstehung kommen. Aber das Erfinderrecht ist ja zunächst nur ein unvollkommenes, und schon in seinem unvollkommenen Zustand ist es auf beliebige Rechtssubjekte, auch auf juristische Personen, übertragbar. Meldet nun eine juristische Person, der ein Erfinderrecht ausdrücklich oder stillschweigend übertragen ist, die Erfindung formgerecht an, so wird, objektive Schutzfähigkeit der Erfindung vorausgesetzt, ihr darauf das Patent erteilt. Das Patentrecht (als Vervollkommnung des Erfinderrechts) kann also, da die Patenterteilung nicht nur deklarative, sondern auch konstitutive Bedeutung hat, in der juristischen Person entstehen.

III. Im Wege der Übertragung können Urheberrechte nicht nur von natürlichen und juristischen Personen, sondern auch von gewissen anderen Personenverbindungen erworben werden, die vom Gesetze zwar nicht mit selbständiger Rechtspersönlichkeit, aber doch mit einer rechtlichen Selbständigkeit hinsichtlich des Erwerbes von Rechten und der Eingehung von Verpflichtungen ausgestattet sind und als rechtsfähige Gesamthänderschaften sich bezeichnen lassen; so von offenen Handelsgesellschaften (HGB. § 124) und von Kommanditgesellschaften (§ 161 Abs. 2). Auch einem nicht rechtsfähigen Vereine und einer Gesellschaft des bürgerlichen Rechts kann im Wege der Geschäftsführung (vgl. BGB. §§ 718, 713, 714, 54) ein Urheberrecht dergestalt erworben werden, daß es den durch das Gesellschafts- oder Vereinsverhältnis verbundenen Personen miteinander zusteht.

An dem auf diese Weise dem Personenverbande erworbenen Urheberrechte entsteht für die einzelnen Gesellschafter nicht eine Gemeinschaft nach Bruchteilen, sondern eine Mitberechtigung zur gesamten Hand. Ein solcher Erwerb von Urheberrechten ist aber stets ein abgeleiteter.

Als ein ursprüngliches dagegen kann das Urheberrecht in den als Gesamthänderschaften aufzufassenden Verbänden nicht entstehen. Verfassen mehrere Gesellschafter gemeinschaftlich ein schutzfähiges Schriftwerk oder Kunstwerk, so besteht unter ihnen als Miturhebern eine vom Gesellschaftsverhältnisse zunächst völlig unberührte Gemeinschaft nach Bruchteilen im Sinne des BGB. § 741 ff.; dasselbe ist mangels einer besonderen gesetzlichen Vorschrift aber auch anzunehmen, wenn mehrere Gesellschafter gemeinsam eine Erfindung machen. Da nun aber in der Gemeinschaft nach Bruchteilen jeder Teilhaber über seinen Anteil verfügen kann (BGB. § 747), so kann er ihn auch auf den gesamthänderischen Personenverband, dem er angehört (Gesellschaft, offene Handelsgesellschaft usw.) übertragen. Tut er das, so entsteht ein ziemlich verwickeltes Rechtsverhältnis: der übertragene Anteil bleibt ideelle Bruchteilberechtigung in dem Gemeinschaftsverhältnisse, welches zwischen der Gesellschaft einerseits als der Rechtsnachfolgerin des einen Miturhebers und den übrigen Miturhebern andererseits besteht;[1]) an diesem Anteile (der Bruchteilberechtigung) besteht aber eine ungeteilte Gesamtberechtigung der im Gesamthandsverhältnis stehenden sämtlichen Gesellschafter.

§ 13.

f) Miturheberschaft und Miterfinderschaft.[1])

I. Gemeinschaftsverhältnisse gibt es an unkörperlichen Gütern so gut wie an körperlichen. Wird durch die gemeinsame Geistesarbeit mehrerer Personen ein einheitliches untrennbares Schriftwerk, Tonwerk oder Kunstwerk geschaffen, so steht ihnen als Miturhebern das Urheberrecht gemeinschaftlich zu. Ebenso verhält es sich, wenn der gemeinsamen Geistesarbeit Mehrerer eine Erfindung entspringt. Vor-

[1]) Denn die Verfügung eines Teilhabers über seinen Anteil bringt die Gemeinschaft nach Bruchteilen nicht zur Auflösung.

[1]) Literatur: Kohler im Arch. f. ZivPr. Bd. 85 S. 339 ff.; Hirschberg, Das Miturheberrecht, Jenaer Diss. 1901; Astor, Das literarische und artistische Miturheberrecht, Leipziger Diss. 1904.

ausgesetzt ist dabei, daß jeder eine individuelle Geistestätigkeit entwickelt und nicht etwa der eine bloß als unselbständige Hilfsperson des anderen erscheint. Solche echte Miturheberschaft kommt häufig bei Lustspielen und Possen, aber auch bei wissenschaftlichen Werken der bildenden Kunst (vgl. die Beispiele von Kohler in Iherings Jahrb. Bd. 18, S. 334), seltener bei Tonwerken[2]) vor. Auch ein Briefwechsel kann dergestalt als ungetrenntes Ganzes in Betracht kommen.[3])

Daß ein gemeinsames geistiges Schaffen stets eine Verständigung unter den Urhebern voraussetzt, liegt in der Natur der Sache. Aber ein Rechtsverhältnis braucht unter ihnen nicht zu bestehen,[4]) ein solches entsteht unter ihnen erst durch die Vollendung des geistigen Schaffens, der das Urheberrecht entspringt. Was ist das nun für ein Rechtsverhältnis? Es ist, wie stets, wenn ein Recht Mehreren gemeinschaftlich zukommt und sich aus dem Gesetz nichts anderes ergibt, eine Gemeinschaft nach Bruchteilen. Das ist schon im BGB. § 741 bestimmt und es war daher überflüssig, daß neuere Urheberrechtsgesetze (LUG. § 6, KUG. § 8) es für das literarische und künstlerische Urheberrecht besonders wiederholt haben.[5])

Über das Gemeinschaftsverhältnis, das bei der Miterfinderschaft, bei der Miturheberschaft an Geschmacksmustern und an Gebrauchsmustern entsteht, enthalten die Spezialgesetze keine besondere Bestimmung; eben darum tritt auch hier die allgemeine Regel des BGB. § 741 ein, wonach eine Gemeinschaft nach (im Zweifel gleichen) Bruchteilen besteht.

II. Vor der Einführung des BGB. überwog in Deutschland die wohlbegründete Meinung, daß Miturheber und Miterfinder zueinander nicht in einer Gemeinschaft nach Bruchteilen, sondern in

---

[2]) Beispiele letzterer Art bringt Schuster, Urheberrecht der Tonkunst, S. 133 ff.

[3]) Vgl. Hoffmann, Urheberrecht an Briefen, S. 56 ff.

[4]) Also auch kein Vertragsverhältnis. Allfeld Bem. 1 zu LUG. § 6 sagt, die Miturheberschaft setze eine „Uebereinkunft" der Beteiligten voraus. Aber im rechtlichen Sinne wird man das nicht verstehen dürfen. Es handelt sich um eine sog. communio incidens. Liegt ein Gesellschaftsvertrag vor, so ist m. E. § 6 überhaupt nicht anwendbar. Vgl. den Text unter VII.

[5]) De lege ferenda kann man sich wohl fragen, ob nicht für die Miturheberschaft das Gesamthandsverhältnis, das die historische Tradition für sich hat, die passendere Form gewesen wäre. Vgl. Opet im Arch. f. ZivPr. Bd. 90 S. 136 ff.

einer solchen zur gesamten Hand stehen und daß infolgedessen die Verfügung über das Geisteswerk oder die Erfindung nur allen Miturhebern gemeinschaftlich zustehe.[6] Daran für das jetzige Recht festzuhalten, ist angesichts der positiven gesetzlichen Bestimmung des Gegenteils unmöglich. Aber es frägt sich, ob nun das Gemeinschaftsverhältnis nach Bruchteilen auch bei solchen Miturheberschaften anzunehmen sei, die schon vor der Einführung des BGB.[7]) entstanden sind, oder ob für diese etwa an der alten Gesamthändertheorie festzuhalten ist. Wir nehmen angesichts der Art. 181 Abs. 2 und des arg. e contr. aus Art. 173 EG. zum BGB. letzteres an. Allerdings geht EG. Art. 181 Abs. 2 mit seiner Aufrechthaltung des alten Rechtes von dem Falle aus, daß das Eigentum den Gegenstand eines Gesamthandsverhältnisses bildet, und Urheberrechte sind, wie schon dargelegt, vom Eigentum verschiedene Rechte. Aber sie lassen sich immerhin als absolute Herrschaftsrechte mit diesem noch am ehesten in Parallele setzen und es erscheint daher die analoge Anwendung des Art. 181 Abs. 2 zulässig.

III. Im Einzelnen gestalten sich Miturheberschaft und Miterfinderschaft durch die Anwendung der Grundsätze des BGB. folgendermaßen:

1. Im Zweifel ist anzunehmen, daß den Miturhebern gleiche Teile zustehen (BGB. § 742) und infolgedessen jedem auch der gleiche Anteil an den Früchten (z. B. Tantiemen, Lizenzvergütungen) zusteht. Dieser Grundsatz kommt als Auslegungsregel nur dann zur Anwendung, wenn sich nicht aus einer Vereinbarung der mehreren Urheber oder aus anderweitigen Umständen, die klar auf eine abweichende Regelung hindeuten, etwas anderes ergibt. Aber es erscheint mir doch bedenklich, wenn A den Roman geschrieben, B ihn übersetzt, C die Übersetzung dramatisiert und D dazu die Musik geschrieben hat, nun mit Kohler[8]) den Dichtern zusammen die Hälfte und dem

[6]) Vgl. Mandry, Das UrhR. S. 108 ff.; Kohler in Iherings Jahrb. Bd. 18 S. 333 ff., 337 ff.; Stobbe, D. PrR. Bd. 3 S. 26; Gierke Bd. 1 S. 782. Wächter dagegen (Autorrecht S. 92) nahm für das ältere Recht ein „Autorrecht nach Quoten und zwar im Zweifel nach Kopfteilen" an (ähnlich Klostermann, UrhR. S. 111); Daude, Lehrbuch S. 28, 109 ein Urheberrecht der Miturheber am Gesamtwerk „nach Verhältnis ihrer Anteilnahme an der Hervorbringung des letzteren".

[7]) Nur dieser Zeitpunkt kann als der in Frage kommende angesehen werden, nicht etwa die Einführung des LUG. bzw. KUG., da diese Gesetze hier nur wiederholen, was sich aus dem BGB. ohnehin schon ergibt.

[8]) UrhR. S. 253.

Tonmeister die Hälfte zuzuteilen und innerhalb der Dichtergruppe wiederum einen Unterschied zu machen, der dem ursprünglichen Dichter mehr zuweist als dem Übersetzer und Dramatisator. Man muß doch beachten, daß es sich hier nicht um quantitativ zu schätzende Leistungen, sondern um qualitativ zu wertende Geistesarbeiten handelt, die ihrer Natur nach einer ziffernmäßigen Gegenüberstellung von vornherein unzugänglich sind.[9]) Gewiß ist es richtig, daß in jenem Falle die drei Verfasser der Dichtung nicht darum, weil es mehrere sind, den Tonmeister überstimmen können, aber diese Unmöglichkeit ist nicht das Ergebnis einer rechnerischen Abwägung, sondern einfach einer Forderung von Treu und Glauben.[10])

2. Jeder Miturheber bezw. Miterfinder kann über seinen Anteil am Recht, also über seine Bruchteilberechtigung, unter Lebenden und von Todes wegen verfügen. Der andere Miturheber bezw. Miterfinder hat für den Fall einer solchen Verfügung kein Vorkaufs- oder Retraktrecht, was gerade bei der Miturheberschaft, deren Wesen das Eindringen eines nichtsachverständigen Bruchteilerwerbers eigentlich widerstreitet, ein entschiedener Fehler des Gesetzes ist. Vertragsmäßig kann natürlich ein Vorkaufsrecht vereinbart werden. Da die Bruchteilberechtigung eines jeden möglicher Verfügungsgegenstand ist, so kann sie auch innerhalb der der Zwangsvollstreckung im Urheberrecht überhaupt gezogenen Grenzen (vgl. LUG. § 10, KUG. § 14) Gegenstand der Zwangsvollstreckung seitens seines Gläubigers sein.

Eine im Wege der Vereinbarung getroffene Verfügungsbeschränkung könnte gemäß § 137 BGB. nur obligatorische Wirkung unter den Parteien selbst haben, keine Wirkung gegen Dritte.

Das Verfügungsrecht bezieht sich nur auf die ideelle Bruchteilberechtigung des Einzelnen, nicht auf seinen Arbeitsanteil am Werke selbst; haben also zwei Dichter miteinander ein Lustspiel geschrieben, so kann nicht etwa der eine die von ihm stammenden Szenen selbständig an einen Theaterdirektor veräußern, damit dieser sich einen anderen Ergänzungsdichter dazu suche.

3. Über das gemeinsame Geisteswerk im Ganzen können die Miturheber oder Miterfinder nur gemeinschaftlich verfügen (BGB.

---

[9]) Diese Erwägung spricht freilich de lege ferenda überhaupt gegen das Prinzip der Gemeinschaft nach Bruchteilen.

[10]) Abgesehen davon, daß eine Ueberstimmung bei „Verfügungen" überhaupt ausgeschlossen ist; s. unter 3.

§ 747 Satz 2), nicht auf Grund eines Mehrheitsbeschlusses. Der Widerspruch eines Einzelnen genügt zur Hintanhaltung der Verfügung. Wenn jedoch der Widerspruch nur den Zweck haben kann, die Genossen zu schädigen, ist er als Schikane unzulässig. Die „Verfügungen"[11]) stehen hier im Gegensatz einerseits zu nicht rechtsgeschäftlichen Verwaltungsakten, andererseits zu den bloßen „Verpflichtungen". Verfügungen sind solche rechtsgeschäftliche Handlungen, welche die gewollte Rechtsänderung unmittelbar herbeiführen, indem sie den Gegenstand selbst ergreifen, an dem die Rechtsänderung eintreten soll. Dieser Gegenstand ist aber hier nicht das Geisteswerk oder Kunstwerk als körperliche Erscheinung, nicht das Manuskript, das Gemälde usw., sondern als unkörperliches Gut. Eine Einstimmigkeit erfordernde Verfügung ist demnach zu erblicken in jeder Willenserklärung, die eine Veränderung in der rechtlichen Zuständigkeit dieses Gutes oder eine Veränderung des Urheberrechts an ihm oder einer der darin enthaltenen Befugnisse zur unmittelbaren Folge hat. Einstimmigkeit ist daher erforderlich nicht nur zur schrankenlosen Übertragung des Geistesgutes, zu seiner Verpfändung, zur Gewährung eines Nießbrauchs daran, sondern auch zur Einräumung des ausschließlichen oder territorial beschränkten Vervielfältigungs- und Verbreitungsrechtes, Vortrags- oder Aufführungsrechtes,[12]) des Übersetzungsrechts, des Bearbeitungsrechts, des Rechtes zur erstmaligen Mitteilung des wesentlichen Inhalts; sodann zur Anmeldung einer Erfindung oder eines musterschutzfähigen Modells beim Patentamte oder eines kunstgewerblichen Musters oder Modells zur Eintragung in das Musterregister; ferner zur Lizenzerteilung bei Patenten; endlich auch zur Veröffentlichung des Werkes durch die Urheber selbst, da auch die Veröffentlichung durch mannigfache vom Gesetz an sie geknüpfte Folgen[13]) eine wesentliche Änderung des Rechtsinhalts bewirkt. Dagegen ist die Verfügung über das Werk in seiner körperlichen Erscheinung nicht notwendig zugleich Verfügung über

[11]) Vgl. über diesen Begriff meine Bem. im Staudingerschen Kommentar zum BGB. 3./4. Aufl. Bd. 1 S. 337 f. und die dort angeführte Literatur.

[12]) LUG. § 28 Abs. 1 bestimmt: „Zur Veranstaltung einer öffentlichen Aufführung ist, wenn mehrere Berechtigte da sind, die Einwilligung eines jeden erforderlich." Diese Vorschrift bezieht sich jedoch nicht auf das interne Verhältnis unter den Mitberechtigten, sondern nur auf die Befugnis des außerhalb der Gemeinschaft Stehenden, der die Aufführung veranstalten will.

[13]) Vgl. Allfeld Bem. 3, d d zu LUG. § 6.

das Geistesgut und über das daran bestehende Urheberrecht; die Verfügungsbefugnis über das körperliche Eigentum ist selbständig zu beurteilen.[14])

4. Handlungen, die sich als Akte der bloßen Verwaltung und Benutzung des Geistesgutes darstellen, ohne zugleich eine „Verfügung" darüber zu enthalten, werden praktisch kaum von erheblicher Bedeutung sein. Sie stehen den Miturhebern gemeinschaftlich zu. Durch die nach der Größe ihrer Anteile zu berechnende Stimmenmehrheit kann eine ordnungsmäßige Verwaltung und Benutzung beschlossen werden; jeder Teilhaber kann aber, sofern nicht eine Vereinbarung oder ein Mehrheitsbeschluß vorliegt, eine dem Interesse aller Teilhaber nach billigem Ermessen entsprechende Verwaltung und Benutzung verlangen. Vgl. BGB. §§ 744, 745.

5. Jeder der Miterfinder ist den anderen gegenüber verpflichtet, die Patentgebühren nach dem Verhältnisse seiner Bruchteilberechtigung zu tragen; entsprechend Gleiches gilt für die Geschmacksmuster- und Gebrauchsmustergebühren (arg. BGB. § 748).

6. Nach BGB. § 749 kann jeder Teilhaber jederzeit die Aufhebung der Gemeinschaft verlangen (gemeinrechtliche actio communi dividundo). Diese Aufhebung erfolgt nach der dispositiven Vorschrift des § 752 durch Teilung in Natur, wenn der gemeinschaftliche Gegenstand sich ohne Verminderung des Wertes in gleichartige den Anteilen der Teilhaber entsprechende Teile zerlegen läßt. Das ist bei einem Geistesgute als einem unteilbaren unkörperlichen Gegenstande ausgeschlossen. Es könnte daher, wenn sich nicht die mehreren Teilhaber im Wege gütlicher Vereinbarung auf eine Abteilung des Rechtes nach territorialen Grenzen oder auf eine Verteilung nach den im Urheberrecht enthaltenen einzelnen Befugnissen einigen, nur auf Teilung durch Verkauf (§ 753) erkannt werden, der nach der gesetzlichen Regel nach den Vorschriften über den Pfandverkauf zu

---

[14]) Allfeld Bem. 3, b, ee zu LUG. § 6 meint, mit der sinnlich wahrnehmbaren Gestalt des Werkes gehe auch das Recht (nämlich das Urheberrecht) unter, also würde die Vernichtung des Manuskriptes, von welchem keine Kopie vorhanden ist, die Vernichtung des Rechtes bedeuten. Das ist aber nicht unter allen Umständen zutreffend. Denn die zum „Schriftwerk" erforderliche Formgestaltung kann nicht nur durch Schrift, sondern auch durch mündliche Rede gegeben sein; wird von dieser nachher ein Manuskript angefertigt, das wieder vernichtet wird, so ist das auf das Urheberrecht ohne Einfluß. Ebenso verhält es sich beim musikalischen Urheberrecht, das auch schon durch Vortrag enstehen kann.

geschehen hätte. Bei einem Zwangsverkauf würden jedoch die einzelnen Teilhaber auch ihren Einfluß darauf, ob das Werk überhaupt veröffentlicht werden soll, verlieren. Daß dieser Einfluß ihnen nicht wider ihren Willen entzogen werden kann, liegt aber im Wesen jener einem durchaus individuellen Interesse dienenden Befugnis zur erstmaligen Veröffentlichung begründet. Ebenso wie die Zwangsvollstreckung in das Urheberrecht gegen den Urheber selbst nicht ohne seine Einwilligung stattfinden kann (LUG. § 10, KUG. § 14), muß auch der Zwangsverkauf im Teilungsverfahren wider seinen Willen als unzulässig gelten; die gleiche Rechtsidee drängt zur gleichen Entscheidung.

Gegenüber diesem aus dem Wesen des Rechts hergeleiteten Ergebnisse, daß in gewissen Fällen die Zwangsteilung unmöglich ist, können die Bestimmungen des BGB. § 749 Abs. 2 und 3, wonach bei Vorliegen eines wichtigen Grundes die Aufhebung stets verlangt werden kann und eine vertragsmäßige Ausschließung oder Beschränkung des Aufhebungsrechts nichtig ist, keine Geltung beanspruchen. Denn der urheberrechtliche Grundsatz der Unmöglichkeit des Zwangsverkaufs wider Willen eines Urhebers steht zu jenen Vorschriften des BGB. im Verhältnisse der Spezialnorm zur lex generalis.[15])

7. Bei Verzicht eines Miturhebers auf seinen Anteil am literarischen, musikalischen oder künstlerischen Urheberrecht wächst dieser Anteil dem oder den übrigen Miturhebern verhältnismäßig an. Ebenso tritt Anwachsung ein, wenn ein Miturheber stirbt und der Fiskus oder eine andere juristische Person gesetzlicher Erbe wäre.[16])

IV. Der Ablauf der Schutzfrist bestimmt sich beim Miturheberrecht, soweit der Zeitpunkt des Todes dafür maßgebend ist, nach dem Tode des letztlebenden Miturhebers (LUG. § 30, KUG. § 27).

V. Steht mehreren Personen deshalb dasselbe Urheberrecht zu, weil sie gemeinsam denselben Urheber beerbt haben, so stehen sie in Ansehung des Urheberrechts zueinander nicht in einer Gemeinschaft

---

[15]) Vgl. zu dieser wenig geklärten Frage auch Allfeld Bem. 3, e zu LUG. § 6, welcher BGB. § 749 ff. grundsätzlich für anwendbar hält, aber zugibt, daß diese Anwendung zu Mißständen führen kann.

[16]) Die Gesetze (LUG. § 8 Abs. 2, KUG. § 10 Abs. 2) sagen für den Fall gesetzlicher Erbfolge des Fiskus freilich einfach, daß das Recht erlischt. Aber eben weil es erlischt, hat sich die Zahl der Teilhaber an der Gemeinschaft verringert und infolgedessen ihre Bruchteilberechtigung erhöht.

nach Bruchteilen, sondern als Miterben bis zur Auseinandersetzung in dem Gesamthandverhältnisse der §§ 2032 ff. BGB. Dies gilt in gleicher Weise, wenn ein Erfinder von mehreren Personen beerbt wird.[17])

VI. Nicht zu einem Miturheberrechte bzw. Miterfinderrechte kommt es, wenn mehrere für ein Sammelwerk, das sich äußerlich als einheitliches Ganzes darstellt, wie für ein Staatswörterbuch, eine Enzyklopädie, die Allgemeine deutsche Biographie usw. getrennte Beiträge liefern. In diesem Falle treten die verschiedenen Mitarbeiter zueinander in keinerlei rechtliche Gemeinschaft, sondern jedem bleibt für sich das Urheberrecht an seinem Beitrage;[18]) selbstverständlich kann er es auf den Herausgeber oder auf den Verleger übertragen. Das Urheberrecht am Sammelwerk als Ganzem aber steht dem Herausgeber und, wenn ein solcher nicht genannt ist, dem Verleger zu (LUG. § 4, KUG. § 6).

An dem selbständigen Urheberrechte jedes Verfassers ändert sich auch dann nichts, wenn Werke verschiedener Gattung miteinander verbunden werden; sei es, daß ein Schriftwerk mit einem Werk der Tonkunst[19]) oder mit Abbildungen verbunden wird (LUG. § 5), oder daß ein Werk der bildenden Künste mit einem solchen der Photographie verbunden wird, oder daß ein Werk der bildenden Künste oder ein solches der Photographie mit einem Schriftwerke oder Tonwerke oder mit einem geschützten Muster verbunden wird. In allen diesen Fällen entsteht weder eine Miturheberschaft der mehreren Einzelurheber noch eine Alleinurheberschaft dessen, der die Verbindung vornimmt. Überall hat aber der Urheber jedes Teiles

---

[17]) Anders Allfeld (Bem. 6, a zu PG. § 6), welcher annimmt, das Verhältnis gestalte sich in der Weise, wie dasjenige mehrerer Miterfinder. Dafür ist ein Grund nicht ersichtlich.

[18]) Kohler, UrhR. S. 256 spricht hier von einem „verbundenen Sonderrecht“. Aber nicht das Recht ist verbunden, sondern nur die Gegenstände der einzelnen Rechte.

[19]) LUG. § 28 Abs. 2 bestimmt, daß bei einer Oper oder einem sonstigen Werke der Tonkunst, zu welchem ein Text gehört (z. B. Oratorium), der Veranstalter der Aufführung nur der Einwilligung dessen bedarf, welchem das Urheberrecht am musikalischen Teile zusteht. (Dagegen de lege ferenda Kohler, Arch. f. Ziv.-Praxis Bd. 85 S. 349 ff., UrhR. S. 287 ff.). Diese Vorschrift bezieht sich aber nicht auf das rechtliche Verhältnis des Komponisten zum Dichter. S. unten § 58.

natürlich die Freiheit, sein Urheberrecht auf den Urheber des anderen Teiles wie auf einen beliebigen Dritten zu übertragen.

VII. Keine Gemeinschaft nach Bruchteilen liegt endlich dann vor, wenn unter den Miturhebern oder Miterfindern ein Gesellschaftsvertrag besteht und die gemeinsame Schaffung des Werkes oder die Erfindung der Erreichung der gemeinsamen Zwecke dient, zu deren Förderung sie sich durch den Gesellschaftsvertrag verpflichtet haben. Des Geisteswerk bezw. die Erfindung wird dann ein Teil des Gesellschaftsvermögens und es besteht infolgedessen daran eine Berechtigung aller zur gesamten Hand (BGB. §§ 718 ff.). Der Einzelne kann nicht über seinen „Anteil" d. h. hier über seine auf des Ganze gehende Mitberechtigung verfügen; er ist, solange das Gesellschaftsverhältnis besteht, auch nicht berechtigt, Teilung zu verlangen.

§ 14.

g) Anonyme und pseudonyme Urheberschaft.

I. Das Urheberrecht besteht als ein aus der geistigen Schöpfung entspringendes Recht grundsätzlich unabhängig davon, ob der Urheber seinen Namen oder seinen wahren Namen der Öffentlichkeit bekannt gibt, insbesondere unabhängig davon, ob das Werk in seiner körperlichen Erscheinung, das Manuskript oder das Kunstwerk oder das im Wege der Vervielfältigung darnach hergestellte Exemplar, den Namen des Urhebers bezw. seinen wahren Namen trägt. Auch der anonyme und pseudonyme Urheber genießen also den Rechtsschutz.

Die Namensnennung begründet zwar, wie schon oben (s. § 10 I, 1) dargelegt, eine Vermutung für die Urheberschaft, aber sie begründet nicht das Urheberrecht und bildet auch keine Voraussetzung für dessen Entstehen.

II. Bei Schriftwerken, Tonwerken und Werken der bildenden Kunst oder Photographie, die unter einem andern als dem wahren Namen d. i. dem Familiennamen des Verfassers[1]) oder ohne den Namen eines Verfassers erschienen sind, hat für den Urheber der Herausgeber, falls aber ein solcher nicht angegeben ist, der Verleger eine auf

---

[1]) Bei der verheirateten Frau ist der Familienname ihres Mannes ihr „wahrer Name" nach der zwingenden Vorschrift des BGB. § 1355. Für die geschiedene Frau s. BGB. § 1577; für Adoptivkinder §§ 1758, 1772.

Gesetz beruhende beschränkte Vertretungsmacht. Sie sind nämlich nach dem Gesetze (LUG. § 7 Abs. 2, KUG. § 9 Abs. 2) befugt, „die Rechte des Urhebers wahrzunehmen", also rechtsverfolgende und rechtsverteidigende Handlungen jeder Art vorzunehmen, insbesondere Zivilklage und Strafantrag zu stellen. Sie machen dabei nicht ein eigenes, sondern ein fremdes Recht geltend, dessen Träger sie jedoch nicht zu benennen brauchen. Auch ist ihre Legitimation keine ausschließliche, sondern sie konkurriert mit der des Urhebers selbst, dem es stets frei steht, seine Urheberschaft zu beweisen. Sie erlischt, wenn bei einer Neuauflage das Werk den wahren Namen des Urhebers trägt. Auf „Verfügungen"[2]) über das Urheberrecht bezieht sich die Vertretungsmacht des Herausgebers oder Verlegers überhaupt nicht.[3])

Durch eine Vereinbarung zwischen dem kryptonym bleibenden Urheber und dem Herausgeber oder Verleger kann deren auf Gesetz beruhende Legitimation nicht aufgehoben oder beschränkt werden; die beschränkende Vereinbarung wirkt vielmehr nur intern, an einen Verstoß gegen sie knüpfen sich die Folgen des Zuwiderhandelns gegen eine persönliche Verpflichtung.

Die Vertretungsmacht des Herausgebers oder Verlegers besteht auch dann, wenn das Pseudonym von dem Urheber regelmäßig geführt wird und in weiten Kreisen bekannt ist, welcher wahre Name sich hinter ihm versteckt. Bei der gegenteiligen Annahme[4]) würde, da selbst ein „allgemeines" Bekanntsein doch immer nur ein relatives ist, eine Grenzziehung unmöglich.

In der Berner Übereinkunft Art. 11 Abs. 2 wird die besprochene Vertretungsmacht nicht dem Herausgeber, sondern nur dem Verleger des anonymen oder pseudonymen Werkes zugestanden. Andererseits geht die BÜ. insofern weiter als das deutsche Recht, als sie sogar die (durch Gegenbeweis entkräftbare) Vermutung ausspricht, der auf

---

[2]) Vgl. über diesen Begriff oben § 13, III, 3.

[3]) Dagegen behauptet Kohler, UrhR. S. 220, der Herausgeber und Verleger habe als „Treuhänder" hier „alle Rechte des Autorberechtigten". Er könne daher das Autorrecht veräußern und es gehe an den „gutgläubigen Erwerber" über. Ebenso Dernburg, Bürg. R. Bd. 6 S. 113.

[4]) vertreten von Schuster, UrhR. der Tonkunst S. 97 (ähnlich Kohler, UrhR. S. 236); dagegen mit Recht Allfeld Bem. 4 und Kuhlenbeck Bem. 4 zu LUG. § 7.

dem Werke genannte Verleger sei Rechtsnachfolger des anonymen oder pseudonymen Urhebers.

III. Bei Schriftwerken und musikalischen Werken, deren erste Veröffentlichung anonym oder pseudonym erfolgt ist, wird die Schutzdauer des Rechts nicht, wie gewöhnlich, vom Tode des Urhebers an berechnet, sondern von der Veröffentlichung an; von dieser an läuft die dreißigjährige Schutzfrist. Wenn jedoch noch innerhalb dieser Frist der wahre Name des Urhebers bei einer späteren Veröffentlichung (z. B. bei einer neuen Auflage) angegeben wird, oder wenn das Werk erst nach dem Tode des Urhebers veröffentlicht wird, verbleibt es bei der Regel, daß die dreißigjährige Frist vom Tode des Urhebers an berechnet wird. Diese Berechnungsart kann sich der anonyme oder pseudonyme Urheber auch dadurch sichern, daß er innerhalb 30 Jahren seit der ersten Veröffentlichung sein Werk zur Eintragung in die Eintragsrolle anmeldet (vgl. LUG. § 31).

Diese Eintragsrolle[5]) ist ein öffentliches Register, das bei dem Stadtrate in Leipzig geführt wird. Bestimmungen über seine Führung zu erlassen, ist dem Reichskanzler vorbehalten.

Der Stadtrat bewirkt die Eintragungen, ohne die Berechtigung des Antragstellers oder die Richtigkeit der zur Eintragung angemeldeteu Tatsachen zu prüfen. Die Eintragung ist öffentliche Urkunde im Sinne des § 418 ZPO.; sie beweist als solche vorbehaltlich des Gegenbeweises die Tatsache der geschehenen Anmeldung zur Eintragung und deren Zeitpunkt. Aber sie beweist weder die Urheberschaft noch das Urheberrecht des Anmelders. Fehlt es in Wirklichkeit an letzterem, so ist die Eintragung einfach rechtlich bedeutungslos.

Dic Einsicht der Eintragsrolle ist jedem gestattet, ohne daß er ein rechtliches Interesse glaubhaft zu machen braucht.[6])

IV. Auch das Erfinderrecht eutsteht wie die übrigen Urheberrechte aus der geistigen Schöpfungstat ohne Rücksicht auf Bekanntmachung des Namens des Erfinders, aber es entsteht zunächst nur als ein unvollkommenes Recht. Ebenso verhält es sich mit dem Urheberrecht an Geschmacksmustern und an Gebrauchsmustern.

Dic Vervollkommnung dieser Rechte setzt Anmeldung beim Patentamt bezw. bei der Musterregisterbehörde voraus. Eine anonyme

[5]) Vgl. LUG. §§ 56, 57, 58.

[6]) Näheres über die Eintragsrolle und ihre Bedeutung s. unten in § 60 unter IV, 2.

Anmeldung ist unzulässig. Die Patentanmeldung geschieht nämlich in der Form eines schriftlichen Gesuches, welches die Angabe des Namens des Anmelders enthalten muß[7]) und auch die Anmeldung zum Musterregister hat unter Nennung des Namens (oder der Firma) zu geschehen.[8])

Ob Anmeldung unter einem Pseudonym zulässig ist, hängt von der Beantwortung der sehr bestrittenen Vorfrage ab, ob das Pseudonym überhaupt als rechtlich vollwertiger Ersatz des wahren Namens anzusehen ist.[9]) Aber selbst wenn man diese Frage, weil man ein durch die Praxis anerkanntes Gewohnheitsrecht als gegeben erachtet, bejahen will, kann dies jedenfalls nur für echte Pseudonyme gelten d. h. für solche, die in der Gestalt vom Personennamen auftreten, nicht für solche, denen ohne weiteres anzusehen ist, daß sie keine Namen sind, und die daher nicht einmal den Anschein erregen, Namensfunktion auszuüben. Daher kann z. B. niemand als „Quidam" oder „Inventor" ein Patent erwerben.

Auch der Vertreter, der eine Erfindung zum Patentamt anmeldet, muß den Namen des von ihm vertretenen Erfinders benennen.

Dagegen hat der Erfinder die Möglichkeit, sich bei der Patentierung seine Anonymität zu wahren, wenn er einen Treuhänder aufstellt, der auf seinen eigenen Namen die Erfindung anmeldet.

2. Gemeinsames im Inhalt der Urheberrechte.

§ 15.

a) Innerer Gehalt des Rechtes.

I. Der Inhalt der Urheberrechte als absoluter Herrschaftsrechte über ein Geistesgut besteht überall in der Macht, über das Geistesgut mit Ausschluß anderer frei zu verfügen. Die Gesetze freilich (vgl. LUG. § 11, KUG. § 15, MSchG. § 1, PG. von 1891 § 4, GMG. § 4) sprechen diesen aus dem Wesen der Urheberrechte sich

[7]) Vgl. die auf Grund des § 20 Abs. 2 PG. von 1891 ergangenen Bestimmungen über die Anmeldung von Erfindungen vom 22. Nov. 1898 § 2.

[8]) Vgl. Bekanntmachung des Reichskanzlers vom 26. Febr. 1876, die näheren Bestimmungen über die Führung der Musterregister betr., §§ 2, 5, 10.

[9]) S. darüber A. Manes, Recht des Pseudonyms (1899), ferner die Kommentare zum BGB. § 12.

ergebenden Satz nirgends in dieser allgemeinen Weise aus, sondern ziehen es vor, die wichtigsten in dem allgemeinen Herrschaftsbereiche enthaltenen Einzelbefugnisse zu bezeichnen.[1])

In Wirklichkeit wird mit dieser Bezeichnung nur die negative Funktion des absoluten Rechtes getroffen. Diese geht beim Sacheigentum grundsätzlich dahin, andere von jeder Einwirkung auszuschließen (BGB. § 903). Im Urheberrecht tritt jedoch der Gedanke, daß die Ausschließungsfunktion nicht weiter gehen soll als das Urheberinteresse, dessen Schutz sie dient,[2]) in den Vordergrund; daher erschöpft sich hier jene Funktion in dem ausschließlichen Vorbehalt bestimmter Befugnisse für den Urheber. Dagegen ist der positive Inhalt des Urheberrechts gerade so wie der des Eigentums ein grundsätzlich unbegrenzter; wie der Sacheigentümer mit seiner Sache „nach Belieben verfahren" darf (BGB. § 903), so auch der Inhaber des Urheberrechts mit dem Geistesgute.[3])

Daß die im Gesetze genannten Einzelbefugnisse bei den einzelnen Urheberrechten verschiedene sind, ist eine natürliche Folge der Verschiedenartigkeit der Gegenstände der urheberrechtlichen Beherrschung, nämlich der verschiedenen Geistesgüter. Es liegt in der Natur der Sache, daß das Aufführungsrecht als Teil des Rechtsinhaltes nur für Bühnenwerke und Tonwerke in Betracht kommt, das Vortragsrecht nur für Schriftwerke und Tonwerke, das Recht der gewerbs-

---

[1]) Gegen diese Methode Birkmeyer, Reform des UrhR. S. 16 ff. und früher schon Ortloff in Haimerls österr. Viertelj.-Schr. Bd. 10 S. 257. Dagegen für die Detaillierung der Urheberbefugnisse eingehend v. Anders, Beiträge zur Lehre von literarischem und artistischen UrhR. S. 179 ff.

[2]) v. Anders a. a. O. nennt dies das „Prinzip der extensiven Kongruenz zwischen Urheberrecht und Urheberinteresse".

[3]) Wäre die in der Theorie vereinzelt vertretene Auffassung richtig, daß der Eigentumsbegriff überhaupt des positiven Inhalts entbehre (vgl. namentlich Schloßmann in Iherings Jahrb. Bd. 45 S. 289 ff.), so müßte folgerichtig dasselbe auch vom Urheberrecht angenommen werden. Zu einer Widerlegung dieser Theorie ist hier nicht der Ort. Es sei nur darauf hingewiesen, daß alle großen Kodifikationen offenbar auf dem entgegengesetzten Standpunkte stehen. Vgl. außer unserem BGB. § 903 das österr. Allg. bürg. GB. § 384 „.... die Befugnis, mit der Substanz und den Nutzungen einer Sache nach Willkür zu schalten ....."; code civil Art. 544: „..... le droit de jouir et disposer des choses de la manière la plus absolue ....."; Schweizerisches ZivGB. § 641 Abs. 1: „Wer Eigentümer einer Sache ist, kann in den Schranken der Rechtsordnung über sie nach seinem Belieben verfügen".

mäßigen Vorführung mittels mechanischer oder optischer Einrichtung nur für Werke der bildenden Kunst und der Photographie.

II. Überall ist in dem urheberrechtlichen Herrschaftsrechte ein absolutes d. h. grundsätzlich gegen jedermann gerichtetes Verbietungsrecht[4]) enthalten. Ohne Zustimmung des Urhebers darf kein Anderer die in seinem Herrschaftsrechte enthaltenen Befugnisse ausüben. Aber nirgends ist der Inhalt des Urheberrechtes durch dieses negative Moment erschöpft. Vielmehr erscheint des Untersagungsrecht überall nur als eine Folge des ausschließlichen Charakters des positiven Verwertungsrechtes, das zum Gehalt jedes Urheberrechts, auch des Patentrechtes[5]), gehört.[6])

In dem Verwertungsrechte ist auch das Recht enthalten, das Urheberrecht selbst oder einzelne darin liegende zur Verwertung geeignete Befugnisse in Verkehr zu bringen (Kommerziabilität, Negoziabilität der Urheberrechte); aber auch das Werk in seiner körperlichen Erscheinung bzw. den Gegenstand der Erfindung in Verkehr zu bringen, also feilzuhalten, zu veräußern, zu verpfänden, zu vermieten. Das dem Urheber eines Schriftwerkes oder Tonwerkes gewährte Recht der ausschließlichen gewerbsmäßigen Verbreitung des Werkes (LUG. § 11) entspricht in seiner Bedeutung durchaus dem durch PG. § 4 dem Erfinder gewährten Rechte, den Gegenstand seiner Erfindung in Verkehr zu bringen.[7])

Ferner enthält das Urheberrecht die Befugnis zur ausschließlichen Vervielfältigung bzw. Nachbildung des Werkes; im Patentrecht entspricht dem die ausschließliche Befugnis, den Gegenstand der Erfindung herzustellen.

III. Bei allen Urheberrechten richtet sich das darin enthaltene Verbietungsrecht nur gegen ein solches Verbreiten, Vorführen, Nachbilden, Herstellen, Inverkehrbringen, Gebrauchen durch andere,

---

[4]) Einzelne Beschränkungen des Verbietungsrechtes werden sich bei der Darstellung des Inhalts der einzelnen Urheberrechte ergeben.

[5]) Vgl. die positive Fassung des § 4 PG. von 1891 im Gegensatz zur negativen Fassung des älteren Patentgesetzes von 1877.

[6]) Ohne aber diesen Gehalt zu erschöpfen, denn es kommen nach der positivrechtlichen Gestaltung auch individualrechtliche Befugnisse verschiedener Art dazu, so z B. bei Schriftwerken und Tonwerken das Recht der ausschließlichen Veröffentlichung; vgl. § 7, III.

[7]) Auf der richtigen Erkenntnis dieses Parallelismus fußt die wichtige RGE. in ZivS. Bd. 63 S. 394 ff.

welches gewerbsmäßig geschieht.[8]) Will man dem Sinn und Zweck der Urheberrechte gerecht werden, so muß das Merkmal der Gewerbsmäßigkeit hier in einer Weise gedeutet werden, die über den bloßen Wortsinn hinausgeht. Man wird nämlich als eine gewerbsmäßige nicht nur eine solche Tätigkeit aufzufassen haben, die in Ausübung eines Gewerbes geschieht, ja nicht einmal nur eine solche, die zum Zweck eines Erwerbes geschieht, sondern man wird außerdem jede Verwertung als eine gewerbsmäßige bezeichnen müssen, die nicht lediglich für den persönlichen oder häuslichen Bedarf des Einzelnen erfolgt. Daher richtet sich das Verbietungsrecht des Patentinhabers oder gebrauchsmusterrechtlich Geschützten auch gegen die Benützung seiner Erfindung in den Amtsräumen oder den sonstigen öffentlichen Zwecken dienenden Räumen öffentlicher Korporationen, insbesondere des Staates und der Gemeinden. Demnach liegt z. B. eine Patentverletzung vor, wenn in einer Universitätsklinik oder in einem städtischen Krankenhause eine patentierte Tragbahre ohne Einwilligung des Patentinhabers gebraucht wird, oder wenn ohne solche in einer öffentlichen Schule ein patentierter Turnapparat oder in einer Kirche eine patentierte Läutevorrichtung für die Glocken[9]) verwendet wird.

Für das Patentrecht und Gebrauchsmusterrecht entspricht diese weite Auffassung der Gewerbemäßigkeit auch der überwiegenden Meinung.[10])

Das praktische Bedürfnis drängt aber zu derselben Auffassung

---

[8]) LUG. § 11, KUG. § 15, PG. von 1891 § 4, GMG. § 4.

Vgl. Schanze, Patentrechtliche Untersuchungen S. 419 ff. (7. Unters. gewerbliche Verwertung und gewerbliche Anwendung. Gewerbsmäßige Benutzung und betriebsmäßige Benutzung). — Bolze im „Recht" Bd. 11 (1907) S. 5 ff.

[9]) RGE. in ZivS. Bd. 66 S. 164 ff.

[10]) Vgl. Kohler in Grünhuts Zeitschr. f. priv. u. öffentl. R. Bd. 25 S. 209 ff. und Handb. des PR. S. 433; Seligsohn Bem. 5, Allfeld Bem. 6, Isay Bem. 82, Kent Bem. 169 ff. zu PG. § 4. RGE. in ZivS. Bd. 39 S. 32, Bd. 66 S. 164 ff.; Seufferts Arch. Bd. 53 Nr. 182, PMZBl. Bd. 3 S. 148.

Dagegen hat das OLG Naumburg (Gareis, Entsch. Bd. 10 S. 118, Patentblatt 1893 S. 230) mit Unrecht den Gebrauch patentierter Regale in den Geschäftsräumen einer Alters- und Invalidenversicherungsanstalt für nicht gewerbsmäßig erklärt.

Die berufliche Benutzung patentierter Gegenstände durch einen Arzt oder Rechtsanwalt ist eine gewerbsmäßige; so auch Seligsohn, Allfeld, Isay a. a. O.; anders Kohler, Handb. S. 434, Kent, Bem. 185 zu PG. § 4.

auch für die übrigen Urheberrechte. Auch zur Gewerbsmäßigkeit der Verbreitung im Sinne des LUG. § 11 und des KUG. § 15 ist also nicht erforderlich, daß diese innerhalb der Sphäre eines Gewerbebetriebes oder zum Zwecke eines fortgesetzten Erwerbes stattfindet; vielmehr ist jede Verbreitung eines Schriftwerkes, Tonwerkes oder Kunstwerkes als eine „gewerbsmäßige" anzusehen, die nicht rein persönlichen oder hauswirtschaftlichen Zwecken dient.[11]) Daher darf eine Stadtgemeinde in ihren Schulen nicht ohne Einwilligung des Berechtigten eine Festschrift oder ein künstlerisches Gedenkblatt verteilen lassen. Immerhin ist das nicht unzweifelhaft.

Sicher ist aber, daß es sich bei dem Erfordernis der Gewerbemäßigkeit nicht um das Gewerbe der Verbreitung von Nachdrucken handelt, so daß diese Verbreitung ein besonderes Erwerbsgeschäft darstellen müßte, sondern daß selbst die Verbreitung auch nur eines Nachdruckexemplares eine „gewerbsmäßige" sein kann, sofern der Verbreiter sie vornimmt in seiner Eigenschaft als Inhaber eines Handelsgeschäftes.[12])

IV. Nur die vollkommenen Urheberrechte haben den im Vorstehenden dargelegten Gehalt; also das Erfinderrecht erst, wenn es zum Patentrecht oder zum Gebrauchsmusterrecht entwickelt ist.

V. Das Urheberrecht hat ebenso wie das Eigentum die Tendenz zur Konsolidation. Wie das Sacheigentum, wenn eine seiner Beschränkungen, z. B. eine Dienstbarkeit, wegfällt, vermöge seiner Elastizität seinen Gehalt von selbst wieder vervollständigt, ebenso erfährt der Inhalt des Urheberrechts von selbst eine Ergänzung und Wiederherstellung, wenn innerhalb der Schutzfrist ein aus ihm abgeleitetes absolutes Recht, z. B. ein Verlagsrecht oder eine ausschließliche Lizenz, endigt.

---

[11]) In diesem Sinne auch Kohler, UrhR. S. 181. Dagegen wollen andere (vgl. Allfeld, Bem. 5, b zu LUG. § 11 und Bem. 11 zu KUG. § 15, Kuhlenbeck Bem. 2 zu LUG. § 11 S. 115, Dernburg, Bürg. R. Bd. 6 S. 63) nicht so weit gehen.

[12]) Vgl. Binding, Grundriß des Strafrechts II, 1 S. 290; Klostermann, UrhR. S. 236; van Calker, Die Delikte gegen das UrhR. S. 122 ff.; Birkmeyer, Reform des UrhR. S. 28; Allfeld Bem. 5, b zu LUG. § 11. — RGE. in StrS. Bd. 10 S. 401 ff., Bd. 11 S. 335.

§ 16.

b) Räumliche Grenzen.

I. Da die Urheberrechte in verschiedenartigen positiven Rechtsordnungen ihren Grund haben, entsteht die Frage, ob das nach den Gesetzen eines bestimmten Staates gegebene Urheberrecht seine Wirkung auch im Auslande zu äußern vermag und daher auch im Ausland verletzt werden kann.

Diese Frage nach den räumlichen Grenzen der Urheberrechte kann durch Staatsverträge ihre Lösung finden. Solche können besondere Bestimmungen darüber treffen, ob und inwieweit die Gesetze eines Staates auch auf Verletzungen im Ausland anzuwenden sind. Von solchen internationalen Regelungen wird später die Rede sein.

Soweit aber Staatsverträge nicht bestehen, kann der Richter jedes Staates jene Frage grundsätzlich nur vom Standpunkte der durch seine inländische Gesetzgebung gegebenen Normen über die räumliche Geltung der Gesetze aus beantworten. Wo, wie in der deutschen Gesetzgebung, solche Normen für die wichtigsten Einzelfragen fehlen, muß die Theorie zu Hilfe kommen, die aber, wie sie überhaupt auf dem Gebiet der räumlichen Herrschaft der Rechtsnormen viel Unsicheres aufweist, so auch für die Urheberrechte in diesen Fragen nicht zu einem der allgemeiner Anerkennung sicheren Ergebnisse gelangt ist.

II. Sind also, ist für uns die Frage, die nach der deutschen Gesetzgebung gegebenen Urheberrechte derart lokalisiert, daß sie nur innerhalb der Grenzen des inländischen Staatsgebietes die ihnen eigene Wirkung zu äußern vermögen und demgemäß auch nur gegen Verletzungen, die im Inland geschehen, reaktionsfähig sind?

Die Antwort hierauf ist nicht für alle Urheberrechte ganz dieselbe. Für das Patentrecht und das Gebrauchsmusterrecht ist die Lokalisierung schärfer ausgeprägt als für die übrigen Urheberrechte.

1. Für diejenigen Rechte, die nicht schon mit der geistigen Schöpfungstat des Urhebers in ihrer Vollendung bestehen, sondern bei denen es zur Vervollkommnung erst weiterer Rechtsakte unter wesentlicher Mitwirkung staatlicher Beihilfe bedarf, gilt der Grundsatz der Territorialität.[1]) Er gilt insbesondere für das Pa-

[1]) Vgl. Kohler, Handb. d. PR. S. 64 ff., Zeitschr. f. D. Zivilprozeß Bd. 10 S. 451 ff., Zeitschr. f. internat. Priv.- und Strafrecht Bd. 6 S. 236 ff.;

tentrecht, zu dem sich das Erfinderrecht erst durch den staatlichen Akt der Patenterteilung entfaltet. Das Patent beschränkt seine Wirkung auf das Gebiet des Staates, der es erteilt hat. Das Patentrecht ist also ein lokal beschränktes Recht. Hat ein Erfinder in mehreren Staaten ein Patent erwirkt, so hat er mehrere selbständige nach Bestand, Inhalt und Dauer voneinander unabhängige subjektive Rechte. So viel Patente, so viel Rechte! Das ergibt sich aus der Natur der Patenterteilung als eines nur im Umfang des staatlichen Hoheitsgebietes wirksamen Staatsaktes. Das deutsche Patentamt als eine Behörde des Deutschen Reiches kann Niemandem das Recht verleihen, außerhalb des Deutschen Reiches den Gegenstand der Erfindung ausschließlich zu benutzen oder ein Verfahren ausschließlich anzuwenden.

Zum Inland sind aber hier auch zu rechnen:

a) die deutschen Schutzgebiete (SchutzgebG. vom 25. Juli 1900 § 3, KonsulargerichtsbG. vom 7. April 1900 § 22, VO. vom 9. November 1900);

b) die Konsulargerichtsbezirke (KonsGG. § 19);

c) nach völkerrechtlichen Grundsätzen deutsche Kriegsschiffe und Reichspostdampfer überall, andere deutsche Schiffe auf hoher See.

Dagegen gehören die deutschen Gesandtschaftshotels im Auslande trotz ihrer Exterritorialität hier nicht zum Inlande.[2])

Aus dem Grundsatze der Territorialität folgt:

a) Gegenüber Benutzungshandlungen, die im Auslande vorgenommen werden, hat der Inhaber des inländischen Patents kein Verbietungsrecht und demzufolge auch keinen Unterlassungsanspruch oder Schadensersatzanspruch, und zwar auch dann nicht, wenn etwa die Benutzung der Erfindung im Ausland auf einem im Inlande geschlossenen Vertrage beruht.[3]) Das Recht des Inhabers des inländischen Patents wird jedoch verletzt, wenn der Gegenstand seiner Erfindung

---

Allfeld Bem. 12, Isay Anm. 8 ff., Kent Bem. 65 ff. zu PG. § 4; Dernburg, Bürg. R. Bd. 6 S. 12 ff.

RGE. in ZivS. Bd. 18 S. 35, Bd. 30 S. 52 ff., Bd. 51 S. 139 ff., Bd. 51 S. 266 ff.

[2]) So auch Kohler, Handb. des PR. S. 68, Allfeld, Bem. 12 zu PG. § 4, Kent, Einleitung Nr. 19.

[3]) RGE. in ZivS. Bd. 30 S. 52, Gareis, Entsch. Bd. 9 S. 575.

aus dem Auslande ins Inland eingeführt wird oder wenn er vom inländischen Produktionsorte aus ins Ausland ausgeführt wird; denn in diesen Fällen ist der Gegenstand im Inland „in Verkehr gebracht".[4]) Dagegen kann die bloße Durchfuhr durch das Inland nicht als ein Inverkehrbringen im Inland gelten.[5])

b) Nur die im Inlande erfolgende Benutzung einer Erfindung ist als Patentverletzung strafbar gemäß PG. von 1891 § 36. StGB. § 4 Abs. 2 Ziff. 3 ist nicht anwendbar.

c) Da das Patentrecht selbst im Inlande lokalisiert ist, ist für alle Klagen wegen vermögensrechtlicher Ansprüche gegen den Patentinhaber, der im Inlande keinen Wohnsitz hat, ein besonderer inländischer Gerichtsstand des Vermögens im Sinne des § 23 ZPO. gegeben. Die Lokalisierung ist also auch eine prozessuale.[6]) Und zwar gilt nach PG. von 1891 Abs. 1 Satz 3 (dem für das Gebrauchsmusterrecht GMG. § 13 Abs. 2 Satz 4 entspricht) der Ort, wo der Vertreter des im Ausland wohnenden Patentberechtigten seinen Wohnsitz hat, und in Ermangelung eines solchen der Ort, wo das Patentamt seinen Sitz hat, also Berlin, als der Ort, wo sich der Vermögensgegenstand d. i. das Patentrecht oder Musterrecht befindet. Der ausländische Inhaber eines deutschen Patents ist damit der deutschen Gerichtsgewalt unterworfen. Die gleiche prozessuale Lokalisierung gilt, wenn es sich um den Zugriff auf das deutsche Patent in der Zwangsvollstreckung handelt. (Vgl. ZPO. §§ 797 Abs. 5, 828 Abs. 2.)

d) Jedes Patent unterliegt nur der Vollstreckungsgewalt der Gerichte des Erteilungslandes. Daher kann weder ein deutsches Patent durch ein ausländisches Gericht gepfändet werden noch umgekehrt ein ausländisches Patent durch ein deutsches Gericht.[7])

---

[4]) Vgl. RGE. in ZivS. Bd. 30 S. 55, Bd. 45 S. 147, Bd. 46 S. 16 Bd. 51 S. 139 ff.; RGE. in StrS. Bd. 10 S. 349.

[5]) Gegenteiliger Meinung bezüglich der Durchfuhr Gareis, Komm. zum PG. S. 98; Seligsohn, Allfeld, Kent zu PG. § 4; RGE. in StrS. Bd. 21 S. 205. Unserer Ansicht Kohler, PatR. S. 111; van Calker, Delikte gegen die UrhR. S. 275; Robolski, Theorie und Praxis des Patentrechts S. 214; Isay, Anm. 56 zu PG. § 4; Damme, Lehrbuch des P.Rechts S. 383; Osterrieth, Lehrbuch des gewerblichen Rechtsschutzes S. 104.

[6]) Vgl Kohler in Buschs Arch. f. Handels- u. WR. Bd. 47 S. 339 ff.

[7]) Anderer Meinung Schanze in Zeitschr. f. int. Priv.- u. StrR. Bd. 3 S 234, Seligsohn, Bem. 12 zu PG. § 6, Kent, Bem. 137 zu PG. § 6. Vgl. aber Kohler in Zeitschr. f. int. Priv.- u. StrR. Bd. 6 S. 245 ff., Isay Anm. 12 zu PG. § 4.

2. Der Grundsatz der Territorialität gilt auch für das Gebrauchsmusterrecht. Dafür spricht schon die Analogie mit dem ihm dem Wesen nach aufs engste verwandten Patentrecht. Außerdem läßt sich anführen, daß ein nach Maßgabe der deutschen Gesetze bestehendes Gebrauchsmusterrecht infolge der wesentlichen Erfordernisse der Anmeldung bei einer inländischen Behörde und der Eintragung in einem inländischen öffentlichen Register überhaupt nur im Gebiet des Deutschen Reiches zur Entstehung kommen kann und daß aus dieser zwingenden Lokalisierung im Staatsgebiet wohl auch auf eine Lokalisierung auf das Staatsgebiet geschlossen werden darf.[8]) Die Folgerungen hieraus sind die gleichen wie beim Patentrecht.

3. Für das Geschmacksmusterrecht, für welches an sich die letztere Erwägung in gleicher Weise zutreffen würde, liegt die Sache anders zufolge der positiven Vorschriften des MSchG. §§ 14 und 16. Aus ihnen ergibt sich:

a) Der Geschmacksmusterschutz tritt für Muster und Modelle inländischer Urheber, sofern die darnach hergestellten Erzeugnisse im Inland gefertigt sind, auch dann ein, wenn diese im Ausland verbreitet werden; § 16 Abs. 1.

b) Die Nachbildung geschützter Muster oder Modelle im Ausland durch Inländer ist untersagt gemäß § 22 des G., betr. das Urheberrecht an Schriftwerken, vom 11. Juni 1870, worauf MSchG. § 14 Bezug nimmt.[9])

Dagegen besteht gegen Nachbildung im Ausland durch Ausländer kein Schutz.

4. Die Urheberrechte an Schriftwerken, Tonwerken und Werken der bildenden Kunst entstehen aus der geistigen Schöpfung ohne Mitwirkung der Staatsgewalt, so daß dieser Gesichtspunkt für ihre Anknüpfung an das Staatsgebiet völlig wegfällt. Auch sind sie nicht, wie etwa das Grundeigentum, durch ihren Gegenstand im

---

[8]) So sicher wie beim Patentrecht ist der Beweis der Territorialität hier nicht zu führen.

[9]) Infolge der unglücklichen Massenverweisung dieses § 14 gelten für das Geschmacksmusterrecht eine Menge von Bestimmungen des alten Urheberrechtsgesetzes von 1870, das für sein eigenes Anwendungsgebiet durch das Gesetz vom 19. Juni 1901 außer Kraft gesetzt ist, noch fort (vgl. LUG. von 1901 § 64 Satz 2). Manche dieser formell fortgeltenden Bestimmungen sind aber teils tatsächlich unanwendbar, teils durch andere neuere Gesetze erledigt. Ein verworrener Zustand, dem man ein Ende bereiten sollte!

Staatsgebiete lokalisiert; denn sie sind unkörperlicher Natur. Tatsächlich war bei ihnen bis vor kurzem die Territorialitätsfrage zweifelhaft. Während nämlich die Meisten in den §§ 22 Abs. 1 und 25 Abs. 1 des LUG. vom 11. Juni 1870[10]) (für das Kunstwerkrecht anwendbar auf Grund des § 16 Ges. vom 9. Januar 1876) eine offenbare Verneinung des Territorialitätsprinzips erblickten,[11]) wollten andere[12]) trotz jener Bestimmungen das Prinzip retten. In das neue LUG. wurden die strittigen Vorschriften jener §§ 22, 25 nicht mehr aufgenommen, eben weil man der Ansicht war, es sei nicht gerechtfertigt, die Wirkung der inländischen Gesetzgebung auf das Ausland zu erstrecken.[13]) In der Tat geht die im internationalen Privatrecht herrschende Anschauung dahin, daß, soweit nicht besondere Gründe Ausnahmen rechtfertigen (wie z. B. bei Münzverbrechen), nicht ein System der Weltrechtspflege besteht, sondern das Territorialitätsprinzip maßgebend ist, also die inländische Rechtsordnung, die der inländische Richter anzuwenden hat, auf die Verletzung der von ihr aufgestellten Normen nur reagiert, wenn die Verletzung im Inlande erfolgt. Besondere Gründe für die gegenteilige Annahme konnten auf dem Gebiete der Urheberrechtsgesetzgebung früher in den erwähnten §§ 22 Abs. 25 Abs. 1 gefunden werden, sind aber in der heutigen deutschen Urheberrechtsgesetzgebung nicht mehr zu entdecken.

---

[10]) § 22 Abs. 1: Das Vergehen des Nachdrucks ist vollendet, sobald ein Nachdruckexemplar eines Werkes den Vorschriften des gegenwärtigen Gesetzes zuwider, sei es im Gebiet des Norddeutschen Bundes, sei es außerhalb desselben, hergestellt worden ist.

§ 25 Abs. 1: Wer vorsätzlich Exemplare eines Werkes, welche den Vorschriften des gegenwärtigen Gesetzes zuwider angefertigt worden sind, innerhalb oder außerhalb des Norddeutschen Bundes gewerbsmäßig feilhält, verkauft oder in sonstiger Weise verbreitet, ist nach Maßgabe des von ihm verursachten Schadens den Urheber oder dessen Rechtsnachfolger zu entschädigen verpflichtet und wird außerdem mit Geldstrafe nach § 18 bestraft.

[11]) und daher StGB. § 4 Abs. 1 für unanwendbar erklärt; so Olshausen und Oppenhoff zu StGB. § 4; Binding, Handb. des Strafrechts S. 429; von Liszt, Lehrb. des Strafrechts § 21, V, 2, Allfeld, Bem. 4 zu § 61 des LUG von 1870.

[12]) Kohler in Zeitschr. f. intern. Priv.- und Strafr. Bd. 6 S. 236 ff., van Calker, Delikte S. 278.

[13]) Vgl. Begründung zum 2. Entw. des LUG. S. 38 (Reichstags-Verh. 10. Leg.-Per. 2. Sess. 1900/01, Drucksachen Nr. 97).

Für das Gebiet des Strafrechts wird das Territorialitätsprinzip ausdrücklich sanktioniert durch die auch für Urheberrechtsverletzung anwendbaren §§ 3, 4 Abs. 1 StGB., modifiziert durch den hier gleichfalls anwendbaren § 4 Abs. 2 Ziff. 3 StGB. Auf dem Gebiet des Zivilrechts gibt uns das Gesetz eine allgemeine Kollisionsnorm weder für Unterlassungsansprüche noch für Schadensersatzansprüche aus unerlaubten Handlungen[14]) noch für Bereicherungsansprüche. Da bildet die Regel der Grundsatz, daß das inländische Recht nur im Inland verletzt werden kann. Dieser Grundsatz bleibt auch gewahrt bei der wohl zutreffenden Annahme, daß ein Anspruch auf Unterlassung künftiger Störung gegenüber solchen im Ausland vorgenommenen Vorbereitungshandlungen gegeben ist, die eine Verletzung des Urheberrechts im Inland herbeizuführen geeignet sind. Denn auch hier richtet sich die rechtliche Reaktion gegen die Verwirklichung eines dem Recht zuwiderlaufenden Erfolges im Inlande.[15]) Selbstverständlich ist die Möglichkeit einer solchen präventiven Unterlassungsklage nur beim Bestehen eines Gerichtsstandes im Inlande gegeben.

Der Grundsatz, daß inländisches Recht nur im Inland verletzt werden kann, erleidet nun aber eine wesentliche Einschränkung durch StGB. § 4 Abs. 2 Ziff. 3, wonach ein Deutscher nach den deutschen Strafgesetzen auch wegen einer im Ausland (vgl. StGB. § 8) begangenen Handlung verfolgt werden kann, wenn diese nach den Gesetzen des Deutschen Reiches als Vergehen anzusehen und durch die Gesetze des Ortes, an welchem sie begangen ist, mit Strafe bedroht ist. Das gilt also für diejenigen Urheberrechtsdelikte, die im Sinne des StGB. § 1 Vergehen sind (vgl. LUG. §§ 38, 39, 41,

---

[14]) EG. z. BGB. Art. 12 gibt nicht eine allgemeine Kollisionsnorm für Schuldverhältnisse aus unerlaubten Handlungen, sondern setzt eine solche voraus. Vgl. RGE. in ZivS. Bd. 57 S. 145.

[15]) Bei der Streitfrage, ob Vorbereitungshandlungen im Ausland die Klage auf Unterlassung künftiger Störungen im Inland begründen, liegt der zweifelhafte Punkt m. E. weder im Urheberrecht noch im internationalen Privatrecht, sondern in der Unsicherheit der Voraussetzungen der Unterlassungsklage überhaupt. Setzt sie eine schon geschehene Rechtsverletzung voraus (so insbesondere Eltzbacher, Die Unterlassungsklage S. 155 ff.)? oder genügt eine bloße Gefährdung des Rechts (so Dernburg, Preuß. PrivR. 5. Aufl. Bd. 2 S. 971; Reichsgericht bei Bolze, „Praxis" Bd. 8 Nr. 146; vgl. auch RGE. in ZivS. Bd. 48 S. 118 ff.)?

KUG. §§ 32, 33, 34), nicht auch für solche, die bloß Übertretungen sind (LUG. § 44, KUG. § 40, vgl. StGB. § 6).

Wir müssen aber noch weiter gehen und diese für das Strafrecht gegebene Einschränkung des Territorialitätsprinzips auch für das Zivilrecht entsprechend gelten lassen. Wenn die herrschende Lehre davon nichts weiß, so hängt das wohl hauptsächlich damit zusammen, daß man gewohnt ist, Strafrecht und Zivilrecht als isolierte Gebiete der wissenschaftlichen Forschung für sich zu betrachten und dabei den Gesichtspunkt der Einheit der ganzen Rechtsordnung leicht aus den Augen verliert. Es wäre aber geradezu unbegreiflich und würde dem grundsätzlichen Zweckverhältnisse der Strafrechtsordnung zur Zivilrechtsordnung durchaus widersprechen, wenn wegen derselben Handlung, die einen Angriff auf private Interessen vorwiegend vermögensrechtlicher Natur enthält, der Strafrichter einschreiten könnte, der Zivilstreitrichter aber den Schutz versagen müßte. Nicht als ob zwischen den beiden Rechtsordnungen ein Parallelismus bestünde: es gibt eine Menge von Fällen, in denen aus einem schädigenden Angriffe auf ein Vermögensgut eine Verpflichtung zum Unterlassen und zum Schadensersatz entspringt, ohne daß der Angriff zugleich strafbar wäre; aber man wird in unserem ganzen Rechtssystem wohl kaum einen umgekehrten Fall nachweisen können. Einen solchen eben hier anzunehmen, bietet das Fehlen einer zivilrechtlichen Gesetzesbestimmung keinen hinreichenden Grund. Denn gerade wenn es sich um die räumliche Herrschaft der Rechtsnormen handelt, bedeutet das Schweigen des Gesetzgebers häufig nichts anderes, als daß er die Entscheidung der Wissenschaft und Praxis überlassen will. Wir kommen daher zu dem Ergebnisse: unter den Voraussetzungen des § 4 Abs. 2 Ziff. 3 StGB. und der weiteren Voraussetzung eines inländischen zivilprozessualen Gerichtsstandes kann wegen der von einem Deutschen im Auslande begangenen Urheberrechtsverletzung im Inlande die Unterlassungsklage erhoben und Schadensersatz begehrt werden.[16]) Diese Ansprüche sind aber nach deutschen Gesetzen[17]) zu beurteilen.

[16]) Für das Patentrecht und Gebrauchsmusterrecht trifft das nicht zu; denn für diese gilt ja schon StGB. § 4 Abs. 2 Ziff. 3 nicht; vgl. oben II, 1, b. Ein deutsches Reichspatent kann als von der Staatsgewalt von vornherein nur mit Wirkung für das Gebiet des Deutschen Reiches erteilt gar nicht im Auslande verletzt werden.

[17]) E. Müller, Das deutsche Urheber- und Verlagsrecht S. 162, meint, der

III. Von der Frage der räumlichen Grenzen der Urheberrechte verschieden ist diejenige, ob nur dem Inländer oder auch dem Ausländer nach der deutschen Gesetzgebung für seine Geisteserzeugnisse der urheberrechtliche Schutz zuteil wird. Für die Beantwortung dieser Frage sind bei den einzelnen Urheberrechten so verschiedenartige Gesichtspunkte maßgebend, daß ihre Erörterung besser im besonderen Teile erfolgt.

§ 17.

c) Zeitliche Beschränkung.

I. Allen Urheberrechten gemeinsam ist nach deutschem Recht wie nach dem Rechte der meisten anderen Staaten,[1]) daß sie nicht von grundsätzlich ewiger Dauer sind, sondern nach Ablauf einer bestimmten Zeit erlöschen, so daß das Geistesgut, das ihren Gegenstand bildet, gemeinfrei wird d. h. nunmehr der beliebigen Benutzung und Verwertung durch jeden offen steht. Diese zeitliche Schranke des Rechtes ist bei den einzelnen Urheberrechten sehr verschieden bemessen. Aber der Grund, warum überhaupt eine Zeitschranke besteht,[2]) ist einer allgemein gültigen Betrachtung zugänglich.

II. Der Schöpfer eines Geisteswerkes schafft nicht als isoliertes Einzelwesen, sondern als Glied der Kulturgemeinschaft, der er zugehört. Er schafft weder aus sich allein noch für sich allein. Sein Werk steht in einer Abhängigkeitsbeziehung zur Vergangenheit und

---

deutsche Richter habe bei den im Ausland begangenen Verletzungen von Urheberrechten eines Deutschen das ausländische Recht anzuwenden. Dagegen mit Recht Allfeld, Komm. z. LUG. S. 219 ff., der jedoch seinerseits zwar Strafbarkeit gemäß StGB. § 4 Abs. 2 Ziff. 3 annimmt, aber eine entsprechende Uebertragung dieser Vorschrift auf das Zivilrecht nicht in Erwägung zieht.

[1]) ausgenommen Mexiko, Venezuela, Nicaragua, Guatemala, s. Kohler, UrhR. S. 231.

[2]) Vgl. darüber von Anders, Beitr. z. Lehre vom lit. und art. UrhR. S. 262 ff.; Kohler in Iherings Jahrb. Bd. 18 S. 173 ff., Handb. des PatR. S. 58 ff., UrhR. S. 232; Allfeld, LUG. S. 25; Kuhlenbeck, UrhR. und VerlR. S. 49 ff.; Dernburg, Bürg. R. Bd. 6 S. 201 ff.; Wirth, Konstruktion der Zeitbeschränkung des Patents, in Zeitschr. f. gew. Rechtssch. Bd. 4 S. 311 ff., 379 f.; Richard Alexander-Katz, Die zeitliche Beschränkung der Immaterialgüterrechte, in der Festgabe für Wilke (1900) S. 1 ff.; L. Ferrara, Ueber den gesetzgeberischen Grund der zeitlichen Beschränkung des Urheberrechts im Arch. f. Rechts- und Wirtschaftsphilosophie Bd. 1 S. 519 ff.

in einer Zweckbeziehung zur Zukunft. Diese beiden Beziehungen sind aber für die Erklärung der zeitlichen Beschränkung des Urheberrechts nicht von gleicher Bedeutung.

a) Man hat betont, daß der geistig Schaffende nicht ausschließlich aus eigener Kraft und Begabung, sondern immer auch aus dem schon vorhandenem geistigen Vorrat der Allgemeinheit schöpfe. Das ist bis zu einem gewissen Grade für jede geistige Arbeit, auch für die Schöpfungen des Genies, richtig, ja es trifft selbst auf solche Werke zu, die, wie etwa Stirners Einziger und sein Eigentum, in der Betonung des Individualismus und in dem Streben nach Loslösung von allen Gemeinschaftsbeziehungen die äußerste denkbare Grenze erreichen. Aber diese an sich richtige Beobachtung rechtfertigt nicht die Zeitlichkeit des Urheberrechts. Denn dieses wird ja gerade wegen derjenigen Elemente des Geisteswerkes gewährt, die originelles Gepräge tragen und es zu etwas gegenüber allen schon vorhandenen Kulturelementen Neuem stempeln.[3])

b) Der wahre Grund für die zeitliche Beschränkung liegt in dem starken geistigen und volkswirtschaftlichen Interesse, das die Allgemeinheit daran hat, daß Neuschöpfungen, durch welche die Kultur bereichert wird, nicht auf die Dauer der freien Benutzung Aller vorenthalten bleiben. Dieses Interesse tritt um so mehr hervor, je stärker die natürliche Lebensfähigkeit ist, die einem Werke vermöge seiner Bedeutung inne wohnt. Dazu kommt speziell bei Erfindungen, daß die gedeihliche Fortentwicklung der Industrie auf einem bestimmten Gebiete nicht selten von der Gemeinfreiheit einer schon gemachten Erfindung abhängt. Gegenüber dieser Begründung der Zeitlichkeit ist der Einwand, daß auch die materiellen Rechtsgüter, insonderheit das Sacheigentum, geeignet seien, bei richtiger Verwendung nicht bloß den Individualinteressen ihrer Inhaber, sondern auch den Gemeinschaftsinteressen zu dienen, und daß trotzdem das Sacheigentum von unbeschränkter Dauer sei, für unsere gegebene Wirtschaftsordnung nicht stichhaltig. Denn diese Wirtschaftsordnung geht eben davon aus,[4]) daß die materiellen Produktionsmittel die Funktion, den Gesamtinteressen mit möglichstem Nutzen zu dienenen,

---

[3]) Dies namentlich gegen R. Alexander-Katz, gegen dessen Auffassung auch (aus anderen Gründen) Allfeld a. a. O. S. 26 sich gewendet hat.

[4]) Ob mit Recht oder Unrecht, ist eine fundamentale Frage der Nationalökonomie, die hier natürlich nicht einmal oberflächlich erörtert werden kann.

am besten erfüllen, wenn sie grundsätzlich dauernd der ausschließlichen Herrschaft der Einzelnen unterstehen, während für die immateriellen Güter die Erfahrung und das praktische Bedürfnis nicht zu der gleichen Auffassung geführt haben.

III. Gierke[5]) versucht die zeitliche Beschränktheit des Urheberrechtes in Verbindung zu bringen mit seinem angeblichen Wesen als Persönlichkeitsrecht; gerade in den Bestimmungen über die regelmäßige Dauer des Urheberrechtes komme dieses Wesen zu besonders klarem Ausdruck. Mit dem tatsächlichen Rechtszustande steht diese Anschauung aber nicht recht im Einklang. Beim Urheberrecht an Schriftwerken, Tonwerken und Werken der bildenden Kunst geht die normale Schutzdauer (30 Jahre nach dem Tode) über die Lebensdauer der Persönlichkeit erheblich hinaus, und die Behauptung, daß für die Angehörigen des Verstorbenen dessen Persönlichkeit „in ihrem irdischen Rückstande ein geheiligtes schutzwürdiges Persönlichkeitsgut" bilde, mutet doch mehr durch die darin bekundete Gesinnung gemütvoller Pietät als durch ihre Tauglichkeit für eine juristische Erklärung an.[6]) Bei den Urheberrechten auf dem Gebiet der Industrie ist aber die Schutzdauer des Urhebers bzw. Erfinders völlig unabhängig von der Lebensdauer des Urhebers und erreicht sie in den meisten Fällen gar nicht. Währen doch der Patentschutz und der Geschmacksmusterschutz höchstens 15 Jahre, der Gebrauchsmusterschutz regelmäßig nur 3 Jahre.

3. Das Urheberrecht als Gegenstand des Verkehrs und des Erbrechts.

a) Übertragung.[1])

§ 18.

α) Bedeutung und Umfang der Übertragung.

I. Möglichkeit der Übertragung.

In das Urheberrecht als Gegenstand des Verkehrs ist eine

---

[5]) D. PrR. Bd. 1 S. 768.

[6]) Man setze den Fall: Der Urheber A vererbt sein Urheberrecht testamentarisch nicht einem „Angehörigen", sondern seinem Freund B; dieser vererbt es, wiederum testamentarisch, innerhalb der Schutzfrist weiter auf seinen Freund C, der dem A völlig ferngestanden hat. Wo bleibt da die rechtliche Fortwirkung der Persönlichkeit im Kreise der Angehörigen? Der Auffassung Gierkes widerspricht übrigens de lege lata auch die Perpetuierung des Schutzes veröffentlichter Werke (LUG. § 29).

[1]) Vgl. den auch für das deutsche Recht bedeutungsvollen Aufsatz von

Rechtsnachfolge möglich. Es kann in jeder seiner Erscheinungsformen beschränkt oder unbeschränkt auf andere übertragen werden. Vgl. LUG. § 8 Abs. 3, KUG. § 6 Abs. 3, MSchG. § 3, PG. von 1891 § 6 Satz 2, GMG. § 7.

Die Gesetze sagen, das Recht könne übertragen werden. Das deutet auf die Möglichkeit einer Übertragung des vollen Rechtes der Substanz nach hin. Trotzdem behaupten Manche, zum Teil ersichtlich unter dem Einflusse der Theorie, welche im Urheberrecht ein Persönlichkeitsrecht erblickt, wenigstens für das Gebiet des literarischen, musikalischen und künstlerischen Urheberrechts, nicht die Substanz, sondern nur die Ausübung des Rechts sei der Übertragung fähig; die Substanz hafte untrennbar an der Person, in der das Recht entstanden ist.[2]) Die Folge davon wäre ein Heimfallsrecht an den Urheber oder dessen Erben für den Fall, daß der Erwerber seinerseits verzichtet oder ohne Rechtsnachfolger stirbt. Zur Annahme eines solchen Heimfallrechtes, das in wenigen Staaten[3]) gesetzlich bestimmt ist, besteht aber nach deutschem Rechte kein Anlaß. Allerdings liegt an sich in der Rechtsübertragung keine Verzichtserklärung zugunsten der Allgemeinheit für den Fall des nachfolgelosen Wegfalls des Erwerbers; aber die Gemeinfreiheit, die in diesem Falle eintritt, ist gar nicht auf den Parteiwillen zurückzuführen, sondern sie ist unmittelbare logische Folge des Wegfalls des nunmehrigen Berechtigten. Das Gegenteil müßte besonders gesetzlich vorgeschrieben sein. Die überwiegende Meinung geht auch mit Recht dahin, daß die un-

---

E. Rabel, Die Uebertragbarkeit des Urheberrechts nach dem österreichischen Ges. v. 26. Dezember 1895, in Grünhuts Zeitschr. f. priv. u. öff. R. Bd. 27 S. 71 ff.; auch Bolze, Uebertragung der Ausübung eines Patentrechts, in Gruchots Beitr. Bd. 38 S. 75 ff., Bd. 39 S. 1 ff.

[2]) So F. Dahn in Behrends Zeitschr. Bd. 5 S. 5 ff., Grundriß des deutschen Privatrechts S. 46; Reuling, Beiträge zum UrhR. nach deutschem Reichsgesetze, in Goldschmidts Zeitschr. f. das ges. Handelsr. Bd. 23 S. 71 ff.; Ortloff in Iherings Jahrb. Bd. 5 S. 335; Gierke, D. PrR. Bd. 1 S. 767, 805, 887 (auch für das Erfinderrecht vor der Patenterteilung); Allfeld, Bem. 8 zu LUG. § 8.

Ebenso das österr. Ges. vom 26. Dez. 1895 § 16: der Urheber oder sein Erbe kann die die Ausübung des UrhR. beschränkt oder unbeschränkt durch Vertrag oder durch Verfügung von Todes wegen anderen überlassen.

[3]) s. Kohler, UrhR. S. 243 Anm. 36.

beschränkte Übertragung des Rechtes als Übertragung der Substanz nach aufzufassen sei.[4])

II. Eine andere Frage als die, in welcher Intensität das Recht übertragen wird, ist die, in welchem Umfange die unbeschränkte Übertragung zu verstehen ist, insbesondere, ob nur die im Urheberrecht enthaltenen vermögensrechtlichen oder auch die mit ihm verbundenen individualrechtlichen Befugnisse auf den Erwerber übergehen. Das ist eine im einzelnen Falle nach Treu und Glauben und mit Rücksicht auf die Verkehrssitte zu beurteilende Auslegungsfrage.[5]) Die einzelnen Vorschriften, die das Gesetz hier gibt, haben nur dispositiven Charakter. Eine theoretische Unmöglichkeit der Übertragung von Befugnissen, die individuellen und ideellen Interessen dienen, in Verbindung mit vermögensrechtlichen Befugnissen besteht nicht. Ist doch auch die Firma, obwohl sie kein Vermögensstück ist, übertragbar in Verbindung mit dem Handelsgeschäft, zu welchem sie gehört (vgl. HGB. § 22).

LUG. § 9 schreibt vor, daß im Falle der Übertragung des Urheberrechtes der Erwerber, soweit nicht ein anderes vereinbart ist, nicht das Recht hat, an dem Werke selbst, an dessen Titel und an der Bezeichnung des Urhebers Zusätze, Kürzungen oder sonstige Änderungen vorzunehmen.[6]) Entsprechend das Gleiche bestimmt KUG. § 12 für den Fall der Übertragung des Urheberrechtes an einem Werke der bildenden Kunst oder Photographie.

Der Regel nach verbleibt demnach dem Urheber das Recht auf den sogenannten inneren Bestand des Werkes, sowie das Recht der Bestimmung darüber, ob das Werk seinen wahren Namen führen, oder

---

[4]) So z. B. Stobbe-Lehmann Bd. 3 S. 71; Kohler, UrhR. S. 243; Dernburg, Bürg. Recht Bd. 6. S. 48 und namentlich Rabel a. a. O.

[5]) RGE. in ZivS. Bd. 12 S. 52 sagt, daß das Urheberrecht in demselben Sinn und Umfang mit dem nämlichen Charakter eines unbedingten Verbreitungsrechts, wie es in den Händen des Schriftstellers bestand, auch auf die Rechtsnachfolger übergehe; wenn es an Dritte verkauft oder testamentarisch vermacht wird, sei anzunehmen, daß der Schriftsteller diesen Personen, an welche er es gelangen ließ, auch die Sorge für die Wahrung seiner schriftstellerischen Interessen habe übertragen wollen.

Diese reichsgerichtliche These hat aber doch nur die Bedeutung eines Auslegungsgrundsatzes, der nur gelten kann, soweit sich nicht aus der fundamentalen Auslegungsvorschrift des § 157 BGB. etwas anderes ergibt.

[6]) Vgl. dazu RGE. in ZivS. Bd. 69 S. 242 ff.

pseudonym oder anonym erscheinen soll. Die Regel weicht aber nicht nur einer ausdrücklichen oder stillschweigenden abweichenden Vereinbarung zwischen dem Urheber und dem Erwerber, sondern sie weicht auch der stets zu nehmenden Rücksicht auf Treu und Glauben. Zulässig sind also Änderungen, für die der Berechtigte seine Einwilligung nach Treu und Glauben nicht versagen kann; daher muß z. B. der Einsender eines Zeitungsartikels es sich gefallen lassen, daß dieser durch die Redaktion eine stilistisch korrekte Fassung erhält, der Verfasser eines Schauspiels oder einer Oper muß sich innerhalb gewisser Grenzen[7]) den lokalen Bühnen- und Orchesterverhältnissen anbequemen. Die Urheberrechtsgesetze (LUG. § 9 Abs. 2, KUG. § 12 Abs. 2) sprechen dies besonders aus, es ist aber nur eine Folge des für alle Verträge maßgebenden Prinzips der Auslegung nach Treu und Glauben und der Verkehrssitte (BGB. § 157).

Die Verkehrssitte gebietet regelmäßig auch, anzunehmen, daß wer sein Urheberrecht veräußert, damit auch sein Geheimhaltungsrecht preisgeben, also das Recht zur erstmaligen Veröffentlichung des wesentlichen Inhalts (vgl. LUG. § 11 Abs. 1, Satz 2) mit übertragen will; Treu und Glauben aber verbieten dem Erwerber die Veröffentlichung zur Unzeit.

Kraft dispositiven Rechtes (LUG. § 14) verbleiben dem Urheber eines Schriftwerks bezw. Tonwerks auch im Falle grundsätzlich unbeschränkter Übertragung doch seine ausschließlichen Befugnisse für gewisse Bearbeitungen, nämlich

1. für die Übersetzung des Werkes in eine andere Sprache oder in eine andere Mundart;

2. für die Wiedergabe einer Erzählung in dramatischer Form oder eines Bühnenwerkes in der Form einer Erzählung;

3. für die Bearbeitung eines Werkes der Tonkunst, soweit sie nicht bloß ein Auszug oder eine Übertragung in eine andere Tonart oder Stimmlage ist.

III. Übertragung des unvollkommenen Rechtes.

Diejenigen Urheberrechte, die zunächst als unvollkommene ent-

---

[7]) deren Ziehung im einzelnen Falle eine Frage sachverständigen Ermessens sein wird; z. B. werden Wagners Erben nicht zuzugestehen brauchen, daß auf einer Provinzbühne im 3. Akt des Tristan das Englische Horn durch eine Klarinette ersetzt wird.

stehen, sind schon als solche der Übertragung fähig. Auf dem Gebiet des Urheberrechtes an Erfindungen können also übertragen werden:

1. das vor der Anmeldung bestehende unvollkommene Erfinderrecht;

2. der aus der Anmeldung entstehende Anspruch auf Erteilung des Patentes;

3. das mit der Patenterteilung gegebene vollkommene Patentrecht. In diesem Falle wird der Wechsel in der Person des Patentinhabers in der Patentrolle eingetragen und im Reichsanzeiger veröffentlicht.

Ebenso ist aber auch auf dem Gebiete des Urheberrechts an Gebrauchsmustern gegen die Motive zum Gesetze[8]) anzunehmen, daß nicht nur das im GMG. § 7 erwähnte durch die Eintragung in die Musterrolle begründete Gebrauchsmusterrecht übertragbar ist, sondern auch schon das vor der Anmeldung bestehende unvollkommene Erfinderrecht und der aus der Anmeldung des Modells entspringende Anspruch auf Eintragung mit der durch die Anmeldung fixierten Priorität.[9])

Endlich ist auch das Urheberrecht an einem Geschmacksmuster schon als das unvollkommene Recht, als welches es mit der Schöpfung des Musters zur Entstehung kommt, übertragbar, nicht erst mit der Anmeldung zur Eintragung in das Musterregister.

IV. Beschränkte Übertragung.

Die Übertragung kann bei allen Urheberrechten auch eine beschränkte sein. Durch die beschränkte Übertragung von Urheberbefugnissen als Befugnissen absoluten Charakters beschränkt der Urheber sich selbst. Er hat sich fortan der Ausübung der übertragenen Befugnisse zu enthalten; tut er es nicht, so verletzt er das ausschließliche Recht des Erwerbers. Zwischen diesem und dem Urheber kann aber zugleich ausdrücklich oder stillschweigend ein obligatorisches Rechtsverhältnis vereinbart sein, auf Grund dessen der Urheber trotz der Übertragung zur Selbstausübung der übertragenen Befugnisse völlig oder in gewissem Umfange befugt bleibt. Eine Beschränkung der Wirkung nach liegt in der Hinzufügung einer auflösenden oder aufschiebenden Bedingung. Für solche be-

---

[8]) Motive zum GMG. S. 16.

[9]) Vgl. Seligsohn zu GMG. § 7; Allfeld Bem. 2, b zu GMG. § 7.

dingte Übertragungen sind die allgemeinen Regeln über bedingte Rechtsgeschäfte maßgebend.

Im übrigen kann die Beschränkung eine zeitliche, räumliche oder inhaltliche sein.

1. Eine zeitliche Beschränkung kann geschehen durch Bestimmung eines in der Zukunft liegenden Anfangstermins oder eines vor dem Ablauf der Schutzdauer eintretenden Endtermines. Vgl. BGB. § 163. Sie kann sich mit einer räumlichen oder inhaltlichen Beschränkung verbinden.

2. Eine räumlich beschränkte Übertragung in der Weise, daß der Erwerber nur in einem bestimmten territorialen Gebiete berechtigt sein soll, kommt namentlich in Verbindung mit einer inhaltlichen Beschränkung vor in Gestalt der Einräumung eines geteilten Verlagsrechts an mehrere Verleger, oder in Gestalt der Einräumung von gewissen Patentbefugnissen für ein gewisses Land. In beiden Fällen verbleibt das Urheber- bzw. Patentrecht seiner Substanz nach als ein einheitliches und ungeteiltes Recht beim Urheber bzw. Erfinder. Will jedoch der Patentinhaber das Patentrecht selbst mit Begrenzung auf ein bestimmtes Gebiet einem anderen übertragen, während er es für andere Gebiete selbst behalten oder einem Dritten übertragen will, so kann dies nicht in der Weise geschehen, daß eine Teilung des Patentrechtes selbst eintritt; vielmehr werden der ursprüngliche Berechtigte und der bzw. die Erwerber Mitinhaber desselben einen und einheitlichen Patentes (vgl. oben § 13), und werden als solche in die Patentrolle eingetragen; die territoriale Abgrenzung unter ihnen hat nur obligatorische Bedeutung.

3. Eine inhaltlich beschränkte Übertragung ist eine solche, bei der nur ein Teil der im Urheberrecht enthaltenen Befugnisse übertragen wird, z. B. bei einem Bühnenwerke nur das Aufführungsrecht oder nur das Übersetzungsrecht, bei einer Erfindung nur das Herstellungsrecht oder nur das Gebrauchsrecht. Dabei ist aber zu betonen, daß, wenn wir zunächst vom Verlagsrecht und der ausschließlichen patentrechtlichen Lizenz absehen, bei der Einräumung solcher Einzelbefugnisse keinerlei Vermutung dafür spricht, daß das Teilrecht mit dem Charakter der Ausschließlichkeit übertragen werden will. Nur im letzteren Falle läßt sich aber in Wahrheit von einer beschränkten Übertragung des Urheberrechtes sprechen,[10]) da

[10]) A. M. Gierke, D. PrivR. Bd. 1 S. 807, Allfeld Bem. 10, B, b zu LUG. § 8.

dieses Recht eben nicht nur als Ganzes, sondern auch in den darin enthaltenen Teilbefugnissen gerade durch die Ausschließlichkeit gekennzeichnet wird. Die Übertragung von Einzelbefugnissen ohne Ausschließlichkeit begründet regelmäßig ein relatives Recht lediglich obligatorischen Charakters; zwar verbietet weder die Rechtslogik noch eine positive Vorschrift, auch das ohne Ausschließlichkeit übertragene Recht als ein gegenständliches aufzufassen; aber im Zweifel ist diese Auslegung — es handelt sich hier um eine Auslegungsfrage — dem Parteiwillen nicht zu geben.

Jede inhaltliche Beschränkung kann sich mit einer räumlichen oder zeitlichen verbinden.

Die praktisch wichtigsten Fälle einer inhaltlich beschränkten Übertragung des Urheberrechts und zugleich diejenigen, die für die dogmatische Betrachtung das größte Interesse bieten, sind der Verlagsvertrag und im Patentrecht die Erteilung einer sogenannten ausschließlichen Lizenz. Durch ersteren wird das Vervielfältigungsrecht und Verbreitungsrecht an einem Gesetzeswerke, durch letztere das Benutzungsrecht an einer Erfindung einem anderen überlassen. Beide werden im besonderen Teile ihre Behandlung finden. Hier sei nur auf die enge rechtliche und wirtschaftliche Verwandtschaft hingewiesen, die zwischen dem Verlagsrecht und der sog. ausschließlichen Lizenz[11]) besteht. Sie zeigt sich in folgenden Parallelismen:

a) Verlagsrecht und ausschließliche Lizenz sind beide Nutzungsrechte an einem immateriellen Rechtsgute. Wie das Verlagsrecht ein aus dem Urheberrecht abgeleitetes Nutzungsrecht ist, so die Lizenz ein aus dem Erfinderrecht abgeleitetes. Der Substanz nach verbleiben Urheber- und Erfinderrecht beim ursprünglichen Träger; diesem verbleiben auch die aus der Urheberschaft sich ergebenden persönlichen Befugnisse.

b) Wie das Verlagsrecht im eigentlichen Sinne ein ausschließliches Recht ist, das absoluten Charakter hat (vgl. VerlG. § 8),

---

[11]) Es ist eine rein terminologische Frage, ob man das ausschließliche Benutzungsrecht, das wir hier „ausschließliche Lizenz“ nennen, überhaupt als Lizenz bezeichnen will, oder etwa lieber als „beschränktes Genußrecht“ oder als „ausschließliches Teilrecht“. Der Ausdruck Lizenz hat eben keine feststehende vom Gesetze sanktionierte Bedeutung und wird in der Praxis für Befugnisse verschiedenen Inhalts gebraucht.

so ist auch die Lizenz, wenn sich nicht aus dem Parteiwillen oder den Umständen ein anderes ergibt, eine ausschließliche und zugleich mit absoluter Wirkung ausgestattete. Der Inhaber einer solchen ausschließlichen Lizenz hat wie der Verleger eine selbständige („quasidingliche", besser gegenständliche) Befugnis zur Geltendmachung seines Nutzungsrechts gegen jeden, der es beeinträchtigt.[12])

Freilich trifft das nicht auf jede Lizenz zu. Es ist möglich, daß der Patentinhaber zum Lizenznehmer in ein bloß obligatorisches Verhältnis tritt. Ganz dieselbe Möglichkeit besteht aber auch für das Verhältnis zwischen Verfasser und Verleger, und es ist von lediglich terminologischer Bedeutung, ob man in diesem Falle das Recht des Verlegers auch als „Verlagsrecht" bezeichnen will.

c) Beide Rechte beruhen stets auf einem Vertrag mit dem Urheber bzw. Erfinder.[13]) Die wirtschaftliche Funktion dieses Vertrages ist für die Regel in beiden Fällen die gleiche: wie der Verfasser sein Urheberrecht regelmäßig ökonomisch am zweckentsprechendsten dadurch verwertet, daß er einen Verlagsvertrag abschließt, so der Erfinder dadurch, daß er eine Lizenz erteilt.

Ein Unterschied tritt hier freilich hervor. Der Verlagsvertrag ist begrifflich notwendig ein gegenseitiger Vertrag, da zu seinem Wesen die Begründung einer Verpflichtung auf Seiten beider Kontrahenten gehört (vgl. VerlG. § 1). Bei der Lizenzerteilung ist das Moment der Gegenseitigkeit der Verpflichtung zwar regelmäßig gleichfalls vorhanden, aber nicht wesentlich; eine Verpflichtung des Lizenzempfängers kann fehlen.

d) Verlagsrecht und ausschließliche Lizenz entstehen beide auf dem Wege sog. konstitutiver Übertragung.[14]) Durch diese wird nicht wie bei der einfachen translativen Rechtsnachfolge nur ein formell neues Recht des Erwerbers geschaffen, sondern zugleich auch ein materiell neues Recht, das sich von dem des Veräußerers inhaltlich unterscheidet. Bestimmte einzelne Funktionen des Urheber-

[12]) Vgl. RGE. in ZivS. Bd. 57 S. 38 ff.; Damme, Lehrb. des Patentrechts S. 394; Rabel in Rhein. Zeitschr. Bd. 1 S. 197.

[13]) Für die Lizenz gilt das auch dann, wenn gemäß PG. von 1891 § 11 Ziff. 2 ein indirekter Lizenzzwang besteht.

[14]) Ueber diesen Begriff wohl zuerst Exner, Kritik des Pfandrechtsbegriffs (1873) S. 4 ff.; vgl. ferner Dernburg, Bürg. R. Bd. 1 § 103, IV S. 315 und neuestens Krückmann im Arch. f. ZivPr. Bd. 103 S. 139 ff. Vgl. auch l. 63 D. de usufr. 7, 1.

rechtes werden verselbständigt und kommen in der Person des Erwerbers als ein besonderes Recht am Geistesgute[15]) zur Entstehung.

e) Verlagsrecht und ausschließliche Lizenz vertragen Beschränkungen. Dem räumlich geteilten Verlagsrecht entspricht die sog. Bezirkslizenz.

f) Verlagsrecht und ausschließliche Lizenz sind beide grundsätzlich übertragbar. Bei beiden kann die Übertragung durch Vereinbarung zwischen den Parteien ausgeschlossen werden. Wie der Verleger, der durch einen nur über einzelne Werke geschlossenen Vertrag regelmäßig sein Verlagsrecht nicht ohne Zustimmung des Verfassers übertragen kann (vgl. VerlG. § 28), dieser Zustimmung nicht bedarf, wenn er den ganzen Geschäftsbetrieb oder einen ganzen Zweig desselben überträgt: so ist die sog. Betriebslizenz[16]) d. h. diejenige, die nicht nur an die Person des Erwerbers, sondern an seinen Geschäftsbetrieb geknüpft werden sollte, mit dem Betriebe frei übertragbar, ohne daß es der Zustimmung des Erfinders bedürfte.

V. Weiterübertragung.

Das beschränkte Recht, das den Gegenstand der Übertragung bildet, ist seinerseits grundsätzlich[17]) wiederum übertragbar und vererblich, aber natürlich nur in der zeitlichen, räumlichen oder inhaltlichen Beschränkung, mit der es auf den ersten Erwerber übertragen wurde. Nemo plus juris in alium transferre potest quam ipse habet. Weiß der weitere Erwerber von der Beschränkung nichts, so gibt es für ihn keinen Schutz des gutgläubigen Erwerbes; aber sein Veräußerer haftet ihm aus dem Gesichtspunkte der Gewährleistung.

Die Möglichkeit der Weiterübertragung besteht da nicht, wo sie durch Vereinbarung zwischen dem Urheber und dem ersten Erwerber ausgeschlossen wurde.[18])

Wo das Urheberrecht selbst nicht auf den Fiskus als gesetzlichen Erben übergeht (vgl. unten § 23), geht auch das aus dem Urheberrecht abgeleitete beschränkte Recht nicht auf ihn über.

---

[15]) Ich nehme an: am Geistesgute, nicht am Urheberrecht. Letztere Auffassung, die zu der gekünstelten Figur des „Rechts am Rechte" führt, halte ich hier für eine überflüssige Komplikation. Vgl. unten § 21, I.

[16]) Für sie spricht nach der Verkehrsübung die Vermutung.

[17]) Von Besonderheiten des Verlagsrechts (vgl. vorläufig VerlG. § 28) und des Aufführungsrechtes wird später die Rede sein.

[18]) Dies trotz BGB. § 137 arg. §§ 399, 413.

VI. Vielmehr findet in diesem Falle (gerade so wie beim Eintritt eines Endtermines) ein Heimfall der übertragenen urheberrechtlichen Befugnisse auf den Urheber selbst statt. Das Urheberrecht, das durch die Übertragung von Teilbefugnissen auf einen Andern an Gehalt verloren hatte, vervollkommnet sich wieder. Man kann in demselben Sinne von einer Elastizität der Urheberrechte sprechen, in welchem man von einer Elastizität des Eigentums spricht.[19])

Dagegen tritt, wenn der Inhaber eines ihm ohne Beschränkung übertragenen Urheberrechtes stirbt, ein Heimfall an den ursprünglichen Urheber ebensowenig ein, wie es bei entsprechend gleicher Sachlage auf sachenrechtlichem Gebiet einen Heimfall an den ursprünglichen Eigentümer gibt. Von Elastizität kann nur da die Rede sein, wo noch etwas zurückgeblieben ist, das der Erweiterung oder Vervollkommnung fähig ist.

VII. Die Möglichkeit einer Übertragung erst künftig entstehender Urheberrechte ist (arg. BGB. § 413) in gleicher Weise zu beurteilen wie die Möglichkeit einer Übertragung künftiger Forderungen. Diese wird von der überwiegenden Meinung mit Recht bejaht.[20]) Das vorher abgetretene Urheberrecht geht mit seiner Entstehung sofort auf den Erwerber über, da die erforderliche Einigung schon vorliegt. Handelt es sich um ein erst durch Anmeldung sich vervollkommnendes Erfinder-, Gebrauchs- oder Geschmacksmusterrecht, so ist der Erwerber allein zur Anmeldung befugt.

Die Übertragung des künftigen Rechtes kann wiederum eine beschränkte oder eine unbeschränkte sein.

Es ist auch zulässig, daß jemand das Urheberrecht bzw. Erfinderrecht an seinen sämtlichen künftigen Werken bzw. Erfindungen im Voraus auf einen Anderen überträgt. Gegen die Zulässigkeit kann jedenfalls nicht BGB. § 310 angeführt werden, wonach ein Vertrag, durch den sich jemand verpflichtet, sein künftiges Vermögen oder einen Bruchteil seines künftigen Vermögens zu übertragen, nichtig ist; denn bei der Übertragung aller künftigen Urheberrechte handelt es sich eben nicht um einen Bruchteil des künftigen Vermögens, sondern um einen Komplex von Vermögensgegenständen bestimmter Art. Wohl aber kann ein solcher Vertrag nach den Umständen des Falles die Freiheit in der Verfügung über die eigene Arbeitskraft

---

[19]) Vgl. § 4 J. de usufructu 2, 4.

[20]) Vgl. RGE. in ZivS. Bd. 55 S. 334.

in unerträglichem Maße beschränken und deshalb wider die guten Sitten verstoßen oder auch die Merkmale eines Wuchergeschäfts aufweisen; dann ist er nach BGB. § 138 nichtig.

§ 19.

β) Das Übertragungsgeschäft und seine Form.

Die Übertragung von Urheberrechten aller Art kann geschehen durch Vertrag unter Lebenden oder durch Verfügung von Todes wegen.

I. Bei der Übertragung durch Vertrag sind, worüber man noch mancher Unklarheit begegnet, das Bewirkungsgeschäft, durch welches die Übertragung erfolgt und das obligatorische Kausalgeschäft, auf Grund dessen sie erfolgt, rechtlich auseinander zu halten. Das Bewirkungsgeschäft ist der abstrakte Akt der Zession. Nach BGB. § 413 finden, soweit nicht das Gesetz ein anderes vorschreibt, die Vorschriften über die Übertragung von Forderungen (§§ 398ff.) auf die Übertragung anderer Rechte entsprechende Anwendung. Zu diesen „anderen Rechten" gehören in erster Linie Urheber- und Patentrechte.[1]) Die Zession erfolgt formfrei.

Der Rechtsgrund (die causa) der Zession von Urheberrechten kann ein sehr verschiedenartiger sein: Kaufvertrag, Tauschvertrag, Schenkung, Fiduzia, Illationsvertrag kommen namentlich in Betracht. Auch dieses Kausalgeschäft ist regelmäßig formfrei,[2]) aber nicht immer; so bedarf es, wenn durch Vertrag die Übertragung eines Urheberrechts schenkungsweise versprochen wird, der gerichtlichen oder notariellen Beurkundung des Schenkungsversprechens nach BGB. § 518.

Tatsächlich steckt allerdings sehr häufig, ja regelmäßig, in dem-

---

[1]) Nicht anwendbar ist BGB. § 400. Denn die freie Uebertragbarkeit ist durch die besonderen Vorschriften der Urheberrechtsgesetze außer Zweifel gestellt. Auch die Anwendung derjenigen Vorschriften über die Abtretung von Forderungen, die mit Rücksicht auf den bei Forderungen vorhandenen Schuldner gegeben sind, kommen bei der Abtretung von Urheberrechten nicht in Betracht.

[2]) Wenn jedoch Allfeld (Bem. 6, b zu PG. § 6) sagt, der Vertrag könne „stets gemäß § 151 BGB. formlos geschlossen werden", so ist dem entgegenzuhalten, daß BGB. § 151 sich nicht mit der Form, sondern mit der Vollendung des Vertrags befaßt und auf solche Verträge, die einer bestimmten Form bedürfen, überhaupt nicht anwendbar ist.

selben Tatbestande, der sich als das obligatorische Kausalgeschäft z. B. Verkauf, darstellt, zugleich das Bewirkungsgeschäft, die Zession, so daß beide eine zeitliche und äußerliche Einheit bilden. Das ist aber nichts rechtlich Notwendiges und darf uns nicht hindern, die beiden Rechtsvorgänge konstruktiv zu sondern.[3])

Ist das Kausalgeschäft nichtig oder anfechtbar und angefochten, so hat der Urheber gegen den Erwerber einen obligatorischen Anspruch auf Rückübertragung des ihm zedierten Urheberrechtes nach Maßgabe der §§ 812 ff. BGB. Regelmäßig wird aber derselbe Nichtigkeitsgrund, der das Kausalgeschäft unwirksam macht, auch dem Zessionsakte anhaften; dann ist der Rückübertragungsanspruch nicht gegeben und überflüssig, da dann ein Rechtsübergang nicht stattgefunden hat. Ebenso wird derselbe Anfechtungsgrund, der in Ansehung des Kausalgeschäftes besteht, regelmäßig auch in Ansehung der Zession vorliegen und die darauf erfolgende Anfechtung sich auch auf diese beziehen.

II. Irgend welche Publizität der Übertragung ist für ihre Wirksamkeit nicht erforderlich. Für den Fall der Übertragung des Patentes bestimmt zwar PG. von 1891 § 19 Abs. 2:

„Tritt in der Person des Patentinhabers oder seines Vertreters eine Änderung ein, so wird dieselbe, wenn sie in beweisender Form zur Kenntnis des Patentamtes gebracht ist, ebenfalls in der Rolle vermerkt und durch den Reichsanzeiger veröffentlicht. Solange dieses nicht geschehen ist, bleiben der frühere Patentinhaber und sein

---

[3]) Eine andere Auffassung haben Gierke, D. PrivR. S. 888 Anm. 8 und Allfeld Bem. 6, b zu PG. § 6. Sie nehmen an, bei entgeltlicher Uebertragung stelle sich das Rechtsgeschäft als Kauf oder Tausch dar, nicht als Zession, unter Berufung auf RGE. in ZivS. Bd. 20 S. 128, Bd. 28 S. 251, Bd. 31 S. 295, sowie die Entscheidungen in Gruchots Beiträgen Bd. 31 S. 1020, Bd. 35 S. 962 und bei Gareis, Samml. Bd. 9 S. 275.

Diese Auffassung verkennt m. E. das Verhältnis von Kausalgeschäft und Bewirkungsgeschäft. Das BGB. geht offenbar davon aus, daß der Verkauf eines Rechtes wie der einer Sache nur obligatorische Wirkung hat und nicht den Rechtsübergang selbst bewirkt. Vgl. § 433 Abs. 1 Satz 2: „Der Verkäufer eines Rechtes ist verpflichtet, dem Käufer das Recht zu verschaffen ...." Das „Verschaffen" geschieht eben durch die Zession. Uebrigens wurde auch nach gemeinem Recht der Käufer eines Rechtes nicht durch den Kauf als solchen Rechtsinhaber. Anders nach französischem Recht, wo der Kausalvertrag zugleich den Rechtsübergang bewirkt (für die Veräußerung von Rechten anzunehmen nach Analogie des Art 1138 cod. civ.).

früherer Vertreter nach Maßgabe dieses Gesetzes berechtigt und verpflichtet."

Das ist aber nicht so zu verstehen, als ob die Eintragung in die Patentrolle für den Erwerb des Patentrechtes erforderlich sei. Der Übergang des Patentrechts vollzieht sich vielmehr nicht nur mit Wirkung zwischen Veräußerer und Erwerber, sondern auch mit Wirkung Dritten gegenüber[4]) lediglich durch das Übertragungsgeschäft, das ist durch die (regelmäßig im obligatorischen Veräußerungsgeschäft schon inbegriffene) Zession. Die Eintragung und Veröffentlichung haben nur die Bedeutung, daß sie entscheidend sind für die Legitimation gegenüber dem Patentamte und, was freilich aus der Fassung des Gesetzes nicht klar hervortritt, für die Führung von Rechtsstreitigkeiten vor den Gerichten;[5]) das Patentamt und der Prozeßgegner können die Legitimation des neuen Erwerbers beanstanden, solange eine Eintragung nicht geschehen und veröffentlicht ist Veräußert der Patentinhaber, der sein Recht schon auf A übertragen hat, nochmals an B, so erwirbt dieser nach dem Grundsatze: nemo plus juris ..... kein Recht; sein guter Glaube hilft ihm nichts und er beruft sich vergeblich darauf, daß der erste Erwerber A nicht eingetragen sei.

III. Die Übertragung von Urheberrechten kann, da die Zession an keine Form gebunden ist, auch stillschweigend erfolgen. Ob eine stillschweigende Abtretung vorliegt, ist im einzelnen Falle nach Treu und Glauben und nach der Verkehrssitte zu beurteilen. Namentlich mit Anstellungsverträgen wird sich eine solche häufig

---

[4]) Letzteres bestreitet Gierke S. 888 f. unter Berufung auf RGE. in ZivS. Bd. 31 S. 56; vgl. dagegen Allfeld Bem. 2, Seligsohn Bem. 11 zu PG. § 19.

[5]) Manche lassen das nur für die Legitimation vor dem Patentamt gelten, nicht auch für die vor den Gerichten; so Robolski, Theorie und Praxis S. 130; Appelius in Stengleins strafrechtl. Nebenges. Bem. 1 zu PG. § 19; Allfeld Bem. 2, Isay Anm. 16 zu PG. § 19. Dagegen in unserem Sinne Kohler, Handbuch des PatR. S. 529 ff.; André im PBl. 1879 S. 354; Schanze, Die Register- und Rolleneinschreibungen auf dem Gebiet des Industrierechts (1905) S. 37; Seligsohn (3. Aufl.) Bem. 11 zu PG. § 19 (anders in früheren Auflagen); Kent Bem. 26, 27 zu PG. § 19; Rabel in Rhein. Zeitschr. Bd. 1 S. 215, vgl. auch S. 218; nunmehr auch unter Aenderung seines bisherigen Standpunktes das Reichsgericht, vgl. RGE. in Jur. Wschr. 1902 Nr. 36 und 37 S. 97 ff. Blatt für PMZ. Bd. 8 S. 177 und insbesondere RGE. in ZivS. Bd. 67 S. 176 ff.

verbinden; s. darüber oben § 9, III,2. Die Übertragung des Sacheigentums an einem Werke in seiner körperlichen Erscheinung (am Manuskript, am Bild, an der Statue, am Modell usw.) und die zu diesem Zwecke erfolgende Besitzverschaffung schließt, so weit nicht ein anderes vereinbart ist, die Übertragung des Urheberrechtes nicht in sich.[6]) Das gilt auch für Briefe; der Adressat wird zwar dadurch, daß ihm der Brief zugeht, dessen Eigentümer, damit aber im Zweifel nicht zugleich Inhaber des am Briefe etwa bestehenden Urheberrechtes.

IV. Einzelne Urheberrechtsgesetze (PG. § 6, GMG. § 7, MSchG. § 3) bestimmen ausdrücklich, daß die Übertragung auf einen anderen auch „durch Verfügung von Todes wegen", also durch Testament oder durch Erbvertrag, geschehen kann; auch für diejenigen Urheberrechte, für welche das im Gesetz nicht ausdrücklich hervorgehoben wird, wird das Gleiche ohne Bedenken angenommen. Damit ist jedoch offenbar nicht der Fall der Erbeseinsetzung gemeint — denn daß das Recht auf die Erben übergeht, wird überall besonders gesagt —, sondern der des Vermächtnisses. In Wahrheit aber findet die Übertragung nicht statt durch die Verfügung von Todes wegen, welche das Vermächtnis des Urheberrechtes anordnet. Das BGB. kennt kein Vindikationslegat, keinen unmittelbaren Erwerb des vermachten Gegenstandes durch den Vermächtnisnehmer. Vielmehr hat der Vermächtnisnehmer nur das Recht, von dem Beschwerten die Leistung des vermachten Gegenstandes zu fordern (§ 2174). Dieses Recht ist ein rein obligatorisches. Der mit dem Vermächtnis eines Urheberrechtes Bedachte erlangt also lediglich einen Anspruch gegen den Beschwerten darauf, daß dieser ihm das Urheberrecht verschaffe. Die Verschaffung selbst vollzieht sich durch Rechtsgeschäfte unter Lebenden. Die Verfügung von Todes wegen ist nicht Übertragungsgeschäft, sondern dessen causa.

§ 20.

γ) Pflichten, insbesondere Gewährleistungspflicht des Veräußerers.

I. Für die Gewährleistungspflicht des Veräußerers eines Urheberrechtes sind die allgemeinen Grundsätze des bürgerlichen Rechts maß-

---

[6]) So für Werke der bildenden Kunst ausdrücklich KUG. § 10 Abs. 4; es gilt aber in gleicher Weise auch für andere Werke.

gebend. Seine Haftung ist also eine verschiedene je nach dem obligatorischen Kausalverhältnisse, auf Grund dessen die Übertragung erfolgt. So ist z. B. die Haftung des Schenkers für Verschulden auf Vorsatz und grobe Fahrlässigkeit beschränkt. Verschweigt er einen Mangel im Recht, z. B. die Verpfändung des verschenkten Urheberrechts, so haftet er dem Beschenkten auf Schadenersatz nur, wenn die Verschweigung eine arglistige war (BGB. § 523).[1])

II. Bei allen Veräußerungen gegen Entgelt, namentlich in deren wichtigstem Falle, dem des Verkaufes, haftet der Veräußerer gemäß BGB. § 437 für den rechtlichen Bestand des Urheberrechtes, also dafür, daß dieses schon besteht und noch besteht.[2]) Er haftet aber nicht nur dafür, daß das Recht überhaupt besteht, sondern auch dafür, daß es zur Zeit des Vertragsschlusses so besteht, wie es dem im Veräußerungsvertrage zum Ausdruck kommenden nach Treu und Glauben zu beurteilenden Parteiwillen entspricht. Diese Haftung für den vertragsmäßigen Umfang des Rechts schließt insbesondere die Haftung für die vertragsmäßig vorausgesetzte weitere Schutzdauer in sich; ferner die Haftung dafür, daß das Recht bereits den vertragsmäßig vorausgesetzten Grad der Vervollkommnung erreicht hat, z. B. daß das Patent für die Erfindung bereits erteilt ist; endlich bei Patenten dafür, daß nicht ein Nichtigkeitsgrund (PG. von 1891 § 10) besteht, gleichviel ob eine Nichtigkeitserklärung zur Zeit der Veräußerung schon erfolgt ist oder nicht; denn wenn die Nichtigkeitserklärung erfolgt, hat sie rückwirkende Kraft, es ist also dann so anzusehen als ob ein nichtbestehendes Patent übertragen worden sei.[3])

---

[1]) Wenn Rabel in Rhein. Zeitschr. Bd. 1 S. 198 sagt, die auf Bestellung absoluten Rechtes gerichtete Uebertragung sei entweder Kauf eines Rechtes oder kaufähnliches Geschäft (§ 445), so denkt er offenbar nicht an den immerhin möglichen Fall der Schenkung.

[2]) Von einem Schutze des gutgläubigen Erwerbers, wie er bei der Veräußerung von Sachen nach Maßgabe der §§ 932 ff. BGB. besteht, kann bei Urheberrechten als unkörperlichen Gegenständen überhaupt keine Rede sein. Hier gibt es keinen „Erwerb vom Nichtberechtigten", sondern nur eine Inanspruchnahme des Nichtberechtigten auf Grund seiner Verschaffungspflicht (vgl. BGB. § 433 Abs. 1 Satz 2) und seiner Gewährleistungspflicht für den rechtlichen Bestand.

[3]) So auch Kohler, Handbuch des Patentrechts S. 582, Staub im Patentblatt 1888 S. 55 ff., Allfeld Bem. 6, b zu PG. § 6 gegen Gierke, D. PrivR. Bd. 1 S. 880 Anm. 100.

Dagegen kann der Grundsatz des § 437 keine Anwendung finden auf die Veräußerung eines Urheberrechtes, dessen Entstehung objektiv unmöglich ist; vielmehr ist ein derartiger Vertrag nach der Regel des BGB. § 306 als ein auf eine von vornherein unmögliche Leistung gerichteter nichtig.[4])

Der Verkäufer ist verpflichtet, dem Käufer den verkauften Gegenstand frei von Rechten zu verschaffen, die von Dritten gegen den Käufer geltend gemacht werden können (BGB. § 434). Zu solchen Rechten gehören Verlagsrechte, ausschließliche Lizenzen, Pfandrechte, Nießbrauchsrechte. Aus § 434 ergibt sich auch, daß der Veräußerer eines Patentes dem Erwerber dafür einzustehen hat, daß das Patent nicht im Verhältnisse der Abhängigkeit zu einem andern Patent steht.[5])

Solche Mängel im Rechte, die der Erwerber beim Vertragsschlusse kennt, hat der Veräußerer nicht zu vertreten (BGB. § 439). Nur wenn das Urheberrecht verpfändet ist, hat der Veräußerer das Pfandrecht zu beseitigen, auch wenn der Erwerber diese Belastung kennt.

Wird ein nicht existierendes Urheberrecht, dessen Entstehung nicht objektiv unmöglich ist, oder ein Patent, das später für nichtig erklärt wird, veräußert, so sind nicht etwa die §§ 306, 307 BGB. anzuwenden, wonach der Vertrag als auf eine unmögliche Leistung gerichtet nichtig wäre und nur eine eventuelle Verpflichtung zum Ersatz des sog. negativen Interesses bestünde, sondern die Rechte des Erwerbers bestimmen sich, da der Veräußerer ihm für den rechtlichen Bestand schlechthin haftet (sog. Verschaffungsprinzip), nach BGB. § 325. In dieser Bestimmung ist zwar nur

---

[4]) Vgl. RGE. in ZivS. Bd. 68 S. 292 ff.

[5]) RGE. in ZivS. Bd. 20 S. 94 erblickt in der Abhängigkeit eine Eigenschaft des Patents und läßt demgemäß Anfechtung wegen Irrtums zu. Vom Standpunkt des heutigen Rechtes besteht zunächst das freilich mehr formale und durch sinngemäße Gesetzesauslegung m. E. zu beseitigende Bedenken, daß BGB. § 119 Abs. 2 nur von Eigenschaften einer Person oder „Sache" spricht, das Patentrecht aber keine Sache im Sinne des BGB. ist. Aber auch wenn man darüber hinwegsieht und, was aber zweifelhaft ist, die Abhängigkeit überhaupt als eine „Eigenschaft" betrachten will (dagegen Isay Anm. 77 zu PG. § 6), ist erst noch fraglich, ob nicht durch die Möglichkeit der Inanspruchnahme der Haftung wegen Mangels im Recht (BGB. § 440) die Anfechtung wegen Irrtums ausgeschlossen wird. Die ganz analoge Frage, ob wegen eines zu vertretenden Sachfehlers (§ 459) neben der Wandelungsklage auch noch die Anfechtung wegen Irrtums aus § 119 Abs. 2 zulässig ist, wird vom Reichsgericht (ZivS. Bd. 61 S. 171 ff., Bd. 62 S. 282 ff.) verneint.

von nachträglicher Unmöglichkeit der Leistung die Rede, aus § 440 im Zusammenhalt mit § 434, 437 ergibt sich aber, daß sie auch auf unseren Fall der Nichtverschaffung des (von vornherein nicht bestehenden) Rechtes Anwendung findet. Der Erwerber kann demnach alternativ Schadenersatz wegen Nichterfüllung verlangen oder vom Vertrage zurücktreten.[6]) Der zu ersetzende Schaden umfaßt auch den entgangenen Gewinn (§ 252).

Die gleichen Rechtsbehelfe stehen dem Erwerber zu, wenn ihm das Urheberrecht nicht frei von Rechten Dritter verschafft wird, gleichgültig ob der Veräußerer dazu nicht gewillt oder unvermögend ist.

III. Der Veräußerer eines Urheberrechtes haftet zwar für dessen rechtlichen Bestand, aber, wenn nichts anderes vereinbart ist, grundsätzlich nicht für dessen wirtschaftlichen Wert, also nicht für die Rentabilität der Erfindung, nicht für den guten Absatz des literarischen oder künstlerischen Werks, nicht dafür, daß die Oper oder das Schauspiel zur Aufführung angenommen wird.

Allerdings haftet der Veräußerer für die Originalität des Werkes, an dem das Urheberrecht besteht, und für die Ausführbarkeit der Erfindung; diese Haftung ist aber keine Haftung wegen eines Mangels des Gegenstandes,[7]) sondern eine solche wegen mangelnden Bestandes des Rechtes; denn Originalität bzw. Ausführbarkeit sind notwendige Voraussetzungen für das Bestehen des Urheberrechts.

Eine analoge Anwendung des § 459 BGB. (Haftung für Sachmängel) ist nur insoweit zulässig und geboten, als bestimmte Eigenschaften des Werkes zugesichert wurden, an dem das Urheberrecht besteht.[8])

IV. Der Verkäufer ist nach BGB. § 444 (vgl. §§ 413 mit 402) verpflichtet, dem Käufer über die das verkaufte Urheberrecht

---

[6]) Das Rücktrittsrecht bemißt sich nach BGB. §§ 327, 346 ff.

[7]) wie Isay Anm. 72 zu PG. § 6 anzunehmen scheint; er läßt den Verkäufer für Ausführbarkeit und für Brauchbarkeit der Erfindung einstehen. Auch Seligsohn Bem. 4, b zu PG. § 6 will „die Vorschriften der §§ 459 ff. BGB. über die Gewährleistung wegen Mängel der Sache hier analog anwenden".

[8]) Was „Eigenschaften" sind, ist bekanntlich höchst zweifelhaft und bestritten. Das Reichsgericht (ZivS. Bd. 61 S. 84 ff.) rechnet zu den Eigenschaften einer Sache im Sinne der §§ 119 Abs. 2, 459 Abs. 2 BGB. auch die den Wert bildenden Faktoren, z. B. die gewerbliche Verwendbarkeit. Ist diese Auffassung richtig, so muß sie folgerichtig auch da gelten, wo es sich nicht um Sachen, sondern um unkörperliche Gegenstände handelt.

betreffenden rechtlichen Verhältnisse die nötige Auskunft zu erteilen, z. B. über die weitere Dauer der Schutzfrist, über schon bestellte Lizenzen, über die wegen noch rückständiger Gebühren drohende Gefahr eines Verfalls des Rechtes. Die Auskunft ist dem Erwerber gemäß § 444 auch ohne dessen besonderes Verlangen zu erteilen, soweit die Kenntnis der Rechtslage für ihn von Interesse ist;[9]) das ist ein Gebot von Treu und Glauben; § 444 ist nur ein besonderer Anwendungsfall des allgemeinen Grundsatzes des § 242.

Daß der Veräußerer auch eine Auskunftspflicht über tatsächliche, insbesondere technische Verhältnisse habe, ist im Gesetz nicht besonders gesagt; trotzdem ist er auch zu solcher Auskunft als verpflichtet zu erachten, soweit ihre Verweigerung eine Verletzung von Treu und Glauben bedeuten würde. Daher hat der Veräußerer einer Verfahrenserfindung dem Erwerber die besonderen Kunstgriffe mitzuteilen, die zur Anwendung der Erfindung erforderlich sind.[10])

Der Verkäufer hat dem Erwerber ferner die zum Beweise seines Rechtes dienenden Urkunden, soweit sie sich in seinem Besitze befinden, z. B. die Patenturkunde, auszuliefern.

V. Die Grundsätze über die Verschaffungspflicht und über die Gewährleistung für den rechtlichen Bestand des übertragenen Rechtes finden auch Anwendung, wenn die Veräußerung des Urheberrechts nicht durch Verkauf, sondern durch einen anderen entgeltlichen Vertrag geschieht (BGB. § 445).

VI. Der Veräußerer hat dem Erwerber des Urheberrechtes auf Verlangen eine öffentlich beglaubigte Urkunde über die Abtretung auszustellen. Der Anspruch des Erwerbers hierauf beruht auf dem Zessionsvertrag (BGB. §§ 413 mit 403), nicht auf dem zugrundeliegenden Kausalverhältnisse. Die Kosten der Urkunde hat der Erwerber zu tragen und vorzuschießen.

VII. Die zur Erhaltung des Rechtes zu zahlende oder vorausbezahlte Jahresgebühr haben, sofern nichts anderes vereinbart ist, der Veräußerer und der Erwerber nach dem Verhältnisse der Dauer ihrer Verpflichtung zu tragen, da es sich um eine „regelmäßig wiederkehrende Last" handelt (BGB. § 103). Das gilt aber

---

[9]) a. M. offenbar Rabel in Rhein. Zeitschr. Bd. 1 S. 202 Anm. 33, der seinerseits für eine Erweiterung des § 276 plädiert.

[10]) Vgl. RGE. bei Gareis Bd. 10 S. 190, Patentbl. 1893 S. 481, Seligsohn Bem. 4, b zu PG. § 6; einschränkend Kent Bem. 41 zu § 6.

nur für das Verhältnis der beiden Vertragschließenden untereinander. Dem Patentamte gegenüber schuldet die ganze Gebühr der zur Zeit ihrer Fälligkeit Eingetragene.

Die aus dem Urheberrecht zu ziehenden Früchte, z. B. Tantièmen von Aufführungen eines Werkes, gebühren im Falle einer Übertragung des Urheberrechtes mangels anderweitiger Abmachung jedem Teile insoweit, als sie während der Dauer seiner Berechtigung fällig werden; vgl. BGB. § 101 Ziff. 2.

VIII. Eine Gewährleistungspflicht des Inhalts, daß der Veräußerer eines Urheber- oder Erfinderrechts dem Erwerber nicht durch eigene Konkurrenz den Absatz schmälern dürfe, also z. B. nicht ein Geisteswerk ähnlichen Inhalts[11]) veröffentlichen dürfe oder nicht eine die abgetretene Erfindung wertlos machende neue Erfindung benutzen oder verwerten dürfe, kann als eine vertragsmäßige Verpflichtung natürlich übernommen werden, als eine gesetzliche ist sie jedoch nicht zu begründen.[12])

b) Nießbrauch.[1])

§ 21.

I. Das BGB. läßt grundsätzlich einen Nießbrauch an allen übertragbaren Rechten zu, also auch an allen Arten von Urheberrechten. Es scheint damit die Kategorie des „Rechtes am Recht" zu sanktionieren. Uns dünkt es richtiger, diese umständliche Denkform,

---

[11]) Gegen eine Veröffentlichung eines wesentlich gleichen Werkes durch den Veräußerer schützt den Erwerber schon sein ihm eben infolge des Erwerbes zustehendes Urheberrecht.

[12]) Vgl. dazu Rabel in Rhein. Zeitschr. Bd. 1 S. 223, 225. Eine allgemeine Haftung wegen fait personnel des Veräußerers kennt das deutsche Recht nicht. Mit § 226 BGB. ist nichts anzufangen, da er Exklusivität des Schädigungszweckes voraussetzt. Aber auch die Anwendung des § 826 scheint mir bedenklich; denn die „guten Sitten", die im modernen Erwerbsleben ja keineswegs identisch sind mit dem urchristlichen Altruismus, gebieten wohl nicht, bei einem Konflikt zwischen den eigenen Interessen und denen des früheren Vertragsgegners die eigenen hintanzustellen.

[1]) Spezialliteratur: O. Herrmann, Nießbrauch und Pfandrecht an einem Patentrecht nach dem BGB., Göttinger Diss. 1900; Ulrich Hacker, Der Nießbrauch von Prämienpapieren, Aktien und Urheberrechten, Rostocker Diss. 1906; derselbe in Holdheims Monatsschrift Bd. 16 S. 213 ff.

wo es irgend angeht, zu vermeiden.[2]) Diese Möglichkeit scheint uns aber gerade beim sog. „Nießbrauch am Urheberrecht" gegeben. Nichts hindert uns, anzunehmen, daß Gegenstand des Nießbrauches nicht das Recht am Immaterialgute, sondern das Immaterialgut selbst ist. Wir gehen daher im Gegensatze zu der üblichen Auffassung davon aus, daß der Nießbrauch — entsprechend das Gleiche gilt für das Pfandrecht — nicht am Urheberrechte bzw. am Patent besteht, sondern am Geisteswerke bzw. an der Erfindung. Bestehen doch auch bei körperlichen Dingen Nießbrauch und Pfandrecht nicht am Eigentum, sondern an der Sache selbst!

Daß für die Bestellung des Nießbrauchs am Immaterialgute nicht die Vorschrift über den Nießbrauch an beweglichen Sachen, sondern diejenige über den Nießbrauch an Rechten entsprechend anzuwenden ist, ergibt sich von selbst aus der Natur des keiner körperlichen Übergabe fähigen Immaterialgutes.

II. Entstehung. Auf Grund Gesetzes besteht ein mit dem eigentlichen Nießbrauch nicht identisches, aber aufs Nächste verwandtes Nutzungsrecht für den Ehemann, wenn Immaterialgüter zum eingebrachten Gut der Frau gehören, und für den Träger der elterlichen Gewalt, wenn Urheberrechte zu dem seiner Nutznießung unterliegenden Kindesvermögen gehören. Vgl. BGB. §§ 1383 ff., 1649 ff., 1685, 1686. Doch ist gerade für das Urheberrecht von Bedeutung, daß alles, was die Frau oder das Kind durch ihre eigene Arbeit, auch durch geistiges Schaffen, erwerben, Vorbehaltsgut der Frau bzw. freies Kindervermögen wird (BGB. §§ 1367, 1651 Ziff. 1), also nicht der Nutznießung des Mannes bzw. Trägers der elterlichen Gewalt untersteht.

Die rechtsgeschäftliche Bestellung des Nießbrauchs an einem Geistesgute erfolgt gemäß dem hier entsprechend anzuwendenden § 1069 BGB. nach den für die Übertragung des Urheberrechtes selbst geltenden Vorschriften, also wie die Übertragung einer Forderung durch formfreien Abtretungsvertrag (§ 413). Handelt es sich um den Nießbrauch an einer patentierten Erfindung, so ist die Eintragung des Nießbrauchers in die Patentrolle gemäß PG. von 1891 § 19 Abs. 2

[2]) Über das Bedenkliche dieser Kategorie überhaupt Krückmann im Arch. f. d. zivil. Praxis Bd. 103 S. 139 ff., insbes. S. 259 ff.; vgl. auch Oertmann, Kommentar z. Allg. Teil des BGB. S. 248 und die dort angeführte Literatur.

nicht notwendig;[3]) denn eine Änderung in der Person des Patentinhabers tritt durch die Bestellung des Nießbrauchs nicht ein. Die Nießbrauchbestellung kann auch in letztwilliger Verfügung ihren Grund haben. Durch das Vermächtnis des Nießbrauchs erhält der Vermächtnisnehmer aber nur das obligatorische Recht, daß ihm von dem Beschwerten der Nießbrauch bestellt werde (BGB. § 2174).

Die Bestellung kann vom Urheber selbst oder von einem Rechtsnachfolger ausgehen.

III. Der rechtsgeschäftlich bestellte Nießbrauch entsteht ebenso wie die ausschließliche Lizenz im Wege sogenannter konstitutiver Übertragung.[4]) Er ist ebenso wie jene ein aus dem Urheberrecht abgeleitetes Nutzungsrecht am immateriellen Gut. Mit der ausschließlichen Lizenz gemeinsam hat er den absoluten Charakter; er unterscheidet sich von ihr dadurch, daß er höchstpersönlich, also unveräußerlich und (von anderen Endigungsgründen abgesehen) an die Lebensdauer seines Trägers geknüpft ist.

IV. Rechte des Nießbrauchers. Der Nießbraucher kann als Nutzungsberechtigter am immateriellen Gute die Befugnisse ausüben, die an sich dem Urheber selbst zustehen, soweit sie vermögensrechtlichen Inhalts sind. Er kann sie insoweit auch gegenüber Dritten gerichtlich im eigenen Namen geltend machen. Er ist berechtigt, die Fruchtziehungshandlungen vorzunehmen; die Früchte werden sein Vermögen, gleichgültig ob sie periodische Erträge sind oder in unregelmäßigen Zwischenräumen eingehen oder etwa in der Zahlung einer einmaligen Summe sich erschöpfen. Der Nießbrauch kann aber durch den Ausschluß einzelner Nutzungen beschränkt werden (BGB. § 1030 Abs. 2). Der Nießbraucher hat als Nutzungsberechtigter auch die Befugnis, selbständig über die Verwertung des immateriellen Gutes zu bestimmen, freilich nur „nach den Regeln einer ordnungsmäßigen Wirtschaft". Dieses Recht ist ebenso wie sein Fruchtziehungsrecht ein auch den Urheber selbst ausschließendes Alleinrecht. Der Nießbraucher kann in Ausübung seines Verwertungsrechtes mit Dritten obligatorische Verträge abschließen, durch die er ihnen die Ausübung urheberrechtlicher Befugnisse gestattet. Aber er kann nicht aus seinem eigenen Rechte ein Verlagsrecht be-

[3]) a. M. Kober bei Staudinger 3./4. Aufl. Bd. 3 Bem. I, 1, g zu § 1069; richtig Herrmann a. a. O. S. 24 f., Kent Bem. 11 zu PG. § 19.

[4]) Vgl. oben § 18 unter IV, 3, d.

gründen oder eine ausschließliche Lizenz erteilen; denn diese Rechte entstehen im Wege konstitutiver Übertragung, der Nießbraucher kann aber weder über das Urheberrecht selbst verfügen, noch auch seinen Nießbrauch übertragen (BGB. § 1059).[5]

V. Der Nießbraucher einer Sache ist nach BGB. § 1036 zu deren Besitz berechtigt. Diese Bestimmung kann auf den Nießbrauch an einem immateriellen Gute keine direkte Anwendung finden. Wohl aber ist eine dem Sinne entsprechende analoge Anwendung möglich.[6] Diese besteht darin, daß dem Nießbraucher ein Recht auf die tatsächliche Gewalt über die zu einer zweckmäßigen Nutzung des immateriellen Gutes notwendigen oder wenigstens dienlichen körperlichen Substrate zugesprochen wird. Der Nießbraucher hat daher ein Recht auf den Besitz z. B. des Manuskriptes, des Negativs der photographischen Platte, der Patenturkunde, der Patentschrift, etwaiger Modelle der Erfindung und Musterpräparate. Die Rückgabepflicht des Nießbrauchers bei Beendigung seines Rechtes erstreckt sich auf eben diese Gegenstände.

VI. Pflichten. Der Nießbraucher hat für die Erhaltung des Urheberrechtes zu sorgen.[7] Er ist daher im Verhältnis zum Besteller des Nießbrauchs (nicht auch im Verhältnis zur Behörde) verpflichtet, für rechtzeitige Bezahlung der Patentgebühren oder Musterrechtsgebühren zu sorgen[8] und hat alles zu vermeiden, was zu einer Vernichtung des Rechtes führen kann; er hat daher als Nießbraucher einer patentierten Erfindung nach Maßgabe des § 11 PG. von 1891 eine Ausführungspflicht und die Pflicht, gegen angemessene Vergütung und genügende Sicherstellung die Erlaubnis der Benutzung der Erfindung an andere zu erteilen, wenn dies im öffentlichen Interesse geboten erscheint.

VII. Endigung. Der Nießbrauch am immateriellen Gute erlischt:

---

[5]) Vgl. Hacker S. 105 gegen Kohler Autorrecht S. 282.

[6]) Dafür auch Herrmann S. 36 ff.; Hacker S. 107 f.

[7]) Analogie des § 1041 BGB. Dort ist gesagt, der Nießbraucher habe für die Erhaltung der Sache „in ihrem wirtschaftlichen Bestande" zu sorgen. Aber beim Immaterialgute ist der wirtschaftliche Bestand zerstört, wenn das Recht daran vernichtet ist.

[8]) Daß er dem Urheber gegenüber die Gebühren zu tragen hat, ergibt sich auch aus BGB. § 1047.

1. als höchstpersönliches Recht mit dem Tode des Nießbrauchers;

2. durch die rechtsgeschäftliche Erklärung des Nießbrauchers gegenüber dem Urheber oder sonstigen Besteller, daß er den Nießbrauch aufgebe (BGB. § 1064);

3. durch Konsolidation, wenn er mit dem Urheberrecht in derselben Person zusammentrifft (analog § 1063);

4. mit dem Ablaufe der für das Urheberrecht bzw. Patent bestehenden Schutzfrist.

c) Pfandrecht.[1]

§ 22.

I. **Möglichkeit.** Das bürgerliche Recht (BGB. § 1273) läßt ein Pfandrecht grundsätzlich nicht nur an körperlichen Sachen, sondern auch an Rechten zu. An Urheberrechten kommt es als gesetzliches Pfandrecht nicht vor,[2] wohl aber als rechtsgeschäftlich bestelltes Pfandrecht und als Pfändungspfandrecht. Die Zulassung des letzteren ist jedoch wesentlich beschränkt durch die Beschränkung der Zwangsvollstreckung im Urheberrechte, von der noch die Rede sein wird.

Wie beim Nießbrauche (s. oben § 21), so erscheint es uns aber auch beim Pfandrechte möglich und richtig, auf urheberrechtlichem Gebiete die gekünstelte Denkform des Rechtes am Rechte zu vermeiden. Wir betrachten daher als den Gegenstand des Pfandrechtes nicht das Urheberrecht am Immaterialgut, sondern das Immaterialgut selbst, geradeso wie Gegenstand des Mobiliar- und Immobiliarpfandrechtes nicht das Eigentum an der körperlichen Sache, sondern diese selbst ist.

Über künftig erst zur Entstehung kommende Immaterialgüter

---

[1] Literatur: Herrmann, Nießbrauch und Pfandrecht an einem Patentrecht (Göttinger Diss. 1900) insbes. S. 59 f.; Kohler, Patentrecht S. 166 ff., Handbuch des Patentrechts S. 528; für das österreichische Recht Kabel in Grünhuts Zeitschr. Bd. 27 S. 158 ff.

[2] a. M. Herrmann S. 5. Er gesteht dem Patentanwalt, der zugleich Kommissionär ist, an dem von ihm für den Kommittenten erworbenen Patentrechte ein gesetzliches Pfandrecht gemäß HGB. § 397 zu. Das scheitert m. E. daran, daß für den Begriff des Kommissionärs die Uebernahme des Kaufs oder Verkaufs von „Waren oder Wertpapieren“ (HGB. § 383) wesentlich ist, Immaterialgüter und die daran bestehenden Rechte aber weder das eine noch das andere sind.

(z. B. ein noch ungeschriebenes Werk) kann zwar ein obligatorischer Verpfändungsvertrag geschlossen werden, das Pfandrecht selbst kann jedoch erst mit der Entstehung des Geisteswerkes und damit des Urheberrechtes zur Existenz kommen.

II. Die Bestellung eines Pfandrechts am Geisteswerke (die Verpfändung) erfolgt in entsprechender Anwendung des § 1274 BGB. nach den für die Übertragung des Rechtes geltenden Vorschriften, also durch formfreien Vertrag (vgl. BGB. §§ 413 mit 398). Irgendwelche Publizität ist nicht erforderlich. Insbesondere ist für die Verpfändung einer patentierten Erfindung die Eintragung des Pfandgläubigers in die Patentrolle gemäß PG. von 1891 § 19 Abs. 2 nicht notwendig;[3]) denn in der Person des Patentinhabers tritt durch die Verpfändung keine Änderung ein.

Nur vom Inhaber des Urheberrechtes kann die Verpfändung ausgehen. Hat der Verpfänder kein Urheberrecht, so kann von einem Schutze des gutgläubigen Pfandrechterwerbes (vgl. BGB. § 1027), wie er bei der Verpfändung von beweglichen Sachen eintritt, keine Rede sein; denn jener Schutz steht im engsten Zusammenhang mit der durch den Besitz gegebenen Publizität; daran fehlt es aber bei Immaterialgütern. Bei ihrer Verpfändung gilt ebenso wie bei ihrer Veräußerung schlechthin der Satz: Nemo plus juris in alium transferre potest quam ipse habet.

Auch bezüglich des Ranges gibt es hier keinen Schutz des guten Glaubens. Bestand zur Zeit der Verpfändung bereits ein absolutes beschränkendes Recht eines Dritten, z. B. ein Nießbrauch oder eine ausschließliche Lizenz, so geht das neubegründete Pfandrecht diesem Rechte des Dritten nicht vor, selbst nicht, wenn der Pfandgläubiger von dessen Existenz nichts wußte oder wissen mußte. BGB. § 1208 ist nicht anwendbar.

III. Wesen und Wirkung. Das Pfandrecht am Urheberrecht, richtiger am immateriellen Gute, ist wie das Vollrecht daran ein absolutes d. h. gegen jedermann wirkendes Recht an einem unkörperlichen Gegenstande. Es geht inhaltlich nicht so weit wie das Urheberrecht, sondern ist ein aus diesem Wege konstitutiver Übertragung abgeleitetes Tochterrecht. Das immaterielle Gut haftet für

---

[3]) a. M. Gierke, DPrivR. Bd. 2 § 172 Anm. 17 S. 1010, der die Eintragung in die Patentrolle zur Wirksamkeit gegen Dritte für erforderlich erklärt.

die Forderung des Pfandgläubigers nach deren jeweiligem Bestande. Diese Haftung ist einer Sachhaftung völlig analog. Darum finden auch im Allgemeinen die Vorschriften über das Pfandrecht an beweglichen Sachen, soweit sich nicht aus dem Gesetze ein Anderes ergibt, auf das Pfandrecht an Urheberrechten entsprechende Anwendung. Die Analogie mit dem Mobiliarpfandrechte gilt namentlich auch für den Umfang der Pfandhaftung und für die Einreden des Verpfänders.[4])

Für den Rang des Pfandrechts ist unter allen Umständen die Zeit seiner Bestellung maßgebend (BGB. § 1209). Wird das Immaterialgut mehrfach verpfändet, so geht demnach das frühere Pfandrecht dem späteren vor, ein Grundsatz, der dem späteren Erwerber um so leichter gefährlich werden kann, als es für das Pfandrecht an Immaterialgütern an jeder Publizität fehlt.

Der Inhalt des Pfandrechtes besteht in einem beschränkten Verfügungsrechte. Die Verfügungsmacht des Urheberberechtigten selbst wird durch das Bestehen des Pfandrechts eingeschränkt. Er kann, wie sich aus BGB. § 1276 ergibt, nur mit Zustimmung des Pfandgläubigers auf das Urheberrecht verzichten oder daran solche Änderungen vornehmen, die das Pfandrecht beeinträchtigen;[4a]) daraus ist zu folgern, daß er auch die weitere Gebührenzahlung, wenn von ihr der Fortbestand des Rechtes abhängt, nur mit Zustimmung des Pfandgläubigers unterlassen darf.

IV. Auch bei der Verpfändung von Immaterialgütern ist sogen. Antichrese zulässig, d. h. das Pfandrecht kann in der Weise bestellt werden, daß der Pfandgläubiger berechtigt ist, die Nutzungen zu ziehen. Das muß jedoch ausdrücklich vereinbart sein, die Vermutung spricht nicht dafür.[5]) Wenn aber dem Pfandgläubiger das Nutzungsrecht gewährt ist, ist er gemäß BGB. § 1214 auch verpflichtet, es auszuüben und über die Gewinnung der Nutzungen Rechenschaft abzulegen. Der Reinertrag der Nutzungen wird dann auf die vom Verpfänder geschuldete Leistung angerechnet.

V. Realisierung. Grundsätzlich haben die Beteiligten die Möglichkeit, über die Art der Verwertung des Pfandrechtes selbst durch Vereinbarung eine Bestimmung zu treffen. Sie können z. B. innerhalb der durch BGB. § 1245 Abs. 2 gezogenen Grenzen auf

[4]) BGB. §§ 1210—1212.

[4a]) anders Kent, Bem. 122 zu PG. § 6.

[5]) Die Anwendung des § 1213 Abs. 2 BGB. ist ausgeschlossen (§ 1273 Abs. 2)

den Privatverkauf sich einigen oder auch auf Verwertung durch Abschluß eines Verlagsvertrags. Nichtig ist jedoch der Verfallvertrag (lex commissoria), das ist die vor dem Eintritt der Verkaufsberechtigung getroffene Vereinbarung, nach welcher dem Pfandgläubiger, falls er nicht oder nicht rechtzeitig befriedigt wird, das Urheberrecht zufallen oder übertragen werden soll (BGB. §§ 1277 Satz 2 mit 1229).

Ist eine andere Vereinbarung nicht getroffen, so kann der Pfandgläubiger seine Befriedigung nur auf Grund eines vollstreckbaren Titels und nur nach den für die Zwangsvollstreckung geltenden Vorschriften suchen (entsprechend BGB. § 1277, ZPO. § 857). Das Pfändungspfandrecht entsteht mit der Zustellung des amtsgerichtlichen Gebotes an den Schuldner, sich jeder Verfügung über das Geistesgut zu enthalten.

VI. Gerät der Verpfänder in **Konkurs**, so gehört das verpfändete Immaterialgut an sich zur Konkursmasse, aber der Vertragspfandgläubiger kann daraus gemäß KO. § 49 abgesonderte Befriedigung verlangen. Der Konkursverwalter ist berechtigt, die Verwertung des verpfändeten Immaterialgutes nach Maßgabe der Vorschriften über die Zwangsvollstreckung und über den Pfandverkauf zu betreiben. Zwar spricht KO. § 127 dem Konkursverwalter dieses Verwertungsrecht nur in Ansehung eines zur Masse gehörigen „beweglichen Gegenstandes" zu, und die Immaterialgüter stehen außerhalb des auf körperliche Dinge zugeschnittenen Gegensatzes von beweglich und unbeweglich. Indessen entspricht es dem Sinn und Zweck jener konkursrechtlichen Vorschrift, alle diejenigen Gegenstände als dem Verwertungsrechte des Konkursverwalters unterliegend anzusehen, die nicht der Zwangsvollstreckung in das unbewegliche Vermögen unterliegen, also auch alle Immaterialgüter.[6])

VII. **Erlöschen.** Das Pfandrecht am Immaterialgute erlischt:

1. wegen seines akzessorischen Charakters mit dem Erlöschen der Forderung, für die es besteht (BGB. §§ 1273 Abs. 2 mit 1252);

2. durch Untergang des Urheberrechtes am Immaterialgute, ins-

---

[6]) Diese Auffassung erscheint gerechtfertigt, wenn man dem § 127 KO. den § 47 gegenüberstellt. **Herrmann** a. a. O. S. 89 kommt im Anschluß an **Kohler** (Handbuch des Patentrechts S. 72) für Patente zu demselben Ergebnisse, weil er sie zu den „beweglichen Gegenständen" zählt.

besondere durch Ablauf der Schutzdauer, Nichtzahlung der Gebühren, Nichtigkeitserklärung des Patentes;

3. durch die keiner Form bedürftige rechtsgeschäftliche Erklärung des Pfandgläubigers gegenüber dem Verpfänder, daß er das Pfandrecht aufgebe (BGB. § 1255);

4. durch Zusammentreffen des Pfandrechtes mit dem Urheberrechte in derselben Person (Konfusion); BGB. § 1256. Jedoch wird in diesem Falle das Fortbestehen des Pfandrechts fingiert, soweit der Träger des Urheberrechtes daran ein rechtliches Interesse hat und soferu er das Immaterialgut nicht für eigene, sondern für fremde Schuld verpfändet hatte. Dieses fiktive Pfandrecht am eigenen Immaterialgute sichert ihm, wenn das Immaterialgut noch mit später entstandenen weiteren Pfandrechten belastet ist, die Möglichkeit, den vorbehaltenen Rang einem neuen Pfandgläubiger einzuräumen.[7])

Steht dem Pfandrechte eine sog. peremptorische Einrede entgegen d. h. eine solche, durch welche seine Geltendmachung dauernd ausgeschlossen wird, so erlischt zwar dadurch das Pfandrecht nicht unmittelbar, aber der Inhaber des Urheberrechtes hat dann einen klagbaren Anspruch auf Aufhebung desselben. Das entspricht dem Gedanken des § 1254 BGB.[8])

d) Vererbung.[1])

§ 23.

I. Alle Urheberrechte gehen mit dem Tode des Berechtigten auf dessen Erben über. Das ist in den deutschen Urheberrechtsgesetzen

---

[7]) Vgl. zu BGB. § 1256 Abs. 2 Strohal in DJZ. 1903 S. 373 ff.

[8]) So auch Herrmann, S. 69. Vgl. den für das Schiffspfandrecht gegebenen § 1266 Satz 2. Die Einrede der Verjährung des Anspruchs, für den das Pfandrecht besteht, berechtigt aber nicht zum Verlangen der Aufhebung des Pfandrechtes; BGB. § 223 Abs. 1.

[1]) Literatur: Kohler, Urheberrecht S. 247 ff., Handbuch des Patentrechts S. 602; Damme in Zeitschr. f. gewerbl. Rechtsschutz Bd. 5 S. 1 ff.; Opet im Arch. ziv. Prax. Bd. 90 S. 131 ff.; M. Wolff, das Erbrecht des Fiskus und das Urheberrecht, in JheringsJ. Bd. 44 S. 331 ff.; Meister, Erwerb von Immaterialgüterrechten durch den Fiskus (Marburger Diss. 1905). Für das österreichische Recht Rabel in Grünhuts Zeitschr. Bd. 27 S. 161 ff.

ausdrücklich bestimmt: LUG. § 8 Abs. 1, KUG. § 10 Abs. 1, MSchG. § 3 Satz 1, PG. von 1891 § 6 Satz 1, GMG. § 7.

Der Übergang von Todes wegen geschieht an die gesetzlichen Erben, die Testamentserben und die Vertragserben nach den Vorschriften des bürgerlichen Rechts.

Der Erbe rückt in die gesamte urheberrechtliche Stellung des Erblassers ein, auch in diejenigen seiner Befugnisse, die nicht dem Schutze der materiellen, sondern dem der individuellen Urheberinteressen dienen.[2] Der Erbe hat also auch das Recht, über die erstmalige Veröffentlichung zu bestimmen, und das Recht, Änderungen an dem Werke vorzunehmen und Änderungen durch andere zu verbieten.[3] Doch steht es dem Erblasser natürlich frei, das Erbrecht wie an andere Bedingungen, so auch an diejenige zu knüpfen, daß seine Erben das Werk nicht veröffentlichen oder in unveränderter Gestalt veröffentlichen oder unter seinem wahren Namen oder unter einem Pseudonym veröffentlichen. Auch im Wege der Auflage kann der Erblasser derartige Anordnungen treffen.

II. Auch unvollkommene Urheberrechte sind vererblich. Wenn PG. von 1891 § 6 sagt, daß der Anspruch auf Erteilung des Patents und das Recht aus dem Patent auf die Erben übergehen, so will damit nicht gesagt sein, daß die Vererblichkeit erst mit der den Anspruch auf Patenterteilung begründenden Anmeldung beginne; vielmehr ist das Erfinderrecht schon vor der Anmeldung Gegenstand der Vererbung.

III. Mehrere Erben als Gesamtnachfolger eines Urhebers stehen in Ansehung des Urheberrechtes bis zur Auseinandersetzung zueinander in einer Erbengemeinschaft im Sinne des BGB., also nicht in einer Gemeinschaft nach ideellen Bruchteilen (BGB. §§ 741 ff.), sondern in einem Gesamthandsverhältnisse (BGB. §§ 2032 ff.). Das gilt

---

[2]) Vgl. RGZ. Bd. 12 S. 50 ff.

[3]) So mit Recht Allfeld, Bem. 2 zu LUG. § 8, gegen die auf dem Heidelberger Kongreß der Assoc. lit. et art. int. laut gewordene Ansicht (vgl. Droit d'auteur Bd. 12 S. 122), dem Erben könne auch ohne dahingehende Anordnung des Erblassers gerichtlich verboten werden, das Werk mit entstellenden Aenderungen zu veröffentlichen. — De lege ferenda scheint mir der Gedanke allerdings billigenswert. Es könnte z. B. gewissen literarischen Verbänden eine Art Popularklage gewährt werden.

auch für mehrere Erben eines Erfinders in Ansehung des Erfinderrechtes.[4])

IV. Gewisse Urheberrechte gehen auf den Fiskus oder andere juristische Personen (vgl. EG. zum BGB. Art. 138) als gesetzliche Erben nicht über. Vielmehr erlöschen sie, wenn der Fiskus als gesetzlicher Erbe berufen würde, mit dem Tode des Erblassers, so daß das Werk gemeinfrei wird. Das gilt laut ausdrücklicher gesetzlicher Bestimmung für das Urheberrecht an Werken der Literatur und der Tonkunst (LUG. § 8 Abs. 2) und für das Urheberrecht an Werken der bildenden Künste und der Photographie (KUG. § 10 Abs. 2). Ist dagegen der Fiskus auf Grund Testaments oder, was kaum vorkommen wird, auf Grund Erbvertrages zur Erbschaft berufen, so sukzediert er auch in das Urheberrecht.

Den Ausschluß des fiskalischen Erbrechtes kannte schon das Urheberrechtsgesetz vom 11. Juni 1870 (§ 17). Der Regierungsentwurf zum neuen Gesetz wollte dieses privilegium odiosum des Fiskus beseitigen, angeblich (Motive S. 33) im Interesse der Gläubiger des Urhebers; der Reichstag hat es aber mit gutem Grunde wieder hergestellt. Die Staatsgewalt soll nicht die Möglichkeit haben, aus politischen, polizeilichen, dynastischen Rücksichten Geisteswerke, die ihr unbequem sind, einfach zu unterdrücken.

Für das Patentrecht, für das Urheberrecht an Gebrauchsmustern und für dasjenige an Geschmacksmustern besteht eine gleiche, das gesetzliche Erbrecht des Fiskus (BGB. § 1936) ausschließende gesetzliche Bestimmung nicht. Gleichwohl wollen Manche im Wege der Analogie das fiskalische Erbrecht für alle Urheberrechte, insbesondere auch für das Patentrecht, ausschließen.[5]) Mit Unrecht! Der Grund, der den Ausschluß des Fiskus bei der gesetzlichen Erbfolge in Urheberrechte an Werken der Literatur und der Kunst rechtfertigt, trifft bei den gewerblichen Urheberrechten nicht zu. Auch würden durch plötzliches, unvorhersehbares Freiwerden einer Erfin-

[4]) a. M. Allfeld, Bem. 6a zu PatG. § 6. Er nimmt an, wenn der Erfinder selbst von Mehreren beerbt werde, gestalte sich das Verhältnis „in der Weise, wie das Verhältnis mehrerer Miterfinder“ (also als Gemeinschaft nach Bruchteilen). Ein Grund hiefür ist nicht ersichtlich.

[5]) So z. B. Gareis, Komm. z. PatG. S. 118; Meister a. a. O. S. 44 ff.; R. Weyl, Der Fiskus im gegenwärtigen deutschen Privatrecht, Sonderausgabe aus der Kieler Festgabe für Hänel (1907) S. 8.

dung unter Umständen die Interessen eines gewerblichen Betriebes, dessen Lebensfähigkeit oder Umfang von dem Patente abhängen kann, schwer geschädigt.[6]) Der Fiskus erwirbt also, wenn er auf Grund gesetzlicher Erbfolge berufen ist, die gewerblichen Urheberrechte des Erblassers; er hat kein Ausschlagungsrecht.

Immerhin wird man es[7]) als eine freilich im Rechtswege durch Niemanden erzwingbare verwaltungsrechtliche Pflicht des Staates ansehen müssen, daß er auf das von ihm als gesetzlichem Erben erworbene gewerbliche Urheberrecht verzichte, sofern an seiner Beibehaltung keine privaten Interessen, z. B. solche der Gläubiger, mehr bestehen und nicht etwa die Beibehaltung des Patentes zur Erfüllung unmittelbarer Staatsaufgaben dienlich ist. Die Entscheidung darüber ist aber reine Ermessenssache.

Der Ausschluß des fiskalischen Erbrechts auf dem Gebiete des literarischen und künstlerischen Urheberrechtes findet statt ohne Rücksicht auf das entgegenstehende Interesse etwaiger Gläubiger des Urhebers; sie verlieren mit der Gemeinfreiheit ein mögliches Objekt ihres Zugriffs. Davor kann sie auch die im Falle einer Nachlaßverwaltung oder des Nachlaßkonkurses eintretende Separation des Nachlasses nicht retten; denn die Frage, was Gegenstand des Erbrechts ist, ist davon ganz unabhängig.[8])

Auf den Staat als eingesetzten Erben sind die Bestimmungen über den Ausschluß des fiskalischen Erbrechts selbst dann nicht zu

---

[6]) Gegen die Analogie jetzt Kohler, Handbuch S. 602 (im Gegensatz zu seiner früheren Ansicht in Patentrecht S. 183); ferner Gierke, DPrivR. Bd. 1 S. 891; Seligsohn, Bem. 2; Allfeld, Bem. 6a; Isay, Anm. 6, Kent Bem. 7 zu PatG. § 6; Damme in Zeitschr. f. gewerbl. Rechtsschutz Bd. 5 S. 1 ff.; M. Wolff in IheringsJ. Bd. 44 S. 333.

[7]) mit Kohler, Damme, Isay, alle a. a. O.

[8]) a. M. Kohler, Urheberrecht S. 248; er meint, durch Nachlaßverwaltung oder Nachlaßkonkurs werde der Nachlaß „zur besonderen juristischen Persönlichkeit und zwar mit der Folge, als ob diese sich unmittelbar aus dem Erbfall entwickelt hätte"; daher bleibe in diesem Falle das Autorrecht einstweilen bestehen. Aber die bei dieser Konstruktion vorausgesetzte besondere juristische Persönlichkeit ist ein dem geltenden Recht fremdes Gebilde; allerdings erhält mit der durch Nachlaßverwaltung und Nachlaßkonkurs eintretenden fiktiven Separation der Nachlaß eine gewisse Selbständigkeit; aber bis zur Rechtssubjektivität wird sie nicht gesteigert. Auch Wolff a. a. O. nimmt an, das Urheberrecht bleibe im Falle der Nachlaßverwaltung und des Nachlaßkonkurses zugunsten der Gläubiger einstweilen bestehen; dagegen Allfeld, Bem. 5 zu KUG. § 10.

beziehen, wenn er als einziger Erbe eingesetzt ist. Hinter dem ausgesprochenen Willen des Erblassers muß das Interesse an der baldigen Gemeinfreiheit zurücktreten.

V. Ist das literarische oder künstlerische Urheberrecht Gegenstand eines vom Staate als gesetzlichem Erben zu entrichtenden Vermächtnisses, so gilt zugunsten des Vermächtnisnehmers (nicht auch in anderer Beziehung) der Staat auch als Erbe des Urheberrechtes. Zu dieser Annahme berechtigt uns die Analogie aus BGB. § 2175. In ähnlicher Weise ist, wie die Analogie aus § 2143 ergibt, ein Fortbestand des Urheberrechts beim Staate zu fingieren, wenn dieser als gesetzlicher Erbe die Rolle eines Vorerben gegenüber einem eingesetzten Nacherben hat; in diesem Falle gilt die Fiktion aber nicht nur gegenüber dem Nacherben, sondern auch gegenüber Dritten.

S. im übrigen über das Urheberrecht als Gegenstand des Vermächtnisses oben § 19 unter IV.

V. Rechtsschutz.

§ 24.

Grundsätzliches und Überblick.

I. Die Verletzung von Urheberrechten hat privatrechtliche und unter Umständen auch strafrechtliche Folgen. Aus der mit der Ungleichheit des Gegenstandes der einzelnen Urheberrechte zusammenhängenden Verschiedenartigkeit ihres Inhalts ergibt sich natürlich auch eine Verschiedenartigkeit der rechtsverletzenden Tatbestände. Immerhin weisen diese Tatbestände so viele gemeinsame Züge auf, und sind insbesondere die Mittel der Reaktion gegen Verletzung der in Parallele zu stellenden Immaterialgüter so gleichartige, daß sich für die Theorie ein alle Urheberrechte einbeziehendes System des Rechtsschutzes leicht aufstellen läßt. Wenn gewisse Probleme auf diesem Gebiete, namentlich das der Vermögensausgleichung bei gutgläubiger Verletzung und das des Einflusses der Klageerhebung auf den Entschädigungsanspruch, bisher hauptsächlich für das Patentrecht erörtert worden sind, weil gerade hier die praktische Notwendigkeit am meisten zu ihrer Klarstellung gedrängt hat, so darf uns das nicht an der Erkenntnis hindern, daß diese Probleme keine spezifisch patentrechtlichen, sondern allgemein urheberrechtliche sind.

II. Alle urheberrechtlichen Spezialgesetze enthalten besondere Strafbestimmungen [1]) und alle enthalten besondere Bestimmungen über die zivilrechtlichen Folgen von rechtswidrigen Eingriffen.[2]) Inwieweit kommen daneben die Vorschriften des Strafgesetzbuches und des allgemeinen bürgerlichen Rechtes in Anwendung?

Strafrechtlich sind auf die von den Urheberrechtsgesetzen aufgestellten besonderen Delikte die Vorschriften des Allgemeinen Teiles des StGB. anwendbar, so die Bestimmungen über Versuch, Teilnahme, Strafausschließungs- und Strafmilderungsgründe, Konkurrenz; z. B. ergibt sich aus StGB. § 43 Abs. 2, daß der Versuch eines Urheberrechtsdeliktes stets straflos ist. Die Vorschriften des StGB. über Einziehung bzw. Vernichtung von Gegenständen (§§ 40 ff.) sind für diejenigen Gebiete des Urheberrechts anzuwenden, für welche diese Materien nicht durch die urheberrechtliche Spezialgesetzgebung geregelt sind, also für das Patentrecht und das Gebrauchsmusterrecht.

Nicht so klar ist, inwieweit neben den zivilrechtlichen Rechtsbehelfen, welche die urheberrechtlichen Spezialgesetze zur Verfügung stellen, die Vorschriften des allgemeinen bürgerlichen Rechts anwendbar bleiben.

Jene Spezialgesetze geben offenbar nur eine fragmentarische Regelung. Sie sprechen lediglich die Verpflichtung zum Schadensersatz aus, welche aus der schuldhaften Verletzung der ausschließlichen Befugnisse des Urhebers entspringt (LUG. §§ 36, 37, KUG. § 31, MSchG. § 14, PG. von 1891 § 35, GMG. § 9) und unterwerfen den Schadensersatzanspruch der dreijährigen Verjährung (LUG. §§ 50, 51, KUG. §§ 47, 48, PG. von 1891 § 39, GMG. § 9 Abs. 2). Damit sind nach dem Grundsatze, daß das speziellere Gesetz das allgemeinere aufhebt, diejenigen Vorschriften des Bürgerlichen Gesetzbuches außer Anwendung gesetzt, die gleichfalls einen Anspruch auf Schadensersatz wegen schuldhafter widerrechtlicher Verletzung bestimmter absoluter Rechtsgüter gewähren und die Verjährung dieses Anspruchs regeln, also die §§ 823, 852 BGB. Das hat die praktische Bedeutung, daß die Verletzung von Patentrechten und Gebrauchsmusterrechten nicht schon als einfach fahrlässige, sondern erst als grobfahrlässige

---

[1]) LUG. §§ 38—48, 50—53; KUG §§ 32—50; MSchG. § 14; PG. von 1891 §§ 36, 37, 40; GMG. §§ 10, 11.

[2]) LUG §§ 36, 37, 50, 51; KUG. §§ 31, 47, 48: MSchG. § 14; PG von 1891 §§ 35, 39; GMG. § 9.

oder wissentliche zum Schadensersatz verpflichtet,[3]) ferner, daß auf dem ganzen Gebiete der Urheberrechte die Verjährung des Schadensersatzanspruchs mit der Begehung der schädigenden Handlung beginnt, nicht wie nach dem BGB. mit der Kenntnis des Verletzten von dem Schaden und der Person des Ersatzpflichtigen.

Dagegen sind die Fragen, ob sich an die Verletzung von Urheberrechten etwa noch eine andere Verpflichtung als diejenige zum Schadensersatz anknüpft und ob auch aus der nichtschuldhaften objektiv widerrechtlichen Verletzung irgendwelche Verpflichtung entspringt, in den Urheberrechtsgesetzen überhaupt nicht berührt. Nichts berechtigt uns, dieses Schweigen der Spezialgesetze kurzweg als Verneinung dieser Fragen zu deuten. Vielmehr sind für ihre Beantwortung die allgemeinen Grundsätze des jeweils geltenden bürgerlichen Rechtes[4]) maßgebend. Die herrschende Meinung will davon freilich nichts wissen. Sie läßt zwar unbedenklich die in den Urheberrechtsgesetzen nicht erwähnte negatorische Klage zu, schließt aber, wenig folgerichtig, den Bereicherungsanspruch aus BGB. § 812 ff. aus.[5]) Die Gründe, die das angeblich rechtfertigen, sind bei der Besprechung des Bereicherungsanspruchs zu beleuchten. In der Hauptsache gehen sie wohl zurück auf den durch die Erinnerung an die veraltete Privilegientheorie genährten Irrtum, als ob das Urheberrecht ein isoliertes rechtliches Sondergebiet sei, in dessen Mauern man die allgemeinen zivilrechtlichen Grundsätze ignorieren dürfe.

III. Ein Überblick über die Rechtsschutzmittel ergibt folgendes Bild:

A. Als zivilrechtliches Schutzmittel sind gegeben:

a) Die abwehrende (negatorische) Klage gegen objektiv widerrechtliche Gefährdungen des Urheberrechts, gerichtet auf fernere Unterlassung weiterer Störung und Beseitigung eines etwa vorhan-

---

[3]) PG. von 1891 § 35; GMG. § 9. Bei anderen Urheberrechten genügt einfache Fahrlässigkeit; vgl. LUG. §§ 36, 37; KUG. § 31.

[4]) Nicht nur des BGB.! Denn es handelt sich hier nicht nur um kodifiziertes Recht, sondern zum Teil auch, wie bei der abwehrenden Klage, um anerkanntes Gewohnheitsrecht.

[5]) Wenigstens für Patentrecht und Gebrauchsmusterrecht; für das Gebiet der anderen Urheberrechte geben Allfeld (Vorbem. 2 vor LUG. § 36) u. a. die Möglichkeit des Bereicherungsanspruchs zu. Warum die Rechtslage dort eine andere sein soll als hier, ist nicht einzusehen.

denen dem Rechte widersprechenden Zustandes. Ein Verschulden setzt diese Klage nicht voraus.

b) Der Anspruch auf Schadensersatz bei schuldhafter widerrechtlicher Verletzung des Urheberrechts. Als Verschuldungsgrad ist bei Verletzung von Patentrechten und Gebrauchsmusterrechten Vorsatz oder grobe Fahrlässigkeit erforderlich, bei Verletzung anderer Urheberrechte genügt einfache Fahrlässigkeit.

c) An Stelle der Entschädigung kann, wenn ein Strafverfahren stattfindet, in diesem eine Buße begehrt werden. Der Anspruch auf Buße ist ein zivilrechtlicher.

d) **Ein Anspruch auf Herausgabe des durch den objektiv widerrechtlichen Eingriff Erlangten aus dem Gesichtspunkte der ungerechtfertigten Bereicherung. Ein Verschulden setzt dieser Anspruch nicht voraus.**

e) Die Möglichkeit einer Feststellungsklage nach Maßgabe des § 256 ZPO.

f) Die Möglichkeit einer einstweiligen Verfügung nach ZPO. § 935 ff.

B. Im Strafverfahren:

a) sind auf Antrag gewisse schuldhafte wissentliche Verletzungen des Urheberrechts als Vergehen strafbar,

b) wird auf dem Gebiet des Urheberrechtes an Werken der Literatur und der Tonkunst und an Werken der bildenden Kunst auf Antrag die schuldhafte Unterlassung der Quellenangabe (Plagiat) als Übertretung bestraft.[6])

C. Unter gewissen Voraussetzungen findet eine Einziehung bzw. Unbrauchbarmachung der instrumenta und producta des widerrechtlichen Eingriffs statt. Ihre Bedeutung liegt teils auf dem Gebiete des Zivilrechtes, teils auf dem des Strafrechtes.

1. Zivilrechtlicher Schutz.

§ 25.

a) Abwehrende Klage.[1])

I. Zulässigkeit. Aus dem Urheberrecht als einem absoluten Rechte entspringt unter gewissen Voraussetzungen ein Anspruch auf

[6]) LUG. § 44; KUG. § 40.

[1]) Literatur: Mannhardt, Die Unterlassungsansprüche bei den absoluten Rechten, in DJurZtg. 1903 S. 416 ff.; Eltzbacher, Die Unterlassungs-

Unterlassung der Störung dieses Rechts und Beseitigung eines etwa vorhandenen dem Rechte widersprechenden Zustandes. Dieser im Klageweg verfolgbare Anspruch, eine der modernen Erscheinungsformen der alten gemeinrechtlichen actio negatoria, wird in verschiedener Weise bezeichnet: als abwehrende Klage, negatorische Klage, Ablassungsanspruch (Kohler), Untersagungsanspruch, Unterlassungsanspruch. In keinem der Urheberrechtsgesetze wird er erwähnt. Er hat sein vollkommenes Analogon in dem negatorischen Anspruche, der dem Eigentümer in BGB. § 1004 gewährt wird. Seine Zulässigkeit zum Schutze der Urheberrechte steht durch ein von der Rechtsprechung anerkanntes Gewohnheitsrecht fest.[2]) Er findet eine besondere Stütze in der freilich noch keineswegs allgemein gebilligten neueren Theorie, die unter zusammenfassender Vergleichung der gesetzlich oder gewohnheitsrechtlich festgelegten Anwendungsfälle der Unterlassungspflicht zu dem weitgehenden Satze drängt, daß eine Unterlassungsklage als Mittel vorbeugenden Rechtsschutzes überall da gegeben sei, wo ein Privatrecht irgendwelche auf ein Unterlassen gerichtete Ansprüche enthalte.[3])

Man hat versucht,[4]) die Klage auf ZPO. § 259 zu gründen, wonach Klage auf künftige Leistung erhoben werden kann, wenn den Umständen nach die Besorgnis gerechtfertigt ist, daß der Schuldner sich der rechtzeitigen Leistung entziehen werde. Zu diesem Zwecke wird darauf hingewiesen, daß die „Leistung" auch in einem

---

klage S. 69, 141; H. Lehmann, Die Unterlassungspflicht im bürgerlichen Recht S. 107 ff.; Hellwig, Anspruch und Klagrecht S. 388 ff.; Kohler, Urheberrecht S. 352 ff., Handb. des Patentrechts S. 539 ff.; Allfeld, Bem. 13a zu PG. § 4, Vorbem. 2 vor LUG. § 36; Seligsohn Bem. 2; Isay, Anm. 147 ff. Kent, Bem. 377 ff. zu PG. § 4; Damme, Das deutsche Patentrecht S. 405 f.; Osterrieth, Lehrb. des gewerbl. Rechtsschutzes S. 155; Dernburg, Bürg. R. Bd. 6 S. 217.

[2]) Vgl. die Reichsgerichtsentscheidungen bei Bolze Bd. 8 Nr. 148, Bd. 9 Nr. 110, in Seufferts Arch. Bd. 45 Nr. 264, in Jur. Wochenschr. 1893 S. 429, 1899 S. 774 und RGE. in ZivS. Bd. 25 S. 348, Bd. 49 S. 33; ferner die Entsch. des Kammerger. vom 25. Mai 1892 in Seufferts Arch. Bd. 53 Nr. 195 und des OLG. Dresden vom 15. Mai 1896 im Sächs. Arch. Bd. 7 S. 618.

[3]) Der Begründung dieses allgemeinen Satzes ist namentlich das Buch von Eltzbacher, Die Unterlassungsklage (1906), gewidmet. Gegen die Verallgemeinerung Lehmann a. a. O. S. 226 ff.; vgl. auch Oertmann in D. Jur. Ztg. 1904 S. 616 ff.; Lau in Gruchots Beitr. Bd. 47 S. 497 f.

[4]) Hellwig a. a. O.; zweifelnd Mannhardt a. a. O. S. 417.

Unterlassen bestehen kann (BGB. § 241). Diese Begründung trifft wohl zu, wo es sich um Unterlassungsansprüche aus einem Schuldverhältnisse handelt, sie wird aber bedenklich, wenn es sich um die sogenannte Unterlassungspflicht handelt, die dem Urheberrechte gegenüber steht. Diese Unterlassungspflicht ist ihrem Wesen nach beim Urheberrecht als einem absoluten Rechte keine andere als die gegenüber dem Eigentümer gegebene. Sie macht nicht jedermann zum „Schuldner" des Urheberberechtigten, ihr entspricht, solange es noch nicht zu einer Verletzung gekommen ist, nicht ein dem Berechtigten zustehender „Anspruch".

II. Voraussetzung für die abwehrende Klage ist eine gegenwärtige rechtswidrige Störung des Urheberrechts, die eine Wiederholung befürchten läßt[5]) oder eine wenn auch an sich gestattete Vorbereitungshandlung dazu.[6]) Die Rechtswidrigkeit der Störung braucht nur eine objektive zu sein,[7]) Verschulden des Störenden ist nicht erforderlich, nicht einmal Verschuldensfähigkeit.[8]) Ebensowenig kommt es darauf an, ob der Störende für sich selbst das Recht in Anspruch nimmt oder nicht. Ist die Störung zur Zeit der Klageerhebung nicht mehr vorhanden, so kann nicht mehr die abwehrende Klage, sondern höchstens die Klage auf Schadensersatz (oder eventuell auf die Bereicherung) in Betracht kommen, die mit der abwehrenden Klage verbunden werden kann; so namentlich, wenn inzwischen das Urheberrecht aus irgend einem Grunde, z. B. wegen Ablaufs der Schutzdauer, sein Ende gefunden hat. Jedoch ist nach LUG. § 52 und KUG. § 50 der Antrag auf Vernichtung der widerrechtlich hergestellten oder verbreiteten Exemplare sowie der zur widerrechtlichen Vervielfältigung ausschließlich bestimmten Vorrichtungen so lange

---

[5]) Wo schon Störungen vorgekommen sind, spricht für die Begründetheit dieser Befürchtung die Vermutung. Die Beweislast, daß eine Wiederholung ausgeschlossen ist, trifft also den Beklagten. Isay a. a. O. Anm. 152. Vgl. auch RGE. in Jur. Wochenschr. 1901 S. 808.

[6]) Z. B. Proben zu einer Aufführung, Beginn mit dem Satz für den Nachdruck.

[7]) Vgl. RGE. in ZivS. Bd. 60 S. 6 ff.

[8]) a. M. Kohler, Urheberrecht S. 351, der annimmt, der Anspruch setze eine Zuwiderhandlung durch eine verantwortliche Person voraus. Aber das Abwehrinteresse des Berechtigten ist gegenüber Eingriffen eines Unverantwortlichen das gleiche wie gegenüber denen eines Verantwortlichen.

zulässig, als solche Exemplare oder Vorrichtungen vorhanden sind.[9]) Der mit diesem Antrag verfolgte zivilrechtliche Anspruch ist grundsätzlich als eine besondere Betätigungsform des negatorischen Anspruchs aufzufassen.

Die negatorische Klage dient auch der Abwehr künftiger rechtswidriger Eingriffe in das Urheberrecht, wenn Tatsachen vorliegen, welche die Annahme rechtfertigen, daß solche Eingriffe beabsichtigt sind oder vorbereitet werden.[10]) Auch in ernstlich gemeinten schriftlichen Äußerungen können solche Tatsachen gefunden werden.

III. Legitimation. Anspruchsberechtigt ist, wem das Urheberrecht zur Zeit der Störung zusteht; das kann auch der Rechtsnachfolger des Urhebers sein. Hat eine beschränkte Übertragung stattgefunden, so ist der Erwerber aktiv legitimiert, soweit er in den ihm übertragenen Befugnissen verletzt oder gefährdet ist; auch der Verleger und der Träger einer ausschließlichen Lizenz können also aktiv legitimiert sein.

Von mehreren Mitberechtigten kann, wenn es sich um bruchteilberechtigte Miturheber oder Miterfinder handelt, jeder die Klage allein erheben (Analogie aus BGB. § 1011). Handelt es sich aber um Miterben, die sich noch nicht auseinandergesetzt haben, so können sie nur mit gesamter Hand klagen; jeder ist jedoch den anderen gegenüber zur Mitwirkung bei der Klage verpflichtet, wenn diese nach den Grundsätzen einer ordentlichen Verwaltung erforderlich ist; arg. § 2038 BGB.

Der Anspruch richtet sich gegen denjenigen, der die Störung tatsächlich vornimmt, gegen dessen Erben nur dann, wenn er zur Zeit des Erbfalles schon rechtshängig geworden ist. Nimmt ein Organ einer juristischen Person als solches die Störung vor, so geht der Anspruch gegen diese. Nimmt jemand die Störung im Auftrage eines anderen vor, so sind Auftraggeber und Beauftragter beide passiv legitimiert.[11])

IV. Ziel der Klage ist das durch Urteil auszusprechende

---

[9]) Für das Gebiet der gewerblichen Urheberrechte fehlt eine derartige Bestimmung.

[10]) Analogie des § 1004 Satz 2 BGB. — Vgl. auch RGE. in ZivS. Bd. 54 S. 414 ff.

[11]) Der Auftraggeber deshalb, weil er der intellektuelle Verursacher der Störung ist, nicht aus BGB. § 831.

richterliche Gebot an den Beklagten, die vorhandene, bestimmt zu bezeichnende Beeinträchtigung des klägerischen Rechtes zu beseitigen und (eventuell) weitere Beeinträchtigungen zu unterlassen.[12]) Eben dadurch, daß sie einen richterlichen Befehl zum Ziele hat, unterscheidet sich die negatorische Klage von einer bloßen Feststellungsklage.[13])

Ergreift die geschehene Beeinträchtigung nur bestimmte einzelne im klägerischen Recht enthaltene Befugnisse, dann ist auch das Unterlassungsgebot im Urteil auf die vorliegende bestimmte Verletzungsart zu beschränken.[14])

Der Beklagte kann sich seiner Beseitigungspflicht nicht durch Anerbieten einer Geldentschädigung entziehen, auch dann nicht, wenn die Beseitigung für ihn nur mit unverhältnismäßigen Aufwendungen möglich ist; eine entsprechende Anwendung des § 251 Abs. 2 BGB. auf die negatorische Klage ist ausgeschlossen.[15])

Das Urteil, das die künftige Unterlassung der Störung befiehlt, kann auf Antrag zugleich eine Strafandrohung für den Fall der Zuwiderhandlung enthalten; vgl. ZPO. § 890.

V. Die Rechtskraft des Urteils im Negatorienprozeß erstreckt sich entsprechend dem allgemeinen Grundsatze des § 322 ZPO. nur auf die Entscheidung darüber, ob die bestimmt zu bezeichnenden störenden Eingriffe zu beseitigen bzw. zu unterlassen sind. Sie erstreckt sich dagegen nicht darauf, ob Eingriffe irgendwelcher anderen Art als objektiv rechtswidrige zu betrachten sind und auch nicht darauf, ob der Eingriff, über welchen das jetzige Urteil befindet, geeignet ist, eine Schadensersatzklage zu begründen.[16])

VI. Die Zwangsvollstreckung aus dem Urteile kann regelmäßig nur eine indirekte sein. Sie gestaltet sich verschieden, je nachdem

[12]) Analogie des § 1004 BGB.

[13]) Bei unserer Auffassung ist klar, daß es sich um eine Leistungsklage handelt. Zweifel darüber entstehen, wenn man mit Hellwig die Klage auf ZPO. § 259 gründet. So faßt z. B. Richard Schmidt (Lehrbuch des Zivilprozeßrechts, 2. Aufl. S. 700) die Klage des § 259 als „erleichterte Feststellungsklage" auf.

[14]) Vgl. über die Fassung von Unterlassungsurteilen in Patentprozessen Reichel in D. Jur. Ztg. 1908 S. 1135, der darauf hinweist, daß die Bezugnahme auf Zeichnungen, Modelle und Proben im Urteilstenor zulässig und unter Umständen von praktischem Wert ist.

[15]) Vgl. RGE. in ZivS. Bd. 51 S. 408 ff. (für die analoge Klage aus § 1004).

[16]) Vgl. RGE. in ZivS. Bd. 49 S. 33.

das Urteil auf Beseitigung der vorhandenen Beeinträchtigung oder auf Unterlassung weiterer Beeinträchtigungen lautet.

Im ersteren Falle kommt es darauf an, ob die Beseitigung durch einen Dritten erfolgen kann. Trifft dies zu, so ist der Gläubiger vom Prozeßgericht erster Instanz auf Antrag zu ermächtigen, auf Kosten des Störers die Beseitigungshandlung vornehmen zu lassen; vgl. ZPO. § 887. Regelmäßig wird aber die Beseitigung des das Urheberrecht störenden Zustandes nur vom Störer selbst ausgehen können. Dann ist gemäß ZPO. § 888 auf Antrag vom Prozeßgericht erster Instanz zu erkennen, daß der Störer zur Vornahme der Beseitigung durch Geldstrafen bis zum Betrage von 1500 Mark oder durch Haft anzuhalten sei.

Lautet das Urteil auf Unterlassung, so ist der Verurteilte gemäß ZPO. § 890 nach vorgängiger Strafandrohung wegen einer jeden Zuwiderhandlung auf Antrag des Berechtigten von dem Prozeßgericht erster Instanz zu einer Geldstrafe bis zu 1500 Mark oder mit Haft bis zu 6 Wochen zu verurteilen. Auch kann er auf Antrag zur Bestellung einer Sicherheit für den durch fernere Zuwiderhandlung entstehenden Schaden auf bestimmte Zeit verurteilt werden.

Strafe und Sicherheit verfallen aber nur bei solchen ferneren Störungen, welche mit derjenigen, über deren Unzulässigkeit das Urteil entschieden hat, im wesentlichen gleichartig sind.

Ist das Urteil, das der abwehrenden Klage stattgibt, für vorläufig vollstreckbar erklärt, wird es aber später in der Rechtsmittelinstanz aufgehoben oder abgeändert, so hat der Kläger dem Beklagten den Schaden zu ersetzen, der ihm durch die Vollstreckung des Urteils oder durch eine zur Abwendung der Vollstreckung gemachte „Leistung" bzw. Unterlassung entstanden ist, z. B. dadurch, daß er die schon gedruckten Exemplare eines Werkes einstampfen ließ, die angekündigte Aufführung eines Stückes absagte, die Benutzung einer Erfindung einstellte (ZPO. § 717 Abs. 2). Dieser Schadensersatzanspruch des Beklagten gegen den Kläger ist aber dann nicht gegeben, wenn der Beklagte schon vor dem Urteile erster Instanz oder auf ein der Klage stattgebendes aber nicht für vorläufig vollstreckbar erklärtes unterinstanzielles Urteil hin vorsichtshalber derartige Einstellungs- oder Beseitigungsmaßregeln getroffen hat, die sich nachher infolge des Urteils der Rechtsmittelinstanz als unnötig erweisen.[17])

---

[17]) Vgl. RGE. in ZivS. Bd. 60 S. 344 ff.

VII. Die Verjährung des Anspruchs auf Beseitigung der Beeinträchtigung sowie des Anspruchs auf fernere Unterlassung ist die dreißigjährige. Ihr Lauf beginnt mit der Beeinträchtigung, gleichgültig ob der Beklagte davon Kenntnis hat, bzw. mit der Zuwiderhandlung. Es verjährt aber immer nur der aus dem absoluten Rechte gegen eine bestimmte Person entstandene Anspruch, niemals das absolute Recht selbst.[18])

§ 26.

b) Anspruch auf Schadensersatz.

I. Schuldhafte widerrechtliche Verletzung des Urheberrechtes verpflichtet nach den urheberrechtlichen Spezialgesetzen zum Schadensersatz gegenüber dem Berechtigten. Voraussetzung ist:

1. objektiv eine Rechtsverletzung,
2. subjektiv ein Verschulden,
3. ein Kausalzusammenhang zwischen der schuldhaften Rechtsverletzung und dem eingetretenen Schaden.

1. Als Rechtsverletzung kommen in Betracht:

a) auf dem Gebiet des Urheberrechtes an Werken der Literatur und der Tonkunst, der bildenden Künste und der Photographie die unbefugte[1]) Vervielfältigung oder gewerbsmäßige Verbreitung eines Werkes oder die öffentliche Mitteilung seines wesentlichen Inhalts oder die gewerbsmäßige Vorführung mittels mechanischer und optischer Einrichtungen (vgl. LUG. § 36, KUG. § 31);

ferner unbefugte öffentliche Aufführung oder öffentlicher Vortrag des Werkes oder öffentliche Aufführung einer unzulässigen dramatischen Bearbeitung (LUG. § 37);

b) auf dem Gebiete des Geschmacksmusterrechtes die Veranstaltung einer unbefugten Nachbildung in der Absicht, dieselbe innerhalb oder außerhalb des Deutschen Reiches zu verbreiten (vgl. MSchG. § 14 mit LUG. vom 11. Juni 1870 § 18);

c) auf dem Gebiete des Erfinderrechtes die unbefugte Benützung der fremden Erfindung oder des fremden Gebrauchsmusters dadurch,

---

[18]) Vgl. dazu meine Bem. 4 zu BGB. § 198 bei Staudinger 3./4. Aufl. Bd. 1 S. 603.

[1]) d. h. unter Verletzung der ausschließlichen Befugnisse des Urhebers geschehende.

daß der Gegenstand der Erfindung gewerbsmäßig hergestellt, in Verkehr gebracht, feilgehalten oder gebraucht wird (vgl. PG. von 1891 § 35, GMG. § 9).

Daß der objektive Tatbestand der Rechtsverletzung gegeben sei, hat grundsätzlich zu beweisen, wer daraus einen Ersatzanspruch herleitet. Nur in einem Ausnahmsfalle stellt das Gesetz eine, allerdings nur für den Zivilprozeß, nicht auch für den Strafprozeß gültige, Vermutung der Rechtsverletzung auf. Handelt es sich nämlich um eine Erfindung, welche ein Verfahren zur Herstellung eines neuen Stoffes zum Gegenstande hat, so gilt bis zum Beweise des Gegenteils jeder Stoff von gleicher Beschaffenheit als nach dem patentierten Verfahren, d. h. unmittelbar durch dieses Verfahren, hergestellt; PG. § 35 Abs. 2. Diese erst durch die Novelle von 1891 geschaffene Vermutung dient namentlich dem Interesse der chemischen Industrie, deren Erzeugnissen sich regelmäßig das Verfahren, durch das sie hergestellt sind, nicht ansehen läßt, und die ohne jene Begünstigung der Gefahr ausgesetzt ist, daß der inländische Markt mit im Ausland hergestellten chemischen Erzeugnissen überschwemmt wird, deren Herstellungsart durch ein deutsches Patent geschützt ist.

2. Das Verschulden, das vorausgesetzt wird, ist nicht überall das gleiche. Während bei Verletzungen des Patentrechts und Gebrauchsmusterrechts neben dem Vorsatz[2]) nur grobe Fahrlässigkeit zum Schadensersatz verpflichtet (PG. von 1891 § 35, GMG. § 9), genügt bei Verletzungen anderer Urheberrechte schon die einfache Fahrlässigkeit. Die innere Berechtigung dieser Ungleichheit mag man billig bezweifeln. Historisch ist sie leicht verständlich. Während die Haftung für einfache Fahrlässigkeit auf dem Gebiete des literarischen und künstlerischen Urheberrechtes einfach im Einklang steht mit dem allgemeinen Prinzip der Schadenshaftung aus unerlaubter Handlung ohne Rücksicht auf den Grad des Verschuldens, stellt sich die Festsetzung der Haftung für grobe Fahrlässigkeit im Erfinderrecht als ein Kompromiß dar zwischen der bis weit in die zweite Hälfte des 19. Jahrhunderts hinein in Deutschland herrschenden Abneigung gegen einen energischen Erfinderschutz überhaupt und der in den letzten Dezennien des Jahrhunderts mit der Erstarkung der Industrie wachsenden Einsicht ihrer Schutzbedürftigkeit.

---

[2]) Die „Wissentlichkeit" des Gesetzes ist nichts anderes als Vorsatz.

Nach dem Patentgesetz von 1877 verpflichtete nur wissentliche Verletzung zum Schadenersatz; bei der Beratung des Gesetzes von 1891 war in der Reichstagskommission der Antrag gestellt worden, die einfache Fahrlässigkeit zur Haftung genügen zu lassen.[3]) Das Gesetz selbst[4]) geht den Mittelweg und erklärt grobe Fahrlässigkeit für genügend, aber auch erforderlich.

a) Der Vorsatz (dolus, Wissentlichkeit) setzt nicht die Absicht der Gewinnerzielung voraus. Er umfaßt nach der von der Theorie überwiegend gebilligten ständigen Rechtsprechung des Reichsgerichts[5]) auch den sogenannten dolus eventualis, das ist das Bewußtsein von der Möglichkeit der Rechtsverletzung und das Wollen des Erfolges trotz dieses Bewußtseins.

Dagegen kann von Vorsatz keine Rede sein, wenn der Täter irrtümlich ein bestehendes Urheberrecht als nicht oder nicht mehr bestehend ansieht oder ein erteiltes Patent für nichtig hält. Gleichgültig ist dabei, ob der Irrtum ein tatsächlicher, z. B. ein solcher über das Todesjahr des Verfassers oder Künstlers oder über die Identität der patentierten Erfindung ist, oder ob er ein Rechtsirrtum im engeren und eigentlichen Sinne d. h. ein solcher ist, der in einer unzutreffenden Auffassung der objektiven Normen der Rechtsordnung seinen Grund hat, wie z. B. der Irrtum über die gesetzliche Dauer der Schutzfrist oder über die materiellen Voraussetzungen und den Inhalt des Schutzes. Denn die Bedeutung des Rechtsirrtums für das Verschulden kann beim Mangel einer besonderen urheberrechtlichen Bestimmung auf dem Gebiete des Urheberrechtes keine andere sein, als auf anderen Gebieten des Zivilrechts. Im heutigen bürgerlichen Recht steht aber der Rechtsirrtum grundsätzlich dem Tatsachenirrtum gleich; wenn für das Strafrecht, sei es mit Recht oder Unrecht, eine abweichende Auffassung herrscht, so kann diese für die Schadensersatzpflicht, deren Voraussetzungen selbständig zu entscheiden sind, keine Bedeutung beanspruchen.[6]) Nur der Irrtum über die Rechtsfolgen, also über die Entschädigungspflicht, ist unbeachtlich.

---

[3]) KommBer. zum Ges. von 1891 S. 28.

[4]) Ebenso wie das GMG., das in diesem Punkte wie in so vielen einfach den Grundsätzen des PG. folgt.

[5]) Vgl. RGE. in StrS. Bd. 6 S. 272, Bd. 14 S. 415, Bd. 15 S. 34; in Zivilsachen Bd. 21 S. 68.

[6]) Das verkennt Seligsohn Bem. 9 zu PG. § 35, der von einer Strafvorschrift (?) des § 35 spricht und unter Bezugnahme auf RGE. in StrS. Bd. 21

b) Fahrlässigkeit ist die Außerachtlassung der im Verkehr erforderlichen Sorgfalt; BGB. § 276 Satz 2. Ob sie vorliegt, kann nicht nach den rein individuellen Verhältnissen des Handelnden bemessen werden.[7]) Wohl aber sind dabei die typischen Verhältnisse seines Wirkungskreises (z. B. des Verlagshandels, der chemischen Industrie usw.) und der Personenklasse, der er zugehört, zu berücksichtigen. So ist z. B. jedem Verleger (nicht auch dem bloßen Sortimenter) schon vermöge seines Berufes zuzumuten, daß er weiß, ob ein Schriftwerk für den Nachdruck frei ist oder nicht, und daß er sich nicht nur über die hiefür maßgebenden tatsächlichen Verhältnisse, sondern auch über die entscheidenden Rechtsnormen, insbesondere die gesetzliche Schutzfrist, unterrichte.

Ob die Fahrlässigkeit, wie die Entschädigungspflicht bei Patent- und Gebrauchsmusterverletzungen voraussetzt, eine grobe ist, kann nur aus den Umständen des Einzelfalles entnommen werden.[8])

Eine allgemeine Verpflichtung zur Nachforschung nach etwa schon vorhandenen patentierten Erfindungen auf einem gewissen Gebiete und zur Prüfung der Identität der nunmehr benützten Erfindung mit jenen kann nicht angenommen werden. Sobald jedoch Umstände vorliegen, die bei jedem verständigen und gewissenhaften Geschäftsmanne einen Zweifel über die Erlaubtheit der Benutzung begründen, ist eine Nachforschung, wenn auch nicht eine solche mit außergewöhnlichen Mitteln, geboten und ist ihre völlige Unterlassung eine grobe Fahrlässigkeit.

S. 205 (im Patentblatt 1891 S. 163) annimmt, es liege ein nicht zu berücksichtigender Rechtsirrtum vor, wenn der Täter sich in einem Irrtum über Sinn und Tragweite der Bestimmungen der §§ 1, 4, 5 PG. befindet.

Vgl. van Calker, Delikte gegen das Urheberrecht S. 214; Allfeld, Bem. 4, b zu LUG. § 36, Bem. 6, g zu PG. § 35 und in Krit. Vierteljahrschr. Bd. 93 S. 69 (gegen v. Liszt, Die Deliktsobligationen des BGB. S. 54); Endemann, Lehrbuch des bürg. R. 8. Aufl. Bd. 1 § 201 Anm. 31; Oertmann in Seufferts Bl. f. Rechtsanwendung Bd. 67 S. 1 ff., 47 ff. und in seinem Komm. zum BGB., 2. Aufl. Bem. 8 zu § 823.

[7]) Vgl. fr. 8 § 1 D. ad. l. Aq. 9, 2.

[8]) Gegen Seligsohn Bem. 9 zu PG. § 35 ist zu betonen, daß als die normale Sorgfalt im heutigen Rechte nicht die des „ordentlichen Hausvaters“ angesehen werden darf. Dieser aus Philistrosität und Egoismus gemischte Typus ist gerade im Urheberrecht, das wesentlich auf der Achtung des geistigen Schaffens anderer beruht, am wenigsten brauchbar; gegen ihn überhaupt A. Menger, Das bürgerliche Recht und die besitzlosen Volksklassen, 3. Aufl. S. 202 ff.

Ob ein Rechtsirrtum überhaupt auf Fahrlässigkeit beruht und ob diese eine grobe ist, hängt ab von der größeren oder geringeren Möglichkeit einer sicheren Erkundigung über die Rechtslage, ist aber, wo diese tatsächlich zweifelhaft ist oder doch von Rechtskundigen in verschiedener Weise aufgefaßt wird, stets zu verneinen.[9])

3. Den ursächlichen Zusammenhang zwischen der Rechtsverletzung und dem eingetretenen Schaden hat der Kläger zu beweisen, ebenso auch die Tatsachen, aus denen das Gericht den Schluß ziehen kann, daß ein Verschulden vorliege. Eine Vermutung besteht in keiner der beiden Richtungen. Insbesondere wird nicht etwa dadurch, daß ein Patent oder ein Muster öffentlich bekannt gemacht worden ist, die Vermutung begründet, daß es dem Verletzer bekannt gewesen sei.

II. Aktiv- und Passivlegitimation.

1. Anspruchsberechtigt ist der durch die Rechtsverletzung tatsächlich Geschädigte. Das kann nicht nur der Urheber bzw. Erfinder selbst[10]) oder sein Universalnachfolger sein, sondern auch jeder, der im Wege konstitutiver Übertragung ein inhaltlich beschränktes Recht am immateriellen Gute erlangt hat, wie der Verleger, der Nießbraucher, der Träger einer ausschließlichen Lizenz, der Pfandgläubiger. Die Legitimation eines solchen beschränkt Berechtigten kann mit der des Urhebers selbst konkurrieren, da es sehr wohl möglich ist, daß durch eine Rechtsverletzung sowohl dieser, als auch jener zu Schaden kommt. Insbesondere kann auch neben einem für die ganze Schutzdauer allein berechtigten Verleger der Verfasser als Geschädigter in Betracht kommen, wenn ihm durch den unbefugten Nachdruck die begründete Aussicht auf weitere Auflagen und damit auf weiteres Honorar vermindert wird.[11])

Dem verletzten Urheberrechte gegenüber hat der entstandene Ersatzanspruch selbständigen Charakter. Er ist weder an die Dauer noch an den Träger des Urheberrechtes gebunden. Wird nach der Rechtsverletzung, aber vor der Erhebung des Anspruchs das Ur-

---

[9]) Vgl. zur ganzen Frage der Fahrlässigkeit Dambach, Gutachten II S. 86; RGE. in Gewerbl. Rechtsschutz und UrhR. Bd. 3 S. 155 und 206, in PMZBl. Bd. 3 S. 148, Bd. 6 S. 235 (in Jur. Wschr. 1900 S. 77), Bd. 8 S. 8, Bd. 9 S. 100 (in Jur. Wschr. 1902 S. 97).

[10]) Über Vermutungen und scheinbare Fiktionen der Urheberschaft s. oben §§ 10 und 11.

[11]) Vgl. Klostermann, Urheberrecht S. 256; Allfeld Bem. 5 zu LUG. § 36 gegen Wächter, Urheberrecht S. 239.

heberrecht auf einen anderen übertragen, so ist der Rechtsnachfolger nur dann schadensersatzberechtigt, wenn ihm mit dem Urheberrecht zugleich der Ersatzanspruch abgetreten wurde, was freilich in der Regel im Sinne der Parteiabrede liegen wird; aber ein Uebergang von Rechts wegen findet nicht statt.

2. Ersatzpflichtig ist jeder, der das Urheber- bzw. Erfinderrecht oder ein daraus abgeleitetes absolutes Recht verletzt. Das kann auch der Urheber oder Erfinder selbst sein, der im Wege konstitutiver Uebertragung seine eigenen Befugnisse eingeschränkt hat.[12])

Daß Vereine und juristische Personen des öffentlichen Rechtes für Urheberrechtsverletzungen, welche einer ihrer „verfassungsmäßig berufenen Vertreter" in Ausführung der ihm zustehenden Verrichtungen begeht, ersatzpflichtig sind, ergibt sich unmittelbar aus BGB. §§ 31, 89. Unter den gleichen Voraussetzungen haften aber für die deliktischen Handlungen ihrer Willensorgane auch andere korporative Personenvereinigungen, wie Aktiengesellschaften, Gesellschaften m. b. H., Eingetragene Genossenschaften, Gewerkschaften; BGB. § 31 ist auf sie, da sie ihrem Wesen nach Vereine sind, entsprechend anzuwenden.[13]) Mit der juristischen Person haftet ihr Willensorgan als Gesamtschuldner (BGB. §§ 840, 421).

Für den Schaden, den nicht ein verfassungsmäßig berufener Vertreter, sondern ein sonstiger Angestellter[14]) der juristischen Person in Ausführung der Verrichtung, zu der er bestellt ist, einem Dritten durch Urheberrechtsverletzung zufügt, haftet die juristische Person, den urheberrechtlich geforderten Verschuldungsgrad beim Angestellten vorausgesetzt, auf Schadensersatz nicht unbedingt, sondern nur nach Maßgabe des § 831 BGB., also vorbehaltlich des von ihr zu führenden Exkulpationsbeweises. Liegt der urheberrechtlich geforderte Verschuldungsgrad beim Angestellten nicht vor oder gelingt der

---

[12]) Umgekehrt hat aber auch der Urheber gegen den Verleger, der die Schranken seines Teilrechts überschreitet, den Deliktsanspruch. Durch diesen wird übrigens der Anspruch aus dem Verlagsvertrag nicht ausgeschlossen; vgl. RGE. in ZivS. Bd. 12 S. 105 ff.

[13]) Vgl. RGE. vom 23. Jan. 1903 in Jur. Wschr. 1903 Beil. S. 39 und vom 19. Febr. 1904 in Jur. Wschr. 1904 S. 428, auch RGE. in ZivS. Bd. 57 S. 42 ff.

[14]) Vgl. über die Unterscheidung Staudinger-Loewenfeld, 5./6. Aufl., Bem. 3—6 zu BGB. § 31.

Exkulpationsbeweis, so haftet sie auf die ungerechtfertigte Bereicherung.[15])

Auch die offene Handelsgesellschaft haftet, obwohl sie nicht juristische Person ist,[16]) für die urheberrechtlichen Schadensstiftungen, die der einzelne Gesellschafter im Gesellschaftsinteresse begeht. Diese Haftung kann aber nicht auf HGB. § 126 gegründet werden,[17]) denn diese Vorschrift handelt nur vom Umfang der Vertretungsmacht des Sozius, eine Vertretungsmacht zu unerlaubten Handlungen gibt es aber überhaupt nicht.[18]) Vielmehr beruht die Haftung auf einem durch die Rechtsprechung[19]) anerkannten Gewohnheitsrechte.

Haben mehrere Personen durch gemeinschaftlich begangene Urheberrechtsverletzung einen Schaden verursacht und läßt sich das von jedem durch sein Tun verursachte Schadensquantum nicht feststellen, so ist jeder gesamtschuldnerisch mit seinen Mittätern für den ganzen Schaden verantwortlich. Anstifter und Gehilfen[20]) stehen den Mittätern gleich (BGB. §§ 830, 840).[21])

Die Ersatzverbindlichkeit ist passiv vererblich.

III. Inhalt des Schadensersatzanspruchs.[22])

Zu ersetzen ist der volle Schaden, wie er sich ergibt, wenn man den Einfluß der Urheberrechtsverletzung auf die wirtschaftliche Gesamtlage des Geschädigten in Betracht zieht. Das ist auch der Grundgedanke, von dem das BGB. in seinen zweifellos für das Gebiet des Urheber- und Erfinderrechtes anwendbaren Sätzen über das Maß der Schadensersatzleistung (§ 249 ff.) ausgeht.

1. Nach diesen Sätzen würde in erster Linie nicht nur ein

---

[15]) So auch Allfeld (Bem. 8, d zu PG. § 35), dem ich aber darin nicht beistimmen kann, daß der Verletzer selbst, wenn es an dem bei der Schadensersatzpflicht vorausgesetzten Verschulden fehlt, von der Bereicherungshaftung frei sei. S. darüber unten § 27.

[16]) a. M. Kohler, UrhR. S. 372.

[17]) wie Allfeld Bem. 8, c und Seligsohn Bem. 11 zu PG. § 35 anscheinend als selbstverständlich annehmen.

[18]) Vgl. meine Bem. 5, a zu BGB. § 164 bei Staudinger 3. Aufl. Bd. 1 S. 522.

[19]) RGE. in ZivS. Bd. 15 S. 121.

[20]) Über den Begriff des Gehilfen eingehend Kohler, UrhR. S. 371 f. vgl. auch RGE. in ZivS. Bd. 38 S. 23.

[21]) Über das interne Verhältnis der Mittäter zueinander s. BGB. §§ 840 Abs. 2, 426.

[22]) Vgl. Isay in Gew. Rschtz. Bd. 9 S. 25 ff.

gleichwertiger, sondern ein gleichartiger Vermögenszustand herzustellen sein, wie derjenige, welcher ohne die Urheberrechtsverletzung bestehen würde. Eine solche sogen. Naturalherstellung wird aber gerade bei Urheberrechtsverletzungen nur in den seltensten Fällen möglich sein. Wenn als Beispiel die Rückgängigmachung von Verträgen angeführt wird, in deren Abschluß die Verletzung bestand,[23]) so kann es sich dabei, genau genommen, nur um die Rückgängigmachung der tatsächlichen Leistungen und Veranstaltungen handeln, die in Ausführung solcher Verträge schon vorgenommen sind, nicht um „Rückgängigmachung" der Verträge selbst; denn Verträge, die eine Verletzung fremden Rechts zum Leistungsgegenstand haben, brauchen nicht erst rückgängig gemacht zu werden, sondern sind von vornherein nichtig.

Als eine Art Naturalrestitution erscheint allerdings auf dem Gebiete des literarischen, künstlerischen und kunstgewerblichen Urheberrechtes die Vernichtung des widerrechtlich hergestellten und verbreiteten Exemplare des Werkes oder der zur widerrechtlichen Vervielfältigung bestimmten Vorrichtungen. Diese Vernichtung ist aber nicht als eine aus dem Schadensersatzanspruch, sondern als eine aus dem negatorischen Anspruche sich herleitende Maßregel zu charakterisieren.

2. Bei dem Werterſatze in Geld, um den es sich regelmäßig handelt (BGB. § 251), ist es gerade bei Urheberrechtsverletzungen von größter Bedeutung, daß nicht nur der effektive Schaden (damnum emergens) zu ersetzen ist, wozu auch die auf die Ermittelung der Rechtsverletzung und des Täters erwachsenen Kosten gehören, sondern nach BGB. § 252 auch der entgangene Gewinn (lucrum cessans). Zu berechnen ist dieser auf Grund eines vom Standpunkte der Theorie des adäquaten Kausalzusammenhangs[24]) aus zu gewinnenden Wahrscheinlichkeitsurteils: als entgangen gilt der Gewinn, welcher nach dem gewöhnlichen Lauf der Dinge oder nach den besonderen Umständen, insbesondere nach den getroffenen Anstalten und Vorkehrungen, mit Wahrscheinlichkeit erwartet werden konnte.

---

[23]) So Kohler UrhR. S. 367.

[24]) Grundlegend J. von Kries, Über den Begriff der objektiven Möglichkeit, in der Vierteljahrschr. für wissenschaftliche Philosophie Bd. 12 S. 179 ff. Weitere Ausbildung der Theorie durch Max Rümelin, Die Verwendung der Kausalbegriffe im Straf- und Zivilrecht, im Arch. f. ziv. Praxis Bd. 90 S. 171 ff.; L. Träger, Der Kausalbegriff im Straf- und Zivilrecht (1904); Haß in Jherings Jahrb. Bd. 37 S. 346 ff.

Dabei wird in Betracht zu ziehen sein: ob der Urheber schon einen Verlagsvertrag geschlossen hat, ob ihm dabei ein Gewinnanteil zugesichert wurde, wie viele Exemplare unbefugterweise verkauft worden sind; um wieviel sich die Absatzmöglichkeit für den Urheber bzw. Erfinder selbst oder seinen Rechtsnachfolger durch den infolge der unbefugten Benutzung und Verbreitung eintretenden Wettbewerb verringert hat;[25]) bei Erfindungen endlich auch, welche Gegenleistung, insbesondere Lizenzgebühr, der Erfinder für rechtmäßige Überlassung der Erfindung zu erwarten gehabt hätte.

Freilich wird die Wertung aller dieser Momente, da sie ja zum Teile von noch nicht verwirklichten Tatbeständen ausgehen muß, sehr häufig nicht zu einem absolut sicheren rechnerischen Ergebnisse führen. Da darf aber der Richter nicht etwa den Anspruch, soweit der Schadensumfang nicht strikte nachgewiesen ist, einfach abweisen, sondern er soll von der ihm vom Gesetz eingeräumten Freiheit in der Schätzung des Schadens Gebrauch machen. Nach ZPO. § 287 entscheidet nämlich, wenn unter den Parteien streitig ist, ob ein Schaden entstanden ist und wie hoch sich der Schaden belaufe, hierüber das Gericht unter Würdigung aller Umstände nach freier Ueberzeugung. Ob und inwieweit eine beantragte Beweisaufnahme oder von Amts wegen eine Begutachtung durch Sachverständige anzuordnen sei, bleibt dem Ermessen des Gerichtes überlassen. Das Gericht kann anordnen, daß der Beweisführer den Schaden eidlich schätze. In diesem Falle hat das Gericht zugleich den Betrag zu bestimmen, welchen die eidliche Schätzung nicht übersteigen darf.

3. Schaden und Bereicherung. Manche Schriftsteller behaupten für das Erfinderrecht, mit dem Schadensersatzanspruch könne der Berechtigte auch die Herausgabe des Gewinnes verlangen, welchen der Verletzer durch die ungerechtfertigte Benutzung der Erfindung erlangt hat, ohne Rücksicht darauf, ob der Verletzte selbst in der Lage gewesen wäre, einen solchen Gewinn zu erzielen.[26]) Ist das richtig, so muß es in gleicher Weise auch für das Gebiet der

---

[25]) Sog. Wettbewerbsminderung; Kohler, Handb. des PatR. S. 566.

[26]) In diesem Sinne namentlich Kohler, Handbuch des PatR. § 224 S. 568 ff.; ihm folgend Allfeld Bem. 10, c zu PG. § 35 und Seligsohn Bem. 12, c zu § 35, dieser unter Berufung auf RGE. in Jur. Wschr. 1890 S. 162, 1900 S. 316, 1904 S. 501. Vgl auch RGE. in ZivS. Bd. 46 S. 14 ff.

übrigen Urheberrechte gelten, da gar kein Grund vorliegt, hier eine besondere Eigentümlichkeit des Erfinderrechts anzunehmen.

Aber diese Lehre vermischt Richtiges mit Unzutreffendem. Richtig ist, daß der Verletzer alles herausgeben muß, was er durch den ungerechtfertigten Eingriff erworben hat, sofern er darum bereichert ist. Aber der Anspruch, mit dem das geltend gemacht wird, ist nicht der Schadensersatzanspruch, sondern der unabhängig von ihm bestehende und auf andere Voraussetzungen gegründete Bereicherungsanspruch.[27]) Diese beiden Ansprüche gilt es grundsätzlich auseinanderzuhalten. Der Schadensersatzanspruch bemißt sich lediglich nach den Verhältnissen des Geschädigten, der Bereicherungsanspruch wesentlich auch nach den Verhältnissen dessen, der in das fremde Recht eingreift. Die subjektiven Voraussetzungen beider Ansprüche sind grundverschiedene: ersterer setzt einen schuldhaften, letzterer nur einen objektiv ungerechtfertigten Eingriff in fremdes Recht voraus. Endlich ist auch die Verjährung eine verschiedene: der Anspruch auf Schadenersatz verjährt in drei Jahren, der auf Herausgabe der Bereicherung in dreißig Jahren. Die scharfe Trennung beider Ansprüche entspricht durchaus der Auffassung des BGB., das hier auf dem Boden des römischen und gemeinen Rechtes steht.

Freilich können die beiden Ansprüche sich inhaltlich decken. Das Maß des Schadens auf der einen Seite kann ebenso groß sein, wie das der Bereicherung auf der anderen. Und tatsächlich wird häufig der Gewinn, den der Verletzer infolge seines Eingriffs erzielt hat, den besten Anhaltspunkt geben für die Berechnung des Gewinns, den der Verletzte mit Wahrscheinlichkeit hätte ziehen können. Das rechtfertigt aber nicht die begriffliche Subsumtion der Bereicherung unter den Schaden.

Liegen im Einzelfalle die Voraussetzungen sowohl des Schadensersatzanspruches als auch des Bereicherungsanspruches vor, gehen beide aber auf ein verschiedenes Maß, so kann der eine Anspruch nur noch insoweit erhoben werden, als nicht dem anderen schon Genüge getan ist.[28]) Aber der Verletzte kann nicht die beiden Ansprüche derge-

---

[27]) Darüber, daß ein Bereicherungsanspruch überhaupt besteht, siehe unten § 28.

[28]) Dagegen läßt sich nicht sagen, daß der Bereicherungsanspruch seiner Existenz nach gegenüber dem Schadensersatzanspruch aus unerlaubter Handlung subsidiär sei. Die Gründe, die man für seine Subsidiarität gegenüber geschäft-

stalt kumulieren, daß er etwa unter dem Gesichtspunkte des Schadens den ihm entgangenen Gewinn, z. B. entgangene Lizenzgebühren, und unter dem Gesichtspunkte der Bereicherung noch dazu den dem Verletzer erwachsenen Gewinn fordert.

4. In gewissen Fällen läßt sich der Anspruch des Verletzten auf Herausgabe der dem Verletzer durch den unberechtigten Eingriff erwachsenen Vorteile auch auf den Gesichtspunkt der sogen. unechten negotiorum gestio stützen, wie sich für das gemeine Recht aus fr. 5 § 5 (Mommsen) D. de. neg. gest. 3, 5, für das heutige deutsche Recht aus dem Zusammenhang der §§ 687 Abs. 2, 681 Satz 2, 667 BGB. ergibt.[29])

Jedoch ist dabei vorausgesetzt:

a) daß der Verletzer gewußt hat, daß er zu dem Eingriffe nicht berechtigt war; Fahrlässigkeit, selbst grobe, genügt nicht;

b) daß sich der Eingriff objektiv als Führung eines „fremden Geschäftes" charakterisieren läßt, nicht bloß als eine widerrechtliche Aneignung von Andern erlangter Vorteile.[30])

---

lichen Ansprüchen anführen kann (s. R. v. Mayr, Der Bereicherungsanspruch des deutschen bürgerlichen Rechts S. 356 ff.), treffen gegenüber dem Schadensersatzanspruch nicht in gleicher Weise zu.

[29]) Diesen Gesichtspunkt hebt namentlich Isay a. a. O. und Anm. 22 zu PG. § 35 hervor. Vgl. auch (noch vor dem BGB.!) Kohler im Arch. für ZivPr. Bd. 85 S. 455 ff. Kohler weist hier darauf hin, daß in dem oben erwähnten fr. 5 § 5 „Labeo als helldenkender Geist . . . eine neue Bahn eröffnet hat"; die Entscheidung in der Stelle ist aber sichtlich gar nicht von Labeo, sondern, soweit nicht interpoliert, wohl von Julianus.

[30]) Eine Schwierigkeit ergibt sich dabei daraus, daß der praktisch wichtige Begriff der Besorgung eines „Geschäftes" beim Mangel eines gesetzlichen Anhaltspunktes ungeklärt und in einer Weise umstritten ist, die kaum eine Hoffnung auf eine Einigung erlaubt; vgl. z. B. Lenel in Jherings Jahrb. Bd. 44 S. 32 ff., Oertmann, Bem. 1, b zu BGB. § 675, wo die verschiedenen Meinungen aufgeführt sind.

Das Reichsgericht hat denjenigen, der wissentlich rechtswidrig ein fremdes Patentrecht verwertet, wie einen Geschäftsführer für rechenschafts- und auskunftspflichtig erklärt (RGE. in ZivS. Bd 46 S. 14, vgl. auch RGE. in Jur. Wschr 1900 S. 316 Nr. 16), hat jedoch das Vorliegen einer unechten negotiorum gestio im Sinne des § 687 Abs. 2 für den Fall, daß ein Unberechtigter ein fremdes Warenzeichen benutzt, verneint, weil kein objektiv fremdes Geschäft vorliege (RGE. in ZivS. Bd. 58 S. 321 ff).

Das ROHG. (Entsch. Bd. 12 S. 169, Bd. 22 S. 338 ff.) hat eine aus unechter Geschäftsführung folgende Pflicht zur Rechnungslegung bei Veranstaltung unbefugten Nachdrucks anerkannt.

Sind die Voraussetzungen der unechten negotiorum gestio gegeben, so besteht aus diesem Gesichtspunkte auch ein Anspruch auf Rechenschaftsablegung[31]) und Auskunftserteilung über den gezogenen Gewinn; BGB. §§ 687 Abs. 2, 681 Satz 2, 666. Aber auch wo diese Voraussetzungen fehlen, kann wenigstens der Anspruch auf Vorlegung eines Bestandsverzeichnisses gemäß § 260 BGB. gegeben sein; denn diesen Anspruch wird man, wovon noch die Rede sein wird, bei einigermaßen freier Gesetzesauslegung als eine Begleiterscheinung des Bereicherungsanspruchs auffassen und daher auch in Fällen nicht wissentlicher Eingriffe in das Urheberrecht gewähren können.

5. Wer schuldhaft in ein fremdes Urheber- oder Erfinderrecht eingreift, schädigt häufig nicht nur die vermögensrechtlichen, sondern auch rein persönlichen Interessen des Berechtigten. Die zivilrechtliche Reaktion gegen diese Verletzung der Persönlichkeit ist aber, worin man mit gutem Grund eine Unbilligkeit erblicken kann, in unserer Rechtsordnung nur eine unvollkommene. Zwar hat eine dem Verletzten zuerkannte Buße unter anderem den Zweck, ihm auch für seinen ideellen Schaden genugzutun. Aber diese Buße (Näheres über sie im folgenden § 27) ist auf einen verhältnismäßig geringen Höchstbetrag begrenzt; außerdem kann auf sie nur neben einer Strafe, also nur bei wissentlicher Verletzung, erkannt werden. Dagegen hat der deutsche Richter nicht die Freiheit, überhaupt die Entschädigung so zu bemessen, daß sie auch einer Ausgleichung der nichtvermögensrechtlichen Interessen dient; BGB. § 253.

IV. Ein mitwirkendes Verschulden des Beschädigten bei der Entstehung des Schadens vermag nach BGB. § 254 unter Umständen die Verpflichtung zum Schadensersatz völlig aufzuheben, unter Umständen sie in ihrem Umfange zu mindern. Ein solches ist auch darin zu finden, daß der Geschädigte unterlassen hat, den Verletzer auf die Gefahr eines ungewöhnlich hohen Schadens aufmerksam zu machen, die dieser weder kannte, noch kennen mußte, oder daß er es unterlassen hat, den Schaden abzuwenden oder zu mindern.

V. Verjährung. Die urheberrechtlichen Spezialgesetze[32])

---

[31]) nach Maßgabe des § 259 BGB.

[32]) LUG. §§ 50, 51; KUG. §§ 47, 48, MSchG. § 14 mit LUG. von 1870 §§ 33, 34; PG. von 1891 § 39; GMG. § 9 Abs. 2. Diese Bestimmungen sind

setzen übereinstimmend die Verjährung der aus der Rechtsverletzung entspringenden Schadensersatzansprüche auf drei Jahre fest. Diese Verjährungszeit entspricht der im BGB. § 852 für Ansprüche aus unerlaubten Handlungen überhaupt festgesetzten. Im Einzelnen ergeben sich aber Abweichungen. Hervorzuheben ist:

1. Der Beginn der Verjährung wird nicht wie nach dem BGB. an das subjektive Moment der Kenntnis des Verletzten vom Schaden und der Person des Ersatzpflichtigen angeknüpft, sondern an das objektive der rechtsverletzenden Handlung. Die Frist beginnt nämlich zu laufen:

im Falle verbotenen Nachdrucks von Schriftwerken oder Tonwerken oder der verbotenen Nachbildung von Geschmacksmustern mit dem Tage, an welchem die Verbreitung der Nachdrucksexemplare zuerst stattgefunden hat,[33])

in den Fällen der widerrechtlichen Verbreitung oder Aufführung und des widerrechtlichen Vortrags eines literarischen oder musikalischen Werkes und der widerrechtlichen öffentlichen Mitteilung des wesentlichen Inhalts, sowie widerrechtlicher Verbreitung oder Vorführung eines Kunstwerkes oder einer Photographie, Schaustellung eines Bildnisses oder Verbreitung von Nachbildungen eines Geschmacksmusters mit dem Tage, an welchem die widerrechtliche Handlung zuletzt stattgefunden hat;

im Falle widerrechtlicher Vervielfältigung von Kunstwerken oder Photographien mit dem Tage, an welchem die Vervielfältigung vollendet ist, wenn diese jedoch zum Zwecke der Verbreitung bewirkt ist, erst an dem Tage, an welchem eine Verbreitung stattgefunden hat;[33])

im Falle der Verletzung eines Patents oder Gebrauchsmusters mit der Begehung der rechtsverletzenden Handlung,[34]) also mit dem Beginne des widerrechtlichen Herstellens, Inverkehrbringens oder Gebrauchens des Erfindungsgegenstandes.[35])

---

auch soweit sie aus der Zeit vor 1900 stammen, durch BGB. § 852 nicht aufgehoben; vgl. EG. z. BGB. Art. 32.

[33]) Berechnung der Frist nach BGB. § 187 Abs. 2, nicht Abs. 1; so mit Recht Allfeld Bem. 4 zu LUG. § 50 gegen Müller, Das deutsche Urheber- und Verlagsrecht S. 156.

[34]) a. M. Isay Anm. 2 zu PG. § 39, der hier in Verjährung gemäß BGB. § 852 mit der Kenntnis vom Schaden und der Person des Ersatzpflichtigen beginnen lassen will.

[35]) Hier ist die Frist nach BGB. § 187 Abs. 1 zu berechnen.

2. Stellt sich die Patent- oder Gebrauchsmusterverletzung als ein fortgesetztes Delikt dar, so beginnt die Verjährung erst mit dem letzten der zu einer einheitlichen Handlung zusammengefaßten Akte zu laufen.[36]) Das Gesetz (PG. von 1891 § 39, GMG. § 9 Abs. 2) sagt allerdings, daß die Klagen wegen Verletzung des Rechtes „rücksichtlich jeder einzelnen dieselbe begründenden Handlung" in drei Jahren verjähren. Aber dabei ist vorausgesetzt, daß nicht ein hauptsächlich durch die Einheitlichkeit des Vorsatzes und Erfolges charakterisiertes, fortgesetztes Delikt, sondern eine Mehrheit selbständiger Handlungen vorliege.

3. Hinsichtlich der Hemmung und Unterbrechung der Verjährung gelten die Vorschriften der §§ 202 ff., 208 ff. des BGB. Insbesondere findet aus anderen als den in den §§ 208 und 209 genannten Gründen eine Unterbrechung der Verjährung nicht statt, auch nicht durch den Antrag auf Zuerkennung einer Buße.[37])

4. Ist der Entschädigungsanspruch einmal rechtskräftig festgesetzt, so verjährt er in 30 Jahren (BGB. § 218).

§ 27.

c) Die Buße.[1])

I. Wesen der Buße. Die Buße ist auf dem Gebiete der Urheberrechte[2]) wie überall ihrem Wesen nach nicht eine Strafe, sondern eine in besonderer Form gewährte zivilrechtliche Entschädigung. Systematisch hat sich daher ihre Betrachtung der des Schadensersatzes anzuschließen, nicht der der Straffolgen.

---

[36]) a. M. Rathenau in Gewerbl. Rechtsschutz Bd. 10 S. 352 und ihm folgend Seligsohn Bem. 2 zu § 39.

Daß sich im Einzelfalle leicht Zweifel ergeben, ist zugegeben. Diese beruhen aber wohl hauptsächlich in der Unklarheit darüber, was man unter einer einheitlichen Handlung im Sinne des fortgesetzten Delikts zu verstehen hat.

[37]) So auch RGE. in ZivS. Bd. 16 S. 6 ff. und die herrschende Meinung gegen Kohler, Aus dem Patent- und Industrierecht Bd. 1 S. 72, 76 und Handbuch des Patentrechts S. 577.

[1]) Vgl. Graf von Dohna, Die Stellung der Buße im rechtlichen System des Immaterialgüterschutzes (1902), in den Abhandlungen des kriminalistischen Seminars an der Universität Berlin, Neue Folge Bd. 1 S. 409 ff.

[2]) LUG. § 40; KUG. § 35, MSchG. § 14 mit LUG. von 1870 § 18 Abs. 4 und 5; PG. von 1891 § 37; GMG. § 11.

Sie soll dem Geschädigten nicht nur Ersatz bieten für den ihm zugefügten Vermögensschaden, sondern zugleich auch Genugtuung für die Verletzung seiner Persönlichkeitssphäre, die er durch den widerrechtlichen Eingriff in sein Urheberrecht erlitten hat.[3]) Schon daraus ergibt sich, daß innerhalb des vom Gesetze vorgeschriebenen Höchstbetrages dem Richter volle Freiheit in der Bemessung ihrer Höhe zusteht, denn der ideelle Schaden ist als ein Imponderabile niemals rechnerisch nachweisbar. Ferner ergibt sich daraus, daß dem Verletzten eine Buße zugesprochen werden kann, auch wenn er einen Vermögensschaden überhaupt nicht erlitten hat.[4])

Da die Verpflichtung zur Zahlung der Buße nicht Strafe ist, kann sie auch nicht im Wege der Begnadigung beseitigt werden.

Zu unterscheiden sind der Anspruch auf Zuerkennung einer Buße und der Anspruch auf Zahlung der Buße. Ersterer ist ein öffentlichrechtlicher gegen den Staat gerichteter Rechtsschutzanspruch. Der Anspruch auf Zahlung der Buße dagegen ist ein privatrechtlicher Anspruch im Sinne des § 194 BGB., der sich gegen den Verletzer richtet; er besteht als ein gegenwärtiger Anspruch erst mit der Rechtskraft des strafgerichtlichen Urteils, welches die Zuerkennung ausspricht.

II. Die Voraussetzungen, unter denen ein Anspruch auf Zuerkennung der Buße besteht, sind:

1. das Vorliegen einer vermögensrechtlichen oder ideellen Schädigung infolge einer Urheberrechtsverletzung;

2. eine gleichzeitig wegen derselben Verletzung[5]) gegen den Täter erkannte Kriminalstrafe.

Da auf eine solche aber immer nur bei wissentlicher Verletzung erkannt werden kann, ist damit der Bußanspruch wesentlich eingeengt.

---

[3]) Das wird jetzt wohl allgemein anerkannt. Aber leider scheint es dem Gesetzgeber selbst nicht überall klar gewesen zu sein. PG. § 37, GMG. § 11 und LUG. von 1870 § 18 Abs. 4 (worauf MSchG. § 14 Bezug nimmt) bestimmen: „statt jeder aus diesem Gesetz entspringenden Entschädigung" könne auf eine Buße erkannt werden; aus diesen Gesetzen entspringt aber eine Entschädigung nur wegen Vermögensschadens. Mit Recht setzt man sich jedoch über den wenig glücklich gefaßten Gesetzeswortlaut hinweg.

[4]) a. M. Allfeld für das LUG. von 1870 (Vgl. Bem. 12 zu § 18 S. 153), dessen hier entscheidender § 18 Abs. 1 heute noch für das Geschmacksmusterrecht gilt.

[5]) Vgl. RGE. in StrS. Bd. 35 S. 25 ff.

3. Ein besonderes Verlangen des Berechtigten.

Liegen diese Voraussetzungen nach der Überzeugung des Richters vor, so muß er auf die Buße erkennen, was freilich der Gesetzeswortlaut („kann") nicht erkennen läßt. Für die Beurteilung der Existenz des Schadens gilt aber der Grundsatz der freien Beweiswürdigung (ZPO. § 286), für die Beurteilung seiner Höhe der der freien Schadensschätzung (ZPO. § 287).

III. Der zulässige Höchstbetrag der Buße ist bei Verletzungen des Patentrechts und Gebrauchsmusterrechts 10000 Mark, in den übrigen Fällen 6000 Mark. Bei der künftigen Reform der Patentgesetzgebung wird es im Hinblick auf die veränderten wirtschaftlichen Verhältnisse und die für das industrielle Deutschland stets wachsende Bedeutung des Erfindungsschutzes angezeigt sein, die Maximalgrenze erheblich zu erhöhen oder ganz fallen zu lassen.[6])

IV. Die prozessuale Geltendmachung des Verlangens der Buße kann, obwohl diese ihrer Natur nach zivilrechtliche Entschädigung ist,[7]) nur im Strafverfahren erfolgen. Eine gesetzgebungspolitisch schwerlich gerechtfertigte Anomalie!

Der Verletzte, der will, daß ihm eine Buße zuerkannt werde, hat sich der vom Staatsanwalt erhobenen öffentlichen Klage als Nebenkläger anzuschließen.[8]) Er hat den Betrag, welchen er als Buße verlangt, anzugeben; auf einen höheren Betrag als den beantragten darf nicht erkannt werden. Der Antrag auf Zuerkennung der Buße (das „Verlangen" im Sinne der Urheberrechtsgesetze) kann bis zur Verkündung des Urteils erster Instanz gestellt werden. Er kann bis zur Verkündung des Urteils zurückgenommen werden; ein zurückgenommener Antrag kann nicht erneuert werden. Wird der Angeklagte freigesprochen, oder das Verfahren eingestellt, oder die Sache ohne Urteil erledigt, so gilt der Antrag ohne weitere Entscheidung für erledigt. Der bloße Antrag auf Strafverfolgung enthält nicht schon das Verlangen der Buße.

---

[6]) Für letzteres Kohler, Handb. des Patentrechts S. 576. Auch das österreichische Patentgesetz (§ 103) kennt keine Beschränkung.

Gegen die Tendenz der Gerichte, die Buße zu gering zu bemessen, mit Recht Robolski, Theorie und Praxis des PatR. S. 256.

[7]) Und nicht, wie Kuhlenbeck Bem. 3 zu LUG. § 40 behauptet, eine Mittelstellung zwischen öffentlicher Strafe und Schadensersatz einnimmt.

[8]) StPO. §§ 443—445.

Von den Erben des Verletzten kann der Anspruch auf Buße weder erhoben noch fortgesetzt werden.

Die Vollstreckung der über die Buße ergangenen Entscheidung erfolgt nach den Vorschriften über die Zwangsvollstreckung der Urteile der Zivilgerichte (StPO. § 495).

V. Stellen sich mehrere das Urheberrecht verletzende Akte als ein fortgesetztes Delikt dar, so kann die Buße nur einmal, stellen sie sich als mehrere selbständige, wenn auch gegen denselben Berechtigten gerichtete, Handlungen dar, so kann sie mehrfach begehrt werden. Auch im Strafrecht gilt ja bei Realkonkurrenz im Falle mehrerer verwirkter Geldstrafen nicht das Aspirationsprinzip des § 74 StGB., sondern das Kumulationsprinzip.

VI. Wird durch eine als einheitliches Delikt zu betrachtende Handlung ein Urheberrecht verletzt, das mehreren Berechtigten gemeinschaftlich zusteht, etwa als Miturhebern oder Erben des Urhebers, so kann die Zuerkennung der Buße nur einmal erfolgen. Die mehreren aus dieser Zuerkennung Anspruchsberechtigten sind dann dem Verurteilten gegenüber Gesamtgläubiger im Sinne der §§ 428 ff. BGB. In ihrem Verhältnisse zueinander sind sie, sofern sich nicht aus ihren internen Rechtsbeziehungen ein anderes ergibt, zu gleichen Anteilen berechtigt.

Werden jedoch durch das einheitliche Delikt die Urheberrechte mehrerer in keinerlei Rechtsgemeinschaft stehender Personen verletzt, enthält z. B. ein verbreitetes Schriftwerk den verbotenen Nachdruck von Werken mehrerer Schriftsteller oder verletzt eine Handlung mehrere selbständige Patente, so kann jedem der Geschädigten auf sein Verlangen die Buße in vollem Umfange zuerkannt werden und kann die Verfolgung des aus der Buße entstandenen Anspruchs auf Zahlung von jedem in vollem Umfange betrieben werden.[9])

VII. Ist eine Urheberrechtsverletzung von Mehreren gemeinschaftlich wissentlich begangen, so sind sie zusammen zu einer Buße, die sich innerhalb des gesetzlichen Höchstbetrages zu halten hat, zu verurteilen.[10]) Sie haften dann dem Verletzten als Gesamtschuldner im Sinne der §§ 421 ff. BGB.

---

[9]) a. M. Allfeld, Bem. 2 zu LUG. § 40, der ohne nähere Begründung annimmt, der Gesamtbetrag der den mehreren Verletzten zuerkannten Buße dürfe die gesetzliche Maximalhöhe von 6000 Mark nicht übersteigen.

[10]) Natürlich nur, wenn jedem gegenüber die Voraussetzungen auf Zuerkennung der Buße vorliegen.

VIII. Verhältnis zum Entschädigungsanspruch.

Die Zuerkennung der Buße konsumiert den Entschädigungsanspruch. Umgekehrt gilt aber der Satz nicht schlechthin. Vielmehr ist das Verhältnis zwischen Buße und anderweitiger Entschädigung folgendes:

1. Die erkannte Buße schließt die Geltendmachung eines weiteren Entschädigungsanspruchs im Zivilrechtswege selbst dann aus, wenn sie den dem Verletzten in Wirklichkeit zugegangenen Schaden nicht deckt oder, weil dieser höher ist als der gesetzliche Höchstbetrag der Buße, gar nicht decken kann.

2. Dagegen schließt weder die Existenz noch die rechtskräftige Zuerkennung eines zivilrechtlichen Entschädigungsanspruches aus, daß auf eine noch *weiter*gehende Buße erkannt wird;[11]) diese kann weitergehen als der rein vermögensrechtliche Schadensersatzanspruch, da sie ja auch die ideelle, psychische Schädigung zu decken bestimmt ist.

3. Durch die Verjährung des Schadensersatzanspruches ist die Zuerkennung einer Buße nicht ausgeschlossen.[12])

4. Die auf Verurteilung zur Erlangung einer Buße gerichteten Schritte unterbrechen nicht die Verjährung des Schadensersatzanspruchs.[13])

Ein die Schadensersatzklage abweisendes Urteil des Zivilstreitgerichts hat keine Rechtskraftwirkung für den Strafprozeß, schließt also für den Strafrichter nicht die Möglichkeit aus, auf eine Buße zu erkennen.[14])

6. Wird das Verlangen nach Buße im Strafprozeß zurückgenommen, was bis zur Verkündigung des Urteils möglich ist, oder wird es abgewiesen, so beeinträchtigt das die Geltendmachung des Schadensersatzanspruches nicht.

---

[11]) Dies leugnet ohne Grund *Dernburg*, Bürg. R. Bd. 6 S. 216.

[12]) Für diese von der herrschenden Meinung anerkannte, von *Rosenfeld* (Die Nebenklage S. 185) bestrittene, Auffassung läßt sich nicht nur anführen, daß die Buße auf ein Mehr gehen kann, sondern auch, daß die Verjährung nur ope exceptionis wirkt, also nicht von Amts wegen berücksichtigt werden darf.

[13]) RGE. in ZivS. Bd. 16 S. 6 ff., insbes. S. 14 ff.

[14]) Ebenso *Kohler*, Handb. des Patentrechts S. 579 f.; *Allfeld* Bem. 7, b zu § 37; vgl. *Frank* Bem. II zu StGB. § 188. a. M. *Rosenfeld* a. a. O. S. 185.

§ 28.

d) Der Bereicherungsanspruch.

I. Existenz des Anspruches.

Wer durch objektiv widerrechtlichen Eingriff in ein fremdes Urheberrecht oder Erfinderrecht in einer den Vermögensstand des Berechtigten nachteilig berührenden Weise irgendwelche Vermögensvorteile erlangt, ist ihm zu deren Herausgabe nach den Vorschriften des BGB. §§ 812 ff. über ungerechtfertigte Bereicherung verpflichtet. Der Verletzte hat also einen Bereicherungsanspruch, dessen Bestehen irgendwelches Verschulden des Anspruchsgegners bei der Rechtsverletzung nicht voraussetzt.

Die Existenz dieses Anspruchs[1a]) wird für das Patent- und Gebrauchsmusterrecht von der herrschenden Meinung geleugnet und auch für die übrigen Gebiete des Urheberrechtes nicht allseitig anerkannt.[1]) Sie ist daher zunächst gegenüber den erhobenen Einwänden zu rechtfertigen.

1. Die urheberrechtlichen Spezialgesetze erwähnen den Bereicherungsanspruch als solchen nicht. Daß ihnen der ihm zugrunde liegende Rechtsgedanke nicht fremd ist, zeigt sich deutlich in der Ge-

[1a]) Unter dem allgemeinen Gesichtspunkte des Rechtes auf den Eingriffserwerb wird der Anspruch unter Vergleichung ausländischer Rechte behandelt von F. Schulz in seinem (zur Zeit noch nicht gedruckten) „System der Rechte auf den Eingriffserwerb" im Arch. f. zivil. Praxis (voraussichtlich Bd. 105).

[1]) Für das Erfinderrecht verneinen den Bereicherungsanspruch namentlich Kohler, Handb. des Patentrechts S. 568 ff., Allfeld Bem. 5 zu PG. § 35, Isay Anm. 5 in der Vorbem. vor PG. § 35; Seligsohn Vorbem. 1 vor § 35; Kent Bem. 46 zu PG. § 35; Schmitz in Gewerbl. Rechtsschutz und UrhR. Bd. 8 S. 77 ff.; für die Verneinung wohl auch Damme, Deutsches Patentrecht, da er den Bereicherungsanspruch gar nicht erwähnt.

Für das Urheberrecht an Schrift- und Tonwerken verneint ihn Kohler UrhR. S. 373.

Bejaht wird der Bereicherungsanspruch für das Erfinderrecht von Bolze im Arch. f. ZivPr. Bd. 92 S. 319 ff., der jedoch sein Anwendungsgebiet in m. E. unzutreffender Weise einengt, ferner von Osterrieth, Lehrb. des gewerbl Rechtsschutzes S. 156.

Für das Urheberrecht an Schrift- und Tonwerken wird der Anspruch bejaht von Allfeld Vorbem. 2 vor LUG. § 36 und Bem. 7 zu § 36, Kuhlenbeck Bem. 5 zu LUG. § 36, Dernburg, Bürg. R. Bd. 6 S. 217; für das Kunstwerkrecht von Allfeld, Vorbem. 2 vor KUG. § 31 S. 156 (gegen Isay, Gew. Rechtsschutz und UrhR. Bd. 9 S. 30).

währung des Anspruchs auf Übernahme der widerrechtlich hergestellten Exemplare und Verrichtungen, welcher, wovon noch die Rede sein wird, dem Verletzten unter bestimmten Voraussetzungen zusteht. Dieser Übernahmeanspruch erscheint für die juristische Konstruktion nur als eine besondere Betätigungsform des Bereicherungsanspruchs.

Aber auch abgesehen hievon wird das Schweigen der Spezialgesetze über den Bereicherungsanspruch mit Unrecht als seine Verneinung gedeutet.[2]) Das wäre nur gerechtfertigt, wenn diese Gesetze sich überhaupt zur Aufgabe gemacht hätten, die zivilrechtlichen Folgen von Eingriffen in das Recht des Urhebers bezw. Erfinders erschöpfend zu regeln. Daß dies nicht der Fall ist, ersieht man schon daraus, daß sie auch den doch allgemein anerkannten negatorischen Anspruch mit keinem Worte berühren. Man ersieht es ferner daraus, daß die §§ 18 Abs. 6, 55 Abs. 4 des LUG. von 1870, welche die Bereicherungshaftung anerkannten, im neuen LUG. von 1901 nicht als unrichtig, sondern als neben den Vorschriften des allgemeinen bürgerlichen Rechts überflüssig gestrichen wurden.

Es ist also davon auszugehen, daß die Vorschriften des BGB. in allen denjenigen zivilrechtlichen Materien der Urheberrechte Anwendung finden, die nicht in den urheberrechtlichen Gesetzen selbst eine spezielle Regelung gefunden haben. Erkennt man diesen Grundsatz aber für das literarische Urheberrecht an, so muß man ihn, da irgendwelcher innerer Grund für eine verschiedene Behandlung nicht ersichtlich ist, folgerichtig auch für die übrigen Urheberrechte und speziell für das Patentrecht anerkennen.[3])

2. Zu den spezialgesetzlich besonders geregelten Materien gehört aber die Frage der Bereicherungshaftung nicht. Die Urheberrechtsgesetze regeln nur die Folgen schuldhafter Rechtsverletzung; gerade das Patentgesetz, durch das die herrschende Meinung den Be-

---

[2]) So z. B. von RGE. in ZivS. Bd. 15 S. 132 (für die ältere Patentgesetzgebung); vgl. dagegen Bd. 43 S. 56 ff.

[3]) In den Motiven zum Entwurf des älteren Patentgesetzes von 1877 heißt es zur Begründung der §§ 31—34 Entw.: „In Betreff der zivilrechtlichen wie der strafrechtlichen Verfolgung etwaiger Patentverletzungen hat der Entwurf sich auf die notwendigsten Bestimmungen beschränkt. Es erschien angemessen, den allgemeinen Grundsätzen des bürgerlichen Rechts und des Strafrechts insoweit Geltung zu lassen, als die Natur der Rechtsverhältnisse und das praktische Bedürfnis eine Abweichung nicht unerläßlich macht.“ Der gleiche Grundsatz läßt sich aber auch für das heutige Patentrecht aufstellen.

reicherungsanspruch als ausgeschlossen betrachtet, überschreibt seinen vierten Abschnitt „Strafen und Entschädigungen". Ausgeschlossen ist also nach dem Grundsatz: lex specialis derogat legi generali nur die Anwendung derjenigen Bestimmungen des BGB., in denen die Folgen schuldhaften unerlaubten Handelns geregelt werden, also die §§ 823, 826; diese bleiben für Schadensersatzansprüche aus Urheberrechtsverletzungen außer Betracht. Der Bereicherungsanspruch aber betrifft, da er subjektives Verschulden nicht voraussetzt, und auf ein anderes Ziel geht, als die Schadensersatzklage,[4]) eine andere Materie.

3. Gleichwohl würde uns diese äußerliche Betrachtung zum Beweise des Bereicherungsanspruchs nicht genügen, wenn triftige innere Gründe gegen ihn sprächen. Solche sucht man aber vergeblich.

a) Kohler[5]) macht geltend, die Bereicherungshaftung sei nicht angemessen, da die Grenzen des Autorrechts viel schwieriger und biegsamer seien, als die Grenzen des Rechtes an körperlichen Sachen; das schuldlose Hinübergreifen sei eine natürliche Folge sachlicher Unbestimmtheiten.

In Wahrheit dürfte es sich aber dabei nicht so sehr um eine objektive Unbestimmtheit der Grenzen der Immaterialgüterrechte handeln, als vielmehr um ihre schwierigere Erkennbarkeit und Feststellbarkeit. Es ist gewiß richtig: rechtliche und tatsächliche Schwierigkeiten machen den Eingriff in fremdes Urheberrechtsgebiet häufig eher entschuldbar als den in fremdes Sachenrechtsgebiet. Aber die Berücksichtigung des subjektiven Momentes der Entschuldbarkeit würde gerade mit der Grundidee des Bereicherungsanspruchs, bei dem es sich darum handelt, eine objektive Rechtswidrigkeit auszugleichen, im Widerspruch stehen. Auf die größere oder geringere Erkennbarkeit der fremden Rechtssphäre als einer fremden kommt es für die Anwendung der Rechtsnormen über Bereicherung nicht an.

b) Man hat weiter gesagt, schon der Wortlaut des § 812 BGB. könne bei objektiv rechtswidrigen Urheberrechtsverletzungen, speziell Patentverletzungen, nicht zutreffen, weil der Verletzer nicht einen Vorteil „auf Kosten" des Rechtsinhabers erlange.[6])

Aber das Erfordernis der Bereicherung „auf Kosten" eines

---

[4]) S. darüber oben S. 127 ff.

[5]) UrhR. S. 373, vgl. Musterrecht S. 142.

[6]) So namentlich Schmitz a. a. O. und Isay a. a. O.

andern,[7]) darf nicht so enge aufgefaßt werden, daß es nur gegeben wäre, wenn Vermögenswerte unmittelbar aus dem Vermögen des einen in das Vermögen des andern übergehen; sondern es ist schon dann erfüllt, wenn die Verwertung des fremden „Etwas", das man in ungerechtfertigter Weise erlangt hat — dieses „Etwas" ist hier die Möglichkeit der Ausnützung des fremden Immaterialgutes — den Vermögensstand des Rechtsinhabers überhaupt nachteilig berührt; sie berührt diesen Vermögensstand insofern, als dem Berechtigten die Möglichkeit der wirtschaftlichen Ausbeutung seines Immaterialgutes zugunsten des eigenen Vermögens eben durch den Eingriff des Unberechtigten entzogen oder beschränkt worden ist.[8]) Wie weit in der Berücksichtigung dieser Möglichkeit zu gehen ist, ist eine Frage nicht der Existenz, sondern des Umfangs des Bereicherungsanspruchs.

c) Man hat endlich auf die offenbare Inkongruenz hingewiesen, die darin liege, daß der keinerlei Verschulden voraussetzende Bereicherungsanspruch erst in 30 Jahren verjähre, während der auf schuldhafte Rechtsverletzung gegründete Schadensersatzanspruch einer bloß dreijährigen Verjährung unterliegt.[9]) Eine zweifellose Unbilligkeit! Aber eine solche, die mit urheberrechtlichen Besonderheiten nicht das Mindeste zu tun hat. Man kann wohl an den Gesetzgeber die Frage richten, ob es denn **überhaupt** zweckmäßig und gerecht war, den Bereicherungsanspruch einer viel längeren Verjährungsfrist zu unterwerfen als den Deliktsanspruch; aber könnte das Empfinden dieser Unbilligkeit einen Grund zur Leugnung des Bereicherungsanspruchs

---

[7]) Aus diesem Erfordernisse ergibt sich freilich, daß von einer Herausgabepflicht in Ansehung der Bereicherung nur insoweit die Rede sein kann, als der andere Teil geschädigt ist. Darum ist aber die herauszugebende Bereicherung doch nicht identisch mit dem Schaden; denn soweit sie tatsächlich nicht mehr vorhanden ist, ist sie nicht herauszugeben, obwohl der Schaden noch besteht (vgl. unten II, 2). Dafür, daß der Schadensbegriff hier nicht zu eng gefaßt werden darf, vgl. RGE. in ZivS. Bd. 35 S. 70: „. . . . das schadenstiftende Ereignis besteht (bei schuldlosem Nachdruck) nicht darin, daß die Beklagte ohne Genehmigung des Klägers nachgedruckt hat; aber es besteht darin, daß die Beklagte sich durch den so erfolgten Nachdruck die Früchte des geistigen Eigentums des Klägers, das ihr eben nicht zusteht, **zu ihrem Vorteil aneignen** und daß sie, wenn sie auch in gutem Glauben und ohne Verschulden gehandelt hat, diese Früchte behalten will, auch nachdem sie erkannt hat, daß sie sich ohne Recht aus fremdem Gut bereichert hat . . . ."

[8]) Vgl. auch **Bolze** im Arch. f. ziv. Praxis Bd. 92 S. 337 ff.

[9]) **Seligsohn** Vorbem. 1 vor PG. § 35 und Bem. 8 zu § 35.

abgeben, dann müßte sich diese Leugnung folgerichtig nicht nur gerade auf die urheberrechtlichen, sondern auf alle Bereicherungsansprüche erstrecken, eine Konsequenz, die sicher niemand ziehen will.

4. Nicht ein dogmatisches, wohl aber ein rechtspolitisches Bedenken gegen die Zulassung des Bereicherungsanspruches könnte allerdings darin gefunden werden, daß dem mit der Bereicherungsklage in Anspruch Genommenen, auch wenn er gutgläubig in das fremde Recht eingegriffen hat, die Beweislast bezüglich des Maßes der seine Bereicherung mindernden von ihm auf das Erlangte gemachten Aufwendungen auferlegt ist. Dieser Beweis kann namentlich in Patentprozessen dann sehr lästig und schwierig werden, wenn der Beklagte die fremde Erfindung, die er objektiv rechtswidrig benutzt hat, mit eigenen Einrichtungen oder Erfindungen kombiniert hat und nun auf diese Kombination als eine Einheit Aufwendungen gemacht hat; da wird der ziffermäßige Nachweis des gerade auf die fremden Elemente Aufgewendeten oft geradezu unmöglich sein. Dieses Bedenken würde aber erheblich gemildert, wenn die freie Stellung, welche dem Gerichte durch ZPO. § 287 für den Fall der Schadensbemessung eingeräumt ist, und die damit verbundene Möglichkeit des Schätzungseides auch auf Ansprüche aus ungerechtfertigter Bereicherung und auf die vom Bereicherten gemachten Aufwendungen ausgedehnt würde, wovon freilich eine formalistische Rechtsprechung (vgl. RGE. vom 11. März 1885 in Jur. Wschr. 1885 S. 157 Nr. 3) nichts wissen will.

5. Der Bereicherungsanspruch ist eine Forderung nicht nur der juristischen Theorie, sondern auch des Rechtsgefühls.[10]) Daß er auch eine solche der beteiligten Interessenten ist, trat deutlich zutage in den Vorschlägen des deutschen Vereins für den Schutz des gewerblichen Eigentums, der empfiehlt, den Bereicherungsanspruch ausdrücklich gesetzlich anzuerkennen.[11])

[10]) Das Reichsgericht sagt einmal (ZivS. Bd. 45 S. 173) ganz allgemein: „Es ist mit dem natürlichen Rechtsgefühl unvereinbar, daß jemand das unangefochten behalte, was er durch eine widerrechtliche Handlung erlangt und dem durch dieselbe in seinen Rechten Verletzten entzogen hat.“ Vgl. auch RGE. in ZivS. Bd. 43 S. 56 ff. (unter Bezugnahme auf das römische Recht).

[11]) M. E. würde der Gesetzgeber damit ein superfluum aussprechen, was aber, da der Bereicherungsanspruch von der herrschenden Lehre geleugnet wird, zum mindesten nichts schadet. Freilich wird es besser sein, die Bestimmung über die Bereicherungsansprüche nicht, wie der Schutzverein will, als Zusatz dem von

In der österreichischen Gesetzgebung ist der Bereicherungsanspruch mit klaren Worten gegeben. Das österr. Patentgesetz von 1897 gewährt ihn in § 96, das österr. Urheberrechtsgesetz von 1895 in § 61; hier wird ausdrücklich gesagt, daß er von einem Verschulden des Beklagten unabhängig ist. Und das neue Copyright Law der Vereinigten Staaten (in Kraft seit 1. Juli 1909) bestimmt in

Sec. 25. That if any person shall infringe the copyright in any work protected under the copyright laws of the United States such person shall be liable:

(b) To pay to the copyright proprietor such damages as the copyright proprietor may have suffered due to the infringement, as well as all the profits which the infringer shall have made from such infringement .....

II. Umfang des Bereicherungsanspruchs.

1. Der Anspruch geht auf Herausgabe der durch den Nichtberechtigten gezogenen Nutzungen.[12]) Zu diesen gehören vor allem die Einnahmen aus der unbefugten Verbreitung eines Schriftwerkes, Tonwerkes oder eines Werkes der bildenden Kunst oder Photographie; die Einnahmen aus unbefugtem öffentlichem Vortrage eines Schriftwerkes oder unbefugter öffentlicher Aufführung eines Bühnenwerkes oder Tonwerkes; die Einnahmen aus der Verbreitung von unbefugten Nachbildungen eines Geschmacks- oder Gebrauchsmusters, aus dem unbefugten Inverkehrbringen von Erzeugniserfindungen oder der nach einer Verfahrenserfindung unmittelbar hergestellten Erzeugnisse. Zu den Nutzungen aus dem fremden Geistesgute gehört aber auch jeder als Vermögenswert zu veranschlagende Gebrauch einer fremden Erfindung, der nicht lediglich für den persönlichen oder häuslichen Bedarf erfolgt.[13])

2. Der Bereicherungsanspruch findet aber seine Grenze in der zur Zeit der Erhebung des Anspruchs beim Verpflichteten tatsächlich noch vorhandenen Bereicherung.[14]) Der Verpflichtete ist demnach

der Schadensersatzpflicht handelnden § 35 PG. anzuhängen. Schadensersatz und Bereicherung auch äußerlich im Gesetz auseinanderzuhalten, empfiehlt sich schon deshalb, weil die bisherige Theorie unter der Vermengung beider leidet.

[12]) BGB. §§ 818, 100.

[13]) Vgl. dazu, was oben § 15 unter III über den Begriff der Gewerbsmäßigkeit des Gebrauchs ausgeführt wurde.

[14]) BGB. § 818 Abs. 3. Vgl. dazu RGE. in ZivS. Bd. 54 S. 140 ff.; Bd. 60 S. 291 ff.

von der Haftung frei, soweit er zu dieser Zeit die Nutzungen oder deren Wert nicht mehr im Vermögen hat. Als seine Bereicherung erscheint aber auch die zufolge des widerrechtlichen Eingriffs in das fremde Geistesgut von ihm gemachte Ersparnis anderweitiger Ausgaben, die er ohne jenen Eingriff den Umständen nach mit Wahrscheinlichkeit hätte machen müssen.

Der Bereicherte kann von dem Werte der herauszugebenden Nutzungen alle Auslagen abziehen, die ihm selbst für die wirtschaftliche Verwertung des fremden Geistesgutes erwachsen sind, so z. B. die Kosten für den Druck und Versand eines Schrift- oder Tonwerkes, etwa bezahlte Honorare, Reklamekosten, die Kosten der Aufführung eines Bühnenwerkes, die Saalmiete für das Konzert oder den Vortrag, die Herstellungskosten für die Nachbildungen von Geschmacks- oder Gebrauchsmustern, die Kosten der Herstellung und des Vertriebes eines Erfindungsgegenstandes oder der nach einer Verfahrenserfindung hergestellten Erzeugnisse.

Werden die Nutzungen von all diesen Aufwendungen überwogen, so ist eine wahre Bereicherung nicht vorhanden und daher der Anspruch gegenstandslos.

3. Man hat versucht, die Grenzen des Bereicherungsanspruches noch enger zu ziehen. Eine Einschränkung soll sich ergeben aus entsprechender Anwendung der Bestimmungen, welche das BGB. über die Fruchtnutzung des gutgläubigen Besitzers im wesentlichen im Anschluß an das römische Recht getroffen hat. Wie nach BGB. § 993 der redliche Besitzer einer körperlichen Sache für die Zeit vor der Rechtshängigkeit, soweit es sich nicht um wirtschaftswidrige Substanzschädigungen handelt, auf Herausgabe der Nutzungen nicht schlechthin, sondern nur unter bestimmten Voraussetzungen[15]) haftet, so könne auch der ohne Verschulden in fremdes Geistesgut eingreifende Gewerbetreibende den Schutz seines Erwerbes aus der redlichen Arbeit beanspruchen.[16])

Es liegt im Wesen jeder analogen Rechtsanwendung, daß sich ihre Berechtigung einer strikten Beweisführung entzieht. Zu entscheiden, ob zwischen zwei verschiedenen Rechtsverhältnissen die Vergleichspunkte, die auf eine rechtliche Gleichbehandlung hinweisen, stär-

[15]) Wenn nämlich nicht einer der Fälle der §§ 987—992 vorliegt.

[16]) In diesem Sinne Bolze a. a. O. S. 339 ff.; ablehnend Schmitz und Isay, beide a. a. O.

ker sind als die Differenzpunkte, die ihr widerstreben, wird immer mehr eine Sache des Rechtsempfindens als der Rechtslogik bleiben. Den Hauptdifferenzpunkt zwischen der rei vindicatio und unserem Falle bildet das Besitzverhältnis. Dort steht dem nichtbesitzenden Eigentümer der Besitzer seiner körperlichen Sache gegenüber; hier dagegen läßt sich, wenn überhaupt der in unserer heutigen Rechtsordnung entschieden nur auf substanzielle Gegenstände zugeschnittene Besitzbegriff auf Immaterialgüter übertragen werden soll, wohl nicht behaupten, daß der widerrechtliche Eingriff notwendig von der Entziehung des „Besitzes" des Geistesgutes begleitet sein müßte. Symptome dieses sogen. „Besitzes", wie Manuskripte, Patentbeschreibungen, Modelle, technische Einrichtungen, können trotz des Eingriffs immer noch in der Gewalt des Berechtigten verblieben sein.

Aber einmal zugegeben, die entsprechende Anwendung jener Vorschriften über das Verhältnis zwischen Eigentümer und Besitzer sei hier grundsätzlich zulässig: so ergibt sie keineswegs die behauptete Einschränkung des Bereicherungsanspruches. BGB. § 993, aus dem sie allein herzuleiten wäre, ist nicht anwendbar, wenn die Voraussetzungen des § 988 vorliegen. Nach § 988 ist nun der sogen. „Eigenbesitzer", d. h. derjenige, der die Sache als ihm gehörig oder zum Zwecke der Ausübung eines ihm in Wirklichkeit nicht zustehenden Nutzungsrechts an der Sache besitzt, wenn er den Besitz unentgeltlich erlangt hat, dem Eigentümer gegenüber zur Herausgabe der vor dem Eintritt der Rechtshängigkeit gezogenen Nutzungen nach den Vorschriften über die Herausgabe einer ungerechtfertigten Bereicherung verpflichtet. Gerade mit diesem unentgeltlich, d. i. ohne Leistung eines Äquivalents erwerbenden, Eigenbesitzer müssen wir aber den schuldlos in fremdes Urheber- oder Erfinderrecht Eingreifenden, wenn wir ihn überhaupt irgend einem Besitzer gleichstellen wollen, vergleichen; er übt seine tatsächliche Machtstellung aus zum Zwecke der Ausübung eines ihm in Wirklichkeit nicht zustehenden Nutzungsrechtes an fremdem Geistesgute.

III. Im Verhältnis zum Schadensersatzanspruch ist der Bereicherungsanspruch nicht subsidiär. Sind die Voraussetzungen beider Ansprüche gegeben, so stehen sie dem Verletzten beide wahlweise zu. Der Verletzte kann also auch, wenn dem Verletzer Vorsatz oder Fahrlässigkeit (bzw. grobe Fahrlässigkeit) zur Last fällt, seinen Anspruch auf dessen Bereicherung stützen.

IV. Die Beweislast trifft den Bereicherungskläger dafür, daß der Beklagte in sein Urheberrecht eingegriffen hat, daß dieser Eingriff ohne rechtlichen Grund erfolgt ist, daß der Beklagte dadurch eine Vermögensmehrung in bestimmter Höhe erfahren hat und daß diese Vermögensmehrung den Vermögensstand des Klägers nachteilig berührt. Dagegen obliegt dem Beklagten der Beweis dafür, daß und inwieweit die ihm erwachsene Vermögensmehrung durch Ausgaben oder Aufwendungen, die mit ihr im Kausalzusammenhang stehen, zur Zeit der Erhebung des Anspruchs wieder verschwunden oder gemindert war.

V. Der Bereicherungsanspruch verjährt in 30 Jahren. Für Beginn, Hemmung und Unterbrechung dieser Verjährung gelten die allgemeinen Vorschriften des Bürgerlichen Rechts.

VI. Als eine Folge des Bereicherungsanspruchs und gleichsam als ein Hilfsanspruch zu diesem erscheint der dem Verletzten gegenüber dem Bereicherten zustehende Anspruch auf Vorlegung eines Bestandsverzeichnisses.[17]) Die Pflicht, ein solches vorzulegen, trifft nämlich nach BGB. § 260 jeden, der verpflichtet ist einen „Inbegriff" von Gegenständen herauszugeben. Als einen solchen Inbegriff wird man die vom Bereicherten herauszugebenden Nutzungen anzusehen haben; genügt es doch zur Annahme eines Inbegriffs, wenn die mehreren an sich vielleicht verschiedenartigen Gegenstände auf Grund eines einheitlichen Rechtsverhältnisses herausgegeben sind und der Berechtigte nicht in der Lage ist, die einzelnen Gegenstände zu bezeichnen.[18])

Besteht Grund zu der Annahme, daß das Verzeichnis nicht mit der erforderlichen Sorgfalt aufgestellt worden ist, so hat der Verpflichtete auf Verlangen den Offenbarungseid dahin zu leisten: daß er nach bestem Wissen den Bestand so vollständig angegeben habe, als er dazu imstande sei. Wegen Geringfügigkeiten besteht jedoch diese Eidespflicht nicht.

---

[17]) Zu unterscheiden von der Pflicht zur Rechenschaftsablage gemäß BGB. § 259! Eine solche Pflicht besteht nur bei wissentlicher Urheberrechtsverletzung auf Grund der §§ 687 Abs. 2, 681 Abs. 2, 666 BGB.; s. oben § 26 unter III, 4. Vgl. RGE. in ZivS. Bd. 62 S. 320 ff.

[18]) Vgl. Denkschrift zum Entwurf eines BGB. S. 46; Oertmann, Bem. 2 zu § 260; RGE. vom 6. April 1903 in Gruchots Beitr. Bd. 47 S. 911.

§ 29.

e) Die Feststellungsklage.

I. Positive Feststellungsklage. Auf Feststellung des Bestehens jedes Urheber- oder Erfinder- oder Musterrechts kann Feststellungsklage gemäß ZPO. § 256 erhoben werden, wenn der Kläger ein rechtliches Interesse daran hat, daß dieses Rechtsverhältnis durch richterliche Entscheidung alsbald festgestellt werde.

1. Diese Klage setzt ein Verschulden des Beklagten nicht voraus, wohl aber ein Verhalten desselben, welches die Rechtslage des Berechtigten derartig gefährdet, daß bei diesem das Bedürfnis nach einer Feststellung durch richterliche Entscheidung zur Zeit der Urteilsfällung vorliegt.[1]) Ein solches Verhalten kann in einer tatsächlichen Störung des klägerischen Rechtes oder in Vorbereitungshandlungen zur Störung gefunden werden, aber auch schon in einem bloßen ernstlichen Bestreiten dieses Rechtes oder seines Umfangs. Es kann insbesondere in einer Patentsache schon dann vorliegen, wenn jemand sich rühmt, ein bestimmtes Verhalten ohne Verletzung eines fremden Patentes beobachten zu dürfen, und damit den Willen verbindet, dieser seiner Auffassung gemäß auch zu handeln,[2]) oder wenn er in einer das Publikum irreführenden Weise, wenn auch gutgläubig, die Nichtigkeit des fremden Patentes und die demnächst zu erwartende Nichtigkeitserklärung behauptet.[3])

2. Die manchmal[4]) zutage tretende Neigung, die Feststellungsklage nur dann zuzulassen, wenn die Leistungsklage zur Zeit ausgeschlossen ist, hat gerade für das Gebiet der Urheberrechte am allerwenigsten Berechtigung. Hier kommt es leicht vor, daß zwar die rechtlichen Voraussetzungen einer Schadensersatzklage oder Bereicherungsklage schon vorliegen, daß aber diese Klagen wegen der Umständlichkeit und Schwierigkeit der ziffermäßigen Berechnung des

---

[1]) S. Seuffert Bem. 2, d zu ZPO. § 256.

[2]) Vgl. RGE. in Jur. Wschr. 1898 S. 367, 439.

[3]) Vgl. Seligsohn Bem. 20, Allfeld Bem. 13, b zu PG. § 4, Kohler, Handb. des Patentrechts S. 857.

In solchen Fällen wird durch die Feststellungsklage häufig die Nichtigkeitsklage des Gegners provoziert werden.

[4]) Nicht nur in der Praxis, sondern bisweilen auch in der Literatur, s. z. B. Isay Anm. 147 zu PG. § 4.

Schadens oder der Bereicherung keine Aussicht auf baldigen Erfolg haben, während der Verletzte ein rechtliches Interesse daran hat, wenigstens Existenz und Umfang seines bestrittenen Urheberrechts alsbald festgestellt zu sehen: zu diesem Zwecke wie auch zur Feststellung der Schadensersatzpflicht des Gegners hat er eben die Feststellungsklage.[5])

3. Gegenstand der Feststellungsklage kann auch sein, ob ein aus dem Urheberrechte abgeleitetes Recht, wie eine ausschließliche Lizenz oder ein Verlagsrecht, besteht.

Auch darum kann es sich handeln, ob ein Patent im Verhältnis der rechtlichen Abhängigkeit zu einem anderen Patente steht.

4. Immer muß aber das Ziel der Klage die Feststellung eines Rechtsverhältnisses d. h. einer rechtlich erheblichen Beziehung zu einer andern Person oder zu einem Gegenstande (Immaterialgute) sein. Auf die Feststellung einer bloßen Tatsache kann die Klage nicht gerichtet werden, selbst nicht, wenn die Tatsache, wie das Verschulden, von rechtlicher Erheblichkeit ist.

5. Von der im übrigen nahe verwandten abwehrenden Klage[6]) unterscheidet sich die Feststellungsklage dadurch, daß sie nicht wie jene die Erlassung eines im Urteil auszusprechenden, an den Beklagten zu richtenden richterlichen Befehles zum Ziele hat[7]) und daß eben deshalb das auf sie ergehende Urteil keinen Vollstreckungstitel darstellt.[8])

II. Negative Feststellungsklage[9]) kann derjenige erheben, dem gegenüber mit Unrecht behauptet wird, er greife durch die Veröffentlichung, Benützung oder Verbreitung eines Geisteserzeugnisses in das Urheber-, Muster- oder Patentrecht eines anderen ein. Er kann klagen auf Feststellung, daß sein Verhalten ein Recht dessen, der den Vorwurf erhoben hat, nicht verletze. Ob dabei dem Beklagten überhaupt kein Urheberrecht zusteht oder nur nicht ein solches von der von ihm behaupteten Tragweite, ist gleichgültig. Es ist

---

[5]) Vgl. RGE. in PMZBl. Bd. 3 S. 148.

[6]) Über sie oben § 25.

[7]) Auch nicht etwa des Befehls, das klägerische Recht „anzuerkennen".

[8]) Dagegen Kohler, Handb. des Patentrechts S. 881: „auch aus einer Feststellungsklage kann ein vollstreckbares Urteil entspringen."

[9]) Vgl. Kohler, Diffamation im Erfinderrecht, in Buschs Arch. Bd. 47 S. 335 ff.

aber auch nicht nötig, daß der Kläger jenem Vorwurf den Beweis eines eigenen Urheberrechtes oder Patentes entgegensetzen kann. Es genügt, wenn er durch den ungerechtfertigten Vorwurf (die Diffamation) in seinem persönlichen oder geschäftlichen Ansehen geschädigt wird.

Ein Verschulden des Beklagten ist zur Erhebung der negativen Feststellungsklage nicht vorausgesetzt. Liegt ein solches vor, so kann der durch die Verleumdung Angegriffene unter Umständen auch auf Schadensersatz wegen Kreditgefährdung gemäß § 824 BGB. klagen. Durch die Möglichkeit dieser Leistungsklage wird jedoch die negative Feststellungsklage nicht ausgeschlossen.

§ 30.

Einfluß der Rechtshängigkeit.[1])

I. An die Erhebung jeder Klage, die sich auf die Verletzung eines Urheberrechts gründet, der negatorischen, der Schadensersatz-, Bereicherungs- und Feststellungs-Klage, sind zweifellos alle prozessualen Wirkungen geknüpft, die der Rechtshängigkeit überhaupt zukommen: Begründung der Einrede der Rechtshängigkeit, die perpetuatio fori, die Einschränkung der Möglichkeit einer Klageänderung, die Einflußlosigkeit der Veräußerung auf den Prozeß. Alle diese Wirkungen hängen mit der Eigenart des Gegenstandes der Klage in keiner Weise zusammen.

II. Fraglich ist dagegen, ob bei der Klage wegen Urheberrechtsverletzung der Rechtsanhängigkeit, wie bei einer Reihe von anderen Klagen, auch eine den materiellen Inhalt des Rechtsverhältnisses steigernde Wirkung zukommt; genauer gesagt, ob sie für den Beklagten eine Schärfung seiner Verantwortlichkeit und seiner Herausgabepflicht und eine Minderung seiner Aufwendungsansprüche zur Folge hat.

Unsere Rechtsordnung ist noch nicht zur Formulierung eines allgemeinen Grundsatzes gelangt, der eine solche Anspruchssteigerung als eine generelle Wirkung der Rechtshängigkeit ausspräche, so gewiß auch die verschiedenen Einzelfälle auf denselben gesetzgebungspoliti-

---

[1]) Literatur: Bolze in Gruchots Beitr. Bd. 33 S. 9 ff. und im Arch. f. ziv. Praxis Bd. 92 S. 345 ff; Kohler, Aus dem Patent- und Industrierecht II S. 1 ff.; Handb. des PatR. S. 56; Jeß in D. JurZtg. 1905 S. 725 ff.

schen Grundgedanken zurückgehen. Vielmehr deutet die kasuistische Behandlung durch den Gesetzgeber darauf hin, daß die Frage für die einzelnen Rechtsgebiete besonders untersucht werden muß. Bei dieser Untersuchung ergibt sich aber, daß nach dem positiven Rechte nicht einmal für alle Klagen, die sich auf eine Urheberrechtsverletzung gründen, die Lösung die gleiche sein kann.

1. Wird die abwehrende (negatorische) Klage erhoben, (über sie oben § 25), so fehlt es an einer Bestimmung, wonach der Beklagte, der nach der Klageerhebung das fremde Geistesgut, z. B. die patentierte Erfindung, weiter benutzt, den daraus dem Kläger entstehenden Schaden diesem trotz fortdauernder Gutgläubigkeit zu ersetzen hätte. Auch im Wege der Analogie läßt sich eine solche Schadensersatzpflicht als Wirkung der Rechtshängigkeit nicht konstruieren.[2]) Insbesondere für die negatorische Klage aus BGB. § 1004, an deren Analogie zunächst gedacht werden kann, läßt sich eine mit der Rechtshängigkeit eintretende Schadensersatzpflicht nicht entnehmen; das Ziel jener Klage ist lediglich die Abwehr des objektiv rechtswidrigen Eingriffs, die Beseitigung der Beeinträchtigung.

Die Rechtshängigkeit des negatorischen Anspruchs zieht aber nicht nur keine Schadensersatzpflicht, sondern auch keine Verpflichtung zur Herausgabe der von der Rechtshängigkeit an gezogenen Nutzungen nach sich.[3]) Allerdings bestimmt für das Verhältnis des Eigentümers zum unrechtmäßigen Besitzer BGB. § 987, daß der Besitzer dem Eigentümer die Nutzungen herauszugeben habe, die er nach dem Eintritt der Rechtshängigkeit zieht. Aber der Vergleich zwischen der Vindikation einer fruchttragenden Sache und der Klage wegen Verletzung des Urheberrechts ist unmöglich; dort hat der Beklagte, da er eben echter Besitzer ist, die alleinige Möglichkeit der Fruchtziehung, hier nicht.[4]) Hat man doch die Bestimmung des § 987 nicht einmal auf die Störungsklage aus § 1004 entsprechend übertragen!

---

[2]) Ebenso RGE. in ZivS. Bd. 62 S. 25; Allfeld Bem. 5, Kent Bem. 103 zu PG. § 35, Seligsohn Vorbem. 1 vor § 35 und Jeß a. a. O.; a. M. Bolze a. a. O. und Isay Anm. 3 in der Vorbem. zu PG. § 35.

[3]) Eine andere Frage ist, ob diese Verpflichtung sich nicht aus dem Gesichtspunkt der ungerechtfertigten Bereicherung ergibt; die Bereicherungsklage kann ja ebenso wie die Schadensersatzklage mit der Negatoria verbunden werden. Jedenfalls ist die Verpflichtung nicht Wirkung der Rechtshängigkeit.

[4]) So mit Recht schon Seligsohn, Vorbem. 1 vor PG. § 35; vgl. auch Jeß a. a. O.

2. Ebensowenig wie bei der abwehrenden Klage hat bei der Feststellungsklage die Rechtshängigkeit als solche eine ansprucherzeugende oder anspruchsteigernde Wirkung.

3. Anders steht es dagegen mit dem Bereicherungsanspruch, wenn man ihn als einen selbständigen Anspruch überhaupt anerkennt. Dieser erfährt durch die Rechtshängigkeit gemäß BGB. § 818 Abs. 4 eine Steigerung, bezüglich deren Maßes das Gesetz auf die „allgemeinen Vorschriften" verweist. Als solche kommen hier die Bestimmungen des § 292 in Betracht.[5]) Darnach bemißt sich vom Eintritt der Rechtshängigkeit an der Anspruch nach den Vorschriften, die für das Verhältnis zwischen dem Eigentümer und dem Besitzer vom Eintritt der Rechtshängigkeit des Eigentumsanspruchs an gelten. Der Beklagte hat also (arg. § 987) dem Verletzten von jenem Zeitpunkte an nicht nur die tatsächlich gezogenen, sondern auch die nach den Regeln einer ordentlichen Wirtschaft zu ziehenden, aber schuldhafterweise versäumten, Nutzungen (die fructus percipiendi) herauszugeben. Er ist jetzt ferner (§ 989) für den Schaden verantwortlich, der dadurch entsteht, daß infolge seines Verschuldens die Herausgabe unmöglich wird; er kann daher nicht das in Abzug bringen, was er während des Prozesses schuldhaft an der gewonnenen Bereicherung wieder einbüßt.

III. Kommt der Rechtshängigkeit als solcher eine anspruchbegründende Wirkung etwa dann zu, wenn der zu Unrecht mit einer Klage wegen Verletzung des Urheberrechts Belangte nach der Klageerhebung bis zur Entscheidung der Sache die weitere Benutzung des nach der klägerischen Behauptung ihm nicht zukommenden Geistesgutes einstellt? Hat der Beklagte dann, wenn die Klage abgewiesen wird, einen Anspruch auf Ersatz des ihm durch die Einstellung entstandenen Schadens gegen den Kläger ohne Rücksicht auf dessen Verschulden bei der Klageerhebung? Das Bestehen eines solchen Anspruches ist grundsätzlich zu verneinen, selbst dann, wenn in erster Instanz ein der Klage stattgebendes aber nicht für vorläufig vollstreckbares Urteil erging, der Rechtsstreit aber mit Abweisung der Klage endet.[6]) Vielmehr besteht ein solcher Anspruch nur bei Vorliegen des für den

[5]) § 292 Abs. 2: Anspruch des Gläubigers „auf Herausgabe oder Vergütung von Nutzungen".

[6]) Verneinend (für den Fall der Patentverletzungsklage) auch RGE. in ZivS. Bd. 60 S. 344 ff., Seligsohn Bem. 22 zu PG. § 4 S. 127.

Schadensersatzanspruch überhaupt vorausgesetzten Verschuldens in der Erhebung oder Fortsetzung der Klage.

Nur für den Fall wird hier das Verschuldungsprinzip durchbrochen, daß das unterinstanzielle der Klage stattgebende (von der Rechtsmittelinstanz aber aufgehobene) Urteil für vorläufig vollstreckbar erklärt war (s. ZPO. § 717 Abs. 2).

IV. Von der bisher behandelten Frage nach den rechtlichen Wirkungen der Rechtshängigkeit als solcher wohl zu unterscheiden ist die Frage, ob die Rechtshängigkeit notwendig den guten Glauben dessen zerstöre, der in fremdes Urheberrecht objektiv rechtswidrig eingreift. Der Klageerhebung als solcher kommt diese Wirkung jedenfalls nicht zu. Wohl aber wird es leicht vorkommen, daß die Kenntnisnahme des Beklagten von der Klagebegründung oder die während des Rechtsstreites angestellten näheren Nachforschungen oder erhobenen Beweise den Bewußtseinszustand des Beklagten derart beeinflussen, daß sein bisher rein objektives Unrecht von jetzt an zugleich als ein subjektiv schuldhaftes erscheint. Ob das der Fall ist, läßt sich natürlich nur nach den konkreten Umständen beurteilen. Trifft es zu, so besteht von diesem Augenblicke an wegen der Weiterbenutzung eine Schadensersatzpflicht nach Maßgabe der urheberrechtlichen Spezialgesetze, also im Patentrecht nur bei Vorsatz und grober Fahrlässigkeit.

§ 31.

f) Einstweilige Verfügung.[1a])

I. Der Rechtsstreit, der irgend ein Urheberrecht, namentlich ein Patent und seine Tragweite, zum Gegenstande hat, zieht sich erfahrungsgemäß wegen der Schwierigkeit und Umständlichkeit der Beweisaufnahme oft durch Jahre hin. Da besteht für den Kläger häufig ein dringendes Bedürfnis, den von ihm für rechtmäßig gehaltenen Zustand schon vor der Erlassung oder gar Rechtskraft des Urteils gesichert zu sehen. Ein Mittel hiezu bietet ihm die Prozeßordnung in der einstweiligen gerichtlichen Verfügung. Diese ist nach ZPO. § 940 zum Zwecke der Regelung eines einstweiligen Zustandes in Bezug auf ein streitiges Rechtsverhältnis zulässig, sofern diese Regelung zur

[1a]) Vgl. Finger, Einstweilige Verfügungen in Sachen des Urheberrechts und des gewerblichen Rechtsschutzes, in den „Studien zur Förderung des gewerblichen Rechtsschutzes“ (Festgabe für Kohler 1909) S. 39 ff.

Abwendung wesentlicher Nachteile oder aus anderen Gründen notwendig erscheint. Solche Nachteile können den Berechtigten offenbar in der empfindlichsten Weise auch dann bedrohen, wenn der Gegner optima fide in sein Recht eingreift, indem er sein Geisteswerk widerrechtlich nachdruckt und verbreitet oder seine Erfindung gewerblich verwertet. Es ist daher verfehlt, die Erlassung der einstweiligen Verfügung davon abhängig zu machen, ob auf Seite des Beklagten ein schuldhaftes, eine Schadensersatzpflicht begründendes, Verhalten vorliegt.[1]) Eine geschehene Rechtsverletzung, wenn auch nur eine objektive, ist aber stets erforderlich; sie ist vom Antragsteller glaubhaft zu machen.

II. Die einstweilige Verfügung ergeht nur auf Antrag des Verletzten.

Daß dieser schon eine Klage erhoben hat oder gleichzeitig erhebe, ist nicht vorausgesetzt; regelmäßig freilich wird zugleich eine abwehrende Klage oder Feststellungsklage anhängig gemacht werden.

Das Gericht kann anordnen, daß der Impetrant binnen einer zu bestimmenden Frist Klage erhebe; wird dieser Anordnung nicht Folge geleistet, so ist auf Antrag die Aufhebung der einstweiligen Verfügung durch Endurteil auszusprechen (ZPO. §§ 936, 926).

III. Das Verfahren bemißt sich nach ZPO. §§ 936, 937 ff. Darnach ist für die Erlassung der einstweiligen Verfügung das Gericht der Hauptsache zuständig. Mündliche Verhandlung soll die Regel sein; nur in dringenden Fällen kann die Entscheidung ohne solche erfolgen, durch das Gericht oder durch den Vorsitzenden.

Die Bestimmung des Inhalts der einstweiligen Verfügung ist in das Ermessen des Gerichtes gestellt. Dieses kann z. B. die Beseitigung patentstörender Anlagen, die Beschlagnahme der nachgedruckten Exemplare oder der einem geschützten Muster oder Modell nachgebildeten Gegenstände anordnen. Regelmäßig wird in der Verfügung das Verbot an den Gegner ergehen, das Geisteserzeugnis des Impetranten fernerhin zu benutzen und zu vertreiben. Wegen jeder Zuwiderhandlung gegen das Verbot ist der ihm Unterworfene auf An-

[1]) Dieser verfehlten Praxis huldigte früher das Reichsgericht; vgl. RGE. bei Gareis Bd. 9 S. 522 und in Jur. Wschr. 1894 S. 126. Dagegen die herrschende Meinung; vgl. Edwin Katz in PMZBl. Bd. 1 S. 266 ff.; Kohler Handbuch des PatR. S. 880 ff.; Allfeld Bem. 13, c, Isay Anm. 170, Kent Bem. 497, Seligsohn Bem. 24, alle zu PG. § 4.

trag des Berechtigten vom Gerichte erster Instanz zu einer Geldstrafe bis zu 1500 Mark oder zu Haft bis zu 6 Wochen zu verurteilen;[2]) die erforderliche Strafandrohung kann schon in der einstweiligen Verfügung enthalten sein. Auch kann auf Antrag des Impetranten der Gegner zur Bestellung einer Sicherheit für den durch fernere Zuwiderhandlung entstehenden Schaden auf bestimmte Zeit verurteilt werden. Alle diese Zwangsmaßregeln setzen aber ein Verschulden bei der Zuwiderhandlung gegen die einstweilige Verfügung voraus.[3])

IV. Die Aufhebung einer einstweiligen Verfügung kann erfolgen:[4])

1. wegen veränderter Umstände, z. B. in Patentsachen möglicherweise (aber keineswegs unbedingt) auch auf Grund vorgelegter neuer Gutachten;[5])

2. unter besonderen Umständen auf Grund des Erbietens zu einer Sicherheitsleistung;

3. wegen Nichterhebung der Klage innerhalb der vom Gericht hiezu gesetzten Frist (s. oben unter II).

Von selbst verliert die einstweilige Verfügung ihre Bedeutung mit dem Ablaufe der Schutzdauer des Urheberrechtes, zu dessen Gunsten sie erging.

V. Erfolgt die Aufhebung wegen Nichterhebung der Klage oder erweist sich die Anordnung der einstweiligen Verfügung als von Anfang an ungerechtfertigt, so ist die Partei, welche die Anordnung erwirkt hat, selbst wenn sie in gutem Glauben war, gemäß ZPO. § 945 verpflichtet, dem Gegner den Schaden zu ersetzen, der ihm aus der Vollziehung der angeordneten Maßregel oder dadurch entsteht, daß er Sicherheit leistet, um die Vollziehung abzuwenden oder die Aufhebung der Maßregel zu erwirken.

§ 32.

g) Zuständigkeit des Gerichtes.

I. Zur Entscheidung über Rechtsstreitigkeiten über alle Ansprüche wegen Verletzung von Urheberrechten (Unterlassungsanspruch,

---

[2]) ZPO. §§ 936, 928, 890, 891.

[3]) nicht auch ein Verschulden bei der Verletzung des klägerischen Rechtes.

[4]) Vgl. ZPO. §§ 936, 927, 939.

[5]) Vgl. Isay Anm. 170 zu PG. § 4 gegen OLG. Hamburg in PMZBl. Bd. 5 S. 4.

Schadensersatzanspruch, Bereicherungsanspruch), ebenso zur Entscheidung über Feststellungsklagen,[1]) sind die ordentlichen Gerichte zuständig und zwar je nach der Höhe des Streitwertes die Amtsgerichte oder die Landgerichte (GVG. §§ 70, 23 Ziff. 1).

Bestehen am Landgericht neben den Zivilkammern besondere Kammern für Handelssachen, so sind diese gemäß GVG. § 101 Ziff 3,c[2]) zuständig, wenn „ein Anspruch“ geltend gemacht wird aus den Rechtsverhältnissen, welche sich auf den Schutz der Muster und Modelle beziehen. Man wird diese Zuständigkeitsnorm wohl auch auf die Feststellungsklage in Sachen des Geschmacks- und Gebrauchsmusterschutzes beziehen dürfen, obwohl durch die Feststellungsklage nicht ein „Anspruch“ im bürgerlich-rechtlichen Sinne geltend gemacht wird.

Streitigkeiten aus Patentverletzungen gehören ebenso wie diejenigen aus Verletzungen des literarischen, musikalischen oder künstlerischen Urheberrechtes bei landgerichtlicher Zuständigkeit stets vor die Zivilkammer.

II. Örtliche Zuständigkeit. Die Klage kann erhoben werden:

1. stets im allgemeinen Gerichtsstande des Beklagten (ZPO. §§ 12, 13ff.);

2. im Gerichtsstande seiner gewerblichen Niederlassung (ZPO. § 21);

3. wenn die Klage sich gegen eine Person richtet, die im Deutschen Reich keinen Wohnsitz hat, im Gerichtsstande des Vermögens (ZPO. § 23);[3])

4. wenn sie sich auf eine schuldhafte Verletzung des Urheberrechtes gründet, im Gerichtsstande der unerlaubten Handlung (ZPO. § 32); dieser kann an mehreren Orten gegeben sein.

Für die abwehrende Klage ist demnach der Gerichtsstand des § 32 ZPO. nicht gegeben, selbst dann nicht, wenn die Störung des klägerischen Rechts eine schuldhafte ist; denn diese Klage ist nicht eine solche aus unerlaubter Handlung, sondern eine solche aus absolutem Rechte, bei welcher das Verschuldungsmoment unwesentlich ist.[4])

---

[1]) Dagegen nicht zur Entscheidung über die Nichtigkeitsklage in Patentsachen; darüber im Besonderen Teile.

[2]) Vgl. auch MSchG. § 15.

[3]) Darüber des Näheren oben § 16 unter II, 1, c S. 73.

[4]) Vgl. RGE. in ZivS. Bd. 24 S. 394, bei Gareis Bd. 7 S. 192, im Pat.Blatt 1890 S. 47.

Auch dann ist der Gerichtsstand der unerlaubten Handlung nicht gegeben, wenn mit der abwehrenden Klage diejenige auf Schadensersatz verbunden wird;[5]) denn die Zulässigkeit der Verbindung besteht nur bei Zuständigkeit des gleichen Gerichtes für sämtliche einzelnen Ansprüche (ZPO. § 260). Wird von der im Gerichtsstand der unerlaubten Handlung erhobenen Entschädigungsklage zur abwehrenden Klage übergegangen, so ist diese, auch wenn die Klageänderung an sich zulässig wäre,[6]) wegen Unzuständigkeit des Gerichts abzuweisen, sofern bezüglich ihrer nicht eine Prorogation oder Einlassung (ZPO. §§ 38, 39) vorliegt.

III. Letzte Instanz ist immer das Reichsgericht, auch wenn es sich um Revision gegen das Urteil eines bayerischen Oberlandesgerichts handelt und wenn im Falle einer Klagenverbindung oder Widerklage nur einer der Ansprüche ein urheberrechtlicher bzw. patentrechtlicher ist.[7]) Das ergibt sich direkt aus LUG. § 59 (vgl. VerlG. § 49), KUG. § 52, PG. von 1891 § 38, GMG. § 12. Für Geschmacksmustersachen ergibt es sich aus ihrer in MSchG. § 15 gegebenen Qualifikation als Handelssachen, aus der früher die Zuständigkeit des Reichsoberhandelsgerichts herzuleiten war, woraus wiederum jetzt die Unmöglichkeit einer Zuweisung an das Bayerische Oberste Landesgericht folgt.[8])

IV. Sondergerichte? Neuerdings taucht die Idee der Sondergerichte, die in den Gewerbegerichten und den Kaufmannsgerichten schon starke Erfolge aufzuweisen hat, auch für das urheberrechtliche Gebiet auf. Insbesondere wird mit dem Hinweise darauf, daß die Juristen bei ihrer heutigen durchschnittlichen Vorbildung dem auf technischen Gebiete liegenden Sachverhalte in Patentstreitigkeiten häufig kein genügendes Verständnis entgegenbrächten, das Verlangen nach technischen

---

[5]) a. M. Kohler, Handb. des PatR. S. 855 und Allfeld Bem. 13, a dd zu PG. § 4 unter Bezugnahme auf RGE. in PatBl. 1887 S. 235, bei Gareis Bd. 6 S. 157. S. jedoch den Plenarbeschluß in RGE. in ZivS. Bd. 27 S. 385; L. Seuffert, Bem. 4 zu ZPO. § 32; Richard Schmidt, Lehrbuch 2. Aufl. S. 264 Anm. 2.

[6]) was nach ZPO. § 264 zu beurteilen ist.

[7]) Ob sich der im Urheberrecht wurzelnde Anspruch aus den Urheberrechtsgesetzen selbst herleitet oder aus allgemeinen bürgerlichrechtlichen Grundsätzen ist arg. Art. 6 EG. zum BGB. gleichgültig.

[8]) EG. zum GVG. § 8 Abs. 2.

Sondergerichten oder wenigstens gemischten Gerichten, die außer mit Juristen auch mit Technikern zu besetzen wären, erhoben.

Dieser Forderung stehen jedoch zwei schwere Bedenken entgegen: einmal die Befürchtung, daß bei ihrer Erfüllung wohl bald die umgekehrte Klage entstehen wird, daß die Techniker die für die Urteilsfindung maßgebenden Rechtsfragen, welche gerade in Patentprozessen oft keineswegs einfacher Natur sind, nicht beherrschen; ferner aber die gewiß nicht zu unterschätzende politische Gefahr, die in jedem weiteren Einbruch in die mühsam errungene Einheitlichkeit unserer Gerichtsorganisation liegt. Dagegen erscheint uns das Verlangen, daß der in Patent- und Gebrauchsmustersachen urteilende rechtsgelehrte Richter durch seine Vorbildung in den Stand gesetzt sein soll, auch die technische Seite des seiner Beurteilung unterliegenden Tatbestandes richtig zu würdigen, wohl begründet.[9])

2. Strafrechtlicher Schutz.[1])

a) Grundsätzliches.

§ 33.

I. Da die Urheberrechte, wie schon dargelegt, sowohl Vermögensinteressen als auch individuellen Interessen dienen, lassen sich rechtswidrige Angriffe auf sie, die Urheberrechtsdelikte, weder als reine Vermögensdelikte, wie etwa der Diebstahl, noch auch schlechthin als Delikte gegen die Person, wie etwa die Beleidigung, auffassen. Sie bilden vielmehr, entsprechend der eigenartigen rechtlichen Natur des Angriffsobjektes, eine selbständige Verbrechenskategorie.

---

[9]) Zu der ganzen Frage in verschiedenem Sinne: Damme in D. JurZtg. 1908 S. 394 f.; Isay, Die Gerichtsbarkeit in Patentprozessen (1908); Tolksdorf, Die Patentgerichte (1908); Rathenau, Das Sachverständigenwesen in Patentprozessen (1908); derselbe, Die Patentgerichte auf dem Leipziger Kongreß für gewerblichen Rechtsschutz im „Recht" 1908 S. 633 ff. Leipz. Ztschr. 1908, S. 488 ff.; Edwin Katz in Leipziger Zeitschr. 1908 S. 49 ff.; Magnus in Jur. Wschr. 1907 S. 665 ff.

[1]) Aus der speziell strafrechtlichen Literatur sind hervorzuheben: F. van Calker, Die Delikte gegen das Urheberrecht nach deutschem Reichsrecht (1894); von Liszt, Lehrbuch des deutschen Strafrechts 16./17. Aufl. §§ 122, 123; Meyer-Allfeld, Lehrbuch des deutschen Strafrechts, 6. Aufl., § 112; Stenglein-Ebermayer, Die strafrechtlichen Nebengesetze des Deutschen Reiches (4. Aufl. 1909 erscheint demnächst).

Dagegen wird man die Anbringung des Namens des Urhebers auf der Kopie eines Kunstwerkes (KUG. § 33, Ziff. 1, § 18 Abs. 3) und die Patentanmaßung (PG. von 1891 § 40) zur Gruppe der Fälschungsdelikte zu rechnen haben. Ihr Angriffsobjekt ist nicht das fremde Urheberrecht.[2])

II. Indem die Rechtsordnung den Interessen der Urheber und Erfinder ihren Schutz verleiht, dient sie, unbeschadet der trivialen Wahrheit, daß das Gemeinwohl durch das Wohl der Einzelnen bedingt ist, doch im wesentlichen rein privaten Interessen bestimmter Volkskreise. Für die Gesetzgebungspolitik folgt daraus, daß der Schwerpunkt jenes Schutzes auf dem bürgerlich-rechtlichen Gebiete liegen muß, die Strafgesetzgebung aber sich eine gewisse Zurückhaltung auferlegen und nur gegen besonders schwere Verletzungen ihre Waffen erheben sollte.[3])

Unsere deutsche Gesetzgebung, die überhaupt von einem zu starken Zuge zur Kriminalisierung nicht freizusprechen ist, hat hier leider nicht von Anfang an das richtige Maß gehalten; sie hat im LUG. von 1870 und im KUG. von 1876 schon den einfachen fahrlässigen Nachdruck mit Strafe belegt, was in bedenklicher Weise hauptsächlich mit dem Hinweis darauf motiviert wurde, daß der Nachdrucker seinen Dolus regelmäßig leugnen werde und desselben schwer zu überführen sei.[4]) Sehr häufig besteht auch bei der Beschädigung körperlicher Sachen die Schwierigkeit dieser Feststellung und doch bleibt die fahrlässige Sachbeschädigung straflos.

Das LUG. von 1901 hat sich ebenso wie das neue KUG. von 1907 von dieser Überspannung des strafrechtlichen Schutzes, gegen

---

[2]) Vgl. van Calker a. a. O. S. 6 ff.

[3]) Derselbe Gedanke würde es m. E. auch rechtfertigen, bei der kommenden Reform des Strafrechts für die strafrechtliche Verfolgung von Urheberrechtsverletzungen das Legalitätsprinzip aufzugeben und durch das Opportunitätsprinzip zu ersetzen. Den gleichen Vorschlag macht neuestens Dietz in Verhandl. des 29. D. Jur.Tags Bd. 3 (Gutachten) S. 84 ff., jedoch nur für Patent- und Gebrauchsmusterverletzungen, nicht auch für Verletzungen des literarischen und künstlerischen Urheberrechts. Ein triftiger Grund für eine solche verschiedenartige Behandlung von Verletzungen innerlich wesentlich gleicher Rechtsgüter scheint mir aber nicht zu bestehen.

[4]) So namentlich Dambach, der Redaktor des Gesetzes. S. van Calker S. 177; Sten. Reichstagsberichte, I. Leg.Per., Session 1870 Bd. 2 S. 836.

die namentlich W. Endemann,[5]) van Calker und Kohler aufgetreten waren, frei gehalten und bedroht gleich dem PG. und dem GMG. nur den wissentlichen Eingriff in das fremde Recht mit Strafe.[6])

Nur die widerrechtliche Benutzung eines fremden Geschmacksmusters ist noch nach geltendem Rechte (MSchG. § 14 mit LUG. von 1870 § 18), das hier dringend reformbedürftig ist, auch schon bei einfacher Fahrlässigkeit strafbar.

Für das Plagiat (LUG. § 44, KUG. § 40) wird unter Berufung auf den strafrechtlichen Grundsatz, daß bei bloßen Übertretungen als Schuldstufe Fahrlässigkeit genüge, behauptet,[7]) es sei schon bei Fahrlässigkeit strafbar. Jener Grundsatz läßt sich aber nicht bei Übertretungen schlechthin, sondern nur für die sog. Polizeiübertretungen aufstellen, die sich vom kriminellen Unrecht dadurch qualitativ unterscheiden, daß zu ihrem Tatbestande nicht notwendig die Verletzung oder Gefährdung eines bestimmten Rechtsgutes gehört.[8]) So schwierig es in gewissen anderen Fällen sein mag, auf Grund dieses inneren Gegensatzes die vom Gesetz selbst nirgends bestimmte Zugehörigkeit einer Übertretung zu der einen oder anderen Gruppe zu finden: gerade beim Plagiat kann sie kaum zweifelhaft sein. Der Plagiator greift immer ein bestimmtes Rechtsgut an, die geschützte Persönlichkeitssphäre des Autors. Das Plagiat ist daher, wenn schon nur Übertretung, doch nicht Polizeiunrecht, sondern kriminelles Unrecht und als solches beim Mangel einer gegenteiligen gesetzlichen Bestimmung nur bei Vorsatz strafbar.

Ebenso sind die Fälschungsvergehen der Patentanmaßung (PG. von 1891 § 40) und der falschen Künstlerbezeichnung (KUG. §§ 33, Abs. 1, 18 Abs. 3) nur bei vorsätzlicher Begehung strafbar.

III. Aus dem Mangel eines allgemeinen Interesses am Urheber-

---

[5]) Sten. Ber. (vgl. Anm. 4) Bd. 2 S. 833 ff.

[6]) Ebenso das österreichische UrhRG. vom 26. Dez. 1895 § 51. Vgl. dazu Daude in Verhandl. des 25. D. Juristentags Bd. 1 S. 28 ff.

[7]) Vgl. z. B. Allfeld Bem. 5 zu LUG. § 44; Birkmeyer in Zeitschr. f. die ges. Strafrechtswissenschaft Bd. 21 S. 595; Kohler, Kunstwerkrecht S. 148; a. M. Voigtländer, Das Gesetz betr. das Urheberrecht und das Verlagsrecht S. 90.

[8]) Vgl. über die Unterscheidung Frank, Komm. zum StGB. Vorbem. I zum 29. Abschn., Rosin in Wörterbuch des d. Verwaltungsrechts Bd. 2 S 274 ff., Artikel „Polizeistrafrecht", Otto Mayer, D. Verwaltungsrecht Bd. 1 S. 308 ff.

rechte erklärt es sich,[9]) daß die Strafverfolgung bei Urheberrechtsverletzung immer nur auf Antrag eintritt und daß die Zurücknahme des Antrags zulässig ist.

IV. Nur vollkommene Urheberrechte finden strafrechtlichen Schutz. Wo es zur Vervollkommnung erst einer Anmeldung und Eintragung bedarf,[10]) tritt der Schutz nur ein, wenn diese Publizität hergestellt ist. Genauer gesagt: widerrechtliche Handlungen gegen das Erfinderrecht sind nur strafbar, wenn sie begangen sind nach der Bekanntmachung und Anmeldung dieses Rechts, und nur, wenn das Patent dann wirklich erteilt wird; der strafrechtliche Geschmacksmusterschutz tritt erst ein mit der Anmeldung und Hinterlegung des Musters (MSchG. § 7), der Gebrauchsmusterschutz erst mit der Eintragung in die Gebrauchsmusterrolle.

V. Soweit auf strafrechtlichem Gebiete die urheberrechtlichen Spezialgesetze besondere Bestimmungen nicht treffen, finden die allgemeinen Vorschriften des Strafgesetzbuches Anwendung. Sie gelten namentlich hinsichtlich der Strafausschließungs- und Strafmilderungsgründe. Aus ihnen ergibt sich ferner:

1. daß der Versuch von Urheberrechtsverletzungen stets straflos ist (StGB. § 43 Abs. 2) und daß daher die gerade hier schwierige Feststellung der Grenze zwischen dem Versuch und der bloßen Vorbereitungshandlung der praktischen Bedeutung entbehrt;

2. daß im Falle einer Mittäterschaft jeder als Täter bestraft wird (StGB. § 47);

3. daß für den Anstifter zu Urheberrechtsverletzungen die gleichen Strafdrohungen gelten wie für den Täter (StGB. § 48);

4. daß die vorsätzliche Beihilfe, und zwar sowohl die physische als auch die intellektuelle, zu strafbaren Urheberrechtsverletzungen strafbar ist, daß jedoch dabei das Maß der Strafe sich nach den im StGB. § 44 über die Bestrafung des Versuchs aufgestellten Grundsätzen richtet.[11])

---

[9]) Vgl. darüber, daß dies der gesetzgebungspolitische Grund ist, nicht etwa die privatrechtliche Natur der Urheberrechte, Kohler in Jherings Jahrb. Bd. 18 S. 441 ff.

[10]) S. oben § 8 unter IV, 3, 4, 5 S. 38.

[11]) obwohl der Versuch selbst hier straflos bleibt.

b) Vergehen gegen Urheberrechte.

§ 34.

α) Tatbestand. Täterschaft und Teilnahme. Strafe.

I. Der objektive Tatbestand der Urheberrechtsvergehen besteht immer in einem unerlaubten Eingriff in das absolute Herrschaftsrecht des Berechtigten über sein Geistesgut. Wie der inneren Verschiedenartigkeit der Geistesgüter eine Verschiedenheit des Inhalts der einzelnen Urheberrechte entspricht,[1]) so entspricht diesem verschiedenen Rechtsinhalt wiederum eine Verschiedenheit der möglichen Deliktstatbestände.

Bei der Betrachtung ihrer Wertung durch den Gesetzgeber fällt auf, daß das Strafmaß bei den vorwiegend auf gewerblichem Gebiete liegenden Patent- und Gebrauchsmusterverletzungen ein höheres ist als bei Verletzungen des literarischen und künstlerischen Urheberrechts. Daß dabei der Gesetzgeber unbewußt von der auf anderen Gebieten nur allzu sichtbar bei ihm hervortretenden Tendenz beeinflußt war, da wo die Vermögensinteressen stark überwiegen, mit kräftigeren Schutzmitteln einzugreifen als wo die ideellen Interessen mehr im Vordergrund stehen, läßt sich nur befürchten, nicht beweisen. Jedenfalls fehlt jener Differenzierung die innere Berechtigung.

Die einzelnen Tatbestände sind:

1. Auf dem Gebiete des literarischen und musikalischen Urheberrechts:

a) der verbotene Nachdruck, das ist die Vervielfältigung oder gewerbsmäßige Verbreitung des fremden Werkes;[2])

b) die verbotene öffentliche Aufführung eines Bühnenwerkes, eines Werkes der Tonkunst oder einer gesetzlich unzulässigen dramatischen Bearbeitung;[2])

c) der öffentliche Vortrag eines Werkes, bevor es erschienen ist.[2])

---

[1]) S. darüber oben § 15, I.

[2]) Selbstverständlich, aber trotzdem im Gesetze (LUG. § 38, vgl. KUG. § 32) ausdrücklich gesagt, ist:

1. Daß der Nachdruck, die Aufführung und der Vortrag nur dann bestraft werden, wenn sie „in anderen als den gesetzlich zugelassenen Fällen“ begangen werden;

2. daß sie nur dann bestraft werden, wenn sie „ohne Einwilligung des Berechtigten“ geschehen; die Einwilligung schließt die Rechtswidrigkeit aus.

Die angedrohte Strafe ist in diesen Fällen Geldstrafe bis zu 3000 Mark (im Umwandlungsfalle Freiheitsstrafe [3]) bis zu 6 Monaten).

War die Einwilligung des Berechtigten nur deshalb erforderlich, weil an dem Werke selbst, an dessen Titel oder an der Bezeichnung des Urhebers Änderungen vorgenommen sind, so tritt Geldstrafe bis zu 300 Mark (im Umwandlungsfalle Freiheitsstrafe [3]) bis zu einem Monat) ein.

d) Die öffentliche erstmalige Mitteilung des wesentlichen Inhalts eines Werkes [4]) (LUG. § 39).

Hiefür ist Geldstrafe bis zu 1500 Mark (für den Umwandlungsfall Freiheitsstrafe [3]) bis zu 3 Monaten) angedroht.

Teilweises Nachdrucken, Aufführen, Vortragen, Mitteilen unterliegt den gleichen Strafbestimmungen; nur beim Strafausmaße kann der Umstand, daß sich die rechtswidrige Handlung auf einen Teil des Werkes beschränkt, unter Umständen Berücksichtigung finden.

2. Auf dem Gebiete des Urheberrechts an Werken der bildenden Kunst und der Photographie:

a) die Vervielfältigung (Nachbildung) und gewerbsmäßige Verbreitung des fremden Werkes; [2])

b) seine gewerbsmäßige Vorführung mittels mechanischer oder optischer Einrichtungen [2]) (KUG. § 32).

Die angedrohte Strafe ist Geldstrafe bis zu 3000 Mark (im Umwandlungsfalle Freiheitsstrafe bis zu 6 Monaten), bei unbefugten bloßen Änderungen am Werke oder seiner Bezeichnung oder an der Bezeichnung des Urhebers Geldstrafe bis zu 300 Mark (im Umwandlungsfalle Freiheitsstrafe [3]) bis zu einem Monat).

Auch hier steht die teilweise Vervielfältigung, Verbreitung, Vorführung des Werkes der vollständigen strafrechtlich gleich (KUG. § 36).

3. Auf dem Gebiete des Geschmacksmusterrechtes:

a) die in der Absicht der Verbreitung vorgenommene unbefugte Nachbildung des geschützten Musters oder Modells (MSchG. § 14 mit LUG. von 1870 § 18);

b) die Veranlassung eines Anderen zur Veranstaltung eines Nachdrucks, selbst dann, wenn der Veranstalter des Nachdrucks selbst

---

[3]) Gefängnis oder Haft nach Maßgabe des § 28 StGB.

[4]) ohne Einwilligung des Berechtigten; s. Anm. 2.

nicht strafbar sein sollte. MSchG. § 14 mit LUG. von 1870 § 20. Die „Veranlassung" ist hier nicht gleichbedeutend mit der Anstiftung im technischen Sinne; denn diese ist stets vorsätzliche Bestimmung zu schuldhaftem unerlaubtem Handeln, während die „Veranlassung" im Sinne des älteren LUG. auch eine fahrlässige sein kann und ein Verschulden des Beeinflußten selbst überhaupt nicht voraussetzt. Die „Veranlassung" entbehrt also des der Anstiftung zukommenden akzessorischen Charakters. Zum Delikte der Veranlassung des Nachdrucks kann gemäß StGB. § 48 angestiftet werden, ohne Rücksicht darauf, ob an sich eine „Anstiftung zur Anstiftung" überhaupt möglich ist.[5])

c) Das vorsätzliche gewerbsmäßige Feilhalten, Verkaufen oder sonstige Verbreiten von widerrechtlich nachgebildeten Exemplaren innerhalb oder außerhalb des Deutschen Reiches (MSchG. § 14 mit LUG. von 1870 § 25).

Die angedrohte Strafe ist in allen Fällen Geldstrafe bis zu 3000 Mark (im Umwandlungsfalle Freiheitsstrafe [3]) bis zu 6 Monaten).

4. Auf dem Gebiete des Erfinderrechts:

die widerrechtliche gewerbsmäßige Benutzung einer fremden Erfindung oder eines fremden Gebrauchsmusters durch Herstellung, Inverkehrbringen, Feilhalten oder Gebrauchen des Gegenstandes der Erfindung oder des Gebrauchsmusters (PG. von 1891 § 36, GMG. § 10).

Die hiefür angedrohte Strafe ist Geldstrafe bis zu 5000 Mark[6]) oder Gefängnis bis zu einem Jahre. Wird wegen Verletzung eines Patentes oder Gebrauchsmusterrechts auf Strafe erkannt, so ist zugleich dem Verletzten (nicht auch seinen Erben[7]), ohne daß es eines besonderen Antrages bedarf, im Strafurteil die Befugnis zuzusprechen, die Verurteilung auf Kosten des Verurteilten öffentlich bekannt zu machen. Die Art der Bekanntmachung sowie die Frist zu derselben ist im Urteil zu bestimmen. Diese Publikationsbefugnis ist aber nicht als Strafe für den Täter, sondern als eine dem Wesen nach der Buße verwandte ideelle Privatgenugtuung für den Verletzten aufzufassen.[8])

---

[5]) Vgl. RGE. in StrS. Bd. 30 S. 292.

[6]) Für die Umwandlung in eine Freiheitsstrafe im Falle der Uneinbringlichkeit sind die §§ 28, 29 StGB. maßgebend.

[7]) S. RGE. in StrS. Bd. 16 S. 73.

[8]) Sehr bestritten! Für den Strafcharakter: RGE. (Plen. E.) in StrS. Bd. 6 S. 180; Seligsohn Bem. 11 zu PG. § 36, grundsätzlich auch Kohler,

II. Daß dem Verletzten ein Vermögensschaden erwachsen sei, gehört nicht zu den Voraussetzungen der Strafbarkeit.

III. Zu dem subjektiven Tatbestande einer strafbaren Urheberrechtsverletzung gehört stets ein Verschulden des Täters. Als solches gilt bei Verletzungen des Geschmacksmusterrechts jede Fahrlässigkeit, sonst ist überall Vorsatz erforderlich.[9])

Der Vorsatz ist das mit dem Bewußtsein von der Kausalität des rechtswidrigen Handelns verbundene Wollen des Erfolges. Er setzt Bewußtsein der Rechtswidrigkeit des Handelns voraus,[10]) nicht aber auch Bewußtsein der Strafbarkeit. Das zum Vorsatz erforderliche Bewußtsein der Kausalität des Handelns braucht nicht zugleich Motiv des Handelns zu sein; der Vorsatz braucht also nicht zugleich eine auf den Erfolg gerichtete „Absicht" zu sein.[11]) Noch weniger ist zur Strafbarkeit eine auf einen bestimmten Zweck gerichtete Absicht erforderlich, wie etwa die, eine Einnahme zu erzielen.[12])

Dem Vorsatz wird von der herrschenden Theorie und Praxis auch der sogen. dolus eventualis gleichgestellt; mit Recht, sofern man unter dolus eventualis nur den Fall versteht, daß das Wissen des Täters von irgend einem Tatumstande ein bewußt unsicheres ist, er aber trotz dieses Bewußtseins der Unklarheit den Erfolg will. Wenn aber der Täter in der Erwartung handelt, daß der von ihm als möglich angenommene Tatumstand nicht vorliegen wird, ist die Grenze zur Fahrlässigkeit überschritten.

Ueber der Einfluß des Irrtums auf die Strafbarkeit haben wir eine spezielle gesetzliche Bestimmung nur noch für das Gebiet des Geschmacksmusterrechts, für welches MSchG. § 14 auf das LUG. von 1870 § 18 Abs. 2 Bezug nimmt; darnach bleibt die Bestrafung der widerrechtlichen Nachbildung eines Geschmacksmusters ausgeschlossen, wenn der Veranstalter desselben „auf Grund entschuldbaren, tatsächlichen oder rechtlichen Irrtums in gutem Glauben

Handb. des PatR. S. 916 (wegen der Verpflichtung des Verurteilten zur Kostentragung); dagegen: Binding, Lehrbuch des gem. d. Strafrechts Bd. 1 S. 163; Frank, StGB. Vorbem. III, 1 vor § 13, Bem. 1 zu § 200; Allfeld Bem. 7 zu PG. § 36.

[9]) Vgl. oben § 33, II S. 157 f.

[10]) Denn die Rechtswidrigkeit gehört bei Urheberrechtsvergehen überall zum Tatbestand des Deliktes.

[11]) Vgl. van Calker S. 190 ff.

[12]) Vgl. RGE. in StrS. Bd. 37 S. 369.

gehandelt hat". Das hat die praktische Bedeutung, daß auf dem Gebiet des Geschmacksmusterrechts auch der entschuldbare Irrtum über Strafrechtsätze die Strafbarkeit ausschließt.[13])

Für alle übrigen Urheberrechtsverletzungen entscheidet über den Einfluß des Irrtums auf die Strafbarkeit ausschließlich StGB. § 59 Abs. 1: „Wenn jemand bei Begehung einer strafbaren Handlung das Vorhandensein von Tatumständen nicht kannte, welche zum gesetzlichen Tatbestand gehören oder die Strafbarkeit erhöhen, so sind ihm diese Umstände nicht zuzurechnen."

Den Gegensatz zu den „Tatumständen" bilden zunächst die Rechtsbegriffe, sodann die Sätze der objektiven Strafrechtsordnung, nicht aber die konkreten in der Zivilrechtsordnung begründeten subjektiven Rechte, Rechtsverhältnisse und rechtlichen Beziehungen; diese gehören zu den Tatumständen.[14])

Ein den Vorsatz und damit die Strafbarkeit ausschließender Irrtum über Tatumstände liegt daher beispielsweise vor, wenn der Täter sich geirrt hat über das Todesjahr des Urhebers, das für den Beginn der Schutzfrist maßgebend ist, oder über die tatsächliche Identität einer patentierten Konstruktion mit der von ihm benutzten, aber auch dann, wenn er sich geirrt hat über die gesetzliche Dauer der Schutzfrist selbst, oder wenn er sich geirrt hat über den gesetzlichen Umfang des Urheberrechts, indem er etwa glaubte, ein patentierter Gegenstand sei nur gegen das Herstellen und Inverkehrbringen, nicht auch gegen den Gebrauch geschützt oder es bestehe kein Urheberschutz gegen Übersetzung.

Diese Auffassung steht freilich nicht im Einklange mit der durch die Autorität des Reichsgerichts gestützten herrschenden Meinung. Diese geht zwar gleichfalls davon aus, daß nur der sogen. Straf-

---

[13]) Der entschuldbare tatsächliche Irrtum würde die Strafbarkeit schon nach allgemeinen Grundsätzen ausschließen; insofern sagt also § 18 Abs. 2 etwas Selbstverständliches, wie auch der Antragsteller Dr. Bähr, dem § 18 Abs. 2 zu verdanken ist, ausdrücklich anerkannt hat; s. Allfeld Bem. 8 zu § 18 LUG. von 1870. Vgl. über die Verhandlungen auch van Calker a. a. O. S. 199 ff., dessen eigene der herrschenden Meinung widersprechende Auffassung, daß § 18 Abs. 2 nur das allgemeine Prinzip des § 59 StGB. besonders betonen wolle und sich daher auf den Irrtum über das Strafgesetz nicht beziehe, aber nicht haltbar sein dürfte. Vgl. RGE. in StrS. Bd. 10 S. 401 ff.

[14]) Vgl. Frank, Bem. I und V zu StGB. § 59 und die dort angeführte Literatur.

rechtsirrtum nicht entschuldige, sie versteht aber unter diesem nicht nur den Irrtum über die Strafgesetze selbst, sondern auch den Irrtum über solche an sich nicht strafrechtliche Rechtssätze, auf welche das Strafgesetz in seiner Norm Bezug nimmt, insbesondere also die Bestimmungen der verschiedenen urheberrechtlichen Spezialgesetze über den Inhalt und Umfang des Urheber- und Erfinderrechts.[15]) Diese Anschauung verkennt aber, daß das Urheberrecht nichts anderes ist, als ein in Spezialgesetzen geregelter Teil des allgemeinen Zivilrechts; die Bezugnahme der urheberrechtlichen Strafnorm auf die in den Spezialgesetzen vorhandenen Urheberrechtsnormen ist ihrem Wesen nach von keiner anderen Art als etwa die der strafgesetzlichen Bestimmungen über Diebstahl und Unterschlagung auf den Eigentumsbegriff des bürgerlichen Rechtes. Sie verkennt ferner, daß die strafrechtlichen Vorschriften der Urheberrechtsgesetze überhaupt nur von sekundärer Bedeutung sind, und daß es jeder gesunden Gesetzgebungspolitik widerspräche, trotz des Irrtums da zu strafen, wo wegen des Irrtums die zivilrechtliche Entschädigungspflicht wegfällt. Mit Recht hat daher Allfeld[16]) die herrschende Ansicht bekämpft.

Ohne Einfluß ist der Irrtum über die Strafbarkeit und über die Prozeßvoraussetzungen, insbesondere der Irrtum über die Qualität des Urheberrechtsdeliktes als Antragsdelikt.[17])

Ob der Irrtum selbst unverschuldet oder verschuldet ist d. h. bei gehöriger Sorgfalt hätte vermieden werden können, kommt für die Frage, ob der Irrtum den Vorsatz ausschließe, überhaupt nicht in Betracht.[18])

IV. Täter ist bei den Urheberrechtsdelikten jeder, in dessen Person sich die Merkmale des objektiven und die des subjektiven Tatbestandes vereinigen. Das kann immer nur eine physische, nie-

---

[15]) Vgl. RGE. in StrS. Bd. 9 S. 238, Bd. 10 S. 352, Bd. 21 S. 208, Bd. 30 S. 98.

[16]) Ausführlich in Bem. 5 zu LUG. § 38, vgl. Bem. 3 zu PG. § 36. Gleicher Meinung sind van Calker a. a. O. S. 214 und Kritische Bem. zu dem Entwurf S. 35 sowie Birkmeyer in Zeitschr. f. d. ges. Strafrechtswissenschaft Bd. 21 S. 593. Vgl. jetzt auch Kohler, UrhR. S. 377 ff.

[17]) gleichgültig, ob man den Antrag als Bedingung der Strafbarkeit oder als Prozeßvoraussetzung auffaßt.

[18]) wohl aber für die Frage, ob Fahrlässigkeit vorliegt und welcher Grad von Fahrlässigkeit, die aber (vom Geschmacksmusterrecht abgesehen) nur zivilrechtlich von Bedeutung ist; s. darüber oben S. 122.

mals eine juristische Person sein. Aber auch Gesamthänderschaften, wie offene Handelsgesellschaften und Kommanditgesellschaften, können als solche nicht Täter sein; die strafrechtliche Verantwortlichkeit trifft immer nur die Einzelnen, welche für die juristische Person oder Gesamthänderschaft handeln.

Man hat viel darüber gestritten, ob auf dem Gebiete des literarischen und musikalischen Urheberrechtes der Verleger oder der Drucker als Täter in Betracht kommt oder derjenige, der als angeblich Berechtigter, in Wahrheit aber Unberechtigter, den Nachdruck des Werkes veranlaßt. Der Streit war zunächst dadurch hervorgerufen, daß das LUG. von 1870 (§ 18) in wenig glücklicher Weise denjenigen als den Täter erklärte, der den Nachdruck „veranstaltet".[19]) Das neue Gesetz hat diesen Ausdruck, der wohl einfach im Sinne der Täterschaft zu verstehen war, aufgegeben, damit aber der Meinungsverschiedenheit dennoch kein Ende bereitet.[20]) Ausgehend von der Grundlage, daß nur als Täter bestraft wird, wer zugleich die objektiven und die subjektiven Tatbestandsmerkmale in seiner Person erfüllt, und der Erwägung, daß das Gesetz (LUG. § 38, KUG. § 15) das Vervielfältigen und das gewerbsmäßige Verbreiten des Werkes als zwei verschiedene Möglichkeiten der Erfüllung des objektiven Tatbestandes hinstellt, irgendwelche „Absicht" aber hiezu nicht erfordert, kommen wir zu dem Ergebnisse:

1. Der Drucker als Vervielfältiger kann als Täter in Betracht kommen. Daß er die Vervielfältigung nicht im eigenen Interesse vornimmt, ist gleichgültig. Ist der Drucker als Täter strafbar, so ist es der Verleger als Anstifter. Tatsächlich wird es jedoch beim Drucker regelmäßig an dem Bewußtsein, in ein fremdes Urheberrecht einzugreifen, und damit am subjektiven Tatbestande fehlen.

2. Nur auf den Leiter der Druckerei, sei er ihr Eigentümer oder sein Stellvertreter, können normaler Weise die Merkmale der Täterschaft zutreffen, nicht auf sein technisches Hilfspersonal, wie

[19]) Über den Begriff der Veranstaltung Stenglein im Gerichtssaal Bd. 38 S. 1 ff., van Calker a. a. O. S. 225 ff., Allfeld Bem. 1 zu § 18 des LUG. von 1870 und Bem. 4, a, aa zu § 38 des neuen LUG., Daude, Lehrbuch S. 55 ff.

[20]) Vgl. Stenglein, Die strafrechtlichen Nebengesetze, 3. Aufl. Bem. 1 zu LUG. § 38; van Calker, Kritische Bem. S. 40; Birkmeyer in Zeitschr. f. ges. Strafrechtswissenschaft Bd. 21 S. 596; Allfeld Bem. 4, a, aa zu LUG. § 38; Kohler, UrhR. S. 379.

die Setzer. Diese werden regelmäßig wegen Mangels des Vorsatzes nicht einmal wegen Beihilfe bestraft werden können.

3. Der Verleger ist Täter, insofern er vorsätzlich das Werk gewerbsmäßig verbreitet. Aber auch in Ansehung der Vervielfältigung kann er (mittelbarer) Täter sein, wenn er diese durch die Mittelsperson des Druckers, der seinerseits von dem rechtswidrigen Eingriffe nichts weiß, vornehmen läßt.

4. Sortimentsbuchhändler, Musikalienhändler, Kolporteure kommen wegen der vorsätzlichen gewerbsmäßigen Verbreitung des Werkes als Täter in Betracht; zugleich kann der Verleger Anstifter sein.

Entsprechend die gleichen Grundsätze gelten, wenn es sich um die Nachbildung oder Verbreitung von Werken der bildenden Kunst oder Photographie oder von kunstgewerblichen Mustern und Modellen handelt.[21])

Bei öffentlichen Aufführungen von Bühnenwerken und Tonwerken sind Täter regelmäßig nicht die Schauspieler, Sänger, Orchestermitglieder usw., sondern Täter ist der Leiter des Bühnen- oder Konzertunternehmens, der tatsächlich die Auswahl des Werkes zum Zwecke der Aufführung getroffen hat, ohne Rücksicht darauf, ob er selbst privatrechtlicher Eigentümer bzw. Inhaber des gewerblichen Unternehmens oder der Anstalt ist oder ob er von diesem mit der Leitung betraut ist.[22]) Die mitwirkenden Künstler können der Beihilfe schuldig sein, wenn sie, was aber nur ausnahmsweise zutreffen wird, sich des Eingriffes in das fremde Urheberrecht bewußt sind.[23]) Nur wenn Künstler als Sänger, Klavierspieler, Geiger,

[21]) wobei aber zu beachten ist, daß die Einzelkopie eines Musters oder Modells, sofern sie ohne die Absicht der gewerbsmäßigen Verbreitung und Verwertung angefertigt wird, überhaupt nicht verboten ist; MSchG. § 6 Ziff. 1.

[22]) wie z. B. der vom Gastwirt engagierte Kapellmeister RGE. in ZS. Bd. 38 S. 22 ff. Vgl. Allfeld Bem. 10 zu LUG. § 38.

[23]) Wird ihre Verantwortlichkeit nicht etwa schlechthin dadurch ausgeschlossen, daß sie auf Grund ihres Anstellungsvertrages zur Mitwirkung verpflichtet sind? M. E. nein. Denn die Beihilfe zu einer strafbaren Handlung kann gar nicht Inhalt eines privatrechtlichen Vertrages sein (BGB. § 134) und die Subordinationspflicht, die bis zu einem gewissen Grade durch den Anstellungsvertrag (gleichgültig ob Dienstvertrag oder Werkvertrag) allerdings begründet wird, bildet keinen vom StGB. anerkannten Strafausschließungsgrund. Diese Art psychologischer Zwangslage wird nicht berücksichtigt. Anders Kohler, UrhR. S. 379, Handb. des Patentrechts S. 905.

Rezitatoren ihr Programm selbständig bestimmen, kommen sie als Täter bzw. wenn sie zu zweien oder mehreren ein Werk aufführen, als Mittäter in Betracht.

Auf dem Gebiete des Erfinderrechtes führt die Anwendung des Grundsatzes, daß nur Täter ist, in wessen Person sich die objektiven und subjektiven Tatbestandsmerkmale vereinigen, dazu, den Inhaber des Gewerbes, in welchem eine Patentverletzung oder Gebrauchsmusterrechtverletzung begangen wird, dann nicht als Täter zu betrachten, wenn ihm persönlich der Dolus fehlt, sei es daß er sich um den Geschäftsbetrieb überhaupt nicht kümmert, sondern dessen Leitung einem Angestellten überläßt, sei es daß ein unter seiner Leitung vorkommender Eingriff in fremdes Erfinderrecht tatsächlich seiner Aufmerksamkeit entgeht. In derlei Fällen ist also der Angestellte, von dem die Weisung zur rechtsverletzenden Veranstaltung ausgeht, der Täter, und es kommt dabei nicht in Betracht, daß dieser weder im eigenen Namen noch für eigene Rechnung produzieren oder verkaufen will, sofern nur die Benutzung der fremden Erfindung als eine gewerbsmäßige[24]) erscheint.

Die Frage, ob bei Patent- und Gebrauchsmusterverletzungen Maschinisten, Modelleure, Chemiker, Arbeiter und andere technische Gehilfen sowie die Hilfspersonen beim Inverkehrbringen des geschützten Gegenstandes sich der strafbaren Beihilfe schuldig machen, ist auch hier nur zu bejahen, wenn der Ausnahmefall vorliegt, daß diese Personen sich bewußt sind, daß ihre Hilfstätigkeit einem rechtswidrigen Eingriffe in fremdes Recht dient. Ihr Subordinationsverhältnis schützt sie nicht.[25])

V. Als Mittäter (StGB. § 47) wird bestraft, wer im Bewußtsein der Gemeinschaftlichkeit mit einem anderen durch eine der Ergänzung durch jenen bedürftige Ausführungshandlung eine wesentliche Ursache für eine Urheberrechtsverletzung setzt. Das Kriterium der Mittäterschaft liegt darin, daß das Handeln keiner der mehreren Personen für sich allein den objektiven Deliktstatbestand zu erfüllen vermag, ihr Zusammenwirken aber ihn erfüllt. Mittäter sind also z. B. der Liedersänger und sein Begleiter, die Mitglieder eines Quar-

---

[24]) Über diesen Begriff oben S. 69.

[25]) In diesem Sinne auch Allfeld Bem. 4, d zu PG. § 36, gegen Kohler, Handbuch des PatR. S. 905.

tetts, die Mitglieder einer ohne Impresario reisenden Schauspielergruppe, welche selbständig die zu spielenden Stücke bestimmt; bei Patentverletzungen, die in einem Gewerbebetriebe geschehen, die mehreren einverständlich handelnden Sozien einer offenen Handelsgesellschaft, die mehreren Mitglieder des Vorstands einer Aktiengesellschaft,[26]) aber auch die mehreren einverständlich handelnden Prokuristen oder technischen Geschäftsleiter, soweit sie die Anordnung der Benutzungshandlung selbständig zu bestimmen hatten und nicht nur nach Weisungen des Prinzipals handelten.[27])

VI. Die Schwierigkeiten, die der Begriff des fortgesetzten Deliktes der Strafrechtswissenschaft überhaupt bietet, machen sich auf urheberrechtlichem Gebiete[28]) ganz besonders fühlbar. Wenn wir davon ausgehen,[29]) daß die Deliktseinheit charakterisiert wird durch die Einheitlichkeit des Erfolges, mit der sich entweder die Einheitlichkeit des Vorsatzes verbindet oder die Einheitlichkeit des fortdauernden tatsächlichen Verhältnisses, das zur Begehung der Einzelhandlungen Anlaß gibt, so werden wir zu der Annahme geführt, daß der Photograph oder Lithograph, welcher mehrere Reproduktionen desselben Bildes und der Kunstgewerbetreibende, welcher mehrere Nachbildungen desselben geschützten Modells herstellt ebenso wie der Verleger, welcher mehrere Auflagen desselben geschützten Schriftwerks oder Tonwerks erscheinen läßt und der Schauspieldirektor, der ein geschütztes Stück mehrmals hintereinander aufführen läßt, ein einheitliches fortgesetztes Delikt begehen. Dasselbe gilt für den Gewerbetreibenden, der gewerbsmäßig den geschützten Gegenstand einer Erfindung in mehreren Exemplaren herstellt oder in Verkehr bringt.[30]) Wir werden aber aus demselben Gesichtspunkte noch weiter gehend auch dann

---

[26]) natürlich immer vorausgesetzt, daß bei jedem Dolus vorliegt.

[27]) In letzterem Falle können sie nur als Gehilfen in Betracht kommen.

[28]) Vgl. van Calker, Delikte S. 297 ff.; Allfeld Bem. 7 zu LUG § 38 und Bem. 2, c zu PG. § 36; Kohler, UrhR. S. 378, Handb. des PatR. S. 898 ff.; Kent, Bem. 40 ff. zu § 36; Fuld in Zeitschr. f. gewerbl. Rechtsschutz Bd. 10 S. 213, Rathenau ebenda S. 352.

[29]) In wesentlicher Übereinstimmung mit Frank, Bem. V, 6 zu StGB. § 74. Eine nähere Begründung dieser bestrittenen Auffassung würde tief in strafrechtliche Grundprobleme hineinführen, zu deren Behandlung hier nicht der Ort ist.

[30]) Aber nicht deshalb, weil die zum objektiven Deliktstatbestand gehörige „Gewerbsmäßigkeit“ an sich schon eine Wiederholung erfordern würde.

ein fortgesetztes Delikt annehmen müssen, wenn dasselbe fremde Geistesgut vom gleichen Täter in zusammenhängender Ausübung des Geschäftsbetriebs auf verschiedene Arten verletzt wird; demnach liegt nur ein (fortgesetztes) Patentvergehen vor, wenn ein Gewerbetreibender denselben Gegenstand der geschützten Erfindung gewerbsmäßig herstellt und dann in Verkehr bringt, obgleich das Herstellen ebenso wie das Inverkehrbringen jedes für sich allein den objektiven Deliktstatbestand zu erfüllen vermag; und es liegt analog nur ein fortgesetztes Vergehen vor, wenn ein Verleger dasselbe geschützte Werk vervielfältigt und gewerbsmäßig verbreitet, obwohl der Nachdruck für sich allein schon strafbar ist, auch wenn es nicht zur Verbreitung kommt. Die theoretischen Bedenken, die man gegen diese Auffassung haben mag, müssen zurücktreten gegenüber dem praktischen Bedürfnis, dem sie allein entspricht.[31])

In allen Fällen aber, in denen durch denselben Täter das Urheberrecht an verschiedenen Geisteswerken desselben Berechtigten oder an mehreren Erfindungen des gleichen Erfinders verletzt wird, liegt kein fortgesetztes Delikt vor, sondern Realkonkurrenz.

§ 35.

β) Strafantrag.

I. Bedeutung und Form. Bei allen Urheberrechtsverletzungen tritt die Strafverfolgung nur auf Antrag ein. LUG. § 45; KUG. § 41; MSchG. § 14; mit LUG. von 1870 § 27; PG. von 1891 § 36 Abs. 2; GMG. § 10 Abs. 2.

Der Antrag gehört nicht zum Tatbestande des Deliktes, er ist nicht als Voraussetzung der Strafbarkeit, sondern als Voraussetzung der Strafverfolgung aufzufassen: er ist sog. Prozeßvoraussetzung.

Der Antrag muß unzweideutig zum Ausdruck bringen, daß der Verletzte die Verfolgung des Täters bewirken will. Er muß bei Gericht oder bei der Staatsanwaltschaft schriftlich oder zu Protokoll oder bei einer Behörde des Polizei- und Sicherheitsdienstes schriftlich angebracht werden.

II. Antragsberechtigt ist der durch die strafbare Handlung unmittelbar Verletzte, also derjenige, welcher zur Zeit der Begehung

---

[31]) a. M. van Calker, Kritische Bem. S. 38.

des Deliktes der Träger des Urheberrechts ist. Ob diesem das Urheberrecht auch zur Zeit der Antragsstellung noch zusteht oder ob es inzwischen durch Uebertragung unter Lebenden auf einen anderen übergegangen oder durch Zeitablauf erloschen ist, darauf kommt es nicht an. Gleichgültig ist auch, ob der durch die strafbare Handlung verletzte Träger des Urheberrechts dessen ursprünglicher Inhaber oder dessen Erbe oder sonstiger Rechtsnachfolger ist. Aber das Antragsrecht selbst geht nicht auf die Erben des Verletzten über.[1])

Antragsberechtigt als Rechtsträger sind auch die auf Grund konstitutiver Uebertragung Teilberechtigten, deren Recht absoluten Charakter hat, so der Verleger und der Inhaber einer ausschließlichen Lizenz, nicht aber diejenigen, denen im Urheberrecht enthaltene Einzelbefugnisse ohne Ausschließlichkeit in lediglich obligatorischer Weise übertragen sind. Mit der Antragsbefugnis des Verlegers oder ausschließlich berechtigten Lizenzträgers kann diejenige des Verfassers oder Erfinders konkurrieren. Selbst wenn diese der im Urheberrecht enthaltenen vermögensrechtlichen Befugnisse im Wege konstitutiver Uebertragung sich völlig entäußert haben, bleiben sie doch noch Träger ideeller Interessen, deren Verletzung einen Grund zu ihrer Legitimation abgeben kann.

Steht das verletzte Urheberrecht mehreren Personen zu, die in einer Bruchteilgemeinschaft stehen, wie Miturhebern oder Miterfindern, oder in einer Gesamthänderschaft, wie Gesellschaftern einer offenen Handelsgesellschaft, so ist jede von ihnen selbständig antragsberechtigt.

Steht es einer juristischen Person zu, so hat der Strafantrag von dem zu ihrer Vertretung berufenen Organe auszugehen.

Im übrigen ist eine Vertretung in der Antragstellung stets zulässig als bloße Vertretung in der Erklärung; als Vertretung im Willen:

a) in den aus dem allgemeinen bürgerlichen Recht sich ergebenden Fällen gesetzlicher Vertretungsmacht; jedoch ist ein Verletzter,

---

[1]) So auch die herrschende Ansicht (vgl. RGE. in StrS. Bd. 11 S. 53); a. M. Binding, Handbuch des Strafrechts Bd. 1 S. 624.

Von der Frage, ob das verletzte Rechtsgut materiellen oder immateriellen Charakter hat, ist, wie gegen Frank Bem. 5 zu StrGB. § 61 bemerkt werden muß, die Frage nach der Vererblichkeit des Antragsrechts nicht abhängig.

der das achtzehnte Lebensjahr vollendet hat, auch selbständig zum Antrag auf Bestrafung berechtigt. Vgl. StGB. § 65.

b) im Falle des § 12 des PG. von 1891 § 12 für den bestellten Vertreter eines im Ausland wohnenden Patentinhabers; vgl. oben S. 45;

c) im Falle anonymer und pseudonymer Urheberschaft dem Herausgeber bzw. Verleger auf Grund der §§ 7 Abs. 2 LUG., 9 Abs. 2 KUG.; vgl. oben S. 63 ff.;

d) für den Prokuristen, wenn das Urheberrecht den Zwecken eines Handelsgewerbes dient, auf Grund des HGB. § 49.[2])

III. Die Antragsbefugnis ist befristet. Sie erlischt, wenn der zum Antrag Berechtigte es unterläßt, den Antrag binnen 3 Monaten zu stellen. Diese Frist beginnt mit dem Tage, seit welchem der zum Antrag Berechtigte von der rechtsverletzenden Handlung und von der Person des Täters Kenntnis gehabt hat.[3]) Liegt Vergehenseinheit, insbesondere ein fortgesetztes Vergehen, vor, so wird die Frist von der Kenntnis der letzten der Einzelhandlungen an

---

[2]) Die Anwendbarkeit des § 49 HGB. wird bestritten von Seligsohn Bem. 10 zu PG. § 46 unter Berufung auf RGE. vom 17. Okt. 1904 in D. JurZtg. 1905 S. 124 Nr. 6. Aber § 49 ermächtigt den Prokuristen zu allen Arten von gerichtlichen Rechtshandlungen, die der Betrieb eines Handelsgewerbes mit sich bringt; daß diese Rechtshandlungen zivilrechtlichen Charakter haben müssen, ist nicht gesagt. Vgl. RGE. in StrS. Bd. 15 S. 144.

Etwas anderes ist es, daß natürlich im Verhältnis zum Prinzipal der Prokurist verpflichtet sein kann, nicht gegen dessen Willen Strafanträge zu stellen. Das hat aber mit der Frage der Legitimation nichts zu tun, wie denn überhaupt Geschäftsführungsbefugnis (internes Verhältnis zum Prinzipal) und Vertretungsmacht (Legitimation nach außen) scharf auseinander zu halten sind und sich nicht zu decken brauchen. Die Ansicht von Seligsohn beruht offenbar auf ihrer Verwechselung.

[3]) StGB. § 61; übereinstimmend (und daher entbehrlich) MSchG. § 14 mit LUG. von 1870 § 35.

Man streitet darüber, wer bezüglich der Kenntnis die „Beweislast" habe (vgl. Allfeld Bem. 5 zu LUG. § 45 gegen Dambach, Die Gesetzgebung usw. S. 200). Aber eine eigentliche Beweislast gibt es im Strafprozeß weder für den Antragsteller noch für den Beschuldigten. Vielmehr ist es Sache der Staatsanwaltschaft und des Gerichts, von Amts wegen wie überhaupt das Vorliegen der Prozeßvoraussetzungen so auch die Rechtzeitigkeit des Antrags, also auch den Zeitpunkt jener Kenntnis, festzustellen. Eine Vermutung gibt es dabei nicht. Gelingt die Feststellung nicht, so ist das Verfahren einzustellen.

gerechnet.[4]) Gegen die Versäumung der Frist gibt es keine Wiedereinsetzung in den vorigen Stand. Versäumt einer von mehreren Antragsberechtigten die Frist, so wird dadurch das Recht der übrigen nicht ausgeschlossen.

IV. Unteilbarkeit. Der Antrag kann nicht geteilt werden (StGB. § 63). Das will sagen: sind an einer Urheberrechtsverletzung mehrere Personen beteiligt (als Mittäter, Anstifter, Gehilfen), so kann der Antragsteller nicht nach seinem Belieben die strafrechtliche Verfolgung nur gegen einen Teil dieser Personen herbeiführen, gegen den anderen nicht. Vielmehr hat der auch nur gegen eine Person gerichtete Antrag die Folge, daß das gerichtliche Verfahren gegen sämtliche an der Handlung Beteiligte sowie gegen den Begünstiger stattfindet. Dieser Grundsatz der Unteilbarkeit des Antrags gilt jedoch nur gegenüber den an einer Urheberrechtsverletzung (als einer Deliktseinheit oder einem fortgesetzten Delikt) Beteiligten, nicht auch für die an mehreren real konkurrierenden Handlungen Beteiligten.[5])

V. Ein Verzicht auf den Strafantrag muß, wenn er vor der Begehung des Delikts erfolgt, grundsätzlich als nichtig, weil gegen die guten Sitten verstoßend, angesehen werden; niemand kann sich von vornherein verpflichten, gegen strafbare Eingriffe in seine Rechtssphäre nicht zu reagieren. Aber es wird immer zu untersuchen sein, ob der „Verzicht auf den Strafantrag" nicht zugleich eine Einwilligung zum Eingriff in das Urheberrecht enthält; dann stellt dieser Eingriff überhaupt kein Vergehen dar, da es am gesetzlichen Tatbestand fehlt. Der Verzicht auf den noch nicht gestellten Strafantrag nach der Begehung des Delikts ist auf die mit dem gestellten Antrag von Amts wegen zu betreibende Verfolgung ohne Einfluß; dagegen ist der „Verzicht" auf den schon gestellten Strafantrag in Wahrheit eine Zurücknahme des Antrags.

VI. Die Zurücknahme des Antrages ist in den Urheberrechtsgesetzen überall ausdrücklich für zulässig erklärt. Sie kann erfolgen bis zur Verkündigung eines auf Strafe lautenden Urteils ohne Rücksicht darauf, ob dieses etwa in höherer Instanz aufgehoben wird.[6])

---

[4]) RGE. in StrS. Bd. 15 S. 370.

[5]) Vgl. RGE. in StrS. Bd. 28 S. 175, Bd. 31 S. 93.

[6]) Vgl. RGE. in StrS. Bd. 2 S. 420.

Bezüglich der Legitimation zur Zurücknahme gelten dieselben Regeln wie für den Antrag; dagegen ist eine bestimmte Form für die Zurücknahme nicht vorgeschrieben. Der Grundsatz der Unteilbarkeit des Antrags äußert sich bei der Zurücknahme insofern, als die Zurücknahme des gegen einen Beteiligten gestellten Antrags die Einstellung des Verfahrens gegen alle Beteiligten zur Folge hat. Ein Widerruf der Zurücknahme ist nur möglich in Form eines neuen Antrags.

§ 36.

γ) Verjährung.

I. Verfolgungsverjährung.

1. Frist. Die Verjährung der Strafverfolgung vollendet sich, der verschiedenen Höhe der angedrohten Strafen entsprechend, aber ohne daß ein triftiger innerer Grund für diese Verschiedenheit der Behandlung ersichtlich wäre, bei den Vergehen gegen Patent- und Gebrauchsmusterrecht erst in längerer Frist als bei Vergehen gegen die übrigen Urheberrechte. Während nämlich für Vergehen gegen das Urheberrecht an Werken der Literatur und der Tonkunst, an Werken der bildenden Kunst und der Photographie sowie an Geschmacksmustern die urheberrechtlichen Spezialgesetze[1]) eine Verjährung der Strafverfolgung in 3 Jahren vorschreiben, besteht für Vergehen gegen das Patent- und Gebrauchsmusterrecht eine spezialgesetzliche Verjährungsbestimmung überhaupt nicht, so daß die Verjährung ihrer Verfolgung nach der allgemeinen Vorschrift des StGB. § 67 Abs. 2 erst in 5 Jahren sich vollendet.

2. Für den Beginn der Verjährung ist grundsätzlich nicht der Zeitpunkt des eingetretenen rechtsverletzenden Erfolges maßgebend, sondern der Tag, an welchem die Handlung begangen ist. Doch tritt hier wiederum eine Verschiedenheit zutage:

a) die Verjährung der Verfolgung wegen Nachdrucks von Schriftwerken oder Tonwerken oder wegen Nachbildung von Geschmacksmustern beginnt erst mit dem Tage, an dem die Verbreitung der nachgedruckten bzw. nachgebildeten Exemplare zuerst stattgefunden hat.[2])

---

[1]) LUG. §§ 50, 51; KUG. §§ 47, 48; MSchG. § 14 mit LUG. von 1870 §§ 33, 34.

[2]) Obwohl der Nachdruck als solcher schon strafbar ist, auch ohne Ver-

Ebenso beginnt die Verjährung des Vergehens der Vervielfältigung von Kunstwerken oder Photographien dann erst mit dem Tage, an welchem eine Verbreitung stattgefunden hat, wenn die Vervielfältigung zum Zwecke der Verbreitung bewirkt ist.[3])

b) Ist dagegen die strafbare Vervielfältigung von Kunstwerken oder Photographien nicht zum Zwecke der Verbreitung bewirkt, so beginnt die Verjährung mit dem Tage, an welchem die Vervielfältigung vollendet ist.

c) Die Verjährung der Strafverfolgung wegen Verbreitung oder Aufführung oder Vortrags eines Schriftwerkes oder Tonwerkes oder wegen Verbreitung oder Vorführung eines Werkes der bildenden Kunst oder Photographie oder Verbreitung eines Bildnisses, endlich wegen Verbreitung von nachgebildeten Exemplaren eines Geschmacksmusters beginnt mit dem Tage, an welchem die widerrechtliche Handlung zuletzt stattgefunden hat. Dabei ist vorausgesetzt, daß die mehreren Einzelakte der Verbreitung usw. sich als Vergehenseinheit oder als fortgesetztes Delikt[4]) darstellen.[5])

3. Die Frist endigt mit dem Ablauf desjenigen Tages ihres letzten Monats, welcher dem Tage vorhergeht, der durch seine Zahl dem Anfangstage der Frist entspricht.[6])

---

breitung. Aber der Nachdruck allein entzieht sich leicht der Kenntnis des Verletzten und der Anklagebehörde; daher die Hinausschiebung des Verjährungsbeginnes.

[3]) Diese Unterscheidung des Verjährungsbeginns nach dem „Zweck" der Tat, also einem psychischen Internum, für welches es oft an äußeren Anhaltspunkten fehlen wird, ist nicht eben praktisch.

[4]) Über diesen Begriff oben § 34 unter VI S. 169.

[5]) Ich fasse den § 51 LUG. so auf, daß er bestimmen will, die Verjährung der Strafverfolgung wegen eines Deliktes (Deliktseinheit oder fortgesetztes Delikt) beginne, auch wenn es in mehreren Einzelhandlungen besteht, mit dem Tage, an welchem die widerrechtliche Handlung zuletzt stattgefunden hat. Dagegen nimmt Allfeld (Bem. 3 zu LUG. § 51) an, das Gesetz mache, sofern sich nur die sämtlichen Handlungen auf dasselbe Werk beziehen, keinen Unterschied, ob die mehrfache Begehung einer der bezeichneten Handlungen den Tatbestand nur eines Vergehens oder mehrerer Vergehen bilde. Wäre aber diese merkwürdige Singularität einer einheitlichen Verjährung von Handlungen, die in Realkonkurrenz stehen, wirklich gewollt, so hätte das im Gesetze doch deutlicher zum Ausdruck kommen müssen.

[6]) Dies gemäß BGB. §§ 187 Abs. 2, 188 Abs. 2, deren Auslegungsvorschriften nicht nur für Gesetze privatrechtlichen Inhalts, sondern nach § 186 für Gesetze schlechthin maßgebend sind.

4. Unterbrechung und Ruhen der Verfolgungsverjährung richten sich nach den allgemeinen Vorschriften der §§ 68, 69 StGB. Insbesondere ist hervorzuheben, daß im Falle einer Beteiligung mehrerer an der Straftat eine Unterbrechung durch richterliche Handlung nur rücksichtlich desjenigen Beteiligten stattfindet, gegen den die richterliche Handlung sich richtet.

Durch die Anstellung der zivilrechtlichen Entschädigungsklage wird die Verjährung des Strafverfahrens nicht unterbrochen.[7])

II. Vollstreckungsverjährung. Die Vollstreckung rechtskräftig erkannter Strafen wegen Urheberrechtsverletzungen verjährt gemäß StGB. § 70 Ziff. 5 und 6 je nach der Höhe der erkannten Strafe in 5 oder in 2 Jahren. Die Verjährung beginnt mit dem Tage, an welchem das Urteil rechtskräftig geworden ist. Sie wird unterbrochen durch jede auf Vollstreckung gerichtete Handlung der Vollstreckungsbehörde sowie durch die zum Zwecke der Vollstreckung erfolgende Festnahme des Verurteilten.

c) Fälschungsvergehen.

§ 37.

α) Patentanmaßung.[1])

I. Die Patentanmaßung ist die irreführende Bezeichnung nicht patentierter Gegenstände als patentierter.

Ursprünglich bloße Uebertretung ist sie durch die Gesetzesreform von 1891 zu einem mit Geldstrafe bis zu 1000 Mark zu bestrafenden Vergehen gestaltet worden, um für die Verhandlung und Entscheidung die grundsätzliche Zuständigkeit der Strafkammer (mit bloßer Möglichkeit der Ueberweisung an das Schöffengericht nach GVG. § 70 Ziff. 14) zu begründen, welche, wenn es sich um die Feststellung der Tragweite eines Patents handelt, für die richtige Würdigung

---

[7]) Dies sagt für das Geschmacksmusterrecht MSchG. § 14 mit LUG. von 1870 § 38 ausdrücklich; es gilt aber in gleicher Weise auch für die übrigen Gebiete des Urheberrechts.

[1]) Literatur außer den Kommentaren zu PG. von 1891 § 40: van Calker, Die Delikte gegen das Urheberrecht S. 153 f., Kohler, Handbuch des Patentrechts S. 922 ff.; Osterrieth, Lehrbuch des gewerbl. Rechtsschutzes S. 161; Damme, D. Patentrecht S. 438 ff.; derselbe in Gewerbl. Rechtsschutz und UrhR. Bd. 2 S. 282 ff.; Magnus ebenda Bd. 10 S. 233 ff.

im allgemeinen bessere Garantien bietet als das Schöffengericht.[2]) Daß es an sich das Verhältnis von Mittel und Zweck auf den Kopf stellt und daher gesetzgebungspolitisch verfehlt ist, wenn man die erstrebte prozessuale Zuständigkeit durch Aenderung des materiellen Strafrechts zu erreichen sucht, bedarf keiner Ausführung.

II. Zum objektiven Tatbestande der Patentanmaßung gehört nach PG. § 40, daß jemand entweder

1. Gegenstände oder deren Verpackung mit einer Bezeichnung versieht, welche geeignet ist, den Irrtum zu erregen, daß die Gegenstände durch ein Deutsches Reichspatent geschützt seien; oder

2. in öffentlichen Anzeigen, auf Aushängeschildern, auf Empfehlungskarten oder in ähnlichen Kundgebungen eine Bezeichnung anwendet, welche geeignet ist, den Irrtum zu erregen, daß die darin erwähnten Gegenstände durch ein Deutsches Reichspatent geschützt seien.

Unerlaubt ist nicht nur die Bezeichnung „Deutsches Reichspatent" oder D. R. P. oder „patentamtlich geschützt", sondern auch „patentiert" schlechthin und jede andere Ausdrucksweise, die das Wort Patent mit dem Gegenstande in irreführender Weise in Verbindung bringt, wie z. B. Patentsopha. Unerlaubt sind diese Bezeichnungen auch dann, wenn der Erfindungsgegenstand zum Patent angemeldet ist,[3]) das Patent aber noch nicht erteilt ist, und dann, wenn der Gegenstand einen Gebrauchsmusterschutz, Geschmacksmusterschutz oder Warenzeichenschutz genießt.

Dagegen erfüllt die unwahre Vorspiegelung, als ob der Gegenstand im Auslande patentiert sei, nicht dem Tatbestand des § 40 PG.

III. Negative Voraussetzung der Patentanmaßung ist, daß für den als patentiert bezeichneten Gegenstand ein deutsches Reichspatent nicht besteht, sei es, daß ein solches überhaupt nie er-

---

[2]) Vgl. KommBer. zum PG. von 1891 S. 31.

[3]) Sogar die Abkürzung „D. R. P. a.", die nicht selten gebraucht wird, wird man als dem größten Teile des Publikums unklar und daher irreführend als unerlaubt ansehen müssen; so auch die Gerichtspraxis (vgl. RGE. in PMZBl. Bd. 4 S. 143) und die Theorie (Seligsohn Bem. 4, Allfeld Bem 3, b, Kent, Bem. 31 zu PG § 40). Vgl. auch Isay (Bem. 2, a zu PG. § 40), der mit Recht betont, daß es nicht nur darauf ankommt, ob die Bezeichnung in Händlerkreisen, sondern auch, ob sie in den Kreisen des kaufenden Publikums den Irrtum des Patentschutzes zu erregen geeignet ist.

langt wurde oder daß das einmal erlangte zurückgenommen, für nichtig erklärt oder erloschen ist.

Daraus ergibt sich, daß die Patentanmaßung ihrem Wesen nach nicht Vergehen gegen das Urheberrecht ist; sie setzt ja im Gegenteil voraus, daß ein Erfinderrecht an dem Gegenstand, wenigstens als ein vollkommenes, nicht besteht. Vielmehr wird man die Patentanmaßung zur Gruppe der Fälschungsdelikte stellen müssen. Es ist hier nicht ein bestimmtes Rechtsgut eines Einzelnen, das der Staat schützt, sondern das Interesse der Allgemeinheit daran, nicht durch Vorspiegelung eines in Wahrheit nicht bestehenden Vorzuges eines Gegenstandes zu Geschäftsabschlüssen in Bezug auf diesen veranlaßt zu werden, und gleichzeitig das berechtigte Interesse konkurrierender Veräußerer gleichartiger Gegenstände daran, daß der Konkurrent nicht durch falsche Vorspiegelungen einen Vorsprung erlange.

Der gleiche Zweckgedanke müßte freilich folgerichtig dazu führen, wie die Patentanmaßung so auch die Anmaßung des Gebrauchsmusterschutzes zum besonderen Delikte zu stempeln. Daß dies in unserer Gesetzgebung nicht geschehen ist, läßt sich verstehen aus dem relativ geringeren Ansehen, das der Gebrauchsmusterschutz nicht nur wegen seiner kürzeren Zeitdauer, sondern vor allem wegen der in seinem Gegenstande sich darstellenden qualitativ durchschnittlich tieferstehenden technischen Neuleistung genießt.

IV. Aus dem erwähnten Zwecke des Gesetzes ergibt sich auch, daß nicht schon die Anbringung der falschen Bezeichnung als solche strafbar ist, sondern nur eine solche Anbringung, welche die Gefahr der Irreführung mit sich bringt. Diese Gefahr besteht aber nur, wenn die Anbringung der falschen Bezeichnung geschieht in der Absicht, den Gegenstand in Verkehr zu bringen.[4])

[4]) Es wäre wohl richtiger gewesen, wenn PG. § 40 Ziff. 1 das Inverkehrbringen von Gegenständen unter Strafe gestellt hätte, von denen der Verbreiter weiß, daß sie fälschlich als patentiert bezeichnet sind. Dann wäre klar, daß es auch strafbare Patentanmaßung ist, wenn jemand Gegenstände als angeblich patentierte in Verkehr bringt, die ohne sein Verschulden vom Lieferanten oder von Angestellten als patentiert bezeichnet wurden. Der jetzige Wortlaut des Gesetzes läßt dieses zweckmäßige Ergebnis jedoch kaum zu, da eben nicht das Inverkehrbringen, sondern das Versehen der Gegenstände mit der falschen Bezeichnung als strafbar erklärt wird; vgl. RGE. in StrS. Bd. 25 S. 78; Magnus in Gewerbl. Rechtsschutz und UrhR. Bd. 10 S. 233 ff.; Isay Anm. 6, Selig-

Dagegen ist nicht erforderlich, daß wirklich jemand irregeführt wurde oder gar einen Vermögensschaden erlitten hat.

V. Als Verschulden lassen Gerichtspraxis[5]) und Theorie[6]) bei der Patentanmaßung schon jede Fahrlässigkeit genügen. Diese herrschende Anschauung ist aber unhaltbar. Denn grundsätzlich bildet die Bestrafung bloß fahrlässiger Vergehen die Ausnahme, die entweder ausdrücklich im Gesetz angeordnet sein oder (— wie etwa im Falle des StGB. § 330 —) aus seinem Zwecke mit zwingender Notwendigkeit sich ergeben muß. Solche aus dem Zwecke zu entnehmende dringende Gründe sind nicht aufzufinden. Im Gegenteil spricht die Analogie der ihrem Wesen nach nahe verwandten Vergehen des unlauteren Wettbewerbes (jetzt Ges. vom 7. Juni 1909 § 4) und der falschen Künstlerbezeichnung (KUG. § 33 Ziff. 1) entschieden gegen eine Ausdehnung der Strafe auf fahrlässige Begehung. Und auch der Umstand, daß der Nachweis des Vorsatzes häufig mit tatsächlichen Schwierigkeiten verbunden ist, kann, zumal diese Schwierigkeit keine gerade der Patentanmaßung eigentümliche ist, nicht entscheidend ins Gewicht fallen. Nur die vorsätzliche Patentanmaßung ist also strafbar.[7])

---

sohn Bem. 6, Kent, Bem. 40 zu PG. § 40; dagegen Kohler, Handbuch des PatR. S. 933; Allfeld, Bem. 4, b, aa zu PG. § 40.—

Nach dem österreichischen PG. § 113 Abs. 1 Ziff. 1 begeht die Patentanmaßung, wer die Gegenstände mit der falschen Bezeichnung „versieht und in Verkehr setzt".

[5]) RGE. in StrS. Bd. 24 S. 399, Bd. 26 S. 192.

[6]) van Calker a. a. O. S. 190; Kohler, Handbuch des PatR. S. 931 f.; Allfeld Bem. 6, Isay Anm. 8, Kent, Bem. 14, Seligsohn Bem. 8, Stenglein Bem. 6, alle zu PG. § 40; a. M. nur Dambach, Bem. 1 zu PG. § 40 und Binding, Lehrbuch des Strafrechts S. 497.

[7]) Nulla poena sine lege poenali. Angesichts dieses Grundsatzes trifft die wissenschaftliche Beweislast für die Strafbarkeit der bloßen Fahrlässigkeit diejenigen, die sie behaupten. Sie versuchen eine verschiedene Begründung:

1. Fahrlässigkeit genüge, weil über die Art der Schuld nichts gesagt sei; so Kohler a. a. O. Bekanntlich gilt aber für Vergehen im Strafrecht gerade die umgekehrte Regel, nämlich die, daß beim Schweigen des Gesetzes über die Schuldart Vorsatz erforderlich ist;

2. die Patentanmaßung sei ursprünglich Übertretung gewesen (s. oben im Text unter I), für Übertretungen genüge aber „mit Rücksicht auf ihren mehr polizeilichen Charakter" in der Regel Fahrlässigkeit zur Strafbarkeit und es sei nicht anzunehmen, daß durch die aus rein prozessualen Gründen erfolgte Stempelung zum Vergehen dies geändert werden wollte; so Allfeld a. a. O.

VI. Die Patentanmaßung ist nicht Antragsdelikt, sondern von Amts wegen zu verfolgen.

VII. Die Strafverfolgung verjährt in 3 Jahren (StGB. § 67). Die Verjährung beginnt mit der Begehung der Handlung. Strafbare Handlung ist nach dem Wortlaute des Gesetzes nicht das Inverkehrbringen des fälschlich als patentiert bezeichneten Gegenstandes, sondern die fälschliche Bezeichnung selbst. Das daraus herzuleitende Ergebnis, daß der Gewerbetreibende, der die von ihm wissentlich fälschlicher Weise als patentiert bezeichneten Gegenstände drei Jahre lang zurückhält und dann in den Verkehr bringt, nicht mehr verfolgt werden kann, ist höchst unangemessen.[8])

VIII. Das Vergehen der Patentanmaßung kann unter Umständen in Idealkonkurrenz treten mit dem Vergehen des Betruges (StGB. § 263), in seltenen Fällen, nämlich wenn der falschen Bezeichnung als Deutsches Reichspatent das kaiserliche Wappen in Form eines Wappenschildes beigefügt wird,[9]) auch mit der Uebertretung des StGB. § 360 Ziff. 7.

Dagegen konnte die Patentanmaßung nicht, wie behauptet wurde,[10]) ideell konkurrieren mit dem Vergehen gegen § 4 des Gesetzes zur Bekämpfung des unlauteren Wettbewerbs von 1896. Zu dessen Tatbestand gehörte, daß die unwahren und zur Irreführung geeigneten Angaben gemacht werden „über die Beschaffenheit, die Herstellungsart oder die Preisbemessung von Waren oder gewerblichen Leistungen, über die Art des Bezugs oder der Bezugsquelle von Waren,

---

Das wäre aber nur dann durchschlagend, wenn der Nachweis erbracht wäre, daß die Patentanmaßung lediglich Polizeiunrecht und nicht kriminelles Unrecht darstellt; denn durchaus nicht für alle Übertretungen genügt Fahrlässigkeit zur Strafbarkeit, sondern eben nur für diejenigen, welche sog. Polizeiübertretungen sind; vgl. oben S. 158. Ob aber die Patentanmaßung bloßes Polizeiunrecht ist, ist, da der Rechtsschutz doch auch im Interesse eines bestimmten Personenkreises (der Konkurrenten) besteht, zum mindesten zweifelhaft.

[8]) Seligsohn Bem. 6 und Isay Anm. 7 zu PG. § 40 lassen für die Begehung der Handlung den Zeitpunkt des Inverkehrbringens maßgebend sein. De lege ferenda sicher mit Recht! Nur stimmt dazu leider der Wortlaut des § 40 Abs. 1 nicht, vgl. oben unsere Anm. 4.

[9]) Vgl. dazu Kais. Erl. vom 16. März 1872 und Bek. des Reichskanzlers vom 11. April 1872. (RGBl. S. 90, 93).

[10]) von Biberfeld in Gewerbl. Rechtsschutz und UrhR. Bd. 1 S. 278; dagegen Damme ebenda Bd. 2 S. 282 ff., Kohler, Handbuch des Patentrechts S. 930 und die Kommentatoren.

über den Besitz von Auszeichnungen, über den Anlaß oder den Zweck des Verkaufes." Die Bezeichnung der Gegenstände als patentierter deckt sich aber mit keinem dieser Merkmale, insbesondere nicht mit der Behauptung des Besitzes von Auszeichnungen; denn ein Patent kann nach dem heutigen Patentrecht, nach welchem unter den gesetzlich normierten Voraussetzungen ein Anspruch auf seine Erteilung besteht, nicht als „Auszeichnung" betrachtet werden.

Nach § 4 des neuen WettbewGes. vom 7. Juni 1909 jedoch sind die in Täuschungsabsicht gemachten unwahren Angaben „über geschäftliche Verhältnisse" überhaupt strafbar; damit kann nun die Patentanmaßung ideell konkurrieren.

IX. Zusatz: Zivilrechtliche Folgen der Patentanmaßung.

Die irreführende Bezeichnung nicht patentierter Gegenstände als patentierter kann Grund zu einem zivilrechtlichen Anspruch auf Unterlassung und zu einem Anspruch auf Schadensersatz werden. Beide sind auf mehrfache Weise zu konstruieren.

1. Der Unterlassungsanspruch kann gegründet werden:

a) wenn zugleich der objektive Tatbestand der strafrechtlichen Patentanmaßung vorliegt, auf PG. von 1891 § 40. Er steht jedem zu, der ein Interesse an der Unterlassung der strafbaren Handlung hat. Zwar ist nirgends im Gesetze der Unterlassungsanspruch ausdrücklich als Korrelat der Strafbarkeit erkennbar gemacht, aber es ist ein Erfordernis der Rechtslogik, daß, wenn das Gesetz im Interesse eines bestimmten Personenkreises eine Handlung mit Strafe belegt, der an der Nichtvornahme dieser Handlung rechtlich Interessierte sie auch zivilrechtlich abwehren kann. Allerdings hat dies hier nur theoretische Bedeutung; denn der Unterlassungsanspruch kann stets gestützt werden

b) auf § 3 des Ges. zur Bekämpfung des unlauteren Wettbewerbs vom 7. Juni 1909,[11]) dessen Tatbestand den der Patentanmaßung nach PG. § 40 Ziff. 2 deckt.[12]) Darnach kann, wer in öffentlichen Bekanntmachungen oder in öffentlichen Mitteilungen, welche für einen größeren Kreis von Personen bestimmt sind, über geschäftliche Verhältnisse unrichtige Angaben tatsächlicher Art macht, welche geeignet

[11]) Vgl. WettbewG. v. 1896 § 1.

[12]) Unrichtig wäre es, zu sagen, daß der Tatbestand des § 40 Ziff. 2 PG. sich mit dem des § 3 WettbewG. decke, denn letzterer Tatbestand ist ein weiterer.

sind, den Anschein eines besonders günstigen Angebots hervorzurufen, auf Unterlassung der unrichtigen Angaben in Anspruch genommen werden. Die Bezeichnung der im Geschäfte zu verwendenden oder zu veräußernden Gegenstände als patentierter ist zweifellos eine Angabe über geschäftliche Verhältnisse.[13])

Der Anspruch kann von jedem Gewerbetreibenden, der Waren oder Leistungen verwandter oder gleicher Art herstellt oder in den geschäftlichen Verkehr bringt, oder von Verbänden zur Förderung gewerblicher Interessen geltend gemacht werden, soweit diese Verbände als solche in bürgerlichen Rechtstreitigkeiten klagen können. Dieser Unterlassungsanspruch auf Grund des Wettbewerbsgesetzes besteht auch, wenn der Gegenstand in unwahrer und irreführender Weise als gebrauchsmusterrechtlich geschützt oder als zum Patentamt angemeldet oder als durch ausländisches Patent geschützt bezeichnet wird, obwohl in diesen Fällen eine Patentanmaßung im engeren kriminalistisch-technischen Sinne des PG. § 40 nicht vorliegt.

Der Unterlassungsanspruch setzt kein Verschulden, sondern nur objektive Widerrechtlichkeit voraus.

Der Anspruch verjährt, wo er ausschließlich auf § 3 des Wettbewerbsgesetzes gegründet werden kann, in 6 Monaten von dem Zeitpunkte an, in welchem der Anspruchsberechtigte von der Handlung und der Person des Verpflichteten Kenntnis erlangt, ohne Rücksicht auf diese Kenntnis in 3 Jahren von der Begehung der Handlung an;[14]) WettbewGes. § 21 (früher § 11).

c) Man hat versucht, die Legitimation zum Unterlassungsanspruch

---

[13]) trotzdem aber früher nicht nach § 4 WettbewG. von 1896 strafbar; der objektive Tatbestand des § 4 ist ein viel speziellerer als der des (früheren) zivilrechtlichen § 1.

[14]) a. M. Kohler, Handbuch des PatR. S. 924. Er nimmt an, die Beschränkung des § 11 des (früheren) WettbewG. falle stets weg, da sie durch den anderen Rechtsgrund der §§ 40 PG. und 826 BGB. „überboten" werde. Dieses Prinzip der Überbietung wäre durchaus anzuerkennen, wenn wirklich der Anspruch in allen Fällen auch auf die genannten anderen Rechtsgründe gestützt werden könnte. In Wirklichkeit ist aber der Unterlassungsanspruch aus BGB. § 826 höchst problematisch, und auf PG. § 40 ist er jedenfalls dann nicht zu gründen, wenn es sich um die irreführende Behauptung ausländischer Patentierung oder bloßer Anmeldung zum inländischen Patent oder des Gebrauchsmusterschutzes handelt.

auch auf die Gewerbeordnung zu stützen, die in ihrem § 1 den Grundsatz der Gewerbefreiheit proklamiert: die Patentanmaßung verletze das Recht auf ungestörten Gewerbebetrieb.[15]) Diese rechtliche Stütze ist aber nicht nur angesichts des Wettbewerbsgesetzes überflüssig, sondern sie ist auch in ihrer Haltbarkeit bedenklich, solange nicht bewiesen wird, daß die Gewerbefreiheit ein besonderes subjektives Recht und nicht lediglich ein bestimmtes Gebiet der allgemeinen Handlungsfreiheit ist.[16])

Wird der Unterlassungsklage stattgegeben, so kann im Urteil der obsiegenden Partei die Befugnis zugesprochen werden, den verfügenden Teil des Urteils innerhalb bestimmter Frist auf Kosten der unterliegenden Partei öffentlich bekannt zu machen. WettbewGes. § 23 Abs. 4.

Zur Sicherung des Unterlassungsanspruchs kann das Gericht eine einstweilige Verfügung erlassen, auch wenn die in der ZPO. (§§ 935, 940) für die Regel erforderten Voraussetzungen einer solchen Maßregel nicht zutreffen. WettbewGes. § 25.

2. Der Schadensersatzanspruch kann gleichfalls mit verschiedener rechtlicher Begründung erhoben werden:

a) wenn der Tatbestand der strafrechtlichen Patentanmaßung des PG. § 40 erfüllt ist, kann der zivilrechtliche Schadensersatzanspruch gestützt werden auf BGB. § 823 Abs. 2.[17]) Denn § 40 PG. ist als ein Schutzgesetz im Sinne des § 823 Abs. 2 (Schutz der Konkurrenten) aufzufassen.

b) Die Patentanmaßung verstößt zweifellos gegen die „guten Sitten". Geschieht sie in dem Bewußtsein, daß dadurch ein anderer geschädigt wird,[18]) so hat dieser einen Schadensersatzanspruch auf Grund des BGB. § 826.

---

[15]) So Isay Anm. 10 zu PG. § 40 unter Bezugnahme auf RGE. in Jur. Wschr. 1894 S. 520 Nr. 19.

[16]) Für letztere Auffassung z. B. Laband, Staatsrecht 4. Aufl. Bd. 3 S. 195 Anm. 1; Seydel, Bayrisches Staatsrecht 2. Aufl. Bd. 3 S. 397; anders freilich Rehm, Die rechtliche Natur der Gewerbekonzession (1889) S. 17 ff.

[17]) aber niemals auf § 823 Abs. 1; denn die Patentanmaßung verletzt weder eines der dort speziell aufgeführten Rechtsgüter noch ein „sonstiges Recht" d. h. subjektives Recht eines anderen; a. M. Seligsohn Bem. 2, Isay Anm. 12 zu PG. § 40.

[18]) Dieses Bewußtsein ist aber nicht notwendiges Tatbestandsmerkmal der Patentanmaßung.

c) Der Schadensersatzanspruch kann jetzt aber auch auf § 1 des WettbewGes. vom 7. Juni 1909 gegründet werden, wonach allgemein auf Schadensersatz in Anspruch genommen werden kann, wer im geschäftlichen Verkehre zu Zwecken des Wettbewerbes Handlungen vornimmt, die gegen die guten Sitten verstoßen.

Der Schadensersatzanspruch verjährt, wo er aus vorsätzlichem Handeln hervorgeht, stets in 3 Jahren, da er in diesem Falle stets auf BGB. § 826 gestützt werden kann.[19]) Bei fahrlässiger Begehung aber verjährt er nach der besonderen Bestimmung des WettbewGes. von 1909 § 21 in 6 Monaten, nachdem der Anspruchsberechtigte von der Handlung und der Person des Verpflichteten Kenntnis erlangt hat, ohne Rücksicht auf diese Kenntnis in 3 Jahren von der Begehung der Handlung an.

3. Ein Anspruch auf Zuerkennung einer Buße besteht nicht.[20])

§ 38.

β) Unbefugte Künstlerbezeichnung (Namensanmaßung).[1])

I. Es ist verboten, den Namen oder die sonstige Bezeichnung, z. B. das Monogramm, des Urhebers eines Werkes der bildenden Kunst oder der Photographie in einer Weise auf der an sich erlaubtermaßen[2]) hergestellten Vervielfältigung anzubringen, die zu Verwechslungen Anlaß geben kann; KUG. § 18 Abs. 3. Die Zuwiderhandlung gegen dieses Verbot, welches sich nicht nur gegen den Reproduzenten, sondern gegen jedermann richtet, ist ein Vergehen, das nach KUG. § 33 Ziff. 1 mit Geldstrafe bis zu 1000 Mark bestraft wird. Im Falle der Umwandlung tritt an die Stelle der nicht beizutreibenden Geldstrafe eine Gefängnisstrafe, deren Dauer zwei Monate nicht übersteigen darf.

Bei diesem Vergehen findet weder ein Eingriff in das Urheberrecht noch auch ein Bestreiten der Urheberschaft statt. Im Gegenteil:

---

[19]) WettbewG. § 21 wird in diesem Falle durch BGB. § 852 außer Anwendung gesetzt.

[20]) Vgl. RGE. in StrS. Bd. 35 S. 25 = Jur. Wschr. 1902 S. 586.

[1]) Vgl. außer den Kommentaren zum KUG. van Calker, Die Delikte gegen das UrhR. S. 136 ff.; Kohler, Kunstwerkrecht S. 139 ff.

[2]) erlaubt nach KUG. § 18 Abs. 1 und 2 (sog. „Einzelkopie" und Reproduktion von Personenbildnissen).

es wird in irreführender Weise der Anschein einer Urheberschaft erweckt, die an diesem Werke (der Kopie oder sonstigen Reproduktion) in seiner jetzigen technischen Gestaltung in Wahrheit nicht besteht. Dadurch wird nicht nur das persönliche Interesse verletzt, das der Urheber des Originals daran hat, daß minderwertige Vervielfältigungen nicht als von seiner Hand stammend angesehen werden, etwaige gleichwertige aber nicht dem Originale Konkurrenz machen, sondern auch das Interesse des kaufenden Publikums, welches durch den Irrtum, ein Original vor sich zu haben, möglicherweise zu Geschäftsabschlüssen verleitet wird, die es sonst nicht oder nicht in dieser Weise gemacht hätte.[3])

Das Vergehen ist daher, hierin der Patentanmaßung vergleichbar, nicht als solches gegen das Urheberrecht zu betrachten,[4]) sondern in die Gruppe der Fälschungsdelikte einzustellen.

Das Interesse des Künstlers und des Publikums wird nicht nur dann gefährdet, wenn die Kopie lediglich mit dem Namen oder Pseudonym[5]) oder Monogramm des Urhebers des Originals versehen wird, sondern auch dann, wenn dieser Namensbezeichnung in leicht übersehbarer oder nicht für jeden verständlicher Weise ein das Vervielfältigungsverhältnis andeutender Zusatz beigefügt ist.

Da nicht nur das Interesse des Schöpfers des Originals in Frage steht, vermag dessen Zustimmung zu der an sich verbotenen Handlung diese nicht zu einer straflosen zu machen.[6])

II. Subjektiv ist stets Vorsatz erforderlich, nicht dagegen Täuschungsabsicht.

---

[3]) Zu beachten ist aber, daß es sich dabei nicht um Veräußerung durch denjenigen handelt, der die Reproduktion unbefugterweise als Original bezeichnet hat; denn dann liegt ein Delikt gegen das Urheberrecht vor und kommt die Namensanmaßung nicht mehr als selbständiges Delikt in Betracht; sondern es ist an die Fälle zu denken, in welchen die zunächst ohne Verwertungsabsicht hergestellte Reproduktion später durch andere (z. B. Familienangehörige, Erben) in den Handel gebracht wird.

[4]) a. M., wie es scheint, Allfeld Vorbem. 1 vor § 31 KUG.

[5]) Auch das Pseudonym steht unter dem Schutze der §§ 18 Abs. 3, 33, mag man es im übrigen mit dem wahren Namen für rechtlich gleichwertig halten oder nicht. Wer es nicht für den „Namen" hält, muß es für eine „sonstige Bezeichnung" des Urhebers ansehen.

[6]) a. M. Allfeld Bem. 18 zu KUG. § 18; er nimmt an, die Einwilligung des Urhebers schließe die Anwendung des Verbotes dann aus, „wenn derselbe sein Recht nicht übertragen hat".

III. Die Strafverfolgung tritt nur auf Antrag ein. Die Zurücknahme des Antrags ist zulässig. KUG. § 41. Antragsberechtigt sind stets der Urheber des Originals und seine Rechtsnachfolger, außerdem aber wohl auch jeder, der durch sein Vertrauen auf die Originalität des Werkes einen Schaden erlitten hat.

IV. Die Strafverfolgung verjährt nach StGB. § 67 Abs. 2 in drei Jahren, beginnend mit dem Tage der Begehung der Handlung an.

V. Wer auf einer an sich unzulässigen Vervielfältigung eines Kunstwerkes den Namen des Urhebers des Originales in einer zu Verwechselungen Anlaß gebenden Weise anbringt, ist wegen der Nachbildung strafbar, aber nicht überdies noch wegen der falschen Künstlerbezeichnung. Die beiden Vergehen stehen zueinander im Verhältnis der Ausschließlichkeit,[7]) da, wie sich aus der Stellung des § 18 Abs. 3 im Gesetz ergibt, zu den Voraussetzungen des Spezialdeliktes der falschen Künstlerbezeichnung eben die Zulässigkeit der Vervielfältigung gehört. Dagegen kann das Vergehen der falschen Künstlerbezeichnung in Idealkonkurrenz treten mit den Vergehen des Betrugs und der Privaturkundenfälschung.[8])

VI. Zusatz: Zivilrechtliche Folgen.

Aus der falschen Künstlerbezeichnung können zivilrechtliche Ansprüche auf Unterlassung und Beseitigung und auf Schadensersatz bzw. Buße entstehen.

1. Der Unterlassungs- und Beseitigungsanspruch kann auf KUG. § 18 Abs. 3 gestützt werden; er wird hier zwar nicht ausdrücklich gegeben, er erscheint aber als notwendiges Korrelat zu der ja auch strafrechtlich gesicherten Verbotsnorm.

---

[7]) weder Gesetzeskonkurrenz noch Idealkonkurrenz!

[8]) Die Namensschrift auf dem Kunstwerk ist eine Urkunde, aus welcher ein Schluß auf die rechtserhebliche Tatsache der Urheberschaft gezogen werden kann, also eine Urkunde im Sinne des StGB. § 267. Das Gleiche wird man auch vom Monogramm annehmen müssen. Das ist freilich nicht unbestritten. So will z. B. Frank, Bem. III, 3 zu § 267 (gegen RGE. in StrS. Bd. 34 S. 53 und Goldschmidt im Gerichtssaal Bd. 55 S. 179, vgl. auch van Calker a. a. O. S. 138 Anm. 2) die Urkundenqualität beim Malerzeichen verneinen. Gegen die Annahme der Urkundenqualität auch Kohler, Kunstwerkrecht S. 144, der hier gelassen das große Wort ausspricht, das Strafrecht sei „nicht nach den Worten des Gesetzes, sondern nach den Erfordernissen der inneren Gerechtigkeit auszulegen". Wozu dann überhaupt eine Kodifikation mit ihrer sorgfältigen Abwägung der Worte?

Unter Umständen kommt auch § 16 Abs. 1 des Wettbewerbgesetzes vom 7. Juni 1909 in Betracht. Wer nämlich im geschäftlichen Verkehr einen Namen in einer Weise benutzt, welche darauf berechnet und geeignet ist, Verwechselungen mit dem Namen hervorzurufen, dessen sich ein anderer befugter Weise bedient, kann von diesem auf Unterlassung der mißbräuchlichen Art der Benutzung belangt werden. Freilich ist dabei zu beachten, daß darnach nicht die falsche Bezeichnung als solche schon den Unterlassungs- bzw. Schadensersatzanspruch hervorruft, sondern erst die im geschäftlichen Verkehr geschehende Benutzung des unberechtigter Weise mit dem Namen des Urhebers des Originales versehenen Werkes. Geht die geschäftliche Benutzung vom Kopisten selbst aus, so unterliegt dieser dem Unterlassungsanspruch, wennschon er in diesem Falle strafrechtlich nicht wegen der falschen Namensbezeichnung, sondern wegen der verbotenen Vervielfältigung verfolgbar ist.

2. Der Anspruch auf Schadensersatz kann gestützt werden:

a) auf BGB. § 823 Abs. 2, da KUG. § 18 Abs. 3 (mit § 33) als ein Schutzgesetz im Sinne dieser Bestimmung aufzufassen ist;

b) auf BGB. § 826 dann, wenn sich der Vorsatz auch auf die Schadenszufügung bezieht;[9])

c) unter Umständen auf das Wettbewerbgesetz § 16 Abs. 2 wenn der Bezeichner wußte oder wissen mußte, daß die mißbräuchliche Art der Benutzung geeignet war, Verwechselungen hervorzurufen.[10])

3. Wenn ein Strafverfahren stattfindet, kann der Verletzte als zivilrechtliche Entschädigung, auch für den ideellen Schaden gemäß KUG. § 35 eine an ihn zu erlegende Buße verlangen. Diese kann bis zu 6000 Mark gehen. Die erkannte Buße schließt aber die Geltendmachung eines weiteren Anspruches auf Schadensersatz aus. Näheres über die Buße s. oben § 27.

4. Im Kunsthandel ist der Irrtum, der durch die falsche Bezeichnung der Reproduktion mit dem Namen des Schöpfers des Originales

---

[9]) was an sich nicht zum Tatbestande der Namensanmaßung gehört.

[10]) Die in § 21 des WettbewG. gegebene Bestimmung der sechsmonatigen Verjährung kann aber, wo der Anspruch auch auf §§ 823 Abs. 2 oder 826 BGB. gestützt werden kann, nach dem Grundsatz der Überbietung (vgl. oben § 37 Anm. 14) nicht zur Anwendung kommen; vielmehr besteht dann die dreijährige Verjährungsfrist nach BGB. § 852.

hervorgerufen wird, als ein im Sinne des BGB. § 119 wesentlicher Irrtum über eine Eigenschaft des Kunstwerkes anzusehen; er berechtigt daher den sich irrenden Kontrahenten zur Anfechtung des Geschäfts.

Hat der Veräußerer die Unrichtigkeit der Bezeichnung gekannt, so kommt die Anfechtung wegen arglistiger Täuschung (BGB. § 123) in Betracht.

d) Das Plagiat.[1])

§ 39.

I. Das Plagiat[2]) ist die Anmaßung eines fremden Geisteserzeugnisses als eines eigenen durch Unterlassung der Quellenangabe. Es wird als Uebertretung mit Geldstrafe bis zu 150 Mark bestraft. LUG. § 44; KUG. § 40.

Der Nichtjurist spricht von „Plagiat" sehr häufig auch da, wo es sich um unerlaubten Nachdruck oder um unerlaubte Nachbildung handelt. Rechtlich ist es etwas davon durchaus verschiedenes.

Das Plagiat im Sinne der Urheberrechtsgesetze setzt nämlich voraus, daß eine an sich erlaubte[3]) Entlehnung aus einem fremden Werke oder ein an sich erlaubter Abdruck von Zeitungsartikeln[4]) stattfindet, daß der Entlehner aber das gesetzliche Gebot der deutlichen Quellenangabe nicht beachtet, obwohl er die Entlehnung in einem Werke macht, das nicht lediglich zu seinem persönlichen Gebrauch bestimmt ist. Der Plagiator greift also nicht wie der Nachdrucker in die im Urheberrecht enthaltene ausschließliche Vervielfältigungsbefugnis ein, sondern er verletzt die individualrechtliche Befugnis des Urhebers, das Werk vor der Oeffentlichkeit als das seinige anerkannt zu sehen. Das Gebot der Quellenangabe dient eben dem Schutze dieses Teiles der Persönlichkeitssphäre des Autors bzw. Künstlers und hat nicht lediglich polizeilichen Charakter.[5])

---

[1]) Vgl. außer den Kommentatoren zu LUG. § 44, KUG. § 40: van Calker, Die Delikte gegen das Urheberrecht S. 114 ff.; Kohler, UrhR. S. 463, Kunstwerkrecht S. 148.

[2]) Sprachliches: Plagium, Menschenraub (Verbum: plagiare), plagiarius = plagiator, Menschenräuber.

[3]) Erlaubt gemäß LUG. §§ 19—23 oder KUG. § 19.

[4]) Gemäß LUG. § 18 Abs. 1.

[5]) Diese Erkenntnis ist deshalb von praktischer Wichtigkeit, weil man gerade

Die Uebertretung ist vollendet, sobald die in Verbreitungsabsicht vorgenommene Vervielfältigung vollendet ist, ohne daß die Quellenangabe erfolgt ist.[6])

II. Das verbotene Verhalten besteht beim Plagiat in einem reinen Unterlassen.

„Täter" ist, wer zur Quellenangabe verpflichtet war; das ist der Urheber des Werkes, welches die Entlehnung aus fremdem Werke enthält. Verleger und Drucker können nicht wegen Beihilfe bestraft werden, nicht nur deshalb, weil es sich um eine bloße Uebertretung handelt, sondern auch, weil der Charakter des Plagiates als eines echten Unterlassungsdeliktes die Beihilfe (nicht auch die Anstiftung) schon begrifflich ausschließt.

III. Die Strafverfolgung wegen Plagiats tritt nur auf Antrag ein. Die Zurücknahme des Antrages ist zulässig. LUG. § 45, KUG. § 41. Antragsberechtigt sind der verletzte Urheber und seine Rechtsnachfolger und zwar ersterer selbst dann noch, wenn die Schutzfrist für das Urheberrecht abgelaufen ist. Denn für den Schutz des Persönlichkeitsrechtes können die gesetzlichen Fristen nicht gelten. In den Gesetzen kommt das freilich nicht zum Ausdruck.

IV. Die Strafverfolgung verjährt in 3 Monaten nach StGB. § 67 Abs. 3. Die Verjährung beginnt aber erst mit dem Tage, an welchem die erste Veröffentlichung stattgefunden hat; LUG. § 53, KUG. § 49.

V. Zusatz. Zivilrechtlich würde ein Anspruch auf Ersatz des etwaigen Vermögensschadens, der dem verletzten Urheber durch das Plagiat zugegangen ist, auf BGB. § 823 Abs. 2[7]) und, wenn sich der Vorsatz auch auf die Vermögensschädigung bezieht, auch auf BGB. § 826 zu stützen sein. Regelmäßig wird es sich aber beim

---

unter Berufung auf den polizeilichen Charakter behauptet hat, zur Begehung genüge Fahrlässigkeit; so Kohler Kunstwerkrecht S. 148; s. dagegen oben § 33 unter II S. 158.

[6]) So auch van Calker und Kohler a. a. O. sowie Allfeld Bem. 4 zu LUG. § 44 gegen Müller, Das deutsche Urheber- und Verlagsrecht Bd. 1 S. 147, Bd. 2 S. 179, welcher den Zeitpunkt des Erscheinens als entscheidend erachtet, was m. E. de lege ferenda den Vorzug der sichereren Feststellbarkeit des Zeitpunktes hat.

[7]) LUG. §§ 18 Abs. 1 und 25 und KUG. § 19 Abs. 2 sind Schutzgesetze im Sinne des § 823 Abs. 2.

Plagiat nur um eine ideelle Schädigung des Verletzten handeln, bei welcher die deutsche Gesetzgebung keinen Ersatzanspruch gewährt.

Der Anspruch auf Beifügung der Quellenangabe entspringt nicht erst der Begehung des Plagiats als ein Anspruch auf Unterlassung der Unterlassung, sondern er besteht schon vorher unmittelbar auf Grund gesetzlicher Vorschrift.

e) Zuständigkeit der Strafgerichte.

§ 40.

I. Sachlich zuständig sind für die strafrechtliche Aburteilung

1. bei allen Vergehen gegen Urheberrechte ausschließlich die Strafkammern der Landgerichte (GVG. § 73 Ziff. 1);

2. bei den Vergehen der Patentanmaßung und der falschen Künstlerbezeichnung gleichfalls die Strafkammern, jedoch mit der Möglichkeit der Ueberweisung an das Schöffengericht (GVG. § 75 Ziff. 14);

3. beim Plagiat als einer Uebertretung ausschließlich die Schöffengerichte (GVG. § 27 Ziff. 1).

II. Die örtliche Zuständigkeit bemißt sich nach StPO. §§ 7ff.

3. Einziehung, Unbrauchbarmachung, Übernahme von Exemplaren und Vorrichtungen.

§ 41.

a) Der Vernichtungsanspruch und das Übernahmerecht.

I. Vernichtung und Unbrauchbarmachung.

1. Auf dem Gebiete des literarischen und musikalischen Urheberrechtes sowie des Urheberrechtes an Kunstwerken und Photographien unterliegen die widerrechtlich hergestellten, verbreiteten oder vorgeführten Exemplare und die zur widerrechtlichen Vervielfältigung oder Vorführung ausschließlich bestimmten Vorrichtungen, wie Formen, Platten, Steine, der Vernichtung. Ist nur ein Teil des Reproduktionsexemplares bzw. der Vorrichtung[1]) widerrechtlich hergestellt,

[1]) Das Gesetz sagt: „des Werkes", meint damit aber offenbar die der Vernichtung unterliegenden körperlichen Gegenstände; s. Allfeld, Bem. 6 zu KUG. § 37.

verbreitet oder vorgeführt, so ist auf Vernichtung dieses Teiles und der entsprechenden Vorrichtungen zu erkennen. (LUG. § 42, KUG. § 37). Ebenso unterliegen nach dem KUG. der Vernichtung die widerrechtlich verbreiteten oder öffentlich zur Schau gestellten Bildnisse und die zu deren Vervielfältigung ausschließlich bestimmten Vorrichtungen. Ausgenommen sind nur Bauwerke.

2. Diese Vernichtung ist, wie wohl allgemein anerkannt wird, nicht als eine Strafe aufzufassen.[2]) Man braucht sich aber auch nicht mit der allgemeinen Wendung zu begnügen, die Vernichtung sei eine „private Sicherungsmaßregel“ zur Verhinderung einer Fortsetzung oder Wiederholung der Rechtsverletzung, sondern die rechtliche Natur der Vernichtung läßt sich bestimmter charakterisieren. Das Verlangen der Vernichtung ist nämlich eine besonders gestaltete Betätigungsform des abwehrenden (negatorischen) Anspruchs.[3]) Nicht nur der Zweck, sondern auch die gesetzliche Ausgestaltung und Vernichtung deuten auf diese Konstruktion hin. Das Wesen der Vernichtung als Ziel des negatorischen Anspruchs tritt deutlich in folgendem zutage:

a) Die Vernichtung setzt kein Verschulden voraus. LUG. § 42 Abs. 3 und KUG. § 37 Abs. 3 sagen ausdrücklich, daß auf die Vernichtung auch dann zu erkennen ist, wenn die Herstellung, die Verbreitung, die Vorführung oder die Schaustellung weder vorsätzlich noch fahrlässig erfolgt ist. Auch Gegenstände des Unverantwortlichen werden von der Vernichtung betroffen;[4]) das Abwehrbedürfnis des Verletzten besteht ihm gegenüber ebenso wie gegenüber dem Verantwortlichen.

b) Da der abwehrende Anspruch nicht nur der Beseitigung geschehener, sondern auch der Verhinderung drohender Rechtsverletzungen dient, unterliegen der Vernichtung auch solche Exemplare und Vorrichtungen, deren Herstellung noch nicht vollendet ist.

c) Die Vernichtung erfolgt nur, wenn der dahin gehende Anspruch vom Verletzten erhoben wird; die Erhebung des Anspruchs geschieht entweder in Form der zivilrechtlichen Klage oder im Straf-

---

[2]) Vgl. RGE. in StrS. Bd. 22 S. 56, 259.

[3]) Kohler, UrhR. S. 356 ff. spricht von einer „Steigerung“ des „Ablassungsanspruchs“.

[4]) a. M. Kohler a. a. O. S. 356.

verfahren durch einen besonderen Antrag während des Offizialverfahrens oder durch Erhebung einer Privatklage.

d) Der abwehrende Anspruch kann sich nur gegen denjenigen richten, der objektiv widerrechtlich in das Urheberrecht eingreift und dieses gefährdet. Mit ihm kann daher nur die Vernichtung derjenigen Exemplare und Vorrichtungen begehrt werden, welche sich im Eigentum der an der Herstellung, der Verbreitung, der Vorführung oder der Schaustellung Beteiligten sowie der Erben dieser Personen befinden; LUG. § 42 Abs. 2, KUG. § 37 Abs. 2. Die Vernichtung kann erst erfolgen, nachdem dem Eigentümer gegenüber rechtskräftig darauf erkannt ist.

e) Der Anspruch findet seine Grenze in dem Zwecke der Abwehr. Eine Vernichtung wirtschaftlicher Werte soll nicht stattfinden, wenn sie durch diesen Zweck nicht gefordert wird. Soweit daher die Exemplare oder die Vorrichtungen in anderer Weise als durch Vernichtung unschädlich gemacht werden können, z. B. durch Abschleifung, hat dies zu geschehen, falls der Eigentümer die Kosten übernimmt; LUG. § 42 Abs. 4, KUG. § 37 Abs. 4. Es handelt sich dabei nicht nur um eine Modalität des prozessualen Vollzugs, sondern um eine Begrenzung des materiellen Anspruchs selbst. Uebernimmt daher der Eigentümer, gegen den sich die Maßregel richtet, schon vor der Urteilsfällung die Kosten, so hat das Urteil selbst nur auf die mildere Form der Unschädlichmachung zu lauten.[5]) Uebernimmt er die Kosten erst nach der Urteilsfällung, so ist es Sache der Vollzugsbehörde, statt der Vernichtung die mildere Unschädlichmachung zu bewirken.[6]) Die vorausgesetzte „Uebernahme" der Kosten bedeutet nur die rechtsverbindliche Erklärung, sie tragen zu wollen, nicht die Zahlung.

---

[5]) Die gegenteilige Meinung von Allfeld, Bem. 11 zu LUG. § 42, Bem. 11 zu KUG. § 37, und von Osterrieth, Bem. V, 2 zu § 37, hat die Begründung zum LUG. S. 41 für sich, und auch die Fassung des Gesetzestextes ist ihr günstig. Aber sie steht nicht recht im Einklang mit dem Wesen des negatorischen Anspruchs, der nicht auf die Vernichtung als solche, sondern nur auf die der Rechtsgefährdung entsprechende Abwehrmaßregel geht.

[6]) Vom theoretischen Standpunkte aus wäre es wohl richtiger, eine Urteilsänderungsklage nach Analogie des § 323 ZPO. zu gewähren; doch hat man daran augenscheinlich nicht gedacht.

Unzutreffend erscheint es mir, wenn Müller zu LUG. § 42 S. 144 und zu KUG. § 37 S. 173 sagt, der Richter habe die „moralische Verpflichtung", eventuell durch eigene Anregung bei den Parteien dahin zu wirken, eine mildere Form der Unschädlichmachung als die der Vernichtung zu erreichen.

3. An sich ist der abwehrende Vernichtungsanspruch auch gegeben, wenn der Schaden, welcher durch die Vernichtung dem Eigentümer der zu vernichtenden Exemplare oder Vorrichtungen erwächst, größer ist als der Schaden, welcher dem Verletzten durch den objektiv rechtswidrigen Eingriff droht. Proportionalität ist in dieser Beziehung nicht vorausgesetzt.

Davon wird jedoch aus Billigkeitsgründen auf dem Gebiete des Urheberrechts an Werken der bildenden Kunst und der Photographie durch KUG. § 39 eine Ausnahme gemacht, wenn ein Sammelwerk oder eine sonstige aus mehreren verbundenen Werken bestehende Sammlung nur zum Teile der Vernichtung unterliegt. In diesem Falle kann der Eigentümer von Exemplaren, die Gegenstand der Vernichtung sein würden, beantragen, daß ihm die Befugnis zugesprochen werde, die Vernichtung durch Zahlung einer Vergütung an den Verletzten abzuwenden und die Exemplare gewerbsmäßig zu verbreiten. Der Antrag ist unzulässig, wenn der Eigentümer die ausschließliche Befugnis des Urhebers vorsätzlich oder fahrlässig verletzt hat.

Das Gericht kann dem Antrage entsprechen, sofern durch die Vernichtung dem Eigentümer ein unverhältnismäßiger Schaden entstehen würde. Den Betrag der Vergütung bestimmt das Gericht nach billigem Ermessen.

Entspricht das Gericht dem Antrage, so stellt sich das dem Eigentümer nunmehr zustehende Recht der Zahlung einer Vergütung statt der Duldung der Vernichtung seiner rechtlichen Natur nach als eine facultas alternativa des Schuldners dar.

Der Antrag auf Zuerkennung dieser **facultas** ist, falls ein auf die Vernichtung gerichtetes Verfahren bereits anhängig ist, in diesem Verfahren zu stellen. Ist ein Verfahren noch nicht anhängig, so kann er nur im Wege des bürgerlichen Rechtsstreites bei dem Gerichte angebracht werden, das für den Antrag auf Vernichtung zuständig ist. Dem Eigentümer kann im Wege der einstweiligen Anordnung (im Zivilprozesse der „einstweiligen Verfügung") gestattet werden, die Vernichtung durch Sicherheitsleistung abzuwenden und die Exemplare gewerbsmäßig zu verbreiten.

Wird ihm nicht die Befugnis zugesprochen, die Vernichtung durch Zahlung einer Vergütung an den Verletzten abzuwenden und die Exemplare gewerbsmäßig zu verbreiten, so hat er, soweit auf Grund der einstweiligen Anordnung Exemplare von ihm verbreitet worden sind, dem Verletzten eine vom Gericht nach billigem Ermessen zu bestimmende Vergütung zu gewähren (KUG. § 45).

4. Der einmal erwachsene abwehrende Anspruch ist an keine Frist gebunden; er verjährt auch nicht, sondern kann solange geltend gemacht werden, als der dem Rechte widersprechende Zustand dauert. Der Antrag auf Vernichtung der Exemplare und Vorrichtungen ist daher solange zulässig, als solche Exemplare oder Vorrichtungen vorhanden sind (LUG. § 52, KUG. § 50).

5. Der Verletzte hat gegen den Eigentümer nur einen abwehrenden Anspruch auf Duldung der Vernichtung, der durch Staatshilfe realisiert wird. Aber der Verletzte erlangt kein gegenständliches Recht an den zu vernichtenden oder unschädlich gemachten Exemplaren und Vorrichtungen. Ebensowenig erlangt ein solches Recht der Staat, der die Vernichtung oder Unschädlichmachung durch seine Organe vollzieht. Er wird nicht etwa Eigentümer, wie bei der Konfiskation.

6. Eine Anomalie liegt darin, daß die Vernichtung, obwohl es sich um einen qualifizierten abwehrenden Anspruch, also einen rein zivilrechtlichen Anspruch handelt, nicht nur im Wege des bürgerlichen Rechtsstreites, sondern auch im Strafverfahren verfolgt werden kann (LUG. § 46, KUG. § 42). Allerdings bedarf es auch im Strafverfahren eines besonderen auf die Vernichtung gerichteten Antrags des Berechtigten; dieser Antrag ist im Strafantrag nicht von selbst enthalten, kann mit ihm aber natürlich verbunden werden. Die Zurücknahme des Antrags ist bis zur erfolgten Vernichtung, also auch noch nach der Rechtskraft des Urteils, zulässig (LUG. § 47, KUG. § 43); sie bedeutet einen unwiderruflichen Verzicht auf die Vernichtung.

Für das sog. objektive Strafverfahren, in welchem die Vernichtung selbständig d. h. unabhängig von der Strafverfolgung einer Person verfolgt werden kann, finden die Vorschriften der StPO. §§ 477—479 mit der Maßgabe Anwendung, daß der Verletzte als Privatkläger auftreten kann. Wird die Vernichtung durch öffentliche Klage des Staatsanwalts verfolgt, so kann sich der Verletzte, der den Antrag gestellt hat, gemäß StPO. § 435 als Nebenkläger anschließen.[7])

---

[7]) Vgl. Allfeld, Bem. 5 zu LUG. § 47.

7. Für das Geschmacksmusterrecht gelten im wesentlichen dieselben Regeln auf Grund des MSchG. § 14 in Verbindung mit LUG. von 1870 §§ 21, 22, 25 Abs. 2, 26 Abs. 2, 36. Als Besonderheiten sind zu erwähnen:

a) § 21 des LUG. von 1870 spricht von „Einziehung" der Exemplare und Vorrichtungen. Trotzdem ist man auch hier nicht genötigt, anzunehmen, daß der Fiskus Eigentümer wird. Die Einziehung geschieht nur zum Zwecke der Realisierung des abwehrenden Anspruchs des Verletzten, nicht zu dem des Eigentumserwerbs.

b) Die Möglichkeit, die Gegenstände nur ihrer gefährdenden Form zu entkleiden, anstatt sie zu vernichten, ist nicht an die Voraussetzung geknüpft, daß der Eigentümer die Kosten übernimmt.

8. Für das Patentrecht und Gebrauchsmusterrecht besteht kein zivilrechtlicher Anspruch auf Vernichtung oder Unbrauchbarmachung von Gegenständen, die mittels des geschützten Verfahrens hergestellt sind, oder von irgendwelchen Vorrichtungen. Zwar ist auch im Patentrecht und Gebrauchsmusterrecht, wie schon dargelegt, ein abwehrender Anspruch gegeben. Aber die besondere Betätigungsform dieses Anspruchs als Vernichtungsanspruch läßt sich doch nicht ohne weiteres aus den allgemeinen Grundsätzen herleiten. Der Anspruch weist hier eine besondere Schärfe auf, die wir nur da als gegeben annehmen dürfen, wo sie eine besondere gesetzliche Grundlage hat. Eine solche fehlt für das Patent- und Gebrauchsmusterrecht.

Auf diesen Gebieten besteht die Möglichkeit der Einziehung nur nach den Vorschriften des StGB. §§ 40, 42.

II. Das Uebernahmerecht.

1. Nach LUG. § 43 sowie nach KUG. § 38 kann der Verletzte „statt der Vernichtung verlangen, daß ihm das Recht zuerkannt wird, die Exemplare und Vorrichtungen ganz oder teilweise gegen eine angemessene, höchstens dem Betrage der Herstellungskosten gleichkommende Vergütung zu übernehmen."

Für das Geschmacksmusterrecht ergibt sich ein gleicher Anspruch aus MSchG. § 14 in Verbindung mit LUG. von 1870 § 21 Abs. 5.[8])

---

[8]) § 21 Abs. 5 gewährt das Übernahmerecht nur, „sofern nicht die Rechte eines Dritten dadurch verletzt oder gefährdet werden". Diese Einschränkung

2. Seiner rechtlichen Natur nach ist das Uebernahmerecht hinsichtlich der Exemplare als ein Anspruch auf Herausgabe ungerechtfertigter Bereicherung zu charakterisieren.[9]) Daß sich freilich die Schöpfer des Gesetzes darüber nicht klar waren, ersieht man aus der verkünstelten und erschwerten Form, in welcher der Anspruch gewährt wird. Nach der Gesetzesfassung ist nämlich anzunehmen, daß dem Verletzten erst auf einen Antrag hin das Recht auf Uebernahme zuerkannt werden muß und erst aus dieser Zuerkennung sein Forderungsrecht auf Herausgabe der Gegenstände entsteht, während doch bei richtiger Konstruktion das Forderungsrecht nicht erst in der gerichtlichen Zuerkennung, sondern schon in der Tatsache der ungerechtfertigten Bereicherung des Gegners seinen Entstehungsgrund hat.

Der Bereicherungsgedanke tritt aber auch in der gesetzlichen Regelung darin hervor, daß die Vergütung, die der Berechtigte bei Ausübung des Uebernahmerechts zu leisten hat, auf die Herstellungskosten des Gegners als den Höchstbetrag bemessen werden. Die Herstellungskosten erscheinen als Verwendungen auf den Gegenstand, um den der Gegner bereichert ist.[10]) Die Herausgabe der Gegenstände und die Leistung der Vergütung müssen Zug um Zug geschehen. Solange die Vergütung nicht geleistet wird, hat der Herausgabepflichtige an den Gegenständen ein Zurückbehaltungsrecht nach BGB. § 273 Abs. 2.

3. Der Uebernahmeanspruch richtet sich wie der Vernichtungsanspruch nur gegen den Eigentümer widerrechtlich hergestellter Exemplare und Vorrichtungen. Nur dieser ist bereichert.

4. Der Uebernahmeanspruch setzt ebenso wie der Vernichtungsanspruch ein Verschulden des Anspruchsgegners nicht voraus.

5. Der Verletzte hat die Wahl zwischen Vernichtung und Uebernahme gegen Vergütung. Hat er sich einmal für das eine der beiden

gilt aber auch für das Gebiet der übrigen Urheberrechte, für welche diese besondere gesetzliche Klausel fehlt.

[9]) Vgl. über den Bereicherungsanspruch überhaupt oben § 27 S. 137 ff.

[10]) Daß der mit dem Bereicherungsanspruch Belangte Ersatz seiner Aufwendungen verlangen kann, steht zwar nicht direkt im Gesetz, folgt aber aus dem Begriffe der Bereicherung und wird auch allgemein anerkannt; vgl. A. Stieve, Der Gegenstand des Bereicherungsanspruchs S. 29 ff.; Oertmann, 2. Aufl. Bem. 3, a zu BGB. § 818; Staudinger-Engelmann, 3./4. Aufl. Bem. 5 zu § 818.

Rechte entschieden, so ist infolge der dadurch eingetretenen Konzentration (vgl. BGB. § 263 Abs. 2) das andere erloschen.[11])

6. Der Verletzte erwirbt dadurch, daß ihm die Gegenstände, an denen er ein Uebernahmerecht hat, übergeben werden, nicht schon dadurch, daß ihm das Uebernahmerecht zuerkannt wird, an den Gegenständen das Eigentum. Er erwirbt aber nicht notwendig auch das Urheberrecht am Werke als immateriellem Gut; dieses verbleibt, wenn es sich um die Exemplare einer unrechtmäßigen, aber selbständig urheberrechtlich geschützten Bearbeitung handelt, bei deren Urheber bzw. seinem Rechtsnachfolger.

7. Das Uebernahmerecht kann wie der Vernichtungsanspruch trotz seiner rein zivilrechtlichen Natur nicht nur im Wege des bürgerlichen Rechtsstreites, sondern auch im Strafverfahren verfolgt werden. Auf diese Verfolgung finden die beim Vernichtungsanspruch erwähnten Regeln entsprechende Anwendung (LUG. § 48, KUG. § 44).

8. Der Uebernahmeanspruch besteht, solange widerrechtlich hergestellte oder verbreitete Exemplare vorhanden sind (LUG. § 52, KUG. § 50).

9. Auf dem Gebiete des Erfinderrechts, für welches spezielle Vorschriften fehlen, richtet sich der Uebernahmeanspruch nicht nach der Analogie der Bestimmungen des LUG. und KUG., sondern nach den allgemeinen Regeln über den Bereicherungsanspruch (vgl. oben S. 137 ff.). Gegenstand des Anspruchs sind hier die durch das geschützte Verfahren unmittelbar hergestellten Erzeugnisse, nicht dagegen die Vorrichtungen, mittels deren sie hergestellt sind.

§ 42.

b) Strafrechtliche Einziehung.

I. Gegenstände, welche durch ein Patentvergehen oder durch ein Vergehen gegen das Gebrauchsmustergesetz hervorgebracht oder welche zur Begehung eines solchen Vergehens gebraucht oder bestimmt sind, können, sofern sie dem Täter oder einem Teilnehmer gehören, gemäß StGB. § 40 eingezogen werden. Die Einziehung ist im Strafurteil auszusprechen.

---

[11]) So richtig Allfeld, Bem. 3 zu KUG. § 38 (gegen Müller, LUG. S. 145 und Osterrieth, Bem. IV zu KUG. § 38).

Ist dabei die Verfolgung oder die Verurteilung einer bestimmten Person nicht ausführbar, so kann auf die Einziehung im sog. objektiven Strafverfahren selbständig erkannt werden (StGB. § 42).

Die Einziehung ist Nebenstrafe[1]) und kann eben wegen ihres Strafcharakters nur angeordnet werden, solange der Täter oder Teilnehmer, gegen den sie sich richtet, noch lebt.

Der Einziehung unterliegen, wenn es sich um eine Erzeugniserfindung handelt, die rechtswidrig hergestellten Gegenstände, wenn es sich um eine Verfahrenserfindung handelt, die unmittelbaren Erzeugnisse des Verfahrens;[2]) ferner die zur Herstellung des Erzeugnisses oder zur Anwendung des Verfahrens gebrauchten oder bestimmten Sachen, wie Werkzeuge, Maschinen, Apparate.

Die rechtswidrig in den Verkehr gebrachten Gegenstände unterliegen der Einziehung, weil sie „zur Begehung des Vergehens gebraucht" sind, aber nur soweit sie im Eigentum des Täters oder Teilnehmers verblieben sind. Dagegen unterliegen die durch das Inverkehrbringen erzielten Gegenleistungen anderer Personen nicht der Einziehung.[3])

Ist die einzuziehende Sache mit der Sache eines anderen unlöslich[4]) verbunden, so ist die Einziehung unzulässig, was sich schon daraus ergibt, daß sie Strafcharakter hat und von der Strafe nicht am Vergehen Unbeteiligte unmittelbar betroffen werden dürfen. Ist dagegen die der Einziehung an sich unterworfene Sache mit einer ihr nicht unterworfenen Sache des Täters selbst derart verbunden, daß beide Sachen Bestandteile einer wirtschaftlich einheitlichen Sache werden, so wird man die Einziehung nur dann als zulässig erachten können, wenn der ihr unterworfene Teil als „die Hauptsache"[5]) angesehen werden kann.[6])

---

[1]) Vgl. Frank zu StGB. § 40; Kohler, Handb. d. PatR. S. 911 ff.; Kent, Bem. 51 zu PG. § 36; a. M. van Calker, Delikte gegen das UrhR. S. 293.

[2]) Vgl. Kohler a. a. O.; Allfeld Bem. 5, b, Kent Bem. 52 ff. zu PG. § 36.

[3]) Vgl. Allfeld a. a. O. und Kent, Bem. 56, gegen Kohler a. a. O. S 912.

[4]) im wirtschaftlichen, nicht im physikalischen Sinne!

[5]) Vgl. BGB. § 947 Abs. 2, der für die Verwendung dieses Begriffs eine gewisse Analogie bietet.

[6]) Die Frage ist höchst zweifelhaft; anders z. B. Kent, der die Einziehung in diesem Falle überhaupt für unzulässig erklärt, während umgekehrt Kohler

Das die Einziehung aussprechende Strafurteil begründet mit seiner Rechtskraft nicht das Eigentum des Fiskus, wohl aber einen Anspruch des Fiskus auf Erwerb des Eigentums. Dieser Anspruch wird verwirklicht durch die Vollstreckung der Einziehung; erst mit dieser ist der Fiskus Eigentümer. Ob der Fiskus die eingezogenen Gegenstände vernichten, aufbewahren oder veräußern will, steht im allgemeinen im pflichtmäßigen Ermessen seiner zuständigen Organe; nur darf nicht durch eine gewerbemäßige Veräußerung in das Urheberrecht des Berechtigten eingegriffen werden. Häufig wird die Veräußerung an diesen selbst zweckmäßig sein.

II. Für das Gebiet des Urheberrechts an Schriftwerken und Tonwerken, des Kunstwerkrechts und des Geschmacksmusterrechts sind StGB. §§ 40, 42 zwar nicht formell außer Anwendung gesetzt; ihre Unanwendbarkeit ergibt sich aber aus den spezielleren und eingehenderen Vorschriften des LUG., KUG. und MSchG. (mit Ges. von 1870), durch welche die Materie der Einziehung bzw. Vernichtung im Wege des Strafverfahrens in besonderer und teilweise anderer Weise geordnet ist. Freilich handelt es sich in diesen Spezialgesetzen um die Durchführung von Ansprüchen, die auf zivilrechtlichem Grunde stehen, nicht um eine Strafe. Aber diese Inkongruenz ist nicht die einzige. Die ganze gesetzliche Normierung der Einziehung und Vernichtung für das Gebiet der Immaterialgüterrechte läßt nur allzusehr einheitliche Gesichtspunkte und folgerichtige Durchführung vermissen.

(Handb. S. 913) sich schlechthin für die Zulässigkeit ausspricht. Seligsohn, Bem. 5 zu PG. § 36, will die Einziehung in das Ermessen des Gerichts stellen, kommt aber unserer Auffassung insofern nahe, als er sagt, bei dem Ermessen werde „das Wertverhältnis des Teiles zum Ganzen maßgebend sein". Vgl. auch F. Schulz im Arch. f. d. ziv. Praxis Bd. 105 (zurzeit im Druck).

Zweites Buch.

Besonderer Teil.

Erster Abschnitt.

Das Urheberrecht an Schriftwerken und Tonwerken.

I. Die geschichtliche Entwickelung.

§ 43.

1. Altertum.[1])

I. Das Altertum hat ein Urheberrecht in unserem Sinne augenscheinlich nicht gekannt. Für das Gebiet der Erfindungen ist das bei dem Stande und der Wertung der industriellen Technik bei den Griechen und Römern ohne weiteres verständlich. Aber auch auf literarischem und künstlerischem Gebiete scheint die antike Kultur trotz ihrer großartigen Leistungen es zu einem Rechtsschutz der Schriftsteller und Künstler gegen Nachahmung und Verbreitung ihrer Werke nicht gebracht zu haben. Die vereinzelt aufgestellte Behauptung,[2]) das römische Altertum habe ein Recht der Autorschaft anerkannt und, um es zu erwerben, sei ein Kontrakt nötig gewesen, ist ebenso unklar wie unbewiesen. Nicht einmal ein Verlagsrecht in unserem heutigen Sinne d. h. im Sinne eines Rechtes der ausschließ-

[1]) Literatur: Caillemer, La propriété littéraire à Athènes (1868); Klostermann, Das geistige Eigentum S. 35 ff.; Kohler in Iherings Jahrb. Bd. 18 S. 448 ff., UrhR. S. 29 ff.; Darras, Du droit des auteurs et des artistes (Paris 1887) S. 167 ff.; Dziatzko, Autor- und Verlagsrecht im Altertum, im Rhein. Museum für Philologie Bd. 49 S. 559 ff. -- Die Schrift von L. Adam, Über die Unsicherheit des literarischen Eigentums bei Griechen und Römern (Düsseldorf?), konnte ich leider nicht auftreiben.

[2]) von L. Haenny, Schriftsteller und Buchhändler im alten Rom (2. Aufl. 1885) S. 107 ff.; dagegen Dziatzko a. a. O.

lichen Vervielfältigung und Verbreitung des Werkes ist bewiesen. Zwar wissen wir von Verträgen, in welchen die Autoren ihre Werke gegen Entgelt Buchhändlern oder auch Theaterdirektoren überließen; Martial z. B. hat für seine verschiedenen Werke vier verschiedene Verleger gehabt. Aber dagegen, daß auch ein anderer, der zum Autor in keiner Vertragsbeziehung stand, dessen Werk vervielfältigen ließ und damit Handel trieb, gab es aller Wahrscheinlichkeit nach keinen Rechtsschutz, obwohl die Gefahr einer solchen Vervielfältigung schon im Altertum bei der billigen Arbeit zahlreicher Sklaven, die als Abschreiber verwendet werden konnten, nicht so ferne lag.[3]) Kohler (UrhR. S. 31, ausführlicher Iherings Jahrb. Bd. 18 S. 460ff.) hält es für möglich, daß die Verbände der Buchhändler unter sich Bestimmungen trafen, welche eine „Nachschrift" eine Zeit lang verhüteten, ferner, daß Monopole bestanden und daß diese Alleinrechte unmittelbar oder mittelbar einen ähnlichen Schutz herbeiführten. Irgendwelche quellenmäßige Stütze vermag er dieser Hypothese jedoch nicht zu geben.

II. In dem bekannten römischen Schulstreite über die Spezifikation (l. 7 § 7, l. 9 § 1 D. de adq. rer. dom. 41, 1; l. 25 J. de rer div. 2, 1; vgl. Gai Inst. II. 79), einem Streite, der historisch auf den Gegensatz der Stoa und der Aristoteliker in der Auffassung des Begriffs der Materie, keineswegs auf wirtschaftspolitische Tendenzen, zurückzuführen ist,[4]) vertraten die Prokulejaner gegenüber Sabinus und Cassius den Gedanken, daß selbständige Formgebung selbständige rechtsbegründende Wirkung habe. Justinian hat diesen Gedanken dann abgeschwächt, indem er die Mittelmeinung rezipierte, daß dem Stoffeigentümer das Recht am Arbeitsprodukte dann verbleibe, si ea species ad materiam reduci possit. Aber das Recht, um das es sich bei dem ganzen Streite handelte, war das Eigentum an der körperlichen Sache, und nichts berechtigt uns, aus der prokulejanischen Idee etwa im Wege der Analogie irgendwelche Schlüsse auf die Existenz eines Urheberrechts zu ziehen, zumal die innere Verwandtschaft des urheberrechtlichen Grundgedankens mit jener Idee doch eine sehr entfernte ist.

---

[3]) Anders Klostermann a. a. O. S. 37, der meint, daß ein Recht der ausschließlichen Vervielfältigung „für die damaligen Verkehrsverhältnisse keine hinreichende praktische Bedeutung haben konnte".

[4]) Vgl. Sokolowski, Die Philosophie im Privatrecht, Bd. 1 S. 69 ff.

III. Daß der Plagiator schon bei den Römern der verdienten Mißachtung verfiel, ist mehrfach bezeugt, nicht aber, daß gegen ihn die actio injuriarum, an die es nahe liegt zu denken, wirklich gegeben wurde.[5]) Sicher ist, daß von einer actio furti gegen ihn im römischen Recht keine Rede sein konnte;[6]) es ist für die rechtliche Beurteilung kein Gewicht darauf zu legen, wenn Martial (I, 53) in seiner Entrüstung von fur und manifestum furtum spricht.[7])

§ 44.

2. Privilegienwesen und ältere Gesetzgebung.[1])

I. Aus dem Mittelalter vor der Erfindung der Buchdruckerkunst ist uns von einem Urheber- oder Verlagsschutz nichts bekannt. Mit dieser Erfindung und der mit ihr gegebenen Möglichkeit des

---

[5]) Vgl. darüber Dziatzko a. a. O. S. 565 ff.

[6]) Sollte im ägyptischen Recht die actio furti etwa diesem Zwecke gedient haben? Wohl kaum; der vereinzelte Fall, den Vitruv, De architectura praef. zu Buch VII berichtet, ist doch deutlich als königlicher Willkürakt gekennzeichnet (rex iussit, cum his agi furti .....).

[7]) Trifft es doch auch nicht die Rechtslage, wenn in unseren Tagen anläßlich der Parsifalaufführungen durch Conried von einem „Gralsraub“ gesprochen wurde!

[1]) Literatur: Pütter, Von Bücherprivilegien, Beyträge zum Teutschen Staats- und Fürstenrecht I S. 241 ff. (1777); G. D. Hoffmann, Von den ältesten Kayserlichen und Landesherrlichen Bücher-, Druck- oder Verlagprivilegien (1777); Renouard, Traité des droits d' auteurs (1838), Bd. 1 S. 108 ff.; Jolly Die Lehre vom Nachdruck (1852) S. 5 ff.; A. Kirchhoff, Beiträge zur Geschichte des deutschen Buchhandels (1853); Waechter, Das Verlagsrecht mit Einschluß der Lehre vom Verlagsvertrag und Nachdruck (2 Bde. 1857/58), Autorrecht S. 19 ff.; Klostermann, Das geistige Eigentum S. 35 ff., UrhR. S. 9 ff.; A. Schürmann, Die Rechtsverhältnisse der Autoren und Verleger, sachlich-historisch (1889); Kohler in Jherings Jahrb. Bd. 18 S. 119 ff.; Arch. f. d. ziv. Praxis Bd. 82 S. 166 ff., UrhR. an Schriftwerken S. 32 ff.; R. Voigtländer, Zur Entwickelung des Verlagsrechts (1892); Das Verlagsrecht an Schriftwerken, musikalischen Kompositionen und Werken der bildenden Künste (2. Aufl. 1893) S. 1 ff.; Osterrieth, Altes und Neues zur Lehre vom Urheberrecht (1892); Gierke, Deutsches Privatrecht Bd. 1 S. 750 ff. — Geschichte des deutschen Buchhandels (im Auftrag des Börsenvereins deutscher Buchhändler herausgegeben von der Historischen Kommission desselben); Bd. 1 von Friedrich Kapp (1889); Bd. 2 (1648—1740 umfassend) von Johann Goldfriedrich (1908).

Büchernachdrucks an Stelle der schwerfälligen Büchernachschrift wurde das Schutzbedürfnis ein dringenderes.

Ursprüngliches Schutzmittel waren die Privilegien. Diese dienten aber nicht dem Schutze des Verfassers als Schöpfers von Geisteserzeugnissen, sondern dem Schutze der Buchdrucker und Verlagshändler gegen geschäftliche Konkurrenz; sie bildeten eine Ergänzung des im Mittelalter kräftig ausgebildeten Systems des gewerblichen Rechtsschutzes und zugleich eine willkommene Einnahmequelle für den Fiskus. Solche Privilegien wurden, regelmäßig gegen Bezahlung einer Abgabe, einzelnen Druckern oder Verlegern für ihr ganzes Gewerbe (Generalprivileg) oder auch für bestimmte einzelne Werke (Spezialprivileg) von der Obrigkeit verliehen. Zuständige Obrigkeit war von Haus aus der Kaiser, dessen „Bücherregal" als ein Ausfluß seines allgemeinen Rechts zur Erteilung und Bestätigung von Privilegien erscheint, eines Rechtes, das gegenüber den in der Goldenen Bulle festgelegten Zuständigkeiten der Kurfürsten als eine Art Reservatrecht ihm verblieben war. Es sich ausschließlich zu bewahren, ist ihm gegenüber der am Ende des 15. Jahrhunderts schon ziemlich gefestigten Souveränität der mächtigeren Reichsstände nicht gelungen. Tatsächlich haben außer dem Kaiser die geistlichen und weltlichen Stände, einzelne Reichsstädte, sowie das seit dem Jahre 1500 mit dem ständigen Sitz in Nürnberg bestehende Reichsregiment Bücher- und Verlagsprivilegien erteilt. Von letzterem stammt eines der ersten Spezialprivilegien, von denen wir in Deutschland wissen;[2]) es wurde 1501 der „Sodalitas Rhenana Celtica" für die von Konrad Celtes besorgte Ausgabe der Werke der Hroswitha erteilt. Generalprivilegien zum Gewerbebetrieb der Buchdruckerei sind schon aus den sechziger Jahren des 15. Jahrhunderts bekannt.[3])

---

[2]) Aus früherer Zeit wird nur ein 1490 vom Bischof von Bamberg für ein Missale erteiltes Privileg erwähnt.

[3]) Außerhalb Deutschlands ist das erste Autorprivileg, von dem wir sicher wissen, das am 1. September 1486 von der Republick Venedig dem Marc. Ant. Sabellus erteilte Privileg für seine Geschichte der Stadt Venedig; es ist abgedruckt bei Castellani, La Stampa in Venezia (1889) S. 70, jetzt auch bei Kohler UrhR. S. 37. — Die Buchdruckerkunst hatte Johannes von Speyer nach Venedig gebracht; er erhielt am 18. September von der Republik für sein Gewerbe ein Buchdruckermonopol (nicht Verlagsprivileg, wie manche meinten), das in Venedig auf 5 Jahre jeden anderen von der Ausübung dieses Gewerbes

Von den partikularen Privilegien traten im 17. Jahrhundert die kursächsischen in den Vordergrund, als von den beiden bisherigen Zentralen des Buchhandels, Frankfurt a. M.[4]) und Leipzig letzteres das Uebergewicht erhielt. Das steht im Zusammenhang mit dem starken Hervortreten einer ausgesprochen protestantischen Literatur, welcher die Zensur der kursächsischen Bücherkommission natürlich günstiger war, als die der kaiserlichen in Frankfurt, und für welche daher die Leipziger Messe[5]) der Hauptmarkt wurde. Die Bücherzensur, schon im 15. Jahrhundert von der Kirche gehandhabt (— 1486 setzte der Erzbischof von Mainz, der zugleich Erzkanzler des Reichs war, für seine Erzdiözese eine besondere Zensurkommission ein —), sodann im Jahre 1521 von Karl V. in seinen Ländern eingeführt, gewann mit dem konfessionellen Gezänk, das sich in der Literatur des 16. Jahrhunderts breit zu machen anfängt, immer mehr an Bedeutung und wurde in mehreren Reichsabschieden und Reichspolizeiordnungen als eine von Reichs wegen bestehende, von den lokalen Behörden zu handhabende, obligatorische Maßregel angeordnet.[6])

Die Privilegien waren Sondergesetze, die zugunsten bestimmter Personen subjektive Rechte von meist kurz begrenzter Dauer schufen; diese Rechte galten aber nicht als höchstpersönlich, sondern waren der Veräußerung und Verpfändung zugänglich. Die kursächsischen Privilegien waren wie die anderer Länder zunächst reine Territorialprivilegien zum Schutz der eigenen Untertanen; aber schon gegen Ende des 16. Jahrhunderts waren sie vielfach an

---

ausschloß (tatsächlich aber schon 1470 mit dem Tode des Privilegierten erlosch); es ist abgedruckt bei Waechter, Verlagsrecht S. 8 Anm. 11, Osterrieth. Altes und Neues S. 6; Fulin im Arch. Veneto vol. 23 S. 99; Kohler, UrhR. S. 34 f.

Einige Florentiner Privilegien aus dem 16. Jahrhundert sind abgedruckt bei Kohler a. a. O. S. 483 ff.

[4]) Die Begründung des Frankfurter Meßkatalogs (1564) bezeichnet für den deutschen Buchhandel den Wendepunkt von der Zeit des Wanderverkehrs zu der des Meß- und Tauschhandels. Einsetzung der Kaiserlichen Bücherkommission in Frankfurt 1569. Vgl. Goldfriedrich S. 10 ff.

[5]) Erster Leipziger Meßkatalog 1594. S. Goldfriedrich S. 164 ff.

[6]) Über den Zusammenhang der Zensur mit dem Privilegienwesen Kirchhoff a. a. O. S. 42 ff., Schürmann a. a. O. S. 24 ff., Kohler UrhR. S. 57.

Buchhändler fremder Territorien, die sich darum bewarben, verliehen.[7])

Die Werke, die unter Mißachtung des Privilegs nachgedruckt wurden, verfielen der Konfiskation; außerdem war in weltlichen Privilegien regelmäßig eine Geldstrafe, in päpstlichen auch Exkommunikation[8]) angedroht.

Da es sich bei der Privilegierung nicht um einen Urheberschutz, sondern um einen rein gewerblichen Schutz handelte, kam es dabei auf die Originalität und Neuheit der Werke nicht an. War doch auch der Urheber selbst, wenn ihm das Privilegium zustand, nicht als Urheber privilegiert, sondern nur in seiner Eigenschaft als Selbstverleger. Da der Nachdruck nicht als Verletzung eines selbständigen Autorrechtes, sondern nur als Privilegienverletzung verfolgt wurde, galt in Frankfurt und in Leipzig als Voraussetzung der Strafbarkeit die persönliche Insinuation d. h. die dem Beklagten vermittelte Kenntnis des Privilegs. Im Jahre 1606 erscheint die Insinuation zum ersten Male als eine amtliche.[9])

II. Auch bei musikalischen Werken ist der Verlagsschutz älter als der Urheberschutz; auch hier ist er zuerst Privilegienschutz. So erteilte 1533 Ferdinand I. dem Nürnberger Johannes Otto, dem nachmaliger Verleger Sensls, ein Privileg,[10]) das alle in seinem Verlag erscheinenden Tonwerke 4 Jahre vom Erscheinen an gegen Nachdruck schützte.[11])

III. Die erste allgemeine Verordnung gegen Nachdruck, die uns bekannt ist, ist die der Stadt Basel von 1531.[12]) Ihr folgen

---

[7]) Vgl. Goldfriedrich S. 168.

[8]) Kapp a. a. O. S. 742: Kohler S. 60.

[9]) Goldfriedrich S. 176.

[10]) Abgedruckt bei Schuster, Urheberrecht der Tonkunst S. 8, der noch weitere Privilegien für den Musikalienverlag nachweist.

[11]) In Venedig erhielt schon 1498 Ottaviano Petrucci da Fossombrone das Privileg, 20 Jahre lang allein Figuralgesänge, Orgel- und Lautentabulaturen drucken und verkaufen zu dürfen. S. Schuster a. a. O. S. 7. Dieses Privilegium wird man aber wohl richtiger als ein Erfindungsprivileg charakterisieren, gleich dem bei Kohler, Urheberrecht S. 485 abgedruckten, welches 1514 in Florenz Giovanbernardo di Salvestro und Gianbatista di Christofano für Notendruck erhielten.

[12]) Basler Rechtsq. Bd. 1 S. 259; vgl. Huber, System und Geschichte des Schweizer Privatrechts Bd. 4 S. 298.

in Nürnberg eine Verordnung von 1550[13]) und zwei weitere von 1633 und 1673.

Ein Mandat Kaiser Leopolds I. von 1685[14]) verordnete, „daß sich die Buchführer nit allein vom schädlichen nachtruck der Kays. privilegirten Bücheren, sondern auch der unprivilegirten, welche ein Buchführer mit großen Unköften an sich erhandlet, enthalten sollen". (Das kurz darauf ergangene kursächsische Mandat von 1686 ist seinem Wortlaut nach[15]) nur gegen den Nachdruck privilegierter Schriften und gegen den Druck ärgerlicher Schriften, Pasquille usw. gerichtet).

Aber schon hatte eine geistige Bewegung eingesetzt, die darauf ausging, das Bewußtsein vom Unrecht des Nachdrucks und das Verständnis für die Schutzbedürftigkeit der Interessen der Schriftsteller, nicht nur der Verleger, zu wecken. Der erste namhafte Träger dieser Bewegung war Luther; er klagt über mißbräuchliche Veröffentlichung und Textfälschung seiner Schriften und richtet 1525 eine kräftige „Vermahnung an die Drücker".[16]) Später griffen die Juristen, damit wohl einer in den beteiligten Kreisen schon lange vorhandenen Rechtsüberzeugung zum Ausdruck verhelfend, den Urheberrechtsgedanken auf. Teils gehen sie dabei von naturrechtlichen Vorstellungen aus, wie Carpzov, der von einer aequitas in jure naturali fundata spricht,[17]) teils suchen sie ein geistiges Eigentum der Autoren und Verleger an ihren Werken zu konstruieren und demgemäß den Nachdruck als Diebstahl oder als furtum usus hinzustellen. Ueber die Bedeutung dieser Theorie des geistigen Eigentums, als deren ersten literarischen Vertreter wir wohl den bei Pütter (Der Büchernachdruck S. 127) angeführten Adrian Beier mit seinem „Kurzen Bericht von der nützlichen und vortrefflichen Buchhandlung und derselben Privilegien" (Jena 1690) ansehen müssen, und die dann das 18. Jahrhundert beherrscht hat, ist schon im Allgemeinen Teile (§ 6 S. 28 ff.) gehandelt.

---

[13]) Kohler in Iherings Jahrb. Bd. 18 S. 473.

[14]) Vgl. Kirchhoff im Arch. für Geschichte des Buchhandels Bd. 15 S. 75 ff., Kohler im Arch. f. ziv. Praxis Bd. 82 S. 172.

[15]) Cod. Aug. Leipzig 1724 Tom. I. p. 413 ff.; Wächter, Verlagsrecht S. 13.

[16]) „Seyt yhr nu straßen reuber und diebe worden?"

[17]) Jurisprud. ecclesiastica II, 25 def. 414.

IV. England[18]) gebührt der Ruhm, das erste bedeutende Gesetz zum Schutze der Urheber geschaffen zu haben, die Act 8 Anne c. 19 vom Jahre 1709.[19]) Nach diesem Gesetze, das eine Verstärkung und Erweiterung des schon vorhandenen Common law bedeutet, soll jeder Autor eines schon gedruckten Buches, der nicht den Verlag oder einen Anteil daran einem anderen übertragen hat, oder der Buchhändler, Drucker oder wer sonst den Verlag eines Buches erworben hat, um es zu drucken oder wieder zu drucken, nach dem 10. April 1710 21 Jahre lang das ausschließliche Recht haben, ein solches Buch zu drucken. Und der Autor jedes schon geschriebenen aber noch nicht gedruckten und veröffentlichten Buches, oder eines Buches, das noch geschrieben wird, und seine Rechtsnachfolger sollen das gleiche Recht für 14 Jahre haben, vom Tage der ersten Veröffentlichung an.

Dieses Gesetz bringt zum ersten Male klar zum Ausdruck, daß unabhängig vom Verlagsrecht ein ursprüngliches Recht des Autors an seinem Geisteserzeugnisse besteht.

Im Jahre 1777 wurde in einer Streitsache anerkannt, daß auch ein musikalisches Werk nach Act 8 Anne c. 19 gegen Nachdruck zu schützen sei.[20]).

Heute ist an Stelle des Gesetzes von 1709 in England die Act 5 und 6 Victoria c. 45 vom 1. Juli 1842 getreten, die sich mit dem Copyright an selbständig veröffentlichten literarischen Werken befaßt, während die nicht veröffentlichten Geisteswerke dem Schutze des Common Law unterstehen.[21])

V. In der deutschen Gesetzgebung fand der richtige urheberrechtliche Gedanke, dem in England die Act 8 Anne zum Sieg verholfen hatte, noch lange keinen Eingang. Das kursächsische Mandat vom 18. Dezember 1773 gewährt einen Schutz zwar auch für nicht

---

[18]) Die englische Rechtsentwickelung wird dargestellt in dem vortrefflichen Buche von A. Osterrieth, Die Geschichte des Urheberrechts in England (Leipzig 1895). Dort ist auch die englische Literatur zusammengestellt.

[19]) Sie führt den Namen: Act for the Encouragement of Learning, by vesting the Copies of printed Books, in the Autors or Purchasers of such Copies, during the Times therein mentioned. — Sie ist vollständig abgedruckt bei Osterrieth a. a. O. S. 101 ff. und bei Kohler, UrhR. S. 487 ff.

[20]) S. Osterrieth a. a. O. S. 196 ff.

[21]) S. über den verworrenen Zustand des heutigen englischen Urheberrechts Osterrieth a. a. O. S. 180 ff.

privilegierte Bücher und verlangt vom klagenden Buchhändler, „daß er das Verlagsrecht an dem Buch, Uebersetzung oder sonstiger Schrift, wovon die Frage ist, von dem Schriftsteller redlicher Weise an sich gebracht habe", schützt aber doch nur den Buchhändler, nicht den Verfasser.[22])

Das Allg. Preußische Landrecht von 1794 hat ziemlich eingehende Bestimmungen über die rechtlichen Beziehungen zwischen den Schriftstellern und den Buchhändlern; s. Teil I Tit. 11 §§ 996 bis 1036; Teil II Tit. 20 §§ 1294 bis 1297. Es hat das Verdienst, innerhalb seines Geltungsgebietes dem Privilegienwesen, das durch die Verleihung von Nachdrucksprivilegien vielfach zu einem Privilegienunwesen geworden war, ein Ende bereitet und an seine Stelle die gesetzliche Regel gesetzt zu haben; es hat den Verlagsvertrag im allgemeinen in verständiger Weise geordnet; es hat den Nachdruck inländischer Originalwerke[23]) untersagt. Aber daß das Verlagsrecht nur ein aus dem primären Rechte des Urhebers abgeleitetes Recht ist, und daß dieser selbständigen Schutzes gegen die unbefugte Wiedergabe seines Werkes bedarf, auch wenn er einen Vertrag mit einem Verleger nicht abschließt, diese Erkenntnis fehlt noch. Suarez war der Meinung, das Recht des Schriftstellers auf sein Werk, gehöre, solange er dasselbe noch nicht einem Verleger gegeben habe, „in die Lehre vom Eigentum, es sei aber nichts besonders darüber zu sagen".[24])

VI. In Frankreich[25]), wo die Entwickelung ähnlich wie in

[22]) Bei Übersetzungen gibt dieses Mandat demjenigen den Vorzug, „so sich zuerst beim Protokoll gemeldet und einschreiben lassen", nämlich in dem amtlichen Verzeichnis der kursächsischen Bücherkommission. Über die Unzufriedenheit, die diese Einschränkung der Meßfreiheit erregte, s. Schürmann, Die Rechtsverhältnisse der Autoren und Verleger, S. 81.

[23]) Dagegen § 1026: „Neue Ausgaben ausländischer Schriftsteller, welche innerhalb des deutschen Reiches oder der königlichen Staaten in einer fremden Sprache schreiben und deren Verleger weder die Frankfurter noch die Leipziger Messe beziehen, können nachgedruckt werden, insofern der Verleger darüber kein hiesiges Privilegium erhalten hat."

[24]) Schürmann a. a. O. S. 142. Wenn Schürmann selbst sagt: nach deutscher Auffassung bilde das Verlagsrecht die übertragbare vermögensrechtliche, das Autorrecht die nicht übertragbare personenrechtliche Seite der Materie, so erkennt er das Wesen des Urheberrechtes nicht richtig (s. oben § 5 S. 18 ff.).

[25]) Das Hauptwerk über die Entwickelung des Urheberrechts in Frankreich ist Rénouard, Traité des droits d' auteurs, 2 Bde., 1838/39; auf ihm be-

Deutschland vom Privilegienwesen ihren Ausgang genommen hat, ist in dem grundlegenden Dekret vom 19. Juli 1793, welchem die der Regelung des Buchhandels dienenden 6 arrêts vom 30. August 1777 und die dramatische Aufführungen ohne Genehmigung des Verfassers verbietenden Dekrete vom 13. Januar und 19. Juli 1791 vorausgingen, klar das selbständige Recht des Verfassers wie auch des Komponisten und des bildenden Künstlers anerkannt. Art. 1 dieses Dekrets bestimmt:

Les auteurs d' écrits en tout genre, les compositeurs de musique, les peintres et dessinateurs qui feront graver des tableaux ou dessins, jouiront durant leur vie entière du droit exclusif de vendre, faire vendre, distribuer leurs ouvrages dans le territoire de la république et d' en céder la propriété en tout ou en partie.

Die Eigentumstheorie, auf deren Boden das Dekret steht, erscheint der damaligen französischen Gesetzgebung geradezu selbstverständlich.[26])

Diesen französischen Standpunkt[27]) teilt auch das Badische Landrecht von 1809; s. darüber oben S. 30.

VII. Auffallend ist, daß die Bewegung zugunsten des „geistigen Eigentums" bis gegen Ende des 18. Jahrhunderts nicht auch für die Rechte der musikalischen Komponisten eintritt, daß diese selbst für die Bewegung kaum ein Interesse zeigen, und daß auch in den Gesetzen und Mandaten vor der französischen Revolutionsgesetzgebung die Musiker keine Berücksichtigung gefunden haben. Das hängt[28]) teils damit zusammen, daß es einen gewerbsmäßigen Musikalienverlag und Musikalienhandel im heutigen Sinne bis in die Mitte des 18. Jahrhunderts, in Deutschland wenigstens, nicht gegeben

ruhen großenteils die neueren Werke. Vgl. auch Osterrieth, Altes und Neues S. 21 ff., 37 ff.; Kohler, UrhR S. 40 ff., 105 ff.

[26]) „. . . . . si quelque chose doit étonner, c' est qu' il ait fallu reconnaître cette propriété, assurer son libre exercice par une loi positive . . . . ."

[27]) Auch die französische Theorie teilt jetzt noch überwiegend diese Auffassung. Der Code civil hat keine urheberrechtlichen Bestimmungen.

Aus der neueren französischen Gesetzgebung ist namentlich das Gesetz vom 14. Juli 1866 (50jährige Schutzfrist nach dem Tode) hervorzuheben. Im übrigen beruht das französische Urheberrecht zum großen Teile auf der Praxis.

[28]) Wie Schuster, UrhR. der Tonkunst S. 19 ff. ausführlich darlegt.

hat[29]), teils mit der damaligen abhängigen Stellung der Musiker und der Art der Ausnützung ihrer Kunst durch ihre Protektoren und Brotherren. Ausdrücklich erwähnt werden die musikalischen Komponisten im Dekret vom 19. Juli 1793. § 997 des Preuß. Landr. nennt ihre Werke als Gegenstand des Verlagsrechts.

VIII. Die deutschen Bundesakte vom 8. Juni 1815 enthielt in Art. 18 die Zusage, daß die Bundesversammlung sich mit der Abfassung gleichförmiger Verfügungen über die Sicherstellung der Rechte der Schriftsteller und Verleger beschäftigen werden. Ein 1818 zu diesem Zwecke eingesetzter Ausschuß legte im Jahre 1819 der Bundesversammlung einen Entwurf von 23 Artikeln zur Mitteilung an die Regierungen vor. Aber erst am 6. Sept. 1832 kam es infolge eines preußischen Antrags zu dem Bundesbeschlusse, „daß bei Anwendung der gesetzlichen Vorschriften wider den Nachdruck der Unterschied zwischen den eigenen Untertanen eines Bundesstaates und jenen der übrigen zum Deutschen Bunde vereinigten Staaten gegenseitig in der Art aufgehoben werden soll, daß die Schriftsteller, Herausgeber und Verleger eines Bundesstaates sich in jedem anderen Bundesstaat des dort bestehenden Schutzes gegen den Nachdruck gleichmäßig zu erfreuen haben sollen."

Von den mehrfachen weiteren Bundesbeschlüssen[30]) sind hervorzuheben: der vom 9. Nov. 1837, welcher gleichförmige Grundsätze über den Schutz der im Bundesgebiete erschienenen literarischen und artistischen Erzeugnisse aufstellte (10jährige Schutzfrist vom Zeitpunkte der Herausgabe an); der vom 22. April 1841, welcher die öffentliche Aufführung von dramatischen und musikalischen Werken für die Dauer von 10 Jahren von der ersten rechtmäßigen Aufführung an von der Erlaubnis des Autors abhängig machte; endlich der vom 19. Juni 1845, welcher die Schutzfrist für literarische und artistische Erzeugnisse auf die Lebenszeit des Autors und 30 Jahre nach seinem Tode ausdehnte.

Auf der Minimalgrundlage der Bundesbeschlüsse und durch sie angeregt haben dann, nachdem Preußen schon am 11. Juli 1837 ein Gesetz zum Schutz des geistigen Eigentums an Werken der

---

[29]) Dies wird anders mit dem Auftreten der Firma Breitkopf 1760; s. Schuster S. 26.

[30]) Über sie eingehend Klostermann, Geistiges Eigentum S. 51 ff.

Wissenschaft und Kunst gegen Nachdruck und Nachbildung erlassen hatte[31]), eine Reihe von deutschen Staaten das Urheberrecht durch ihre Spezialgesetzgebung geregelt,[32]) so:

Oesterreich durch das Patent vom 19. Oktober 1846;[33])

Bayern durch Ges. vom 15. April 1840, später ersetzt durch das Ges. vom 28. Juni 1865[34]);

Württemberg durch die Gesetze vom 17. Okt. 1838 und vom 24. Aug. 1845;

Sachsen durch die Gesetze vom 22. Febr. 1844 und vom 27. Juli 1846;[35])

Baden durch Verordnung vom 17. September 1847.

IX. Für die Schaffung eines einheitlichen Urheberrechts für ganz Deutschland trat vor allem der Börsenverein der Deutschen Buchhändler ein, eine Interessenvereinigung, welcher die Mehrzahl der deutschen Verleger angehörten und angehören.[36]) Eine vom Börsenverein berufene Kommission arbeitete einen umfassenden Gesetzentwurf aus. Dieser sog. Börsenvereinsentwurf wurde gleichzeitig mit einem österreichischen Entwurfe einer auf Anregung der sächsischen Regierung eingesetzten Kommission der Bundesversammlung vorgelegt, welche auf dieser Grundlage den sog. Frankfurter Entwurf zustande brachte. Dieser wurde 1864 von der Bundesversammlung den einzelnen Regierungen zur Annahme empfohlen. Tatsächlich hat sich aber nur Bayern in seinem schon erwähnten Gesetze vom 28. Juni 1865 daran gehalten.

---

[31]) Zu den Redaktoren gehörte Savigny.

[32]) Eine erschöpfende Zusammenstellung gibt Klostermann a. a. O. S. 90 ff.

[33]) Jetzt gilt in Österreich das Ges. vom 26. Dezember 1895. Kommentar dazu von Geller (1896); vgl. ferner L. Mitteis, Zur Kenntnis des literarisch-artistischen Urheberrechts nach dem österr. Ges. vom 26. Dez. 1895 (in der Festschrift für Unger 1898); J. Schmidl, Das österreichische UrhR. an Werken der Literatur, Kunst und Photographie (1906).

[34]) Dazu Kommentar von Mandry (1867).

[35]) Bestimmungen über das Verlagsrecht hat das Sächsische Bürgerl. GB. von 1863 in §§ 1139—1149.

[36]) Vgl. Voigtländer, Das Wirken des Börsenvereins deutscher Buchhändler zur Sicherung des Urheber- und Verlagsrechtes, in den vom Börsenverein herausgegebenen Beiträgen zum Urheberrecht (1896) S. 9 ff.

II. Gesetzgebung des Norddeutschen Bundes und des Deutschen Reiches.

§ 45.

I. Art. 4 der Verfassung des Norddeutschen Bundes (s. jetzt Art. 4 Ziff. 6 der Reichsverfassung) hat den Schutz des „geistigen Eigentums" zur Sache der Bundesgesetzgebung erklärt. Ein am 30. Nov. 1869 dem Reichstag vorgelegter Gesetzentwurf wurde nach dem Gutachten einer vom Börsenverein deutscher Buchhändler gestellten Sachverständigenkommission umgearbeitet und vom Bundesrat angenommen; auf seiner Grundlage steht das Gesetz betr. das Urheberrecht an Schriftwerken, Abbildungen, musikalischen Kompositionen und dramatischen Werken vom 11. Juni 1870.[1])

Nach der Gründung des Deutschen Reiches wurde dieses Gesetz in Baden, Hessen und Württemberg mit der Reichsverfassung eingeführt, in Bayern durch Reichsgesetz vom 22. April 1871 mit Wirkung vom 1. Jan. 1872 an, in Elsaß-Lothringen durch Reichsges. vom 27. Januar 1873, in Helgoland durch Verordnung vom 22. März 1891.

II. Das jetzt geltende Reichsgesetz, betr. das Urheberrecht an Werken der Literatur und der Tonkunst, vom 19. Juni 1901, in Kraft seit 1. Januar 1902[2]) hat, wenn es auch im Ganzen auf den gleichen Grundlagen wie das Gesetz von 1870 beruht, doch gegenüber diesem mannigfache Abänderungen und Verbesserungen gebracht.[3]) Einige Bestimmungen des alten Gesetzes, so über Heraus-

---

[1]) Redaktor dieses Gesetzes war der Geh. Oberpostrat Otto Dambach. Von ihm stammt ein Kommentar zum Gesetz (1871), ferner die Schrift: Wider den Nachdruck; Aussprüche berühmter deutscher Gelehrter, Schriftsteller, Dichter usw. (1872). Auch hat er Gutachten des K. preuß. literarischen Sachverständigen-Vereins herausgegeben (1. Sammlung 1874, 2. 1891).

[2]) Der Entwurf des Reichsjustizamtes, ein Ergebnis von Beratungen, an denen auch Schriftsteller, Verleger, Komponisten teilgenommen hatten, wurde am 13. Juli 1899 im Reichsanzeiger veröffentlicht. Der Reichstag verwies die Vorlage in 1. Lesung am 9. Jan. 1901 an eine Kommission von 21 Mitgliedern; die Annahme im Plenum in 3. Lesung erfolgte am 2. Mai 1901.

[3]) Literatur zur Reform: Osterrieth, Die Reform des Urheberrechts, Entwurf eines Ges., das Urheberrecht an Geisteswerken betr., mit Begründung (1893). — Beiträge zum Urheberrecht. Beschlüsse des außerordentlichen Ausschusses des Börsenvereins der deuschen Buchhändler für Revision der

gabe der Bereicherung, über freie Würdigung der Höhe des Schadens, blieben im neuen Gesetz deshalb weg, weil sie zu allgemeinen Rechtsgrundsätzen geworden waren. Den auf Verstärkung des Schutzes gehenden modernen Rechtsanschauungen wird im neuen Gesetze namentlich durch Erweiterung des Uebersetzungsvorbehaltes (§ 12 Abs. 2 Ziff. 1) und des Schutzes der Zeitungen (§ 18) Rechnung getragen.[4])

Das Urheberrechtsgesetz vom 19. Juni 1901 gilt auch in den deutschen Schutzgebieten (vgl. Schutzgebietsges. vom 25. Juli 1900 § 3, VO. vom 9. Nov. 1900 § 4).[5])

III. Gegenstand des literarischen und musikalischen Urheberrechts.

1. Allgemeine Charakterisierung.

§ 46.

Gegenstand des literarischen Urheberrechts sind eigentümliche Geistesschöpfungen bestimmter Art. Nach dem Gesetz kommen als schutzfähig in Betracht: Schriftwerke, Vorträge und Reden, Tonwerke, Abbildungen wissenschaftlicher oder technischer Art. Für ihr Verhältnis zum Urheberrecht lassen sich eine Reihe gemeinsamer Grundsätze aufstellen.

I. Stets ist der Gegenstand des Urheberrechts ein unkörperlicher. Das ist um so mehr zu betonen, als das Wort „Werk" so-

---

Gesetze über das Urheberrecht (1896). — Voigtländer, Ein Tag unter dem neuen Urheberrecht, im Börsenblatt für den D. Buchhandel 1899 Nr. 216; Schuster in der Beilage zur Münchener Allgemeinen Ztg. 1899 Nr. 243, 244; Birkmeyer, Die Reform des Urheberrechts (1900); F. van Calker, Kritische Bemerkungen zu dem Entwurf eines Gesetzes betr. das Urheberrecht an Werken der Literatur und der Tonkunst vom 13. Juli 1899 (1900); F. Streißler, Entwurf eines Gesetzes betr. das Urheberrecht (1899).

[4]) Vgl. die Zusammenstellung der Änderungen bei Allfeld, Komm. zum LUG. S. 8.

[5]) Kommentare zum LUG. von 1901: von Allfeld (1902), Kuhlenbeck (1901), E. Müller (1901), Voigtländer (1901). —

Systematische Darstellungen auf der Grundlage des Ges. von 1901 geben Kohler, Urheberrecht an Schriftwerken und Verlagsrecht (1906); Dernburg in seinem bürgerl. Recht Bd. 6 S. 1 ff. (vollendet von Kohler); Crome in seinem System des D. Bürgerl. Rechts Bd. 4 S. 1 ff.

wohl in dem immateriellen Sinne der in eine bestimmte Form gebrachten Gedankenschöpfung als auch in dem materiellen Sinne der stofflichen Verkörperung dieser Schöpfung, als Manuskript, Partitur usw., gebraucht wird und auch die deutsche Gesetzgebung sich von dieser doppelsinnigen Verwendung des Wortes nicht freihält. Gegenstand des Urheberrechts ist nur das Werk als geformter Gedankeninhalt nicht das Werk als körperliche Substanz.

II. Nicht die geistige Tätigkeit als solche ist Gegenstand des Urheberrechtes, sondern ihr Ergebnis, das in einer bestimmten abgeschlossenen Form Ausdruck gefunden hat. Der bloße Plan, die im Kopfe des Autors auftauchende Idee, sind rechtlich schutzlos. Solange der literarische oder künstlerische Gedanke ein Internum der Psyche bleibt, steht er zur Rechtsordnung in keiner Beziehung, auch noch nicht, wenn er in der Psyche seines Urhebers schon eine bestimmte fertige Gestaltung angenommen hat; sondern erst dann kann er Gegenstand eines Rechtes sein, wenn ihm irgend welcher äußere Ausdruck gegeben ist und er dadurch zu einem objektivierten Gebilde geworden ist. Die Ausdrucksmittel können verschiedene sein: Schriftzeichen, Tonzeichen, mündliche Rede, musikalischer Vortrag, künstlerische und graphische Darstellungsmittel.

Dagegen gehört die Veröffentlichung des Werkes nicht zu den Voraussetzungen der Schutzfähigkeit. Im Gegenteil: das unveröffentlichte Werk genießt besonderen Rechtsschutz gegen erstmalige Veröffentlichung wider den Willen des Urhebers.

III. Es muß sich um eine Emanation des Geisteslebens handeln, die eine individuelle konkrete Gestaltung erfahren hat. Nur diese Gestaltung als einzelnes Werk wird geschützt, nicht die vielleicht originelle Methode, mit der sie erzielt ist, nicht die Technik, nicht der Stil als solcher, auch nicht die Kunstgattung, die etwa mit dem Werke neu geschaffen wurde.[1]) Nur die dem konkreten Inhalt gegebene Form, nicht die davon abstrahierende Formgattung, ist Gegenstand des Schutzes.

IV. Die Geistesschöpfung muß eine eigentümliche sein. Sie muß sich von schon vorhandenen Geistesschöpfungen bekannter und unbekannter Autoren aller Zeiten deutlich und wesentlich unter-

---

[1]) Vgl. darüber Kohler, Arch. f. ziv. Praxis Bd. 85 S. 105 ff., UrhR. S. 146; Schuster, Grundriß des UrhR. S. 12; Allfeld Bem. 6 zu LUG. § 1.

scheiden. Nur die irgendwie produktive, nicht die lediglich reproduzierende Geistestätigkeit wird in ihrem Ergebnisse geschützt. Aber die zu fordernde Originalität braucht sich, wie allgemein anerkannt wird, nicht auch auf den Gedankeninhalt, nicht auf den behandelten Stoff, zu beziehen, sondern kann in der bloßen Eigenart der Formgestaltung des schon bekannten Stoffes zu finden sein, in der Art der Darstellung oder in der Disposition des Stoffes. Der behandelte Stoff als solcher, das „Sujet", genießt, auch wenn es frei erfunden ist, überhaupt keinen Schutz.

Wann der Grad von Originalität vorliegt, daß die Schöpfung als eine von anderen Geisteswerken verschiedene, eigentümliche schutzwürdig erscheint, ist eine Frage, die nicht mit einer allgemein gültigen Formel a priori, sondern nur bei dem einzelnen Werke auf Grund einer Abwägung beantwortet werden kann, bei welcher häufig ästhetisches Empfinden nicht minder mitsprechen wird, als die Urteilskraft. Ueberall, wo das Identitätsproblem nicht ein rein arithmetisches ist, ist es einer absoluten wissenschaftlichen Lösung unfähig; so auch hier, wo es zugleich zum ästhetischen Wertungsprobleme wird.

Kohler[2]) nennt das Eigenartige, das das Kunstwerk von jedem anderen Kunstwerk als etwas selbständiges unterscheidet, das „imaginäre Bild". Dieses bestehe beim lyrischen Gedicht und beim Tonwerk in einem reinen „Stimmungsbild", im Roman und im Drama in der Art und Weise, wie die Charaktere der Persönlichkeiten entwickelt werden und sich äußern. Man mag die Kennzeichnung des Individualcharakters eines Werkes als des „imaginären Bildes" als eine tautologische oder auch als eine erst näherer Erklärung bedürftige für nicht glücklich gewählt halten: richtig ist es jedenfalls, wenn damit negativ zum Ausdruck gebracht werden will, daß es weder die äußere Form (z. B. Sprache, äußere Einteilung des Werkes, Einkleidung in Poesie oder Prosa) noch auch der gewählte Darstellungsgegenstand (der „Stoff", die Begebenheit) ist, was die künstlerische Identität des Werkes ausmacht. Dagegen muß jeder Versuch, ein allgemein gültiges positives Merkmal des Erfordernisses der Eigenartigkeit zu geben, notwendig scheitern.

---

[2]) Das literarische und artistische Kunstwerk und sein Autorschutz S. 29 ff., 33 ff.; Urheberrecht S. 149 ff.; Kunstwerkrecht S. 39 ff.

V. Auf den höheren oder geringeren literarischen, musikalischen, künstlerischen oder wissenschaftlichen Wert der geistigen Schöpfung kommt nichts an. Der kläglichste Schundroman und der gemeinste Gassenhauer genießen den gleichen Schutz, wie Werke von der höchsten künstlerischen Vollendung.

VI. Auch der Umfang des Werkes kommt für die Schutzfähigkeit nicht in Betracht. In dem Ausdruck „Werk" liegt nur ein qualitatives, nicht zugleich ein quantitatives Erfordernis.[3])

VII. Ebensowenig ist erforderlich, daß das Geisteserzeugnis fähig sei, Gegenstand des literarischen Verkehrs, insbesondere des Verlagshandels zu sein.[4])

Die gegenteilige Lehre macht willkürlich die Schutzfähigkeit von einem im konkreten Falle kaum feststellbaren Momente abhängig. Wie soll bestimmt werden, ob ein Werk schlechthin keinen Verleger finden kann?

VIII. Nur die schöpferische Geistestätigkeit wird geschützt, nicht die bloß erkennende. Wie nur die Erfindung und nicht die bloße Entdeckung des Patent- oder Gebrauchsmusterschutzes fähig ist, so kann auch nur das in irgend einer Weise die Eigenart des Urhebers wiederspiegelnde Geisteswerk Gegenstand des literarischen oder musikalischen Urheberrechts sein, nicht die bloße Entdeckung oder Feststellung des Textes bzw. Toninhaltes eines schon vorhandenen Werkes eines anderen, wenn auch vielleicht schon seit vielen Jahrhunderten toten, Urhebers. Darum steht die erstmalige Herausgabe einer alten Handschrift oder Inschrift, die editio princeps,[5]) nicht unter dem Schutze des Gesetzes, wennschon die Her-

[3]) Vgl. RGE. in StrS. Bd. 12 S. 359 und Allfeld Bem. 8, c, ee zu LUG. § 1 gegen Dernburg preuß. PrivR., 5. Aufl. Bd. 2 S. 943.

[4]) Dieses Erfordernis wird aufgestellt von Wächter, Autorrecht S. 45, Mandry, Komm. z. bayer. Ges. von 1865 S. 76; Dambach, Komm. z. ULG. von 1870 S. 14; Daude, Lehrbuch S. 13; dagegen mit Recht Gierke D. PrivR. S. 770, Allfeld Bem. 8, c, cc zu LUG. § 1, Müller S. 14; RGE. in ZivS. Bd. 41 S. 48, Bd. 69 S. 404.

[5]) Für den Schutz der editio princeps sind de lege ferenda eingetreten: Bähr im Arch. für Bürgerl. R. Bd. 7 S. 150 ff., Mitteis, Zur Kenntnis des literarisch-artistischen Urheberrechts nach dem österreichischen Ges. vom 26. Dez. 1895, S. 125 und insbesondere Birkmeyer, Der Schutz der editio princeps (1899). Gegen die Schutzfähigkeit namentlich Kohler, UrhR. S. 128 ff. Vgl. auch Allfeld Bem. 8, a, aa zu LUG. § 1, Voigtländer, Bem. 3 zu LUG. § 29.

stellung des Textes unter Umständen weit mehr wissenschaftliche Vorbildung, kritisches Vermögen und Kombinationsgabe erfordert, als die Abfassung eines anderen Werkes, das den Schutz genießt.[6]) Wird dem alten Texte in Form einer Einleitung oder von Anmerkungen eine wissenschaftliche Arbeit kritischen, historischen oder sonstigen Inhalts beifügt, so ist diese natürlich als selbständiges schöpferisches Geisteswerk geschützt.

Die gleichen Grundsätze entscheiden über die Schutzfähigkeit bei der Herausgabe von alten Märchen, Sagen und Volksliedern. Auch hier wird das Ergebnis der geistigen Tätigkeit nur insoweit geschützt, als diese nicht eine bloß entdeckende, sondern zugleich eine schöpferische ist. Das schöpferische Moment muß hier wie überall in der Eigenart der Formgebung liegen.

Ebenso steht es mit der Herausgabe von Theaterzetteln, Preisverzeichnissen, Börsenberichten, Fahrplänen usw., soweit sie nur gegebene Tatsachen feststellen und nicht durch eigenartige Anweisungen, Erläuterungen oder Aehnliches oder durch die Eigenart der Anordnung und Einteilung eine individuelle schöpferische Tätigkeit dazu kommt. Daher ist z. B. der gewöhnliche Fahrplan nicht schutzberechtigt, wohl aber regelmäßig das systematisch angelegte und mit Erläuterungen versehene Kursbuch.

IX. Am eigentümlichen Geisteswerk entsteht ein literarisches Urheberrecht auch, wenn sein Inhalt gegen ein Gesetz oder gegen die guten Sitten verstößt, z. B. eine Beleidigung oder eine Verläumdung enthält.[7]) Dafür läßt sich anführen: der Mangel einer gegenteiligen Gesetzesbestimmung, die Analogie des

---

[6]) Die Frage ist schon alt. So klagte z. B. der Verleger der von der Berliner Akademie veranstaltaten ersten Ausgabe der Institutionen des Gaius (Berlin, bei Reimer, 1820) gegen den Verleger Hartmann in Leipzig, bei dem 1824 eine andere Ausgabe erschienen war; darüber eine Abhandlung in v. Langen und Koris Erörterungen Bd. 2 S. 227; (das Buch war mir unzugänglich, ich zitiere nach Holzschuher, Theorie und Kasuistik des gem. ZivR. Bd. 2 S. 177).

[7]) So auch Gierke S. 770, Klostermann S. 153, Stobbe-Lehmann, 3. Aufl. S. 35, Schuster, Urheberrecht der Tonkunst S. 53 ff., Allfeld Bem. 4, b, Kuhlenbeck Bem. 8, Müller Bem. I, 1, Voigtländer Bem. 2 zu LUG. § 1, jetzt auch (entgegen seiner früheren Ansicht) Dernburg, Bürgerl. R. Bd. 6 S. 103; a. M. Wächter, VerlR. Bd. 1 S. 180, Kohler UrhR. S. 160.

Sacheigentums, das sich auch auf Werke sittenwidrigen oder gesetzwidrigen Inhalts erstreckt, endlich die Erwägung, daß gerade bei derartigen Werken das Interesse des Urhebers, daß nicht ein Unbefugter den wesentlichen Inhalt zum ersten Male öffentlich mitteile, ein besonders starkes ist.[3]) Wenn dagegen geltend gemacht wird, daß doch auch gesetzwidrige und sittenwidrige Erfindungen nicht patentiert werden können, so übersieht man die wesentliche Verschiedenheit der Rechtslage in beiden Fällen. Das Erfinderrecht erreicht seine Vervollkommnung im Patent erst durch einen besonderen Akt der Staatsgewalt; dieser ist nicht zuzumuten, besonders tätig zu werden, um das erfinderrechtlich zu sanktionieren, was sie in anderer Beziehung mißbilligt; daher bestimmt das Patentgesetz ausdrücklich, daß für sitten- und gesetzwidrige Erfindungen ein Patent nicht erteilt werden kann. Das literarische Urheberrecht dagegen entsteht schon als ein vollkommenes unabhängig von jedem Tätigwerden der Staatsgewalt lediglich durch die geistige Schöpfung.

Etwas anderes ist es natürlich, daß sich niemand verpflichten kann (etwa einem Verleger gegenüber), ein Werk sitten- oder gesetzwidrigen Inhalts zu schaffen. Ein solcher Vertrag wäre gemäß § 138 BGB. nichtig.

2. Die einzelnen Geisteswerke als Gegenstand des Urheberrechts.

§ 47.

a) Schriftwerke, Vorträge und Reden.

I. Schriftwerke sind durch die Sprache eigenartig gestaltete Geisteserzeugnisse. Erforderlich ist vor allem Originalität in dem schon dargelegten Sinne. Der Umfang dagegen ist gleichgültig. Literarische Erzeugnisse, welche lediglich Tatsachen, insbesondere statistische Angaben, enthalten und auch in der Formgebung keinerlei individuelle geistige Tätigkeit erkennen lassen, wie Wetterberichte, Tarife, Theaterzettel,[1]) sind nicht Gegenstand des Urheberrechts.[2])

---

[3]) Treffend bemerkt schon Rénouard, Traité des droits d'auteurs Bd. 1 S. 96, daß die urheberrechtliche Schutzlosigkeit sittenwidriger Werke „n'arriverait ... qu'à favoriser la propagation des mauvaises livres".

[1]) Vgl. RGE. in ZivS. Bd. 66 S. 227 ff.; Stranz in D. JurZ. 1907 S. 1196 ff.

[2]) Die reiche Kasuistik, die sich in den Kommentaren, in der Judikatur

Sobald jedoch tatsächliche Mitteilungen durch eigenartige Anordnung des Stoffes oder durch begleitende Erläuterungen den Charakter eines Schriftwerkes annehmen, sind sie geschützt ohne Rücksicht darauf, ob sie lediglich gewerblichen Zwecken oder, wie etwa Kochbücher, den Bedürfnissen des häuslichen Lebens zu dienen bestimmt sind.[3])

II. Der Begriff des Schriftwerks erfordert **Mitteilbarkeit durch das Mittel der Schrift.** Dagegen setzt die Schutzfähigkeit nicht voraus, daß das Werk bereits tatsächlich schriftlich fixiert ist.[4]) So ist z. B. das mündlich mitgeteilte, noch nicht niedergeschriebene, oder in den Phonographen gesprochene[5]) Gedicht ebenso geschützt wie das zu Papier gebrachte. Vorträge und Reden sind, sofern sich in ihnen nur eine selbständige Geistestätigkeit in bestimmter Form offenbart, auch schon vor ihrer Niederschrift als „Schriftwerke" geschützt, selbst wenn sie nicht „dem Zweck der Erbauung, Belehrung oder Unterhaltung" dienen, sondern, etwa als Begrüßungsreden oder Festreden, irgend einem anderen Zwecke.

Falls das Werk schriftlich niedergelegt ist, kommt es nicht darauf an, welche Schriftzeichen gewählt sind, die der Sprache des

---

und in den veröffentlichten Gutachten findet, hat nur relative Bedeutung. Je nach dem Dazutreten oder Fehlen des Momentes der Originalität können Schrifterzeugnisse derselben Art geschützt oder schutzlos sein. So ist z. B. der Kalender, der sich auf die Angabe der Wochen- und Monatstage, der Festtage, Heiligennamen und Himmelszeichen beschränkt, schutzlos, während er durch weitere Zusätze unterhaltender oder belehrender Natur zum schutzfähigen Schriftwerk werden kann (vgl. Dambach, Gutachten II, S. 204; Allfeld Bem 8, a, aa zu LUG. § 1; Müller S. 15). Aehnlich steht es mit den Fahrplänen; vgl. über diese speziell Kohler im Arch. f. ziv. Praxis Bd. 85 S. 98 ff. Ueber Adreßbücher vgl. RGE. in StrS. Bd. 17 S. 195, Bd. 12 S. 113.

[3]) Anders das österreichische Gesetz § 5 Abs. 2; darnach sind vom Schutze des Urheberrechts ausgeschlossen geschäftliche Ankündigungen, Erklärungen und Gebrauchsanweisungen, welche Erzeugnissen der Industrie zur Belehrung der Abnehmer beigegeben werden, oder Erzeugnisse der Presse, welche lediglich den Bedürfnissen des häuslichen Lebens zu dienen bestimmt sind.

[4]) Das wird manchmal verkannt; so betrachtet z. B. Voigtländer S. 41 Reden und Vorträge erst als Schriftwerke, „wenn sie niedergeschrieben sind" und schließt daher die nicht schriftlich fixierten und nicht der Erbauung, Belehrung oder Unterhaltung dienenden Tisch-, Fest-, Begrüßungs- und Weihereden vom Schutze aus. Richtig Gierke S. 769, Allfeld Bem. 8, b (S. 46 f.) zu LUG. § 1.

[5]) Vgl. Eger im Arch. f. bürg. R. Bd. 18 S. 267 f.

Werkes eigentümlichen oder fremder Sprache angehörige oder stenographische oder eine Bilderschrift.

Die gewählte Sprache kann eine lebende oder eine tote sein, auch ein Dialekt oder eine künstlich geschaffene Sprache.

III. Schriftwerke jeder Art und Gattung können unter der Voraussetzung der Eigenartigkeit der Gestaltung in bestimmter Form Gegenstand des Urheberrechts sein. Auch bei Schriftwerken rein referierender oder kritischer Art[6]) kann diese Voraussetzung zutreffen.

Bühnenwerke sind schutzfähig, soweit sie durch die Schrift mitteilbar, also „Schriftwerke" sind. Das trifft zu auf Schauspiele, Tragödien, Lustspiele, Tondramen, Opern, Operetten, Melodramen, Singspiele. Es trifft aber nicht zu auf rein choreographische Werke, auf Pantomimen, Balletts und sonstige Tänze, auf lebende Bilder. An derartigen Werken besteht, auch wenn sie von höchster Originalität sind, grundsätzlich kein Urheberrecht. Die sie begleitende Musik kann natürlich als Tonwerk selbständig geschützt sein. Auch kann, wenn der mimische bzw. choreographische Vorgang schriftlich aufgezeichnet ist, diese Aufzeichnung als Schriftwerk selbstständigen Schutz genießen und auch als Bühnenwerk in Betracht kommen, das gemäß LUG. § 11 Abs. 2 gegen öffentliche Aufführung geschützt ist;[7]) aber auch in diesem Falle erstreckt sich der Schutz nicht auf das spezifisch choreographische Element als solches, nicht auf die einzelnen Stellungen und Bewegungen.[8])

---

[6]) Ueber das Urheberrecht an Rezensionen s. Allfeld in D. JurZ. 1908 S. 527.

[7]) LUG. § 11 Abs. 2 spricht nur vom Inhalt des Urheberrechtes an Bühnenwerken, vorausgesetzt, daß ein solches besteht, will aber nicht sagen, daß an allen Bühnenwerken ein Urheberrecht besteht.

Ausdrücklich geschützt sind choreographische Werke in § 4 Abs. 1 Ziff. 2 des österr. Ges. von 1895.

[8]) Vgl. zu der Frage Hinschius in Iherings Jahrb. Bd. 26 S. 185 ff.; Gierke S. 775; Allfeld Bem 2. zu LUG. § 1 und Bem. 7, a zu § 11.

Kohler in Iherings Jahrb. Bd. 18 S. 315 ff. (vgl. auch UrhR. S. 134) will die Pantomime und das eine dramatische Entwickelung enthaltende Ballett schlechthin unter den Autorschutz stellen, die „lyrische Tanzform" dagegen niemals, da sie keine Form des individuellen Ideenausdrucks sei. Die praktischen Ergebnisse dieser Auffassung werden sich trotz des verschiedenen Ausgangspunktes mit denen der unsrigen regelmäßig decken.

IV. Der **Zweck**, den das Schriftwerk verfolgt, kommt für die Schutzfähigkeit grundsätzlich nicht in Betracht. Nicht einmal der Zweck der Veröffentlichung ist erforderlich. Auch das Werk, welches in erster Linie einem außerhalb des literarischen und künstlerischen Interesses stehenden Zwecke, insbesondere einem gewerblichen, zu dienen bestimmt ist, kann Gegenstand des Urheberrechtes sein.[9]) Daher sind auch das Gedicht, das nur der Reklame dient, und die gewerbliche Instruktion, sofern sie überhaupt ein Ergebnis schöpferischer Geistestätigkeit darstellt, geschützt. Wenn Warenverzeichnisse, Geschäftsempfehlungen und Aehnliches regelmäßig des Schutzes entbehren, so ist der Grund dafür nicht in ihrem Zwecke, sondern darin zu suchen, daß darin keine individuelle Geistestätigkeit Ausdruck findet.

Ebenso kann nach dem geltenden deutschen Recht kaum ein Zweifel darüber walten, daß auch durch die rechtspolitische oder rechtsgeschäftliche Zweckbestimmung die Schutzfähigkeit des Werkes grundsätzlich nicht aufgehoben wird. Die den Abdruck von Gesetzen, amtlichen Erlassen usw. für zulässig erklärenden §§ 16, 17 LUG.[10]) sind deutlich als besondere Ausnahmen von dem Nachdrucksverbot gekennzeichnet. Hätte der Gesetzgeber dem Grundsatze gehuldigt, daß Schriften mit einer außerhalb der Kunst und Wissenschaft liegenden besonderen Zweckbestimmung überhaupt nicht zu den Gegenständen des Urheberrechts gehört, so wäre es unbegreiflich, warum er diesen Grundsatz nicht bei der Feststellung der **Gegenstände** des Urheberrechts zum Ausdruck bringt und nur die Befugnisse des Urhebers durch kasuistische Sonderbestimmungen einschränkt.

Gegen den Standpunkt des deutschen Gesetzes kämpft namentlich Kohler[11]) an, indem er geltend macht, durch den rechtsgeschäftlichen Zweck[12]) werde die künstlerische Wesenheit der Schöpfung

---

[9]) Anders das österreichische Ges. § 5 Abs. 2 (vgl. oben Anm. 3), dessen Standpunkt von **Mitteis** (Zur Kenntnis des literarisch-artistischen Urheberrechts nach dem österr Ges. vom 26. Dezember 1895, S. 128 ff.) gebilligt wird. Gegen diesen (sowie gegen **Kohler**) ausführlich **Allfeld** Bem. 8, c, dd zu LUG. § 1.

[10]) Darüber des Näheren unten § 52 S. 240 ff.

[11]) in Jherings Jahrb. Bd. 18 S. 317 ff., UrhR. S. 162 ff.

[12]) **Kohler** nimmt den „rechtsgeschäftlichen" Zweck hier offenbar in dem nicht üblichen allerweitesten Sinne, in welchem er auch den politischen und rechtspolitischen umfaßt.

aufgehoben. Er fügt damit dem schutzfähigen Schriftwerke ein Begriffselement bei, zu dessen Aufnahme die Natur der Dinge ebensowenig nötigt wie das Gesetz. Es ist eine willkürliche Voraussetzung, daß als die Geisteswirkung, die jeder Geistesschöpfung entsprechen soll, urheberrechtlich gerade nur eine künstlerische Wirkung in Betracht kommen könne. Eine solche Annahme entspricht nicht den wahren Interessen der Beteiligten. So ist z. B. sicher auch Fahrtenbüchern nicht der „selbstlose Charakter der künstlerischen Produktion" eigen, und trotzdem besteht, wenn sie nach einer neuen Methode konstruiert sind, ein (auch von Kohler Urheberrecht S. 146 anerkanntes) Interesse an ihrer Schutzfähigkeit. Andererseits wird sich manchen Parlamentsreden Bismarcks und anderer Politiker der künstlerische Charakter nicht absprechen lassen und doch bleiben sie mit gutem Grunde ungeschützt, weil hier, gerade so wie bei amtlichen Erlassen usw. das überwiegende öffentliche Interesse an der Verbreitung dem etwa vorhandenen privaten Interesse am Urheberrechtsschutz[13]) entgegensteht. In dieser Interessenlage und nicht in dem Mangel der künstlerischen Zweckbestimmung ist die Erklärung für die urheberrechtliche Schutzlosigkeit gewisser Geistesschöpfungen zu suchen.

V. Das Gesetz erwähnt als Gegenstand des Schutzes neben den Schriftwerken solche Vorträge und Reden, „welche dem Zwecke der Erbauung, der Belehrung oder der Unterhaltung dienen". Hier scheint also das Zweckmoment doch eine Rolle zu spielen. Aber es scheint nur so. In Wirklichkeit kann der vom Zwecke sprechende Zusatz, welcher der Erläuterung dienen sollte, als überflüssig mehr zur Verwirrung als zur Klärung beitragen. Vorträge und Reden — zwischen beiden eine scharfe Unterscheidung zu treffen, wird man sich vergeblich bemühen — sind nämlich, sofern sie durch die Schrift mitteilbare eigenartig geformte Gedankenäußerungen darstellen, schon als „Schriftwerke" und, sofern sie jene Qualität nicht aufweisen, überhaupt nicht geschützt. Der Vortrag, dem jede Originalität, auch in der Formgebung fehlt, genießt keinen urheberrechtlichen Schutz, auch wenn er der Erbauung, der Belehrung oder der Unterhaltung dienen soll. Andererseits sind Reden, und zwar auch nicht schriftlich fixierte und nicht für die Veröffentlichung bestimmte, grundsätzlich auch dann geschützt, wenn sie andere als

[13]) Bei Gesetzen fehlt ein solches sogar regelmäßig völlig.

die erwähnten Zwecke verfolgen[14]), sofern nicht eine der besonderen im Gesetze (vgl. LUG. § 17) bezeichneten Ausnahmen vorliegt.

Zu den Vorträgen, die Gegenstände des Urheberrechts sind, gehören auch die akademischen Vorlesungen, gleichgültig ob sie privatim oder publice gehalten werden. In dem Urheberrecht an ihnen ist auch in letzterem Falle nicht nur die ausschließliche Befugnis zur Vervielfältigung und gewerbsmäßigen Verbreitung enthalten, sondern auch die der erstmaligen öffentlichen Mitteilung des wesentlichen Inhalts; der Vortrag im Hörsaal ist nicht etwa selbst als „öffentliche" Mitteilung anzusehen.[15])

VI. Auch unvollendete Schriftwerke sowie bloße Skizzen und Entwürfe[16]) können Gegenstand des Urheberrechts sein, da auch sie die Kriterien der Schutzfähigkeit aufweisen können.

VII. Das Urheberrecht bezieht sich auf das Werk als Ganzes und auf die Teile desselben. Das ist im österreichischen Urheberrechts-Gesetz § 3 ausdrücklich gesagt. Es gilt, obwohl das LUG. darüber schweigt, auch nach deutschem Recht, sofern unter den „Teilen" nur solche Ausschnitte aus den Werken verstanden werden, die für sich allein genommen eine individuelle Formgestaltung aufweisen.

Das ist beim bloßen Titel[17]) eines Buches, einer Zeitschrift oder Zeitung noch nicht der Fall. Er ist daher urheberrechtlich nicht geschützt.[18]) Wohl aber besteht ein Rechtsschutz auf Grund des § 16 des Ges. zur Bekämpfung des unlauteren Wettbewerbs vom 7. Juni 1909. Darnach kann, wer im geschäftlichen Verkehr einen Namen oder die besondere Bezeichnung einer Druckschrift in einer

---

[14]) Die richtige Auffassung schon bei Wächter Autorrecht S. 84; sodann bei Kohler in Iherings Jahrb. Bd. 18 S. 324, Gierke § 86 Anm. 4, Allfeld Bem. 9, a, aa zu LUG. § 1. Verfehlt Klostermann UrhR. S. 60, Voigtländer S. 42.

[15]) Auch der Handel mit Kollegienheften ist, wie Kohler im Arch. f. ziv. Praxis Bd. 85 S. 437 treffend ausführt, unstatthaft; er ist eine unrechtmäßige Verbreitung rechtmäßig (nämlich für die private Benutzung) hergestellter Exemplare.

[16]) Speziell über dramatische Szenare Kohler, Lit.-art. Kunstwerk S. 120 f.; UrhR. S. 224.

[17]) Vgl. W. Brandis, Rechtsschutz der Zeitungs- und Büchertitel (1898); Landsberg, Die Grenzen der Abdrucksfreiheit im Zeitungswesen (Freiburger Diss. 1906) S. 70 ff.

[18]) A. M. Schäfer in gewerbl. Rechtsschutz und UrhR. Bd. 8 (1903) S. 9.

Weise benutzt, welche darauf berechnet und geeignet ist, Verwechselungen mit dem Namen oder der besonderen Bezeichnung hervorzurufen, deren sich ein anderer befugterweise bedient, von diesem auf Unterlassung der Benutzung in Anspruch genommen werden; auch ist er ihm zum Ersatze des Schadens verpflichtet, wenn er wußte oder wissen mußte, daß die mißbräuchliche Art der Benutzung geeignet war, Verwechselungen hervorzurufen.

Als Warenzeichen kann der Titel nicht eingetragen werden.[19])

VIII. Für Briefe[20]) gilt urheberrechtlich nichts Besonderes. Sie sind wie andere literarische Erzeugnisse dann Gegenstand des Urheberrechtes, wenn sie durch die Eigenart der Idee oder durch die Originalität der Form als Geistesschöpfungen individuellen Gepräges sich darstellen. Dieses Merkmal wird regelmäßig zutreffen, wenn die Briefform nur das äußere Gewand für die Behandlung wissenschaftlicher ästhetischer, psychologischer Themen dargestellt, wie etwa in den „Briefen eines Unbekannten über die Rechtswissenschaft" oder in den „Briefen, die ihn nicht erreichten". Es kann auch zutreffen, bei wirklichen Briefen, die an bestimmte Personen gerichtet sind, wenn sie derartige und andere der Sphäre des Geisteslebens angehörige Themen von allgemeinem Interesse behandeln oder wegen ihrer besondern Anmut und Kraft des Stiles einen ästhetischen Reiz haben.[20a]) Es wird aber regelmäßig fehlen bei Briefen, die lediglich tatsächliche, insbesondere geschäftliche, Mitteilungen oder Familiennachrichten und daran sich anknüpfende Betrachtungen zum Inhalt haben.

Auf die allgemeine geistige, künstlerische, politische Bedeutung des Briefschreibers kommt für die Schutzfähigkeit seiner Briefe nichts

---

[19]) RGE. in ZivS. Bd. 40 S. 21. Vgl. auch Reuling, Sind Zeitungstitel Warenzeichen? (1896); Osterrieth, Lehrbuch des gewerbl. Rechtsschutzes S. 292, 388 ff.

[20]) Spezialliteratur: Hoffmann, Das Urheberrecht an Briefen (Diss. St. Gallen 1874); Ulmann, Das Urheberrecht an Briefen (Erlanger Diss. 1893); Kohler, Das Recht an Briefen, im Arch. f. bürgerl. R. Bd. 7 S. 94 ff. (auch Sonderabdruck), UrhR. S. 441 ff.; Petschek, Ueber das Eigentum an Briefen, im Arch. f. bürgerl. R. Bd. 9 S. 85 ff.; E. Gerhard, Der strafrechtliche Schutz des Briefes (Freiburger Diss. 1905); Reichardt, Das Recht an Briefen (Leipziger Diss. 1905); Allfeld, Veröffentlichung von Briefen, in D. JurZ. 1908 S. 1298 ff.; Mitteis in den Verhandl. des 25. D. Jur.-Tags Bd. 2 S. 42 ff.; Wildhagen ebenda S. 118 ff.

an. Das etwaige historische oder biographische Interesse, welches an den Briefen besteht, hat für ihre urheberrechtliche Beurteilung völlig außer Betracht zu bleiben.[20a)]

Tagebücher sind urheberrechtlich aus demselben Gesichtspunkte zu beurteilen wie Briefe.

Eine Briefsammlung kann als solche ohne Rücksicht auf die Schutzfähigkeit der einzelnen darin enthaltenen Briefe geschützt sein, wenn der Herausgeber dabei eine selbständige redigierende Tätigkeit aufgewendet hat.[21)]

Das an Briefen bestehende Urheberrecht verbleibt bei dessen Verfasser bzw. seinen urheberrechtlichen Rechtsnachfolgern, auch wenn das sachenrechtliche Eigentum am Briefe auf den Adressaten oder etwa späterhin auf einen anderen übergegangen ist.[22)] Keine Vermutung spricht dafür, daß mit der Verschaffung des Eigentums am Briefe auch das Urheberrecht daran übertragen werden will. Der Empfänger eines urheberrechtlich geschützten Briefes ist daher zu dessen Veröffentlichung nicht ohne weiteres befugt.

Mit der Feststellung, daß die gewöhnlichen Geschäfts- und Familienbriefe regelmäßig keinen urheberrechtlichen Schutz genießen, ist noch nicht gesagt, daß sie überhaupt des Rechtsschutzes gegen eine ihrem Verfasser unerwünschte Veröffentlichung entbehren. Die Rechtslage ist nach geltendem deutschen Recht die folgende.

1. Ist der Inhalt des Briefes einer der in StGB. § 300 genannten Personen (Rechtsanwälte, Aerzte, Hebammen oder ihre Gehilfen) kraft ihres Amtes, Standes oder Gewerbes anvertraut und wird er von einer solchen Person, obwohl er infolge ausdrücklicher Auflage oder seiner Natur nach die Geheimhaltung erfordert,

---

20a) Vgl. RGE. in ZivS. Bd. 69 S. 401 ff. (Briefe Nietzsches an Overbeck).

21) Vgl. Ulmann a. a. O. S. 67, Allfeld Bem. 8, b, cc zu LUG. § 1 (S. 51), Müller S. 17 ff.

22) Man beachte: Das Eigentum am Briefe (als körperlicher Erscheinung) ist dem Adressaten erst dann übertragen, wenn ihm der Besitz daran verschafft ist (BGB. § 929). Dagegen sind die im Briefe etwa enthaltenen, für den Adressaten bestimmten Willenserklärungen schon wirksam, wenn der Brief dem Adressaten im Sinne des § 130 BGB. „zugegangen" ist. Beide Zeitpunkte fallen regelmäßig, aber nicht notwendig, zusammen. Anders freilich Titze (in Iherings Jahrb. Bd. 47 S. 379 ff.), der in dem Besitz das Mindesterfordernis für das Zugehen sieht; gegen ihn mit Recht Hölder in der Leipziger Festgabe für Degenkolb S. 91 ff.

unbefugt veröffentlicht, so ist die Veröffentlichung auf Antrag strafbar auf Grund des § 300.[23]) Zugleich besteht aber auch eine zivilrechtliche Verpflichtung zum Schadensersatz auf Grund des BGB. § 823 Abs. 2, da StGB. § 300 als „ein den Schutz eines anderen bezweckendes Gesetz" im Sinne dieser Bestimmung aufzufassen ist.

2. Unter Umständen kann die Veröffentlichung eines Briefes eine gegen die guten Sitten verstoßende grobe Indiskretion enthalten. Geschieht sie mit dem Vorsatz der Schädigung, so besteht eine Schadensersatzpflicht auf Grund des BGB. § 826. Jedoch kann dabei, ebenso wie auf Grund des § 823, bedauerlicherweise nur ein etwaiger Vermögensschaden Ersatz finden (vgl. BGB. § 253), nicht auch der dem Verletzten erwachsene ideelle Schaden (dommage moral).

3. Liegt keiner dieser Fälle vor, so ist ein Rechtsschutz gegen Veröffentlichung von Vertrauensbriefen nur zu konstruieren mit der Annahme eines allgemeinen Rechtes der Persönlichkeit, welches das Interesse an der Geheimhaltung des Privatlebens und seiner intimen Aeußerungen in sich begreift. Doch hat ein solches allgemeines Persönlichkeitsrecht,[24]) das die Aeußerungen des Innenlebens vor unerwünschter Publizität schützt, vorerst nur die Bedeutung einer wohl begründeten rechtspolitischen Forderung. Die deutsche Gesetzgebung weiß nichts von ihm und auch als gewohnheitsrechtliches Gebilde ist es noch nicht anzusprechen, da es sich der hiezu nötigen allgemeinen Anerkennung, insbesondere durch die Gerichte, noch nicht erfreut.[25])

Aber selbst wer das Persönlichkeitsrecht an der Geheimsphäre als gegeben annimmt, steht immer noch vor der auf der Grundlage des jetzigen Rechtes unlösbaren Frage, ob und wie lange es das Leben des in seinem Interesse zu Schützenden überdauern kann. Die

---

[23]) Nur den strafrechtlichen Gesichtspunkt berücksichtigt L. Seréxhe, Die Verletzung fremder Geheimnisse (Freiburger Diss. 1906), insbesondere S. 62 ff.

[24]) Für dasselbe namentlich Kohler in Jherings Jahrb. Bd. 18 S. 271 unter Hinweis auf die römische actio injuriarum und eine m. E. juristisch nichtssagende Stelle bei Cicero (Philipp. II c. 4), ferner im Arch. f. bürgerl. R. Bd. 7 S. 106 ff., in D. JurZ. 1906 S. 51 ff. und UrhR. S. 441 ff., auch Gierke, D. PrivR. Bd. 1 § 81 Anm. 9 S. 705.

[25]) Das Reichsgericht (ZivS. Bd. 69 S. 403, betr. die Briefe Nietzsches an Overbeck) hat noch in jüngster Zeit ein allgemeines subjektives Persönlichkeitsrecht an den eigenen Briefen ausdrücklich verneint.

Rechtslogik erfordert sein Erlöschen mit dem Tode seines Trägers, gewichtige rechtspolitische Gründe dagegen sprechen für eine Ausdehnung über den Tod hinaus.[26])

§ 48.

b) **Werke der Tonkunst.**[1])

I. Unter einem Werke der Tonkunst als Gegenstand des Urheberrechtes ist ein durch Rhythmus, Melodie und Harmonie bestimmter künstlerischer Zusammenhang von Tönen zu verstehen.

Mit dieser Begriffsbestimmung ist schon gesagt, daß an einer Zusammenstellung musikalischer Zeichen als solcher, z. B. an einer Uebersicht der Vorzeichen für die verschiedenen Tonarten oder an einer musikalisch gehaltlosen Tabelle verschiedener Notenzeichen unter einem bestimmten physiologischen oder didaktischen Gesichtspunkte, ein musikalisches Urheberrecht nicht bestehen kann,[2]) ebensowenig an der Erfindung eines neuen Tonzeichensystems.

II. Wie beim Schriftwerke, so kommt es auch beim Tonwerke für die Schutzfähigkeit grundsätzlich nicht auf den Zweck an, dem es dient; sondern entscheidend ist einzig, ob das Werk einen individuellen, gegenüber anderen Musikwerken eigenartigen musikalischen Gehalt aufweist. Das kann auch bei solchen Tongebilden zutreffen, deren primärer Zweck nicht ein rein künstlerischer, sondern ein didaktischer oder rein praktischer ist; daher können auch bloße technische Uebungen zur Erlangung der Geläufigkeit, in denen sich eine Eigenart offenbart, und militärische Signale usw. Gegenstand des Urheberrechtes sein.[3])

---

[26]) Und zwar m. E. eine erheblich längere als die von Kohler (D. JurZ. 1906 S. 51 ff.) vorgeschlagene fünfjährige.

[1]) Spezialliteratur: J. Vesque von Püttlingen, Das musikalische Autorrecht (1864); J. Bauer, Das musikalische UrhR. (1890); Kremer, Das ausschließliche Recht des Urhebers an der Melodie (1891); besonders ausführlich H. M. Schuster, Das Urheberrecht der Tonkunst (1891) S. 51 ff. — Vgl. auch Eisenmann, Das Urheberrecht an Tonkunstwerken (1907).

[2]) Unter Umständen können aber solche Werke als „Schriftwerke" in Betracht kommen.

[3]) So auch Schuster a. a. O. S. 59 ff.; Allfeld Bem. 10 b zu LUG. § 1; Müller S. 21; a. M. Kohler in Iherings Jahrb. Bd. 18 S. 317.

III. Wie beim „Schriftwerk“ Voraussetzung für die Möglichkeit des Urheberrechtsschutzes nur Mitteilbarkeit durch die Schrift, nicht die Tatsache der schriftlichen Fixierung ist, so kommt es auch für die Schutzfähigkeit des Tonwerks nicht darauf an, ob es schon in Tonzeichen irgendwelcher Art aufgezeichnet ist; es genügt, wenn das Tonwerk irgendwie derart aus dem Geistesleben seines Schöpfers an die Außenwelt getreten ist, daß es eine objektive Existenz hat. Diese Objektivierung kann auch durch bloßen Vortrag geschehen. Daher hat auch der Musiker, der etwa am Klavier „phantasiert“ oder „improvisiert“, Anspruch auf Schutz seiner Einfälle, falls sie eigentümlich sind.[4])

IV. Das einzige, was die musikalische Wesenheit des Tonwerkes ausmacht, ist seine durch Rhythmus, Harmonie und Melodie gegebene und durch Instrumentation, Tempo und Klangstärke näher modifizierte Formgestaltung. Nur diese Formgestaltung ist schutzfähig, mit ihr fällt der musikalische „Inhalt“ zusammen.[5]) Dagegen können das „Sujet“, der tatsächliche oder dichterische Vorgang, welchen die Musik etwa versinnbildlichen soll, sowie der Titel, der dem Tonwerk etwa gegeben wird, niemals Gegenstand des musikalischen Urheberrechts sein.[6]) Das gilt insbesondere für die sogenannte Programmusik und „symbolische“ Tondichtungen. Richard Strauß könnte Niemanden verwehren, auch ein „Heldenleben“ oder „Till Eulenspiegels lustige Streiche“ zu komponieren.

V. Auch unvollendete Tonwerke und Entwürfe sind Gegenstand des Schutzes, sofern sie einen individuellen musikalischen Gehalt haben.

VI. Das musikalische Urheberrecht besteht ebenso wie das litterarische nicht bloß für das Werk als Ganzes, sondern auch für die einzelnen „Sätze“ und grundsätzlich[7]) selbst für einzelne Teile der

---

[4]) Das wird jetzt (gegen W. Endemann, Komm. zum LUG. von 1870 S. 72) wohl allgemein anerkannt; vgl. Schuster S. 65; Gierke S. 775; Daude, Lehrbuch S. 82; Allfeld Bem. 10, c zu § 1; Voigtländer S. 43.

[5]) Das Verhältnis von Inhalt und Form ist in der Musik einfach das der Identität. Man muß das betonen, weil in den Köpfen mancher moderner Musikschriftsteller darüber die verworrensten Vorstellungen herrschen.

[6]) Ob der Text als Schriftwerk geschützt ist, ist eine Frage für sich.

[7]) Von den gesetzlichen Ausnahmen wird später die Rede sein.

Sätze, sofern diese Teile für sich von eigenartiger musikalischer Bedeutung sind. Es besteht jedoch nicht am Rhythmus für sich allein, nicht am einzelnen Akkord und an der Harmonie und auch nicht an der Modulation als solcher oder gar an der Klangfarbe und Klangstärke.[8]) Der Komponist, der ein neues Klangmittel erfindet, kann für den darin liegenden technischen Fortschritt unter Umständen den Erfinderschutz (Patentschutz, Gebrauchsmusterschutz) erlangen, aber musikrechtlich ist er nicht geschützt.

Das steht im engsten Zusammenhang mit der Frage, worin denn beim musikalischen Werke die zur Schutzfähigkeit vorausgesetzte Originalität liege. Die zu erfordernde Eigenart kann bei Tonwerken niemals eine absolute in dem Sinne sein, daß sie sich auf alle Elemente des Werkes erstrecken müßte. Sonst wären originale Werke überhaupt kaum aufzufinden. Auch der genialste Musiker wird und muß sich in seinen Kompositionen bestimmter Tonfolgen, Rhythmen, Akkorde bedienen, die sich auch schon in Werken anderer finden.

Was die Eigenart ausmacht, ist der durch die besondere Art des Zusammenhangs der einzelnen musikalischen Elemente hervorgerufene Gesamteindruck. Dieser muß sich von allen anderen Tonwerken und ihren Teilen durch individuelles Gepräge als etwas Eigentümliches deutlich unterscheiden. Bei der Beurteilung, ob das der Fall ist, bleibt freilich dem sachverständigen Ermessen des Musikers ein gewisser Spielraum, der auf dem Gebiete des subjektiven Empfindens liegt.[9])

In einem Punkte allerdings gibt uns der Gesetzgeber eine bestimmte Weisung. Wenn auch im allgemeinen bei Tonwerken die einzelnen Elemente, für sich allein genommen, des Schutzes entbehren, vielmehr ihre freie Benutzung zulässig ist, wenn dadurch eine eigentümliche Schöpfung hervorgebracht wird, so soll doch die Melodie als etwas Wesentliches, für sich in ihrer Eigenart Schutzfähiges, angesehen werden. LUG. § 13 Abs. 2[10]) bestimmt näm-

---

[8]) Das wird gut begründet bei Schuster S. 79 ff.

[9]) Vgl. dazu, was oben S. 214 f. über die Bedeutung der Originalität überhaupt gesagt ist.

[10]) Vgl. dazu Leander in Gewerbl. Rechtsschutz und UrhR. Bd. 4 S. 292, Allfeld Bem. 7 zu LUG. § 13, Neftel in D. JurZ. 1907 S. 1079, Waller ebenda 1908 S. 136; F. Kuhn, Der Gegenstand des Melodieschutzes nach

lich, daß bei einem Werke der Tonkunst jede Benutzung unzulässig ist, durch welche eine Melodie erkennbar dem Werke entnommen und einer neuen Arbeit zugrunde gelegt wird. Durch diese Bestimmung[11]) wird dasjenige Element des Tonsatzes, welches sich als die „Melodie" bezeichnen läßt, das ist nach unserer Auffassung die durch die Reihenfolge bestimmter Intervalle charakterisierte sangbare (wenn auch nicht für Gesang geschriebene) geschlossene Tonreihe, innerhalb gewisser Grenzen für sich zum selbständigen Gegenstande des Urheberrechtes erhoben. Zweifelhaft bleibt allerdings, ob die „Melodie" dabei in dem engeren Sinne zu verstehen ist, in welchem sie zum „Thema" und zum „Motiv" in einem gewissen Gegensatz steht, oder in einem weiteren, in welchem sie diese beiden musikalischen Begriffe in sich schließt.[12]) Jedenfalls ist eine Mindestzahl von Tönen oder Takten nicht zu fordern.

VII. Stets kann nur das Tonwerk in seinem objektiven Bestande Gegenstand des Urheberrechts sein, niemals der subjektive

§ 13 Abs. 2 des Ges. betr. das Urheberrecht an Werken der Lit. und Tonkunst (Leipziger Diss.); W. Hoffmann, Der Gegenstand des musikalischen Urheberrechts mit besonderer Berücksichtigung des Rechtes der Melodie (Leipziger Diss. 1908), insbes. S. 39 ff.

[11]) Gegen sie de lege ferenda, m. E. ohne genügenden Grund, Dernburg, Bürgerl. R. Bd. 6 S. 83.

[12]) Für die erstere engere Auffassung hat sich nach Einholung eines Gutachtens der Sächsischen Sachverständigenkammer das Landgericht Leipzig ausgesprochen bei der Entscheidung über die Frage, ob die beiden Themen aus dem „Heldenleben" von Richard Strauß, welche H. G. Noren in der letzten Variation und in der Schlußfuge seines symphonischen Werkes „Kaleidoskop" übernommen hat, eine „Melodie" im Sinne des LUG. § 13 Abs. 2 sind. Das Urteil (teilweise wiedergegeben in der Zeitschrift „Die Musik" VII. Jahrg. 1907/08, Heft 19 im Anhang S. IV) hat die Frage verneint mit der Begründung: „Unter dem Ausdruck Melodie wird, entsprechend seinem Ursprung (Melodie hängt zusammen mit *μέλος* = Glied und *ᾠδή* = Lied) eine Tonreihe verstanden, die den musikalischen Gedanken in künstlerischer, sangbarer Form als gegliedertes, abgerundetes Ganzes verkörpert." Im Motiv wie im Thema könne das melodiöse Element in der Musik zum Ausdruck gelangen, ein melodisches Motiv, ein wohlklingendes Thema seien aber noch keine Melodie.

In der Praxis wird sich aber die theoretische Unterscheidung zwischen der Melodie und dem melodischen Thema kaum durchführen lassen. —

Kohler (UrhR. S. 151 ff.) will die Melodie „als Tonbild" oder „Stimmungsbild" verstanden wissen, entfernt sich aber mit dieser vagen Deutung doch sehr vom herkömmlichen musikalischen Sprachgebrauch.

Vortragsstil des ausführenden Künstlers oder die persönliche Art, in der das Werk dirigiert wird. (Darüber ausführlicher unter § 58, II, 4, d.)

§ 49.

c) Bearbeitungen und Uebersetzungen insbesondere.

I. Uebersetzungen und sonstige Bearbeitungen sind, wenn auf die geistige und künstlerische Bedeutung der Leistung gesehen wird, regelmäßig im Vergleich zum Originalwerke schöpferische Leistungen minderen Grades, aber immerhin solche, in denen eine erhebliche formale Gestaltungskraft in eigenartiger Weise sich äußern kann. Die Einkleidung eines fremden Werkes in ein anderes sprachliches Gewand läßt der Entfaltung individueller Sprachkunst soviel Raum, daß das Ergebnis sehr wohl als eine eigentümliche Geistesschöpfung angesehen werden kann, die als Uebersetzung gegenüber dem Originalwerke selbständige literarische Bedeutung beansprucht. In noch höherem Maße trifft dies regelmäßig auf eine andere „Bearbeitung" zu, bei welcher ein schon vorhandenes Werk derart zur Hervorbringung eines neuen Werkes benutzt wird, daß dieses gegenüber dem alten Werke ein wesentlich neues Element in der Formgestaltung aufweist.

Es ist daher vollauf gerechtfertigt, daß Uebersetzungen und andere Bearbeitungen grundsätzlich für sich als selbständige Gegenstände des Urheberrechts angesehen werden, und es kann dagegen nicht etwa eingewendet werden, die Uebersetzung habe gegenüber dem Original keinen neuen „Inhalt"; denn Gegenstand des Urheberrechts ist ja überhaupt nicht der Inhalt, nicht der Gedanke als solcher, sondern die Form, in welcher ihm Ausdruck gegeben ist und als Formgestaltung kann eben die Uebersetzung oder Bearbeitung selbst originell sein. Auch unser LUG. hält an diesem in der Gesetzgebung jetzt überall anerkannten Grundsatze der selbständigen Schutzfähigkeit der Uebersetzung und Bearbeitung fest. Es bringt ihn zum Ausdruck in der unnötigen Form der Fiktion, indem es in § 2 Abs. 2 sagt: „Bei einer Uebersetzung gilt der Uebersetzer, bei einer sonstigen Bearbeitung der Bearbeiter als Urheber", während doch der Uebersetzer und Bearbeiter in Bezug auf das von ihnen Geschaffene die Schöpfer in Wirklichkeit sind.

II. Nur da besteht ein Urheberrecht des Uebersetzers und Bearbeiters, wo ihre Arbeit wirklich eine eigentümliche Geistesschöpfung ist. Das ist insbesondere bei Uebersetzungen nicht immer der Fall. Wo die Uebersetzung kein individuelles Gepräge trägt, sondern lediglich in einer mechanischen Uebertragung der einzelnen Worte besteht, wie z. B. bei der Uebersetzung einer Speisekarte oder eines Kabeltelegrammes, kann sie nicht Gegenstand des Rechtes sein. Andererseits werden z. B. metrische Uebersetzungen, auch wenn sie schlecht sind, stets die Erfordernisse der Schutzfähigkeit erfüllen.

Unter den gleichen Voraussetzungen wie die Uebersetzung ist auch die Rückübersetzung in die Sprache des Originalwerkes geschützt.

Die „Bearbeitung" steht im Gegensatz zur bloßen Wiedergabe des Werkes, bei welcher dieses keine eigenartige neue literarische oder musikalische Form erhält, sondern die Veränderung nur in Aeußerlichkeiten, wie der Einteilung in Kapitel, der Berichtigung von Druckfehlern oder auch bei der Wiedergabe eines Vortrages der stilistischen Redaktion sprachlicher Unebenheiten besteht. Auch der bloße Auszug wird regelmäßig nicht als schutzfähige Bearbeitung in Betracht kommen. Ebenso ist die bloß redigierende Tätigkeit des Stenographen, der sein unvollkommenes Stenogramm durch Ergänzung einzelner Worte oder auch durch Herstellung des grammatikalischen Zusammenhangs der Sätze vervollständigt, nicht als eine schöpferische, sondern als eine im wesentlichen nur reproduzierende und daher des besonderen Rechtsschutzes entbehrende anzusehen.[1])

Als schutzfähige Bearbeitungen von Schriftwerken kommen insbesondere in Betracht die Wiedergabe einer Erzählung in dramatischer Form oder eines Bühnenwerkes in Form einer Erzählung, die Umwandlung eines Prosawerkes in Verse, unter Umständen aber auch die Bearbeitung eines Werkes für die Jugend oder für Unterrichtszwecke.

Die Uebertragung eines Werkes aus der Schriftsprache in einen Dialekt oder aus diesem in jene oder aus einer Mundart in eine andere derselben Sprache wird man nicht als eine Uebersetzung im

---

[1]) So mit Recht Kohler UrhR. S. 412 (gegen Maisch, Das Recht zum Stenographieren und das Recht am Stenographierten).

eigentlichen Sinne, wohl aber als eine sonstige „Bearbeitung" zu erachten haben, die wegen ihrer formalen Eigenart selbständiges Rechtsobjekt sein kann.

Auf musikalischem Gebiet[2]) kommen als schutzfähige Bearbeitungen vor allem die sogenannten Arrangements, die Einrichtungen für andere Instrumente, die Klavierauszüge, Vokalisationen und Aehnliches in Betracht, wobei Rhythmus, Melodie und Harmonie im wesentlichen unverändert bleiben, aber in der Vereinfachung, Verstärkung oder Veränderung der Klangmittel eine eigenartige musikalische Gestaltungsgabe sich zeigt. Selbständiger Tonwerkschutz kommt aber natürlich auch den über das Gebiet der bloßen Bearbeitung eigentlich hinausragenden musikalischen Schöpfungen zu, bei welchen auf der Grundlage eines gegebenen Themas oder Motivs ein selbständiger Tonsatz in Gestalt einer Phantasie oder von Variationen oder Figurationen entwickelt oder ein lediglich in Generalbaßbezifferung gegebener Satz in freier Weise ergänzt wird.[3])

Dagegen kann das über das Gebiet des Handwerksmäßigen nicht hinausgehende bloße „Transponieren" für eine andere Stimme oder in eine andere Tonart, wie es jeder musikalisch nur halbwegs gebildete Dilettant vornehmen kann, keinen urheberrechtlichen Schutz beanspruchen.

Bloße Vortragsbezeichnungen, welche Anweisungen für Phrasierung, Fingersatz, Bogenführung usw. geben, sind nicht selbständiger Gegenstand des musikalischen Urheberrechts, auch nicht, wenn sie sich „Bearbeitungen" nennen. Denn die Tätigkeit eines solchen „Bearbeiters" ist keine musikalisch schöpferische, sondern nur eine die schöpferische Leistung des wahren Urhebers in ihrer eigentlichen Bedeutung feststellende.[4]) Er erwirbt am Tonwerk auch in

---

[2]) Vgl. Schuster, UrhR. der Tonkunst S. 69 ff.

[3]) Ob das sog. Potpourri selbständig geschützt ist, läßt sich nicht allgemein beantworten. Man wird es nur dann zu bejahen haben, wenn die „Uebergänge" zwischen den verschiedenen entlehnten Melodien und Themen derart sind, daß sie die Bedeutung eigenartiger Tonsätze beanspruchen können, was meistens nicht der Fall ist. Dagegen kommt rechtlich nicht in Betracht, daß das Potpourri an sich eine sehr minderwertige Kunstgattung darstellt.

[4]) Im selben Sinne Mitteis, Zur Kenntnis des lit.-art. UrhR. nach dem österr. Ges. v. 1895, S. 147 und Allfeld, Bem. 10, b (S. 58) zum LUG. § 1; a. M. Schuster a. a O. S. 74 und Müller S. 21.

der ihm von ihm gegebenen Gestalt so wenig ein Urheberrecht, wie etwa der Gelehrte, der die Lesart einer alten Handschrift herstellt, an dem von ihm festgestellten Texte ein solches erwirbt. Etwas anderes ist es, daß Erläuterungen zu Tonwerken, wie sie etwa in Bülows Ausgabe der Beethoven'schen Klaviersonaten sich finden, selbständiger Gegenstand des Urheberrechts an Schriftwerken sein können.

III. Ob die Uebersetzung oder sonstige Bearbeitung selbst eine rechtmäßige oder eine unrechtmäßige ist, kommt für ihre Fähigkeit, Gegenstand des Urheberrechtes zu sein, nach deutschem Recht gar nicht in Betracht.[5]) Die beiden Fragen, ob für die Uebersetzung ein Schutz besteht und ob gegen die Uebersetzung ein Schutz besteht, liegen auf ganz verschiedenen Gebieten.[6]) Erstere betrifft den Gegenstand, letztere den Inhalt und Umfang des Urheberrechts.

Grundsätzlich ist also auch der Verfasser der unrechtmäßigen Bearbeitung oder Uebersetzung[7]) geschützt, und er kann als Inhaber eines absoluten Rechtes wegen Beeinträchtigung gegen jeden Dritten vorgehen. Logischer Weise kann er es auch gegen den Urheber des Originalwerkes selbst. Jedoch entspricht es, wenn auch nicht dem Buchstaben, so doch sicher dem Geiste der Rechtsordnung, wenn diesem gegenüber der Klage des unrechtmäßigen Uebersetzers oder Bearbeiters eine exceptio doli generalis verstattet wird. Diese Einrede wird gerechtfertigt durch die Analogie mit der Rechtsidee: dolo facit qui petit quod redditurus est.[8])

IV. Das Urheberrecht an der Bearbeitung und Uebersetzung erstreckt sich nur auf diese in ihrer konkreten Formgestaltung, nicht auf das Werk schlechthin. Es gewährt also keinen Schutz gegen anders geartete Bearbeitungen desselben Werkes oder gegen Uebersetzung des Originalwerkes in eine dritte Sprache. Auch hat, wer das Werk bloß übersetzt, nicht auch sonst bearbeitet hat, keinen Schutz

---

[5]) Anders für das internationale UrhR. Berner Uebereinkunft Art. 6: „Rechtmäßige Uebersetzungen werden als Originalwerke geschützt."

[6]) Der zweideutige, aber vielgebrauchte Ausdruck „Uebersetzungsschutz" wird meistens im Sinne des Schutzes gegen Uebersetzung angewendet.

[7]) Wann sie unrechtmäßig ist, ergibt sich aus LUG. § 12. Darüber unten § 60.

[8]) Paulus l. 8 D. de d. et. m. exc. 44, 4; l. 173 § 3 D. de reg. jur. 50, 17.

dagegen, daß seine Uebersetzung in eine andere Sprache weiter übersetzt wird; denn das Urheberrecht des Uebersetzers erstreckt sich eben nur auf die von ihm stammende Sprachform.[9])

Aber wer das Werk in anderer Weise als durch bloße Uebersetzung selbständig bearbeitet hat, ist nach LUG. § 12 auch gegen Uebersetzung seiner Bearbeitung geschützt.

V. Der urheberrechtliche Schutz der Bearbeitung und Uebersetzung ist von dem des Originalwerkes in jeder Beziehung unabhängig. Seine Selbständigkeit äußert sich in Folgendem:

1. Er ist selbständig übertragbar und vererblich.

2. Er kann sich gegen den Verfasser des Originalwerkes selbst wenden.

3. Er kann bestehen, auch wenn das Originalwerk gemeinfrei ist.

4. Stammt die Bearbeitung oder Uebersetzung vom Verfasser des Originalwerkes, so wird die Zeitdauer des Schutzes für beide Werke selbständig berechnet.

§ 50.

d) Wissenschaftliche und technische Abbildungen.

I. Zu den Gegenständen des literarischen Urheberrechtes gehören nach LUG. § 1 Ziff. 3 auch solche Abbildungen wissenschaftlicher und technischer Art, welche nicht ihrem Hauptzwecke nach als Kunstwerke zu betrachten sind. Für ihre Unterstellung unter den durch das LUG. gewährten Rechtsschutz ist im Gegensatz zu Schriftwerken und Tonwerken der Zweck, dem sie dienen, von entscheidender Bedeutung.

1. Die positive Bedeutung des Zweckmoments liegt darin, daß Abbildungen „wissenschaftlicher oder technischer Art" vorausgesetzt sind. Diese Voraussetzung bezieht sich nicht etwa auf die Darstellungsmittel, nicht auf den Herstellungsprozeß der Abbildung, sondern eben auf ihre Zweckbestimmung. In ihrer individuellen Formgestaltung muß die Abbildung objektiv dazu geeignet sein, einem auf dem Gebiete der Wissenschaft oder Technik liegen-

---

[9]) a. M. Dambach, Die Gesetzgebung des Nordd. Bundes usw. S. 77; vgl. aber Kohler, lit. und art. Kunstwerk S. 24; Allfeld, Bem. 3 zu LUG. § 2.

den Zweck zu dienen. Ob die subjektive Absicht ihres Urhebers dahin ging, sie diesem Zwecke zu widmen, ist dagegen gleichgültig.

2. Negativ ist das Zweckmoment insofern von Bedeutung, als die Abbildung nicht ihrem Hauptzwecke nach ein Kunstwerk sein darf, wobei wiederum nicht die subjektive Meinung ihres Urhebers hierüber, sondern eine objektive Wertung entscheidet. Liegt der Hauptzweck der Abbildung in der Erzielung einer ästhetischen Wirkung, so bemißt sich ihre Schutzfähigkeit nicht nach dem LUG., sondern nach dem KUG. vom 9. Januar 1907.

Ganz rein sind die Anwendungsgebiete der beiden Gesetze freilich nicht nach diesem Unterscheidungsmerkmal geschieden. Die Entwürfe zu Erzeugnissen des Kunstgewerbes und zu Bauwerken, die künstlerischen Zwecken dienen, verfolgen nicht wie die Erzeugnisse des Kunstgewerbes und gewisse Bauwerke in ihrer eigenen Formgestaltung künstlerische Zwecke, sondern sie sind nur Mittel zur Erreichung von solchen. Sie selbst sind technischer Art. Trotzdem unterstehen sie kraft der positiven Vorschrift des KUG. § 4 nicht dem literarischen Urheberschutz, sondern dem Kunstschutz.[1])

3. Den Zwecken der Wissenschaft und der Technik können Abbildungen insofern dienen, als sie wissenschaftliche oder technische Erscheinungen und Probleme veranschaulichen und den Beschauer dadurch belehren. Der vorwiegende Belehrungszweck unterscheidet diese Abbildungen

a) von den Werken der bildenden Künste, wozu auch die kunstgewerblichen Erzeugnisse gehören;

b) von den „gewerblichen Mustern und Modellen", welche, bisher lediglich dem MSchG. vom 11. Januar 1876 unterstellt, jetzt als Erzeugnisse des Kunstgewerbes auch des Kunstschutzes (KUG. § 2) teilhaftig sind;

c) von den dem Gebrauchsmusterschutz (GMG. § 1) unterstellten Modellen von Arbeitsgerätschaften oder Gebrauchsgegenständen, die dem Arbeits- oder Gebrauchszweck dienen sollen.[2])

Es ist nun allerdings nicht zu verkennen, daß es Abbildungen gibt, die dem Belehrungszweck dienen und zugleich Gebrauchsgegenstände sind. Für sie besteht die doppelte Schutzmöglichkeit dann, aber

---

[1]) Vgl. über das Verhältnis des KUG. zu LUG. § 1 Ziff. 3 Allfeld, zu KUG. § 4.

[2]) Vgl. Osterrieth, Lehrbuch des gewerbl. Rechtsschutzes S. 174.

nur dann, wenn sie nicht nur in ihrer Belehrungsfunktion, sondern auch in ihrer Gebrauchsfunktion eine neue und eigentümliche Gestaltung aufweisen.[3]) Das ist z. B. nicht der Fall bei einer Tischdecke, die mit verschiedenen Städtewappen oder einem Tischtuch, das mit einer Landkarte versehen ist; solche Tücher sind unter Umständen des literarischen Urheberschutzes, nicht aber des Gebrauchsmusterschutzes fähig, weil das Neue an ihnen kein dem Gebrauchszwecke dienendes Element ist.[4])

II. Unter den Abbildungen sind nicht nur Flächendarstellungen wissenschaftlicher oder technischer Art sondern auch derartige plastische Darstellungen zu verstehen. Das ist zur Klarstellung im neuen LUG. ausdrücklich gesagt, weil es unter der Herrschaft des älteren Gesetzes, freilich mit Unrecht, bezweifelt wurde.[5])

Immer aber ist vorausgesetzt, daß die bildliche oder plastische Darstellung in ihrer dem Belehrungszweck dienenden Formgestaltung etwas Neues aufweist, das sie als eine originale Geistesschöpfung charakterisiert. Wo dieses Moment fehlt, wie z. B. bei Gipsabgüssen[6]) alter Münzen, anatomischer Präparate usw., besteht keine Schutzfähigkeit.

III. Während das LUG. von 1870 (§ 43) die geographischen, topographischen, naturwissenschaftlichen, architektonischen Zeichnungen und Abbildungen als besonders wichtige Beispiele hervorhob, hat das neue Gesetz mit Recht auf eine Kasuistik verzichtet. Man wird nicht nur astronomische, zoologische, botanische, mineralogische, anatomische, pathologische Abbildungen und plastische Modelle hieher zu rechnen haben, sondern auch die dem Belehrungszweck dienenden Abbildungen von Kunstwerken, Ornamenten, Gerätschaften, Trachten, Münzen, Wappen, auch von Maschinen und Instrumenten.[7])

---

[3]) Das kann z. B. der Fall sein bei manchen Kinderspielsachen.

[4]) Anders Osterrieth a. a. O. S. 175 Anm. 2, weil die Vermittelung des geistigen Inhalts immer erst seinen Gebrauch voraussetze. Das ist aber nicht entscheidend, sondern lediglich ob gerade die Gebrauchsfunktion durch das spezifisch Neue eine Steigerung erfahren hat.

[5]) Z. B. von Wächter, Autorrecht S. 290.

[6]) Bezüglich ihrer richtig Kohler in Jherings Jahrb. Bd. 18 S. 315 und Allfeld Bem. 11, d zu LUG. § 1 gegen Mandry, UrhR. (Komm. zum bayer. Ges. von 1865) S. 320.

[7]) Reiche Kasuistik bei Wächter a. a. O. S. 290, Kohler UrhR. S. 30 ff. sowie in den Kommentaren zu LUG. § 1, insbesondere Allfeld Bem. 11, d.

IV. Das Urheberrecht an der bildlichen oder plastischen Darstellung entsteht, sobald ihre Gestaltung vollendet ist. Vervielfältigung ist nicht notwendig. Es besteht aber noch nicht an dem bloßen im Kopfe des Urhebers bestehenden Plane zur Abbildung, auch nicht an dessen etwaiger Beschreibung.

§ 51.

e) Verbindungen.

I. Die Verbindung eines Schriftwerks mit einem Werke der Tonkunst ist eine ungemein häufige: sie besteht bei Liedern, Gesängen, Oratorien, Musikdramen, Opern, Operetten, Melodramen. Sie kommt aber auch vor beim Ballett, bei der Pantomine, beim Mimodrama, soweit solche Werke überhaupt als Schriftwerke in Betracht kommen. Vgl. darüber oben § 47, III S. 220.

Oft tritt das Schriftwerk aber auch mit Abbildungen in Verbindung.

Endlich kommt, wenn auch ungleich seltener, der Fall vor, daß ein Schriftwerk mit einem Werke der Tonkunst und mit Abbildungen zu einem Gesamtwerke verbunden wird, wie bei dem von Brahms komponierten und von Klinger illustrierten Schicksalslied von Hölderlin.[1])

In allen diesen Fällen, die von demjenigen der ungetrennten Miturheberschaft an einem Werk wohl zu unterscheiden sind,[2]) gilt der Grundsatz der urheberrechtlichen Selbständigkeit des einzelnen Werkes. Dieser Grundsatz gilt ohne Rücksicht darauf, ob die Verbindung auf einer Einigung der Verfasser der mehreren Werke beruht oder nicht, und ohne Rücksicht darauf, ob derjenige, der die Verbindung des fremden Werkes mit dem seinigen vornahm, dazu ein Recht hatte (vgl. LUG. §§ 20, 23) oder nicht. LUG. § 5 sagt, als ob es sich um eine Fiktion handeln würde: es „gilt" für jedes der Werke dessen Verfasser auch nach der Verbindung als Urheber.

Die Tatsache der Verbindung ist also auf die Rechtslage grundsätzlich ohne Einfluß. Eine Analogie mit der sachenrechtlichen Ver-

---

[1]) Vgl. Voigtländer Bem. 3 zu LUG § 5.

[2]) Die Miturheberschaft ist schon oben S. 55 ff. behandelt.

bindung der §§ 946 ff. BGB. liegt nicht vor. Der Unterschied zwischen der Verbindung von Geisteswerken und der körperlicher Sachen ist offensichtlich: bei dieser entsteht eine wirtschaftliche und materielle Einheit, die eine besondere Regelung des Eigentumsverhältnisses durch die Rechtsordnung notwendig macht; die künstlerische Einheit dagegen, die durch die Verbindung von Geisteswerken begründet oder wenigstens bezweckt wird, ist nicht notwendig zugleich eine wirtschaftliche und bedingt daher nicht eine Einheit des rechtlichen Schicksals.

II. Aus dem Grundsatze der urheberrechtlichen Selbständigkeit des einzelnen Werkes folgt:

1. Jeder der mehreren Verfasser kann ohne Einwilligung des anderen Verfassers die im Urheberrecht enthaltenen Befugnisse (s. LUG. § 11) eigenmächtig ausüben.

2. Er kann über das Urheberrecht an seinem Werke, nicht aber auch über das Urheberrecht am Werke des anderen Verfassers, eigenmächtig verfügen.

3. Zur Erhebung von Ansprüchen und zur Stellung von Strafanträgen ist jeder nur legitimiert, soweit ein Eingriff in das von ihm herrührende Werk stattgefunden hat.

4. Die Dauer des Urheberrechts wird für jedes der mehreren Werke selbständig vom Tode seines Verfassers an gerechnet.

III. LUG. § 5 geht offenbar von dem praktischen Regelfalle aus, daß bei einer Verbindung die mehreren Werke von verschiedenen Urhebern herstammen, und auch in der Literatur wird regelmäßig nur dieses Falles gedacht. Der im Gesetz ausgesprochene Grundsatz ist aber zweifellos auch auf den Fall anzuwenden, daß die mehrerer Werke von einem und demselben Urheber herstammen Die urheberrechtliche Selbständigkeit der einzelnen Werke ist hier gleichbedeutend mit dem Bestehen mehrerer Urheberrechte desselben Verfassers. Dieser kann daher über jedes seiner Urheberrechte als Ganzes in verschiedener Weise verfügen, er kann z. B. das Urheberrecht am Schriftwerke auf den A, das am Tonwerke auf den B übertragen. Er kann ferner, wenn ein rechtswidriger Eingriff in das Gesamtwerk stattfindet, seine zivilrechtlichen Ansprüche und seinen Strafantrag auf die Geltendmachung der dem einen der Einzelwerke zugefügten Urheberrechtsverletzung beschränken.

IV. LUG. § 5 befaßt sich nur mit dem Urheberrecht als dem absoluten Rechte. Ein **obligatorisches Verhältnis** zwischen den Urhebern der zu einem Gesamtwerk verbundenen Einzelwerke braucht nicht notwendig zu bestehen. Regelmäßig aber besteht ein solches, da die Verbindung eben regelmäßig auf einem Einverständnis zwischen den Urhebern beruht. Namentlich kommt es häufig vor, daß der Dichter des Libretto dieses dem Komponisten gegen Leistung einer festen Vergütung oder eines Anteils am Reingewinn überläßt oder daß der Schöpfer von wissenschaftlichen oder technischen Abbildungen diese gegen eine Vergütung einem Schriftsteller zur Verwertung in einem Schriftwerke überläßt. Die Abmachungen, die dabei getroffen werden, können sehr verschiedener Art sein[3]), haben aber immer nur Bedeutung für das Verhältnis zwischen den Urhebern selbst, nicht gegenüber Dritten. Insbesondere vermögen sie an der Dauer des absoluten Rechtes nichts zu ändern. In den häufigen Fällen, in welchen die Abmachung eine stillschweigende ist oder nur ganz allgemein von einer Ueberlassung des Werkes spricht, hat die Bestimmung der einzelnen Befugnisse gemäß dem allgemeinen Auslegungsgrundsatze des BGB. § 157 (vgl. auch § 242) so zu erfolgen, wie es Treu und Glauben mit Rücksicht auf die auf dem fraglichen Gebiete herrschende Verkehrssitte erfordern.

§ 52.

t) Gemeinfreie Schriftwerke, Vorträge und Reden.

Gewisse Schriftwerke, Vorträge und Reden sind, auch wenn sie in origineller Weise gestaltet sind, nicht Gegenstand des Urheberrechts, sie sind **gemeinfrei**.

I. Dahin gehörten vor allem Gesetzbücher, Gesetze, Verordnungen, amtliche Erlasse und Entscheidungen sowie andere zum amtlichen Gebrauche hergestellte amtliche Schriften[1]). LUG. § 16.

---

[3]) Vgl. **Kohler** im Arch. f ziv. Praxis Bd. 85 S. 339 ff. über das Verhältnis des dramatischen Dichters zum Komponisten.

[1]) Es kann sich fragen, welche Stellung derartigen Schriftwerken im Systeme anzuweisen ist. Während manche davon ausgehen, daß sie überhaupt nicht Gegenstand des Urheberrechtes sind und sie daher da behandeln, wo es gilt, den Kreis der möglichen Gegenstände abzugrenzen (so z. B. **Gierke**, **Daude**,

Bei Gesetzen, Verordnungen usw. liegt ihre möglichste Verbreitung im Interesse der Staatsgewalt sowie des Publikums; durch Anerkennung eines Privatrechtes, das die Verbreitung einzuengen oder gar hintanzuhalten vermag, würde der Staat seinen eigenen Interessen zuwiderhandeln. Außerdem sind unter den heutigen Verhältnissen Gesetze und Verordnungen regelmäßig nicht Ausfluß der individuellen Geistestätigkeit einer einzelnen Person, sondern sie entspringen dem Zusammenwirken einer Mehrheit von Personen und Personengruppen, wobei sich der Anteil des einzelnen an der geistigen Gesamtleistung oft kaum mit Sicherheit feststellen läßt. Und auch in denjenigen Fällen, in welchen Verordnungen oder sonstige amtliche Schriftwerke tatsächlich die Arbeit eines einzelnen Beamten darstellen, tritt seine Person völlig zurück hinter dem unpersönlichen Amte, das er verwaltet; der Verfasser ist sich selbst bewußt, daß er Schriftwerke, die er in seiner Eigenschaft als Amtsträger verfaßt, nach Inhalt und Form so zu gestalten hat, wie die Amtspflicht es ihm vorschreibt, und nicht so, wie persönliche Neigung und Anschauung es ihn vielleicht wünschen ließen. Sein Interesse an seiner Geistesleistung ist daher im wesentlichen auch nur ein amtliches, kein individuelles, und bedarf nicht eines Rechtsschutzes, der, wie der urheberrechtliche, spezifisch privaten Interessen zu dienen bestimmt ist.

Kohler), betont Allfeld (Bem. 2 zu LUG. § 16), daß es sich hier nur um Ausnahmen vom Nachdrucksverbote handle, bei welcher Auffassung die Materie nicht der Lehre vom Gegenstand, sondern der vom Inhalt und den Inhaltsbeschränkungen des Urheberrechts zuzuweisen wäre. Das Gesetz scheint durch die Einstellung der §§ 16, 17 in den Abschnitt „Befugnisse des Urhebers“ und durch die Wendung „zulässig ist der Abdruck“ (§ 16) die Allfeldsche Auffassung zu bestätigen. Aber da an Gesetzen usw. in Wahrheit überhaupt keine urheberrechtlichen Befugnisse bestehen, sind sie eben tatsächlich aus dem Kreise der schutzfähigen Gegenstände ausgeschaltet. Der Grund hiefür liegt freilich nicht, wie Kohler annimmt, darin, daß Werke mit besonderer Zweckbestimmung überhaupt nicht schutzfähig wären, sondern darin, daß in diesen Fällen ein allgemeines Interesse an der Veröffentlichung besteht, dem gegenüber ein Privatinteresse am Urheberrechtschutz entweder überhaupt nicht vorhanden ist oder doch stark zurücktritt. Dieser (von Allfeld richtig erkannten) ratio kommt jedoch ebensogut grundsätzliche Bedeutung zu, wie der von Kohler behaupteten der Zweckbestimmung. Ich vermag also weder den Allfeldschen noch den gegnerischen Standpunkt völlig zu teilen, möchte der Frage aber im wesentlichen doch nur akademische Bedeutung zuschreiben.

Diese Erwägungen, welche die Gemeinfreiheit der Gesetze usw. rechtfertigen, treffen jedoch nicht zu auf Privatarbeiten, in welchen jemand ohne amtlichen Auftrag Gesetzesentwürfe formuliert oder eine nach bestimmten Gesichtspunkten geordnete Sammlung von Gesetzen oder Verordnungen oder von amtlichen Entscheidungen oder Erlassen veranstaltet; ebensowenig natürlich auf Kommentare zu Gesetzeswerken, oder sonstige wissenschaftliche Erörterungen über solche. An allen diesen Schriftwerken ist daher ein Urheberrecht möglich.

Der amtliche Charakter, den die Gemeinfreiheit von Erlassen usw. voraussetzt, kommt nicht nur derartigen Aeußerungen von staatlichen und gemeindlichen Organen, sondern auch solchen der kirchlichen Organe, z. B. Hirtenbriefen[2]), wie überhaupt den Willensäußerungen der Organe Juristischer Personen des öffentlichen Rechtes zu, nicht aber auch solchen der Organe Juristischer Personen des Privatrechts.[3])

Zum Begriff des Erlasses gehört, daß er irgendwelche Anordnung, also eine Willensäußerung enthält; Publikationen wissenschaftlichen oder lediglich beschreibenden Charakters, die von amtlichen Stellen ausgehen, sind keine „Erlasse".[4])

Zu den gemeinfreien Schriftwerken gehören außer den amtlichen Erlassen und Entscheidungen (Urteilen, Beschlüssen, Verfügungen, auch Patenterteilungsurkunden) auch alle anderen amtlichen d. h. von einer öffentlichen Behörde auf Grund ihrer Amtspflicht verfaßten und eine amtliche Angelegenheit betreffenden Schriften, sofern sie zum amtlichen Gebrauche hergestellt sind. Letzteres Erfordernis

[2]) Bei kirchlichen Entscheidungen kommt dabei gar nicht in Betracht, ob sie im Zwangswege verwirklicht werden können oder nicht; gibt es doch auch zivilgerichtliche Urteile, denen die Vollstreckbarkeit fehlt.

[3]) a. M. Kohler UrhR. S. 164, der die Gemeinfreiheit auch auf Befehle und Ratschläge privater Vereine an ihre Mitglieder und auf die Arbeitsordnung eines Geschäftshauses ausdehnen will.

[4]) Der Preuß. Sachverständigenverein (vgl. Dambach, Gutachten 1874—1889 S. 70 ff.) erklärte für amtliche Erlasse solche Publikationen, welche zu den der Behörde kraft ihres Amtes obliegenden Pflichten gehören, nicht aber solche, die sie nur aus Anlaß ihres Amtes erläßt. Dem folgt Müller S. 65. Demgemäß wäre der amtliche Katalog eines Museums ein „Erlaß" im Gegensatz zur wissenschaftlichen Darstellung der Museumsgegenstände. M. E. wird damit zwar das Kriterium der Amtlichkeit getroffen, aber das des Erlasses verkannt.

wird man nicht schon dann als gegeben annehmen dürfen, wenn die amtliche Schrift auch dem amtlichen Gebrauch dienen soll, sondern nur dann, wenn sie ihm ausschließlich oder doch vorwiegend dienen soll. Daher sind z. B. die vorwiegend zur Belehrung des militärisch oder wissenschaftlich interessierten Publikums bestimmten Generalstabswerke oder Publikationen statistischer Aemter nicht gemeinfrei.

Es kommt für die Gemeinfreiheit der Schriftwerke amtlichen Charakters nicht darauf an, ob sie schon veröffentlicht sind, und auch nicht darauf, ob die Veröffentlichung, wenn sie erfolgt, eine rechtlich erlaubte oder unerlaubte, eine der Behörde erwünschte oder unerwünschte ist. Auch die ausdrückliche Bezeichnung eines Erlasses oder sonstigen amtlichen Schriftstücks als eines vertraulichen verschafft ihm keinen urheberrechtlichen Schutz.

II. Gemeinfrei sind nach LUG. § 17 Abs. 2 Vorträge und Reden, die bei den — öffentlichen oder geheimen — Verhandlungen der Gerichte, der politischen, kommunalen und kirchlichen Vertretungen gehalten werden.

Den bei den Verhandlungen der Gerichte gehaltenen Reden wird man nicht allgemein die vor anderen Behörden gehaltenen Reden gleichstellen dürfen[5]), sondern nur die Reden, welche Bestandteile der Verhandlungen vor Behörden sind, deren Aufgabe in der Entscheidung streitiger Rechtsverhältnisse besteht; zu diesen Behörden gehören freilich nicht nur die Gerichte im engeren Sinne einschließlich der Verwaltungs-, Gewerbe- und Kaufmannsgerichte, sondern auch z. B. das Patentamt und das Reichsversicherungsamt.

Allgemein anerkannt ist, daß mit den politischen, kommunalen und kirchlichen Vertretungen das Gesetz nur auf staatsrechtlicher oder kirchenrechtlicher Grundlage bestehende amtliche Vertretungen meint, nicht auch Privatvereinigungen, welche politische oder kirchliche Interessen verfolgen.

Die Gemeinfreiheit bezieht sich immer nur auf die Rede in der ihr durch das mündliche Wort gegebenen konkreten Formgestaltung, nicht auch auf das etwa vorher fertig gestellte schriftliche Konzept der Rede, falls dieses vom mündlichen Vortrag wesentlich abweicht. Sie bezieht sich auch nicht auf abgekürzte Bearbeitungen.

---

[5]) Wie Dambach, Urheberrecht S. 96 meinte; richtig Klostermann UrhR. S. 61, Allfeld Bem. 8 zu LUG. § 17, Müller S. 69.

III. Bei Vorträgen und Reden aller Art soll nach LUG. § 17 Abs. 1 Ziff. 1 die Wiedergabe in Zeitungen oder Zeitschriften zulässig sein, „sofern der Vortrag oder die Rede Bestandteil einer öffentlichen Versammlung ist".

Hier gewährt also das Gesetz keine volle Gemeinfreiheit, sondern beschränkt die Freiheit auf die praktisch freilich weitaus wichtigsten Fälle der Wiedergabe in Zeitungen oder Zeitschriften, während die Wiedergabe in einem Flugblatt oder in einem Sonderabdruck, welcher nach der in der Zeitung abgedruckten Rede veranstaltet wird, nicht freisteht.

Einen genügenden inneren Grund hat diese spinose Unterscheidung nicht. Denn der Gedanke, der die Freiheit der in öffentlicher Verhandlung gehaltenen Reden rechtfertigt, ist doch offenbar der, daß, wer vor der Oeffentlichkeit und für die Oeffentlichkeit im Widerstreit der Meinungen in die Diskussion eingreift, unmöglich ein Interesse an der Behauptung eines Ausschließungsrechtes an dem von ihm Gesagten haben kann, sondern im Gegenteil seine möglichste Verbreitung wünschen muß. Diese ratio legis trifft auf Bücher und Flugblätter natürlich ebenso zu wie auf Zeitungen und Zeitschriften. Trotzdem ist bei dem klaren Wortlaut des Gesetzes die Beschränkung der Abdruckfreiheit auf die Wiedergabe in Zeitungen und Zeitschriften als geltendes Recht hinzunehmen;[6]) denn an dem Grundsatze, daß ein klarer und deutlicher Gesetzeswille auch da zu befolgen ist, wo er rechtspolitisch Verfehltes anordnet, darf nicht gerüttelt werden.[7])

Für den Begriff der „öffentlichen" Verhandlung ist es gleichgültig, welchem Bereiche die Angelegenheiten angehören, die darin erörtert werden. Es muß sich nur um eine Veranstaltung handeln, bei der Rede und Gegenrede zulässig sind und zu der, entgeltlich oder unentgeltlich, jedermann ohne Rücksicht auf seine Zugehörigkeit zu einem bestimmten Interessentenkreise oder Personenverbande

[6]) a. M. Kohler UrhR. S. 170 mit der Behauptung, es liege hier „nur eine Ungenauigkeit der Sprechweise" vor. Aus der Vorgeschichte des § 17 (vgl. ihre ausführliche Darlegung bei Kuhlenbeck, Bem. 1 zu LUG. § 17 und insbes. Begründung S. 27, KommBer. S. 25) geht aber unzweifelhaft hervor, daß es sich hier nicht um eine redaktionelle Flüchtigkeit handelt, sondern um eine gewollte Einschränkung.

[7]) Das müssen wohl selbst die fortgeschrittensten „Freirechtler" zugeben.

Zutritt hat. Das trifft auf politische Verhandlungen, auch auf Verhandlungen wissenschaftlicher oder technischer Kongresse häufig zu, jedoch nicht immer. Ob die Verhandlung von amtlicher oder privater Seite veranstaltet wird, ist ohne Belang.

Auch in den Fällen des § 17 Abs. 1 bezieht sich die Nachdruckfreiheit nur auf diejenige Gestaltung der Vorträge oder der Reden, welche sie eben in der öffentlichen Verhandlung, deren Bestandteil sie sind, erfahren haben. Daher ist z. B. die Veröffentlichung einer nur für die studentischen Hörer bestimmten und zu diesem Zwecke eigenartig gestalteten akademischen Vorlesung auch dann unstatthaft, wenn etwa der Vortragende den gleichen Gedankeninhalt schon vorher zum Gegenstand eines Vortrages in öffentlicher Verhandlung gemacht hatte.[8])

IV. Bei allen Vorträgen und Reden ist ohne Rücksicht auf ihre sonstige durch § 17 Abs. 1 gewährleistete Gemeinfreiheit die Vervielfältigung dann unzulässig, wenn sie in einer Sammlung erfolgt, die der Hauptsache nach Reden desselben Verfassers enthält; § 17 Abs. 2.[9]).

V. Reden von Monarchen, Regenten, Ministern und anderen Persönlichkeiten, die bei politischen, militärischen oder sonstigen Feierlichkeiten gehalten werden, sind nicht Bestandteile einer öffentlichen Verhandlung. Sie sind, soferne sie eine Eigenart in der Gestaltung aufweisen, was bei bloßen konventionellen Trinksprüchen regelmäßig nicht der Fall ist, nicht gemeinfrei, sondern stehen grundsätzlich unter dem Schutze des Urheberrechts.

Die entgegengesetzte Meinung des Staatssekretärs des Reichsjustizamtes und der Reichstagskommission[10]) vermag daran nichts zu ändern, da sie nicht Gesetz geworden ist.

Selbstverständlich ist, daß solche Reden dann für die Wiedergabe frei sind, wenn der Redner in diese einwilligt. Eine solche Einwilligung kann jedoch nicht unter allen Umständen als eine stillschweigend von vornherein erteilte schon darin erblickt werden, daß der Redner bei einer derartigen Gelegenheit, z. B. einer Rekruten-

---

[8]) Vgl. das den Fall Schmoller betreffende Urteil des Reichsgerichts (II. StrS.) vom 28. November 1902 in D. JurZ. 1903 S. 32.

[9]) Dagegen de lege ferenda Kohler UrhR. S. 169.

[10]) S. Bericht der RTK. S. 26; dagegen Dernburg bürgerl. R. Bd. 6 S. 178.

vereidigung, überhaupt das Wort ergreift;[11]) vielmehr wird es darauf ankommen, ob die Art der Gelegenheit und der Inhalt der Rede die Annahme der stillschweigenden Einwilligung in die Veröffentlichung rechtfertigen.[12])

IV. Inhalt und Umfang des Rechtes.

1. Allgemeines.[1])

§ 53.

I. So wenig der positive Gehalt des Eigentums als der vollkommenen Sachherrschaft sich durch Aufzählung der einzelnen darin enthaltenen Befugnisse erschöpfen läßt, ebensowenig der des Urheberrechtes. Dieses gewährt seinem Urheber die Macht, über den Rechtsgegenstand, die Geistesschöpfung, nach Belieben tatsächlich und rechtlich zu verfügen. In dieser Verfügungsmacht ist insbesondere die Befugnis zur Veräußerung und zur Begründung von Tochterrechten im Wege konstitutiver Uebertragung inbegriffen.

Eigentum wie Urheberrecht haben aber auch eine negative Funktion, eine Ausschließungsfunktion gegenüber Dritten, darin bestehend, daß der Berechtigte die Einwirkung jedes anderen verbieten darf. Hier zeigt sich jedoch ein wesentlicher Unterschied zwischen Eigentum und Urheberrecht. Während nämlich beim Eigentum die negative Funktion ebenso generelle Bedeutung hat wie die positive, indem der Eigentümer grundsätzlich *jede* Einwirkung eines anderen auf seine Sache verbieten kann ist der Gehalt des Urheberrechts, soweit es als Ausschließungsrecht in Betracht kommt, weit beschränkter. Nur *bestimmte* Befugnisse sind derart zum Alleinrecht des Urhebers gestaltet, daß er sie ausschließlich für sich in Anspruch nehmen und jede Benutzung durch andere verbieten kann. Der Eigentümer eines Gartens kann jedem dessen tatsächliche Benutzung verwehren; dagegen kann z. B. kein Komponist, der einem Freunde ein eben komponiertes Lied vorgespielt hat, diesem verbieten, es gleich darauf vor sich

[11]) Dieser Meinung ist *Allfeld* Bem. 3 zu § 17.

[12]) Darüber lassen sich m. E. feste Auslegungsregeln nicht geben, und es wäre eben wegen dieser Unbestimmtheit wohl besser gewesen, die Frage gesetzlich zu regeln.

[1]) Vgl. hierher auch die grundsätzlichen Erörterungen oben S. 66 ff.

hinzusingen, ja er hat nicht einmal die Macht, ihm zu verbieten, sich das Lied zu seinem persönlichen, nicht auf Erzielung einer Einnahme gerichteten Gebrauche aufzuschreiben.

Unsere Rechtsordnung erkennt also das Urheberinteresse nicht in so weitgehendem Maße als schutzbedürftig an wie das Eigentümerinteresse. Der Grund hiefür ist teils darin zu finden, daß in gewissem Umfange das soziale Interesse eine Freiheit der Mitbenutzung durch jedermann fordert, teils darin, daß das eigene Interesse des Urhebers an gewissen Benutzungsarten überhaupt kein so wesentliches ist, daß es zu den zu seinem Schutze aufzubietenden Zwangsmitteln der Rechtsordnung im richtigen Verhältnis stünde. Auch der nahe Zusammenhang des Eigentums mit den tatsächlichen Besitzverhältnissen läßt eine Stärkung der rechtlichen Stellung für den Sacheigentümer in höherem Maße als geboten erscheinen als für den Urheber: wenn A ohne Erlaubnis des B in dessen Garten spazieren geht oder in dessen Wagen fährt, so ist es nicht nur das vielleicht recht geringe Sonderinteresse des B, das auf dem Spiele steht, sondern am letzten Ende der öffentliche Rechtsfriede, dem die Gefahr gilt; der Streit droht hier, da er sich eben um körperliche Sachen dreht, zu einem auf dem Staatsterritorium sich abspielenden tätlichen Aneinandergeraten der Parteien sich auszuwachsen, wenn die Rechtsordnung nichts vorsieht. Beim Streit um die unkörperlichen Güter, welche den Gegenstand des Urheberrechtes bilden, besteht diese Gefahr nicht in gleichem Maße.

II. Uebersicht. Auf dem Gebiete des literarischen und musikalischen Urheberrechtes sind die einzelnen Befugnisse, die das Gesetz dem Urheber ausschließlich vorbehält, bei allen Werken:

1. Die Veröffentlichungsbefugnis, insbesondere das Recht der ersten öffentlichen Mitteilung des wesentlichen Inhalts des Werkes;

2. das Vervielfältigungsrecht;

3. das Verbreitungsrecht.

Dazu kommt noch bei Schriftwerken und Vorträgen, die noch nicht „erschienen“ sind, das ausschließliche Recht des öffentlichen Vortrags und bei Bühnenwerken und Werken der Tonkunst das ausschließliche Aufführungsrecht, endlich im Falle der Uebertragung eines Werkes das ausschließliche Aenderungsrecht.

Der Urheber des Werkes hat auch die ausschließliche Befugnis,

Bearbeitungen, insbesondere Uebersetzungen, zu veranstalten und zu verwerten.

Alle diese Befugnisse sind mit ihren Beschränkungen noch näher zu betrachten.

III. Aus der vorstehenden Uebersicht ergibt sich schon, daß, auch wenn man von den Fällen einer Teilübertragung absieht, der Umfang des Urheberrechts nicht in jedem Stadium seines Daseins der gleiche ist. Das Recht der ersten öffentlichen Mitteilung kann natürlich nur solange bestehen, als eben eine Veröffentlichung noch nicht erfolgt ist; ferner ist das ausschließliche Vortragsrecht nur gegeben, solange das Schriftwerk oder der Vortrag noch nicht erschienen d. h. in Vervielfältigungen im Handel öffentlich angeboten ist; endlich besteht die Zitierfreiheit nur gegenüber erschienenen Werken.

Mit der Veröffentlichung bzw. dem Erscheinen verengt sich also der Umfang des Rechtes.

Dabei kommt aber nur eine solche Veröffentlichung oder Mitteilung in Betracht, die der Berechtigte bewirkt hat (LUG. § 35).

IV. Mit der Feststellung des Inhalts und Umfangs des Urheberrechtes[2]) als Ausschließungsrechtes ist zugleich festgestellt, welche Handlungen als rechtsverletzende Eingriffe in das Urheberrecht in Betracht kommen; was dem Urheber vorbehalten ist, ist anderen verboten. Es erhellt daraus auch, daß diese Handlungen keineswegs unter dem Sammelnamen „Nachdruck" zu fassen sind.

2. Die einzelnen Ausschließungsbefugnisse.

§ 54.

a) Veröffentlichungsrecht.

I. Der Urheber allein kann darüber bestimmen, ob, wann und in welcher Form sein Geisteswerk veröffentlicht d. i. einem unbegrenzten Personenkreise zugänglich gemacht werden soll.

Eine wider seinen Willen zur Unzeit oder in ungeeigneter Weise erfolgende Veröffentlichung kann seine Vermögensinteressen schädigen, indem ihm ein Gewinn entgehen kann, den er gemacht hätte, wenn

---

[2]) Inhalt und Umfang sind hier identisch; vgl. von Anders, Beiträge zur Lehre vom literarischen und artistischen Urheberrecht S. 179.

sein Werk in anderer Weise oder in einem günstigeren Zeitpunkte dem Publikum zugänglich gemacht worden wäre.

Aber unter Umständen noch viel stärker ist das rein persönliche, außerhalb jeder Möglichkeit einer Abschätzung in Geld liegende Interesse, das er daran haben kann, ob sein Geisteswerk überhaupt veröffentlicht wird oder nicht.[1]) Durch die Veröffentlichung übernimmt er eine literarische, künstlerische oder wissenschaftliche Verantwortung vor der Welt. Er weiß, daß er durch die Veröffentlichung einer sachlichen, häufig auch unsachlichen, Kritik sich aussetzt und vielleicht auch andere persönliche Unannehmlichkeiten zu gewärtigen hat. Dieses sein persönliches Interesse erheischt dringend, daß die Entscheidung darüber, ob die Veröffentlichung überhaupt erfolgen soll, und wann und wie sie erfolgen soll, ihm allein zustehe.

Diese Erwägung kann an sich auch zutreffen, wo es sich um literarische Erzeugnisse handelt, die dem Urheberschutz nicht unterstehen, z. B. um Tagebücher, welche, ohne eine Eigenart in der Formgestaltung aufzuweisen, Aufzeichnungen enthalten, die ihrer Natur nach besser der Verschwiegenheit anheimgegeben werden. Das könnte zu der Auffassung führen, das Recht auf Entscheidung über die Veröffentlichung als ein selbständiges vom Urheberrecht völlig unabhängiges Persönlichkeitsrecht zu konstruieren, eine Konstruktion, die in der Tat von Kohler[2]) festgehalten wird, der ein dem Schutze der Geheimsphäre, namentlich in Bezug auf Vertrauensbriefe[3]), und dem Schutz der Arbeit gegen bestimmungswidrige Ausbeutung dienendes Persönlichkeitsrecht annimmt.

Das geltende deutsche Recht steht aber offensichtlich nicht auf dem Boden dieser Anschauung, sondern betrachtet das Recht der Entscheidung über die Veröffentlichung als einen, wenn auch vorwiegend dem ideellen Interesse dienenden, Bestandteil des Urheberrechtes selbst.[4])

Das Gesetz sagt nämlich (LUG. § 11), der Urheber sei, solange nicht der wesentliche Inhalt des Werkes öffentlich mitgeteilt ist, ausschließlich zu einer solchen Mitteilung befugt, und stellt diese

---

1) Vgl. v. Anders a. a. O. S. 11 ff., 235 ff.

2) Urheberrecht S. 441, 448.

3) Vgl. über Briefe überhaupt oben S. 224 ff.

4) Eine Auffassung, die von v. Anders a. a. O. und S. VIII als auch wissenschaftlich richtig verteidigt wird.

Bestimmung in den Abschnitt „Befugnisse des Urhebers", wobei gar kein Zweifel sein kann, daß es unter dem Urheber nur denjenigen verstanden wissen will, dem das Urheberrecht zusteht.[5]) Auch wird die vorbehaltene Veröffentlichungsbefugnis in ihrem Rechtsschicksale durchaus mit dem Urheberrecht verbunden; insbesondere endigt sie, wenn sie nicht vorher durch eine Veröffentlichung gegenstandslos wird, erst mit diesem. Die Forderung Kohlers, daß sie auf die Erben zwar erstreckt werde, aber nur auf die kurze Zeit von 5 Jahren, nicht auf die urheberrechtliche Dauer, mag rechtspolitische Beachtung verdienen, ist aber aus dem geltenden Rechte nicht zu begründen.

Freilich begegnet die enge Verknüpfung des Veröffentlichungsrechtes mit dem Urheberrecht in der Form, wie sie im Gesetz zutage tritt, einem starken theoretischen Bedenken. Sie wäre wohl verständlich, wenn sie sich nur auf die Veröffentlichung des Werkes in seiner konkreten Formgestaltung beziehen würde; sie würde dann als ein einfacher Ausfluß des dem Urheber zustehenden Rechtes der tatsächlichen Verfügung über sein Geistesgut erscheinen, eines Rechtes, das hier bis zu einem gewissen Zeitpunkte (nämlich dem der Veröffentlichung) durch Beilegung des Charakters der Ausschließlichkeit verstärkt wäre. Indem nun aber das Gesetz dem Urheber tatsächlich nicht nur die Entscheidung über die Veröffentlichung des Werkes in seiner individuellen Formgestaltung vorbehält, sondern auch die erstmalige Mitteilung des *wesentlichen Inhalts*, also der Gedanken und der geschilderten tatsächlichen oder künstlerisch erfundenen Begebenheiten, setzt es sich, *urheberrechtlich betrachtet*, in Widerspruch mit dem schon dargelegten Grundgedanken,[6]) daß nicht die Idee als solche und nicht der im Werke behandelte Stoff Gegenstand des Urheberrechts sein können, sondern daß nur die bestimmte eigenartige Formgestaltung es ist, an der dieses Recht besteht. Der Standpunkt, den das Gesetz einnimmt, ist also theoretisch auf keine Weise zu begründen.

II. Aus dem Vorbehalt nicht nur der formell identischen, sondern auch jeder sachlich übereinstimmenden ersten Mitteilung ergibt sich,

---

[5]) Daß etwa der „Urheber" in § 11 Abs. 1 Satz 2 eine andere Bedeutung haben sollte als in Satz 1 ist eine unmögliche und auch von Niemandem verteidigte Annahme.

[6]) Vgl. oben § 46, II, III, IV S. 214 ff.

daß es jedem, der nicht vom Urheber die Erlaubnis dazu hat, verboten ist, den Inhalt eines Bühnenwerkes oder eines noch nicht veröffentlichten Romans oder Memoirenwerkes in einer Zeitung oder Zeitschrift mitzuteilen oder die Ergebnisse einer wissenschaftlichen Untersuchung, die im Manuskript oder in einem im Privatkreise gehaltenen Vortrage fixiert sind, an die Oeffentlichkeit zu bringen d. h. einem Kreise von Personen zu offenbaren, mit welchen ihn weder ein Band der Familie noch das einer besonderen gesellschaftlichen Beziehung verbindet.[7]). Unter das Verbot fällt nicht nur die Kundgabe im Wege mechanischer Vervielfältigung, sondern auch die handschriftliche, die mündliche und die durch ein künstliches Sprechinstrument, wie den Phonographen, vermittelte.

III. Der gesetzliche Vorbehalt der ersten öffentlichen Mitteilung des wesentlichen Inhalts kann, auch soweit der Gedankeninhalt als solcher und nicht die Eigenart der Formgestaltung in Betracht kommt, nur gelten für neue Ideen und Tatsachen, nicht für solche, die schon bekannt sind.[8]) Könnten Ideen und Tatsachen überhaupt für sich Gegenstand des Urheberrechtes sein, so wäre das selbstverständlich. Es ist aber auch vom Standpunkte der Anschauung aus, daß es sich bei dem Vorbehalt um ein besonderes Persönlichkeitsrecht handelt, gerechtfertigt, da die Persönlichkeit eben Schutz nur beanspruchen kann, soweit die ihr eigene Sphäre reicht.

§ 55.

b) Vervielfältigungsrecht.

I. Der Urheber hat die ausschließliche Befugnis, sein Werk zu vervielfältigen, ohne Rücksicht darauf, ob dieses schon vervielfältigt oder veröffentlicht ist.

Das dem ausschließlichen Vervielfältigungsrecht des Urhebers entsprechende für jeden anderen bestehende Verbot nannte man früher

---

[7]) „Gesellschaftlich" hier nicht im juristischen Sinne, sondern in dem des geselligen Verkehrs. Ob zu der Gelegenheit, bei welcher die Mitteilung stattfindet, der Zutritt gegen Entgelt oder unentgeltlich erfolgt, kommt nicht in Betracht. Ueber die für manche Einzelfälle nicht sichere Abgrenzung des Begriffs der „Oeffentlichkeit" eingehend Kohler im Arch. für ziv. Praxis Bd. 85 S. 390—397.

[8]) Dies betont Allfeld Bem. 6, a zu § 11.

durchweg „das Nachdrucksverbot“ und auch jetzt noch wird der Ausdruck vielfach gebraucht. Er ist viel zu eng. Schon das LUG. von 1870 (§ 4) verbot nicht nur den eigentlichen Druck, sondern jede mechanische Vervielfältigung, also auch diejenige durch die Kopiermaschine, durch Hektographie, Lithographie und Photographie. Das neue Gesetz (§ 15) geht mit Recht noch weiter und erklärt eine Vervielfältigung ohne Einwilligung des Berechtigten für unzulässig, gleichviel durch welches Verfahren sie bewirkt wird.[1]) Damit sind außer der mechanischen Vervielfältigung nicht nur die manuellen Vervielfältigungsarten des Einschneidens und Einätzens unter das Verbot gestellt, sondern, was von größerer praktischer Bedeutung ist, auch die Wiedergabe durch die Schreibmaschine und durch Abschreiben.

Während früher (LUG. von 1870 § 4 Abs. 3) nur dasjenige Abschreiben untersagt war, das „dazu bestimmt ist, den Druck zu vertreten“, eine Vorschrift, die manchen Zweifeln Raum ließ,[2]) ist jetzt diese Schranke gefallen. Indem LUG. § 15 ausdrücklich sagt, es begründe keinen Unterschied, ob das Werk in einem oder mehreren Exemplaren vervielfältigt wird, ist nunmehr klargestellt, daß es unstatthaft ist, von den einzelnen Rollen eines Bühnenwerkes oder den einzelnen Stimmen eines Musikwerkes auch nur eine einzige Abschrift zum Zwecke einer öffentlichen Aufführung zu nehmen. Das ist namentlich für Orchester-, Kammermusik- und Chorwerke wichtig, bei denen handschriftliche Vervielfältigung auch heute noch vielfach üblich ist.

Wie für den Begriff der Vervielfältigung die Technik, mit welcher sie geschieht, gleichgültig ist, so kommt es auch nicht auf den Stoff an, auf welchem sie geschieht; ebensowenig darauf, ob die Wahrnehmung durch das Gesicht oder durch das Gehör vermittelt werden soll; daher ist auch die Uebertragung auf den Phonographen verbotene „Vervielfältigung“.[3]) Die für die Uebertragung

---

[1]) Trotzdem spricht LUG. § 50 immer noch von „Nachdruck“ und „Nachdrucksexemplaren“. Das ist aber nicht buchstäblich zu nehmen. Nachdruck bedeutet auch hier jede unzulässige Vervielfältigung.

[2]) Vgl. darüber namentlich Kohler in Buschs Arch. Bd. 47, S. 361 ff. und im Arch. für ziv. Praxis. Bd. 85 S. 417 ff. gegen die frühere reichsgerichtliche Praxis.

[3]) Eger im Arch. f. bürgerl. R. Bd. 18 S. 269 ff.; Allfeld Bem. 2, c zu LUG. § 15; Kohler, UrhR. S. 175. Die Erörterungen von Schuster,

von Tonwerken auf mechanische Musikinstrumente geltende Besonderheit (LUG. § 22) wird noch besonders zu erörtern sein.

II. Dadurch daß der „Nachdrucker" die tatsächliche Möglichkeit zur Vervielfältigung auf rechtmäßige Weise erlangt hat, etwa indem ihm der Verfasser das Manuskript oder die Partitur leihweise zur Einsicht übergeben hat, wird die Vervielfältigung selbst keine berechtigte. Grundsätzlich gilt das selbst dann, wenn ihm das Eigentum verschafft ist. Freilich wird häufig der Parteiwille dahin auszulegen sein, daß in der Eigentumsverschaffung zugleich die Uebertragung des Vervielfältigungsrechtes liegt. Aber keineswegs ist letztere notwendige rechtliche Folge der ersteren.

III. Der Zweck der Vervielfältigung kann für ihre Rechtmäßigkeit in zweifacher Weise von Bedeutung werden.

1. Die an sich unerlaubte Vervielfältigung wird dann zur rechtmäßigen, wenn sie zum Zwecke der Notwehr geschieht, insbesondere wenn sie zur Abwendung eines gegenwärtigen rechtswidrigen Angriffs auf die eigene oder fremde Ehre erforderlich ist; vgl. BGB. § 227, StGB. § 53.

2. Jede Vervielfältigung zum persönlichen Gebrauch ist zulässig, wenn sie nicht den Zweck hat, aus dem Werke eine Einnahme zu erzielen. Der „persönliche" Gebrauch ist derjenige, der für die eigene Person und die ihr durch ein persönliches Band familiärer oder gesellschaftlicher Natur[4]) Nahestehenden bestimmt ist. Er steht im Gegensatz zu demjenigen Gebrauch, durch welchen die Oeffentlichkeit von dem Werke Kenntnis erhält. Die Vervielfältigung zum Gebrauch bei einer öffentlichen Aufführung ist daher unstatthaft, ohne daß es darauf ankäme, ob die Zulassung zur Aufführung gegen Entgelt, oder unentgeltlich geschieht.[5]) Erfolgt sie gegen Entgelt, dann ist selbst die Vervielfältigung zum Zwecke der Aufführung im engeren Bekanntenkreise eine unerlaubte, weil sie eben dann den

Urh.R. der Tonkunst S. 158 f. darüber, ob die Uebertragung eines Tonwerks auf einem Musikmechanismus „mechanische" Vervielfältigung ist, sind jetzt wegen der veränderten Gesetzeslage ohne praktische Bedeutung.

[4]) Vgl. oben § 54 Bem. 6.

[5]) Anders freilich die Begründung zum Entwurf des LUG. § 26, wo die Meinung vertreten wird, es dürften Mitglieder von Gesang- oder Theatervereinen Abschriften und Abzüge von Noten oder von den Rollen eines Bühnenwerkes herstellen, um sie für Aufführungen zu benutzen. Dagegen mit eingehender Begründung Allfeld Bem. 8 zu § 15.

Zweck hat, aus dem Werk eine Einnahme zu erzielen. Dagegen kommt nichts darauf an, ob aus der Vervielfältigungstätigkeit selbst eine Einnahme erzielt wird.

IV. Kraft seines ausschließlichen Vervielfältigungsrechtes kann der Urheber jede Vervielfältigung durch andere untersagen, nicht nur eine nach dem Originalwerk erfolgende, sondern auch eine solche, die nach einer bereits vorhandenen rechtmäßigen oder unrechtmäßigen Vervielfältigung hergestellt wird, den „Nachdruck" des Nachdrucks.

V. Sein ausschließliches Vervielfältigungsrecht richtet sich gegen jede wesentliche Wiedergabe des Werkes in seinem formalen Bestande, gleichgültig ob die Wiedergabe für sich allein oder in Verbindung mit einem anderen Geisteswerke erfolgt, und gleichgültig, ob sie sich auf das ganze Werk erstreckt, oder nur auf Teile.[6])

Eine absolute formale Identität mit dem Originalwerke ist bei dem Vervielfältigungsverbot nicht vorausgesetzt.[7]) Unerhebliche Abweichungen, Zusätze oder Weglassungen machen die Wiedergabe nicht zu einer erlaubten.

VI. Das Vervielfältigungsverbot kehrt sich gegen den Urheber selbst, wenn dieser sein Recht auf einen anderen, insbesondere einen Verleger, übertragen hat.

VII. Durch die Einwilligung des Berechtigten (bzw. bei einer Mehrheit von Rechtsträgern aller Berechtigten) wird natürlich die Vervielfältigung zulässig.[8])

Einwilligung ist vorherige Zustimmung. Sie ist eine empfangsbedürftige, an keine Form gebundene, Willenserklärung. Sie braucht nicht ausdrücklich zu geschehen, sondern kann auch aus konkludentem Verhalten sich ergeben. Ein solches ist jedoch noch nicht darin zu erblicken, daß der Berechtigte die gerichtliche Verfolgung seiner aus schon geschehenen Verletzungen entspringenden Ansprüche unterläßt. Irgendwelche Vermutung für das Bestehen der Einwilligung gibt es nicht. Die Einwilligung ist bis zur Vornahme der Vervielfältigung widerruflich, sofern nicht aus einem bestehenden Vertragsverhältnisse das Gegenteil sich ergibt.[9])

---

[6]) jedoch vorbehaltlich der Ausnahmen zugunsten der Zitierfreiheit.

[7]) Vgl. über das Identitätsproblem im Urheberrecht oben § 46, IV S. 215.

[8]) m. E. könnten in LUG. § 15 die Worte „ohne Einwilligung" als selbstverständlich wegbleiben.

[9]) BGB. § 183 ist hier, da es sich nicht um die Einwilligung zur Vor-

Ueber die Genehmigung, das ist die nachträgliche Zustimmung, schweigen die Urheberrechtsgesetze. Da es sich bei den urheberrechtlichen Befugnissen um verzichtbare Interessen lediglich privater Natur handelt, kann über ihre Zulässigkeit ein Zweifel nicht bestehen. Sie wirkt als Verzicht auf die Geltendmachung der aus der unberechtigten Vervielfältigung erwachsenen zivilrechtlichen Ansprüche und ist als solcher unwiderruflich. Strafrechtlich kann sie nur als Zurücknahme des Strafantrags in Betracht kommen.

Ob die Zustimmung des Berechtigten als eine Einwilligung zu künftiger oder als eine Genehmigung schon geschehener Vervielfältigung aufzufassen ist oder etwa beide Bedeutungen hat, ist eine nur nach den Umständen des Falles zu beurteilende Auslegungsfrage. Eine Vermutung besteht in keiner Richtung.

§ 56.

c) Das ausschließliche Recht der gewerblichen Verbreitung.

I. Der Urheber hat die ausschließliche Befugnis „sein Werk gewerbsmäßig zu verbreiten". Nach dieser Bestimmung des LUG. § 11 könnte man glauben, dem Urheber sei jede Mitteilung des Werkes an einen weiteren Personenkreis vorbehalten, auch die durch Vorlesen seines Schriftwerkes oder durch Vortrag seines Tonwerkes; denn durch jede derartige Mitteilung wird das Geisteswerk, das ja von unkörperlicher Wesenheit ist, verbreitet. In Wirklichkeit will aber das Gesetz, wie sich aus seiner Vorgeschichte, seiner offiziellen Begründung[1]) und seinem ganzen Zusammenhang[2]) ergibt, das gar

nahme eines Rechtsgeschäftes handelt, nicht direkt anwendbar; aber eine analoge Anwendung erscheint mir unbedenklich.

[1]) Vgl. LUG. von 1870 § 25: „Wer vorsätzlich Exemplare des Werkes, die den Vorschriften des Gesetzes zuwider angefertigt worden sind, ... verbreitet." Dazu Begr. zum LUG. von 1901 S. 21: „als Verbreitung ist in Uebereinstimmung mit dem Sprachgebrauch des bisherigen Gesetzes jede Ueberlassung eines Exemplares zu verstehen".

[2]) Nämlich: 1. aus der nachfolgenden Bestimmung über das Verleihen, die sich ihrer Natur nach nur auf Werke in ihrer körperlichen Erscheinung beziehen kann;

2. aus der besonderen Bestimmung des Abs. 3 über die ausschließliche Vortragsbefugnis an nicht erschienenen Schriftwerken und Vorträgen; diese wäre überflüssig, wenn schon in der ausschließlichen Verbreitungsbefugnis das Vortragsrecht inbegriffen wäre.

nicht besagen, sondern dem Urheber nur die ausschließliche Befugnis zur gewerbsmäßigen Verbreitung des Werkes in seiner körperlichen Erscheinung, also von Exemplaren des Werkes, vorbehalten.[3])

Verbreitung im Sinne des Gesetzes ist demnach jede Handlung, durch welche ein Exemplar des Werkes einem über die bei der Herstellung und Vervielfältigung Beteiligten hinausgehenden Personenkreise zugänglich gemacht wird. Der Umstand, daß die Herstellung rechtmäßig erfolgt ist, macht die Verbreitung noch nicht zur rechtmäßigen.[4])

II. Indem das LUG. von 1901 neben dem ausschließlichen Vervielfältigungsrecht die besondere ausschließliche Befugnis zur gewerbsmäßigen Verbreitung gewährt, verfolgt es den Zweck, den Urheber und den Verleger gegen die Konkurrenz mit Exemplaren zu schützen, die rechtmäßig hergestellt, aber von anderer Seite als vom Urheber oder Verleger in Verkehr gebracht wurden. Namentlich ist dabei an die Fälle zu denken, in welchen Exemplare, die im Auslande, wo der Urheber des Schutzes entbehrt, rechtmäßig hergestellt wurden, im Inlande gewerbsmäßig vertrieben werden, und an diejenigen Fälle, in welchen bei räumlich geteiltem Verlagsrecht die in dem einen Bezirk rechtmäßig hergestellten Exemplare gewerbsmäßig in dem anderen vertrieben werden.[5])

III. In welcher Form und auf Grund welchen Rechtsverhältnisses die Verbreitung geschieht, ob durch bloßes Ausstellen, welches die Benutzung ermöglicht, oder durch Ueberlassung des Werkes in Aushängebogen oder durch Verkauf oder durch Vermietung oder durch Schenkung kommt grundsätzlich nicht in Betracht; auch die Versendung von Rezensionsexemplaren oder von Freiexemplaren zum Zwecke der Reklame ist daher ausschließlich dem Träger des Urheberrechtes vorbehalten.[6])

---

[3]) Von praktischer Bedeutung wird die Verschiedenheit der beiden Auffassungen freilich erst, wenn eine Veröffentlichung des wesentlichen Inhalts des Werkes erfolgt ist; denn bis dahin umfaßt die ausschließliche Befugnis des Urhebers zu dieser Mitteilung (LUG. § 11 Abs. 1 Satz 2) natürlich auch die Vorlesungs- und Vortragsbefugnis.

[4]) Das ist jetzt zweifellos. Für das frühere Recht vgl. Kohler im Arch. f. ziv. Praxis Bd. 85 S. 435 ff.

[5]) Vgl. RGE. in ZS. Bd. 63 S. 397.

[6]) Regelmäßig wird dieser sein ausschließliches Verbreitungsrecht auf einen Verleger übertragen. Ueber die Frage, ob der Urheber in diesem Falle ein

Nur auf das Verleihen des Werkes erstreckt sich, wie das Gesetz ausdrücklich sagt,[7]) die ausschließliche Befugnis des Urhebers nicht, obwohl auch das Verleihen an sich unter den Begriff des Verbreitens fällt.

Das Verleihen ist hier nicht in dem populären Sinne zu verstehen, in welchem es auch die entgeltliche Entnahme zur vorübergehenden Benützung begreift, sondern in dem streng juristischen Sinne des Leihvertrages, für welchen die Unentgeltlichkeit der Gebrauchsüberlassung wesentlich ist (vgl. BGB. § 598).[8]) Eine solche unentgeltliche Ueberlassung zur Benützung kann der Urheber bzw. der Verleger, auf den das ausschließliche Verbreitungsrecht übergegangen ist, nicht hindern, selbst wenn sie „gewerbsmäßig“[9]) geschieht.

Dagegen ist die entgeltliche Ueberlassung in der Rechtsform der Miete, wie sie regelmäßig durch Leihbibliotheken erfolgt, oder die Ueberlassung von Partituren oder nachgeschriebenen Vorlesungen gegen „Leihgebühr“ nicht freigegeben. Eine Lahmlegung des Betriebes der Leihbibliotheken ist jedoch davon nicht zu befürchten. Denn

IV. der Grundsatz, daß die ausschließliche Verbreitungsbefugnis des Verfassers sich auch auf die entgeltliche Gebrauchsüberlassung, insbesondere auf das Vermieten, erstreckt, wird in seiner praktischen

---

Recht darauf hat, daß der Verleger Rezensionsexemplare versende, handeln Coulin in Jherings Jahrb. Bd. 52 S. 473 ff., Voigtländer ebenda Bd. 53 S. 325 ff., A. Elster im Arch. für bürgerl. R. Bd. 32 S. 341 ff.

[7]) Eine Neuerung des LUG. von 1901!

[8]) Im selben Sinne Kohler UrhR. S. 180; a. M. bezüglich der Leihbibliotheken unter dem Einfluß der Begründung zum Entwurf des LUG. Müller S. 45, Voigtländer Bem. 2, e zu § 11, Dernburg S. 62. — Allfeld, Bem. 5, a zu § 11 versteht unter Verleihen auch das entgeltliche Verleihen, findet aber angesichts des sich hieraus ergebenden dem Urheber höchst ungünstigen Resultates, der Wortlaut könne hier unmöglich maßgebend sein und kommt durch „einschränkende Auslegung“ zu der an sich billigenswerten Auffassung, die ausschließliche Verbreitungsbefugnis erstrecke sich „nicht auf das Verleihen von im übrigen rechtmäßig verbreiteten Exemplaren“. Man braucht aber nur bei der juristischen Bedeutung der Leihe zu bleiben, um in ungezwungener Weise die ganze Schwierigkeit zu vermeiden.

[9]) „Gewerbsmäßige“ Ueberlassung ist nicht gleichbedeutend mit „entgeltlicher“ Ueberlassung (s. darüber oben S. 69 f.); z. B. ist das Verleihen durch eine Volksbibliothek oder eine Lesehalle, auch wenn es unentgeltlich geschieht, doch ein gewerbsmäßiges.

Bedeutung wesentlich eingeschränkt durch den anderen Grundsatz, daß die ausschließliche Verbreitungsbefugnis des Urhebers bzw. berechtigten Verlegers nicht für solche Exemplare des Werkes gilt, die er selbst hergestellt und in den Verkehr gebracht hat, so daß sie Eigentum eines Dritten geworden sind. Das ausschließliche Verbreitungsrecht des Urhebers ist vielmehr ein vollkommenes Analogon zu der ausschließlichen Befugnis des Patentinhabers (vgl. PG. von 1891 § 4), den Gegenstand der Erfindung gewerbsmäßig in Verkehr zu bringen. Haben der Urheber oder Verleger in Ausübung ihres Rechtes Exemplare des Werkes einmal an das Publikum abgesetzt und so in den Verkehr gebracht, so ist ihr Recht in Ansehung dieser Exemplare erschöpft. Freilich ist diese Auffassung, die vom Reichsgericht[10]) vertreten wird, im Gesetze nicht ausdrücklich festgelegt, sie ergibt sich aber aus dessen vernünftigen Zwecken. Wäre das dem Urheber zustehende ausschließliche Recht der gewerbsmäßigen Verbreitung als eine ausschließliche Gewerbeberechtigung mit absoluter Wirkung gegenüber jedem Dritten aufzufassen, so wäre damit nicht nur der Betrieb der Leihbibliotheken, sondern auch der ganze Antiquariatsbuchhandel in seiner Existenz aufs schwerste gefährdet, was das Gesetz unmöglich gewollt haben kann.[11])

Wer Exemplare des Werkes zu Eigentum erworben hat, hat an ihnen eben als Ausfluß seines Eigentums auch das Verbreitungsrecht; er kann sich zwar durch Rechtsgeschäft verpflichten, eine gewerbsmäßige Veräußerung der Exemplare nicht vorzunehmen oder nicht unter einem bestimmten Preise vorzunehmen, aber einem derartigen rechtsgeschäftlichen Veräußerungsverbot, dem er sich unterwirft, kommt nur obligatorische Bedeutung unter den Parteien selbst zu (BGB. § 137), keine Wirkung gegenüber Dritten;[12]) die dem

---

[10]) RGE. in ZS. Bd. 63 S. 394 ff. (zustimmend Lenel in D. JurZ. 1907 S. 458 und K. Schulz in Leipz. Zeitschr. Bd. 1, 1907, S. 769 ff.; s. auch RGE. in StrS. Bd. 39 S. 108 ff.). Vgl. auch v. Thur in D. JurZ. 1907 S. 282. Dagegen Rietschel ebenda S. 412. Zum Ganzen auch Mittelstaedt in D. JurZ. 1906 S. 1128 ff.

[11]) Vgl. Mitteis im „Recht“ 1906 S. 573 und RGE. in ZS. Bd. 63 S. 398. Rietschel a. a. O. bestreitet diese Gefährdung des Antiquariatshandels, indem er geltend macht, die Veräußerung der Bücher durch das Publikum an den Antiquar sei keine gewerbsmäßige; er verkennt aber damit m. E. den Begriff der Gewerbsmäßigkeit für das Urheberrecht.

[12]) Anders Rietschel a. a. O. mit der Behauptung, § 137 gelte nicht

Veräußerungsverbot zuwider vorgenommene Veräußerung ist also eine wirksame.

Damit, daß der Erwerber der abgesetzten Exemplare als Eigentümer das Recht hat, sie zu verbreiten, hat er aber nicht auch die Befugnis, die ursprüngliche Gestalt des Werkes abzuändern. Das Recht, über den sog. inneren Bestand und die Form des Werkes zu verfügen (vgl. LUG. § 9) verbleibt vielmehr dem Urheber, auch wenn er das Werk in Verkehr gebracht hat; die Verbreitung des ohne seinen Willen abgeänderten Werkes kann er also immer noch untersagen.[13])

V. Nur auf die „gewerbsmäßige" Verbreitung erstreckt sich das ausschließliche Recht des Urhebers. Gewerbsmäßig ist die Verbreitung nicht nur dann, wenn sie in einem Gewerbebetrieb erfolgt, der die Verbreitung von Druckschriften zur Haupt- oder Nebenaufgabe hat, oder sonst zum Zwecke eines Erwerbes geschieht, sondern überhaupt dann, wenn sie nicht rein persönlichen oder hauswirtschaftlichen Zwecken dient.[14]) Der Begriff der Gewerbsmäßigkeit erfordert auch nicht, daß die Verbreitung durch eine Mehrzahl von Exemplaren geschieht.

§ 57.

d) Das ausschließliche Vortragsrecht an Schriftwerken.

I. An allen schutzfähigen Schriftwerken hat der Urheber nach der (neuen) Vorschrift des LUG. § 11 Abs. 3 die ausschließliche Befugnis, das Werk öffentlich vorzutragen. Das gleiche gilt für schutzfähige Vorträge und Reden; grundsätzlich gehören sie zu den „Schriftwerken".[1])

Ob das „Schriftwerk" schriftlich festgelegt ist, kommt dabei nicht in Betracht. Der Urheber ist also gegen eine Wiederholung

---

für das Urheberrecht. Aber es handelt sich hier ja gar nicht um die Veräußerung des Urheberrechts, sondern um die Veräußerung von Sachen, eben der Reproduktionsexemplare!

[13]) Vgl. RGE. in ZS. Bd. 69 S. 242 ff.

[14]) Diese Bedeutung hat die Gewerbsmäßigkeit im Gebiet des ganzen Urheber- und Erfinderrechts: s. darüber oben S. 69 f.

[1]) Die besondere Erwähnung des „Vortrages" in § 11 Abs. 3 wäre also nicht notwendig gewesen; vgl. oben S. 219, 222.

seines Vortrags durch andere auch dann geschützt, wenn er diesen frei gehalten hat.

Der Schutz besteht gegen jede zur Aufnahme durch das Gehör bestimmte öffentliche Wiedergabe, gleichgültig, ob diese durch mündliche Rede oder Deklamation oder durch ein künstliches Sprechinstrument, wie den Phonographen, erfolgen soll.

Von Bedeutung ist die gesetzliche Anerkennung des besonderen Vortragsrechts insbesondere für solche Werke, die in der Absicht verfaßt werden, sie überhaupt nicht oder wenigstens zunächst nicht im Wege des Verlages zu verwerten.

II. Die ausschließliche Befugnis, das Werk öffentlich vorzutragen, endigt mit dem Erscheinen[2]), d. h. dem öffentlichen Angebot von Vervielfältigungen des Werkes.[3]) Ein Vorbehalt des Vortragsrechtes bei der Veröffentlichung im Druck, wie ihn die skandinavischen Rechte kennen, ist nach deutschem Rechte wirkungslos.

§ 58.

e) Beschränkungen des ausschließlichen Vervielfältigungs-, Verbreitungs- und Vortragsrechtes.

I. Wichtige Interessen verschiedener Art erfordern eine Einschränkung des ausschließlichen Rechtes des Urhebers an seinem Geisteswerk. Das deutsche Recht geht in ihrer Berücksichtigung sehr weit. Sichtet man die Fülle der Einzelbestimmungen, so ergeben sich folgende Gruppen von Beschränkungen:

1. zugunsten des Zeitungsinhalts (LUG. § 18);
2. im wissenschaftlichen, literarischen und didaktischen Interesse:
   a) Zitierfreiheit (§ 19 Ziff. 1, § 21 Ziff. 1);
   b) Freiheit für größere Entlehnungen (§ 19 Ziff. 2, 3, 4; § 21 Ziff. 2, 3);
   c) Freiheit der Entlehnung von Abbildungen (§ 23);
3. im Interesse des musikalischen Schaffens (§ 20);
4. im Interesse der Industrie mechanischer Musikinstrumente (§ 22).

---

[2]) Gegen diese Beschränkung de lege ferenda Kohler UrhR. S. 183.

[3]) Der Begriff des „Erscheinens" ist enger als der der „Veröffentlichung". Diese umfaßt jede Handlung, durch welche das Werk einem weiteren Personenkreise zugänglich gemacht wird, also auch den öffentlichen Vortrag.

Soweit infolge dieser Beschränkungen des Urheberrechts ein Werk ohne Einwilligung des Berechtigten vervielfältigt werden darf, ist auch die Verbreitung, die öffentliche Aufführung, sowie der öffentliche Vortrag zulässig; (§ 26).

Die der Beschränkung des Urheberrechtes entsprechenden jedermann zustehenden Nutzungsbefugnisse mag man „gesetzliche Lizenzen" nennen, ohne daß aber mit dieser Bezeichnung eine feste juristische Charakterisierung gegeben wäre. Sie haben nicht die Bedeutung subjektiver Rechte, sondern nur die einer weiteren Möglichkeit der Betätigung der natürlichen Handlungsfreiheit. Sie bilden auf dem Gebiete des Immaterialrechtes ein Analogon zu den gesetzlichen Eigentumsbeschränkungen.

II. Die genannten Beschränkungen sind im Folgenden einzeln zu betrachten. Dagegen sollen die besonderen Schranken, die dem Aufführungsrechte gesetzt sind, erst zusammen mit diesem dargestellt werden.

1. Das Urheberrecht am Zeitungsinhalt.[1])

A. Zeitungen sind in bestimmten Zeitabständen regelmäßig erscheinende Schriften, die aus einer Reihe nicht zusammenhängender Beiträge bestehen und zum Lesen für das Publikum bestimmt sind.[2])

Das Interesse am größten Teil dessen, was die Tagespresse bringt, reicht über den Tag nicht weit hinaus. Weite Kreise des Volkes haben ein Interesse daran, durch die Zeitung über tatsächliche Vorgänge möglichst rasch unterrichtet zu werden. Endlich

---

[1]) Spezialliteratur: Kohler im Arch. f. ziv. Praxis Bd. 85 S. 443 ff.; derselbe, Schutz des Nachrichtenverkehrs, im Arch. f. bürgerl. R. Bd. 26 S. 195 ff.; Röthlisberger im Börsenblatt f. den D. Buchhandel 1898 Nr. 122, 1900 Nr. 171, 172; Fischer, Zur Neuregelung des Nachdrucks und Verlagsrechts im Zeitungswesen, in der Festgabe für Wilke (Berlin 1900) S. 59 ff.; Osterrieth in gewerbl. Rechtsschutz und UrhR. Bd. 2 (1897) S. 37 ff.; Ortloff, ebenda Bd. 7 (1902) S. 302 ff.; Fuld ebenda Bd. 10 (1905) S. 320 ff.; Fuld in Gruchots Beitr. Bd. 47 S. 364 ff.; W. Hanauer in den Annalen des Deutschen Reichs 1905 S. 147 ff.; H. Landsberg, Die Grenzen der Abdrucksfreiheit im Zeitungswesen (Freiburger Diss. 1906); Ebermayer in D. JurZ. 1909 S. 338 ff. Vgl. auch Röthlisberger, Urheberrecht und Zeitungsinhalt (Abhandl. zum schweizer. Recht Heft 27).

[2]) Die sog. Zeitungskorrespondenzen gehören also nicht zu den „Zeitungen", für sie gelten vielmehr die allgemeinen urheberrechtlichen Regeln. Vgl. Landsberg a. a. O. S. 13.

ist die freie Entlehnung von Zeitungsnachrichten in weitem Umfang so sehr Uebung geworden, daß ihr Verbot kaum dem Rechtsempfinden der Beteiligten entsprechen würde; jede Zeitung lebt bis zu einem gewissen Grade von den anderen.

Diese tatsächlichen Verhältnisse rechtfertigen es, daß dem Zeitungsinhalte gegenüber anderen Schriftwerken eine urheberrechtliche Ausnahmestellung zugewiesen wird. In einseitiger Berücksichtigung derselben vernachlässigte das Gesetz von 1870 (§ 7) berechtigte Interessen des Urhebers, indem es die Grenzen der Abdrucksfreiheit allzuweit steckte. Das Gesetz von 1901 hat sie, sich mehr der in der Berner Uebereinkunft Art. 7 gegebenen internationalrechtlichen Regelung anschließend, wieder etwas enger gezogen.

LUG. § 18 unterscheidet drei Kategorien von Artikeln:

a) Ausarbeitungen wissenschaftlichen, technischen oder unterhaltenden Inhalts (Abs. 2). Das Gesetz bestimmt, ihr Abdruck sei unzulässig, auch wenn ein Vorbehalt der Rechte fehlt. Genauer gesagt: sie unterstehen den allgemeinen urheberrechtlichen Regeln. Alle ausschließlichen Urheberbefugnisse bestehen an ihnen dann, wenn sie wegen ihrer eigenartigen Formgestaltung überhaupt Gegenstand eines Urheberrechtes sind, was allerdings bei solchen Ausarbeitungen regelmäßig zutreffen wird, sie bestehen aber nicht, wo es an dieser Eigenart fehlt. Ein „Vorbehalt der Rechte" vermag in letzterem Falle das Urheberrecht ebensowenig zu schaffen, wie er andernfalls nötig ist, es zu erhalten.

„Wissenschaftlichen Inhalts" ist eine Ausarbeitung dann, wenn sie einen dem Gebiete irgendwelcher Wissenschaft angehörigen Stoff zum Gegenstand und die Belehrung des Lesers hierüber zum Zweck hat. Ob das mit einer vor dem Forum der Wissenschaft anzuerkennenden Methode geschieht und ob überhaupt der Ausarbeitung irgendwelcher wissenschaftliche Wert zukommt,[3]) ist gleichgültig.

Nur eine Unterart der Ausarbeitungen wissenschaftlichen Inhalts sind diejenigen technischen Inhalts.

Was unter den Ausarbeitungen „unterhaltenden Inhalts" zu verstehen ist, läßt sich kaum erschöpfend bestimmen. Es gehören dazu nicht nur die „novellistischen Erzeugnisse"[4]), von denen das

---

[3]) Vgl. RGE. in Str.S. Bd. 36 S. 195.

[4]) Ein unklarer und daher früher viel umstrittener Begriff

Gesetz von 1870 sprach, sondern auch Romane, Gedichte, Reiseberichte, Essays, Plaudereien, humoristische und satirische Artikel, Bücherrezensionen, Kunstkritiken, Besprechungen von Theateraufführungen, kurz das, was üblicher Weise im sog. Feuilleton zu stehen pflegt, ohne daß es aber auf die Stelle ankäme, die dem Artikel in der Zeitung zugewiesen ist. Der literarische Wert kommt nur insofern in Betracht, als es sich, was schon in dem Worte „Ausarbeitung" liegt, nicht um rein tatsächliche Mitteilungen handeln darf, sondern eine über den Zweck der bloßen Mitteilung der Tatsache hinausgehende eigenartige literarische Formgebung von selbständiger Bedeutung vorliegen muß. Der Begriff des Unterhaltenden darf hier nicht auf die ihm im Volke vielfach beigelegte Bedeutung des Heiteren beschränkt werden; er deckt z. B. auch die dichterische Totenklage und die Elegie.

b) Vermischte Nachrichten tatsächlichen Inhalts und Tagesneuigkeiten, die in Zeitungen oder Zeitschriften stehen (Abs. 3), sind urheberrechtlich überhaupt nicht geschützt. Sie sind, gleichgültig an welcher Stelle der Zeitung sie stehen, unbedingt freigegeben, ohne daß eine Verpflichtung zur Quellenangabe beim Abdruck bestünde. Da an ihnen kein Urheberrecht besteht, kann auch keines vorbehalten werden; ein etwaiger Vorbehalt ist daher rechtlich ohne Wirkung.

Das deutsche Gesetz gibt nicht, wie die Berner Uebereinkunft (Art. 7 Abs. 4) alle „Vermischten Nachrichten" (faits divers) frei, sondern nur die tatsächlichen Inhalts. Nicht freigegeben sind daher Anekdoten, Aphorismen und sonstige kleine Artikel, die nach dem Sprachgebrauch zuweilen unter den vermischten Nachrichten einbegriffen werden, ohne doch rein tatsächlicher Natur zu sein.[5]) Tatsächlichen Inhalts ist eine Nachricht ohne Rücksicht auf ihre Wahrheit dann, wenn das Mitgeteilte sich selbst der äußerlichen Betrachtung als Tatsache darstellt.[6]) Die Mitteilung verliert ihren Charakter als schutzlose Nachricht tatsächlichen Inhalts noch nicht dadurch, daß sie durch stilistische Zurichtung eine eigenartige Formgestaltung erhält, wohl aber dadurch, daß sie zur „Ausarbeitung" wissenschaftlichen oder unterhaltenden Inhalts wird, was dann der

[5]) Begründung zum Entwurf des LUG. S. 28.

[6]) Die Rechtsordnung kennt auch sonst den Begriff der „falschen Tatsachen", s. StrGB. § 263.

Fall ist, wenn die Mitteilung der Tatsache nicht mehr als der Hauptzweck des Artikels, sondern lediglich als ein Anlaß zu Betrachtungen von selbständiger wissenschaftlicher oder allgemein ästhetischer Bedeutung erscheint. Hätte das Gesetz nur die in keine individuelle Form gekleidete Mitteilung der nackten Tatsachen freigeben wollen, so wäre § 18 Abs. 3 überflüssig gewesen, da solche tatsächliche Mitteilungen schon nach allgemeinen Grundsätzen überhaupt nicht Gegenstand des Urheberrechtes sein können.[7])

Als Nachrichten tatsächlichen Inhalts oder Tagesneuigkeiten werden sich regelmäßig die Telegramme darstellen. Der urheberrechtliche Schutz fehlt ihnen. Wohl aber verstößt eine Zeitung, die mit einer gewissen Regelmäßigkeit beim Abdruck fremder Telegramme den Anschein erweckt, daß es sich um Originaltelegramme handle, gegen das Gesetz zur Bekämpfung des unlauteren Wettbewerbs; denn jener Anschein ist geeignet, die Vorstellung eines besonders günstigen Angebots hervorzurufen.

Eine andere Frage ist, ob die zur Aufnahme in die Zeitungen bei diesen eingegangenen Telegramme und sonstigen tatsächlichen Mitteilungen vor ihrer Veröffentlichung gegen Mitteilung an andere Zeitungen geschützt sind. Urheberrechtlich sind sie es nicht, da ihnen eben der Charakter des Schriftwerkes fehlt.[8]) Ein Schutz besteht aber hier unter dem Gesichtspunkte des durch das Wettbewerbs-Gesetz verpönten Verrates von Geschäftsgeheimnissen. Auch ist die Entwendung von Bürstenabzügen oder sonstigen körperlichen Substraten solcher Mitteilungen als Diebstahl strafbar.[9])

Zu den Nachrichten tatsächlichen Inhalts gehören in ihrer über-

---

[7]) Vgl. Landsberg a. a. O. S. 34 ff.

[8]) Dagegen österr. UrhG. § 27: „Die behufs Aufnahme in die Tagesblätter gesammelten und vervielfältigten Mitteilungen und Notizen werden solange geschützt, bis ihre Veröffentlichung durch eines der hiezu befugten Blätter erfolgt ist."

[9]) Die dagegen von Fischer a. a. O. S. 83 und von Landsberg S. 50 geltend gemachten Bedenken sind nicht stichhaltig. Freilich ist es dem Täter um die Nachricht zu tun, nicht um den Bürstenabzug oder das sonstige Papier, worauf sie steht. Aber wenn der Zweck der Nachrichtenerlangung erreicht wird durch Bruch des fremden Gewahrsams verbunden mit der Absicht, über den wirtschaftlichen Wert der körperlichen Sache im Widerspruch mit dem Eigentumsrecht eines andern im eigenen Interesse zu verfügen (vgl. Frank Bem. VII, 2 zu StGB. § 242), dann liegt eben Diebstahl vor.

wiegenden Menge auch die Inserate.[10]). Wenn ihnen auch der urheberrechtliche Schutz fehlt, so kann doch der in einer Zeitung erfolgte Abdruck von Inseraten aus einer anderen Zeitung als eine Veranstaltung in Betracht kommen, die darauf berechnet und geeignet ist, unrichtige Angaben über geschäftliche Verhältnisse zu ersetzen und dadurch den Anschein eines besonders günstigen Angebots hervorzurufen;[11]) es kann dann nach dem Wettbewerbs-Gesetz von dem Urheber jeder Konkurrenzzeitung (nicht nur derjenigen, aus welcher die Inserate entnommen sind) der Anspruch auf Unterlassung und eventuell auf Schadenersatz geltend gemacht werden.

c) Alle anderen einzelnen Artikel d. h. alle diejenigen, die weder Ausarbeitungen wissenschaftlichen oder unterhaltenden Inhalts noch Nachrichten tatsächlichen Inhalts sind, genießen, vorausgesetzt, daß sie überhaupt als „Schriftwerke" in Betracht kommen, unbedingten Schutz, wenn sie in Zeitschriften erscheinen, dagegen nur bedingten Schutz, wenn sie in Zeitungen erscheinen. § 18 Abs. 1.

Das gilt ohne Rücksicht auf ihre Länge namentlich für diejenigen Artikel, welche mit der Erörterung öffentlicher Angelegenheiten sich beschäftigen,[12]) insbesondere für die politischen Leitartikel.

Solche Artikel sind als Zeitungsartikel nur geschützt, wenn sie mit einem Vorbehalt der Rechte versehen sind.

Der Vorbehalt[13]) als Urkunde ist die in den einzelnen Vervielfältigungsexemplaren an die Spitze oder an den Schluß des Artikels gesetzte Erklärung, aus welcher deutlich hervorgeht, daß der Verfasser sein Urheberrecht daran wahren will. Ueblich sind die Wendungen: „Nachdruck verboten" oder „Rechte vorbehalten"; eine bestimmte Formel ist nicht vorgeschrieben, es muß aber ersichtlich sein, daß der Vorbehalt sich auf den ganzen Artikel bezieht.

Der Vorbehalt als Handlung ist eine Rechtshandlung und zwar eine solche von rechtswahrender, nicht von rechtsbegründender Bedeutung.[14]) Er geht regelmäßig vom Träger des Urheberrechtes

---

[10]) Ausgenommen sind z. B. Reklamegedichte.

[11]) Vgl. über solche „Füllinserate" Landsberg S. 69 ff.

[12]) aber nur, wenn sie nicht den Charakter wissenschaftlicher Ausarbeitungen annehmen; die Grenze ist schwer zu ziehen.

[13]) Vgl. Kohler im Arch. f. ziv. Praxis Bd. 85 S. 405 ff., UrhR. S. 226.

[14]) Die Fassung des § 18 Abs. 1 könnte allerdings zur entgegengesetzten Annahme verleiten.

aus, wirkt aber auch, wenn ihn ein auftragsloser Geschäftsführer veranlaßt hat.

Ist der Vorbehalt der Rechte unterblieben, so ist der Artikel für jede Art von Vervielfältigung und Verbreitung frei, nicht nur für den Abdruck in einer Zeitung.[15]) Die Abdrucksfreiheit ist jedoch an eine gesetzliche Bedingung und an eine gesetzliche Auflage geknüpft:

α) Gesetzliche Bedingung ist, daß beim Abdruck der Sinn nicht entstellt wird. Nur mit dieser Einschränkung sind also Aenderungen und zusammenfassende Kürzungen erlaubt.

β) Gesetzliche Auflage ist die deutliche Angabe der Quelle beim Abdruck. Dieser Auflage wird im allgemeinen genügt durch Angabe der Zeitung, aus welcher der Artikel unmittelbar entnommen ist; nur wenn diese Zeitung selbst eine frühere Quelle angibt, ist auch diese mitanzuführen. Hat sich der Verfasser des Artikels genannt, so ist er gleichfalls anzugeben.[16]) Aus dem Erfordernisse der Deutlichkeit der Quellenangabe folgt, daß Abkürzungen nur soweit zulässig sind, als sie allgemein verständlich sind.[17]) Die Unterlassung der Quellenangabe ist strafbar; (s. darüber oben S. 188 ff.

B. Die richtige Anwendung der besprochenen Gesetzesvorschriften für Zeitungen wird erheblich erschwert durch die unklare Abgrenzung der hier maßgebenden Begriffe.

Für die bei politischen Artikeln wichtige Unterscheidung von Zeitung und Zeitschrift gibt es kein allgemein gültiges Merkmal; weder aus der mehr oder minder ephemeren Bedeutung des Inhalts noch aus der Häufigkeit des Erscheinens[18]) noch aus dem Titel läßt sich ein solches entnehmen;[19]) so ist z. B. die Deutsche Juristen-

---

[15]) a. M. Müller S. 72; richtig Wächter, Autorrecht S. 80, Allfeld, Bem. 3 zu § 18, Landsberg S. 53.

[16]) Vgl. Bericht der RTK. S. 30, Allfeld Bem. 7 zu § 18.

[17]) Daher genügen die bloßen Anfangsbuchstaben der Zeitung (etwa A. A. für Augsburger Abendzeitung) regelmäßig nicht.

[18]) Kohler, UrhR. S. 192 meint, was die Zeitung von sonstigen Zeitschriften unterscheide, sei das Erscheinen in sehr kurzen Zeiträumen zum Zweck der Tageslektüre. Aber es gibt Zeitungen, die wöchentlich, z. B. jeden Montag, erscheinen; andererseits ist z. B. „Die Woche" nicht Zeitung, sondern Zeitschrift.

[19]) Das Unzulängliche aller bisherigen Unterscheidungsversuche legt Landsberg S. 14 ff. treffend dar.

Zeitung trotz ihres Namens zweifellos Zeitschrift im urheberrechtlichen Sinn.

Auch die Grenze zwischen den Nachrichten tatsächlichen Inhalts und den Tagesneuigkeiten einerseits und den Ausarbeitungen wissenschaftlichen oder unterhaltenden Inhalts andererseits ist eine flüssige. Zwischen dem gewöhnlichen Wetterbericht und der meteorologischen Abhandlung, zwischen der einfachen Beschreibung eines neuen technischen Modells und der von der Tatsache der neuen Erfindung ausgehenden wissenschaftlichen Erörterung technischer Probleme, zwischen dem einfach referierenden Kunstausstellungs-, Theater- oder Musikbericht und der an die Tatsache der Ausstellung oder Aufführung anknüpfenden Betrachtung ästhetischer Grundfragen gibt es Zwischenformen, deren Klassifikation zweifelhaft bleibt.

Endlich fehlt auch ein sicheres Kriterium, das den politischen Artikel von der staatswissenschaftlichen Ausarbeitung trennt.

In allen diesen Zweifelsfällen ist mit dem beliebten Hinweis auf die Verkehrsauffassung oft wenig gedient, weil es eben gerade hier häufig an einer sicheren und einheitlichen Verkehrsauffassung fehlt. Man wird vielmehr anerkennen müssen, daß auf diesem Gebiete, wenn es zum Streit kommt, dem richterlichen Ermessen ein erheblicher Spielraum bleibt.

C. Die Zeitung als Ganzes ist ein Sammelwerk. Ein solches genoß früher[20]) einen besonderen Schutz nur, wenn es ein „einheitliches Ganzes" bildete, was bei Zeitungen und Zeitschriften nicht zutrifft. Jetzt schützt LUG. § 4 auch solche Sammelwerke, denen die Einheitlichkeit fehlt, also auch Zeitungen und Zeitschriften.

Für das Sammelwerk als Ganzes wird der Herausgeber, das ist bei Zeitungen der Redakteur, als Urheber angesehen.[21]) Das ist dadurch gerechtfertigt, daß trotz Fehlens der Einheitlichkeit der Herausgeber bzw. Redakteur doch durch die Prüfung, Auswahl und Durchsicht der Beiträge und die Anordnung des Ganzen eine individuelle Tätigkeit entfaltet.[22]) Sollte auf einer Zeitung dem Preßgesetz zuwider der Redakteur nicht genannt sein, so gilt der Verleger als Herausgeber.

---

[20]) LUG. von 1870 § 2.

[21]) Ueber die juristische Konstruktion dieses Verhältnisses s. oben S. 51.

[22]) So die Begründung zum Entwurf des LUG.

D. Die in LUG. § 18 erwähnten einzelnen Artikel erhalten nicht als Schriftwerke schlechthin, sondern nur in ihrer Eigenschaft als Zeitungsbeiträge eine urheberrechtliche Sonderstellung. Ob sie überhaupt Gegenstand des Urheberrechtes sind, bemißt sich nach allgemeinen Grundsätzen. Daß es sich bei der in § 18 Abs. 1 ausgesprochenen bedingten Freigabe nur um ein Ausnahmerecht gegenüber Zeitungen handelt, nicht um eine grundsätzliche Unfähigkeit der Artikel, Gegenstand des Urheberrechtes zu sein,[23]) zeigt sich in folgendem Beispiel: die Zeitschrift A bringt in ihrer „Politischen Rundschau" einen wegen der Eigenart der Formgebung urheberrechtlich geschützten Artikel; die Zeitung B übernimmt unbefugterweise oder mit Einwilligung des Urhebers diesen Artikel als Leitartikel, ohne ihn mit einem Vorbehalt der Rechte zu versehen; nun druckt ihn die Zeitung C ab. Dieser Abdruck ist gegenüber der Zeitung B nach § 18 Abs. 1 gestattet; aber er enthält einen objektiv rechtswidrigen Eingriff in das Urheberrecht der Zeitschrift A.[24])

2. Beschränkungen im wissenschaftlichen, literarischen und didaktischen Interesse.

a) Eine gewisse Zitierfreiheit ist vor allem im Interesse der wissenschaftlichen Kritik unbedingt notwendig, aber auch die nicht wissenschaftliche Literatur würde ihren Mangel als eine äußerst lästige Hemmung empfinden. Wie alle Urhebergesetze, so trägt auch das deutsche LUG. (§§ 19, Ziff. 1, 21 Ziff. 1) diesem Bedürfnisse Rechnung.

Es erklärt es für zulässig, einzelne Stellen oder kleinere Teile eines Schriftwerks, eines Vortrags oder einer Rede nach der Veröffentlichung[1]) sowie einzelne Stellen eines bereits erschienenen[1]) Werkes der Tonkunst in einer selbständigen literarischen Arbeit anzuführen.

---

[23]) Eben darum erschien es mir richtiger, die Zeitungsartikel nicht bei der Bestimmung des Gegenstandes des Urheberrechtes zu behandeln (so Wächter, Autorrecht S. 75 ff., Daude, Lehrbuch S. 20 ff., Gierke, S. 722 ff.), sondern bei der Bestimmung der Inhaltsbeschränkungen. Ich möchte aber auf diese Aeußerlichkeit kein Gewicht legen.

[24]) Vgl. Allfeld Bem. 1 zu § 18.

[1]) Ueber die Begriffe der „Veröffentlichung" und des „Erscheinens" s. oben § 57 Anm. 3 S. 260.

Eben dadurch, daß es sich einer selbständigen literarischen Arbeit[2]) einfügt und nur in deren Zusammenhang verwendet wird, unterscheidet sich das erlaubte Zitat vom verbotenen Nachdruck. Das Zitat muß zu der literarischen Eigenleistung dessen, der es bringt, im Verhältnis des bloßen Mittels zum Zweck stehen. Dagegen ist weder eine qualitative noch eine quantitative Ueberlegenheit der eigenen Arbeit über das aus der fremden Angeführte unbedingt erforderlich. Ist es doch ein sehr häufiger Fall, daß das Zitierte an wissenschaftlichem oder künstlerischem Wert die daran anknüpfende kritische oder sonstige Erörterung weit überragt. Und auch dem Umfange nach kann, namentlich wenn es sich um eine Rezension handelt, das aus dem fremden Werke Angeführte mehr Raum beanspruchen als die selbständige Meinungsäußerung des Rezensenten. Jeder arithmetische Maßstab ist hier unmöglich;[3]) insbesondere ist die vom Börsenverein durch seinen Ausschuß für Urheber- und Verlagsrecht vertretene Forderung, daß die Entlehnung aus einem anderen Werke weder ein Fünfzehntel[4]) von dem Umfange des benutzten noch ein Fünfzehntel von dem des benutzenden Werkes überschreiten dürfe, weder Gesetz geworden noch innerlich gerechtfertigt.

b) Nach den gleichen Grundsätzen bemißt sich die Freiheit für größere Entlehnungen. Gestattet ist:

α) die Aufnahme einzelner Aufsätze von geringerem Umfang oder einzelner Gedichte oder kleinerer Kompositionen nach dem Erscheinen[1]) in eine selbständige wissenschaftliche Arbeit.[5]) (LUG. § 19 Ziff. 2, § 21 Ziff. 2). Welcher Wissenschaft diese Arbeit angehört und ob sie von irgendwelchem wissenschaftlichen Wert ist, kommt nicht in Betracht.

Eine Lücke des Gesetzes ist es, daß es das „Musikzitat" in Tonwerken d. h. die Aufnahme einzelner Stellen fremder Tonwerke in ein eigenes nicht erlaubt; man denke z. B. an die Nationalhymne in Webers Jubelouvertüre, die Marseillaise in den „beiden Grenadieren" von Schumann. Zur Ausfüllung dieser Lücke bleibt nur

---

[2]) Vgl. über diese Voraussetzung RGE. in StrS. Bd. 37 S. 294.

[3]) Dies gegen Voigtländer Bem. 2 zu § 19.

[4]) Nach dem russischen Gesetz von 1886 (§ 17) ein Drittel.

[5]) Nicht in jede selbständige literarische Arbeit!

der bei dem Ausnahmecharakter der §§ 19 ff. bedenkliche Weg der Analogie.[6]).

β) Die Aufnahme einzelner Gedichte nach dem Erscheinen[1]) in eine Sammlung, die Werke einer größeren Zahl von Schriftstellern vereinigt und ihrer Beschaffenheit nach zur Benutzung bei Gesangsvorträgen bestimmt ist; (§ 19 Ziff. 3). Diese Zweckbestimmung ist nicht nur dann anzunehmen, wenn die Gedichte tatsächlich komponiert sind, sondern auch, wenn sich bei ihnen die Angabe findet, daß sie nach einer bestimmten Melodie, auf welche sie passen, zu singen sind. Namentlich für Kommersbücher und sonstige von Vereinen gebrauchte Liederbücher ist die Vorschrift[7]) von Bedeutung.

γ) Die Aufnahme einzelner Aufsätze von geringem Umfang, einzelner Gedichte oder kleinerer Teile eines Schriftwerks nach dem Erscheinen[1]) in eine Sammlung, die Werke einer größeren Zahl von Schriftstellern vereinigt und ihrer Beschaffenheit nach für den Kirchen-, Schul- oder Unterrichtsgebrauch oder zu einem eigentümlichen literarischen Zweck bestimmt ist; (§ 19 Ziff. 4).

Damit wird unter bestimmten Voraussetzungen die völlige Kompilation gestattet; denn keines der aufgenommenen Werke braucht ganz oder auch nur teilweise vom Herausgeber der Sammlung verfaßt zu sein; dessen selbständige Tätigkeit braucht nur eine redigierende zu sein.

Die zum Kirchen-, Schul- oder Unterrichtsgebrauch bestimmte Sammlung verliert diesen Charakter nicht dadurch, daß sie auch zu anderweitigem Gebrauch geeignet ist.[8]) Immerhin muß jene ihre hauptsächliche Bestimmung deutlich erhellen; so muß z. B. eine Anthologie, die als Schulbuch gelten soll, auch durch die äußere Ausstattung als solches gekennzeichnet sein.[9])

Die Vorschrift zugunsten der Sammlungen, die „zu einem eigentümlichen literarischen Zweck" bestimmt sind, wäre als unklar und berechtigte Interessen der Autoren schädigend aus dem Gesetze wohl

---

[6]) Ihn befürwortet (für das Gesetz von 1870, das dieselbe Lücke aufwies) Schuster, UrhR. der Tonkunst S. 202.

[7]) Sie wurde erst durch den Reichstag in 3. Lesung eingefügt.

[8]) Vgl. Bericht der RTK. S. 34 und Allfeld Bem. 10 zu § 19.

[9]) Vgl. Entsch. des OLG. Dresden vom 25. Januar 1905 im Sächs. Arch. Bd. 1 S. 299.

besser weggeblieben. Der Regierungsentwurf hatte sie mit guten Gründen auch nicht aufgenommen; erst in der 3. Lesung im Reichstag wurde sie durchgesetzt.[10]) Sie kommt vornehmlich den Anthologien zugute.

Immerhin ist Freiheit zu Entlehnungen für eine Sammlung zu einem eigentümlichen literarischen Zwecke keine unbedingte: solange der Urheber lebt, bedarf es seiner persönlichen Einwilligung. Dieses Erfordernis der Einwilligung hat aber nur die Bedeutung eines Widerspruchsrechts. Die Einwilligung gilt nämlich als erteilt, wenn der Urheber nicht innerhalb eines Monats, nachdem ihm von der Absicht des Verfassers Mitteilung gemacht ist, Widerspruch erhebt.[11])

δ) Gestattet ist es endlich, kleinere[12]) Kompositionen nach dem Erscheinen[1]) in eine Sammlung aufzunehmen, die Werke einer größeren Zahl von Komponisten vereinigt und ihrer Beschaffenheit nach für den Unterricht in Schulen[13]) mit Ausschluß der Musikschulen bestimmt ist; (§ 21 Ziff. 3).

Daß die für den Unterricht in Musikschulen bestimmten Sammelwerke dieses Privileg nicht genießen, hat seinen Grund nicht so sehr darin, daß in den Musikschulen auf die Persönlichkeit der verschiedenen Tondichter großer Wert gelegt und liebevoll eingegangen wird[14]), als vielmehr in dem materiellen Interesse der Komponisten daran, gerade dem wichtigsten Absatzgebiete für Kompositionen ihre Werke nicht ohne Aequivalent zur Verfügung stellen zu müssen.

c) Einzelne Abbildungen aus einem erschienenen[1]) Werke dürfen einem Schriftwerk ausschließlich zur Erläuterung des Inhalts beigefügt werden; § 23. Diese Freiheit bezieht sich jedoch nur auf

---

[10]) Ueber die Entstehungsgeschichte berichtet besonders ausführlich Voigtländer, Bem. 5 zu § 19, der sich als Freund der Bestimmung bekennt.

[11]) Mitteilung, Einwilligung und Widerspruch sind wirksam, sobald sie dem Adressaten zugegangen (im Sinne des BGB. § 130) sind.

Die Geschäftsfähigkeit des Urhebers ist nur von Belang, wenn er Widerspruch erhebt, nicht wenn er einwilligt, da die nichtwirksame Einwilligungserklärung den Ablauf der Frist, nach der die Einwilligung als erteilt „gilt“, nicht zu hindern vermag.

[12]) Für enge Auslegung mit Recht Schuster a. a. O. S. 204.

[13]) Schulen jeder Art, auch Lehrerbildungsanstalten; s. Ber. der RTK. S. 36; Allfeld Bem. 4, Voigtländer Bem. 2 zu § 21, Müller S. 87.

[14]) Dies führt Kohler UrhR. S. 191 als Grund an.

Abbildungen wissenschaftlicher oder technischer Art, die nicht ihrem Hauptzwecke nach als Kunstwerke zu betrachten sind.[15]) Vorausgesetzt ist ein innerer und ein äußerer Zusammenhang zwischen Abbildung und Schriftwerk. Ein innerer Zusammenhang ist insofern erfordert, als die Abbildung zu dem Schriftwerk, in welches sie aufgenommen wird, im Verhältnis des Mittels zum Zweck stehen muß. Die Abbildung darf also nur zum besseren Verständnis und zur Veranschaulichung des im Texte Gesagten diesem beigefügt sein. Aber wenn die Abbildung sich auch dem Zwecke nach dem Schriftwerke einfügen und unterordnen muß, so braucht sie doch qualitativ nicht hinter ihm zurückzustehen; es ist daher auch gestattet, gute Abbildungen zur Erläuterung eines schlechten Textes aufzunehmen. Der erforderliche äußere Zusammenhang wird hergestellt durch die körperliche Einheit des Bandes; ob innerhalb desselben die Abbildung in den Text eingefügt ist oder ihm nachfolgt, ist gleichgültig.

§ 23 spricht nur von Abbildungen, die einem Schriftwerk beigefügt werden. Es erhebt sich die Frage, ob nicht unter ähnlichen Umständen, unter welchen eine Zitier- und Entlehnungsfreiheit für kleinere Schriftwerke besteht (LUG. § 19 Ziff. 1, 2), auch einzelne Abbildungen in ein lediglich aus Abbildungen bestehendes Werk aufgenommen werden dürfen.[16]) Die analoge Anwendung des § 19 liegt nahe;[17]) sie ist aber bei der sichtlichen Tendenz des Gesetzes, die Einschränkungen des Urheberrechtes erschöpfend zu bestimmen, abzulehnen.

3. Beschränkungen zugunsten der Tonsetzer.

Das deutsche Gesetz privilegiert die Tonsetzer gegenüber den Dichtern. Ohne Rücksicht auf deren Urheberrecht dürfen nämlich nach LUG. § 20 kleinere Teile einer Dichtung oder Gedichte von geringem Umfang nach ihrem Erscheinen als Text zu einem neuen Werke der Tonkunst in Verbindung mit diesem wiedergegeben werden. Gestattet ist nicht nur der öffentliche Vortrag, sondern auch die Vervielfältigung und Verbreitung.

---

[15]) a. M. offenbar Müller S. 93.

[16]) Vgl. LUG. von 1870 § 43.

[17]) Für sie Müller S. 92; dagegen Voigtländer Bem. 1, Allfeld Bem. 1 zu § 23.

Ueber die innere Berechtigung dieser Bestimmung wird lebhaft gestritten.[1]) Zu ihren Gunsten läßt sich geltend machen, daß das musikalische Schaffen stark gehemmt wäre, wenn der Tonsetzer, dessen musikalisches Empfinden durch das Lesen eines Gedichtes angeregt wird, zur Komposition und ihrer Verwertung erst die Erlaubnis des Dichters einholen müßte; ferner, daß der Liederkomponist häufig zugleich im wahren Interesse des Dichters handelt, indem er durch die Vertonung auch dem Gedichte bei der Nachwelt einen Ruhm sichert, der ihm sonst nicht beschieden gewesen wäre. Was wären heute Wilhelm Müller und Rellstab ohne Schubert?

Die Kehrseite, daß das gute Gedicht durch eine schlechte Komposition verdorben wird und der Dichter dies ruhig mit ansehen und anhören muß, hat freilich etwas Bedenkliches. Aber die Rechtsordnung kann ihre Entscheidung unmöglich nach der Qualität der musikalischen Schöpfung treffen, sondern sie muß eine durchgreifende Regel geben. Mit der Entscheidung, die sie zu ungunsten des Dichters getroffen hat, versöhnt der Gedanke, daß die minderwertige Tonschöpfung, auch wenn ihr Reklame und Mode ans Licht verhelfen, aus diesem bald von selbst wieder verschwinden wird, während die ihr zugrunde liegende Dichtung, wenn sie von selbständigem künstlerischen Wert ist, ihre Lebensfähigkeit trotzdem erweisen wird.

Immerhin besteht aller Anlaß, die Rechtsstellung des Dichters nicht durch eine zu weite Auslegung des Gesetzes noch mehr zu verschlechtern: die Voraussetzung des „geringen Umfangs" der benutzten Dichtung ist streng zu nehmen; die Voraussetzung, daß die Dichtung „Text" zum Tonwerk sei, ist nur dann als erfüllt anzusehen, wenn die Worte der Dichtung selbst in Töne gesetzt sind; für Melodramen und für „Programme" zu sog. Programmusik besteht also die Benutzungsfreiheit nicht.[2])

Es war früher streitig, ob ein urheberrechtlich geschützter Text auch in Verbindung mit einer gemeinfreien Melodie vervielfältigt

---

[1]) Für sie namentlich Schuster, Urheberrecht der Tonkunst S. 241 ff.; dagegen energisch Kohler in Iherings Jahrb. Bd. 18 S. 375 und im Arch. f. ziv. Praxis Bd. 82 S. 232 ff.

[2]) So auch Schuster a. a. O. S. 251, Allfeld Bem. 4, a zu § 20; a. M. bezüglich der Melodramen Vesque von Püttlingen, das musikalische Autorrecht S. 39.

werden darf; nach dem jetzigen Wortlaute des Gesetzes ist die Verneinung unzweifelhaft.

Die Regel, daß die Dichtung nur in Verbindung mit dem Tonwerk wiedergegeben werden darf, erleidet eine Ausnahme: für eine Aufführung des Werkes darf die Dichtung auch allein wiedergegeben werden, sofern der Abdruck ausschließlich zum Gebrauch der Hörer bestimmt ist. Eine Andeutung dieser Zweckbestimmung auf dem Abdruck selbst ist nicht notwendig.[3])

Das Benutzungsrecht des § 20 besteht nicht an solchen Dichtungen, die ihrer Gattung nach zur Komposition bestimmt sind. Dahin gehören vor allem die Libretti für Opern und Operetten, aber auch die Texte für Oratorien, Kantaten sowie Couplets. Entscheidend für die Zugehörigkeit zu dieser Gruppe sind objektive Merkmale nicht die Absicht des Dichters.[4])

4. Beschränkung im Interesse der Industrie mechanischer Musikinstrumente.[1])

a) Die Uebertragung von Musikstücken auf mechanische Musikinstrumente, wie Drehorgeln, Spieldosen usw. fällt an sich unter den Begriff der Vervielfältigung, da es für diesen Begriff nicht darauf ankommt, ob die unmittelbare Wahrnehmung durch Lesen oder durch Hören erfolgen soll. Sie würde also, wenn eine besondere Gesetzesbestimmung fehlte, dem Urheber bzw. dessen Rechtsnachfolger ausschließlich vorbehalten sein, und es wäre nur erfreulich, wenn man es bei diesem Rechtszustande belassen hätte.

Statt dessen hat sich der Gesetzgeber zum Schaden der Tonkünstler zu der Sonderbestimmung des § 22 LUG. drängen lassen.[2])

---

[3]) Sie wird verlangt im österreichischen Ges. § 25 Ziff. 3.

[4]) a. M. ohne Grund Müller S. 85; richtig Allfeld Bem. 8 zu § 20.

[1]) Vgl. außer den Kommentaren zu LUG. § 22 Schuster, Urheberrecht der Tonkunst S. 158 ff.; Donle, Der Phonograph und seine Stellung zum Recht (Erlanger Diss. 1897); Eger, Der Phonograph und das Urheberrecht, im Arch. f. bürgerl. Recht Bd. 18 S. 264 ff.; Kohler, Urheberrecht S. 205 ff.; Eisenmann, Urheberrecht an Tonkunstwerken; Grundlagen zur Beurteilung der neuen Instrumente zu Musikvorführungen (Phonograph, Theatrophon, Pianola) 1907; Osterrieth in den „Studien zur Förderung des gewerbl. Rechtsschutzes“ (Festgabe für Kohler 1909, S. 405 ff.).

[2]) Ueber die Vorgeschichte Allfeld, Müller und besonders ausführlich Voigtländer zu § 22.

Schon das Schlußprotokoll der Berner Uebereinkunft hatte im § 3, offenbar mit Rücksicht auf die Schweizer Spielwerkindustrie, das Einverständnis darüber festgestellt, „daß die Fabrikation und der Verkauf von Instrumenten, welche zur mechanischen Wiedergabe von Musikstücken dienen, die aus geschützten Werken entnommen sind, nicht als den Tatbestand der musikalischen Nachbildung darstellend angesehen werden sollen." Das war verhältnismäßig harmlos, da jene Fabrikation sich damals im Wesentlichen auf Werke mit geringer Melodienzahl beschränkte. Nachher kamen aber mechanische Musikinstrumente mit auswechselbaren Bestandteilen[3]) und daher unbeschränkter Zahl von Tonstücken auf, und es entstand auch in Deutschland auf diesem Gebiete eine bedeutende Industrie. Diese empfand es als ein unliebsames Hemmnis, daß die Rechtsprechung des Reichsgerichts[4]) die Herstellung der auswechselbaren Notenblätter für solche Instrumente als eine in das Urheberrecht eingreifende „mechanische Vervielfältigung"[5]) erklärte.

Im Interesse dieser in der Hauptsache der Förderung der Geschmacklosigkeit dienenden und vielleicht eben deshalb so „blühenden" Industrie beschneidet nunmehr das Gesetz die Rechte der Tonsetzer und Musikverleger,[6]) indem es bestimmt:

Zulässig ist die Vervielfältigung, wenn ein erschienenes Werk der Tonkunst auf solche Scheiben, Platten, Walzen, Bänder und ähnliche Bestandteile von Instrumenten übertragen wird, welche zur mechanischen Wiedergabe von Musikstücken dienen. Diese Vorschrift findet auch auf auswechselbare Bestandteile Anwendung, sofern sie nicht für Instrumente verwendbar sind, durch die das Werk hinsichtlich der Stärke und Dauer des Tones und hinsichtlich des Zeitmaßes nach Art eines persönlichen Vortrags wiedergegeben werden kann.

b) Es werden also zwei Gruppen von Instrumenten unterschieden, nicht nach äußeren Merkmalen, sondern nach dem möglichen

---

[3]) namentlich durchlochten Notenscheiben.

[4]) Vgl. u. a. RGE. in ZS. Bd. 22 S. 174, Bd. 27 S. 60.

[5]) im Sinne des § 4 des Ges. von 1870.

[6]) Es ist zu hoffen, daß diese Gesetzgebung auch für das Deutsche Reich bald wieder geändert wird, nachdem für das internationale Recht die Berliner Uebereinkunft vom November 1908 die Rechtsstellung der Komponisten gegenüber der Wiedergabe ihrer Werke durch mechanische Musikinstrumente verbessert hat.

Grade der künstlerischen Vollkommenheit der Wiedergabe. Nicht freigegeben ist die Vervielfältigung für solche Instrumente, die in ihrer Leistung wenigstens in gewissen Beziehungen einer wahrhaft künstlerischen, vom Menschen ausgehenden Wirkung verhältnismäßig nahe kommen, so z. B. für das Pianola, das Mignonklavier, das Pentaphon.[6a]) Freigegeben ist dagegen die Uebertragung auf Instrumente, welche auch diese relative Vollkommenheit nicht zu erreichen vermögen, ohne Rücksicht darauf, ob bei ihnen, wie bei Drehorgeln, Spieldosen und Spieluhren, die das Musikstück wiedergebenden Teile fest eingefügt sind und daher ein unmittelbares Ganzes mit dem Instrumente bilden oder ob die Bestandteile, welche die Töne wiedergeben, auswechselbar sind, wie beim Grammophon, Ariston oder Symphonion.

c) Doch ist die Abgrenzung der beiden Gruppen, eben weil das Kriterium nicht in einem äußeren Kennzeichen liegt, sondern auf einer Wertung der Leistung beruht, keine sichere. Ja, es ist denkbar, daß ein Instrument, das bisher der bevorrechtigten Gruppe angehört, unter Beibehaltung seines bisherigen Namens infolge wesentlicher technischer Verbesserungen, die es erfährt, in die Gruppe der vollkommeneren und daher nicht bevorrechtigten Instrumente einrückt.

Streitig ist insbesondere die rechtliche Behandlung des Phonographen.[7]) Jedenfalls muß man ihn, soweit er Musikstücke wiedergibt, überhaupt zu den in § 22 behandelten mechanischen Instrumenten rechnen, auch wenn er von der menschlichen Stimme „besungen" ist; denn es kommt nach dem Gesetz nicht darauf an, ob der Herstellungsprozeß ein mechanischer ist, sondern ob die Wiedergabe eine mechanische ist, und bei dieser spielt beim Phonographen die menschliche Individualität keine Rolle mehr.[8]) Innerhalb der mechanischen Musikinstrumente wird man den Phonographen aber gleich dem Pianola wenigstens nach dem Wortlaute des Gesetzes zur Gruppe der nichtprivilegierten vollkommeneren Instrumente zählen müssen,[9]) obwohl

[6a]) Die Aufzählung kann keine erschöpfende sein, da auf diesem Gebiete immer wieder neue Arten erfunden werden.

[7]) Ueber die Technik informiert Parzer-Mühlbacher, Die modernen Sprechmaschinen (Wien 1902).

[8]) Zu demselben Ergebnis gelangen Donle a. a. O., Allfeld Bem. 3 zu § 22; a. M. Eger a. a. O. S. 282.

[9]) Ebenso Allfeld Bem. 4 zu § 22, Kohler UrhR. S. 207; die ent-

seine Leistung an den unmittelbaren menschlichen Vortrag, was Qualität, insbesondere Klangfarbe der Stimme (auch der Orchesterstimmen) anlangt, nicht entfernt heranreicht; denn das Gesetz verlangt die Vergleichsmöglichkeit mit dem persönlichen Vortrag eben nur hinsichtlich der Stärke und Dauer des Tones und hinsichtlich des Zeitmaßes, und diesem künstlerisch freilich durchaus ungenügenden Erfordernisse vermögen die besseren Phonographen tatsächlich zu entsprechen.

d) Gegenüber die Wiedergabe durch Pianola, Phonographen usw. bleibt also das Urheberrecht des Komponisten unbeschränkt. Dagegen ist die neuerdings verteidigte Annahme eines daneben bestehenden selbständigen **Urheberrechts des Vortragskünstlers**, der das Instrument „besingt" oder „bespielt",[10]) nicht haltbar. Sie widerspricht dem Grundsatze, daß nur ein Gebilde (Sprachgebilde oder Tongebilde) in seiner objektiven[11]) Wesenheit Gegenstand des Urheberrechtes sein kann, nicht die subjektive Art, wie dieses Gebilde zur Darstellung gebracht wird. Der Sänger und der Klavierspieler sind trotz aller aus ihrer künstlerischen Individualität entspringenden Eigenart der Vortragsweise doch ebensowenig Schöpfer des Tonwerks wie der Schauspieler oder der Rezitator Schöpfer der Dichtung sind. Das ganze Urheberrecht ist aber, wie es sich geschichtlich entwickelt hat, nur zum Schutze schöpferischer, nicht lediglich reproduzierender Tätigkeit geschaffen.

Wenn geltend gemacht wird, unter den vielen möglichen „Auffassungen" eines Werkes werde durch den Vortrag des Sängers, Deklamators oder Schauspielers eine bestimmte festgelegt, und an dem Werke in der so festgelegten Gestalt bestehe ein besonderes Urheberrecht gerade so wie an der durch eine Uebersetzung gegebenen besonderen Gestalt:[12]) so verkennt man, daß durch die Uebersetzung neben dem Originalwerke ein in seinem objektiven formalen Bestande selbständiges Werk entsteht, während die verschiedenen Vor-

---

gegengesetzte Meinung äußerte im Reichstag, ohne Widerspruch zu finden, der Staatssekretär des Reichsjustizamtes.

[10]) Für ein solches Recht Eger a. a. O. S. 288 und Eisenmann in der erwähnten Schrift. Vgl. aber auch M. Wassermann, in den „Studien zur Förderung des gewerbl. Rechtsschutzes" (Festgabe für Kohler 1909) S. 423 ff.

[11]) nicht stofflichen!

[12]) Diesen Vergleich zieht Eger S. 289.

tragsweisen den objektiven Bestand des Werkes — er allein kann Gegenstand des Schutzes sein — in seiner Identität unberührt lassen.

Auch vom rechtspolitischen Standpunkte aus erscheint ein Urheberrecht des Vortragskünstlers bedenklich. Man müßte folgerichtig ein solches Recht nicht nur für den guten Vortrag, sondern auch für den schlechten, und überhaupt nicht nur zugunsten des berufsmäßigen Künstlers, sondern auch zugunsten eines jeden Dilettanten anerkennen, der deklamiert, singt, geigt oder Klavier spielt. Niemand dürfte sich mehr bemühen, außerhalb seiner Privatsphäre auf der Geige oder dem Klavier die Vortragsart eines bestimmten Künstlers nachzuahmen, ohne eine Klage wegen Urheberrechtsverletzung gewärtigen zu müssen. Das wäre ein unerträglicher Zustand, welcher der Kunst selbst gewiß nicht zum Vorteil gereichen würde.[13])

Wenn die Rechtsordnung den Vortragskünstler in seiner Eigenart schützt, so kann sie diesen Schutz nicht auf ein Urheberrecht sondern höchstens auf ein Persönlichkeitsrecht gründen. Ein solches Persönlichkeitsrecht, welches den Musiker, Vortragenden, Kapellmeister gegen Nachahmung ihrer Augenblickstätigkeit schützen würde,[14]) entbehrt aber, soweit nicht etwa der Tatbestand des BGB. § 826 vorliegt, nicht nur der Anerkennung durch die Gesetzgebung und die Praxis, sondern auch jener festen Begrenzbarkeit, die mir ein unerläßliches Erfordernis für seine künftige Durchsetzung zu sein scheint.

e) Soweit die Vervielfältigung durch Uebertragung auf mechanische Musikinstrumente erlaubt ist, ist gemäß § 26 auch die öffentliche Aufführung erlaubt.

III. Aenderungsrecht.

Während das Gesetz für die Wiedergabe des Zeitungsinhalts, soweit sie überhaupt erlaubt ist, nur die Bedingung aufstellt, daß

[13]) Wenn dagegen etwa eingewendet wird, das Urheberrecht des Vortragenden werde ja nur für die Fälle der Festlegung im Phonographen oder sonstigen mechanischen Musikinstrumenten behauptet, so ist darauf hinzuweisen, daß es für die Entstehung des Urheberrechtes auf die Art, in welcher die Festlegung geschieht, ob durch Schriftzeichen, Tonzeichen, bloßen Vortrag oder sonstige mechanische Eindrücke, grundsätzlich nirgends ankommt.

[14]) Ein solches Recht wird behauptet von Kohler UrhR. S. 137; zweifelnd gegenüber dem „Persönlichkeitsrecht an der eigenen Stimme" Eger a. a. O. S. 287.

der Sinn nicht entstellt wird, im übrigen aber Aenderungen zuläßt, ist in den Fällen der im Vorstehenden unter II, 1—4 genannten Beschränkungen des Urheberrechts (LUG. §§ 19—23) die Zulässigkeit der Wiedergabe vom Gesetz grundsätzlich an die Bedingung geknüpft, daß an den wiedergegebenen Teilen keine Aenderung vorgenommen wird (§ 24). Das persönliche Interesse des Verfassers daran, seine Aeußerungen nicht in entstellter Form verbreitet zu sehen, bleibt also gewahrt. Jede unbefugte Aenderung macht die Wiedergabe selbst zu einer unbefugten, an welche sich die zivilrechtlichen und strafrechtlichen Folgen eines unerlaubten Eingriffes in fremdes Urheberrecht knüpfen.

Das Aenderungsverbot kann sich aber nur auf solche Aenderungen beziehen, bei denen die literarische bzw. musikalische Identität des Werkes im Wesentlichen gewahrt bleibt.[1]) Ist das, was an Stelle des Originalwerkes gesetzt wird, von diesem derart verschieden, daß jene Identität aufgehoben wird und ein ganz anderes Werk mit eigenartiger Formgestaltung entsteht, so kann von einem Eingriffe in fremdes Recht überhaupt keine Rede sein. Die Grenze zwischen der unerlaubten Aenderung und der erlaubten Neuschöpfung ist nicht mit einer allgemein gültigen Formel, sondern nur durch sachverständige Würdigung der Eigenart des Einzelwerkes zu ziehen.

Das Aenderungsverbot erleidet gewisse Einschränkungen:

1. Eine im Gesetze freilich nicht besonders ausgesprochene Einschränkung allgemeiner Natur ist dadurch gegeben, daß unbedeutende Aenderungen, für die der Berechtigte seine Einwilligung nach Treu und Glauben nicht versagen kann, als erlaubt gelten müssen.[2]) Aus diesem Gesichtspunkte ist es z. B. zulässig, anstatt in der direkten in der indirekten Rede zu zitieren oder im Interesse der besseren Einfügung des Zitates in das eigene Werk eine kleine syntaktische Verschiebung vorzunehmen oder einen Ausdruck durch einen gleichbedeutenden andern zu ersetzen. Die Pedanterie, die derartiges etwa verbieten wollte, verdient keinen Rechtschutz.

2. Bestimmte einzelne Aenderungen werden im Interesse der

---

[1]) Vgl. hieher, was oben § 46, IV S. 215 über die Bedeutung des Identitätsproblems auf urheberrechtlichem Gebiete gesagt wurde.

[2]) Analogie des § 9 Abs. 2 LUG.

Erreichung des Zweckes, welcher die Entlehnung selbst rechtfertigt, vom Gesetze ausdrücklich erlaubt, nämlich:

a) Uebersetzungen eines Schriftwerkes;

b) solche Bearbeitungen eines Werkes der Tonkunst, die nur Auszüge oder Uebertragungen in eine andere Tonart oder Stimmlage oder Einrichtungen für die im § 22 bezeichneten mechanischen Musikinstrumente darstellen.

Jedoch darf die Aenderung nicht weiter gehen, als der Zweck der Wiedergabe es erfordert. Daher wird z. B. bei einem Schriftwerk, das ausschließlich für gebildete Leser berechnet ist, die Uebersetzung des aus einem slowenischen Werke Entlehnten als erlaubt, dagegen die Uebersetzung aus dem Französischen als unerlaubt angesehen werden müssen.

Während das Aenderungsrecht bei Entlehnungen aus Tonwerken im allgemeinen mit Recht sehr beschränkt ist, indem nur Auszüge oder Uebertragungen in eine andere Tonart oder Stimmlage gestattet sind, wird es bei der Entlehnung für mechanische Musikinstrumente dank einer Gesetzgebung, der die Interessen des Drehorgelfabrikanten mehr galten, als die des Tonkünstlers, durch die Gestattung von „Einrichtungen" für diese Instrumente zum wahren Verstümmelungsrecht; je unvollkommener das Instrument ist, desto weitergehende Einrichtungen sind erforderlich, um das Tonstück diesem anzupassen. So wurde es in der Reichstagskommission[3]) u. a. als zulässig erklärt, unbequeme oder bei der beschränkten Anzahl von Klangkörpern überhaupt nicht ausführbare Akkorde und Uebergänge durch andere einfachere zu ersetzen oder ganz wegzulassen.

c) Werden einzelne Aufsätze, einzelne Gedichte oder kleinere Teile eines Schriftwerks in eine Sammlung zum Schulgebrauch aufgenommen, so sind die für diesen Gebrauch erforderlichen Aenderungen gestattet, jedoch bedarf es, solange der Urheber lebt, seiner persönlichen Einwilligung. Die Einwilligung gilt als erteilt, wenn der Urheber nicht innerhalb eines Monats, nachdem ihm von der beabsichtigten Aenderung Mitteilung gemacht ist, Widerspruch erhebt.[4]) Erklärt der Urheber innerhalb der Frist, daß er die Ein-

---

[3]) Vgl. Komm. Ber. S. 53 f.

[4]) Für Mitteilung, Einwilligung und Widerspruch gilt hier dasselbe, wie im Falle des LUG. § 19 Ziff. 4; s. darüber oben S. 271 Anm. 11.

willigung verweigere, so kann diese nicht im Rechtswege erzwungen werden; denn einen Anspruch auf Erteilung der Einwilligung gibt es nicht.[5])

An der Voraussetzung, daß die Aenderung für den Schulgebrauch erforderlich sein muß, ist besonders streng festzuhalten, damit nicht der Dichter dem Schulmeister zum Opfer falle. Weder die ängstliche Prüderie, die das Liebchen in einen Onkel verwandelt, noch die Pedanterie, die an unseren Klassikern die „Sprachfehler“ verbessern will, darf hier das letzte Wort haben.[6])

War eine Sammlung, welche aus Werken mehrerer Schriftsteller zum Schulgebrauch veranstaltet ist, vor dem Inkrafttreten des LUG. erlaubterweise ganz oder zu einem Teile erschienen, so bleibt die Befugnis des Bearbeiters zur Vervielfältigung und Verbreitung auch weiterhin unberührt; vgl. LUG. § 62 Abs. 2.

IV. In allen den besprochenen Fällen[7]) hat, wer ein fremdes Werk erlaubtermaßen benutzt, die gesetzliche Verpflichtung, die Quelle deutlich d. h. in allgemein verständlicher Weise anzugeben (§ 25). Wenn das Werk, aus welchem die Entlehnung entnommen ist, den Urheber selbst benennt, ist dieser anzugeben, andernfalls genügt die Angabe jenes Werkes. Die Quelle ist in unmittelbarem räumlichem Zusammenhang mit der Stelle anzugeben, welche die Entlehnung enthält, also z. B. bei der Uebertragung von Tonstücken auf auswechselbare Bestandteile mechanischer Musikinstrumente auf diesen Bestandteilen selbst. Die Unterlassung der Quellenangabe ist strafbar (s. oben S. 188 ff.).

---

[5]) Mit Unrecht nimmt Voigtländer (zu § 24 S. 114) an, der die Zustimmung verweigernde Verfasser könne auf ihre Erteilung mit der Feststellungsklage (ZPO. § 256) verklagt werden. Die Feststellungsklage kann niemals eine Handlung zum Ziele haben.

[6]) Treffend Müller S. 95 f. Dagegen meint Voigtländer Bem. 3 zu § 24, mit Stellen wie „Laute Tränen unterbrachen die fürchterlichste Stille“ (Schiller) könne die Schule „wirklich nicht arbeiten“. Freilich nicht, wenn die Schule ihre Aufgabe gegenüber Schiller darin erblickt, ihn philologisch zu sezieren!

[7]) Abgesehen vom Falle der Entlehnung aus Zeitungen, wo die Pflicht der Quellenangabe nur bei gewissen Artikeln besteht; s. oben S. 266.

§ 59.

f) Das Aufführungsrecht an Tonwerken und Bühnenwerken und seine Beschränkungen.[1])

I. Das Urheberrecht an einem Bühnenwerk oder an einem Werke der Tonkunst enthält auch die ausschließliche Befugnis, das Werk öffentlich aufzuführen; LUG. § 11 Abs. 3. Zur Veranstaltung einer öffentlichen Aufführung ist daher die Einwilligung des Berechtigten und, wie das Gesetz in § 28 Abs. 1 zum Ueberfluß ausdrücklich sagt, wenn mehrere Berechtigte vorhanden sind, die Einwilligung eines jeden erforderlich.

Während in England schon durch das common law des 18. Jahrhunderts und in Frankreich durch das Gesetz von 1791 (Art. 3) anerkannt war, daß das Recht des dramatischen und musikalischen Urhebers auch dessen Befugnis zur ausschließlichen Verfügung über Aufführungen in sich schließt, hat in Deutschland das ausschließliche Aufführungsrecht erst sehr spät die Sanktion durch den Gesetzgeber gefunden.[2]) Im LUG. von 1870 (§ 50) ist es zwar grundsätzlich anerkannt, aber unzweckmäßig eingeschränkt: es sollte unbedingt nur bei dramatischen und dramatisch-musikalischen Werken bestehen, bei rein musikalischen Werken nur, so lange sie nicht durch Druck veröffentlicht waren; waren sie dies, so sollte sich der Komponist das Aufführungsrecht nur durch ausdrücklichen Vorbehalt wahren können.

---

[1]) Literatur: Schuster, Urheberrecht der Tonkunst S. 217 ff.; Thöl, Theaterprozesse (Göttingen 1880); E. Mayer, Theaterprozesse, in der Festschrift für Held (Würzburg 1888); Opet, Deutsches Theaterrecht (1897); derselbe, Beiträge zum Aufführungsrecht, im Arch. f. ziv. Praxis Bd. 84 S. 151 ff.; Heinzmann, Deutsches Theaterrecht (München 1905); Kohler in Iherings Jahrb. Bd. 18 S. 364 ff., im Arch. f. ziv. Praxis Bd. 85 S. 375 ff., UrhR. S. 183 ff., 199 ff.; Osterrieth, Das Aufführungsrecht an dramatisch-musikalischen Werken, in Gewerbl. Rechtsschutz und UrhR. Bd. 9 S. 173 ff.; G. Bock, Das Aufführungsrecht an dramatischen und musikalischen Werken (Leipziger Diss. 1906); W. d'Albert, Die Verwertung des musikalischen Aufführungsrechts in Deutschland (Jena 1907).

[2]) S. über die geschichtliche Entwickelung und die ausländische Gesetzgebung Wächter, Verlagsrecht Bd. 2 S. 632 ff.; Opet im Arch. f. ziv. Praxis Bd. 84 S. 156 ff., Theaterrecht S. 270 ff.; Schuster a. a. O. S. 219 ff.; Bock a. a. O. S. 13 ff.

Das neue Gesetz erkennt das ausschließliche Aufführungsrecht schlechthin bei allen Bühnenwerken und Tonwerken als einen Bestandteil des Urheberrechts an und läßt das Erfordernis des Vorbehalts fallen.

Der tatsächlichen Schwierigkeit, die darin liegt, daß es für den einzelnen Urheber kaum möglich ist, von jeder öffentlichen Aufführung seines Werkes Kenntnis zu erhalten und sie zu verfolgen, ist in wirksamer Weise begegnet durch die Gründung einer „Anstalt für musikalisches Aufführungsrecht"[3]) durch die Genossenschaft deutscher Tonsetzer in Berlin.[4]) Der Zweck dieser Anstalt ist: musikalische Aufführungsrechte für die Berechtigten zu verwerten und unberechtigte Aufführungen zu verfolgen; ferner den Veranstaltern musikalischer Aufführungen die durch das Urheberrechtsgesetz vorgeschriebene Aufführungsgenehmigung zu vermitteln.[5]) Bühnenmäßige Aufführungen von dramatisch-musikalischen Werken sind vorerst in dem Geschäftskreis der Anstalt nicht einbegriffen, doch bleibt es ihr vorbehalten, ihre Tätigkeit auch hierauf zu erstrecken.[6])

II. Nach LUG. § 11 besteht das ausschließliche Aufführungsrecht an „Bühnenwerken und Werken der Tonkunst". Es ist aber nicht anzunehmen, daß das Gesetz hier, wo es sich nur um die Bestimmung des Inhalts des Urheberrechtes handelt, zugleich die Gegenstände des Urheberrechts gegenüber § 1 erweitern wollte. Daraus ergibt sich, daß als Bühnenwerk, an welchem das Aufführungsrecht besteht, nicht alles in Betracht kommt, was durch Handlung auf der Bühne dargestellt werden kann, sondern nur diejenigen zur Darstellung auf der Bühne geeigneten Werke, denen der Charakter als urheberrechtlich geschützten „Schriftwerken" im Sinne des § 1 zukommt. Das ist insbesondere für choreographische Werke (Pantomimen, Balletts, lebende Bilder) wichtig; das ausschließliche Aufführungsrecht als Bestandteil des Urheberrechts besteht an ihnen,

---

[3]) Ueber sie namentlich d'Albert a. a. O. S. 91 ff.

[4]) Diese Genossenschaft ist wirtschaftlicher Verein im Sinne des BGB. § 22. Die Rechtsfähigkeit wurde ihr verliehen am 7. April 1903.

Verwandte Genossenschaften sind in Frankreich die 1851 gegründete „Société des auteurs, compositeurs et éditeurs de musique", in Oesterreich die 1898 gegründete „Gesellschaft der Autoren, Komponisten und Musikverleger".

[5]) Vgl. ihre „Grundordnung" vom 14. Januar 1903 § 2.

[6]) Grundordnung § 28 Abs. 2.

abgesehen von der stets geschützten Musik, nur soweit sie „Schriftwerke“ sind.[7])

Zu den Bühnenwerken gehören nicht nur die rein dramatischen Werke, sondern auch die dramatisch-musikalischen. Bei diesen ist der musikalische Teil zugleich Werk der Tonkunst und als solches auch außerhalb der Bühnendarstellung nunmehr unbedingt, ohne daß es eines Vorbehalts bedürfte, gegen Aufführung geschützt. Damit ist die früher nicht unzweifelhafte Frage, ob musikalische Bruchstücke aus Tondramen, wie z. B. das Parsifalvorspiel, für die Aufführung in Konzerten freigegeben sind, in verneinendem Sinne entschieden, soweit nicht eine der allerdings weitgehenden Ausnahmen des § 27 (s. S. 286 f.) Platz greift.

Zum Begriff des Dramas gehört außer der Fähigkeit unmittelbarer Umsetzung in Handlung auch eine Mehrheit auftretender Personen;[8]) eben darin liegt das Unterscheidungsmerkmal gegenüber gewissen der Lyrik angehörigen Gattungen, wie z. B. der Ballade. Mangels des Erfordernisses der Mehrheit von Personifikationen kann das Monodrama nicht zu den Bühnenwerken[9]) gerechnet werden. Das wird freilich von praktischer Bedeutung erst, wenn das Monodrama erschienen ist, da vorher das ausschließliche Recht des öffentlichen Vortrags besteht.

Das Bühnenwerk wird als solches durch objektive Merkmale charakterisiert, nicht durch die Absicht seines Verfassers; auch wenn dieser das objektiv der Bühnenaufführung fähige Werk nicht für die Bühne, sondern nur als Lesedrama gedacht oder sogar bezeichnet hatte, besteht der Aufführungsschutz.

III. Wie das Urheberrecht überhaupt, so besteht auch das ausschließliche Aufführungsrecht nicht nur an dem Bühnenwerk oder Tonwerk als Ganzem, sondern auch an seinen einzelnen Teilen.

IV. Aufführung eines Bühnenwerks oder Tonwerks ist nur die Wiedergabe mit den diesen Kunstgattungen eigentümlichen Darstellungsmitteln, also bei Tonwerken die Wiedergabe unmittelbar

---

[7]) Vgl. darüber oben § 47, III S. 220 und die dort angeführte Literatur.

[8]) Im selben Sinne Kohler im Arch. f. ziv. Praxis Bd. 85 S. 384, UrhR. S. 184; anders Opet im Arch. f. ziv. Praxis Bd. 84 S. 168.

[9]) Dafür, daß das LUG. von 1901 den Begriff des „Bühnenwerks“ etwa in einem weiteren Sinne verstanden wissen wollte als in dem herkömmlichen des Dramas (jeder Art), fehlt jeder Anhaltspunkt.

durch Töne, bei Bühnenwerke diejenige durch handelndes Auftreten von Personen in einer „Rolle", nicht das bloße Vorlesen oder Rezitieren. Rechtlich gleichgültig ist der Ort, wo die Aufführung stattfindet, gleichgültig auch der Umstand, ob die auftretenden Personen kostümiert sind. Die eine Aufführung wird dadurch nicht zu mehreren, daß die Möglichkeit, sie anzuhören, etwa durch telephonische Verbindung, auch für Personen besteht, die nicht im Saale anwesend sind.[10])

V. Nicht jede, sondern nur die öffentliche Aufführung ist dem Urheber ausschließlich vorbehalten. Oeffentlichkeit ist weder gleichbedeutend mit unbegrenzter Zugänglichkeit für jedermann,[11]) noch mit Entgeltlichkeit der Zulassung. Die „öffentliche" Aufführung ist vielmehr das Analogon zur „gewerbsmäßigen" Verbreitung.[12]) Oeffentlich ist demnach jede Aufführung, die über das private Gebiet des Persönlichen und Häuslichen hinausreicht, nicht öffentlich ist sie, wenn die Hörer kein familiäres oder durch engere gesellschaftliche Beziehung begründetes Band verbindet. Es läßt sich daher nicht allgemein, sondern nur in Würdigung dieser besonderen Beziehung der Teilnehmer zu einander im Einzelfalle entscheiden, ob Aufführungen vor geladenen Gästen[13]) oder Aufführungen in Vereinen öffentlich sind. Sie sind es nur dann nicht, wenn zu der durch die Einladung oder Vereinszugehörigkeit gegebenen äußeren Verbindung der Teilnehmer ein persönliches Nähertreten hinzukommt, welches ein inneres Band schafft. Ein solches liegt immer vor unter Personen, die sich zu musikalischem Zusammenspiel, z. B. zu einem Streichquartett, vereinigen.[14])

---

[10]) Treffend Allfeld, Bem. 7, b zu § 11 gegen Voigtländer (Bem. 4, a), welcher sich auf ein von G. Verdi erstrittenes (mir unbekanntes) Brüsseler Urteil beruft.

[11]) Dies meinen u. a. Wächter, Autorrecht S. 331, Gierke S. 798, Daude, Lehrbuch S. 95.

[12]) Vgl. über den Begriff der Gewerbsmäßigkeit oben S. 69 f.

[13]) Die Meinung von Schuster, Urheberrecht der Tonkunst S. 277, daß die Aufführung vor geladenen Gästen niemals eine öffentliche sei, vermag ich nicht zu teilen; dagegen schon Kohler, Arch. f. ziv. Praxis Bd. 95 S. 391.

[14]) Im wesentlichen die gleiche Auffassung haben Kohler, Arch. f. ziv. Praxis Bd. 85 S. 390 ff., UrhR. S. 185 f.; Allfeld, Bem. 7, c zu § 11; Mitteis, Zur Kenntnis des lit.-art. UrhR. nach dem österreich. Ges. S. 117; Bock a. a. O. S. 28 ff.

Opet, Theaterrecht S. 386, will als öffentlich außer der entgeltlichen auch

VI. Aufführender sind daher für die Verletzung des ausschließlichen Aufführungsrechtes haftbar ist nicht nur der Dirigent, der die einzelnen Stücke auswählt und die Aufführung leitet, und nicht nur der Solist, sondern auch derjenige, welcher die Aufführung allgemein anordnet, indem er als gewerblicher Veranstalter, z. B. als Gastwirt, Zirkusinhaber, Leiter einer Kurverwaltung, ein Ensemble oder einen Solisten oder einen Dirigenten mit der Veranstaltung der Aufführung beauftragt. Er hat nicht nur das Recht, sondern auch die Pflicht, widerrechtliche Aufführungen in seinen Räumen zu verbieten und eventuell für die Durchführung des Verbotes wirksam Sorge zu tragen.[15])

VII. Die gesetzlichen Beschränkungen des ausschließlichen Aufführungsrechts an Tonwerken betreffen nur die schon erschienenen Werke. Sie gehen bei diesen aber übermäßig weit. Der Berechtigte kann ihnen nicht durch einen Vorbehalt begegnen; ein solcher Vorbehalt wäre ohne Wirkung.

1. Schon besprochen ist die in den §§ 22, 26, LUG. vorgesehene Beschränkung zugunsten der Industrie mechanischer Musikinstrumente (s. oben S. 274 ff.).

2. Ganz allgemein soll es für Aufführungen der Einwilligung des Berechtigten nicht bedürfen, wenn sie keinem gewerblichen Zwecke dienen und die Hörer ohne Entgelt zugelassen werden. LUG. § 27 Abs. 1 Satz 1. Die Voraussetzung, daß die Aufführung keinem gewerblichen Zwecke dient, kann, da sie neben der der Entgeltlichkeit besonders genannt wird, mit dieser nicht identisch sein, ist vielmehr so aufzufassen, daß nicht irgend ein außerhalb der Aufführung stehender gewerblicher Zweck, z. B. der Wirtschaftsbetrieb oder die Kurgartenfrequenz, mit ihr gefördert werden darf. Die Entgeltlichkeit macht in jeder Form, z. B. auch in der der erhöhten Garderobegebühr, die Aufführung zur unerlaubten.[16])

---

jede unentgeltliche Aufführung ansehen, die sich unter Bedingungen vollzieht, unter denen der Aufführungsberechtigte selbst sie als entgeltliche veranstaltet hätte. Diese Begriffsbestimmung leidet daran, daß sie das entscheidende Moment nicht in ein objektives Merkmal, sondern in ein, noch dazu irreales, subjektives Verhalten verlegt.

[15]) Vgl. RGE. vom 29. Mai 1908 (in einem Flugblatt der Genossenschaft deutscher Tonsetzer).

[16]) Über diese strenge Auslegung herrscht Einverständnis; vgl. Allfeld Bem. 5 zu § 27; Müller S. 100; Kohler, UrhR. S. 202.

Gestattet sind demnach, Unentgeltlichkeit vorausgesetzt, insbesondere Kirchenmusik, Militärmusik, Straßenmusik, die Musik bei Festzügen, Prozessionen, Begräbnissen, Schulfesten.

3. Ohne Einwilligung zulässig sind Aufführungen, welche bei den im allgemeinen Interesse veranstalteten Volksfesten stattfinden, jedoch mit Ausnahme der Musikfeste; § 27 Satz 2 Ziff. 1. Zu den Musikfesten gehören, selbst wenn sie zugleich Volksfeste sind, auch die Sängerfeste. Parteifeste sind keine „Volksfeste".[17])

4. Gestattet sind reine Wohltätigkeitsaufführungen, d. h. solche, bei welchen der Ertrag ausschließlich für wohltätige Zwecke bestimmt ist und die Mitwirkenden keine Vergütung für ihre Tätigkeit erhalten; § 27 Satz 2. Ziff. 2.[18]) Letztere Voraussetzung ist nicht mehr gegeben, wenn auch nur einer der Mitwirkenden etwa erkrankt und ein Ersatz für ihn nur gegen Entgelt beschafft werden kann.

5. Am tiefsten greift in die berechtigten Interessen der Tonsetzer die Bestimmung des § 27 Satz 2 Ziff. 3 ein, daß Aufführungen ohne Einwilligung des Berechtigten zulässig sind, wenn sie von Vereinen veranstaltet werden und nur die Mitglieder sowie die zu ihrem Hausstande gehörigen Personen als Hörer zugelassen werden.[19]) Es handelt sich dabei namentlich um die Aufführung von Männerchören, gemischten Chören und Werken der Kammermusik. Schwerwiegende Interessen der Komponisten gebieten, die Vorschrift so eng auszulegen, als es sich mit dem Gesetze irgend vereinen läßt. Die Aufführungsfreiheit ist daher nicht anzunehmen, wenn Einladungen an Behörden oder andere Vereine ergehen, wenn die Mitglieder Freunde und Bekannte einführen dürfen, wenn die Mitgliedschaft nur zum Zwecke der Zulassung zur Aufführung vorübergehend erworben werden kann.[20])

---

[17]) Zweifelnd Voigtländer Bem. 2 zu § 27.

[18]) Gegen diese gesetzliche Beförderung der Wohltätigkeit auf Kosten anderer, nämlich der Tonsetzer, hat sich mit Recht die dem Bundesrat unterbreitete Denkschrift der Komponisten zum Entwurf des LUG. S. 49 ausgesprochen; ebenso Voigtländer, Bem. 3 zu § 27; Kohler, UrhR. S. 203.

[19]) Gegen diese Bestimmung scharf d'Albert a. a. O. S. 82.

[20]) Es wäre sehr wünschenswert, wenn § 27 Ziff. 3 nur auf solche Vereine zu beziehen wäre, deren Mitglieder sich zur eigenen Musikpflege verbunden haben, wie Gesangvereine, Orchestervereine. Dies wird tatsächlich angenommen

Alle die in § 27 LUG. enthaltenen Beschränkungen des ausschließlichen Aufführungsrechtes beziehen sich grundsätzlich auch auf die Aufführungen von Tonstücken aus Opern und Oratorien. Sie beziehen sich aber nicht auf die bühnenmäßige Aufführung von Opern oder sonstigen Werken der Tonkunst, zu denen ein Text gehört; dazu bedarf es immer der Einwilligung des Berechtigten.

VIII. Die Einwilligung zur Veranstaltung einer öffentlichen Aufführung muß natürlich vom Träger des Aufführungsrechtes ausgehen, also zunächst vom Urheber oder dessen Rechtsnachfolger, oder, wenn das ausschließliche Aufführungsrecht auf Grund konstitutiver Uebertragung einem andern, z. B. dem Eigentümer einer bestimmten Hofbühne, zusteht, von diesem. Sind, wie in den Fällen der Miturheberschaft, mehrere Berechtigte vorhanden, so ist grundsätzlich die Einwilligung eines jeden erforderlich. Es kann zwar der eine der mehreren Berechtigten auf Grund einer Vollmacht des anderen berechtigt sein, auch für diesen die Einwilligung zu erteilen, aber keine Vermutung spricht für das Bestehen einer solchen Vollmacht;[21]) noch weniger besteht etwa eine derartige Vertretungsmacht auf Grund des Gesetzes.

Bei Opern jedoch und sonstigen Werken der Tonkunst zu denen ein Text gehört, wie Tondramen, Oratorien, Chören, Liedern bedarf nach LUG. § 28 Abs. 2 der Veranstalter der Aufführung nur der Einwilligung desjenigen, welchem das Urheberrecht am musikalischen Teile zusteht.[22]) Nicht als ob das Urheberrecht am Schriftwerk durch dasjenige am Tonwerk überhaupt absorbiert würde. Das Urheberrecht des Textdichters, das selbständig neben demjenigen des Komponisten besteht (vgl. LUG. § 5), erleidet durch § 28 Abs. 2 keine materielle Einschränkung; sondern nur im Interesse der Erleichterung des Verkehres Dritter mit den mehreren Urhebern ist dem Komponisten eine gesetzliche Vertretungsmacht für den Textdichter gegeben, welche die Erteilung der Einwilligung zur Aufführung an deren Veranstalter zum alleinigen

---

von Allfeld Bem. 8, a zu § 27. Leider hat diese Anschauung im Gesetze selbst gar keinen Ausdruck gefunden.

[21]) Die Theaterpraxis scheint freilich vielfach eine solche Vermutung anzunehmen; vgl. Opet, Theaterrecht S. 325.

[22]) Gegen diese Regelung de lege ferenda Kohler in Iherings Jahrb. Bd. 18 S. 375, UrhR. S. 287.

Inhalt hat. In allen anderen Beziehungen, insbesondere auch hinsichtlich seiner Dauer, bleibt das Urheberrecht des Textdichters unberührt.

Die gesetzliche Vertretungsmacht des Komponisten für den Textdichter setzt voraus, daß die Urheberrechte dieser beiden Autoren selbständig nebeneinander bestehen; sie ist daher nicht mehr gegeben, wenn das Urheberrecht des einen oder anderen erloschen ist.[23])

Diese gesetzliche Vertretungsmacht begründet wie jede Vertretungsmacht nur eine formale Rechtsposition nach außen, eine Legitimation gegenüber Dritten. Das interne Rechtsverhältnis zwischen dem Vertreter und dem Vertretenen, hier also zwischen dem Komponisten und dem Textdichter wird durch sie gar nicht berührt.[24]) Aus diesem Verhältnisse, das verschiedener Art sein kann, kann sich ergeben, daß der Komponist dem Textdichter verpflichtet ist, von der ihm durch das Gesetz eingeräumten Vertretungsmacht ohne Einwilligung des Dichters keinen Gebrauch zu machen; tut er es trotzdem, so ist zwar der Veranstalter der Aufführung gedeckt, der Komponist aber wird dem Dichter haftbar.[25])

Weiß der Veranstalter der Aufführung, daß die formale Vertretungsmacht des Komponisten sich nicht mit seiner materiellen Befugnis deckt, daß also der Textdichter der Aufführung widerspricht,

---

[23]) Vgl. RGE. in ZivS. Bd. 67 S. 84 ff. (betr. „die Afrikanerin" von Meyerbeer).

[24]) Unbegründet ist die Meinung von Kohler (UrhR. S. 288, vgl. Arch. f. ziv. Praxis Bd. 85 S. 253), die „Vollmacht" des § 28 (bzw. des analogen § 51 Abs. 2 des Ges. von 1870) entspringe dem Gemeinschaftsverhältnis und liege daher nicht vor, wenn ein solches nicht gegeben ist. Sie entspringt vielmehr dem Gesetz und besteht auch, wo zwischen dem Textdichter und dem Komponisten kein Gemeinschaftsverhältnis vorliegt, sondern der Komponist wider den Willen des Dichters dessen Text benutzt hat. Es handelt sich eben um die Sicherung des Dritten, hier des Veranstalters der Aufführung. Bei Kohlers Auffassung wird dieser Zweck illusorisch. Richtig Allfeld Bem. 3, b zu § 28, Müller S. 105.

[25]) Über die grundsätzliche Unabhängigkeit der Vertretungsmacht von dem internen Kausalverhältnisse und die Möglichkeit einer Inkongruenz zwischen beiden s. meine Bem. 7 zu BGB. § 164 bei Staudinger, 3./4. Auflage Bd. 1 S. 523 ff.

so verstößt er durch die Aufführung gegen die guten Sitten und wird dem Textdichter nach BGB. § 826 schadensersatzpflichtig.[26])

Die Vorschrift des § 28 Abs. 2 bezieht sich nicht auf solche Dichtungen, zu denen die Musik nur eine einleitende ist oder einzelne Stellen begleiten soll; bei solchen bedarf der Veranstalter der Aufführung auch der Einwilligung des Dichters.

3. Bearbeitung, Übersetzung, freie Benutzung.

§ 60.

I. Die negative Funktion des Urheberrechts (vgl. oben S. 246) erstreckt sich nicht nur auf das Werk in seiner ursprünglichen Gestalt, sondern auch auf Bearbeitungen des Werkes, gleichviel, wen diese zum Verfasser haben. Der am Originalwerk Berechtigte kann also jedem anderen auch verbieten, eine Bearbeitung zu vervielfältigen, gewerbsmäßig zu verbreiten, öffentlich vorzutragen, und er hat dieses Verbietungsrecht auch gegenüber dem Bearbeiter selbst.

Das Gesetz scheint allerdings noch mehr zu besagen; es legt durch seine Fassung das Mißverständnis nahe, als ob der Schöpfer des Originalwerkes an der Bearbeitung selbst ein Urheberrecht positiven Gehaltes haben solle, so daß er der Rechtsträger wäre. LUG. § 12 Abs. 1 bestimmt nämlich: „Die ausschließlichen Befugnisse, die dem Urheber nach § 11 in Ansehung des Werkes zustehen, erstrecken sich auch auf die Bearbeitung des Werkes".[1]) In Wahrheit kann ein originäres Urheberrecht immer nur durch die geistige Schöpfung entstehen. Stellt die Bearbeitung sich als eine selbständige Geistesschöpfung gegenüber dem Originalwerke dar,

[26]) Es wäre wohl richtiger gewesen, wenn das Gesetz hier, ähnlich wie etwa bei der Handlungsvollmacht, bei welcher sich auch die Vertretungsmacht mit dem internen Verhältnisse nicht zu decken braucht, bestimmt hätte, daß der Dritte (Veranstalter der Aufführung) die dem Innenverhältnisse entsprechende Beschränkung der Befugnis des Vertreters wenigstens dann gegen sich gelten lassen muß, wenn er sie kennt oder kennen muß; vgl. HGB. § 54 Abs. 3. Für die Theaterdirektionen wäre das allerdings weniger bequem gewesen.

[1]) Gegen diese Fassung Birkmeyer, Reform S. 24; Allfeld, Bem. 2 zu § 12.

Die Berner Konvention Art. 10 vermeidet den Fehler, indem sie sagt, zu der unerlaubten Wiedergabe gehöre auch die mittelbare Aneignung (appropriation indirecte) der und der Art.

was häufig, aber nicht immer, der Fall sein wird,[2]) so entsteht an dieser Bearbeitung ein selbständiges Urheberrecht für den Bearbeiter bzw. Uebersetzer, nicht etwa für den Schöpfer des Originalwerkes. Dieses Urheberrecht des Bearbeiters ist jedoch in seiner positiven Funktion gehemmt, es ruht gleichsam, solange das Urheberrecht des am Originalwerke Berechtigten vermöge seiner nach § 12 sich auch gegen Bearbeitungen äußernden negativen Funktion eine positive gewerbliche Verwertung hindert. Es erweist aber seine volle Kraft, sobald das Urheberrecht am Originalwerke erloschen ist.

II. Je nach dem größeren oder geringeren Grade der Selbständigkeit in der Arbeit dessen, der ein fremdes Werk zur Hervorbringung eines eigenen benutzt, sind zwei Gruppen von Bearbeitungen begrifflich auseinander zu halten:[3])

1. Die unselbständige Bearbeitung d. i. diejenige Nachbildung, die sich nur durch unwesentliche Veränderung oder Zusätze von ihrem Vorbilde unterscheidet, in der Hauptsache die Identität des Werkes unberührt läßt und daher nur als Reproduktion des Originals bezeichnet werden kann.

2. Die freie Benutzung eines Werkes, durch die eine eigentümliche Schöpfung[4]) hervorgebracht wird. Dahin gehört namentlich der Fall, daß aus einem Werke nur dessen Motive entlehnt und in so eigenartiger Weise bearbeitet werden, daß das Erzeugnis sich als eine eigene geistige Schöpfung darstellt.

Die Grenze zwischen beiden Gruppen ist, wie überall, wo es sich um literarische und künstlerische Werturteile handelt, keine scharfe; bei ihrer Absteckung bleibt daher dem sachverständigen Ermessen ein gewisser Spielraum.

Gegenüber der ersten Gruppe, den unselbständigen Bearbeitungen, äußert das Urheberrecht am Originale seine negative Wirkung unbedingt und ausnahmslos.

Gegenüber der zweiten Gruppe dagegen, den freien Benutzungen, äußert es diese Wirkung grundsätzlich nicht (LUG. § 13 Abs. 1); so z. B. gegenüber Parodien von Gedichten, Dramen oder musikalischen Werken. Vielmehr kann sich das eigene Urheberrecht des Verfassers der durch die freie Benutzung hervorgebrachten

[2]) Vgl. oben § 49 S. 231 ff.

[3]) Vgl. RGE. in ZivS. Bd. 63 S. 158 ff.

[4]) Über diesen Begriff s. oben § 46 S. 214 f.

eigentümlichen Schöpfungen frei entfalten. Von diesem Grundsatz macht das Gesetz Ausnahmen für eine Reihe der wichtigsten Fälle.

III. Diese Benutzungsfälle, in welchen ohne Rücksicht darauf, ob die Bearbeitung so viel Eigenart aufweist, daß sie Gegenstand eines selbständigen Urheberrechts ist, das Urheberrecht am Originale seine negative Funktion auch gegenüber der Bearbeitung äußert, sind die folgenden:

1. Die Uebersetzung in eine andere Sprache oder in eine andere Mundart derselben Sprache, auch wenn die Uebersetzung in gebundener Form abgefaßt ist.

Der Gedanke, daß der Verfasser des Originals gegen Uebersetzung zu schützen ist, steht durchaus nicht im Widerspruch mit dem Grundsatze, daß der Uebersetzer für seine Uebersetzung Schutz genießt, falls in dieser eine individuelle Geistestätigkeit zum Ausdruck kommt. Tatsächlich hat aber die deutsche Gesetzgebung im Gegensatz zur französischen lange gezögert, einen Schutz des Verfassers des Originales gegen Uebersetzung in vollem Umfang anzuerkennen. Noch das Gesetz von 1870 (§§ 6, 15) gewährte den Schutz nur unter erschwerenden Voraussetzungen und nur für fünf Jahre. Das heutige deutsche Recht gewährt ihn unbedingt und für die volle Schutzdauer des Originales, ohne daß es eines besonderen Vorbehaltes bedarf.[5]) Ob es sich um eine Uebersetzung in eine andere lebende oder tote oder künstlich geschaffene Sprache handelt, ist ohne Belang.

2. Die Rückübersetzung in die Sprache des Originalwerkes.

3. Die Wiedergabe einer Erzählung in dramatischer Form (Dramatisierung) oder umgekehrt eines Bühnenwerkes in der Form einer Erzählung.

„Erzählung" bedeutet dabei nur den Gegensatz zum Drama; darunter ist also jede nicht dramatische Wiedergabe zu verstehen, gleichviel ob sie in gebundener oder ungebundener Rede erfolgt.[6])

---

[5]) Ein solcher Vorbehalt ist nötig nach dem österr. Ges. von 1895 § 28 — Über den Rechtszustand in anderen Ländern s. Kohler, UrhR. S. 211 f.

[6]) Für ganz sicher halte ich diese Auslegung (für sie grundsätzlich auch Allfeld Bem. 7, b zu § 12) freilich nicht. Denn das zweifellose Vorbild des § 12 Abs. 2 Ziff. 3 ist die Pariser Deklaration vom 4. Mai 1896, durch deren gegen den Widerspruch der Engländer entstandene Ziff. 3 unter die Bestimmung

Der Schutz des Verfassers des Originales gegen die Dramatisierung und ihr Gegenstück, die Wiedergabe eines Bühnenwerkes in Erzählungsform, besteht unabhängig von dem Grade der schöpferischen Selbständigkeit, welche die Bearbeitung aufweist. Aber er besteht doch nur, soweit trotz der Dramatisierung oder ihres Gegenstücks zwischen dem Originale und der Bearbeitung eine künstlerische Formverwandtschaft sich nachweisen läßt, nicht aber da, wo lediglich der behandelte Stoff einem Vorbilde entnommen wird; denn an dem Grundsatz, daß nicht der Inhalt als solcher, sondern seine eigentümliche Formgestaltung Gegenstand des Urheberrechts ist,[7]) soll auch hier nicht gerüttelt werden.

4. Die Herstellung von Auszügen aus Werken der Tonkunst sowie von Einrichtungen solcher Werke für einzelne oder mehrere Instrumente und Stimmen. Auch hier kommt es nicht darauf an, ob in der Bearbeitung eine musikalische Eigenart des Bearbeiters sich zeigt, wie das bei Klavierauszügen aus Partituren und bei Arrangements für andere Instrumente wohl sein kann, oder ob sie, wie etwa die einfache Transskription eines Liedes in eine andere Tonart, eine individuelle Gestaltungsfähigkeit nicht aufweist.

5. Bei einem Werke der Tonkunst jede Benutzung, durch welche eine Melodie erkennbar[8]) dem Werke entnommen und einer neuen Arbeit zugrunde gelegt wird. Eine solche Zugrundelegung liegt nicht schon dann vor, wenn in einem Tonwerk eine fremde Melodie gelegentlich als Reminiszenz auftaucht, selbst nicht, wenn sie genau übernommen, also gleichsam „zitiert" wird,[9]) sondern nur dann, wenn die entnommene Melodie harmonisch und kontrapunktisch in

---

des Art. 10 der Berner Konvention gestellt wird „la transformation d'un roman en pièce de théâtre ou d'une pièce de théâtre en roman". Aber der Ausdruck roman ist für das, was hier damit gesagt sein soll, offenbar zu eng. Würde man ihn buchstäblich nehmen, so wäre sogar die Dramatisierung von Novellen freigegeben, was wohl kaum gewollt ist.

[7]) s. oben § 46, IV S. 215.

[8]) m. E. ist das Wort „erkennbar" in § 13 Abs. 2 überflüssig. Daß die Rechtsordnung sich nicht mit Eingriffen befaßt, die als solche überhaupt nicht erkennbar sind, ist selbstverständlich. Wollte man aber etwa die Erkennbarkeit dahin verstehen, daß sie auch für den Unmusikalischen gegeben sein müsse, so wäre diese Deutung verfehlt.

[9]) Wie z. B. im 2. Akt des Don Giovanni ein Thema aus dem Figaro.

irgendwelcher Weise verarbeitet ist, wie das namentlich bei Variationen und Phantasien vorkommt. Mit dieser Bestimmung des § 13 Ab. 2 ist auch im deutschen Recht, das dem französischen Recht längst bekannte „Recht der Melodie"[10]) anerkannt.

V. Erlöschen des Rechtes.

§ 61.

1. Zeitablauf.

I. Das Urheberrecht an Schrift- und Tonwerken ist, wie alle Urheberrechte, ein zeitlich begrenztes Recht.[1]) Das deutsche Recht hat grundsätzlich eine dreißigjährige Schutzfrist, vom Tode des Urhebers an gerechnet. Bei dieser ist es auch bei der Gesetzesreform von 1901 verblieben trotz einer Agitation, die teils unter Hinweis auf längere Schutzfristen des Auslandes,[2]) teils unter Betonung der Bayreuther Sonderinteressen, eine Verlängerung der Frist auf mindestens 50 Jahre forderte.

Die zeitliche Begrenzung gilt für das Urheberrecht nach seinem ganzen vermögensrechtlichen Inhalte, also auch für das darin enthaltene ausschließliche Uebersetzungs- und Aufführungsrecht. Sie gilt aber nicht für die dem Urheber zustehenden persönlichkeitsrechtlichen

---

[10]) Über den Begriff der Melodie und die Literatur hierüber s. oben § 48, VI S. 229 f.

[1]) Über die innere Berechtigung der zeitlichen Begrenzheit s. oben S. 78 ff.

[2]) 50 Jahre dauert der Schutz u. a. in Frankreich, Belgien, den skandinavischen Ländern, Ungarn, Portugal, Rußland; 80 Jahre in Spanien; England schützt während der Lebensdauer des Verfassers und mindestens 7 Jahre nach dem Tode oder, wenn dieser Zeitraum länger ist, 42 Jahre seit dem Erscheinen. In den Vereinigten Staaten von Nordamerika dauert der Schutz 28 Jahre, er wird aber zugunsten gewisser Erben um 14 Jahre (vom 1. Juli 1909 an um 28 Jahre) verlängert.

Die Schutzfrist beträgt wie in Deutschland 30 Jahre nach dem Tode in Österreich, der Schweiz und Japan.

Über die übrigen Länder s. Kohler, UrhR. S. 231, Müller S. 208.

Die am 13. Nov. 1908 unterzeichnete Berliner Übereinkunft hat die Schutzfrist der Berner Konvention auf die Lebenszeit des Urhebers und 50 Jahre nach dem Tode des Urhebers ausgedehnt. Die Rücksicht hierauf wird mit der Zeit wohl auch zur Einführung der 50jährigen Schutzfrist für Deutschland durch die Reichsgesetzgebung führen.

Befugnisse, insbesondere nicht für das Recht der erstmaligen Mitteilung des wesentlichen Inhalts. Folgerichtig unterliegt der Schutz von Werken, welche nicht veröffentlicht sind, oder nicht mit Willen des Berechtigten veröffentlicht sind (vgl. LUG. § 35), überhaupt keiner zeitlichen Begrenzung. Das Urheberrecht an ihnen steht bis zum Ablauf der normalen Schutzdauer von 30 Jahren nach dem Tode des Urhebers dessen Rechtsnachfolgern, von da ab dem sachenrechtlichen Eigentümer der materiellen Verkörperung des Werkes zu.[3])

II. Bei veröffentlichten Werken endigt der Schutz des Urheberrechts, wenn seit dem Tode des Urhebers oder desjenigen, der gesetzlich dafür „gilt", 30 Jahre oder, wenn sich dabei eine längere Schutzdauer ergibt, seit der ersten Veröffentlichung des Werkes 10 Jahre abgelaufen sind.[4]) LUG. § 29.

Ist von einem Werke eine neue Auflage erschienen, die erhebliche Aenderungen enthält, so ist diese Auflage für die Berechnung der Schutzfrist als selbständiges Werk zu betrachten.

Bei Werken, die aus mehreren in Zwischenräumen veröffentlichten Bänden bestehen, wie Konservations-Lexika, sowie bei fortlaufenden Berichten oder Heften, z. B. wissenschaftlicher Zeitschriften, wird jeder Band, jeder Bericht und jedes Heft für die Berechnung der Schutzfrist als ein besonderes Werk angesehen. Dagegen wird bei den in Lieferungen veröffentlichten Werken die Schutzfrist erst von der Veröffentlichung der letzten Lieferung an berechnet.[5]) LUG. § 33.

Steht das Urheberrecht an einem Werke mehreren als Miturhebern[6]) gemeinschaftlich zu, sei es, daß sie es gemeinsam verfaßt

---

[3]) Über die Bedeutung des § 29 Satz 2 s. oben S. 47, e).

[4]) Gegen die Erstreckung der Frist auf 10 Jahre nach der Veröffentlichung de lege ferenda Kohler, UrhR. S. 238 ff.

[5]) Daß die „Hefte" im Gesetz anders behandelt werden als die „Lieferungen", ist unpraktisch. Das Bemühen der Kommentatoren, zwischen beiden ein sicheres Unterscheidungsmerkmal zu finden, dürfte vergeblich sein. Wenn als Charakteristikum des „Heftes" die Abgeschlossenheit des Inhalts bezeichnet wird (so z. B. Allfeld und Müller), so ist darauf hinzuweisen, daß gerade in den sich selbst als Hefte bezeichnenden Abteilungen wissenschaftlicher Zeitschriften sehr häufig unvollständige Aufsätze sich finden, die in einem der nächsten Hefte fortgesetzt werden.

[6]) Vgl. oben S. 55 ff.

haben, oder daß sie als mehrere Herausgeber bzw. Verleger eines Sammelwerkes als dessen Urheber angesehen werden, so bestimmt sich, soweit der Zeitpunkt des Todes für die Schutzfrist maßgebend ist, deren Ablauf nach dem Tode des letztlebenden. LUG. § 30. Handelt es sich jedoch um die Verbindung eines Schriftwerkes mit einem Werke der Tonkunst oder mit Abbildungen, so wird die Schutzfrist für jedes dieser Werke nach der Lebensdauer seines Verfassers besonders berechnet.

III. Steht das Urheberrecht einer juristischen Person zu,[7]) so endigt der Schutz mit dem Ablauf von 30 Jahren seit der Veröffentlichung. Wenn jedoch das Werk erst nach dem Tode des Verfassers veröffentlicht wird, so soll die juristische Person nicht günstiger gestellt sein, als im gleichen Falle die physische Person als Urheberin bzw. ihre Rechtsnachfolger gestellt wären. Daher endigt in diesem Falle der Schutz nach 30 Jahren seit dem Tode des Verfassers oder, falls dies günstiger ist, nach 10 Jahren seit der Veröffentlichung (§ 32). Große praktische Bedeutung hat diese subtile Bestimmung freilich nicht, da bei dem von juristischen Personen veranstalteten Herausgaben ein Verfasser im Sinne des LUG. regelmäßig gar nicht in Frage kommt;[8]) der von der Regierung angeführte Fall, daß eine Universität in ihrer Bibliothek das handschriftliche Werk eines vor mehr als 30 Jahren verstorbenen Verfassers findet und herausgibt, kommt unter den heutigen Verhältnissen kaum vor.

IV. Für anonym oder pseudonym erschienene Werke gilt gemäß LUG. § 31 Folgendes:

1. Ist der wahre Name des Urhebers nicht bei der ersten vom Berechtigten bewirkten Veröffentlichung durch Druck auf dem Titelblatt, in der Zueignung, in der Vorrede oder am Schlusse genannt oder bei der Veröffentlichung durch öffentliche Aufführung oder öffentlichen Vortrag bei der Ankündigung der Aufführung oder des Vortrags kundgegeben, so endigt der Schutz mit dem Ablauf von 30 Jahren seit der Veröffentlichung.

2. Jedoch gibt es eine doppelte Möglichkeit, dem wahren Urheber

[7]) Nach LUG. §§ 3, 4; vgl. oben S. 52 ff.

[8]) weshalb in der RTK. Abg. Müller den § 32 Abs. 2 gestrichen wissen wollte.

die regelmäßige Schutzdauer von 30 Jahren nach seinem Tode zu sichern:

a) entweder indem bei einer Neuauflage des Werkes innerhalb der seit der Veröffentlichung laufenden dreißigjährigen Frist sein wahrer Name auf dem Werk angegeben wird;

b) oder indem innerhalb dieser Frist sein wahrer Name vom Berechtigten zur Eintragung in die sog. Eintragsrolle angemeldet wird.

Diese Eintragsrolle,[9]) ein der Wahrung der vollen Schutzfrist dienendes öffentliches Register, wird bei dem Stadtrat in Leipzig geführt. Da der Stadtrat die Eintragungen bewirkt, ohne die Berechtigung des Antragstellers oder die Richtigkeit der zur Eintragung angemeldeten Tatsachen zu prüfen, beweist die Eintragung weder das eine noch das andere.

Einen zivilrechtlichen Anspruch auf Eintragung oder auf Berichtigung einer unrichtigen Eintragung gibt es nicht.[10]) Wohl aber besteht ein öffentlichrechtlicher Anspruch auf Eintragung gegen die Behörde. Wird die Eintragung vom Stadtrat abgelehnt, so steht den Beteiligten die an keine Frist gebundene Beschwerde an den Reichskanzler zu. Wird der Beschwerde stattgegeben, so ist die Eintragung mit dem Datum der Anmeldung zu bewirken.

Der Erlaß von Bestimmungen über die Führung der Eintragsrolle obliegt dem Reichskanzler. Seit 1. Januar 1902 gelten die Bestimmungen vom 13. September 1901.[11]) Darnach ist der Antrag auf Eintragung schriftlich oder zu Protokoll bei dem Stadtrat zu Leipzig zu stellen. Der Vorlegung des Werkes bedarf es nicht. Ein zum Nachweis der Eintragung dienender „Eintragsschein" wird dem Antragsteller nur auf besonderes Verlangen erteilt.[12])

Die Eintragungen genießen volle Publizität. Sie äußert sich daran:

α) daß die Einsicht der Eintragungsrolle jedem auch ohne Nachweis eines rechtlichen Interesses gestattet ist;

β) daß die Eintragungen im Börsenblatt für den deutschen Buch-

---

[9]) LUG. §§ 56—58.

[10]) Daher auch keine Möglichkeit einer Änderung im Prozeßwege; a. M. Müller zu LUG. § 56, gegen ihn Allfeld Bem. 2 zu § 56.

[11]) Vgl. Zentralblatt für das D. R. 1901 S. 335.

[12]) Für jede Eintragung, für jeden Eintragsschein und für jeden sonstigen Auszug aus der Eintragsrolle wird eine Gebühr von 1.50 Mark erhoben.

handel und, falls das Blatt zu erscheinen aufhören sollte, in einer anderen vom Reichskanzler zu bestimmenden Zeitung öffentlich bekannt gemacht werden;

γ) daß aus der Rolle Auszüge gefordert werden können, die auf Verlangen zu beglaubigen sind.

3. Wird ein Werk erst nach dem Tode des Urhebers anonym oder pseudonym veröffentlicht, so erlischt der Schutz nicht erst 30 Jahre nach der Veröffentlichung, sondern 30 Jahre nach dem Tode des Urhebers, oder, wenn dies günstiger ist, 10 Jahre nach der Veröffentlichung (LUG. § 31 Abs. 2 Satz 2). Diese Bestimmung war notwendig, um eine ungerechtfertigte Privilegierung kryptonymer Werke zu verhüten.

V. Im Interesse einer einfacheren und sichereren Berechnung bestimmt LUG. § 34, daß die Schutzfrist erst mit dem Ablauf des Kalenderjahres beginne, in welchem der Urheber gestorben ist oder das Werk veröffentlicht d. h. mit Willen des Berechtigten im Verlagshandel erschienen oder erstmalig öffentlich aufgeführt oder vorgetragen ist.

Ist der Urheber für tot erklärt, so beginnt die Frist mit dem Ablauf des Jahres, in welches der im Todeserklärungsurteil festgestellte Zeitpunkt des zu vermutenden Todes fällt.[13]) Vgl. BGB. § 18.

VI. Auch noch nach Ablauf der Schutzfrist kann der Antrag auf Vernichtung der widerrechtlich hergestellten oder verbreiteten Exemplare sowie der zur widerrechtlichen Vervielfältigung ausschließlich bestimmten Vorrichtungen gestellt werden. Er ist nach LUG. § 52 solange zulässig, als solche Exemplare oder Vorrichtungen vorhanden sind.

§ 62.

2. Andere Endigungsgründe.

I. Das Urheberrecht kann erlöschen durch Verzicht[1]) seitens des Berechtigten. Freilich ist das nicht gesetzlich bestimmt, aber es ist ein allgemeiner Grundsatz, daß man auf Privatrechte verzichten

[13]) Also nicht „mit der Todeserklärung“, wie Kohler, UrhR. S. 235, meint.

[1]) Den Verzicht erklärt als unzulässig Müller zu § 8 S. 38 ff.

kann, soweit nicht das Gesetz oder die guten Sitten es verbieten und soweit nicht mit dem Rechte eine Pflicht zur Ausübung des Rechtes verbunden ist. Eine solche Verpflichtung als Korrelat des Rechtes besteht bei Persönlichkeitsrechten und Familienrechten nicht selten mit Rücksicht auf die Interessen bestimmter anderer Personen als des Rechtsträgers oder auf die der Allgemeinheit. So hat z. B. jedermann die öffentlichrechtliche Pflicht, den ihm zukommenden Namen zu führen, die Ehefrau außerdem die privatrechtliche Pflicht, den Namen des Mannes zu führen; das Recht des Inhabers der elterlichen Gewalt zur Sorge für die Person und das Vermögen des Kindes ist zugleich seine Pflicht. Aber die sozialen Gründe, die das rechtfertigen, spielen beim Urheberrecht gar nicht mit. Dieses dient lediglich den eigenen Zwecken seines Trägers, nicht auch denen anderer oder der Gemeinschaft.[2] Daß der Urheber zu seinem Werke nicht nur in vermögensrechtlichen, sondern auch in individualrechtlichen Beziehungen steht, würde dem Verzicht nur dann entgegenstehen, wenn jedes freiwillige Aufgeben eines Persönlichkeitsrechtes an sich gegen die guten Sitten verstoßen würde, was nicht allgemein behauptet werden kann. Auch die Zulässigkeit der unbeschränkten Uebertragung des Urheberrechtes auf andere spricht für die Möglichkeit des Verzichtes.

Der Verzicht kann sich auf einzelne im Urheberrecht enthaltene Befugnisse, z. B. auf das ausschließliche Vervielfältigungsrecht, beschränken.

Wenn jedoch derjenige, der im Wege konstitutiver Uebertragung ein aus dem Urheberrecht abgeleitetes Recht erhalten hat, wie der Verleger, auf sein Recht verzichtet, bewirkt dieser Verzicht ein Erlöschen dieses Teilrechtes nur für seine Person, nicht überhaupt; vielmehr vervollständigt sich vermöge der Elastizität des Urheberrechts dieses wieder in der Person des ursprünglich Berechtigten.

Der Verzicht muß unzweideutig und in einer Weise erklärt werden, die zur Kenntnis der Oeffentlichkeit bestimmt ist. Wie für jeden Verzicht, so gilt auch für diesen, daß er niemals vermutet wird.

---

[2]) wenigstens nach der Auffassung aller europäischen Rechte; über die in einzelnen mittelamerikanischen Staaten bestehende Ausführungspflicht s. Kohler, UrhR. S. 242.

II. Endlich kann das Urheberrecht auch erlöschen durch erbloses Versterben des Berechtigten.[3])

III. Die Möglichkeit einer Enteignung des Urheberrechts, wie sie z. B. England und Italien[4]) kennen, besteht nach deutschem Rechte nicht.

VI. Das Urheberrecht als Gegenstand der Gläubigerbefriedigung.

§ 63.

1. Zwangsvollstreckung.[1])

Die rechtliche Behandlung der Zwangsvollstreckung ist in Bezug auf die Zulässigkeit und die Durchführung eine völlig verschiedene, je nachdem es sich handelt um die Zwangsvollstreckung

in das Urheberrecht selbst oder

in das Werk, in welchem sich die Geistesschöpfung verkörpert, oder endlich

in Reproduktionsexemplare des Werkes.

I. Die Zwangsvollstreckung in das Urheberrecht.

1. Das Urheberrecht[2]) kann Angriffsobjekt der Zwangsvoll-

---

[3]) Es fällt nicht an den Fiskus als gesetzlichen Erben; s. darüber oben S. 108.

[4]) S. Kohler, UrhR. S. 243, der noch andere Staaten anführt.

[1]) Literatur: Kaiser, Zwangsvollstreckung in das Urheberrecht, in Zeitschr. f. D. Zivilprozeß Bd. 21 S. 201 ff.; Rabel in Grünhuts Zeitschrift für das priv. und öffentl. Recht Bd. 27 S. 131 ff.; Ferrara, L'essecuzione forzata nel diritto d'autore (Napoli 1904); Kohler im Arch. für ziv. Praxis Bd. 82 S. 228 ff., im Droit d'auteur Bd. 7 S. 82 ff., UrhR. S. 455 ff.; Schuster, Wesen des Urheberrechts S. 41 ff.; A. Kahn, Die Zwangsvollstreckung in das literarische und artistische Urheberrecht (Freiburger Diss. 1908); Wertheimer, Die Zwangsvollstreckung in gewerbliche Schutzrechte, in Leipziger Zeitschrift Bd. 1 S. 279 ff. und 352 ff.; Hoeniger, Die Zwangsvollstreckung in das Urheber- und Verlagsrecht im „Recht" Bd. 12 (1908) S. 436 ff.

[2]) Das Gesetz kennt neben der Zwangsvollstreckung in das Werk in seiner Körperlichkeit nur diejenige „in das Urheberrecht", nicht eine solche in das Immaterialgut selbst, obwohl es doch natürlich und naheliegend wäre, dieses unmittelbar und nicht nur das daran bestehende Recht als den Gegenstand der Zwangsvollstreckung zu betrachten.

streckung wegen Geldforderungen, da nur Vermögenswerte in Geld umsetzbar sind, nur insoweit sein, als es vermögensrechtliche Natur hat. Wer daher diesen Charakter des Urheberrechtes schlechthin leugnet und es als ein reines Persönlichkeitsrecht auffaßt, muß folgerichtig die Möglichkeit einer Zwangsvollstreckung in das Urheberrecht überhaupt verneinen. Die Unrichtigkeit dieser Auffassung[3]) ist schon früher[4]) dargelegt. Andererseits würde eine unbedingte Zulassung der Zwangsvollstreckung das ideelle Interesse, welches der Urheber daran hat, über die erstmalige Veröffentlichung seines Geisteswerkes und ihren Zeitpunkt selbst befinden zu können und sein Werk, wenn er will, geheim zu halten, aufs Schwerste gefährden. Man hat in Würdigung dieses individuellen Interesses des Urhebers vorgeschlagen, die Zwangsvollstreckung solange, aber auch nur solange, für unzulässig zu erklären, bis der Urheber sein Werk durch irgend einen Publikationsakt endgültig für die Oeffentlichkeit bestimmt habe.[5])

2. Das deutsche Gesetz[6]) geht jedoch im Persönlichkeitsschutz noch weiter und berücksichtigt auch das verhältnismäßig untergeordnete individuelle Interesse, das der Verfasser daran haben kann, daß nicht wider seinen Willen eine neue Auflage des schon veröffentlichten Werkes veranstaltet wird. Es erklärt daher (LUG. § 10) die Zwangsvollstreckung in das Recht des Urhebers gegen den Urheber selbst ohne dessen Einwilligung für unzulässig. Gegen den Erben des Urhebers jedoch soll ohne seine Einwilligung die Zwangsvollstreckung zulässig sein, wenn das Werk erschienen d. h. mit Zustimmung des Berechtigten[7]) in einem Verlage herausgegeben ist.

Diese Unterscheidung je nach der Richtung der Vollstreckung gegen den Urheber selbst oder dessen Erben erscheint nicht als eine logische Konsequenz aus irgend einer theoretischen Grundauffassung des Urheberrechtes, sondern ist nur zu verstehen als das Ergebnis

---

[3]) Ihr folgt offenbar das österr. Ges. von 1895 § 14 Abs. 1: „Das Urheberrecht kann, solange es dem Urheber oder seinem Erben zusteht, durch Exekutions- oder Sicherungsmaßregeln nicht getroffen werden." Dagegen treffend Rabel a. a. O.

[4]) Vgl. oben S. 12 ff., 18 ff.

[5]) In diesem Sinne namentlich Kohler, auch Osterrieth, Altes und Neues S. 105; dagegen Schuster a. a. O.

[6]) Ueber ausländische Rechte kurz Kohler, UrhR. S. 458 und Rabel a. a. O., eingehend Ferrara in dem erwähnten Buche.

[7]) Vgl. LUG. § 35.

eines Kompromisses zwischen den sich widerstreitenden Interessen; man ging, wie die Begründung zum Gesetze (S. 19) sagt, von der Anschauung aus, daß, wenn das Werk einmal erschienen ist, die persönlichen Gründe, die für die Erben eine wiederholte Herausgabe unerwünscht erscheinen lassen können, kein solches Gewicht haben, daß die Gläubiger auch hier zurücktreten müßten.

3. Was von der Zwangsvollstreckung in das Urheberrecht als Ganzes gilt, gilt grundsätzlich ebenso von der Zwangsvollstreckung in einzelne in ihm enthaltene Befugnisse, wie z. B. das Aufführungsrecht an einem Bühnenwerke.

4. Die Einwilligung des Urhebers bedarf keiner bestimmten Form; sie kann auch in sog. konkludentem Verhalten gefunden werden, setzt aber stets das Bewußtsein voraus, daß es sich um eine Zwangsvollstreckung in das Urheberrecht handle.[8]) Die Einwilligung kann nicht durch den gesetzlichen Vertreter erteilt werden; daraus folgt, daß die Zwangsvollstreckung gegen den geschäftsunfähigen Urheber schlechthin unzulässig ist. Der in der Geschäftsfähigkeit beschränkte Urheber kann die Einwilligung in die Zwangsvollstreckung selbst erteilen, er bedarf aber dazu, da es sich um eine Willenserklärung handelt, durch welche er nicht lediglich einen rechtlichen Vorteil erlangt (BGB. § 107) der Einwilligung seines gesetzlichen Vertreters. Diese Einwilligung zur Einwilligung[9]) kann der gesetzliche Vertreter nach Gutdünken erteilen, sie ist ihm durch LUG. § 10 nicht verwehrt.

Einwilligung ist vorherige oder gleichzeitige Zustimmung. Sie ist bis zur Vornahme der Zwangsvollstreckung widerruflich; dies ergibt die Analogie aus BGB. § 183.

Die Nichtigkeit der trotz fehlender Einwilligung vorgenommenen Vollstreckungshandlung wird geheilt durch nachträgliche Zustimmung (Genehmigung) seitens des Urhebers.[10])

5. Gegen Singularnachfolger ist, gleichviel ob ihre Rechtsnachfolge eine solche unter Lebenden ist oder auf Vermächtnis beruht, beim Schweigen des Gesetzes grundsätzlich die Zwangsvollstreckung in das Urheberrecht gestattet, ohne daß es dazu der Ein-

---

[8]) Vgl. Allfeld Bem. 4 zu § 10.

[9]) Zu unterscheiden von der Einwilligung zur Zwangsvollstreckung selbst! Den Unterschied übersieht Kahn a. a. O. S. 16 f.

[10]) Analogie aus BGB. § 184 Abs. 1.

willigung des Urhebers oder des jetzigen Rechtsinhabers bedarf. Die besonderen Schutz erheischenden individuellen Interessen bestehen in der Person des Singularerwerbers nicht; der Urheber selbst aber hat eben dadurch, daß er eine Uebertragung vornimmt, sein Werk, auch wenn es noch nicht „erschienen" ist, dem vermögensrechtlichen Verkehr übergeben und damit seinen Willen dargetan, daß es künftig wie ein reines Vermögensrecht behandelt werde. Diese Erwägung trifft jedoch da nicht zu, wo der Rechtsnachfolger selbst sein Recht — es wird sich meist um ein aus dem Urheberrecht abgeleitetes Teilrecht handeln — als ein nicht übertragbares erworben hat, so z. B. regelmäßig, wenn eine stehende Bühne ein Aufführungsrecht an einem Bühnenwerke erwirbt. Daß der Rechtsnachfolger nicht weiter veräußern kann, braucht dabei nicht ausdrücklich vereinbart sein, sondern kann sich auch aus den Umständen ergeben und wird im Zweifel immer anzunehmen sein, wenn das Recht bzw. Teilrecht gerade ihm mit Rücksicht auf seine besondere Leistungsfähigkeit übertragen ist. In solchen Fällen der Unmöglichkeit rechtsgeschäftlicher Veräußerung ist auch eine Zwangsveräußerung unmöglich.[11]) Auch eine Gläubigerbefriedigung im Wege der Anordnung einer Verwaltung (ZPO. § 857 Abs. 4) ist nur dann möglich, wenn die Ausübung des Aufführungsrechtes „einem anderen überlassen werden kann" d. h. nach dem Willen des veräußernden Urhebers nicht an eine bestimmte Bühnenleitung gebunden sein soll.

BGB. § 137, wonach die Befugnis zur Verfügung über ein veräußerliches Recht nicht durch Rechtsgeschäft ausgeschlossen oder beschränkt werden kann, steht unserer Auffassung nicht entgegen. Denn die Regel des § 137 wird durchbrochen durch diejenige des § 399, wonach die Abtretung einer Forderung durch Vereinbarung mit dem Schuldner ausgeschlossen werden kann; der für Forderungen in § 399 aufgestellte Grundsatz gilt aber nach BGB. § 413 auch für Urheberrechte.

Das aus dem Urheberrecht abgeleitete Verlagsrecht unterliegt grundsätzlich der Zwangsvollstreckung; vgl. darüber unten § 70, IV.

---

[11]) Bei Forderungen gehen Unübertragbarkeit und Unpfändbarkeit parallel kraft gesetzlicher Vorschrift (ZPO. § 851 Abs. 1, vgl. auch BGB. § 400). Der gleiche Grundsatz muß aber auch gelten, wo es sich um absolute Rechte an Geisteserzeugnissen handelt.

6. Gegen Miturheber[12]) kann eine Zwangsvollstreckung, gleichgültig ob der vollstreckbare Titel gegen alle oder nur gegen einen lautet, nur stattfinden, wenn alle ihre Einwilligung erteilen. Denn die Zwangsvollstreckung in das Urheberrecht steht insoferne, als sie die rechtliche Zuständigkeit des Urheberrechts und des Geistesgutes, an dem es besteht, unmittelbar ändert, einer „Verfügung" über das Urheberrecht im Ganzen und damit auch über das Geistesgut gleich; über den gemeinschaftlichen Gegenstand im Ganzen können die Teilhaber aber gemäß BGB. § 747 Satz 2 nur gemeinschaftlich verfügen.[13])

An diesem Ergebnisse wird auch nichts geändert durch die Erwägung, daß jeder Miturheber über seinen „Anteil" verfügen (BGB. § 747 Satz 1) und sein Gläubiger diesen Anteil pfänden kann. Zwar kann in diesem Fall nach § 751 Satz 2 der Gläubiger, der einen nicht bloß vorläufig vollstreckbaren Schuldtitel erlangt hat, die Aufhebung der Gemeinschaft verlangen, diese Aufhebung selbst aber kann in Ansehung des Urheberrechtes, da bei diesem regelmäßig Teilung in Natur ausgeschlossen ist, nur durch Verkauf des gemeinschaftlichen Rechtes erfolgen und ein solcher Zwangsverkauf ist wider den Willen eines einzelnen Miturhebers unmöglich.[14])

7. Für das Verfahren[15]) bei der Zwangsvollstreckung in das Urheberrecht selbst ist ZPO. § 857 maßgebend. Der vom Amtsgericht als dem Vollstreckungsgericht zu erlassende Pfändungsbeschluß bezeichnet den Anspruch, wegen dessen die Vollstreckung erfolgt und das zu pfändende angebliche Urheberrecht des Schuldners und gebietet diesem, sich jeder Verfügung über das Immaterialgut zu enthalten. Da ein „Drittschuldner" nicht vorhanden ist, ist die Pfändung mit dem Zeitpunkte als bewirkt anzusehen, in welchem dem Schuldner dieses Gebot zugestellt ist. Liegt in diesem Zeitpunkt die Einwilligung des Urhebers oder, wo sie erforderlich ist, seines Erben nicht vor, so ist die Pfändung eine schwebend nichtige[16]).

---

[12]) S. über die Miturheberschaft oben S. 55 ff.

[13]) Etwas anders konstruiert Kahn S. 28, der in der Erteilung der Einwilligung eine Verfügung über das Urheberrecht erblickt und damit zum selben Ergebnis kommt. Aber nicht die Einwilligung als solche ändert die rechtliche Zuständigkeit, sondern erst die Vollstreckung.

[14]) S. oben § 13, III, 6 S. 60 f.

[15]) Vgl. namentlich Kaiser a. a. O. und Kahn S. 53 ff.

[16]) Kahn S. 55 nimmt hier eine Pfändung unter einer aufschiebenden Bedingung an. Ueber den Unterschied zwischen aufschiebender Bedingtheit und

Das Pfändungspfandrecht des Gläubigers kann das gepfändete Urheberrecht nur insoweit ergreifen, als dieses bisher noch der Verfügungsmacht des Schuldners unterstand. Hat dieser also bereits einem Verleger das ausschließliche Vervielfältigungs- und Verbreitungsrecht oder einer Bühne das ausschließliche Aufführungsrecht übertragen, so bleiben diese ursprünglichen Bestandteile des Urheberrechts, die nun zu selbständigen Tochterrechten geworden sind, vom Zwangseingriff des Pfändungsgläubigers unberührt. Wird durch eine Vollstreckungsmaßregel in sie eingegriffen, so hat der auf Grund konstitutiver Uebertragung Teilberechtigte (z. B. der Verleger, Bühnenleiter) die Widerspruchsklage nach ZPO. § 771.

Die Art der Verwertung des gepfändeten Gegenstandes zum Zwecke der Befriedigung des Gläubigers zu bestimmen, ist dem pflichtgemäßen Ermessen des Vollstreckungsgerichtes überlassen. Die Ueberweisung an Zahlungsstatt ist zwar ausgeschlossen, da sie einen Nennwert des gepfändeten Gegenstandes voraussetzen würde. Möglich ist dagegen eine der Ueberweisung zur Einziehung bei der Forderungspfändung entsprechende Ueberweisung an den Gläubiger zur Verwertung des Urheberrechts durch nutzbringende Ausübung,[17]) die aber nur soweit gehen darf, als es der Befriedigungszweck erheischt. Das Gericht kann aber auch selbst die Veräußerung des Urheberrechts zum Zwecke der Befriedigung des Gläubigers aus dem Erlöse anordnen (§ 857 Abs. 5) und zwar nach Ermessen die Veräußerung durch Versteigerung oder aus freier Hand.

8. Gemäß BGB. § 1277 kann auch der Pfandgläubiger, dessen Recht auf rechtsgeschäftlicher Bestellung beruht, seine Befriedigung aus dem Urheberrecht nur auf Grund eines vollstreckbaren Titels nach den für die Zwangsvollstreckung geltenden Vorschriften suchen. Aber der für die Zwangsvollstreckung in das Urheberrecht nach LUG. § 10 erforderlichen besonderen Einwilligung des Berechtigten bedarf er nicht; diese Einwilligung liegt hier schon in der Bestellung des Pfandrechtes.

9. Das Erfordernis der Einwilligung bezieht sich nur auf die

---

schwebender Nichtigkeit s. meinen Aufsatz in Seufferts Bl. f. Rechtsanwendung Bd. 74 S. 189 ff.

[17]) Die Zulässigkeit ergibt sich aus ZPO. § 857 Abs. 1. Kahn meint S. 58, die Uebertragung zur Ausübung (Einziehung) werde nur selten erfolgen können, S. 60 erklärt er sie überhaupt für unzulässig.

Zwangsvollstreckung in das Urheberrecht bzw. Immaterialgut selbst, nicht auf die Zwangsvollstreckung in Ansprüche, die sich aus einer Uebertragung des Urheberrechts oder aus einem widerrechtlichen Eingriff in dasselbe ergeben, wie Honoraransprüche gegen den Verleger, Schadensersatzansprüche und Bereicherungsansprüche.

II. **Die Zwangsvollstreckung in das Werk**, in welchem sich die Geistesschöpfung verkörpert, also in das Manuskript oder das ihm gleichstehende Schriftstück oder in die Partitur, ist nach LUG. § 10 ebenso wie diejenige in das Urheberrecht gegen den Urheber selbst ohne dessen Einwilligung unzulässig; gegen den Erben des Urhebers ist sie ohne seine Einwilligung nur zulässig, wenn das Werk erschienen ist. Für die Einwilligung gelten dabei die gleichen Regeln wie für den Fall der Vollstreckung in das Urheberrecht selbst. Gegenüber Singularnachfolgern in das körperliche Werk ist die Zwangsvollstreckung in dasselbe bedingungslos zulässig.

Die Zwangsvollstreckung in das „Werk" richtet sich als eine solche in eine körperliche Sache nach ZPO. § 808 ff. Die Pfändung wird also dadurch bewirkt, daß der Gerichtsvollzieher das Manuskript usw. in Besitz nimmt; die Verwertung für den Gläubiger erfolgt dadurch, daß der Gerichtsvollzieher es öffentlich versteigert (§ 814 ff.). Der Erwerber in der Versteigerung wird Eigentümer des Werkes, aber nicht Inhaber des Urheberrechts. An dessen Zuständigkeit wird durch die Pfändung und Versteigerung nichts geändert. Der Wert des Werkes als Vollstreckungsobjektes beschränkt sich daher, wenn man von dem praktisch nicht in Betracht kommenden Materialwert (Papier usw.) absieht, zunächst auf den Wert, welcher dem Werke in seiner Eigenschaft als Autogramm eines bestimmten Schriftstellers oder Komponisten in Verkehr zugeschrieben wird.

Ist ein Werk wegen Mangels der erforderlichen Einwilligung nicht der Zwangsvollstreckung unterworfen, so unterliegt es auch nicht dem gesetzlichen Pfandrecht des Vermieters (BGB. § 559 Satz 3).

Der Einwilligung des Urhebers bzw. seines Erben zur Zwangsvollstreckung in das körperliche Werk bedarf es da nicht, wo das Werk unmittelbarer Gegenstand des Herausgabeanspruchs des die Vollstreckung betreibenden Gläubigers ist, es sich also nicht um Zwangsvollstreckung wegen Geldforderungen, sondern um eine solche zur Erwirkung der Herausgabe einer Sache (ZPO. §§ 883 ff.) handelt:

so z. B. wenn der Urheber das Manuskript (als Autogramm) veräußert, aber nicht übergeben hat, und nun der Gläubiger, der ein Urteil auf Herausgabe erwirkt hat, diese im Wege der Vollstreckung betreiben läßt.

III. Die Zwangsvollstreckung in Reproduktionsexemplare des Werkes d. h. in die im Wege der Vervielfältigung hergestellten Abzüge ist unbeschränkt zulässig. Sie richtet sich nach den Vorschriften über die Zwangsvollstreckung in körperliche Sachen (ZPO. § 808). Wer auf Grund der im Vollstreckungsverfahren erfolgenden Versteigerung der Exemplare an ihnen das Eigentum erwirbt, hat damit natürlich nicht zugleich das Urheberrecht erworben und darf daher insbesondere eine Herstellung weiterer Abzüge nicht vornehmen; gleichwohl hat er in seiner Eigenschaft als Sacheigentümer die Befugnis, die ersteigerten Exemplare weiter zu veräußern.[18])

§ 64.

2. Konkurs des Urhebers.

I. Ob das Immaterialgut und das daran bestehende Urheberrecht, wenn sein Subjekt in Konkurs gerät, vom Konkursverfahren ergriffen wird, also zur Konkursmasse gehört, richtet sich darnach, ob es zur Zeit der Eröffnung des Verfahrens zu dem der Zwangsvollstreckung unterliegenden Vermögen des Gemeinschuldners gehört. Ist daher der Gemeinschuldner, dem das Immaterialgut zusteht, der Urheber selbst, so hängt es gemäß LUG. § 10 ganz von seiner Einwilligung ab, ob dasselbe zur Konkursmasse fallen soll oder nicht. Erteilt er seine Zustimmung erst nach der Konkurseröffnung, so wirkt sie (nach Analogie des BGB. § 184) zurück und der Konkursverwalter kann das Immaterialgut nunmehr für die Masse verwerten, sofern es schon vor der Konkurseröffnung als Rechtsgegenstand entstanden war.

---

[18]) Dies in Konsequenz der vom Reichsgericht (ZivS. Bd. 63 S. 394 ff.) vertretenen Auffassung, daß das in LUG. § 11 dem Verfasser zugesprochene ausschließliche Verbreitungsrecht gleich dem dem Patentinhaber zustehende Alleinrecht, den Erfindungsgegenstand gewerbsmäßig in Verkehr zu bringen, erschöpft ist, wenn das Werk einmal rechtmäßig an das Publikum abgesetzt ist (vgl. darüber oben § 56, IV S. 258). Die im Zwangswege aus dem Rechte des Urhebers erfolgte Inverkehrsetzung muß der mit seinem Willen erfolgten in der Rechtswirkung gleichstehen. Anders Allfeld Bem. 6 zu § 10.

Ist ein Singularnachfolger des Urhebers Gemeinschuldner, so fällt das ihm zustehende Immaterialgut stets in die Konkursmasse. Das gleiche gilt, wenn der Erbe des Urhebers Gemeinschuldner ist und das Werk zur Zeit der Konkurseröffnung schon erschienen war; war es dies nicht, so hängt die Konkursbeschlagsfähigkeit von der Zustimmung des Erben ab.

II. Das Werk in seiner körperlichen Erscheinung (Manuskript, Partitur) erfährt im Konkurs die gleiche rechtliche Behandlung wie das unkörperliche Gut und das daran bestehende Urheberrecht.

III. Dieselben Grundsätze entscheiden im allgemeinen auch, wenn dem Gemeinschuldner ein aus dem Urheberrecht abgeleitetes Teilrecht, z. B. das ausschließliche Aufführungsrecht, zusteht. Eine besondere Behandlung tritt jedoch für das Verlagsrecht im Konkurse des Verlegers ein; s. darüber unten § 74.

IV. Die aus der Ueberlassung des Urheberrechts oder aus seiner Verletzung entstehenden Ansprüche des Urhebers oder seines Rechtsnachfolgers gehören in seinem Konkurs zur Konkursmasse; so der Honoraranspruch, der Schadensersatzanspruch, der Bereicherungsanspruch.[1]) Der Unterlassungsanspruch zur Abwehr störender Eingriffe in das Urheberrecht kann vom Konkursverwalter dann geltend gemacht werden, wenn das Urheberrecht selbst zur Konkursmasse gehört.

VII. Uebertragung des Rechtes.

A. Allgemeines.

§ 65.

I. Wie die Urheberrechte überhaupt, so kann auch das literarische und musikalische Urheberrecht durch Rechtsgeschäft unter Lebenden auf einen anderen übertragen werden und zwar nicht nur der Ausübung nach, sondern der Substanz nach. Davon sowie von dem Umfang der Uebertragung, insbesondere dem beim Urheber verbleibenden Aenderungsrecht, Uebersetzungsrecht und Dramatisierungs-

---

[1]) Ueber den Anspruch auf die zuerkannte Buße s. Jaeger Anm. 14 zu KO. § 1.

recht[1]) ist schon im Allgemeinen Teile (§ 18 S. 80 ff.) gehandelt; ebenso von der Form der Uebertragung (§ 19 S. 90 ff.) und von den Pflichten des Veräußerers, insbesondere der Gewährleistungspflicht (§ 20 S. 93 ff.)

II. Die Uebertragung des Urheberrechts wird sich sehr häufig verbinden mit einer Uebertragung des Werkes in seiner körperlichen Erscheinung, also des Manuskriptes oder der Partitur, und aus dieser Uebertragung kann unter Umständen auf jene zu schließen sein. Aber rechtlich ist beides auseinander zu halten. Auch besteht keinerlei rechtliche Vermutung dafür, daß in der Ueberlassung des Manuskriptes oder der Partitur zu Eigentum zugleich eine Uebertragung des Urheberrechtes liege.

III. Das übertragene Urheberrecht kann grundsätzlich weiter übertragen werden. Die Weiterübertragung kann sich nicht nur auf das Urheberrecht als Ganzes erstrecken, sondern auch auf Einzelbefugnisse, die in ihm enthalten sind.

Eine Weiterübertragung ist jedoch ganz ausgeschlossen, wenn zwischen dem Urheber und dem ersten Erwerber eine dahingehende Vereinbarung getroffen ist. Eine solche kann sowohl bei der Begründung des Rechtes des Erwerbers als auch noch später erfolgen; sie bedarf keiner bestimmten Form, ja sie braucht nicht einmal eine ausdrückliche zu sein, sondern ist schon wirksam, wenn sie nur aus den Umständen als eine zweifellos beiderseits gewollte sich ergibt.

Die Vereinbarung des Ausschlusses der Weiterübertragung wirkt nicht nur unter den Vertragsschließenden, sondern absolut, also auch gegenüber Dritten, insbesondere gegenüber dem weiteren Erwerber. Das scheint allerdings auf den ersten Blick dem Grundsatze des BGB. § 137 zu widersprechen, wonach die Befugnis zur Verfügung über ein veräußerliches Recht nicht durch Rechtsgeschäft ausgeschlossen oder beschränkt werden kann, einem vertragsmäßigen Veräußerungsverbote vielmehr nur obligatorische Wirkung zukommt. Aber dieser Grundsatz wird durchbrochen durch den arg. BGB. § 413 auch auf Urheberrechte und die aus ihnen abgeleiteten Teilrechte anwendbaren § 399. Dessen Anwendung ergibt, daß das Urheberrecht bzw. Teilrecht nicht abgetreten werden kann und daher die dem Verbot zuwider erfolgende Abtretung gemäß § 134 BGB. nichtig ist, wenn die

---

[1]) Vgl. LUG. §§ 9, 14.

Abtretung durch Vereinbarung mit dem Schuldner ausgeschlossen ist. Einen Schutz des gutgläubigen Erwerbers gibt es dabei nicht.

Für das aus dem Urheberrecht abgeleitete Verlagsrecht und für das Aufführungsrecht wird die Möglichkeit der Weiterübertragung noch besonders zu prüfen sein.

IV. Beschränkte Uebertragung. Die Uebertragung des Urheberrechts kann auch eine beschränkte sein; die Beschränkung, kann wie schon im Allgemeinen Teile[2]) dargelegt, eine zeitliche, örtliche oder inhaltliche sein.

Eine inhaltlich beschränkte Uebertragung liegt vor, wenn nur ein Teil der im Urheberrecht enthaltenen Befugnisse auf einen anderen übertragen wird. Dabei sind zwei Möglichkeiten scharf auseinanderzuhalten:

1. Es ist möglich, daß dem Erwerber ein nur relatives Recht verschafft werden soll. Der Veräußerer verpflichtet sich dabei, dem Erwerber die Ausübung gewisser Befugnisse, z. B. der zur Uebersetzung oder zur Aufführung oder zur Verbreitung des Werkes, unbeschränkt oder innerhalb gewisser Grenzen zu gestatten.[3]) Ein solcher rein obligatorischer Gestattungsvertrag kann wiederum ein einseitiger sein, der den Rechtserwerber zu nichts verpflichtet (z. B. der Träger des Urheberrechts erlaubt einer Zeitschrift ohne Entgelt den Abdruck eines Artikels), er kann aber auch ein zweiseitiger sein, so daß der Berechtigung des Erlaubnisempfängers zugleich eine Verpflichtung entspricht, sei es die zur Leistung eines bestimmten Entgeltes oder auch die zur Vornahme bestimmter Handlungen oder Bewirkung gewisser Erfolge, wie der Uebersetzung oder der Aufführung.

Die Rechtsform, in welche derartige obligatorische Verträge eingekleidet werden, kann eine ganz verschiedenartige sein. So kann sich z. B. die unentgeltliche Erlaubnis zum Abdruck eines Artikels als Schenkung, der Uebersetzungsvertrag als Werkvertrag, der Aufführungsvertrag als Pachtvertrag darstellen.

---

[2]) S. oben S. 84 ff.

[3]) Eine solche Gestattung wird vielfach mit dem Kollektivnamen „Lizenz" bezeichnet; dabei ist aber zu beachten, daß es auch Lizenzen gibt, die in ihrer rechtlichen Bedeutung über die obligatorische Gestattung hinausgehen und absolute Wirkung gegenüber Dritten haben; letzteres ist bei ausschließlichen Lizenzen immer anzunehmen.

Obligatorische Verträge begründen grundsätzlich nur eine Beziehung von Person zu Person und ihren Rechtsnachfolgern in das Gestattungsverhältnis. Für den Inhaber des Urheberrechts bedeutet die obligatorische Lizenz die er erteilt, den Ausschluß der abwehrenden Klage (actio negatoria) gegenüber dem Gläubiger.

Doch greift, was für das Aufführungsrecht von Bedeutung werden kann, beim Pachtvertrag die Regel ein, daß im Falle einer Veräußerung des Gegenstandes, hier also des Immaterialgutes, der neue Erwerber an Stelle des Veräußerers in die sich während der Dauer seines Rechtes aus dem Pachtverhältnisse ergebenden Rechte und Verpflichtungen ipso jure eintritt. Diese im BGB. § 571 zunächst für die Miete von Grundstücken aufgestellte Regel[4]) gilt gemäß § 581 Abs. 2 auch für die Pacht von Grundstücken und muß im Wege der Analogie auch auf die Pacht immaterieller Güter ausgedehnt werden.[5]) Dergestalt nähert sich das obligatorische Aufführungsrecht (ähnlich wie die Miete) stark einem absoluten Rechte an; es unterscheidet sich vom absoluten Aufführungsrechte aber deutlich dadurch, daß der Aufführungsberechtigte immer nur gegen den Inhaber des Urheberrechts einen Anspruch hat, nicht aber gegen Dritte vorgehen kann, die unbefugterweise gleiche Befugnisse sich anmaßen:

In Wirklichkeit sind Gestattungsverträge, durch die ein rein obligatorisches Verhältnis begründet werden will, nicht eben häufig. Das Uebersetzungsrecht allerdings wird oft als ein rein obligatorisches übertragen, so daß der Uebertragende nicht gehindert ist, auch andere Uebersetzungen zu autorisieren; im übrigen aber ist die Regel, auch bei inhaltlich beschränkter Uebertragung, die Begründung eines

---

[4]) „Kauf bricht nicht Miete."

[5]) BGB. § 571 spricht freilich nur von der Miete von Grundstücken. Aber auch der Mieter beweglicher Sachen ist dem neuen Erwerber gegenüber nicht ohne Schutz; er kann ihm die Herausgabe der Mietsache für die Dauer der Miete verweigern auf Grund des § 986 Abs. 2; ebenso der Pächter beweglicher Sachen.

Daß im BGB. sich eine entsprechende Schutzbestimmung für den Pächter unkörperlicher Gegenstände nicht findet, erklärt sich wohl aus der lange herrschenden Anschauung, daß das Urheberrecht ein isoliertes in sich geschlossenes Rechtsgebiet für sich sei, das man bei der Regelung des allgemeinen Zivilrechts nicht ernstlich in Betracht zu ziehen brauche. Wir dürfen uns nicht scheuen, die aus dieser verkehrten Betrachtungsweise sich ergebenden Lücken im Wege der Analogie auszufüllen.

absoluten gegen jedermann wirkenden Rechtes; das ist bei der Uebertragung des Verlagsrechts schon gesetzliche Regel, aber auch bei der Uebertragung sonstiger Teilrechte trifft es dann zu, wenn die Nutzungsbefugnis als eine ausschließliche übertragen wird, auch wenn die ausschließliche Berechtigung eine auf einem bestimmten Bezirk beschränkte oder auf einen bestimmten Bezirk und eine bestimmte Zeit beschränkte sein soll; die beiden letzteren Formen sind insbesondere in Deutschland die für die Uebertragung des Aufführungsrechtes[6]) vorherrschenden.

Nur ein obligatorisches, kein gegenstandsrechtliches Verhältnis kann da begründet werden, wo das Urheberrecht selbst gar nicht besteht, sei es, daß das Werk gemeinfrei ist, sei es, daß das Urheberrecht erloschen ist, der Urheber aber gewisse sonst im Urheberrecht liegende Befugnisse, wie z. B. die der Vervielfältigung und Verbreitung, einem anderen in dem Sinne überträgt, daß er sich verpflichtet, ihm, etwa durch Ueberlassung des Manuskripts oder der Partitur, die tatsächliche Möglichkeit zur Ausübung jener Befugnisse zu verschaffen.[7]) Nemo plus juris in alium transferre potest quam ipse habet.

2. Der Erwerber kann aber auch Inhaber eines absoluten gegen jeden Dritten wirkenden Rechtes werden. Der Urheber (oder sein Rechtsnachfolger) kann ihm nämlich bestimmte im Urheberrecht enthaltene Befugnisse derart übertragen, daß er für ihn ein selbstständiges Teilrecht am Geistesgute selbst begründet. Das Recht, das dergestalt im Wege sog. konstitutiver Uebertragung[8]) entsteht, steht zum Urheberrecht im Verhältnis eines Tochterrechtes (oder „Zweigrechtes"). Es gewährt seinem Urheber nicht einen Anspruch gegen eine bestimmte Person, sondern eine unmittelbare, wenn auch inhaltlich beschränkte, Herrschaft über das Geistesgut selbst und ist deshalb den Sachenrechten vergleichbar. Es gehört wie diese in die weitere Kategorie der Gegenstandsrechte.[9]) Wie die sachen-

---

[6]) Vgl. Opet im Archiv f. ziv. Praxis Bd. 84 S. 197 ff.

[7]) Mit dem Urheberrecht haben diese Fälle natürlich überhaupt nichts zu tun. Vgl. über solche Verlagsverträge VerlG. §§ 39, 40.

[8]) Vgl. oben S. 87 f.

[9]) Der Ausdruck „Gegenstandsrecht", der auch von Kohler gebraucht wird, ist der vielgebrauchten Bezeichnung „quasidingliches" Recht, deren sich auch das Reichsgericht (vgl. RGE. in ZS. Bd. 57 S. 40) bedient, vorzuziehen.

rechtlichen Nutzungsrechte, insbesondere der Nießbrauch, absolute Gegenstandsrechte an körperlichen Gütern sind, so sind die aus dem Urheberrecht durch konstitutive Uebertragung abgeleiteten Nutzungsrechte absolute Gegenstandsrechte an unkörperlichen Gütern. Ihr Inhaber hat die selbständige Befugnis zur Geltendmachung seines Nutzungsrechtes gegen jedermann, der es beeinträchtigt.

Dieses absolute Teilrecht besteht nach unserer Auffassung am Gegenstand, also am fremden Geistesgut, selbst, nicht, wie mit der herrschenden Meinung auch das Reichsgericht[10]) annimmt, am Urheberrecht daran. Nichts nötigt zu diesem Umweg. Bestehen doch auch die sachenrechtlichen Belastungen, wie z. B. der Nießbrauch und die beschränkte persönliche Dienstbarkeit, am Gegenstande selbst, der körperlichen Sache, und nicht am Eigentum.

Das neue gegenständliche Recht, das im Wege konstitutiver Uebertragung entsteht, kann einen sehr verschiedenen Inhalt haben, da eben die im Urheberrecht enthaltenen Einzelbefugnisse in verschiedenen Kombinationen verselbständigt und übertragen werden können. So kann der Inhalt des Teilrechtes bestehen in der Befugnis zur ausschließlichen Vervielfältigung und Verbreitung (Verlagsrecht) oder in der ausschließlichen Uebersetzungsbefugnis oder in der ausschließlichen Aufführungsbefugnis. Es kann aber auch das Uebersetzungsrecht mit dem Verlagsrecht verbunden werden oder mit dem Aufführungsrecht. Es besteht hier nicht etwa wie im Sachenrecht[11]) ein gesetzlich gegebener numerus clausus gegenständlicher Rechte.

Im Sachenrecht wird das Bestehen absolut wirkender Rechte angezeigt durch äußere Symptome, durch den Besitz oder durch den Eintrag in das Grundbuch. Der Charakter des Rechtes als eines gegenständlichen („dinglichen") hat damit eine gewisse Publizität. Die aus dem Urheberrecht abgeleiteten Teilrechte dagegen zeigen sich nicht durch solche äußere Merkmale als gegenständliche an, und es ist daher oft nicht leicht, zu entscheiden, ob das Recht wirklich gegenständlichen und absoluten oder ob es nur obligatorischen Charakter hat.

---

[10]) Für die ausschließliche Lizenz wird in RGE. in ZS. Bd. 57 S. 40 gesagt, der Lizenznehmer habe ein quasidingliches Benutzungsrecht an dem Rechte des Patentinhabers.

[11]) In diesem wenigstens nach der herrschenden Meinung, deren nicht unzweifelhafte Berechtigung zu prüfen hier nicht der Ort ist.

Man wird das übertragene Teilrecht als ein mit absoluter Wirkung ausgestattetes Gegenstandsrecht immer dann aufzufassen haben, wenn es dem Erwerber als ein ausschließliches übertragen wurde.[12]) Denn in diesem Falle ist ihm das Recht eingeräumt, das seiner Macht unterworfene wirtschaftliche Gut in einer gewissen Richtung für sich auszubeuten, diese Ausbeutung ist ihm aber regelmäßig nur möglich, wenn er in die Lage versetzt ist, Eingriffe anderer, durch deren Konkurrenz die Benutzung des Gutes für ihn beeinträchtigt würde, selbständig abzuwehren. Die Vermutung spricht dafür, daß ihm mit der ausschließlichen Ausbeutungsbefugnis auch die ihr allein entsprechende Rechtsposition verschafft werden will.

Auch wenn, was namentlich beim Aufführungsrecht sehr häufig vorkommt, das übertragene Recht als ein ausschließliches nur für einen bestimmten lokalen Bezirk eingeräumt wird, hat es innerhalb dieses Bezirkes absolute, nicht nur obligatorische Wirkung.

V. Mit dem gegenständlichen Teilrechte können sich obligatorische Rechte und Pflichten verbinden. Diese eigentümliche Verbindung tritt namentlich zutage bei zwei Rechten, die im Folgenden eingehender zu betrachten sind, dem Verlagsrecht und dem ausschließlichen (wenn auch lokal beschränkten) Aufführungsrecht.

B. Das Verlagsrecht.

§ 66.

1. Bedeutung und geschichtliche Entwickelung des Verlagsrechtes.

I. Der Ausdruck „Verlagsrecht" wird in einer doppelten Bedeutung gebraucht. Im objektiven Sinne bezeichnet er die Summe der aus dem Verlagsverhältnisse sich ergebenden Rechte und Pflichten, im subjektiven Sinne das dem Verleger zustehende gegenständliche Recht der ausschließlichen Vervielfältigung und Verbreitung eines Werkes. Dieser Doppelsinn ist gesetzlich sanktioniert, indem das deutsche VerlG. einerseits sich „Gesetz über das Verlagsrecht" nennt, womit es von der objektiven Bedeutung des Wortes ausgeht,

---

[12]) An sich sind Ausschließlichkeit und absolute Wirkung (Dinglichkeit, Gegenständlichkeit) nicht begrifflich identisch. Von mehreren Hypothekgläubigern z. B. hat jeder ein absolutes, dingliches, nicht aber ein ausschließliches Recht.

da es grundsätzlich die Gesamtheit der aus dem Verlagsverhältnisse sich ergebenden Rechtsbeziehungen regeln will, andererseits aber im § 8 auch jenes subjektive gegenständliche Recht des Verlegers ausdrücklich als Verlagsrecht bezeichnet.[1])

II. Der Verfasser oder Komponist eines Werkes handelt regelmäßig nur in seinem eigenen Interesse, wenn er von der in seinem Urheberrecht enthaltenen Befugnis der ausschließlichen Vervielfältigung und Verbreitung des Werkes nicht in eigener Person Gebrauch macht, sondern diese Befugnis auf einen anderen überträgt, der ihm vermöge seiner gewerblichen Einrichtungen und geschäftlichen Erfahrung eine gewisse Gewähr für eine wirklich zweckentsprechende Ausnützung jener Befugnisse bildet. Er tut dies, indem er mit einem Verleger einen Verlagsvertrag abschließt. Freilich zieht er dadurch vermögensrechtlich nicht den vollen in seinem Geisteswerke steckenden Nutzungswert; im besten Falle teilt er ihn mit dem Verleger, nicht selten aber hat sogar der Verlagsvertrag für ihn, wirtschaftlich betrachtet, eine verzweifelte Aehnlichkeit mit einer societas leonina. Aber es ist regelmäßig von vornherein zweifelhaft, ob er bei eigenem Vertrieb des Werkes ein seine Kosten deckendes ökonomisch besseres Ergebnis zu erzielen vermöchte, so daß der vom Verfasser dem Verleger überlassene Gewinn bzw. der ihm zu leistende Zuschuß für den Verfasser zugleich die Bedeutung einer Risikoprämie hat. Vor allem aber wird dem rein persönlichen Interesse, das der Verfasser daran hat, daß sein Werk dem Publikum möglichst zugänglich sei, erfahrungsgemäß durch die Ueberlassung an einen Verleger weit besser gedient als durch den sogenannten „Selbstverlag". Tatsächlich spielt auch der Selbstverlag im Buchhandel wie im Musikalienhandel eine verhältnismäßig sehr geringe Rolle.

III. Der Verlagsschutz ist historisch älter als der Schutz des

---

[1]) Kohler, UrhR. S. 259, erblickt darin einen „großen terminologischen Fehler". Aber diese Duplizität des Sprachgebrauchs ist durchaus nichts gerade dem Verlagsrecht Eigentümliches, sondern hat ihren Grund in dem allgemein bekannten und daher ungefährlichen Doppelsinn des Wortes „Recht" überhaupt, der sich übrigens nicht nur im deutschen, sondern auch in den romanischen Sprachen (jus, droit, diritto) findet. Soll man etwa deshalb, weil es ein Erbrecht als subjektives Recht gibt, die Summe der Rechtssätze, welche sich auf die Nachfolge in die Rechte eines Verstorbenen beziehen, nicht mehr als „Erbrecht" bezeichnen dürfen?

Urheberrechts. Er besteht wie schon dargelegt,[2]) in der Form von Gewerbeprivilegien und Bücherprivilegien schon zu einer Zeit, wo von einem Schutz des Verfassers als des geistigen Schöpfers des Werkes noch lange keine Rede ist.

Die gemeinrechtliche Wissenschaft hat sich mit dem Verlagsvertrag und dem Verlagsrecht so gut wie gar nicht befaßt.[3]) Man betrachtete das ganze Gebiet als dem „Deutschen Privatrecht" zugehörig. Hier ist die Dogmengeschichte des Verlagsrechts lange Zeit eine Geschichte von Mißverständnissen, deren Darlegung im einzelnen heute kaum mehr von Interesse ist. Der Hauptfehler lag in der völlig verkehrten Betrachtung des Verhältnisses, in welchem das subjektive Verlagsrecht zum Urheberrecht steht. Dieses Verhältnis stellte man gerade auf den Kopf. Anstatt das Verlagsrecht als ein von dem begrifflich primären Urheberrecht abhängiges und aus ihm abgeleitetes Recht zu erkennen, betrachtete man das Urheberrecht selbst als eine im Rechte gegen „Nachdruck" sich erschöpfende und daher einem Verlagsrechte gleichwertige Befugnis, welche man sogar selbst als „Verlagsrecht" bezeichnete.[4])

In der dogmatischen Behandlung des Verlagsvertrages mußten sich die mehrfach unternommenen Bemühungen, ihn einem der aus dem römischen Recht überlieferten Vertragstypen einzuordnen,[5]) als fruchtlos erweisen. Aber unabhängig von theoretischen Konstruktionsversuchen hat sich in Deutschland durch tatsächliche Uebung in der Praxis für das Verhältnis der Autoren zu den Verlegern eine Reihe

---

[2]) Vgl. über die geschichtliche Entwickelung der älteren Zeit oben S. 202 ff.

[3]) Die Systeme von Vangerow, Windscheid, Arndts enthalten darüber gar nichts, ebensowenig die Pandekten von Dernburg.

[4]) Eichhorn, Mittermeier, auch noch Wächter in seinem umfangreichen Werke (Das Verlagsrecht mit Einschluß der Lehren von dem Verlagsvertrag und Nachdruck, 2 Bände, 1857 und 1858) stehen unter dem Einfluß dieses Irrtums. Vgl. ferner die Zitate bei Gierke, D. PrivR. Bd. 1 S. 758 ff. (insbes. Anm. 40), wo diese Auffassung treffend widerlegt wird.

[5]) Holzschuher, Theorie und Kasuistik des gem. ZivR. Bd. 3 S. 723 ff., behandelt den „Verlags-Kontrakt" in dem Kapitel „Kaufvertrag" unter den dem Kauf verwandten Geschäften. Zachariä in Zeitschrift für Rechtswissenschaft des Auslandes Bd. 11 S. 222 konstruiert ihn als ein dem Verleger erteiltes mandatum in rem suam zur Vervielfältigung des Werkes (dagegen Crome in Zachariäs Handbuch des franz. ZivR. 8. Aufl. Bd. 2 § 333 Anm. 11) Das österr. bürg. Gesetzbuch (§§ 1164 ff.) behandelt ihn unter den „entgeltlichen Verträgen über Dienstleistungen".

fester Rechtsgrundsätze gebildet, denen die Bedeutung eines Gewohnheitsrechtes zukam. Nicht als festgestelltes Gewohnheitsrecht im objektiven Sinne, sondern nur als äußerer Ausdruck der bei den Verlegern herrschenden Anschauungen sind zu betrachten die vom „Börsenverein deutscher Buchhändler" festgestellte „Verlagsordnung für den deutschen Buchhandel"[6]) vom 30. April 1893 sowie die ihr vorausgehende „Verlagsordnung des Vereins deutscher Musikalienhändler" vom 28. April 1891. Die Bedeutung dieser Verlagsordnungen war zunächst nur die eines Musters für vertragsmäßige Abmachungen zwischen den Verlegern und Autoren, also keine unmittelbar rechtliche. Aber ihre tatsächliche Bedeutung war dadurch eine sehr große, daß die meisten Verlagshändler dem Börsenverein bzw. dem Verein deutscher Musikalienhändler zugehörten und nach dem Muster jener Ordnungen ihre Verträge abschlossen, und daß gegenüber dieser Interessensolidarität auf der einen Seite die abweichenden Wünsche und Auffassungen der Schriftsteller und Komponisten, die regelmäßig nicht die Macht einer Organisation hinter sich hatten,[7]) sich nur ungenügend durchzusetzen vermochten.

IV. Eine gesetzliche Regelung hat das Verlagsverhältnis gefunden:

im Allg. Preuß. Landrecht Teil I Tit. 11 §§ 996—1096;[8])
im Badischen Landrecht S. 577 dd, 577 de;[9])
im Sächsischen bürg. Gesetzbuch §§ 1139—1149; ferner
im Oesterreichischen allg. bürgerl. Gesetzb. §§ 1164—1171 und
im Schweizer Obl. Recht Art. 372—391.[10])

Für einen großen Teil von Deutschland war das Verlagsverhältnis überhaupt nicht gesetzlich geregelt und daher der Rechtszustand ein vielfach unsicherer und bestrittener. Aber auch da,

[6]) Erläutert von Voigtländer, Das Verlagsrecht an Schriftwerken, musikalischen Kompositionen und Werken der bildenden Künste, 2. Aufl. 1893.

[7]) Der 1903 gegründete „Akademische Schutzverein", angeregt durch K. Bücher, Der deutsche Buchhandel und die Wissenschaft (3. Aufl. Leipzig 1904), hat sich unter anderm zur Aufgabe gemacht, der Verteuerung der Schriftwerke zu steuern und „die Autoren gegen wirtschaftliche Uebermacht beim Abschluß der Verlagsverträge zu schützen". Seinen Wert wird man an seinen Früchten erkennen; vorerst sind sie bescheiden.

[8]) Vgl. Förster-Eccius Bd. 2 § 134.

[9]) vgl. Behaghel, Das Badische bürgerl. Recht, 3. Aufl. Bd. 1 S. 310.

[10]) Vgl. Christ, Der Verlagsvertrag nach dem schweizerischen Obligationenrecht (1905).

wo die Gesetzgebung eingegriffen hatte, war die Regelung zum Teil eine sehr unvollkommene; so hatte z. B. das Badische Landrecht nur Bestimmungen über die Auflage und die Ausstattung des Werkes sowie ein Aenderungsverbot bezüglich des Inhalts. Wo gesetzliche dispositive Normen fehlten, mußte der häufig unausgesprochene Parteiwille in der Gewohnheit und Verkehrssitte seine Ergänzung finden.

Unter diesen Verhältnissen war der auf Seite der Schriftsteller[11]) immer allgemeiner werdende Wunsch nach einer Kodifikation des Verlagsrechtes für das Gebiet des ganzen Deutschen Reiches begreiflich. Bedeutete diese doch nicht nur eine Vereinheitlichung, sondern für manche Frage eine erstmalige Klärung des Rechtszustandes.

V. Das Bürgerliche Gesetzbuch hat diese Kodifizierung nicht gebracht. Das EinfGes. zum BGB. bestimmte vielmehr in seinem Art. 76: Unberührt bleiben die landesgesetzlichen Vorschriften, welche dem Verlagsrechte angehören.

Dabei blieb es jedoch nur kurze Zeit. Im Reichsjustizamte wurde auf Grund von Beratungen mit Sachverständigen aus Interessentenkreisen ein Entwurf eines deutschen Verlagsgesetzes ausgearbeitet. Dieser Entwurf wurde 1900 veröffentlicht und mehrfach der wissenschaftlichen Erörterung[12]) unterzogen. Nach einigen Verbesserungen wurde er dem Reichstag[13]) vorgelegt und hier nach der ersten Lesung einer Kommission von 21 Mitgliedern überwiesen.[14]) Die Annahme des Gesetzes in dritter Lesung erfolgte im Reichstag am 1. Mai 1901. Es ist publiziert am 19. Juni 1901 als Gesetz über das Verlagsrecht.[15]) In Kraft ist es seit 1. Januar 1902 (VerlG. § 50).

---

[11]) Weniger auf Seite der Verleger! So sagt z. B. Voigtländer in seinem Kommentar S. 32 über die reichsgesetzliche Regelung: „Der Buchhandel hätte das nicht verlangt; er befand sich bei seiner Verlagsordnung und dem Gewohnheitsrecht ganz wohl."

[12]) Vgl. Birkmeyer, Die Kodifikation des Verlagsrechts (1901); Traumann in gewerbl. Rechtsschutz und UrhR. Bd. 5 (1900) S. 80 ff.; Osterrieth ebenda Bd. 5 S. 298 ff. (Sonderabdruck 1901).

[13]) Vgl. Verhandlungen der 10. Legislaturperiode 2. Session 1900/01 Drucksachen Nr. 97.

[14]) Bericht (d. XI. Komm.) von Wellstein in Nr. 215 der Drucksachen.

[15]) Kommentare zum VerlG. von Allfeld (1902), Kuhlenbeck (1901), Mittelstädt u. Hillig (1901), E. Müller (1901), Voigtländer (1901).

Textausgaben mit Einleitung und Anmerkungen von Gareis (bei Roth in Gießen) und von Heinitz (bei J. Guttentag).

Damit ist Art. 76 des EinfGes. zum BGB. von selbst außer Kraft getreten.

VI. Soweit das durch den Verlagsvertrag begründete Rechtsverhältnis im Verlagsgesetz keine besondere Regelung erfahren hat, gelten die allgemeinen Grundsätze des bürgerlichen Rechts, also das Recht des BGB. und das Verlagsgewohnheitsrecht.

§ 67.

2. Wesen und Abschluß des Verlagsvertrags.

Der Verlagsvertrag im eigentlichen Sinne ist ein formfreier Konsensualvertrag eigener Art, der darauf gerichtet ist, daß der eine Teil dem andern ein Geisteswerk zur Vervielfältigung und Verbreitung für eigene Rechnung überläßt, wogegen dieser sich zur Vervielfältigung und Verbreitung verpflichtet.

I. Die Vertragsschließenden sind der Verlaggeber und der Verleger.

1. Als Verlaggeber kommt zunächst der „Verfasser" im urheberrechtlichen Sinne[1]) in Betracht. Jedoch sind die Bestimmungen des VerlG. auch dann anwendbar, wenn derjenige, welcher mit dem Verleger den Vertrag schließt, nicht der Verfasser ist (§ 48); so, wenn der Rechtsnachfolger des Verfassers den Vertrag schließt, sei es, daß er Rechtsnachfolger in das ganze Urheberrecht ist oder daß seine Rechtsnachfolge auf das ausschließliche Vervielfältigungs- und Verbreitungsrecht sich beschränkt. Ja, selbst wenn der Verlaggeber weder Verfasser noch dessen urheberrechtlicher Rechtsnachfolger ist, ist der von ihm abgeschlossene Verlagsvertrag deshalb nicht nichtig.[2])

Bei einem Sammelwerke können nicht nur die einzelnen Verfasser, sondern auch der Herausgeber Verlaggeber sein.

Haben mehrere ein Werk gemeinsam in der Weise verfaßt, daß sich ihre Arbeiten nicht trennen lassen (LUG. § 6), so kann die Verschaffung des Verlagsrechts, zu welcher der Verlagsvertrag verpflichtet, nur von allen Miturhebern gemeinsam ausgehen; denn

---

[1]) Vgl. oben S. 35 ff.

[2]) Ueber die Rechtsfolgen in diesem Falle wird später zu handeln sein.

diese Verschaffung ist als eine konstitutive Veräußerung eine „Verfügung" über den gemeinschaftlichen Gegenstand selbst (BGB. § 747 Satz 2); aber den Verlagsvertrag als obligatorischen Vertrag kann jeder abschließen.[3])

2. Verleger ist jeder, der die Vervielfältigung und Verbreitung von Werken der Literatur und der Tonkunst auf eigene Rechnung betreibt. Geschieht dies, wie es die Regel, aber nicht notwendig ist, gewerbsmäßig, so sind die darauf gerichteten Geschäfte ebenso wie der gewerbsmäßige Abschluß des Verlagsvertrages selbst sog. Handelsgrundgeschäfte und ist der Verleger als Kaufmann[4]) den Vorschriften des Handelsgesetzbuches unterworfen. (Vgl. HGB. §§ 1 Abs. 1, Abs. 2 Ziff. 8, 343). Insbesondere gelten für den Verleger die handelsgesetzlichen Bestimmungen über Firma und Buchführung, für seine Bevollmächtigten diejenigen über Prokura und Handlungsvollmacht, für sein kaufmännisches Personal diejenigen über Handlungsgehilfen und Handlungslehrlinge. Der Verleger ist regelmäßig zugleich Buchhändler, notwendig ist dies aber nicht.

II. Eine bestimmte Form ist für den Vertragsschluß nicht vorgeschrieben, mündliche Abrede, ja selbst konkludentes Handeln, genügt. Jedoch ist bei Verlagsverträgen von erheblicher Bedeutung schriftlicher Abschluß üblich und empfehlenswert.

III. Gegenstand des Verlagsvertrages kann an sich jedes Geisteswerk[5]) sein, das in seiner körperlichen Erscheinung einer Ver-

---

[3]) Abweichende Ansichten: a) Voigtländer sagt unter Hinweis auf BGB. § 747 Satz 1, die Verfasser könnten, jeder für sich, über ihre Anteile an dem Werke verfügen. Aber beim Verlagsvertrag handelt es sich nicht um Verfügung über den „Anteil". b) Allfeld, Bem. 3, a zu VerlG. § 1 meint, „beim Abschluß des Verlagsvertrages" müßten alle Urheber mitwirken; aber die Verfügung liegt noch nicht im Abschlusse des Verlagsvertrages, sondern erst in der Verschaffung des Verlagsrechtes, welche nicht mit dem Abschlusse des obligatorischen Vertrages zusammenfällt, sondern durch die Ablieferung des Werkes geschieht (vgl. VerlG. § 9).

[4]) Damit jemand Verleger im Sinne des HGB. und daher Kaufmann sei, ist nicht notwendig, daß er einen Verlagsvertrag abschließt und ein „Verlagsrecht" erwirbt; auch der Selbstverleger ist Kaufmann. Vgl. Düringer-Hachenburg, 2. Aufl. Anm. 44 zu HGB. § 1.

[5]) Das VerlG. gebraucht, ebenso wie das LUG. (s. darüber oben S. 213 f.), den Ausdruck „Werk" in einem doppelten Sinne, im körperlichen (so z. B. in § 9: „Ablieferung des Werkes" § 10, § 27) und im unkörperlichen (so z. B. in §§ 1, 2, 12).

vielfältigung fähig ist. Das VerlG. von 1901 allerdings bezieht sich nur auf Werke der Literatur und der Tonkunst; was zu ihnen zu rechnen ist, ergibt sich aus LUG. § 1; es gehören also nicht nur Schriftwerke und Tonwerke dazu, sondern auch solche Abbildungen wissenschaftlicher oder technischer Art, welche nicht ihrem Hauptzwecke nach als Kunstwerke zu betrachten sind. Dagegen ist das VerlG. nicht anwendbar auf Verlagsverträge über Werke der bildenden Kunst und über Photographien, wenn diese nicht zu den Abbildungen wissenschaftlicher oder technischer Art gehören. Da die Verhältnisse des Kunstverlages überhaupt noch nicht gesetzlich geregelt sind, bestimmen sie sich, soweit sich aus dem in erster Linie maßgebenden Vertragsrecht nichts ergibt, nach Gewohnheitsrecht.[6])

Gegenstand des Verlagsvertrages können sowohl fertige als auch erst zu schaffende Geisteswerke sein. Der Verlagsvertrag setzt demnach ein schon bestehendes Urheberrecht nicht voraus. Gegenstand des Verlagsrechtes dagegen als eines aus dem Urheberrecht abgeleiteten Gegenstandsrechtes kann immer nur ein schon vorhandenes Geisteswerk sein.

IV. Zu den wesentlichen Erfordernissen des Verlagsvertrages gehört

1. die beiderseitige Uebernahme einer Verpflichtung. Soll der Verleger zur Vervielfältigung und Verbreitung des Werkes nur berechtigt und nicht auch verpflichtet werden, so liegt kein echter Verlagsvertrag vor. Daß keine Verpflichtung des Verlegers und daher kein Verlagsvertrag bestehen soll, ist im Zweifel anzunehmen:

a) wenn jemand die Herstellung eines Werkes nach einem Plane übernimmt, in welchem ihm der Besteller den Inhalt des Werkes sowie die Art und Weise der Behandlung genau vorschreibt[7]) (VerlG. § 47 Abs. 1), ferner

b) wenn sich die Tätigkeit auf die Mitarbeit an enzyklopädischen Unternehmungen oder auf Hilfs- oder Nebenarbeiten (z. B. Register) für das Werk eines anderen oder für ein Sammelwerk beschränkt (§ 47 Abs. 2).

---

[6]) S. darüber unten § 91, II.

[7]) W. Hofmann, Ueber Wesen und Rechtswirkungen der Bestellung des Schriftwerkes durch den Verleger (1896).

Solche Verträge werden in der Regel als Werkverträge, unter Umständen auch als Dienstverträge, ausnahmsweise, nämlich wenn eine Vergütung weder ausdrücklich noch stillschweigend vereinbart ist,[8]) als Aufträge zu beurteilen sein.[9]) Die urheberrechtlichen Grundsätze bleiben dabei an sich unberührt. Regelmäßig wird sich aber aus dem Vertragsverhältnisse der auf Uebertragung des Urheberrechtes auf den Besteller gerichtete Parteiwille ergeben.

c) Analog liegt der Fall, wenn ein Verleger zu einem Schriftwerke Abbildungen bestellt, welche nicht ihrem Hauptzwecke nach als Kunstwerke zu betrachten sind; da ist nach der Verkehrssitte[10]) der Parteiwille im Zweifel dahin auszulegen, daß der Verleger zu einer Vervielfältigung und Verbreitung nicht verpflichtet sein soll, wenn die gelieferten Abbildungen seinen Zwecken nicht entsprechen.

2. Wesentlich ist ferner für den Verlagsvertrag, daß der Verleger das Werk für eigene Rechnung vervielfältigen und verbreiten soll. Das trifft grundsätzlich auch dann noch zu, wenn die vom Verleger dem Verfasser etwa zu entrichtende (an sich für den Vertrag unwesentliche) Vergütung in einer Quote des Reingewinns besteht[11]) oder wenn etwa der Verfasser dem Verleger einen Beitrag zu den Kosten zu leisten hat. Dagegen fehlt es an diesem Erfordernisse beim sog. Kommissionsverlag, bei welchem der Verleger gegen eine ihm zu gewährende Vergütung die Vervielfältigung und Verbreitung für Rechnung des Verfassers übernimmt, so daß diesen Gewinn und Verlust trifft. Das hierauf gerichtete Geschäft ist kein eigentlicher Verlagsvertrag und untersteht nicht den Regeln des Verlagsgesetzes. Vielmehr ist es, wenn der Verleger Kaufmann ist, als Kommissionsgeschäft nach HGB. § 383 ff., andernfalls als ein auf eine „Geschäftsbesorgung" gerichteter und daher gemäß BGB.

---

[8]) Dazu BGB. § 632 Abs. 1: eine Vergütung gilt als stillschweigend vereinbart, wenn die Herstellung des Werkes den Umständen nach nur gegen eine Vergütung zu erwarten ist.

[9]) Von der Begründung zum VerlG. S. 91 wird hier auf § 651 BGB. hingewiesen. Die Kommentatoren übernehmen diesen Hinweis; Kuhlenbeck, Bem. 3 zu VerlG. § 47, hält den § 651 sogar in der Regel für anwendbar. Meines Erachtens mit Unrecht! § 651 ist offensichtlich nur auf die Leistung körperlicher Gegenstände zugeschnitten, auf immaterielle Werke paßt er gar nicht.

[10]) Vgl. über diese Voigtländer S. 169 f.

[11]) Daß der Gesetzgeber selbst diesen Tatbestand noch als echten Verlagsvertrag (und nicht etwa als Gesellschaftsverhältnis) ansieht, beweist VerlG. § 24.

§ 675 durch eine Reihe von Regeln über den Auftrag modifizierter Werkvertrag [12]) anzusehen.[13])

Nicht wesentlich ist für den Verlagsvertrag die Leistung einer Vergütung seitens eines der beiden Teile.

V. Der Verlagsvertrag ist ein obligatorischer Vertrag, der als solcher zunächst nur unter den Vertragsschließenden Rechtsbeziehungen schafft. Aber er ist gerichtet auf Verschaffung eines absoluten gegenständlichen Rechtes für den Verleger, des „Verlagsrechtes". Das Entstehen dieses absoluten Rechtes ist abhängig von dem Rechtsbestande des obligatorischen Vertrages. Wenn das Verlagsrecht auch nicht durch den Abschluß des Verlagsvertrages als solchen entsteht, sondern nach der ausdrücklichen Vorschrift des Gesetzes (§ 9 Abs. 1) erst mit der Ablieferung des Werkes an den Verleger, also durch einen vom Vertragsschlusse begrifflich gesonderten Vorgang, so kommt diesem besonderen Akte der Leistungsverwirklichung doch nicht etwa abstrakter Charakter in dem Sinne zu, wie er etwa der Eigentumsverschaffung oder der Zession gegenüber den unterliegenden Kausalgeschäften eigen ist. Die Folge ist, daß bei nichtigem Verlagsvertrage der Verfasser gegenüber dem Verleger, dem er durch die Uebergabe des Werkes ein Verlagsrecht zu verschaffen vermeinte, nicht etwa einen obligatorischen Anspruch auf Rückzession des Rechtes wegen Leistung ohne gerechtfertigten Grund hat — denn der Verleger hat in Wahrheit gar kein Recht erlangt, sondern daß er gegen den Verleger, der durch die Ausübung seines vermeintlich erlangten Rechtes in das ungeschmälert fortbestehende Urheberrecht des Verfassers eingreift, negatorisch mit der abwehrenden Klage vorgehen kann.

Die begrifflich notwendige Trennung der Entstehung des Vertragsverhältnisses und der Entstehung des Verlagsrechtes tritt natürlich praktisch nicht immer hervor. Wird der Verlagsvertrag über ein schon fertiges Werk abgeschlossen, so wird häufig das Manuskript zugleich mit dem Vertragsschlusse übergeben, so daß damit zugleich

---

[12]) Anders unter dem Einfluß der Motive die herrschende Meinung (Allfeld Bem. 5, Müller Bem. 4, Kuhlenbeck, Bem. 5 zu Verl.G. § 1, Henneberg a. a. O. S. 18), die Dienstvertrag annimmt.

[13]) Die praktischen Unterschiede zwischen dem echten Verlagsverhältnisse und dem Kommissionsverlag sind zusammengestellt in Entwurf I, Erläuterungen S. 19 und in Begründung zum Entwurf II des VerlG. S. 60.

das Verlagsrecht entsteht. Außerdem ist die Regel des § 9, wonach das Verlagsrecht mit der Ablieferung des Werkes entsteht, insofern nur eine dispositive, als das Verlagsrecht durch Vereinbarung der Parteien auch in einem anderen Zeitpunkte, also auch schon mit dem Vertragsschlusse entstehen kann. Freilich ist dabei immer vorausgesetzt, daß in diesem Zeitpunkte das Geisteswerk schon vollendet[14]) ist, da vorher kein Urheberrecht besteht und daher auch kein aus dem Urheberrechte abgeleitetes Recht entstehen kann.

VI. Der Verlagsvertrag läßt sich nicht einfach einem der im BGB. typisch normierten obligatorischen Verträge unterordnen, und es hat angesichts der ihm zuteil gewordenen völlig selbständigen gesetzlichen Regelung und seines durchaus eigenartigen wirtschaftlichen Zweckes wenig Wert, darauf hinzuweisen, daß er mit dem einen oder andern jener Verträge in gewissen Beziehungen eine Verwandtschaft aufweist.[14a]) Von der Pacht, mit der man ihn mehrfach verglichen hat,[15]) unterscheidet sich der Verlagsvertrag dadurch, daß er dem Verleger nicht nur ein obligatorisches Nutzungsrecht gewähren will, sondern auf Verschaffung eines absoluten Rechtes am Gegenstande, dem Geistesgute, gerichtet ist. Er unterscheidet sich aber auch deutlich von Kauf und Tausch; während der Kauf auf Umsatz von Ware gegen Geld, der Tausch auf Umsatz von Ware gegen Ware geht, handelt es sich beim Verlagsvertrage um die Herbeiführung des Umsatzes von Gegenstand (Verlagsrecht) gegen Leistung.[16]) Die Leistung, die der Verleger vollbringen soll, die Vervielfältigung und Verbreitung des Werkes, ist ein „Werk" in

[14]) Wenn auch nicht im Manuskript fixiert; so richtig Allfeld, Bem. 2 zu § 9, gegen Mittelstädt-Hillig S. 49.

[14a]) K. Kelber, Die rechtliche Natur des Verlagsvertrags (Erlanger Diss. 1905) S. 26 ff., will den Verlagsvertrag als einen Gesellschaftsvertrag konstruieren. Gegen diese Auffassung mit Recht K. Lehmann, Lehrb. des Handelsrechts S. 830 f. und schon früher H. Hillenbrand, Der Verlagsvertrag (Erlanger Diss. 1903) S. 29.

[15]) So spricht z. B. Müller S. 306 von der Stellung des Verlegers als berechtigten „quasi-Pächters des Werkes, dessen wirtschaftliche Nutzung er bezieht." Vgl. dagegen Kelber a. a. O. S. 16.

[16]) Daher nennt Kohler, UrhR. S. 294, den Verlagsvertrag mit Recht ein „Austauschgeschäft". Nur muß man sich darüber klar sein, daß mit dieser Bezeichnung ein wirtschaftlicher, nicht ein besonderer juristischer Typus gegeben ist und daß insbesondere damit nicht eine Unterstellung unter den „Tausch" des BGB. gemeint sein kann.

demselben Sinne, in welchem der Unternehmer beim Werkvertrage (BGB. § 631 ff.) ein solches zu leisten hat. Der Verlagsvertrag weist daher manche bedeutsame Analogie mit dem Werkvertrag auf, hat aber neben diesem doch sein eigenes Gepräge.

Am stärksten tritt der werkvertragsähnliche Charakter dann hervor, wenn zur Zeit des Vertragsschlusses das Geisteswerk und daher auch das Urheberrecht noch gar nicht bestehen, sondern der Verlaggeber im Verlagsvertrage erst die Verpflichtung übernimmt, ein solches Werk herzustellen; er hat in Ansehung dieser Verpflichtung eine dem Werkschuldner (Unternehmer) beim Werkvertrage vergleichbare Stellung, der gegenüber der Verleger als „Besteller" erscheint. Aber umgekehrt ist bei diesem Vertrage auch der Verfasser dem „Besteller" vergleichbar, insofern er eine Werkleistung des Verlegers, eben die Vervielfältigung und Verbreitung, zu fordern hat, während der Verleger in Bezug auf diese seine Leistungspflicht „Unternehmer" ist. Trotzdem wäre es nicht richtig, den Vertrag als die Kombination zweier Werkverträge zu konstruieren,[17]) schon deshalb nicht, weil für den Werkvertrag immer die Entrichtung einer Vergütung wesentlich ist, welche beim Verlagsvertrag kein Begriffselement bildet. Man wird sich daher zwar der Analogien mit dem Werkvertrage bewußt bleiben und daraus manche Folgerungen ziehen müssen, den Verlagsvertrag aber doch dogmatisch als einen selbständigen Typus zu behandeln haben.

VII. Für die Auslegung des Verlagsvertrages sind die allgemeinen Grundsätze des bürgerlichen Rechtes maßgebend. (Vgl. BGB. §§ 133, 157, 242). Insbesondere hat demnach die Auslegung immer nach Treu und Glauben und unter Berücksichtigung der Verkehrssitte zu geschehen. Auch ist der wirkliche Wille der Vertragschließenden zu erforschen und nicht am buchstäblichen Sinne der im Vertrag gewählten Ausdrücke zu haften. Die Außerachtlassung dieses Grundsatzes durch den Richter ist eine die Revision begründende[18]) Gesetzesverletzung.

Die Auslegung nach Treu und Glauben gebietet eine Rücksicht darauf, daß nicht nur finanzielle, sondern auch geistige, wissenschaftliche oder künstlerische Interessen beim Verlagsvertrage in Frage

[17]) So Lehmann, Lehrbuch des Handelsrechts S. 831.

[18]) Vgl. meine Bem. 8 zu BGB. § 133 bei Staudinger 3./4. Aufl. Bd. 1 S. 433.

stehen; sie wird unter Umständen im Einzelfalle auch zu einer Berücksichtigung der geringeren geschäftlichen Gewandtheit des Verlagsgebers führen müssen. Aber eine allgemeine Regel des Inhalts, daß der Verlagsvertrag im Zweifel zugunsten des Verlaggebers auszulegen sei,[19]) gibt es nicht.[20])

Die Verkehrssitte entscheidet, wo der Vertrag nichts bestimmt, insbesondere über den Umfang des dem Verleger übertragenen Rechtes. Nach ihr ist aus der Ueberlassung des Verlagsrechtes im Zweifel nicht auch auf die Ueberlassung des Aufführungsrechtes zu schließen; dies gilt auch für den Musikverlag, in welchem allerdings sehr häufig ausdrücklich mit dem Verlagsrechte zugleich das Aufführungsrecht übertragen wird.

§ 68.

3. Verpflichtungen des Verlaggebers und Rechte des Verlegers.

I. Der Verlaggeber ist verpflichtet, dem Verleger das Werk, gleichgültig ob daran ein Urheberrecht besteht, zur Vervielfältigung und Verbreitung für eigene Rechnung zu überlassen. Besteht an dem Werke ein Urheberrecht, so ist er verpflichtet, dem Verleger ein absolutes gegen jeden Dritten wirkendes Gegenstandsrecht zu verschaffen, das Verlagsrecht. In allen Fällen ist der Verlaggeber verpflichtet, sich während der Dauer des Vertragsverhältnisses jeder Vervielfältigung und Verbreitung des Werkes zu enthalten; ist dem Verleger das gegenständliche Verlagsrecht verschafft, so folgt schon aus der absoluten Natur dieses Rechtes, daß jedermann sich jedes Eingriffes darein zu enthalten hat; das Verlagsrecht äußert also als absolutes Recht seine negatorische Funktion auch gegen den Verfasser selbst. Aber auch wenn dem Verleger das Verlagsrecht tatsächlich nicht verschafft wird oder etwa mangels eines Urheberrechtes gar nicht verschafft werden kann, besteht jene Unterlassungs-

[19]) Die gemeinrechtliche Regel (vgl. Celsus fr. 99 pr. D. de V. O. 45, 1) daß Verträge im Zweifel gegen den auszulegen sind, der sie redigiert hat, würde, da der Verlagsvertrag regelmäßig vom Verleger redigiert wird, meistens gegen diesen sich wenden. Diese Regel gilt aber im heutigen Rechte nicht.

[20]) Ebensowenig besteht die Regel, daß das Gesetz im Zweifel zugunsten des Verlaggebers auszulegen sei; s. Allfeld S. 414 Vorbem. 4, Mittelstädt-Hillig S. 12.

pflicht des Verlaggebers vom Augenblicke des Vertragsschlusses an als eine obligatorische Verpflichtung. VerlG. § 2 Abs. 1. Nur ist diese Unterlassungspflicht, wenn ein Urheberrecht nicht besteht, zeitlich begrenzt auf die Dauer von sechs Monaten seit der Veröffentlichung des Werkes durch den Verleger (§ 39 Abs. 3).

II. Ablieferungspflicht. Der Verlaggeber kommt seiner Pflicht, dem Verleger das Geisteswerk zur Vervielfältigung zu überlassen, dadurch nach, daß er ihm das Werk in seiner Verkörperung, also das Manuskript oder die Partitur, in einem für die Vervielfältigung äußerlich geeigneten Zustande[1]) abliefert. Diese Ablieferung kann der Verleger fordern (§ 10). Leistungsort bezüglich der Ablieferungspflicht ist der Ort, an dem der Verleger seine gewerbliche Niederlassung oder in Ermangelung einer solchen seinen Wohnsitz hat; BGB. § 269. Wird der Verlagsvertrag über ein bereits vollendetes, d. h. hier im Manuskript oder in der Partitur fertiggestelltes, Werk geschlossen, so ist das Werk sofort abzuliefern, sofern sich nicht aus den Umständen ein anderes ergibt.[2]) Soll dagegen das Werk erst nach dem Abschlusse des Vertrages hergestellt werden, so richtet sich die Frist für die Ablieferung nach dem Zwecke, dem das Werk dienen soll, sofern sich daraus eine Fristbestimmung ergibt. Soll also z. B. das Werk als Festschrift zu einem Jubiläum erscheinen, so ist es so rechtzeitig abzuliefern, daß vor dem Festtage verbreitungsfähige Exemplare hergestellt sein können. Ergibt sich aus dem Zwecke, wie in den meisten Fällen, keine Frist, so richtet sich diese nach dem Zeitraume, innerhalb dessen der Verfasser das Werk bei einer seinen Verhältnissen entsprechenden Arbeitsleistung herstellen kann. Dabei ist es auch zu berücksichtigen, wenn der Verfasser nicht seine ganze Zeit der Abfassung des Werkes widmen kann, sondern durch anderweitige, besonders amtliche, Verpflichtungen in Anspruch genommen ist. Nur dann bleibt eine anderweitige Tätigkeit des Verfassers bei der Bemessung der Frist außer Betracht, wenn der Verleger diese Tätigkeit beim Ab-

---

[1]) Insbesondere also in lesbarem Zustande. Es handelt sich hier nicht um innere literarische (wissenschaftliche, künstlerische, stilistische) Mängel.

[2]) VerlG. § 11 hat diese den besonderen Umständen Rechnung tragende Einschränkung zwar nicht. Sie ergibt sich aber aus der gebotenen Auslegung nach Treu und Glauben und aus der Analogie des § 271 Abs. 1 BGB. Vgl. auch Allfeld, Bem. 3 zu § 11.

schlusse des Vertrages weder kannte noch kennen mußte[3]) (§ 11 Abs. 2), was der Verleger zu beweisen hat.[4])

III. Das Vervielfältigungs- und Verbreitungsrecht des Verlegers erstreckt sich auf das Werk nur in der Gestalt, in welcher es ihm vom Verlaggeber übergeben wird. Der Verleger darf an dem Werke selbst, an dessen Titel und an der Bezeichnung des Urhebers Zusätze und Kürzungen oder sonstige, wenn auch unerhebliche, Aenderungen nicht vornehmen.[5]) Natürlich kann der Verfasser ihm die Vornahme bestimmter Aenderungen gestatten. Zulässig sind aber auch ohne besondere Gestattung solche Aenderungen, für die der Verfasser seine Einwilligung nach Treu und Glauben nicht versagen kann, z. B. die Verbesserung offensichtlicher Schreibfehler. Dies würde sich auch ohne die ausdrückliche Vorschrift des § 13 Abs. 2 VerlG. schon aus dem allgemeinen Grundsatze des § 157 BGB. ergeben.[6])

Die Vervielfältigung und Verbreitung des in unzulässiger Weise geänderten Werkes ist eine widerrechtliche. An sie knüpfen sich alle Rechtsfolgen eines widerrechtlichen Eingriffes in das Urheberrecht des Verfassers.[7]) Insbesondere unterliegen die widerrechtlich hergestellten Exemplare der Vernichtung gemäß LUG. § 42.

Der Verfasser dagegen darf nach VerlG. § 12 bis zur Beendigung der Vervielfältigung Aenderungen beliebiger Art an dem Werke vornehmen. Er ist dabei nicht auf solche Aenderungen beschränkt, die durch äußere Umstände veranlaßt sind, sondern kann grundsätzlich jede Aenderung vornehmen, die nach seiner Ueberzeugung dem Werke zum Vorteil gereicht. Dieser weitgehenden Freiheit bedarf er dringend im Interesse seines eigenen literarischen Rufes, der bei der Veröffentlichung mit auf dem Spiele steht. Immerhin ist die Aenderungsfreiheit des Verfassers keine schrankenlose. Einmal dürfen die Aenderungen nicht soweit gehen, daß dadurch das

---

[3]) Kennenmüssen ist hier die auf Außerachtlassung der im Verlagsverkehr erforderlichen Sorgfalt beruhende Unkenntnis. Mit Recht nimmt Cosack, Handelsrecht 6. Aufl. S. 372 an, daß dem Kennenmüssen hier das Voraussehenmüssen gleichsteht.

[4]) Vgl. zum Ganzen Begründung zum 2. Entwurf S. 68 f., Bericht der RTK. S. 19 f, auch E. Mayer in Annalen des Deutschen Reichs 1901 S. 94 ff.

[5]) Diese besondere Bestimmung des VerlG. § 13 Abs. 1 war eigentlich nicht notwendig, da sich schon aus LUG. § 9 dasselbe ergibt.

[6]) Außerdem auch aus LUG. § 9 Abs. 2; der ganze § 13 VerlG. ist also überflüssig.

[7]) S. über den Rechtsschutz des Urhebers oben S. 110 ff.

Werk den vertragsmäßig bedungenen Charakter verliert. Außerdem aber sind solche Aenderungen unzulässig, durch die ein berechtigtes Interesse des Verlegers verletzt wird; daß eine solche Verletzung vorliegt, muß der Verleger beweisen.[8])

Der Verfasser darf die ihm gestatteten Aenderungen auch durch einen Dritten vornehmen lassen; die daraus entstehenden Kosten treffen ihn.

Der Verleger ist verpflichtet, vor Veranstaltung jeder neuen Auflage dem Verfasser zur Vornahme von Aenderungen Gelegenheit zu geben. Er hat ihm zu diesem Zwecke insbesondere rechtzeitig mitzuteilen, daß die alte Auflage in absehbarer Zeit erschöpft sein wird. Für den Verfasser eines wissenschaftlichen Werkes ist es häufig geradezu eine wissenschaftliche Pflicht, bei Veranstaltung einer neuen Auflage sein Werk entsprechend dem neuesten Stande der Forschung zu verändern und zu ergänzen. Diese an sich dem Gebiete des Ethischen angehörige Verbesserungspflicht muß unter Umständen dann zugleich als Rechtspflicht gelten, wenn der Verleger, der eine neue Auflage veranstalten darf, diese nach dem Vertrage auch veranstalten muß; denn bei einer Auslegung des Vertrages nach Treu und Glauben und unter Berücksichtigung der Verlagsgebräuche ist keinem Verleger zuzumuten, ein Werk neu aufzulegen, von dem er weiß, daß es überholt und daher in seiner weiteren Absatzfähigkeit erheblich beeinträchtigt ist.[9]) Allerdings ist das Recht des Verlegers zur Veranstaltung einer neuen Auflage nur dann zugleich eine Pflicht, wenn dies besonders vereinbart ist; besteht eine solche Pflicht, wie es der dispositiven Norm des § 17 entspricht, nicht, so ist auch die Verbesserungspflicht keine rechtliche. Der Verfasser ist an sich,

---

[8]) Ebenso Müller S. 344 (ohne Begründung). Dagegen legt Allfeld, Bem. 6 zu § 12, die Beweislast dem Verfasser auf, wofür allerdings die Fassung des Gesetzes spricht. Dieser formale Grund dürfte aber kaum entscheidend sein gegenüber der Erwägung, daß die Unzulässigkeit von Aenderungen entschieden den Charakter einer Ausnahme hat und daß die Verhältnisse, welche diese Ausnahme begründen, als Verhältnisse des Verlegers diesem natürlich bekannt sind, während für den Verfasser der Beweis des Nichtbestehens eines Interesse beim Verleger unter Umständen kaum möglich ist. Die rechtspolitische Forderung negativa non esse probanda, hat zwar nicht überall, aber gerade hier ihre Berechtigung.

[9]) Anders unter dem Einfluß der Motive die herrschende Meinung (Allfeld, Bem. 5, Heinitz, Bem. 3 zu § 12, Müller S. 345 f.), die eine Verpflichtung des Verfassers zu Aenderungen schlechthin verneint.

auch wenn der Druck oder die sonstige Vervielfältigung schon begonnen hat, in den Aenderungen, die er vornimmt, nicht auf ein bestimmtes Maß beschränkt. Nur ist er, wenn er nach dem Beginne der Vervielfältigung Aenderungen vornimmt, welche das übliche Maß übersteigen, verpflichtet, dem Verleger die auf das Uebermaß treffenden Kosten zu ersetzen. Diese Ersatzpflicht liegt ihm aber dann nicht ob, wenn inzwischen eingetretene Umstände, z. B. bei einem Gesetzeskommentar eine Gesetzesänderung, bei einem Atlas eine Veränderung der Staatsgrenzen, bei einem technischen Werke eine neue Erfindung, die Aenderung rechtfertigen. Die innerhalb des „üblichen Maßes"[10]) sich haltenden Kosten bleiben stets dem Verleger.

IV. Die besprochene Unterlassungspflicht des Verfassers ist keine unbeschränkte. Sie besteht immer nur soweit, als für Dritte dem Verfasser gegenüber eine Unterlassungspflicht bestehen würde, wenn diesem noch die Ausübung des vollen Urheberrechtes zustünde. Sie besteht also nicht, soweit das ursprünglich ausschließliche Vervielfältigungs- und Verbreitungsrecht des Urhebers selbst Beschränkungen erleidet.[11])

Die Unterlassungspflicht des Verfassers ist aber durch besondere Bestimmungen, die freilich nur dispositives Recht geben, noch weiter eingeschränkt. Ihm verbleibt nämlich nach VerlG. § 2 Abs. 2 trotz des Verlagsvertrages die Befugnis zur Vervielfältigung und Verbreitung für die gleichen Fälle von Bearbeitungen, die bei Uebertragung des ganzen Urheberrechtes dem Urheber vorbehalten bleiben,[12]) nämlich:

1. für die Uebersetzung in eine andere Sprache oder in eine andere Mundart;

2. für die Wiedergabe einer Erzählung in dramatischer Form oder eines Bühnenwerkes in der Form einer Erzählung;

3. für die Bearbeitung eines Werkes der Tonkunst, soweit sie nicht bloß ein Auszug oder eine Uebertragung in eine andere Tonart oder Stimmlage ist.

4. A minore ad maius muß geschlossen werden, daß auch die

---

[10]) Da dies ein außerordentlich vager Begriff ist und auch eine feste Verkehrssitte hinsichtlich des Quantum sich kaum nachweisen läßt, ist vertragsmäßige Regelung dieses Punktes praktisch empfehlenswert.

[11]) S. darüber oben § 58 S. 260 ff.

[12]) LUG. § 14.

freie Benutzung des in Verlag gegebenen Tonwerkes zu einer neuen eigentümlichen Schöpfung unter Zugrundelegung der Melodie jenes Werkes dem Komponisten vorbehalten bleibt.[13])

5. Der Verfasser darf Beiträge zu einem Sammelwerke, für die ihm ein Anspruch auf Vergütung nicht zusteht, anderweit verwerten, wenn seit dem Ablaufe des Kalenderjahres, in welchem sie, wenn auch nur zum Teil, erschienen sind, ein Jahr verstrichen ist. (§ 3.)[14])

6. Endlich ist der Verfasser trotz des Verlagsvertrages zur Vervielfältigung und Verbreitung seines Werkes in einer Gesamtausgabe d. h. einer solchen, die alle oder mehrere seiner Werke vereinigt, befugt, wenn seit dem Ablaufe des Kalenderjahres, in welchem das Werk erschienen ist, 20 Jahre verstrichen sind. (§ 2 Abs. 3).[15]) Diese Frist läuft, wenn der Verfasser die in die Gesamtausgabe aufzunehmenden Werke zu verschiedenen Zeiten bei verschiedenen Verlegern hat erscheinen lassen, vom Ablaufe des Jahres an, in welchen das letzte dieser Werke erschienen ist.[16])

V. Der Verleger ist nach § 4 nicht berechtigt, ein Einzelwerk für eine Gesamtausgabe oder ein Sammelwerk sowie Teile einer Gesamtausgabe oder eines Sammelwerkes für eine Sonderausgabe zu verwerten. Aber auch der Verfasser ist dazu während der Dauer des Vertragsverhältnisses nicht berechtigt, er würde dadurch seine Unterlassungspflicht gegenüber dem Verleger verletzen.

Durch Vereinbarung können diese Regeln jedoch abgeändert werden. Auch gelten sie selbstverständlich nicht bezüglich solcher Verwertungen, die auch während der Dauer des Urheberrechtes nach den Vorschriften des LUG.[17]) jedermann freistehen.

---

[13]) Ebenso Allfeld, Bem. 10 zu § 2, Mittelstädt-Hillig S. 16; a. M. Birkmeyer, Die Kodifikation des Verlagsrechtes S. 40, Müller S. 324.

[14]) Für periodische Sammelwerke, insbesondere Zeitungen und Zeitschriften, vgl. die Sondervorschrift des § 42 Abs. 2.

[15]) Die Vorschrift hat nur dispositiven Charakter und keine rückwirkende Kraft. Vgl. RGE. in ZS. Bd. 54 S. 435 ff.

[16]) Eben darum meinen Müller S. 324 und Heinitz Bem. 13 zu § 2, die Vorschrift des § 2 Abs. 3 sei für die Schriftsteller von geringem Wert, wogegen Allfeld, Bem. 11 zu § 2, mit Recht geltend macht, daß sie den Erben des Verfassers zugute kommt und auch für den Verfasser selbst in dem nicht seltenen Falle wertvoll ist, in welchem er für seine Publikationen in den letzten zwei Jahrzehnten einen ständigen Verleger hat, bei dem er nun eine Gesamtausgabe ohne Genehmigung seiner früheren Verleger erscheinen lassen kann.

[17]) Vgl. LUG. § 19 Ziff. 3, 4, § 21 Ziff. 3; dazu oben S. 270 f.

Der Verleger darf einen Beitrag, der ihm für ein bestimmtes Sammelwerk überlassen ist, im Zweifel nur in diesem Sammelwerke in Verkehr bringen; denn es ist in der Regel für den Verfasser nicht gleichgültig, mit welchen anderen Werken sein eigenes Werk in Verbindung gebracht wird.

Eine andere Frage ist, ob der Verleger berechtigt ist, von einem größeren Gesamtwerke, sei es, daß es von einem oder von mehreren Urhebern herrührt, einzelne Bände zu verkaufen. Die Frage muß, wenn nicht das Gegenteil vereinbart ist, bejaht werden, da in der dem Verleger ausschließlich zustehenden Verbreitungsbefugnis auch das Recht inbegriffen ist, zu entscheiden, in welcher Weise die Verbreitung erfolgen soll.[18]) Wo die Veräußerung von Einzelbänden nicht zweckentsprechend ist, wird sie der Verleger schon im eigenen Interesse unterlassen. Andererseits kann aber der Verfasser, der vielleicht an der Verbreitung eines einzelnen Bandes (insbesondere bei einem Sammelwerke seines Bandes) ein besonderes Interesse hat, den Verleger nicht zwingen, die Bände einzeln abzugeben. Denn welche Verbreitungsweise zweckentsprechend (vgl. § 14) ist, ist bei kollidierenden Interessen vom Standpunkte des Verlagsgeschäftes aus, nicht von dem des Verfassers aus zu beurteilen.

VI. Auflage.

1. Der Begriff der „Auflage" hat im Buchhandel gewechselt. Man verstand darunter früher, solange ausschließlich der Druck mit beweglichen Lettern üblich war, die Gesamtzahl der von einem „Satze" auf einmal abgezogenen Exemplare. Neuerdings jedoch, seit dem Aufkommen der Stereotypplatten und der Setzmaschine[19]), versteht man darunter die Gesamtzahl der Abzüge, die der Verleger auf einmal herzustellen berechtigt ist. Diese dem Verleger erlaubte Zahl der Reproduktionsexemplare bildet eine Auflage, wobei es dem Verleger überlassen bleibt, ob er diese Zahl tatsächlich auf einmal oder sukzessive durch wiederholte Vornahme von Abzügen herstellt. Dieser neuere Begriff der Auflage, der den veränderten Verhältnissen

---

[18]) Auch Allfeld, Bem. 4 zu § 4, bejaht die Frage „für die Regel, soweit diese Art der Verbreitung nicht als „nicht üblich" gegen § 14 verstößt"; ähnlich Heinitz, Bem. 4 zu § 4. Aber eine nach der Verkehrsanschauung als bindend zu erachtende feste „Uebung" besteht eben in diesem Punkte nicht.

[19]) Vgl. Voigtländer, Bem. 4 zu § 5.

in der Drucktechnik Rechnung trägt, liegt dem VerlG. §§ 5 ff. zu Grunde.[20])

2. Die Höhe der Auflage richtet sich in erster Linie nach dem Vertrage, der sie auf eine bestimmte Zahl von Abzügen festlegen oder auch dem Ermessen des Verlegers anheimgeben kann. Bestimmt der Vertrag über die Höhe nichts, so tritt die gesetzliche Regel ein, wonach sie 1000 Abzüge beträgt. Hat jedoch der Verleger durch eine vor dem Beginn der Vervielfältigung dem Verfasser gegenüber abzugebende Erklärung die Zahl der Abzüge niedriger bestimmt, so ist er nur berechtigt, die Auflage in der angegebenen Höhe herzustellen. Durch eine solche Erklärung, eine einseitige empfangsbedürftige Willenserklärung, beschränkt also der Verleger sein eigenes Recht; er beschränkt aber zugleich auch seine Verpflichtung, da nach § 16 seine Verpflichtung bezüglich der Zahl der herzustellenden Abzüge sich nach seiner Berechtigung richtet.

3. Der Verleger ist, wenn nichts anderes vereinbart ist, nur zu einer Auflage berechtigt. Ist diese vergriffen, so ist das Recht des Verlegers erschöpft.

4. Wenn dem Verleger das Recht zur Veranstaltung mehrerer Auflagen eingeräumt ist, so gelten im Zweifel für jede Auflage die gleichen Abreden, wie für die unmittelbar vorhergehende. Dies gilt insbesondere für die Höhe der Auflage, das Honorar, die Zahl der Freiexemplare, die Ausstattung. Der Verleger ist aber, auch wenn er das Recht hat, eine neue Auflage zu veranstalten, nicht verpflichtet, von diesem Rechte Gebrauch zu machen, sofern er eine solche Verpflichtung nicht vertragsmäßig übernommen hat. Da aber der Verlaggeber, solange nicht alle Exemplare der bisherigen Auflage vergriffen sind, beim Fortbestehen des Vertragsverhältnisses[21]) das Vervielfältigungs- und Verbreitungsrecht nicht einem anderen Verleger verschaffen kann, hat er ein dringendes Interesse daran, seine Bindung lösen zu können. § 17 trägt diesem Interesse dadurch Rechnung, daß er dem Verlaggeber gestattet, dem Verleger zur Ausübung seines

---

[20]) Unrichtig Kuhlenbeck, Bem. 2 zu § 5: Auflage sei die Gesamtzahl der von einem Satze auf einmal hergestellten Abzüge.

[21]) Vgl. vorläufig VerlG. § 29.

Rechtes auf Veranstaltung einer neuen Auflage eine angemessene[22]) Frist zu bestimmen. Nach dem Ablaufe der Frist ist der Verfasser berechtigt, den Vertrag zu kündigen[23]), wenn nicht die Veranstaltung rechtzeitig erfolgt ist. Fristbestimmung und Kündigung erfolgen durch empfangsbedürftige Erklärung.[24]) Der Fristbestimmung sowie der Einhaltung der schon bestimmten Frist durch den Verfasser bedarf es nicht, wenn aus ausdrücklicher Erklärung des Verlegers oder aus den Umständen, z. B. der Rücksendung des für die folgende Auflage gelieferten Manuskriptes, hervorgeht, daß die Veranstaltung einer neuen Auflage vom Verleger verweigert wird.

5. In die Zahl der zulässigen Abzüge werden nach § 6 nicht eingerechnet:

a) die üblichen Zuschußexemplare. Das sind solche Exemplare, die über die zulässige Auflage hinaus hergestellt werden, um als Ersatz für beschädigte Exemplare zu dienen. Ihre Zahl bestimmt der Verleger nach dem wahrscheinlichen Bedarf. Sie dürfen aber nur zum Ersatz oder zur Ergänzung beschädigter Exemplare, nicht zur Erhöhung der Auflage verwendet werden.

Reichen die Zuschußexemplare nicht aus, um untergegangene[25]) Abzüge zu ersetzen, so darf der Verleger diese durch anderweitige Exemplare ersetzen, jedoch nur unter der Voraussetzung, daß der Untergang, gleichgültig, ob infolge Zufalls oder durch Fahrlässigkeit des Verlegers, erfolgt ist, während der Verleger die Exemplare, wie das Gesetz sagt, „auf Lager", richtiger zur Verfügung, hatte. Das ist auch dann der Fall, wenn sie bei einem seiner Vertreter oder noch in der Druckerei oder schon beim Buchbinder sich befinden, oder wenn sie beim Kommissionär in Leip-

---

[22]) Ueber die Momente, nach welchen die Angemessenheit zu beurteilen ist, s. Allfeld Bem. 2, b, Müller Bem. 3 zu § 17, Mittelstaedt-Hillig S. 71, Voigtländer zu § 17.

[23]) VerlG. § 17 sagt zwar vom Vertrage „zurückzutreten". In Wahrheit handelt es sich aber nicht um einen Rücktritt, sondern um eine Kündigung, da die Wirkungen für die Vergangenheit nicht aufgehoben werden.

[24]) BGB. § 130 ff. Ueber die Wirkung des Rücktritts VerlG. §§ 37, 38; s. unten § 73.

[25]) Nicht bloß beschädigte! Ist aber die Beschädigung eine derartige, daß das Exemplar für den Verkehr untauglich ist, so liegt wirtschaftlich ein Untergang vor.

zig lagern[26]), nicht dagegen, wenn sie sich beim Sortimenter befinden. Erfolgte der Untergang auf dem Transport zum Sortimenter, so kommt es darauf an, ob dem Verleger als Absender darüber noch das Verfügungsrecht gemäß HGB. §§ 433, 455 Abs. 2 zustand.[27]) Vor dem Ersatz hat der Verleger dem Verlaggeber Anzeige zu erstatten, dieser hat jedoch kein Widerspruchsrecht. Auch ist die Anzeige nicht Voraussetzung für die Ausübung des Ersetzungsrechtes, es handelt sich nur um eine Ordnungsvorschrift.

Das Ersetzungsrecht besteht nicht, wenn der Verleger Exemplare vorsätzlich makuliert.

b) Auch Freiexemplare d. h. solche Exemplare, die der Verleger unentgeltlich dem Verfasser oder auch Dritten, namentlich zum Zwecke der Besprechung als sog. Rezensionsexemplare oder auch als Probehefte eines Lieferungswerkes, überläßt, werden nicht eingerechnet, soweit ihre Zahl den 20. Teil der Auflage nicht übersteigt.

Dagegen werden die Pflichtexemplare,[28]) welche auf Grund öffentlichrechtlicher Vorschriften vom Verleger an staatliche Bibliotheken ohne Entgelt abzuliefern sind, in die Auflage eingerechnet. Eine Pflicht zu ihrer Leistung besteht dem Deutschen Reiche gegenüber nicht, wohl aber in einzelnen Bundesstaaten auf Grund landesgesetzlicher Vorschriften: so in Preußen, Bayern, Württemberg, Hessen, Anhalt, Schwarzburg-Sondershausen, Lübeck.[29])

[26]) So nach allgemein anerkannter Usance.

[27]) Im Gesetze steht das freilich nicht. Die herrschende Meinung (so z. B. Allfeld, Bem. 3 zu § 7, Müller S. 333) verneint im Anschluß an die Begründung zum zweiten Entwurf S. 66 die Ersatzpflicht des Verlegers schlechthin, wenn der Untergang während des Transportes erfolgt. Aber wenn man überhaupt einmal, dringenden Zweckmäßigkeitsgründen folgend, über den Wortlaut des Gesetzes hinaus die Worte „auf Lager" nicht buchstäblich auffaßt, ist eine Grenze wohl erst mit dem Ende der Verfügungsgewalt des Verlegers gegeben.

[28]) Vgl. J. Franke, Die Abgabe der Pflichtexemplare von Druckerzeugnissen (Berlin 1899, Heft 3 der Sammlung bibliothekswissenschaftlicher Arbeiten); K. Dziatzko, Verlagsrecht und Pflichtexemplare (1901, Heft 14 der erwähnten Sammlung); Kochendörffer, Buchhandel und Pflichtexemplare (Marburg 1901); Goldfriedrich, Geschichte des deutschen Buchhandels S. 233 ff.

[29]) Dagegen gerade nicht in Sachsen, wo sie von größter praktischer Bedeutung wäre.

Sie besteht in Oesterreich gegenüber verschiedenen Bibliotheken, in Großbritannien gegenüber dem Britischen Museum, in Frankreich gegenüber der Bibliothèque Nationale.

6. Im Tonwerksverlag gelten die eben dargelegten Regeln über die Auflage nur ausnahmsweise, wenn er auf Grund besonderer Vereinbarung die Formen des Buchverlages annimmt. Regelmäßig aber ist der Musikverleger nicht auf eine bestimmte Zahl von Abzügen beschränkt und spielt die Unterscheidung verschiedener Auflagen keine Rolle.[30])

VII. Die Bestimmung des Ladenpreises, zu welchem das Werk im Publikum verbreitet werden wird, steht, wenn nichts anderes vereinbart ist, für jede Auflage dem Verleger zu; der Verfasser hat darauf keinen Einfluß, selbst nicht, wenn die ihm gebührende Vergütung von der Höhe des Preises abhängt[31]) (§ 21). Nur darf der Verleger nicht durch übermäßige Preisforderung den Absatz hindern.[32]) Zu einer späteren Erhöhung des einmal festgesetzten Preises bedarf der Verleger stets der Zustimmung des Verfassers. Eine Ermäßigung dagegen kann er ohne die Zustimmung vornehmen, soweit nicht berechtigte Interessen des Verfassers verletzt werden. Dabei kommt nicht nur das materielle Interesse des Verfassers in Betracht, welches im Falle einer Gewinnbeteiligung besteht, sondern auch die Rücksicht auf seinen persönlichen Ruf als Schriftsteller.

Unter keinen Umständen hat der Verfasser einen Einfluß auf den Buchhändlerpreis, zu welchem der Verleger das Werk an den Sortimenter abgibt, und auf den Rabatt, welchen der Verleger dem Sortimenter und dieser etwa dem kaufenden Publikum gewährt.

VIII. Die Haftung des Verlaggebers gegenüber dem Verleger erstreckt sich darauf:

1. daß das Manuskript bezw. die Partitur dem Verleger rechtzeitig abgeliefert wird.

---

[30]) Ueber die Herstellungstechnik im Musikverlag s. Voigtländer Bem. 5 zu § 5.

[31]) Das führt wohl unter Umständen zu einer Unbilligkeit gegen den Verfasser, ist aber angesichts des § 21 doch geltendes Recht; vgl. Allfeld, Bem 4 zu § 21 gegen Mittelstädt-Hillig S. 81. Die abweichende Auffassung der Redaktionskommission im Reichstage (Bericht S. 30) ist nicht Gesetz geworden.

[32]) So ausdrücklich Schweizer OblR. Art. 378 Abs. 2. Nach deutschem Recht ergibt sich dasselbe aus der Auslegung des Vertrages nach Treu und Glauben.

a) Erfolgt die Ablieferung des Ganzen oder eines Teiles nicht rechtzeitig, so hat der Verleger im Falle des Verzuges[33]) des Verlaggebers gegen diesen die Rechte gemäß BGB. § 326,[34]) also nach erfolgloser Setzung einer angemessenen Frist die Wahl zwischen Schadenersatz wegen Nichterfüllung und Rücktritt vom Vertrage.

b) Im übrigen sind ohne Rücksicht darauf, ob die Voraussetzungen des Verzuges, insbesondere ein Verschulden, auf Seite des Verlaggebers vorliegen, die Rechtsbehelfe des Verlegers, an den das Werk nicht rechtzeitig abgeliefert wird, analog denjenigen, die beim Werkvertrage dem Besteller zustehen, wenn der Unternehmer ein mit Fehlern behaftetes oder der zugesicherten Eigenschaften entbehrendes Werk liefert (vergl. BGB. § 634). Der Verleger kann nämlich, wenn er nicht vorzieht, beim Anspruch auf Erfüllung zu beharren und daher den Verfasser auf Herausgabe des schon fertigen oder auf Herstellung des noch unfertigen Werkes zu beklagen,[35]) dem Verlaggeber eine angemessene Frist zur Ablieferung des Manuskriptes mit der Erklärung bestimmen, daß er die Annahme der Leistung nach Ablauf der Frist ablehne. Zeigt sich schon vor dem Zeitpunkte, in welchem das Werk nach dem Vertrage abzuliefern ist, daß es nicht rechtzeitig abgeliefert werden wird, so kann der Verleger die Frist sofort bestimmen; sie muß aber so bemessen sein, daß sie nicht vor dem im Vertrage bezeichneten Zeitpunkte abläuft. Nach dem Ablaufe der Frist ist der Verleger berechtigt, vom Vertrage zurückzutreten, wenn nicht das Werk rechtzeitig abgeliefert worden ist; der Anspruch auf Ablieferung des Werkes ist dann ausgeschlossen.

---

[33]) Voraussetzungen BGB. §§ 284, 285.

[34]) Nicht, wie Müller S. 380 und Voigtländer S. 241 meinen, einfach nach §§ 284–292; denn es handelt sich um einen gegenseitigen Vertrag.

[35]) Dies ist jedoch wegen der Unmöglichkeit der Zwangsvollstreckung regelmäßig unpraktisch. Daß ZPO. § 888 Abs. 2 nur von der Verurteilung zur Leistung von Diensten und einem „Dienstvertrag" und nicht allgemein von der Verurteilung zur Aufwendung von Arbeitskraft spricht, ist ein entschiedener Fehler; vgl. Riezler im Arch. f. bürgerl. R. Bd. 27 S. 241. Aber auch wenn man sich an den Gesetzeswortlaut hält, ist der in § 888 Abs. 1 vorgesehene indirekte Zwang unmöglich, weil die Herstellung eines Geisteswerkes nicht „ausschließlich von dem Willen des Schuldners" abhängt (vgl. L. Seuffert, Bem. 1 zu ZPO. § 888, Allfeld Bem. 2, b zu VerlG. § 80). Immerhin bleibt der Weg des § 283 BGB.

Der Bestimmung einer Frist bedarf es nicht:

α) wenn der Verlagsvertrag in Ansehung der Ablieferung des Manuskriptes Fixgeschäft im Sinne des § 361 BGB. ist, so z. B. wenn es sich um eine Gelegenheitsschrift handelt;

β) wenn der sofortige Rücktritt durch ein anderweitiges besonderes Interesse des Verlegers gerechtfertigt wird, z. B. infolge der Verzögerung ein inzwischen erschienenes Konkurrenzwerk den Absatz ungünstig beeinflußt;

γ) wenn die Ablieferung vom Verfasser verweigert wird;

δ) wenn die rechtzeitige Herstellung des Werkes unmöglich ist, z. B. wegen schwerer andauernder Erkrankung des Verfassers.

Die Rücktrittsbefugnis des Verlegers darf aber nicht zum Mißbrauch werden. Sie ist ausgeschlossen, wenn die nicht rechtzeitige Ablieferung des Werkes für ihn nur einen unerheblichen Nachteil mit sich bringt.[36]) Daß dies der Fall ist, hat der Verlaggeber zu beweisen.

2. Der Verlaggeber haftet dafür, daß das Werk von der vertragsmäßigen Beschaffenheit ist.[37]) Dazu gehört, daß das Werk in einem für die Vervielfältigung geeigneten äußeren Zustande ist, daß es von dem vereinbarten Umfange nicht erheblich abweicht und daß es den im Vertrag bezeichneten Inhalt hat. Der Verfasser hat hinsichtlich der Gestaltung des Inhalts im Einzelnen die größte Freiheit, wenn er sich in dieser Beziehung nicht vertragsmäßig in bestimmter Richtung gebunden hat. Eine Haftung des Verlaggebers für die künstlerische oder wissenschaftliche Qualität des Inhalts und der Form des Werkes besteht überhaupt nicht.

Ist das Werk nicht von der vertragsmäßigen Beschaffenheit, so sind die Rechtsbehelfe des Verlegers gemäß VerlG. § 31 entsprechend die gleichen wie bei nicht rechtzeitiger Ablieferung. Der Verleger kann also auf Leistung eines vertragsmäßig beschaffenen Werkes klagen oder dem Verlaggeber zur Vornahme der Verbesserung eine Frist setzen und nach deren fruchtlosem Ablauf vom

---

[36]) Diese Bestimmung des VerlG. § 30 Abs. 3 geht erheblich weiter als der Grundsatz des BGB. § 226.

[37]) Müller S. 381 scheint anzunehmen, der Verfasser hafte dabei für die Sorgfalt, die er in eigenen Angelegenheiten anzuwenden pflegt. Das ist nicht richtig. Der Verfasser, der z. B. gewöhnlich unleserlich schreibt, darf dem Verleger nicht ein unleserliches Manuskript liefern.

Vertrage zurücktreten. Er kann ohne Fristsetzung sofort zurücktreten, wenn dies, wie insbesondere beim Fixgeschäft, durch ein besonderes Interesse des Verlegers gerechtfertigt wird oder wenn die rechtzeitige Verbesserung unmöglich ist oder vom Verfasser verweigert wird. Er kann überhaupt nicht zurücktreten, wenn die Abweichung von der vertragsmäßigen Beschaffenheit ihm nur einen unerheblichen Nachteil bringt.

Beruht der Mangel auf einem Umstande, welchen der Verfasser wegen eigenen Verschuldens oder Verschuldens einer Hilfsperson[38]) zu vertreten hat, so kann der Verfasser statt des Rücktrittrechtes den Anspruch auf Schadensersatz wegen Nichterfüllung geltend machen. Dabei ist aber zu beachten, daß nach den auch hier geltenden allgemeinen Grundsätzen des BGB. §§ 249 ff. der Schadensersatz in erster Linie in der Herstellung des schadenfreien Zustandes, also hier in der Verbesserung des Mangels, besteht.

Der für Werkverträge geltende Satz des BGB. § 633 Abs. 3, daß, wenn der Unternehmer mit der Beseitigung des Mangels im Verzug ist, der Besteller den Mangel selbst beseitigen und Ersatz der erforderlichen Auslagen verlangen kann, gilt für den Verlagsvertrag nur insoweit, als sich nicht aus den dem Verlagsrecht eigentümlichen Grundsätzen etwas Abweichendes ergibt.[39]) Daher darf der Verleger zwar ein für den Setzer unleserliches Manuskript abschreiben lassen und dafür vom Verlaggeber Ersatz verlangen,[40]) aber er darf nicht an dem, wenn auch fehlerhaften, Inhalt oder an der Form des Werkes selbst Aenderungen vornehmen oder vornehmen lassen.

3. Der Verlaggeber haftet dem Verleger endlich auch für die Verschaffung des gegenständlichen Verlagsrechtes, soweit er ihm dieses überhaupt zu verschaffen verpflichtet ist.[41]) Da das gegenständliche Verlagsrecht ein aus dem Urheberrechte abgeleitetes und in seiner Existenz durch dieses bedingtes Recht ist, bedeutet das zugleich eine Haftung für den rechtlichen Be-

[38]) Vgl. BGB. §§ 276, 278.

[39]) Dies verkennt Müller S. 380.

[40]) Dies konstruiert Allfeld, Bem. 5 zu § 31 als Geschäftsführung ohne Auftrag (BGB §§ 677 ff). Dazu ist aber, wenigstens im Falle des Verzuges, m E. kein Anlaß, da in diesem Falle § 633 Abs. 3 entsprechend anwendbar und ausreichend ist.

[41]) was sich nach VerlG. §§ 8, 39 bemißt.

stand des Urheberrechtes. Die Gewährleistung des Verlaggebers für Mängel im Rechte bemißt sich nach BGB. §§ 445, 437, 440, 320 ff.[42])

Demzufolge kann der Verleger insbesondere, solange ihm das Verlagsrecht nicht verschafft ist, die ihm obliegende Leistung nach BGB. § 320 verweigern und zwar nicht bloß die von ihm etwa geschuldete Vergütung, sondern auch die ihm obliegende Vervielfältigung und Verbreitung des Werkes.[43])

§ 69.

4. Verpflichtungen des Verlegers und Rechte des Verlaggebers.

I. Die Hauptverpflichtung des Verlegers ist die, das Werk zu vervielfältigen und zu verbreiten.

1. Ueber die Art, in der dies zu geschehen hat, kann der Vertrag Näheres bestimmen. Soweit das nicht geschehen ist, gilt die gesetzliche Regel (VerlG. § 14), daß der Verleger die Vervielfältigung und Verbreitung in der zweckentsprechenden und üblichen Weise vorzunehmen hat.[1]) Während beim Buchverlag nur mechanische Vervielfältigung durch Druck zweckentsprechend und üblich ist, kommt im Musikverlag für gewisse Werke, namentlich für Orchesterpartituren, die handschriftliche Vervielfältigung vor. Die übliche Verbreitung ist die durch Vermittelung von Sortimentern, bei gewissen Lieferungswerken auch die im Wege der Kolportage.

Zur zweckentsprechenden Verbreitung gehört auch die Sorge dafür, daß das Erscheinen des Werkes durch Aufnahme seines Titels in den buchhändlerischen Anzeigeblättern, insbesondere im Verzeichnis des Börsenblattes für den deutschen Buchhandel, bekannt gegeben wird. Unter Umständen, namentlich bei wissenschaftlichen Werken, gehört dazu auch die unentgeltliche Versendung von Rezensionsexemplaren an die wichtigsten in Betracht kommenden Fach-

[42]) Vgl. über die Gewährleistungspflicht des Veräußerers von urheberrechtlichen Befugnissen überhaupt oben S. 93 ff.

[43]) Die Anwendung der §§ 320 ff. setzt nicht, wie Heinitz (Bem. 2 zu VerlG. § 8) annimmt, voraus, daß eine Vergütung für den Verfasser vereinbart ist.

[1]) Zu dieser Regel würden auch ohne VerlG. § 14 schon BGB. §§ 157, 242 führen.

zeitschriften;[2]) immerhin hat der Urheber gegenüber dem Verleger einen solchen Anspruch nur innerhalb billiger Grenzen, die sich nur mit Rücksicht auf die konkreten Umstände des Einzelfalles bestimmen lassen. In keinem Falle entsteht aus dem Verhältnis des Urhebers zum Verleger ein selbständiger Anspruch der Schriftleitung der Zeitschrift auf ein Rezensionsexemplar; als ein Vertrag zugunsten eines Dritten (der Schriftleitung) im Sinne des § 328 BGB. darf dieses Verhältnis nicht aufgefaßt werden.

Wo das Zweckentsprechende mit dem Ueblichen im Widerspruch steht, ist ersteres vorzuziehen.[3]) Der Verleger darf aber dabei seine eigenen Zwecke in gleicher Weise berücksichtigen, wie die des Verfassers.

Die Form und Ausstattung der Abzüge wird unter Beachtung der im Verlagshandel herrschenden Uebung sowie mit Rücksicht auf Zweck und Inhalt des Werkes vom Verleger bestimmt. Ihm ist damit grundsätzlich die Entscheidung über Größe und Art der Typen, über das Papier, über das Format des Buches, über die Farbe des Umschlages, über etwaigen Buchschmuck anheimgestellt; natürlich kann aber alles dies auch Gegenstand vertragsmäßiger Regelung sein.[4])

2. Der Verleger hat mit der Vervielfältigung zu beginnen, sobald ihm das vollständige Werk zugegangen ist. Nur wenn das Werk in Abteilungen erscheint, ist mit der Vervielfältigung schon zu beginnen, sobald der Verlaggeber eine Abteilung abgeliefert hat, die nach ordnungsmäßiger Folge zur Herausgabe bestimmt ist. (§ 15).

Die Auslegung nach Treu und Glauben und der Verkehrssitte im Zusammenhang mit dem Grundsatze des § 271 BGB. ergibt, daß der Verleger den begonnenen Druck ununterbrochen fortzusetzen und nach der Vollendung des Druckes sofort mit der Verbreitung zu beginnen hat, sofern nicht die Umstände, namentlich die Zweckbestimmung des Werkes, auf etwas anderes hinweisen.

---

[2]) Ueber die Rezensionsexemplare vgl. Coulin in Jherings Jahrb. Bd. 52 S. 473 ff., Voigtländer ebenda Bd. 53 S. 325 ff., A. Elster im Arch. für bürgerl. R. Bd. 32 S. 341 ff.

[3]) So mit Recht Allfeld, Bem. 2 zu § 14.

[4]) Nach § 6 des PreßG. müssen auf jeder Druckschrift Name (oder Firma) und Wohnort des Druckers und, wenn sie zur Verbreitung bestimmt ist, des Verlegers genannt sein.

3. Der Verleger ist verpflichtet, die Auflage[5]) in voller Höhe herzustellen. Stellt er sie nicht auf einmal, sondern sukzessive nach Bedarf her, so hat er rechtzeitig dafür zu sorgen, daß der Bestand nicht vergriffen wird.[6])

4. Die Vervielfältigungs- und Verbreitungspflicht des Verlegers bezieht sich auf das ganze Werk. Dies gilt auch für Sammelwerke. Werden jedoch von einem Sammelwerke, sei es bei der Veranstaltung einer neuen Auflage oder innerhalb derselben Auflage, neue Abzüge hergestellt, so ist der Verleger gemäß § 19 berechtigt, einzelne Beiträge wegzulassen; er bedarf dazu nur, wenn er nicht selbst Herausgeber ist, der Zustimmung des Herausgebers, nicht auch der Zustimmung der übrigen Mitarbeiter und insbesondere nicht der Zustimmung desjenigen Verfassers, dessen Beitrag wegbleiben soll. Mit der Entscheidung über die Weglassung des Beitrags endigt das Vertragsverhältnis mit dessen Verfasser. Dieser kann nun nach Belieben anderweitig über den Beitrag verfügen.

5. In der Verpflichtung zur Vervielfältigung in zweckentsprechender Weise ist schon die Verpflichtung zur Herstellung druckfehlerfreier Abzüge und damit die Korrekturpflicht inbegriffen. Folgerichtig bestimmt der dispositive § 20, daß der Verleger für die Korrektur zu sorgen habe. Da jedoch auch der Verfasser ein dringendes Interesse an einem fehlerfreien Druck und häufig auch an der nachträglichen Vornahme sachlicher Aenderungen und Zusätze hat, wozu er ja bis zur Beendigung der Vervielfältigung befugt ist, so hat der Verleger rechtzeitig dem Verfasser einen Abzug zur Durchsicht vorzulegen.[7]) Diese Vorlegungspflicht des Verlegers ist eine Uebersendungspflicht.[8]) Der Verfasser kann die Korrektur, zu der er übrigens mangels anderweitiger Abrede nur berechtigt, nicht verpflichtet ist,[9]) auch durch einen anderen vornehmen lassen.

---

[5]) Ueber diesen Begriff oben S. 332.

[6]) Dies der einfache Sinn des in seiner Auslegung bestrittenen § 16.

[7]) Die durch die Hin- und Rücksendung der Korrektur entstehenden Portokosten trägt mangels anderweitiger Abrede der jeweilige Absender. Vgl. Voigtländer, Bem. 1 zu § 20.

[8]) Von einer Analogie mit BGB. § 811 kann keine Rede sein.

[9]) Ganz zweifellos ist dies freilich angesichts der entgegenstehenden Verkehrssitte, die in § 11 der Verlagsordnung Ausdruck gefunden hat, nicht. Für die Verneinung der Verpflichtung (durchaus herrschende Meinung) spricht aber, daß eine solche in den Entwurf auf Wunsch der Schriftsteller geflissentlich nicht

Der dem Verfasser vorgelegte Abzug gilt als genehmigt, wenn er ihn nicht innerhalb einer angemessenen Frist[10]) dem Verleger gegenüber beanstandet, sei es, daß er ihn innerhalb der Frist überhaupt nicht oder unbeanstandet zurücksendet. Der Verfasser hat also kein Recht auf die vielfach übliche Zusendung einer zweiten Korrektur, es müßte denn sein, daß der erste an ihn abgesendete Abzug ihm nicht zugegangen ist.[11])

II. Haftung des Verlegers.

Wenn der Verleger das Werk nicht in der ihm durch Vertrag oder Gesetz gebotenen Weise verbreitet, so haftet er dem Verlaggeber wegen Vertragsverletzung. Diese Haftung tritt unter anderem auch ein, wenn der Verleger unter Außerachtlassung der beschränkenden Vorschriften des § 21 VerlG. den Ladenpreis ermäßigt oder erhöht.

Die Vertragsverletzung ist, falls der Verlaggeber zugleich der Verfasser ist, zugleich Urheberrechtsverletzung in zwei Fällen:

1. wenn der Verleger bei der Vervielfältigung des Werkes dieses unzulässig verändert;

2. wenn er die vertragsmäßige oder gesetzliche Höhe der Auflage überschreitet oder unzulässigerweise eine neue Auflage veranstaltet.

In diesen Fällen hat der Verfasser die Wahl, ob er wegen des Eingriffes in sein Urheberrecht gegen den Verleger mit den urheberrechtlichen Schutzmitteln vorgehen oder seine Haftung aus dem Verlagsvertrage gemäß VerlG. §§ 32, 30 in Anspruch nehmen will.

Bei Vertragsverletzung hat der Verlaggeber stets den Erfüllungsanspruch, d. h. den Anspruch auf Herstellung des vertrags-

---

aufgenommen wurde in der Erwägung, daß sie einem Verfasser, der sich etwa auf Reisen befindet oder durch andere Geschäfte völlig in Anspruch genommen ist, nicht zugemutet werden kann; ferner, daß in der Reichstagskommission ein Antrag auf Feststellung einer solchen Verpflichtung zwar gestellt, aber auf eine Einwendung des Regierungsvertreters wieder zurückgezogen wurde; vgl. Begr. zum Entwurf S. 74 Komm.-Ber. S. 27 f.

[10]) Voigtländer, Bem. 2 zu § 20 sagt, die „angemessene Frist" sei für das Verkehrsbedürfnis viel zu unbestimmt. Eine fest bestimmte Frist würde aber den sehr verschiedenartigen tatsächlichen Verhältnissen bei den Verfassern erst recht nicht entsprechen, außer wenn sie sehr lange bemessen wäre, was wiederum den Verlegern nicht passen würde.

[11]) Diese Einschränkung ist nach Treu und Glauben erforderlich, so auch Allfeld, Bem. 3 zu § 20.

mäßigen Zustandes. Die Zwangsvollstreckung aus dem seiner Klage stattgebenden Urteil richtet sich regelmäßig nach ZPO. § 887; denn den Gegenstand der Verpflichtung des Verlegers bildet regelmäßig die Vornahme einer sogen. vertretbaren Handlung.[12]) Auch kann der Verlaggeber nach rechtskräftiger Verurteilung des Verlegers gegen diesen nach BGB. § 283 vorgehen.

Der Verlaggeber kann aber auch, statt den Anspruch auf Erfüllung geltend zu machen, dem Verleger eine angemessene Frist zur Herstellung des vertragsmäßigen Zustandes mit der Erklärung bestimmen, daß er die Annahme der Leistung nach dem Ablaufe der Frist ablehne. Nach dem Ablauf der Frist ist der Verlaggeber berechtigt, von dem Vertrage zurückzutreten, wenn nicht der vertragsmäßige Zustand rechtzeitig hergestellt worden ist. Der Fristbestimmung bedarf es nicht, wenn die rechtzeitige dem Vertrage entsprechende Vervielfältigung und Verbreitung unmöglich ist oder vom Verfasser verweigert wird oder wenn der sofortige Rücktritt vom Vertrage durch ein besonderes Interesse des Verlaggebers gerechtfertigt wird. Der Rücktritt ist jedoch ausgeschlossen, wenn die Vertragsverletzung für den Verlaggeber nur einen unerheblichen Nachteil mit sich bringt, so z. B. wenn in den zur Verbreitung fertigen Exemplaren einige sachlich belanglose Druckfehler stehen geblieben sind.

Ist der Verleger mit seiner Leistung im Verzug, so kann der Verlaggeber, statt vom Vertrage zurückzutreten, auch Schadensersatz wegen Nichterfüllung verlangen (BGB. § 326).

III. Vergütung. (Honorar).

1. Ob der Verleger dem Verlaggeber für die Ueberlassung des Werkes eine Vergütung zu entrichten hat, hängt grundsätzlich von der Vereinbarung ab.[13]) Die Vergütung ist für den Ver-

---

[12]) Um eine unvertretbare Handlung, bei welcher für die Zwangsvollstreckung ZPO. § 888 maßgebend wäre, handelt es sich wohl nur in den sehr seltenen Ausnahmefällen, in welchem die Vervielfältigung besondere eigentümliche typographische Einrichtungen voraussetzt, die nur der verurteilte Verleger besitzt. Dagegen wird man die Preisbestimmung, die Allfeld (Bem. 3, a zu § 32) zu den unvertretbaren Handlungen rechnet, als solche nicht ansehen dürfen; sie kann unter Berücksichtigung der Umstände und der Verkehrssitte durch einen Dritten erfolgen.

[13]) Die Bestimmung des VerlG. § 22 Satz 1, daß der Verleger verpflichtet ist, dem Verfasser die vereinbarte Vergütung zu bezahlen, ist als selbstverständlich überflüssig.

lagsvertrag nicht wesentlich;[14]) ja es ist sogar möglich und kommt nicht selten vor, daß umgekehrt der Verlaggeber dem Verleger einen Beitrag zu dessen Kosten zu leisten hat.

Die Vereinbarung, daß der Verleger dem Verfasser eine Vergütung zu entrichten hat, braucht nicht ausdrücklich zu erfolgen. Die Vergütung „gilt" nach § 22 Satz 2[15]) als stillschweigend vereinbart, wenn die Ueberlassung des Werkes den Umständen nach nur gegen eine Vergütung zu erwarten ist. Das ist jedoch nur eine einfache Vermutung für das Vorhandensein eines auf Entrichtung einer Vergütung gerichteten beiderseitigen Parteiwillens. Der Beweis, daß trotz der auf eine Vergütungspflicht hinweisenden objektiven Umstände eine solche beiderseits nicht gewollt ist, steht dem Verleger frei. Ob solche Umstände vorliegen, hat der Richter im Streitfalle nach freiem Ermessen unter Berücksichtigung der Verkehrssitte zu beurteilen. Aeußere Anhaltspunkte, die im Zweifel für die Vergütungspflicht sprechen, sind z. B. darin zu finden, daß der Verfasser sich die Schriftstellerei zur berufsmäßigen Aufgabe gemacht hat oder z. B. darin, daß der Verleger einer Zeitschrift, der die Aufsätze gewöhnlich honoriert, den Verfasser um einen Beitrag ersucht hat.

2. Die Vergütung[16]) braucht nicht notwendig in Geld zu bestehen, wenn dies auch die Regel sein wird. Sie kann z. B. auch in der Hingabe anderer Sachen, insbesondere einer größeren Zahl von Freiexemplaren, oder in der Gewährung von Unterhalt oder freier Wohnung oder in der Abtretung einer Forderung oder im Verzicht auf ein Recht bestehen. Jedoch gilt die gesetzliche Regel, daß, wenn die Höhe der Vergütung nicht bestimmt ist, eine angemessene Vergütung in Geld als vereinbart anzusehen ist. Bei der Frage, was angemessen ist, sind nicht nur objektive

---

[14]) Der Vertrag kann perfekt sein, auch wenn eine Einigung über die Höhe des gewollten Honorares nicht vorliegt; ist anzunehmen, daß ein solches gewollt ist, so ist ein angemessenes Honorar in Geld als vereinbart anzusehen. Vgl. die (preußisch-landrechtliche) RGE. in ZS. Bd. 60 S. 174 ff.

[15]) Uebereinstimmend mit BGB. § 632 Abs. 1 über den Werkvertrag (vgl. auch §§ 612, 653, 689).

[16]) Ueber die verschiedenen Berechnungsarten (nach Bogen, nach Zeilen usw.) s. Voigtländer, Bem. 3, Allfeld, Bem. 3, b zu § 22, Mittelstädt-Hillig S. 85; Henneberg a. a. O. S. 96 f.; Hillenbrand, Der Verlagsvertrag (Erlanger Diss. 1903) S. 97 ff.

Verhältnisse, wie die Vervielfältigungskosten und die Absatzfähigkeit des Werkes, sondern auch subjektive, wie der Name des Verfassers, in Betracht zu ziehen.[17])

3. Ist bei Veranstaltung einer neuen Auflage über das Honorar nichts vereinbart, so ist im Zweifel das Honorar nach der für die vorige Auflage getroffenen Abrede zu bemessen (arg. § 5). War für die frühere Auflage ein Honorar nicht zu entrichten, so ist für die neue Auflage mangels anderweitiger Abrede ein solches nur geschuldet, wenn besondere Umstände diese Verpflichtung begründen.

4. Besteht die Vergütung in Geld, so hat sie der Verleger im Zweifel auf seine Gefahr und seine Kosten dem Verlaggeber an dessen Wohnsitz zu übermitteln; BGB. § 270. Besteht sie nicht in Geld, so ist, soweit sich nicht aus den Umständen ein anderes ergibt, Leistungsort der Ort, an welchem der Verleger zur Zeit der Entstehung des Schuldverhältnisses seine gewerbliche Niederlassung oder in Ermangelung einer solchen seinen Wohnsitz hat; BGB. § 269.

5. Ueber den Zeitpunkt, in welchem die Vergütung fällig ist, gibt VerlG. § 23 die mangels anderweitiger Abrede geltende Vorschrift, daß sie bei der Ablieferung des Werkes[18]) zu entrichten ist. Ist das Werk in Teilen abzuliefern und die Vergütung für die einzelnen Teile bestimmt, so ist sie für jeden Teil bei dessen Ablieferung zu entrichten.[19]) Verkehrssitte ist jedoch, daß, wenn das Werk in Teilen (Bänden oder Heften) erscheint, das Honorar je nach dem Drucke eines Teiles zu zahlen ist.[20]) Ist die Höhe der Vergütung unbestimmt oder hängt sie von dem Umfange der Vervielfältigung, insbesondere von der Zahl der Druckbogen ab, so wird die Vergütung fällig, sobald das Werk vervielfältigt ist.

6. Bestimmt sich die Vergütung nach dem Absatze, so hat der Verleger jährlich dem Verfasser für das vorangegangene Ge-

[17]) Nach Schweizer OblR. Art. 383 wird die Größe des nicht ausdrücklich vereinbarten Honorars vom Richter „auf das Gutachten von Sachverständigen" bestimmt. Nach deutschem Recht sind Sachverständigen-Gutachten nicht obligatorisch, aber natürlich als Beweismittel zulässig und häufig zweckmäßig.

[18]) Natürlich des Werkes im vertragsmäßigen Zustande.

[19]) Analogie des BGB. § 641 Abs. 1 Satz 2.

[20]) Vgl. Verlagsordnung § 20.

schäftsjahr Rechnung zu legen[21]) und ihm, soweit es für die Prüfung erforderlich ist, die Einsicht in seine Geschäftsbücher zu gestatten (§ 24).

IV Die Zahl der dem Verfasser zu liefernden Freiexemplare des Werkes kann vertragsmäßig festgesetzt werden. Bestimmt der Vertrag nichts darüber, so ist sie nach VerlG. § 25 für Werke der Literatur und für Werke der Tonkunst verschieden.

Der Verleger eines Werkes der Literatur ist verpflichtet, dem Verfasser auf je hundert Abzüge ein Freiexemplar, jedoch im Ganzen nicht weniger als fünf und nicht mehr als fünfzehn zu liefern. Er hat sie nach der Verkehrssitte, welche hier dem dispositiven § 269 BGB. vorgeht, auf seine Kosten dem Verfasser an dessen Wohnort zu übersenden. Außer den nach Vertrag oder Gesetz bemessenen Freiexemplaren hat der Verleger dem Verfasser auf dessen Verlangen[22]) auch ein Exemplar in Aushängebogen zu überlassen. „Aushängebogen" sind Reindruckbogen, deren Aenderung im Wege der Korrektur nicht mehr begehrt werden kann, die aber dem Verfasser noch Gelegenheit geben, etwaige Fehler an anderer Stelle des Werkes (am Anfang oder am Schlusse) zu berichtigen. Ihr Name kommt daher, daß zur Zeit des alten Meßverkehres die Sitte bestand, von den im Meßkatalog als demnächst erscheinend angezeigten Werken einzelne Bogen vor den Verkaufsgewölben auszuhängen.[23])

Handelt es sich um einen Beitrag in einer Zeitung, so kann der Verfasser keine Freiexemplare verlangen; § 46 Abs. 1.

Für den Musikverlag hat das Gesetz wegen der hier bestehenden sehr verschiedenartigen Uebung für die verschiedenen Gattungen von Musikwerken darauf verzichtet, auch nur dispositiv den

---

[21]) Fraglich erscheint, ob dabei BGB. § 259 anwendbar ist und demgemäß der Verleger unter Umständen zum Offenbarungseid angehalten werden kann. § 259 spricht nicht von der Rechnungslegung überhaupt, sondern von der Rechenschaftsablage „über eine mit Einnahmen und Ausgaben verbundene Verwaltung". Von einer „Verwaltung" wird man beim Verleger kaum sprechen können. Aber die analoge Anwendung des § 259 erscheint mir doch gerechtfertigt.

[22]) sog. empfangsbedürftige Willenserklärung.

[23]) Vgl. Voigtländer, Bem. 2 zu § 25, Goldfriedrich, Geschichte des deutschen Buchhandels Bd. 2 S. 324; Schürmann, Die Rechtsverhältnisse der Autoren und Verleger S. 111.

Verleger zu einer bestimmten Zahl von Freiexemplaren zu verpflichten, sich vielmehr auf die Vorschrift beschränkt, daß er dem Verfasser „die übliche Zahl" von Freiexemplaren zu liefern habe.

Von literarischen oder musikalischen Beiträgen, die in Sammelwerken erscheinen, dürfen Sonderabzüge als Freiexemplare geliefert werden.

Das Wesen der Freiexemplare wird nicht nur durch die Unentgeltlichkeit ihres Bezuges, sondern auch durch ihren eigentümlichen Zweck bestimmt; dieser geht dahin, daß der Verfasser als Empfänger sie zu seinem persönlichen Bedarf und zu Widmungen benutze. Dagegen ist er, wenn ihm nicht das Gegenteil gestattet ist, dem Verleger gegenüber verpflichtet, sie nicht an andere zu verkaufen.[24]) Dieses Verkaufsverbot ist zwar nicht eine Folge des dem Verleger zustehenden gegenständlichen ausschließlichen Verbreitungsrechtes, denn dieses äußert seine negative Funktion nicht gegenüber Werken, die vertragsmäßig in das Eigentum eines anderen übergegangen sind, wohl aber ergibt es sich aus einer Auslegung des Vertrages nach Treu und Glauben. Diese verbieten, daß der Empfänger von Freiexemplaren auf Kosten des Verlegers sich bereichere. Das Verkaufsverbot hat also nur eine obligatorische, keine gegenständliche Bedeutung; der trotzdem erfolgende Verkauf ist wirksam, der neue Erwerber wird Eigentümer; (vgl. BGB. § 137).

V. Der Verleger unterliegt gegenüber dem Verfasser in gewissem Umfange einem Kontrahierungszwange. Der Verleger hat nämlich nach dem freilich nur dispositiven § 26[25]) die zu seiner Verfügung stehenden Abzüge des Werkes zu dem niedrigsten Preise, für welchen er das Werk im Betriebe seines Verlagsgeschäftes abgibt, dem Verfasser, soweit dieser es verlangt,[26]) zu überlassen d. h. zu verkaufen. Der hiemit dem Verfasser ein-

[24]) a. M. Allfeld, Bem. 6, b zu VerlG. § 2 unter Berufung auf Komm.-Ber. S. 6 und Beer, Das freie Verfügungsrecht des Autors über die zu einem Vorzugspreise vom Verleger bezogenen Exemplare seines Werkes, Teil I S. 32.

[25]) § 26 hat keine rückwirkende Kraft, gilt also nicht für Werke bezüglich deren der Verlagsvertrag vor dem 1. Januar 1902 abgeschlossen ist; vgl. RGE. vom 14. Oktober 1905 in D. JurZ. 1906 S. 81 f.

[26]) Das Verlangen ist ein Vertragsantrag; dieser begründet hier, da er nicht abgelehnt werden kann, die Klage auf Leistung; vgl. Kuhlenbeck, Bem. 3 zu § 26.

geräumte Anspruch auf einen Vorzugspreis steht auch seinen Erben zu.

Auf Grund dieses Kontrahierungszwanges des Verlegers haben der Verfasser oder seine Erben die Möglichkeit, das Werk vollständig aufzukaufen und damit seine weitere Verbreitung zu hindern; denn der Zwang besteht für den Verleger auch hinsichtlich der sog. Konditionsexemplare, die er bereits an den Sortimenter versendet, aber an diesen noch nicht verkauft hat. Auch dann ist das Bezugsrecht des Verfassers wertvoll, wenn er alsbald eine neue Auflage veranstalten will.

Der Vorzugspreis, zu welchem der Verfasser nach § 26 beziehen darf, beträgt tatsächlicher Uebung zufolge bei Werken der Literatur regelmäßig 75 Prozent des Ladenpreises.[27]) Ein Ausnahmepreis, den der Verleger in einzelnen Fällen aus besonderen Gründen gewährt hat, bleibt außer Betracht.

Der Verfasser kann über die Exemplare, die er zum Vorzugspreise vom Verleger erworben hat, grundsätzlich frei verfügen. Insbesondere kann z. B. ein Dozent, der Exemplare seines eigenen Werkes zum Vorzugspreise vom Verleger bezogen hat, diese zu demselben oder einem noch niedrigeren Preise an seine Hörer zu Lehrzwecken abgeben.[28]) Dagegen wird man es als ein dem Zwecke des § 26 widerstreitendes und nach Treu und Glauben nicht zu billigendes Verhalten des Verfassers betrachten müssen, wenn dieser sein Bezugsrecht dazu mißbraucht, um die bezogenen Exemplare mit Gewinn weiter zu verkaufen.[29])

---

[27]) Vgl. Verlagsordnung § 25.

[28]) So auch Beer, Das freie Verfügungsrecht des Autors über die zu einem Vorzugspreise vom Verleger bezogenen Exemplare seines Werkes (Ein Rechtsgutachten, erstattet im Auftrag des akad. Schutzvereins) Teil I und II, 1904; ebenso das Gutachten von Schulz, Das Recht des Autors und § 26 des VerlG., Müller, Bem. 4 zu § 26, Henneberg a. a. O. S. 93 ff. und insbesondere RGE. vom 14. Oktober 1905 in Holdheims Monatsschrift 1906 S. 70 und in D. JurZ. 1906 S. 81 f.; dagegen im Interesse des Sortimentshandels Kohler, UrhR. S. 313 f.

[29]) a. M. Beer, a. a. O. Teil I S. 39 f. Das erwähnte Urteil des Reichsgerichts vom 14. Oktober 1905 läßt die Frage offen. Auf den von Müller, Bem. 4 zu § 26, herangezogenen § 226 BGB. läßt sich unsere Ansicht freilich nicht gründen; denn § 226 setzt Exklusivität des Schädigungszweckes voraus; daran fehlt es hier. Allfeld, Bem. 5 zu § 26, gibt dem Verfasser das Recht zu jeder, auch gewerbsmäßigen Verfügung, wenn er sämt-

VI. Verpflichtung zur Rückgabe des Manuskriptes. Besitz und Eigentum an diesem.

1. Nach VerlG. § 27 ist der Verleger verpflichtet, das Werk, nachdem es vervielfältigt worden ist, zurückzugeben, sofern der Verfasser sich vor dem Beginne der Vervielfältigung die Rückgabe vorbehalten hat.

Durch diese Bestimmung wird nicht eine besondere verlagsrechtliche Pflicht begründet, sondern eine an sich nach den allgemeinen bürgerlichrechtlichen Regeln bestehende Verpflichtung eingeschränkt. Der Verfasser, der dem Verleger das Manuskript zur Vervielfältigung übergibt, verschafft diesem daran zwar Besitz, aber regelmäßig kein Eigentum, da es an der dazu nötigen Einigung (BGB. § 929) regelmäßig fehlt. Der Verfasser bleibt vielmehr Eigentümer und mittelbarer Besitzer, der Verleger wird unmittelbarer Besitzer im Sinne des § 868 BGB. An sich könnte daher der Verfasser als Eigentümer nach BGB. §§ 985, 986 vom Verleger nach Beendigung der Vervielfältigung die Herausgabe des Manuskriptes verlangen. In Berücksichtigung des Umstandes jedoch, daß, wenn nicht eine besondere Sorgfalt angewendet wird, erfahrungsgemäß das Manuskript durch die Benutzung in der Druckerei häufig zerteilt oder sonst beschädigt wird, macht das VerlG. die Rückgabepflicht von der Bedingung abhängig, daß der Verfasser sich vor dem Beginne der mit der Herstellung des Satzes beginnenden Vervielfältigung die Rückgabe vorbehalten hat. Der Vorbehalt ist eine formfreie empfangsbedürftige Erklärung. Was für Manuskripte gilt, gilt auch für Partituren und Abbildungen.

---

liche Exemplare aufgekauft hat und dadurch das Recht des Verlegers erschöpft ist, hält den Verfasser jedoch, wenn er nicht alle Abzüge aufgekauft hat, zur gewerbsmäßigen Verbreitung der Abzüge nicht für berechtigt, weil diese einen Eingriff in das Recht des Verlegers enthalte. Aber diese Begründung aus dem Gesichtspunkte des Eingriffs in das gegenständliche Verlagsrecht erscheint mir doch nicht unbedenklich; denn den Grundsatz, daß das ausschließliche Verbreitungsrecht des Verlegers sich nicht auf solche Exemplare bezieht, die er selbst hergestellt und in Verkehr gebracht hat, so daß sie Eigentum eines anderen geworden sind (vgl. RGE. Bd. 63 S. 394 ff.), muß man wohl auch auf diejenigen Fälle anwenden, in denen der Verleger unfreiwillig nach VerlG. § 26 verkauft hat. Zweifellos ist mir das freilich nicht. Es ist zu bedauern, daß die sehr bestrittene und doch praktisch wichtige Frage des Verfügungsrechtes des Autors im Falle des § 26 keine gesetzliche Regelung gefunden hat.

Regelmäßig erfolgt die Rückgabe des Manuskriptes in der Weise, daß der Verfasser mit den einzelnen Korrekturbogen die entsprechenden Teile seines Manuskriptes erhält. Diesem Verfahren gegenüber kann der Verfasser, auch wenn er ein Recht auf die Rückgabe hat, sich nicht darauf berufen, daß er Teilleistungen nicht anzunehmen brauche; denn BGB. § 266 muß hinter der Verkehrssitte zurücktreten.

2. Wird der Verleger, wenn der Verfasser den Vorbehalt der Rückgabe versäumt hat, Eigentümer des Manuskriptes? VerlG. § 27 sagt dies nicht, und es darf auch ohne zwingenden Grund nicht angenommen werden, daß das VerlG. eine von dem allgemeinen Grundsatze des § 929 BGB. abweichende besondere Eigentumserwerbsart schaffen wollte. Der Zweck des § 27 ist offenbar der, den Verleger beim Mangel des Vorbehaltes von der Pflicht zur Rückgabe des unversehrten Manuskriptes zu befreien, nicht aber der, ihm ein beliebiges Verfügungsrecht oder Vernichtungsrecht in Ansehung des Manuskriptes zu geben. Hält man sich an den Wortlaut des in seiner Fassung verfehlten Gesetzes, so kommt man zu dem Ergebnisse, daß der Verleger beim Mangel des Vorbehaltes zwar nicht Eigentümer wird, aber zum Besitze berechtigt bleibt, und daher gegenüber dem Rückgabeanspruch des Eigentümers die Herausgabe gemäß BGB. § 986 verweigern kann.[30]) De lege ferenda wäre es das Richtige gewesen, einfach zu bestimmen, daß wenn nicht vor dem Beginne des Druckes ein Vorbehalt erfolgt, der Verleger nicht für die Unversehrtheit des Manuskriptes bezw. der Abbildung haftet.

Hat ein Verleger einen Autor aufgefordert, ihm ein Manuskript zur Einsicht zu übersenden, so ist er, wenn er vom Abdruck absieht, also kein Verlagsvertrag zustande kommt, für die unversehrte Rückgabe haftbar. Im Falle des Verlustes des Manuskriptes begründet der Umstand, daß der Verfasser es unterlassen

---

[30]) So auch Heinitz, Bem. 2 zu § 27, während Kohler, Urheberrecht S. 299, annimmt, die Uebergabe des Manuskriptes an den Verleger erfolge zu Eigentum, sofern sich der Verfasser nicht rechtzeitig die Rückgabe vorbehalte; bis dahin sei das Eigentum in der Schwebe. Daß auf Grund einer Willenseinigung zwischen Verfasser und Verleger das Verhältnis in diesem Sinne gestaltet werden kann, ist selbstverständlich.

hat, darauf hinzuweisen, daß ihm kein Konzept und keine Kopie zur Verfügung stehe, kein konkurrierendes Mitverschulden des Verfassers im Sinne des BGB. § 254.[31])

§ 70.

5. Das Verlagsrecht als absolutes Recht und sein Verhältnis zum Urheberrechte.

I. Entstehung und Dauer.

Das Verlagsrecht als absolutes gegenständliches Recht entsteht nicht mit dem Verlagsvertrage, sondern nach VerlG. § 9 erst mit der Ablieferung des Werkes an den Verleger. Ablieferung ist die körperliche Uebergabe, durch welche die tatsächliche Gewalt des Verlegers, also sein unmittelbarer Besitz (BGB. §§ 854, 868), hergestellt wird; dieses Gewaltverhältnis des Verlegers ist auch dann hergestellt, wenn etwa das Manuskript an jemanden, der den Weisungen des Verlegers zu folgen verpflichtet ist (vgl. BGB. § 855), z. B. direkt an die Druckerei, abgeliefert wird. Bei teilweiser Ablieferung erstreckt sich das Verlagsrecht nur auf den abgelieferten Teil.

In seiner Dauer ist das Verlagsrecht nicht von der tatsächlichen Verfügungsgewalt des Verlegers über das Werk als körperliche Sache abhängig, sondern von dem Bestehen des Vertragsverhältnisses, auf Grund dessen es dem Verleger verschafft ist. Es erlischt aber außer durch die Beendigung des Vertragsverhältnisses, da es ein aus dem Urheberrechte des Verfassers bzw. seines Rechtsnachfolgers abgeleitetes Recht ist, auch mit dem Ende des Urheberrechtes.

II. Inhalt des Verlagsrechtes und Verhältnis zum Urheberrechte.

1. Das Verlagsrecht ist ein aus dem Urheberrechte abgeleitetes gegenständliches Recht. Zum Inhalte hat es die ursprünglich im Urheberrechte inbegriffene ausschließliche Vervielfältigungs- und Verbreitungsbefugnis; diese geht in Gestalt eines selbständigen Rechtes auf den Verleger über. Seinem Umfange nach deckt sich

[31]) Vgl. Urteil des Kammerger. vom 2. Oktober 1905 in D. JurZ. 1906 S. 372.

das Verlagsrecht mit der nach dem Verlagsvertrage und den dispositiv gesetzlichen Bestimmungen dem Verfasser obliegenden obligatorischen Pflicht, sich der Vervielfältigung und der Verbreitung zu enthalten und sie dem Verleger zu gestatten,[1]) und dem dieser Verpflichtung gegenüberstehenden obligatorischen Rechte des Verlegers. Aber es unterscheidet sich von diesem dem Verleger zugleich zustehenden obligatorischen Rechte qualitativ durch seinen absoluten gegenständlichen Charakter; das Verlagsrecht wirkt nicht nur gegenüber dem Verlaggeber, sondern auch gegenüber Dritten.[2])

2. Das Verlagsrecht ist mit dem Urheberrecht nicht identisch. Das Urheberrecht enthält ja außer der ausschließlichen Vervielfältigungs- und Verbreitungsbefugnis auch andere Befugnisse, so das ausschließliche Vortragsrecht, das ausschließliche Aufführungsrecht. Diese gehen auf den Verleger nicht über, sondern bleiben dem Träger des Urheberrechtes. Nur ist der Inhalt des Urheberrechtes, wenn ein Verlagsrecht besteht, eben durch dieses beschränkt; man kann, wenn man einen sachenrechtlichen Vergleich heranziehen will, von einer Belastung des Urheberrechtes durch das Verlagsrecht sprechen, gerade so wie man von einer Belastung des Sacheigentums durch einen Nießbrauch oder durch eine beschränkte persönliche Dienstbarkeit spricht. Der sachenrechtliche Vergleich trifft aber noch in einem weiteren Punkte zu: wie das Eigentum vermöge seiner sog. Elastizität sich konsolidiert, wenn das belastende Recht wegfällt, so vervollkommnet sich auch der Inhalt des Urheberrechts von selbst wieder, wenn das Verlagsrecht sein Ende gefunden hat; der Träger des Urheberrechts hat nun wieder die ihm ursprünglich zustehende ausschließliche Vervielfältigungs- und Verbreitungsbefugnis, ohne daß es eines Aktes der Rückübertragung bedürfte.

3. Die Mittel zum Schutze des Verlagsrechtes sind dieselben, wie diejenigen, welche zum Schutze des Urheberrechtes gege-

---

[1]) Ueber den Umfang dieser Pflicht oben S. 326 ff.

[2]) Mißverständlich Cosack, Lehrbuch des Handelsrecht 6. Aufl. § 83, VI S. 375: Im Gegensatz zu den meisten anderen obligatorischen Verträgen wirke der Verlagsvertrag auch gegenüber Dritten. Aber nicht der Verlagsvertrag hat diese Wirkung, sondern das auf Grund des Vertrages zu verschaffende Verlagsrecht. Es ist hier nicht anders als beim Kauf, bei welchem auch nicht der Vertrag gegen Dritte wirkt, sondern das auf Grund des Vertrages zu verschaffende Eigentum.

ben sind.[3]) Diese urheberrechtlichen Schutzmittel stehen, da das Verlagsrecht als absolutes Recht seine negative Funktion gegen jedermann äußert, dem Verleger gegen jeden zu, der in das Verlagsrecht eingreift, auch gegen den Verfasser selbst.

Jeder widerrechtliche Eingriff in das Verlagsrecht durch den Verlaggeber ist aber zugleich eine Vertragsverletzung. Es steht im Belieben des verletzten Verlegers, ob er den einen oder den anderen Gesichtspunkt geltend machen, ob er also auf Grund der §§ 36 ff. LUG. gegen den Verlaggeber vorgehen oder dessen Haftung aus dem Vertrage in Anspruch nehmen will. Soweit im einzelnen Falle beide Wege zum selben Ziele führen, liegt Gesetzeskonkurrenz vor.

Aber nicht jede Vertragsverletzung durch den Verlaggeber verletzt zugleich das Verlagsrecht. Es gibt Handlungen, die zwar auf Grund des Vertrages dem Verlaggeber verboten sind, zu deren Unterlassung dieser daher obligatorisch verpflichtet ist, die der Verleger aber nicht auch Dritten untersagen kann, weil sie eben keinen Eingriff in das gegenständliche Verlagsrecht enthalten. Wegen solcher Handlungen des Verlaggebers kann der Verleger daher ausschließlich dessen Haftung aus dem Vertrage in Anspruch nehmen, aber nicht mit den urheberrechtlichen Schutzmitteln gegen ihn vorgehen. So ist es z. B., wenn das vom Verlaggeber gelieferte Werk nicht von vertragsmäßiger Beschaffenheit ist oder wenn der Verfasser der Abrede zuwider sein Werk vor dem Erscheinen öffentlich vorträgt oder in urheberrechtlich zulässiger Weise vervielfältigt oder einem andern Verleger zur Vervielfältigung überläßt;[4]) vor allem aber, wenn der Verlaggeber dem Vertrage zuwider eine Vervielfältigung oder Verbreitung vornimmt, bevor durch Uebergabe des Manuskriptes an den Verleger dessen Verlagsrecht entstanden ist, oder wenn Gegenstand des Verlagsvertrages ein Werk ist, an dem ein Verlagsrecht gar nicht bestehen kann, weil kein Urheberrecht mehr besteht.

4. Der positive Inhalt des Verlagsrechtes entspricht nicht immer genau seiner negativen Funktion. Diese kann weiter gehen. So hat z. B. der Verleger als Träger des Verlagsrechtes kein Recht, das Werk zu bearbeiten oder irgendwie zu ändern; aber er kann Dritten

[3]) Das System des Rechtsschutzes ist oben S. 110 ff. dargestellt.

[4]) Vgl. die Fälle der §§ 19—21 LUG.

verbieten, das Werk in einer Bearbeitung oder mit Aenderungen zu vervielfältigen und zu verbreiten.[5])

III. Geteiltes Verlagsrecht.

1. Das gegenständliche Verlagsrecht kann mit Beschränkung auf ein bestimmtes räumliches Gebiet bestehen. Vgl. LUG. § 8 Abs. 2. Doch ist eine Teilung innerhalb desselben Staates bzw. derselben Staatenvereinigung nicht üblich. Wohl aber kommt es, namentlich im Musikverlage, nicht selten vor, daß z. B. dem einen Verleger das Verlagsrecht für das Deutsche Reich, einem anderen für Frankreich oder Oesterreich eingeräumt wird. Jeder Verleger kann dann gegen jede Vervielfältigungs- und Verbreitungshandlung, die innerhalb des ihm zugewiesenen Gebietes von dem anderen Verleger vorgenommen wird, mit urheberrechtlichen Schutzmitteln vorgehen.

Maßgebend für die räumliche Ausdehnung des geteilten Verlagsrechtes ist der Vertrag, auf Grund dessen es entstanden ist. Eine spätere Veränderung der politischen Grenzen hat auf diese Ausdehnung, die in einer privatrechtlichen Abmachung, nicht in öffentlichrechtlichen Verhältnissen wurzelt, keinen Einfluß. Daher durfte z. B. ein Verleger, der vor 1871 das Verlagsrecht für Frankreich erwarb, das Werk auch noch nach dem Frankfurter Frieden in Elsaß-Lothringen verbreiten.[6])

IV. Das Verlagsrecht hat als ein aus dem Vollrecht des Urhebers abgeleitetes und dieses zugleich beschränkendes gegenständliches Tochterrecht eine Verwandtschaft mit dem Nießbrauch. Es unterscheidet sich aber vom Nießbrauch

1. dadurch, daß der Nießbrauch grundsätzlich ein Recht auf die Gesamtheit der Nutzungen gibt und nur durch den Ausschluß einzelner Nutzungen beschränkt werden kann, während das Verlagsrecht begrifflich nur auf bestimmte Nutzungsarten, auf die Vervielfältigung und Verbreitung, gerichtet ist;

2. dadurch, daß der Nießbrauch zur Nutzung des Gegenstandes nur berechtigt, nicht aber verpflichtet,[7]) während es für das Ver-

[5]) Vgl. Allfeld Bem. 2, a, cc zu § 8 und Bem. 4, a zu § 9.

[6]) So auch RGE. in ZS. Bd. 42 S. 301 und die herrschende Meinung; anders Kohler UrhR. S. 218.

Dagegen sind für die Frage, welche gesetzlichen Vorschriften zur Anwendung kommen, kraft des Territorialitätsprinzips (s. oben S. 71 ff.) die jeweiligen politischen Grenzen maßgebend, soweit nicht aus internationalen Verträgen oder aus inländischen Ueberleitungsvorschriften ein anderes sich ergibt.

[7]) Freilich hat auch der Nießbraucher Pflichten; aber ihr Inhalt ist nicht derselbe wie der seiner Berechtigung.

lagsrecht gerade charakteristisch ist, daß dem Rechte der Vervielfältigung und Verbreitung eine Pflicht gleichen Inhaltes gegenübersteht.

Wegen dieser Untrennbarkeit des Rechtes von der damit verbundenen Pflicht hat Kohler[8]) das Verlagsrecht mit dem mittelalterlichen Lehnrecht in Parallele gesetzt. In der Tat weist auch das Recht des Vasallen die Eigentümlichkeit auf, daß es mit einer Pflicht untrennbar verbunden ist und aus diesem Gesichtspunkte — aber nur aus diesem — hat der auf den ersten Blick so fernliegende Vergleich seine Berechtigung. Uebrigens ist das vasallitische Verhältnis nicht, wie Kohler meint, das einzige, das jenen Vergleichspunkt bietet. Auch das Verwaltungsrecht des Trägers der elterlichen Gewalt und des Vormundes am Kindesvermögen bzw. Mündelvermögen ist untrennbar mit der Verwaltungspflicht verbunden; ebenso ist das Recht der Sorge für die Person des Kindes zugleich Pflicht.

V. Das Verlagsrecht ist nicht gleichbedeutend mit dem „Verlag" im Sinne des Verlagsunternehmens. Das Verlagsrecht ist ein Recht an einem Schriftwerke, das Recht am Verlagsunternehmen dagegen ist ein solches an einem Inbegriff von Vermögensgegenständen, an körperlichen Sachen, Immaterialgütern, Forderungen, also überhaupt nicht ein einheitliches festbegrenztes Recht, sondern eine Summe ganz verschiedenartiger Einzelrechte, zu denen auch Verlagsrechte gehören können. Daher kann die Veräußerung eines „Verlages"[9]) zwar die Veräußerung von Verlagsrechten mit umfassen, notwendig ist das aber nicht, und keinesfalls ist sie mit der Veräußerung des Verlagsrechtes identisch. Das Verlagsunternehmen als solches kann nicht Gegenstand eines Pfandrechtes sein, da es weder eine Sache im Sinne des § 1204 noch ein Recht im Sinne des § 1273 noch ein sonstiger „Gegenstand" ist; verpfändbar sind vielmehr nur die einzelnen zum Verlagsgeschäfte gehörigen selbständig übertragbaren Gegenstände.[10])

§ 71.

6. Vererbung, Übertragung, Verpfändung und Pfändung der Rechte des Verlegers.

I. Vererbung.

Ueber die Vererblichkeit der Verlegerrechte gibt das Gesetz keine besonderen Bestimmungen. Es ist zu unterscheiden zwischen dem Ver-

[8]) in Iherings Jahrb. Bd. 18 S. 419 ff., UrhR. S. 259.
[9]) Für sie gelten HGB. §§ 22 ff.
[10]) Vgl. RGE. in ZS. Bd. 68 S. 49 ff.

lagsrechte als einem gegenständlichen Rechte und den dem Verleger gegen den Verfasser zustehenden einzelnen Forderungsrechten.

1. Für das gegenständliche Verlagsrecht als ein aus dem Urheberrecht abgeleitetes und daher im Wesen ihm gleichartiges Recht kann erbrechtlich nichts anderes gelten als für das Urheberrecht selbst. Das Verlagsrecht geht daher grundsätzlich auf die Erben des Verlegers über; ist jedoch der Fiskus oder eine andere juristische Person gesetzlicher Erbe, so erlischt das Verlagsrecht, soweit es dem Erblasser zusteht, mit dessen Tode.[1]) Das bisher durch das Verlagsrecht beschränkte Urheberrecht vervollkommnet nun wieder seinen Inhalt.

2. Die dem Verleger gegen den Verlaggeber zustehenden persönlichen Ansprüche sind insoweit unbedingt vererblich, als sie bereits fällige reine Geldforderungen sind. Daher ist der noch unbezahlte Beitrag zu den Druckkosten, welchen der Verlaggeber vertragsmäßig dem Verleger zu entrichten gehabt hätte, an den Erben zu leisten, auch wenn dieser der Fiskus ist, ebenso z. B. der Schadensersatz wegen einer Vertragsverletzung. Dagegen erleidet die grundsätzliche Vererblichkeit der Ansprüche, welche der Verleger gegen den Verfasser auf Herstellung und auf Ablieferung des Werkes und auf Verschaffung des Verlagsrechtes hat, zwei Beschränkungen:

a) Diese Ansprüche gehen nicht auf den Fiskus als gesetzlichen Erben über. Das steht zwar nicht im Gesetze, liegt aber in der Entwickelung des in LUG. § 8 Abs. 2 hervortretenden Rechtsgedankens.

b) Hat zur Zeit des Erbfalles die Vervielfältigung noch nicht begonnen, so hat der Verfasser dem Erben des Verlegers gegenüber gegen Ersatz der von diesem schon gemachten Aufwendungen das in VerlG. § 35 vorgesehene Rücktrittsrecht, wenn er bei verständiger Würdigung des Falles mit diesem Erben den Verlagsvertrag nicht abgeschlossen haben würde. Auch dieser Satz ergibt sich nicht aus dem Wortlaute des § 35, sondern nur im Wege der Analogie. Diese erscheint aber gerechtfertigt, wenn man erwägt, daß es sich bei dem Verlagsvertrage um ein Verhältnis handelt, bei welchem die individuelle Eigenart des Verlegers, sein persönlicher Ruf, seine geschäftliche Tüchtigkeit von wesentlicher Bedeutung sind.[2]) Mit dem Voll-

---

[1]) arg. LUG. § 8.

[2]) Was Ulpian (fr. 31 D. de sol. 46, 3) von den artifices sagt, daß unter ihnen longa differentia est et ingenii et naturae et doctrinae et institutionis, gilt auch von den Verlegern. — Vgl. übrigens auch RGE. in ZS. Bd. 65 S. 45 oben.

zug des Rücktritts endigt natürlich auch das gegenständliche Verlagsrecht (arg. VerlG. § 9 Abs. 1).

Die herrschende Lehre weiß von alledem nichts, sondern behauptet die Vererblichkeit der Verlegerrechte schlechthin.[3])

II. Übertragung.

Ob die Rechte des Verlegers übertragbar seien und vom rechtspolitischen Standpunkte aus sein sollen, war vor dem Verlagsgesetze von 1901, das die Frage in § 28 positiv geregelt hat, Gegenstand des lebhaftesten Streites.[4]) Während in der Rechtsprechung der obersten Gerichte[5]) die den Wünschen der Verleger entsprechende grundsätzliche Uebertragbarkeit anerkannt war, wurde sie in der Theorie mehrfach geleugnet, teils mit dem Hinweise darauf, daß die Rechte des Verlegers untrennbar mit Pflichten verknüpft seien, Pflichten aber nicht ohne Willen des Berechtigten auf einen anderen übertragen werden könnten,[6]) teils mit der gewichtigeren Begründung, daß das Verlagsverhältnis in hervorragendem Maße ein Vertrauensverhältnis sei, bei welchem die Eigenart des Verlegers oder doch wenigstens des von ihm betriebenen Geschäftes von solcher Bedeutung sei, daß der Leistung durch den Inhaber eines anderen Verlagsunternehmens nicht oder doch nicht immer die gleiche Erfüllungswirkung zukomme; auch wurde darauf hingewiesen, daß ein ungeeigneter Verleger den Ver-

---

[3]) Bedenken äußern nur A. Katz in Verhandl. des 25. D. Juristentags Bd. 2 S. 172 und Birkmeyer, Kod. des VerlR. S. 26, der auf die Abhängigkeit der Frage von derjenigen nach der höchstpersönlichen Natur des Verlagsrechtes hinweist.

[4]) Aus der überreichen Literatur außer den Kommentaren zu § 28 (besonders ausführlich Voigtländer) seien hervorgehoben: Stranz in der Festgabe für Wilke (1900) S. 316 ff.; Kirchheim in D. JurZ. 1900 S. 389 ff.; Laband ebenda 1901 S. 106 ff.; E. Mayer in Annalen des D. Reichs 1901 S. 94 ff.; Birkmeyer, Kod. des VerlR. S. 20 ff.; Kohler UrhR. S. 262 ff.; Laber, Die Übertragung des VerlR. (Freiburger Diss. 1906); Henneberg, a. a. O. S. 114 ff.; Hillenbrand, Der Verlagsvertrag (Erlanger Diss. 1903) S. 103 ff.; ferner die Gutachten von Alexander Katz in Verhandl. des 25. D. Juristentags (1900) Bd. 2 S. 147 ff. und von Osterrieth ebenda S. 183 ff.

Die ältere Literatur verzeichnen namentlich Voigtländer zu § 28 und Stobbe D. PrivR. 3. Aufl. Bd. 3 S. 469.

[5]) Vgl. ROHG. Bd. 12 S. 355, RGE. in StrS. Bd. 17 S. 268 ff. Aeltere Entscheidungen bei Klostermann, UrhR. § 14 Anm. 2 S. 148, der selbst für die Uebertragbarkeit eintritt.

[6]) So Wächter, VerlR. Bd. 1 S. 365, dagegen Klostermann, Geist. Eigentum S. 365 f. und jetzt BGB § 267.

fasser nicht nur materiell, sondern auch ideell erheblich schädigen könne.[7])

Die jetzige gesetzliche Regelung ist nicht die logische Durchführung einer bestimmten Theorie, sondern der Versuch eines Ausgleiches zwischen widerstreitenden Interessen.

1. Diese Regelung (in VerlG. § 28) ist nur eine dispositive. In erster Linie gilt das Vertragsrecht. Dieses kann bestimmen, daß die Verlegerrechte unbedingt auch ohne Zustimmung des Verfassers übertragbar sein sollen. Die Uebertragung kann aber auch durch ausdrückliche oder konkludente Vereinbarung ausgeschlossen werden und zwar nicht nur für den Fall der Uebertragung einzelner Werke, sondern auch für den der Uebertragung des ganzen Verlagsgeschäftes.[8]) Das vertragsmäßige Uebertragungsverbot wirkt hier arg. BGB. §§ 413, 399 nicht nur obligatorisch zwischen Verleger und Verlaggeber, sondern absolut gegen jedermann.[9]) Gutgläubige Dritte finden Schutz nach Maßgabe des § 405.

2. Mangels einer abweichenden Vereinbarung sind die Rechte des Verlegers grundsätzlich übertragbar.

3. Handelt es sich jedoch um einen Vertrag über einzelne Werke, nicht um einen solchen über das ganze Verlagsunternehmen oder eine Fachabteilung des ganzen Verlages, so kann der Verleger seine Rechte nicht ohne Zustimmung des Verfassers übertragen. Das Erfordernis der Zustimmung besteht aber nicht für die Uebertragung von Geldansprüchen des Verlegers gegen den Verfasser aus dem Verlagsvertrage, eine Einschränkung, die zwar im Gesetze nicht gemacht, aber selbstverständlich ist.

Die Zustimmung kann nur verweigert werden, wenn ein wichtiger Grund vorliegt.[10]) Die Zustimmung ist also zwar formell stets erforderlich, materiell aber nur dann, wenn nicht ein wichtiger Grund

---

[7]) Gegen solche Erwägungen als entscheidende Gesichtspunkte namentlich Laband a. a. O.

[8]) So mit Recht Allfeld, Bem. 4 zu § 28; a. M. Spahn in D. JurZ. 1901 S. 175 und Kohler UrhR. S. 263.

[9]) BGB. § 137 findet keine Anwendung; vgl. Staudinger, 5/6. Aufl. Bd. 1 Bem. 3 zu § 137.

[10]) Dies zum Gegenstand einer Feststellungsklage nach ZPO. § 256 zu machen, besteht kein Bedürfnis, weil die Klage auf Leistung, nämlich auf Erteilung der Zustimmung, möglich ist (vgl. dazu ZPO. § 984).

zu ihrer Verweigerung vorliegt.[11]) Ein solcher Grund kann nicht nur in subjektiven Eigenschaften des neuen Verlegers, wie seiner Unfähigkeit oder seinem schlechten Ruf, gefunden werden, sondern auch in objektiven Verhältnissen seines Geschäftes z. B. der Richtung seines Verlages, nicht dagegen in den persönlichen Verhältnissen des Verfassers.[11]) Fordert der Verleger den Verfasser zur Erklärung über die Zustimmung auf, so gilt diese als erteilt, wenn nicht die Verweigerung von dem Verfasser binnen zwei Monaten nach dem Empfange der Aufforderung[12]) dem Verleger gegenüber erklärt wird.

4. Die Zustimmung kann eine vorherige (Einwilligung) oder eine nachfolgende (Genehmigung) sein.

5. Das ohne die erforderliche Einwilligung des Verfassers vorgenommene Uebertragungsgeschäft ist schwebend nichtig. Die schwebende Nichtigkeit[13]) verwandelt sich in eine endgültige durch gerechtfertigte und rechtzeitige Verweigerungserklärung; sie verwandelt sich mit rückwirkender Kraft in volle Wirksamkeit durch Genehmigung (BGB. § 184) und durch Ablauf der erwähnten zweimonatigen Frist.

6. Die Uebertragung auf den neuen Verleger erfolgt durch formfreien Abtretungsvertrag. BGB. §§ 413, 398. Ist über den Verlagsvertrag eine Urkunde errichtet, so steht das Eigentum an ihr mit der Wirksamkeit des Abtretungsvertrages dem neuen Verleger zu; (BGB. § 952).

7. Die Wirkung der Uebertragung ist die folgende:

a) Auf den Erwerber gehen die Rechte des alten Verlegers gegen den Verlaggeber in demselben Umfange über, wie sie diesem zustanden. Dazu gehören, falls die Uebertragung vor der Vervielfältigung erfolgt ist, insbesondere der Anspruch auf Herstellung des Werkes, auf Ablieferung des Manuskriptes und auf Verschaffung des Verlagsrechtes. Auf den Erwerber geht aber auch das gegenständliche gegenüber jedermann wirkende Verlagsrecht über, wenn und soweit es der alte Verleger gehabt hat. Dies ergibt sich aus BGB. §§ 413, 398 Satz 2.

---

[11]) Vgl. RGE. in ZS. Bd. 65 S. 40 ff., betreffend Bilses Roman „Aus einer kleinen Garnison".

[12]) Berechnung nach BGB. §§ 187 Abs. 1, 188 Abs. 2, 3.

[13]) Vgl. über diesen Begriff Staudinger 5/6. Aufl., Bd. 1 Bem. V, 4 der Einl. vor § 104, und meinen Aufsatz in Seufferts Bl. f. Rechtsanw. Bd. 74 S. 189 ff.

b) Der alte Verleger bleibt trotz der Uebertragung Schuldner des Verfassers aus dem Verlagsvertrage. Da jedoch die Verlegerleistung vom Gesetze, wie sich aus der grundsätzlichen Uebertragbarkeit ergibt, als vertretbare Leistung behandelt wird, muß der Verfasser es sich gefallen lassen, daß die Erfüllung der Vervielfältigungs- und Verbreitungspflicht durch den Rechtsnachfolger des Verlegers bewirkt wird; er muß diese Erfüllung, sofern sie nur objektiv ordnungsmäßig erfolgt, als die geschuldete anerkennen. Dies will VerlG. § 28 Abs. 2 Satz 1 sagen.

c) Der Rechtsnachfolger des alten Verlegers wird durch diese Rechtsnachfolge als solche nicht Schuldner des Verfassers. Steht er doch zu diesem in keinem Vertragsverhältnisse! Aber er haftet nach VerlG. § 28 Abs. 2 Satz 2 dem Verfasser für die Erfüllung der aus dem Verlagsvertrage sich ergebenden Verbindlichkeiten dann, wenn er seinem Gegenkontrahenten, dem alten Verleger, gegenüber die Verpflichtung übernommen hat, das Werk zu vervielfältigen und zu verbreiten.[14]) Die für die sogenannte Erfüllungsübernahme geltende Auslegungsregel des BGB. § 329, nach der nicht anzunehmen ist, daß der Gläubiger unmittelbar das Recht erwerben soll, Befriedigung vom Erfüllungsübernehmer zu fordern, ist hier unanwendbar; denn sie gilt nur „im Zweifel", der Zweifel wird aber hier durch die gegenteilige gesetzliche Vorschrift beseitigt. Die Erfüllungsübernahme wirkt also hier wie eine kumulative Schuldübernahme.

Die Haftung des Rechtsnachfolgers erstreckt sich jedoch nicht auf eine bereits begründende Pflicht zum Schadensersatz.

Die Haftung des alten Verlegers für seine vertragsmäßigen Verbindlichkeiten gegenüber dem Verfasser hört dadurch nicht auf, daß er seine Verlagsrechte auf einen Rechtsnachfolger übertragen hat. Vielmehr bleibt sie neben der dazutretenden Haftung des neuen Verlegers als eine solidarische mit dieser[15]) (BGB. §§ 421 ff.) ohne zeitliche Beschränkung weiter bestehen.

Nimmt der Verfasser einen der beiden solidarisch haftenden Verleger auf Erfüllung oder wegen Nichterfüllung in Anspruch (vgl. VerlG. §§ 32, 30) so gilt bezüglich der dem Beklagten gestatteten Einwendungen BGB. § 425.

---

[14]) Vgl. Stranz a. a. O. S. 315, Laber a. a. O. S. 35 f.

[15]) Anders nach der Verlagsordnung § 41 Abs. 2, wonach die Haftung des alten Verlegers nur die eines gesetzlichen Bürgen sein sollte.

d) Hat der Rechtsnachfolger nicht dem Verleger gegenüber die besondere Verpflichtung übernommen, das Werk zu vervielfältigen und zu verbreiten, so haftet er dem Verfasser unter Umständen trotzdem auf Grund des HGB. § 25: nämlich dann, wenn er vom Verleger dessen ganzes Verlagsgeschäft erworben hat und es unter der bisherigen Firma mit oder ohne Beifügung eines das Nachfolgeverhältnis andeutenden Zusatzes fortführt oder wenn vom Rechtsnachfolger die Uebernahme der Verbindlichkeiten in handelsüblicher Weise bekannt gemacht worden ist oder wenn ein anderer besonderer Verpflichtungsgrund vorliegt, z. B. der Rechtsnachfolger durch Vertrag das ganze Vermögen des Verlegers übernimmt (BGB. § 419). In den beiden ersten dieser Fälle verjähren die Ansprüche des Verfassers gegen den früheren Verleger nach HGB. § 26 in fünf Jahren.

III. Verpfändung.

Soweit die Rechte des Verlegers Gegenstand der Uebertragung sein können, können sie auch verpfändet werden; BGB. § 1273, 1274 Abs. 2. Zur Bestellung des Pfandrechtes genügt ein formfreier Vertrag zwischen dem Verleger und dem Pfandgläubiger; der Uebergabe der über den Verlagsvertrag etwa errichteten Urkunde bedarf es nicht. Im übrigen gilt für dieses Pfandrecht entsprechend dasselbe wie für das Pfandrecht an einem Urheberrechte.[16]) Die Befriedigung des Pfandgläubigers aus dem Verlagsrechte erfolgt gemäß BGB. § 1277 nach den für die Zwangsvollstreckung geltenden Vorschriften. Führt die Zwangsvollstreckung zur Veräußerung des Verlagsrechtes, so kann dagegen der Verfasser, wenn er einen wichtigen Grund hat, seine Zustimmung zum Uebergang des Verlagsrechtes auf einen neuen Verleger zu verweigern, im Wege der Widerspruchsklage nach ZPO. § 771 die Feststellung der Unzulässigkeit dieser Vollstreckung begehren mit der Behauptung, daß ihm ein die Veräußerung des Verlagsrechtes hinderndes Recht zustehe. Der Verfasser kann aber auch mit Rücksicht darauf, daß nicht die Zwangsvollstreckung überhaupt, sondern nur diese Art der Zwangsvollstreckung (durch Verkauf) unzulässig ist, gemäß § 766 ZPO. eine Einwendung beim Vollstreckungsgerichte erheben.[17])

---

[16]) Vgl. oben § 22 S. 102 ff.

[17]) Daß die beiden Rechtsbehelfe aus § 766 und aus § 771 konkurrieren können, ist herrschende Meinung (vgl. L. Seuffert, Bem. 2, d zu § 766 und die dort angeführte Literatur).

IV. Zwangsvollstreckung in das Verlagsrecht.

Aus der Bestimmung des LUG. § 10 über die Zwangsvollstreckung in das Urheberrecht läßt sich, wiewohl das Verlagsrecht ein aus dem Urheberrechte abgeleitetes Recht ist, für die Möglichkeit der Zwangsvollstreckung in das Verlagsrecht nichts entnehmen; denn LUG. § 10 spricht nur von der Zwangsvollstreckung gegen den Urheber und dessen Erben. Die Möglichkeit einer Zwangsvollstreckung in das Verlagsrecht ergibt sich aus dessen vermögensrechtlichem Charakter, welcher wiederum aus der im Gesetze anerkannten grundsätzlichen Uebertragbarkeit deutlich erhellt.

Aber die Art der Zwangsvollstreckung gestaltet sich verschieden, je nachdem die Rechte des Verlegers frei übertragbar sind oder nicht.

1. Sind sie übertragbar, so erfolgt die Zwangsvollstreckung darein gemäß ZPO. § 857 Abs. 1 wie diejenige in Forderungen durch Pfändung. Handelt es sich dabei um die Pfändung des gegenständlichen Verlagsrechtes, bei welchem es als einem absoluten Rechte keinen „Drittschuldner" gibt, so ist sie vollzogen mit der Zustellung des gerichtlichen Gebotes an den Verleger, sich jeder Verfügung über das Verlagsrecht zu enthalten. Handelt es sich dagegen um die Pfändung obligatorischer Verlegerrechte, so hat der Pfändungsbeschluß auch das Arrestatorium an den Verlaggeber als den „Drittschuldner" zu enthalten und ist die Pfändung erst mit der Zustellung des Beschlusses an diesen bewirkt (vgl. ZPO. § 829). Zum Zwecke der Verwertung des gepfändeten Rechtes kann dessen Veräußerung vom Gericht angeordnet werden (§ 857 Abs. 5); nur wenn der Pfändungspfandgläubiger selbst ein Verleger ist, kann es zweckmäßig sein, diesem das gepfändete Recht zur Einziehung zu überweisen.

2. Sind die Rechte des Verlegers nicht übertragbar,[18]) so erfolgt die Zwangsvollstreckung gemäß § 857 Abs. 3, 4 durch Anordnung einer Verwaltung, welche einem geeigneten Verleger, der unter Umständen der Pfändungspfandgläubiger selbst sein kann, zu übertragen ist.

Der die Zwangsvollstreckung betreibende Gläubiger kann gegen den Verfasser nicht auf Erteilung der Zustimmung klagen.[19])

---

[18]) Sei es, daß die Uebertragung vertragsmäßig ausgeschlossen ist, oder daß es an der erforderlichen Zustimmung des Verfassers fehlt.

[19]) Vgl. Allfeld, Bem. 10 zu § 28.
Unverständlich geblieben ist mir die Behauptung von Laber, a. a. O.

Die Zwangsvollstreckung in die beim Verleger vorhandenen im Wege der Vervielfältigung hergestellten Exemplare des Werkes ist unbeschränkt zulässig. Sie richtet sich nach den Vorschriften der ZPO. § 808 ff. über die Pfändung körperlicher Gegenstände.

§ 72.

7. Endigung des Verlagsvertrages.

Der Verlagsvertrag kann, zunächst abgesehen von dem besonders zu behandelnden Falle des Konkurses über das Vermögen des Verlegers, sein Ende finden durch Zeitablauf, durch den Tod des Verfassers, durch sonstige Unmöglichkeit der Vollendung des Werkes, durch Untergang des abgelieferten Werkes, durch Vergriffensein der Auflage oder Abzüge, endlich in gewissen Fällen auch durch einseitige Willenserklärung (Rücktritt oder Kündigung) eines Teiles. Hat der Verleger ein Verlagsrecht erlangt, so endigt mit dem Ende des Vertragsverhältnisses auch dieses.

I. Zeitablauf. Verlagsverträge werden in der Regel nicht auf bestimmte Zeit abgeschlossen. Aber es ist möglich, daß dies geschieht und infolgedessen das Vertragsverhältnis durch Zeitablauf beendigt wird. Nach dem Ablaufe der bestimmten Zeit ist der Verleger nicht mehr zur Verbreitung der noch vorhandenen Abzüge berechtigt. Diese haben jetzt für ihn nur noch Makulaturwert. Er kann diese mißliche Folge dadurch abwenden, daß er vor Ablauf der Vertragszeit seine Vorräte an einen Antiquar oder an einen Restbuchhändler verkauft. Diese können sie dann nach Belieben jederzeit weiter veräußern; denn dadurch, daß der Verleger rechtzeitig von seinem Veräußerungsrechte Gebrauch gemacht hat, ist das Werk in den Verkehr gebracht und damit das ausschließliche Verbreitungsrecht auch des Urhebers in Ansehung dieser Exemplare erschöpft.[1])

S. 45: Der Gläubiger könne (bei verweigerter Zustimmung des Verfassers) nur auf den Verleger einzuwirken suchen, selbst die notwendige Handlung (welche?) vorzunehmen, weigere sich dieser, so könne er ihn gemäß § 888 ZPO. zur Vornahme der Handlung zu zwingen versuchen.

[1]) Vgl. oben S. 258; RGE. Bd. 63 S. 394 ff., Voigtländer, Bem. 3 zu § 29; a. M. Allfeld, Bem. 4 zu § 29.

II. Der Tod des Verfassers ist auf den Fortbestand des Vertrages ohne Einfluß, wenn er nach der Vollendung des Werkes erfolgt. Die noch nicht erfüllten Verpflichtungen des Verfassers (z. B. zur Ablieferung des Manuskriptes) gehen in diesem Falle auf seine Erben über.

Stirbt dagegen der Verfasser vor der Vollendung des Werkes, so liegt, da es sich dabei um eine nicht vertretbare höchstpersönliche Leistung handelt, eine unverschuldete Unmöglichkeit der Erfüllung vor. Nach den hier anzuwendenden Bestimmungen des BGB. über die nicht zu vertretende nachträgliche Unmöglichkeit der Leistung wird das Schuldverhältnis derart gelöst, daß der Verfasser von seiner Verpflichtung frei wird (BGB. § 275) und den Anspruch auf die Gegenleistung durch den Verleger verliert (§ 323); soweit die demnach nicht geschuldete Gegenleistung etwa schon bewirkt ist, kann sie nach den Vorschriften über die Herausgabe einer ungerechtfertigten Bereicherung zurückgefordert werden (§ 323 Abs. 3).

Diese Grundsätze erleiden jedoch eine Einschränkung durch VerlG. § 34 für den Fall, daß beim Tode des Verfassers ein Teil des Werkes dem Verleger bereits abgeliefert ist. Der Verleger ist dann berechtigt, in Ansehung des gelieferten Teiles den Vertrag durch eine dem Erben des Verfassers gegenüber abzugebende Erklärung aufrecht zu erhalten. Sind der Erben mehrere, so ist die Erklärung bis zur erfolgten Auseinandersetzung gegenüber jedem von ihnen abzugeben. Diese Willenserklärung ist keine „Verfügung", da sie nicht an der rechtlichen Zuständigkeit des Gegenstandes unmittelbar etwas ändert. Da der Erbe ein Interesse an einer endgültig entschiedenen Rechtslage haben kann, gibt ihm das Gesetz die Befugnis, den Verleger zur Abgabe einer Erklärung aufzufordern und ihm dazu eine angemessene Frist zu bestimmen. Erklärt sich der Verleger dann nicht vor dem Ablaufe der Frist für die Aufrechterhaltung des Vertrages, so ist sein Recht hierauf und damit das ganze Schuldverhältnis erloschen. Erklärt der Verleger, er halte den Vertrag aufrecht, so darf er unter dem Namen des verstorbenen Verfassers nur den ihm abgelieferten Teil des Werkes veröffentlichen; eine Ergänzung, die er selbst oder ein anderer in seinem Auftrage ohne Zustimmung der Erben an dem unfertigen Werke vornimmt, ist eine unzulässige Aenderung.[2])

---

[2]) Vgl. Entwurf, Erläuterungen zu § 38 S. 48.

III. In anderen Fällen einer **Unmöglichkeit der Vollendung** des Werkes, die als Folge eines nicht vom Verfasser zu vertretenden Umstandes, z. B. seiner dauernden geistigen Erkrankung, eintritt, gilt entsprechend das gleiche wie im Falle seines Todes.

IV. **Untergang des Werkes d. h. des Manuskriptes**

1. Geht das Werk **vor der Ablieferung** an den Verleger ganz oder teilweise unter, so braucht an sich ein Fall der Unmöglichkeit der Leistung auf Seite des Verfassers nicht vorzuliegen; denn Gegenstand des Verlagsvertrages ist nicht das Werk in seiner körperlichen Erscheinung, sondern das Recht zur Vervielfältigung und Verbreitung der geistigen Schöpfung, die durch das Werk wiedergegeben ist. Der Verfasser ist also, wenn das Werk untergeht, zur Neuherstellung berechtigt und verpflichtet. Kann er nun infolge des Unterganges das Manuskript nicht rechtzeitig wieder herstellen, so treten die schon besprochenen Folgen verspäteter Ablieferung ein[3]).

Sehr häufig wird aber, wenn der Verfasser kein Konzept des untergegangenen Werkes besitzt, der Fall so liegen, daß er überhaupt außerstande ist, dem Verleger ein mit dem untergegangenen übereinstimmendes Werk zu liefern. Dann liegt auf seiner Stelle eine Unmöglichkeit der Leistung vor, deren rechtliche Folgen sich nach BGB. §§ 275, 323 ff., 327 bestimmen.[4])

2. Geht das Werk **nach der Ablieferung**[5]) an den Ver-

---

[3]) VerlG. § 30, s. darüber oben S. 337.

[4]) Vgl. Entwurf, Erläuterungen zu § 37 S. 46.

[5]) **Was ist „Ablieferung"?**

1. Jedenfalls ist Ablieferung nicht, wie **Voigtländer**, Bem. 3 zu § 9 (ähnlich **Henneberg** S. 41 ff.) meint, gleich „Abnahme" im Sinne des § 640 BGB.; in der „Abnahme" liegt zugleich die Anerkennung der Leistung als der geschuldeten (vgl. **Riezler**, Werkvertrag S. 135 f.), in der Ablieferung nicht.

2. Hat der Verfasser das Werk an einen anderen Ort als den Erfüllungsort (dieser ist nach BGB. § 269 sein Wohnsitz) zu versenden, so ist die Ablieferung schon erfolgt mit der Uebergabe des Manuskriptes an die Post oder an die sonst zur Ausführung der Versendung bestimmte Anstalt oder Person. Dies entspricht dem in BGB. §§ 644 Abs. 2, 447 zum Ausdruck kommenden Rechtsgedanken.

3. Ist jedoch der Geschäftssitz des Verlegers als Erfüllungsort vertragsmäßig bestimmt, so kann es fraglich erscheinen, ob die Ablieferung erst mit der Empfangnahme durch den Verleger bewirkt ist (so **Allfeld**, Bem. 5, b zu § 33) oder schon damit, daß ihm das Werk „zugegangen" ist, d. h. **hier** die empirisch begründete Möglichkeit der körperlichen Verfügung darüber ihm ver-

leger, oder nachdem dieser in Annahmeverzug geraten ist, unter, so sind die Folgen verschieden, je nachdem der Untergang durch Zufall oder durch einen Umstand verursacht ist, den einer der beiden Teile zu vertreten hat.

a) Geht das Werk durch Zufall unter, so behält der Verfasser den Anspruch auf die Vergütung, im übrigen aber werden beide Teile von der Verpflichtung zur Leistung frei. VerlG. § 33. Die Gefahr in Ansehung der Vergütungsleistung trägt der Verleger deshalb von der Ablieferung an, weil von diesem Augenblicke an das körperliche Werk seiner Einflußsphäre untersteht. Die Berücksichtigung dieses rechtspolitischen Grundes der Bestimmung führt zu der Entscheidung, daß nicht der Verleger, sondern der Verfasser die Gefahr hinsichtlich der Vergütung trägt, wenn der Verleger im Einverständnisse mit dem Verfasser nach der Ablieferung das Manuskript auf Zeit an diesen zurücksendet und dasselbe unterwegs oder beim Verfasser durch Zufall untergeht.[6])

Da abgesehen von der Vergütungspflicht beide Teile von ihrer Leistungspflicht frei werden, hat der Verfasser grundsätzlich auch keine Pflicht zur Wiederherstellung des untergegangenen Werkes. Unter Umständen kann jedoch der Verleger die Neuherstellung von ihm fordern. Auf Verlangen des Verlegers hat nämlich der Verfasser gegen eine angemessene Vergütung, welche zur der ursprünglich schon geschuldeten hinzukommt, ein anderes im Wesentlichen übereinstimmendes Werk zu liefern, sofern dies auf Grund vorhandener Vorarbeiten oder sonstiger Unterlagen mit geringer Mühe geschehen kann.[7]) Andererseits kann sich aber auch der Verfasser erbieten, ein solches Werk innerhalb einer angemessenen Frist kostenfrei zu liefern; der Verleger ist dann verpflichtet, das Werk an

---

schafft ist. Für letztere Auffassung spricht die Analogie des § 130 BGB.; daß ihre Richtigkeit nicht strikte bewiesen werden kann, liegt in der Natur der Analogie.

4. In allen Fällen setzt der Begriff der Ablieferung voraus, daß die Uebergabe bzw. Uebersendung zum Zwecke der Vertragserfüllung geschehen ist, nicht etwa bloß zur Einsicht (so auch Allfeld, Bem. 5, a).

[6]) Zu demselben Ergebnisse kommt Allfeld, Bem. 5, c zu § 33, während Mittelstädt-Hillig, Bem. 4 und Voigtländer, Bem. 2 (vgl. Henneberg S 42 f.), am Wortlaute des § 33 haftend, die Gefahr beim Verleger belassen.

[7]) Vorbildlich für diese Bestimmungen des VerlG. § 33 Abs. 2 war Schweizer OblR. Art. 387 Abs. 2.

Stelle des untergegangenen zu vervielfältigen und zu verbreiten. Jeder Teil hat also unter den bezeichneten Voraussetzungen ein Recht auf Erneuerung des Vertrages; macht er von diesem Rechte durch seine Erklärung (das Verlangen bzw. Erbieten) Gebrauch, so besteht für den andern Teil eine Pflicht zur Erneuerung, also ein Kontrahierungszwang. Für den erneuerten Vertrag gelten, abgesehen von der Vergütungspflicht, die gleichen Abreden wie für den alten, sofern nichts anderes vereinbart wird.

Das Recht des Verlegers, ein gleichartiges Werk zu begehren, ist an keine Frist gebunden. Es erlischt aber, wenn der Verfasser über das Werk mit einem anderen Verleger einen Verlagsvertrag abgeschlossen hat.

b) Geht das Werk nach der Ablieferung infolge eines vom Verleger zu vertretenden Umstandes unter, so kann der Verfasser nach BGB. § 325 Schadensersatz wegen Nichterfüllung verlangen oder von dem Vertrage zurücktreten. Er kann aber auch nach § 324 auf seinem Vergütungsanspruch bestehen. Er kann sich auch unbeschadet dieses Vergütungsanspruches dem Verleger gegenüber zur Nachlieferung eines gleichartigen und gleichwertigen Werkes erbieten; der Verleger muß in diese Vertragserneuerung willigen, kann sie aber seinerseits nicht verlangen.

c) Geht endlich das Werk nach der Ablieferung infolge eines vom Verfasser zu vertretenden Umstandes unter, so kann der Verleger nach BGB. § 325 Schadensersatz wegen Nichterfüllung verlangen oder vom Vertrage zurücktreten. Er kann aber auch unter denselben Voraussetzungen wie bei zufälligem Untergang unter Anerbieten einer angemessenen Vergütung die Wiederherstellung des Werkes durch den Verfasser und Vertragserneuerung begehren. Tut er dies, so hat er sich der Rechte aus § 325 BGB. begeben, da diese ihrer Natur nach mit dem Erfüllungsbegehren unvereinbar sind. Der Verfasser kann aber die Vertragserneuerung nicht verlangen.

V. Vergriffensein. Ist der Verlagsvertrag auf eine bestimmte Zahl von Auflagen oder von Abzügen beschränkt, so endigt das Vertragsverhältnis, wenn die Auflagen oder Abzüge vergriffen sind. VerlG. § 29 Abs. 1. Sie sind vergriffen, wenn der Verleger dauernd außerstande ist, die Nachfrage zu befriedigen, weil er

Abzüge nicht mehr zur Verfügung hat und ihm die Möglichkeit fehlt, neue Abzüge herzustellen oder untergegangene zu ersetzen. Der Verleger ist verpflichtet, dem Verfasser auf Verlangen Auskunft darüber zu erteilen, ob die einzelne Auflage oder die bestimmte Zahl von Abzügen vergriffen ist. Die Auskunft braucht sich aber nicht darauf zu erstrecken, wie viele Exemplare noch vorhanden sind, weshalb der Verleger auch zur Vorlage eines Bestandsverzeichnisses gemäß BGB. § 260 nicht verpflichtet ist.[8])

VI. Durch Unverkäuflichkeit des Werkes wird das Vertragsverhältnis nicht beendigt.[9]) Hat der Verleger wegen vermeintlicher Unverkäuflichkeit die noch vorhandenen Abzüge makuliert, stellt sich aber nachträglich trotzdem eine Nachfrage nach dem Werke heraus, so liegt der Fall vor, daß der Verleger wegen einer von ihm zu vertretenden Unmöglichkeit der Leistung seiner Vertragspflicht gegenüber dem Verfasser, nämlich der Verbreitungspflicht, nicht zu genügen vermag. Der Verfasser kann daher nach BGB. § 325 vom Vertrage zurücktreten oder Schadenersatz wegen Nichterfüllung verlangen. Er kann also gemäß BGB. § 249 auch verlangen, daß der Verleger die makulierten Exemplare nach Maßgabe des Bedarfes durch einen Neudruck ersetze.[10]) Der Verleger hat aber kein Recht hierauf.

§ 73.

Rücktritt und Kündigung insbesondere.

I. Rücktritt und Kündigung sind grundsätzlich verschiedenartige Rechtsbehelfe. Der Rücktritt löst die bestehenden Rechtsbeziehungen auch für die Vergangenheit auf, die Kündigung nur für die Zukunft. Infolge des Rücktritts sind die schon bewirkten Leistungen, da ihnen der Rechtsgrund entzogen ist, zurückzugewähren, an Stelle des alten durch den Rücktritt erloschenen Schuldverhältnisses entsteht ein neues auf Rückgewähr gerichtetes Schuldverhältnis. Die

---

[8]) Verneinend auch Allfeld Bem. 3 zu 29, a. M. Mittelstädt-Hillig S. 102 und offenbar auch Kuhlenbeck, Bem. 3 zu § 29, da er den § 260 anführt.

[9]) Anders Entwurf I § 32.

[10]) Anders Cosack, Lehrb. des Handelsrechts, 6. Aufl. S. 377.

Kündigung dagegen begründet keinen Anspruch auf Rückgewähr des schon Geleisteten, sie hat nur eine das bestehende Schuldverhältnis beendende, nicht zugleich eine anspruchbegründende Wirkung.[1])

Im Verlagsgesetze wird jedoch diese Unterscheidung völlig verwischt. § 17 spricht von dem Rechte, vom Vertrage „zurückzutreten", obwohl es sich dabei offenbar um eine Kündigung handelt. Und auch in anderen Fällen des vom Gesetze gestatteten Rücktritts werden die Rechtsbeziehungen keineswegs immer für die Vergangenheit gelöst, sondern bleibt unter Umständen der Vertrag teilweise aufrechterhalten.[2]) Mit Rücksicht auf diese terminologische Grenzverrückung bedienen wir uns im Folgenden des neutralen Ausdrucks „einseitige Auflösung", der sowohl den Rücktritt wie die Kündigung deckt.

Das Recht zur einseitigen Auflösung ist kein „Anspruch" im Sinne des BGB., sondern ein sog. Gestaltungsrecht.[3])

II. Die einseitige Auflösung kann gestattet sein durch Vertrag oder durch Gesetz.

Es kann vertragsmäßig vereinbart werden, daß der einen oder der anderen Partei nach ihrem Belieben oder unter bestimmten Voraussetzungen gestattet sein soll, durch einseitige Erklärung den Vertrag aufzulösen. Ob diese Auflösungsbefugnis als Rücktrittsbefugnis mit den Folgen der §§ 346 ff. BGB. oder als Kündigungsbefugnis aufzufassen ist, ist eine Frage der Auslegung des Parteiwillens (vgl. § 38 Abs. 1); der gewählte Ausdruck bietet dafür kein sicheres Indizium. Im Zweifel ist bloß eine Kündigung anzunehmen, soweit sich der Vertrag auf die nicht mehr zur Verfügung des Verlegers stehenden Abzüge, auf frühere Abteilungen des Werkes oder auf ältere Auflagen erstreckt; vgl. § 38 Abs. 2. Aber auch abgesehen davon wird man beim Mangel bestimmter Anhaltspunkte für die weniger weittragende Auffassung, also dafür sich zu entscheiden haben, daß die vertragsmäßige Auflösungsbefugnis als bloßes Kündigungsrecht gemeint ist.

---

[1]) Vgl. Oertmann, 2. Aufl. Vorbem. 1 und 4 vor § 346, Planck, Bem. 5 zu § 346, Staudinger-Kuhlenbeck, 3./4. Aufl. Vorbem. II, b vor § 346, Endemann, Lehrb. 8. Aufl. Bd. 1 S. 775.

[2]) Vgl. VerlG. § 38.

[3]) in dem Sinne, in welchem Seckel diesen Begriff in die Rechtswissenschaft eingeführt hat.

In einer Reihe von Fällen[4]) gibt das Gesetz der einen oder anderen Partei ein Auflösungsrecht.

1. Der Verfasser hat ein solches Recht:

a) wenn der zur Veranstaltung einer neuen Auflage berechtigte Verleger die Veranstaltung nicht rechtzeitig vornimmt oder verweigert; VerlG. § 17 (s. oben S. 333 f.);

b) wenn der Verleger das Werk nicht vertragsmäßig vervielfältigt und verbreitet, nach Maßgabe der §§ 32, 30 (s. oben S. 343 f.);

c) wenn der Verleger in Konkurs gerät und zur Zeit der Eröffnung des Konkursverfahrens mit der Vervielfältigung des Werkes noch nicht begonnen war, nach § 36 Abs. 3;

d) wegen veränderter Umstände nach § 35. Darnach ist der Verfasser bis zum Beginne der Vervielfältigung berechtigt, vom Verlagsvertrage zurückzutreten, wenn sich Umstände ergeben, die beim Abschlusse des Vertrages nicht vorauszusehen waren[5]) und den Verfasser bei Kenntnis der Sachlage und verständiger Würdigung des Falles von der Herausgabe des Werkes zurückgehalten haben würden, so z. B. wenn inzwischen ein gleichartiges Werk eines anderen Verfassers erschienen ist, welches die zu veröffentlichenden wissenschaftlichen Ergebnisse schon vorwegnimmt, oder wenn etwa politische Zustände, die der Verfasser angreift, sich inzwischen völlig geändert haben. Das Auflösungsrecht besteht unter denselben Voraussetzungen für jede neue Auflage besonders, aber jeweils nur bis zum Beginne der neuen Vervielfältigung.

Jeder Verlagsvertrag wird also geschlossen mit einer gesetzlichen clausula rebus sic stantibus; dies ist jedoch nicht zwingendes Recht, vielmehr kann durch ausdrückliche Vereinbarung das Auflösungsrecht des Verfassers ausgeschlossen werden. Neben dem Auflösungsrechte nach VerlG. § 35 bleibt das Anfechtungsrecht wegen Irrtums nach BGB. § 119 als selbständiger Rechtsbehelf bestehen; beide sind in ihren Voraussetzungen und Wirkungen verschieden.

Macht der Verfasser von dem Auflösungsrechte nach § 35 Gebrauch, so ist er dem Verleger zum Ersatze der von diesem gemachten Aufwendungen verpflichtet, die sich im allgemeinen mit dem negativen Vertragsinteresse des Verlegers decken werden. Gibt

---

[4]) abgesehen von den schon behandelten Fällen der Unmöglichkeit der Leistung.

[5]) Gegen das Erfordernis der Nichtvoraussehbarkeit de lege ferenda Kohler, UrhR. S. 321.

jedoch der Verfasser innerhalb eines Jahres[6]) seit der Auflösung das Werk anderweitig heraus, so zeigt er damit, daß die Gründe, die ihn zur Auflösung veranlassen, objektiv nicht gerechtfertigt waren, zwar lebt deshalb der Vertrag nicht wieder auf, aber der Verfasser ist nun dem Verleger zum Schadensersatz wegen Nichterfüllung, also auch zum Ersatze seines entgangenen Gewinnes, verpflichtet. Diese Ersatzpflicht tritt nur dann nicht ein, wenn der Verfasser dem Verleger den Antrag gemacht hatte, den Vertrag nachträglich zur Ausführung zu bringen, und der Verleger diesen Antrag nicht angenommen hatte; denn durch einen solchen Antrag hat der Verfasser den Verdacht seiner Illoyalität, welcher seine Schadensersatzpflicht als gerechtfertigt erscheinen läßt, beseitigt.

2. Der Verleger hat ein Recht, den Vertrag einseitig aufzulösen:

a) wegen Wegfalls des Zweckes des Werkes nach VerlG. § 18; die Auflösung läßt hier den Vergütungsanspruch des Verfassers unberührt;

b) wegen nicht rechtzeitiger Ablieferung des Werkes durch den Verfasser nach erfolgloser Fristbestimmung gemäß § 30; s. oben S. 336 ff.;

c) wegen vertragswidriger Beschaffenheit des Werkes nach § 31; s. oben S. 338 f.

III. Ausübung und Wirkung des Auflösungsrechtes. Abgesehen von dem Falle, daß der Verleger wegen Wegfalls des Zweckes des Werkes den Vertrag auflöst, sollen nach VerlG. § 37[7]) auf alle Fälle des gesetzlich bestimmten sogenannten Rücktrittsrechtes die für das vertragsmäßige Rücktrittsrecht geltenden Vorschriften der §§ 346—356 BGB. entsprechende Anwendung finden. Tatsächlich werden jedoch diese Vorschriften durch verlagsrechtliche Sonderbestimmungen erheblich modifiziert. Im einzelnen ist hervorzuheben:

1. Sind der Verfasser mehrere, so kann das Auflösungsrecht nur von allen und gegen alle ausgeübt werden. Erlischt es für einen von ihnen, so erlischt es auch für die übrigen. BGB. § 356.

2. Die Auflösung erfolgt durch formfreie Erklärung gegenüber dem anderen Teile. BGB. §§ 348, 130.

---

[6]) Die im Entwurf § 39 Abs. 3 vorgesehene zweijährige Frist wurde durch die Reichstagskommission abgekürzt.

[7]) § 37 VerlG. entspricht dem § 327 BGB.

3. Sind die Voraussetzungen des Auflösungsrechtes eingetreten, so kann dem Berechtigten vom anderen Teile für die Ausübung eine angemessene Frist bestimmt werden; durch Nichtausübung innerhalb der Frist erlischt das Recht. BGB. § 355.

4. Die Wirkung der erklärten Auflösung ist grundsätzlich die, daß die Parteien verpflichtet sind, einander die empfangenen Leistungen Zug um Zug zurückzugewähren. BGB. §§ 346, 348, 320, 322. Die praktische Durchführung dieses Grundsatzes würde jedoch, wenn zur Zeit der Auflösungserklärung[8]) das Werk schon ganz oder zum Teile abgeliefert ist, häufig nicht nur mit den Absichten der Parteien in Widerspruch treten, sondern auch an den tatsächlichen Verhältnissen scheitern, da es namentlich dem Verleger oft kaum möglich ist, alles auf Grund des Vertrages bereits Vorgenommene, z. B. geschehene Ankündigungen des demnächst erscheinenden Werkes oder gar die schon geschehene Verbreitung, rückgängig zu machen.[9]) Daher hängt es, wenn die Ablieferung schon ganz oder zum Teile erfolgt ist, „von den Umständen ab, ob der Vertrag teilweise aufrecht erhalten bleibt" (VerlG. § 38); anders ausgedrückt: es hängt von den Umständen ab, ob der Auflösung wirklich die Bedeutung eines Rücktritts oder nur die einer Kündigung zukommt. Im letzteren Sinne ist im Zweifel jedenfalls insoweit zu entscheiden, als sich der Vertrag auf die nicht mehr zur Verfügung des Verlegers stehenden Abzüge, auf frühere Abteilungen des Werkes oder auf ältere Auflagen bezieht; in Bezug auf alles dies kann also beiderseitig eine Rückgewähr der gemachten Leistungen nicht beansprucht werden.

Soweit darnach der Vertrag aufrecht erhalten bleibt, kann aber auch der Verfasser einen entsprechenden Teil der Vergütung verlangen, oder, falls er schon einen größeren Teil erhalten hat, bei der Rückgewähr abziehen.

Erfolgt die einseitige Auflösung des Vertrages wegen eines Umstandes, den der andere Teil nicht zu vertreten hat, wie wegen schuldloser verspäteter Ablieferung des Werkes durch den Verfasser, so haftet dieser nur nach den Vorschriften über die Herausgabe einer ungerechtfertigten Bereicherung.

5. Die Rechtsfolgen schon bestehender Vertragsverletzungen bleiben durch die Kündigung durchaus unberührt. Auch durch den Rück-

[8]) oder des Eintrittes einer auflösenden Bedingung, vgl. VerlG. § 38 Abs. 4.
[9]) Vgl. Entwurf, Erläuterungen zu §§ 41, 42 S. 52.

tritt werden sie, wenn der Vertrag teilweise aufrecht erhalten bleibt, insofern nicht berührt, als die Verletzung sich auf den aufrechterhaltenen Teil bezog. Hat aber der Rücktritt die Wirkung der vollen Vertragsauflösung auch für die Vergangenheit, so ist damit auch der rechtliche Grund für die Leistungen, insbesondere Schadensersatzleistungen, weggefallen, die wegen einer Vertragsverletzung von dem einen oder anderen Teile zu machen waren. Diese Leistungen sind daher von ihrem Empfänger, soweit dieser durch sie jetzt noch bereichert ist, dem Verletzer gemäß BGB. § 812 Abs. 1 Satz 2 wieder herauszugeben (condictio ob causam finitam).[10] Lag in der Vertragsverletzung zugleich eine Urheberrechtsverletzung durch den Verleger, so werden deren Folgen durch den Rücktritt vom Vertrage überhaupt nicht berührt, weder die zivilrechtlichen noch die strafrechtlichen. Anders ist es, wenn die vom Verfasser ausgehende Vertragsverletzung zugleich einen widerrechtlichen Eingriff in das dem Verleger zustehende gegenständliche Verlagsrecht enthielt; die zivilrechtlichen Leistungen, die infolge dieses Eingriffes zu machen waren, unterliegen nach dem Rücktritt in gleicher Weise dem Rückforderungsanspruche wegen Bereicherung wie die wegen Verletzung des obligatorischen Rechtes bewirkten Leistungen. Daß dann auch die strafrechtlichen Folgen, die das Gesetz an die Verletzung knüpft, nicht eintreten, und, wenn sie schon durch Urteil ausgesprochen sind, im Wege der Wiederaufnahme des Verfahrens beseitigt werden können,[11] läßt sich aus dem Gesetze nicht beweisen; aber die gegenteilige Annahme würde das richtige rechtspolitische Verhältnis zwischen zivilrechtlicher und strafrechtlicher Reaktion geradezu auf den Kopf stellen.[12]

---

[10] Vgl. Oertmann 2. Aufl., Vorbem. 2, f, δ vor § 812.

[11] Dies behauptet Allfeld, Bem. III zu § 38 unter Bezugnahme auf StPO. § 399 Ziff. 5 gegen Mittelstädt-Hillig S. 134. Aber unter den „neuen Tatsachen" im Sinne des § 399 Ziff. 5 dürften doch wohl nur solche zu verstehen sein, die zur Zeit der Verurteilung schon objektiv feststanden. Daß grundsätzlich eine nachträglich veränderte Beurteilung der zivilrechtlichen Situation auch strafrechtlichen Einfluß haben kann, beweist allerdings StPO. § 399 Ziff. 4. Die ganze Frage des Einflusses zivilrechtlicher Rückwirkung auf das Strafrecht, bedarf, insbesondere auch mit Rücksicht auf die Genehmigung durch den Berechtigten nach § 185 Abs. 2 BGB., noch gründlicher Untersuchung und Klärung.

[12] Unsere ganze Auffassung geht von der Voraussetzung aus, daß durch den Rücktritt wirklich das alte Schuldverhältnis aufgehoben wird, was von Manchen (so z. B. von Endemann, Lehrb. 8. Aufl. Bd. 1 S. 851) bestritten wird. Dieser Streit über das Wesen des Rücktrittsrechts kann jedoch hier nicht ausgetragen werden

§ 74.

8. Konkurs des Verlegers.[1]

I. Wird über das Vermögen des Verlegers der Konkurs eröffnet, so gehören die dem Verleger im Augenblicke der Konkurseröffnung zustehenden gegenständlichen Verlagsrechte sowie die ihm zustehenden obligatorischen Rechte gegen den Verlaggeber zur Konkursmasse. Sie bilden häufig die wertvollsten Bestandteile der Masse.

II. Ihr weiteres Schicksal gestaltet sich aber nach der zwingenden Vorschrift des VerlG. § 36 verschieden, je nachdem zur Zeit der Konkurseröffnung mit der Vervielfältigung des einzelnen Werkes schon begonnen war oder nicht. Im ersteren Falle steht die Entscheidung darüber, ob der Vertrag erfüllt werden soll, ausschließlich beim Konkursverwalter, im letzteren Falle kann auch der Verfasser zurücktreten. Im Einzelnen gilt folgende Regelung:

1. War zur Zeit der Eröffnung des Verfahrens mit der Vervielfältigung schon begonnen, so hat der Verfasser weder ein Rücktritts-, noch ein Kündigungsrecht. Der Konkursverwalter dagegen hat ohne Rücksicht darauf, ob das Werk schon vor der Konkurseröffnung abgeliefert war oder nicht, das in KO. § 17 gegebene Wahlrecht. Darnach kann er, wenn der Verlagsvertrag zur Zeit der Konkurseröffnung vom Verleger als Gemeinschuldner und vom Verlaggeber nicht oder nicht vollständig erfüllt ist, nach seinem pflichtgemäßen Ermessen die Erfüllung ablehnen oder an Stelle des Verlegers den Vertrag erfüllen und die Erfüllung vom Verlaggeber verlangen. Die Voraussetzung für dieses Wahlrecht, daß die Erfüllung durch den Verfasser noch teilweise rückständig ist, ist auch dann gegeben, wenn der Verfasser das Werk schon vollständig abgeliefert hat; denn die vertragsmäßige Leistungspflicht des Verfassers erschöpft sich nicht in diesem positiven Tun, sondern geht auch negativ dahin, sich selbst während der ganzen Vertragsdauer der Vervielfältigung und Verbreitung zu enthalten. Andererseits liegt die Vor-

[1]) Literatur: Bing, Der Konkurs des Verlegers (Würzburger Diss. 1905); Henneberg a. a. O. S. 123 ff.; F. F. Schmidt, Das Pfandrecht des Buchbinders im Verlegerkonkurs (Leipziger Diss. 1907); Heine, Einfluß des Verlegerkonkurses auf schwebende Verlagsverträge, in Leipziger Zeitschr. Bd. 3 (1909) S. 133 ff.; Hillenbrand, Der Verlagsvertrag (Erlanger Diss. 1903) S. 144 ff.

aussetzung, daß die Erfüllung durch den Verleger noch teilweise rückständig ist, stets vor, solange überhaupt noch Exemplare da sind, an denen er ein Verbreitungsrecht hat; denn sein Recht ist hier zugleich seine vertragsmäßige Pflicht.[2])

Der Konkursverwalter muß auf Erfordern des Verlaggebers diesem ohne Verzug d. h. ohne schuldhaftes Zögern (BGB. § 121) erklären, ob er die Erfüllung verlangen will. Unterläßt er dies, so kann er auf der Erfüllung nicht bestehen (KO. § 17 Abs. 2). Sein Schweigen auf die Aufforderung zur Erklärung hin steht also der ausdrücklichen Ablehnung der Erfüllung gleich.

a) Die Bedeutung der ausdrücklichen oder fiktiven Ablehnung der Erfüllung durch den Konkursverwalter ist nicht die eines Rücktritts vom Vertrage. Eine Aufhebung des Vertrages tritt nicht ein, die in der Vergangenheit eingetretenen Wirkungen bleiben bestehen; für die Zukunft hört die Erfüllungspflicht des Verlegers auf, aber der bisherige Erfüllungsanspruch des Verlaggebers verwandelt sich in einen Anspruch auf Schadensersatz wegen Nichterfüllung; diesen Anspruch kann der Verlaggeber als einfache Konkursforderung anmelden.[3])

Nach KO. § 26 Satz 1 ist, wenn infolge der Eröffnung des Konkursverfahrens die Nichterfüllung einer Verbindlichkeit des Gemeinschuldners eintritt, der andere Teil nicht berechtigt, die Rückgabe seiner in das Eigentum des Gemeinschuldners übergegangenen Leistung aus der Konkursmasse zu verlangen. Mit gutem Grunde nimmt man an,[4]) daß „Eigentum" und „Leistung" bei Auslegung dieser Vorschrift nicht in streng juristischem Sinne zu nehmen sind, sondern daß die Bestimmung sich auch auf diejenigen Fälle bezieht, in welchen ein nicht körperlicher Gegenstand, wie eine Forderung oder ein Immaterialgüterrecht, in das Vermögen des Gemeinschuldners übergegangen ist. Die bei dieser weiteren Auffassung naheliegende Folgerung, daß nun das Verlagsrecht als ein dem Gemeinschuldner verschafftes gegenständliches Recht der Konkursmasse verbleibe, ist jedoch abzulehnen. Denn da Recht und Pflicht im Verlagsrechte un-

[2]) Sind die dem Verleger gestatteten Auflagen oder Abzüge vergriffen, so ist ein Verlagsrecht, das zur Konkursmasse gezogen werden könnte, überhaupt nicht mehr vorhanden, arg. VerlG. §§ 29, 9 Abs. 1.

[3]) Vgl. KO. § 26 Satz 2; L. Seuffert, Konkursprozeßrecht S. 190 Jaeger, Anm. 43 ff. zu KO. § 17.

[4]) Vgl. Jaeger, Anm. 13 zu § 26.

lösbar verbunden sind, würde die Ausübung des Rechtes durch Vervielfältigung und Verbreitung zugunsten der Masse zugleich eine Erfüllungshandlung gegenüber dem Verlaggeber darstellen, Erfüllung hat der Konkursverwalter aber abgelehnt. Die Ablehnung der Erfüllung schließt hier den Verzicht auf das Verlagsrecht notwendig in sich. Mit dem Wegfall des Verlagsrechtes vervollkommnet sich das Urheberrecht des Verfassers, dieser kann über das Werk wieder frei verfügen.[5])

b) Wählt der Konkursverwalter die beiderseitige Erfüllung, so hat er die Verpflichtungen aus dem Verlagsvertrage in gleichem Umfange zu erfüllen wie der Verleger. Die Ansprüche des Verlaggebers gehören nun zu den Masseschulden gemäß KO. § 59 Ziff. 2; sie haben als solche, wenn die Konkursmasse zur vollständigen Befriedigung aller Massegläubiger nicht ausreicht, bei der nach KO. § 60 nun eintretenden verhältnismäßigen Befriedigung den ersten Rang. Der Verlaggeber andererseits hat alle Verpflichtungen aus dem Vertrage zu erfüllen, insbesondere das Werk abzuliefern und dem Konkursverwalter das Verlagsrecht zu verschaffen, sofern dies nicht schon geschehen ist.

Ob der Konkursverwalter die der Masse zustehenden Rechte für diese dadurch verwerten kann, daß er sie auf einen andern überträgt, hängt davon ab, ob nach den Grundsätzen des Verlagsrechtes der Verleger selbst eine solche Uebertragung vornehmen könnte, worüber VerlG. § 28 entscheidet.[6]) Macht der Konkursverwalter vom Uebertragungsrechte Gebrauch, so tritt der Erwerber an Stelle der Konkursmasse in die aus dem Vertragsverhältnisse sich ergebenden Verpflichtungen ein. Der Erwerb hat also hier, was von der Regel abweicht, die Wirkung einer privativen Schuldübernahme. Die Konkursmasse haftet jedoch, wenn der Erwerber die Verpflichtungen nicht erfüllt, dem Verlaggeber für den vom Erwerber zu ersetzenden Schaden wie ein Bürge, der auf die Vorausklage verzichtet hat (VerlG. § 36 Abs. 2, BGB. §§ 771, 773 Ziff. 1). Wird das Konkursver-

---

[5]) Die herrschende Meinung (vgl. Allfeld, Bem. 4, a, Heinitz, Bem. 3 zu § 36, Müller S. 394) scheint dieses Ergebnis für selbstverständlich zu halten; sie ignoriert aber dabei die in KO. § 26 liegende Schwierigkeit.

[6]) S. darüber oben S. 358 ff. Anders I. Entwurf § 40, wonach dem Konkursverwalter das Uebertragungsrecht unbedingt zustehen sollte.

fahren aufgehoben, so sind die aus dieser Haftung sich ergebenden Ansprüche des Verlaggebers gegen die Masse sicher zu stellen.

Ist die Uebertragung unzulässig, so kann der Konkursverwalter das Verlagsrecht für die Masse verwerten, indem er selbst das Werk vervielfältigt und verbreitet bzw. dies durch Hilfspersonen tun läßt. Da dies aber regelmäßig unzweckmäßig ist und das Ende des Konkurses auf unabsehbare Zeit hinausschiebt, wird der Konkursverwalter, wenn die erforderliche Zustimmung zur Uebertragung nicht zu erlangen ist und nicht erzwungen werden kann, besser die Erfüllung ablehnen.

2. War zur Zeit der Eröffnung des Verfahrens mit der Vervielfältigung noch nicht begonnen, so hat der Verlaggeber nach VerlG. § 36 Abs. 3 das Recht, den Vertrag aufzulösen; für dieses Recht gelten die oben S. 372 ff. dargelegten Regeln. Ist der Vertrag aufgelöst, so kann der Verlaggeber die aus der Auflösung erwachsenen Ansprüche als einfache Konkursforderungen anmelden; an dem etwa schon in den Besitz des Verlegers übergegangenen Manuskripte jedoch hat er ein Aussonderungsrecht. Uebt der Verfasser sein Auflösungsrecht nicht aus (— es kann ihm dazu vom Konkursverwalter eine angemessene Frist nach BGB. § 355 bestimmt werden), so hat der Konkursverwalter das schon besprochene Wahlrecht.

§ 75.

9. Verlagsvertrag über Beiträge zu periodischen Sammelwerken.[1]

Wird für ein periodisches Sammelwerk, insbesondere für eine Zeitung oder eine Zeitschrift, ein Beitrag geliefert, so kann dies im Weg des echten Verlagsvertrages geschehen, durch den der Verfasser sich verpflichtet, dem Verleger das Recht der Vervielfältigung und Verbreitung als ein ausschließliches Gegenstandsrecht zu verschaffen, der Verleger aber die Pflicht zur Vervielfältigung und Verbreitung übernimmt. Häufig jedoch will der Verfasser dem Verleger nicht ein ausschließliches Recht mit gegenständlichem Charakter verschaffen, sondern ihm lediglich die Erlaubnis zur Vervielfältigung und Verbreitung

---

[1]) Vgl. Fischer, Zur Neuregelung des Nachdrucks- und Verlagsrechtes im Zeitungswesen, in der Festgabe für Wilke (1900) S. 59 ff.; F. Hoeniger, Das Inseratenrecht und andere verlagsrechtliche Aufsätze (1909).

gewähren.[2]) Auch in anderen Beziehungen entspricht es häufig nicht dem vermutlichen Parteiwillen, wenn die Grundsätze des echten Verlagsvertrages auf solche Beiträge Anwendung finden; das gilt namentlich von den Bestimmungen über das Aenderungsrecht, die Auflage und die Freiexemplare.

Diesen Verhältnissen trägt das Verlagsgesetz Rechnung, indem es in den §§ 41 ff. zwar grundsätzlich auch für den Fall der Annahme von Beiträgen für die periodischen Sammelwerke die verlagsgesetzlichen Vorschriften für anwendbar erklärt, diese aber in bestimmten Beziehungen durch besondere dispositive Regeln modifiziert.

1. Auslegungsregel ist, daß dem Verfasser die anderweitige Verfügung über den Beitrag verbleibt, sofern nicht aus den Umständen zu entnehmen ist, daß der Verleger das ausschließliche Recht zur Vervielfältigung und Verbreitung, also ein gegenständliches Verlagsrecht, erhalten soll. § 42 Abs. 1. Aber auch, wenn aus der Vereinbarung oder den Umständen zu entnehmen ist, daß das Recht des Verlegers ein ausschließliches sein soll, äußert es seine negative Funktion gegen den Verfasser selbst und seine Rechtsnachfolger doch nur kurze Zeit. Der Verfasser darf nämlich über den Beitrag anderweit verfügen, wenn seit dem Ablaufe des Kalenderjahres, in welchem der Beitrag erschienen ist, ein Jahr verstrichen ist.[3]) Ist der Beitrag für eine Zeitung geliefert, so steht diese Befugnis dem Verfasser sogar schon „alsbald nach dem Erscheinen" zu.[4]) § 42 Abs. 2.

2. Soll der Beitrag unter dem Namen des Verfassers erscheinen, so darf der Verleger nach der allgemeinen Regel des VerlG. § 13 an dem Werke selbst, an dessen Titel und an der Bezeichnung des Urhebers Zusätze oder Kürzungen oder sonstige Aenderungen nicht vornehmen, außer wenn der Verfasser für sie seine Einwilligung nach Treu und Glauben nicht versagen kann. Dies gilt jedoch nicht unbedingt, wenn der Beitrag ohne den Namen des Verfassers erscheinen soll; in diesem Falle ist der Verleger nach § 44 berechtigt, an der Fassung solche Aenderungen vorzunehmen, welche bei Sammel-

---

[2]) Vgl. Entwurf I, Erläuterungen S. 55. Ueber die tatsächlichen Verhältnisse Voigtländer zu § 42.

[3]) Schweizer OblR. Art. 376 hat eine Frist von drei Monaten.

[4]) Für Zeitschriftenbeiträge gilt das nicht. Mißlich ist an dieser Regelung, daß es ein allgemein zutreffendes Unterscheidungsmerkmal zwischen Zeitung und Zeitschrift nicht gibt; s. oben S. 266.

werken derselben Art üblich sind. Treu und Glauben erfordern jedoch, daß, wenn nicht, wie häufig bei Zeitungsartikeln, die Zeit drängt, der Verleger sich vor dem endgültigen Druck mit dem Verfasser über die Aenderungen zu verständigen suche. Erhebliche an sich zulässige Aenderungen oder Kürzungen durch den Verleger, von denen der Verfasser vor dem Beginne der Vervielfältigung erfährt, können unter Umständen einen Grund zur Auflösung des Vertrages gemäß § 35 geben.

Diese Regelung greift aber nicht bei jeder Art von Kryptonymität Platz; die Aenderungsbefugnis des Verlegers nach § 44 bezieht sich nämlich nicht auf Beiträge, die unter einem bekannten Pseudonym erscheinen,[5] gleichviel ob dieses Pseudonym ein echtes oder ein unechtes[6] ist. Denn der Gedanke des Gesetzes ist offenbar der, daß das Interesse des Verfassers an der unbedingten Integrität seines Werkes sich abschwäche, wenn er nach außen nicht erkennbar hervortritt. Dieses Interesse bleibt aber in vollem Maße bestehen, wenn er unter einem in der literarischen Welt bekannten Pseudonym auftritt.[7]

3. Die Auflage hat für Beiträge zu periodischen Sammelwerken keine rechtliche Bedeutung. Der Verleger ist in der Zahl der von dem Sammelwerke herzustellenden Abzüge, die den Beitrag enthalten, nicht beschränkt. (§ 43).

4. Der Verleger, der auch hier die Korrekturpflicht hat, ist nicht verpflichtet, dem Verfasser einen Abzug zur Durchsicht vorzulegen.

5. Der Verleger ist nicht verpflichtet, dem Verfasser Abzüge zum Buchhändlerpreis zu überlassen. (§ 46 Abs. 2).

6. Erscheint der Beitrag in einer Zeitung,[4] so kann der Verfasser keine Freiexemplare verlangen. (§ 46 Abs. 1).

7. Einen Anspruch auf Vervielfältigung und Verbreitung des Beitrages oder auf Schadensersatz wegen Nichterfüllung hat der Verfasser nur, wenn der Zeitpunkt, in welchem der Beitrag erscheinen soll, Gegenstand vertragsmäßiger Regelung geworden ist, insbesondere vom Verleger dem Verfasser ausdrücklich bezeichnet worden ist.

---

[5]) Ebenso Allfeld, Bem. 2, a; a. M. Müller, Bem. 2 zu § 44.

[6]) z. B. Medicus, Judex.

[7]) Zu der bekannten Streitfrage, ob das Pseudonym überhaupt rechtliches Surrogat des wahren Namens gemäß BGB. § 12 ist, braucht bei dieser Auffassung nicht Stellung genommen zu werden.

Ist dies nicht geschehen, so kann der Verfasser das Erscheinen seines Beitrages nicht begehren, er kann aber nach § 45,[8]) wenn sein Beitrag nicht innerhalb eines Jahres nach der Ablieferung an den Verleger[9]) veröffentlicht wird, das Vertragsverhältnis durch formfreie Willenserklärung gegenüber dem Verleger einseitig kündigen. Sein Anspruch auf die Vergütung bleibt trotz der Ausübung des Kündigungsrechtes bestehen.

§ 76.

10. Unechter Verlagsvertrag.

Auch über Werke, an denen ein Urheberrecht nicht besteht, weil sie nicht schutzfähig sind oder die Schutzfrist schon abgelaufen ist, kann ein Vertrag geschlossen werden, auf Grund dessen sich ein Verleger zu ihrer Vervielfältigung und Verbreitung einem anderen gegenüber verpflichtet. Ein solcher Vertrag kann die Verschaffung eines gegenständlichen Verlagsrechtes nicht zum Inhalte haben. Er wäre, soweit er dies bezwecken würde, auf eine unmögliche Leistung gerichtet, da das Verlagsrecht eben seinem Wesen nach ein aus dem Urheberrechte im Wege konstitutiver Uebertragung abgeleitetes Recht ist und nemo plus juris in alium transferre potest quam ipse habet.

Wir können solche sehr häufig vorkommende Verträge über Vervielfältigung und Verbreitung, welchen der für den echten Verlagsvertrag charakteristische Zweck der Begründung eines gegenständlichen Verlagsrechtes fehlt, unechte Verlagsverträge nennen. Sie sind zwar Verlagsverträge im Sinne des VerlG. § 1, durch den Mangel des Urheberrechtes wird ihre Gültigkeit nicht berührt, aber sie unterstehen in mehrfacher Beziehung besonderen Regeln.

1. Der Verfasser wird beim unechten Verlagsvertrage positiv verpflichtet, dem Verleger das Werk zur Vervielfältigung und Verbreitung zu überlassen. Treu und Glauben erfordern auch, daß der Verlaggeber nicht selbst mit dem Verleger in einen unlauteren Wett-

---

[8]) Vgl. Josef, Der § 45 des Verlagsgesetzes und unsere juristischen Zeitschriften, in Jur. Literaturblatt Bd. 20 (1908) S. 54 f.

[9]) Zu berechnen nach BGB. §§ 187 Abs. 1, 188 Abs. 2; a. M. Josef, der behauptet, der Zeitraum sei „selbstredend nicht arithmetisch zu berechnen".

bewerb trete. Er hat daher auch negativ die Verpflichtung, sich der Vervielfältigung und Verbreitung des Werkes nach den verlagsrechtlichen Vorschriften in gleicher Weise zu enthalten, wie wenn an dem Werke ein Urheberrecht bestünde. Doch fällt diese Enthaltungspflicht weg, wenn seit der Veröffentlichung des Werkes durch den Verleger sechs Monate abgelaufen sind.[1])

2. Die Verschaffung eines gegenständlichen Verlagsrechtes ist unmöglich. Der Verlaggeber haftet hier grundsätzlich nicht wegen Unmöglichkeit der Rechtsverschaffung.[2]) Jedoch:

a) Verschweigt der Verfasser arglistig, daß das Werk bereits anderweit in Verlag gegeben oder veröffentlicht worden ist, so kann der Verleger ihn in Anspruch nehmen wie einen Verkäufer, der wegen eines Mangels im Rechte haftet. VerlG. § 39 Abs. 2, BGB. § 440, 320 ff. Der Verleger kann also die Vergütung verweigern (BGB. § 320) und er kann Schadensersatz wegen Nichterfüllung verlangen oder vom Vertrage zurücktreten (§ 325).[3])

Diese Haftung trifft den Verlaggeber nicht, wenn der Verleger beim Vertragsschlusse den Mangel des Urheberrechtes kennt.[4])

b) Hat der Verlaggeber durch die arglistige Vorspiegelung, es bestehc an dem Werke ein Urheberrecht, den Verleger zum Vertragsschlusse bewogen, so kann dieser den Vertrag gemäß BGB. §§ 123, 124 binnen Jahresfrist von der Entdeckung der Täuschung anfechten.

3. Wenn nicht anders vereinbart ist, ist das Recht des Verlegers beim unechten Verlagsvertrage nicht auf eine bestimmte Zahl von Abzügen beschränkt, vielmehr bleibt ihm, was eine natürliche Folge der Gemeinfreiheit des Werkes ist, nach VerlG. § 40 die Befugnis,

---

[1]) Berechnung vom Tage der Herausgabe an nach BGB. §§ 187 Abs. 1, 188 Abs. 2, 3.

[2]) Dies der Sinn des VerlG. § 39 Abs. 1, welcher, Schuld und Haftung verwechselnd, davon spricht, „der Verfasser" (gemeint ist der Verlaggeber) sei „zur Verschaffung des Verlagsrechtes nicht verpflichtet". Daß der Verfasser das Verlagsrecht nicht verschaffen kann, ist selbstverständlich, die Frage ist nur, ob er für die Unmöglichkeit einstehen muß.

[3]) BGB. § 325 spricht allerdings von nachträglicher Unmöglichkeit, während es sich in unserem Falle um eine ursprüngliche handelt; aber VerlG. § 39 Abs. 2 schreibt „entsprechende" Anwendung vor.

[4]) Das Kennenmüssen des Verlegers steht, wie aus dem analogen § 439 BGB. zu folgern ist, seiner Kenntnis nicht gleich; a. M. offenbar Cosack, Lehrb. d. Handelsrechts 6. Aufl. S. 379.

das von ihm veröffentlichte Werk gleich jedem Dritten von neuem unverändert oder mit beliebigen Aenderungen zu vervielfältigen. Das Gegenteil gilt jedoch, wenn nach dem Vertrage die Herstellung neuer Auflagen oder weiterer Abzüge von der Zahlung einer besonderen Vergütung abhängig ist.

C. Übertragung des Aufführungsrechtes.[1])

§ 77.

1. Der Aufführungsvertrag.

I. Das dem Urheber eines Bühnenwerkes oder eines Werkes der Tonkunst zustehende ausschließliche Recht, das Werk öffentlich aufzuführen,[2]) wird von ihm regelmäßig am zweckmäßigsten dadurch verwertet, daß er von seinem Uebertragungsrechte Gebrauch macht. Die Uebertragung kann in Verbindung mit dem ganzen Urheberrechte oder wenigstens mit dem Verlagsrechte erfolgen, was namentlich beim musikalischen Aufführungsrecht vorkommt, sie kann sich aber auch auf die Aufführungsbefugnis beschränken. Im letzteren Falle kann der Parteiwille, der über Inhalt und Umfang der übertragenen Befugnis entscheidet, wiederum ein verschiedener sein.

1. Er kann dahin gehen, daß der Erwerber das Aufführungsrecht als ein dem ausschließlichen Verlagsrechte analoges ausschließliches gegenständliches Recht ohne räumliche Begrenzung erhalten soll. Ein solches ausschließliches Aufführungsrecht äußert seine negative Funktion gegen jedermann, auch gegen den Urheber selbst; diesem steht es also nicht mehr frei, auch eine andere Aufführungserlaubnis zu erteilen. In dieser Gestalt kommt jedoch die

---

[1]) Die Literatur über das Aufführungsrecht ist oben S. 282 Anm. 1 angegeben; über seine Übertragung vgl. insbesondere: Allfeld, Bem. 11 zu LUG. § 8; Schuster, UrhR. der Tonkunst, S. 235 ff.; Opet im Arch. f. ziv. Praxis Bd. 84 S. 191 ff.; derselbe, Deutsches Theaterrecht, S. 316 ff.; Kohler, UrhR. S. 282 ff., 345 ff.; Jchon, Der Verlagsvertrag und die Lizenz zur öffentlichen Aufführung (Freiburger Diss. 1900), S. 31 ff.; Bock, Das Aufführungsrecht an dramatischen und musikalischen Werken (Leipziger Diss. 1906), S. 52 ff.; W. d'Albert, Die Verwertung des musikalischen Aufführungsrechts in Deutschland (1907) S. 22 ff., 93 ff.

[2]) Näheres über dieses Recht s. oben S. 282 ff.

Uebertragung des Aufführungsrechtes an Theaterunternehmer im Deutschen Reiche und in Oesterreich tatsächlich kaum vor. Eine um so größere Rolle spielt sie beim sogenannten Aufführungsagenturvertrag,[3]) insbesondere bei demjenigen über Tonwerke. Die bezugsberechtigten Mitglieder der „Anstalt für musikalisches Aufführungsrecht" (vgl. oben S. 283), d. h. diejenigen Mitglieder (Verleger oder Komponisten), welche berechtigt sind, einen Anteil aus der Verwertung der Aufführungsrechte zu ziehen, sind nämlich kraft Korporationsrechtes verpflichtet, alle ihnen zustehenden und in Zukunft zufallenden Aufführungsrechte der Anstalt zur unbeschränkten Verfügung zu übertragen. Die Erteilung von Aufführungsgenehmigungen (obligatorischen Lizenzen), die Einziehung oder Erlassung von Aufführungsgebühren, die Verfolgung unberechtigter Aufführungen, stehen allein der Anstalt zu, nicht ihren einzelnen Mitgliedern.[4])

2. Die Aufführungsbefugnis kann im Wege der einfachen obligatorischen Lizenz als ein nichtausschließliches Recht übertragen werden. Geschieht dies, wie zumeist, gegen Entgelt, so wird man den Vertrag als Pachtvertrag zu beurteilen haben. Dabei kann die Lizenz auf einen bestimmten Bezirk oder auf einen bestimmten Zeitraum beschränkt werden.

In dieser Art pflegen in Deutschland Privatbühnen das Aufführungsrecht zu erwerben.[5])

In diesem Falle bleibt es dem Urheber vorbehalten, nach Belieben auch andere obligatorische Aufführungslizenzen zu erteilen. Gegen unberechtigte Aufführungen vorzugehen, steht nur ihm zu, nicht den obligatorisch Berechtigten (den Permissaren). Doch nähert sich die obligatorische Aufführungslizenz insoferne einem gegenständlichen Rechte, als sie im Zweifel bei einem Wechsel in der Person des Trägers des Urheberrechtes bestehen bleibt; vgl. darüber oben § 65, IV S. 311.

3. Endlich kann aber auch im Wege der Uebertragung ein ausschließliches Aufführungsrecht des Erwerbers für einen bestimmten Bezirk erworben werden. Ob in diesem Falle der Urheber nur auf Grund des Vertrages verpflichtet ist, innerhalb des

---

[3]) S. den folgenden § 78.

[4]) Vgl. Satzung der Genossenschaft deutscher Tonsetzer § 12 Ziff. 2, d'Albert a. a. O. S. 93.

[5]) Vgl. Opet im Arch. f. ziv. Praxis Bd. 84 S. 199.

Bezirkes keine weitere Aufführungsbefugnis zu erteilen, oder ob das in räumlicher Beschränkung erteilte ausschließliche Aufführungsrecht als ein absolutes Recht gegen jeden Dritten wirkt, so daß der Erwerber selbst gegen unberechtigte Aufführungen vorgehen kann, ist streitig;[6]) für letztere Auffassung spricht die Analogie des sog. geteilten Verlagsrechtes.

In diesem Sinne pflegt das Aufführungsrecht z. B. von den preußischen Hoftheatern (Regulativ §§ 1, 3) und vom Wiener Burgtheater (Regulativ § 5) erworben zu werden.

Irgend welche gesetzliche Vermutung für die eine oder andere Gestaltung des erworbenen Aufführungsrechtes gibt es nicht. Vielmehr entscheidet, wo eine vertragsmäßige oder statutarische Regelung fehlt, die Verkehrssitte.

II. Eine bestimmte Form ist für den Aufführungsvertrag nicht vorgeschrieben, Schriftlichkeit ist aber üblich und empfehlenswert.

III. Erwerber des Aufführungsrechtes kann immer nur ein Rechtssubjekt, also eine physische oder juristische Person sein. Obwohl dies für die rechtliche Betrachtung eigentlich selbstverständlich sein sollte, ist es doch zu betonen, weil häufig davon gesprochen wird, daß ein Aufführungsrecht „einer Bühne" oder „einem Theater" übertragen wird, als ob dem Unternehmen als solchem Rechtspersönlichkeit zukäme.

Das Erfordernis der Rechtspersönlichkeit des Erwerbers gilt in gleicher Weise, ob es sich um eine sogenannte „stehende" oder um eine „nicht stehende" Bühne handelt. Bei einem Stadttheater z. B. ist die Gemeinde der erwerbende Kontrahent, bei einem Hoftheater je nach dem Eigentumsverhältnisse der Staat oder der Landesherr, bei Privattheatern häufig eine Aktiengesellschaft. Stehende Bühnen sind solche, welche eine von der Person ihres jeweiligen Leiters unabhängige Einrichtung haben.[7])

IV. Weiterübertragung.

Sowohl für stehende als für nichtstehende Bühnen gilt der Grundsatz, daß der Inhaber des Bühnenunternehmens das von ihm

[6]) Im letzteren Sinne Opet, a. a. O. S. 198 ff. Allfeld, Bem. 11, b läßt den Parteiwillen entscheiden, was zweifellos richtig ist; aber die Frage ist eben, welche objektive Norm gilt, wenn sich aus dem Parteiwillen nichts ergibt.

[7]) In diesem Sinne ROHG. Bd. 23 S. 364 und Allfeld, Bem. 11, g, aa zu § 8, während Opet, Theaterrecht S. 31 f., die stehende Bühne als den Gegensatz zum Wandertheatergewerbe im Sinne der GewO. auffaßt.

erworbene Aufführungsrecht nicht ohne Zustimmung des Urhebers auf den Inhaber eines anderen Bühnenunternehmens übertragen kann; das Gegenteil ist nur anzunehmen, wenn die Aufführungsbefugnis als ein räumlich unbeschränktes ausschließliches Recht erworben ist. Tritt ein Personenwechsel nur in der Leitung der Bühne (in der Direktion, der Intendanz) ein, ohne daß zugleich der Inhaber des Bühnenunternehmens wechselt, so ist dies auf die Fortdauer des Aufführungsrechtes ohne Einfluß.

Zweifelhaft bleibt mangels jeder gesetzlichen Weisung die Frage, ob die Aufführungsrechte, die der Pächter eines stehenden Bühnenunternehmens im eigenen Namen (nicht im Namen des verpachtenden Bühneninhabers) erwirbt, nur für seine Person erworben sind, oder auch für spätere Pächter derselben Bühne als erworben gelten. Letztere Auffassung, die in der deutschen Theaterpraxis zu herrschen scheint, hat die Billigung des Reichsoberhandelsgerichtes gefunden und ist auch in der Literatur mehrfach vertreten.[8]) Gegen sie spricht aber, abgesehen von der Unklarheit der ihr zugrunde liegenden rechtlichen Konstruktion,[9]) die Erwägung, daß gerade beim Aufführungsvertrage die Persönlichkeit des erwerbenden Kontrahenten in ihrer besonderen künstlerischen und geschäftlichen Eigenart von ganz wesentlicher Bedeutung ist, und daß ein Wechsel im Pachtverhältnisse das ideelle und finanzielle Interesse des Urhebers

[8]) Vgl. ROHG. Bd. 12 S. 339 ff., Bd. 23 S. 366 ff.; Nissen in Zeitschr. für HR. Bd. 18 S. 346 ff., Allfeld, Bem. 11, g, aa zu § 8; offenbar auch Bock a. a. O. S. 62 f.

[9]) Am ehesten möglich erscheint mir noch die Annahme einer cessio necessaria auf Grund Gewohnheitsrechtes. Ob aber die opinio necessitatis vorhanden ist, ist doch fraglich, auch wenn sie etwa zur Zeit der bekannten Leipziger Theaterprozesse im Jahre 1879 bestanden hat; in 30 Jahren können sich Praxis und Anschauung ändern!

Ueberhaupt keine Konstruktion enthält die Redewendung, daß der Unternehmer als Vertreter des Theaters den Vertrag schließe; denn nur Rechtssubjekte können im Sinne des bürgerlichen Rechts vertreten werden.

Die Annahme, es liege in dem Aufführungsvertrage, den der Urheber abschließt, zugleich sein Versprechen der durch den Wechsel im Pachtverhältnisse suspensiv bedingten Leistung an einen Dritten oder mehrere „Dritte", die Rechtsnachfolger im Pachtverhältnisse (vgl. BGB. § 328), würde eine Fiktion enthalten, da dieser Wille eben regelmäßig beim Urheber durchaus nicht vorhanden ist. Dieser Einwand trifft wohl auch die Erklärung von Allfeld a. a. O., das vom Nachfolger durch den bloßen Eintritt in das Unternehmerverhältnis erworbene Recht sei „für ihn im Voraus mitkonstituiert".

an stilgerechten Aufführungen aufs empfindlichste berühren kann.[10]) Unzweifelhaft ist, daß der Aufführungsvertrag mit dem Nachfolger des Erwerbers stillschweigend durch die konkludente Handlung der Honorarannahme seitens des Urhebers geschlossen werden kann.

V. Ueber die gegenseitigen Rechte und Pflichten beim Auffüḥrungsvertrage fehlt es an besonderen gesetzlichen Bestimmungen. Die beim Mangel vertragsmäßiger Abreden maßgebenden Normen können nur zum Teil aus der Analogie des Verlagsrechtes entnommen werden; zum größeren Teil sind sie der Verkehrssitte zu entneḥmen, die gerade bei diesem Vertrage wie bei kaum einem anderen von entscheidendem Einfluß ist. Eine gewisse rechtliche Unsicherḥeit bleibt aber dabei in manchen Punkten bestehen, weil eben die deutsche Theaterpraxis eine vielfach schwankende ist. Die Versuche, ein Theatergewohnheitsrecht festzustellen, stützen sich daher in der bisherigen Literatur auch weniger auf die deutschen als auf die zu festerer Rechtsüberzeugung gestalteten französischen Anschauungen und Sitten.[11])

1. Rechte des Erwerbers. Das Recht zur Aufführung des Werkes schließt die Befugnis in sich, eine Vervielfältigung des Werkes oder der einzelnen Rollen oder Stimmen vorzunehmen, soweit dies zur Veranstaltung der Aufführung notwendig ist. Der Erwerber ist im Zweifel zu einer beliebigen Zahl von Aufführungen berechtigt. In welchen Räumen er das Aufführungsrecht ausüben darf, richtet sich nach dem Vertrage. Im Zweifel darf er innerhalb des räumlichen Bezirkes, auf welches sich sein Recht erstreckt, Aufführungen in allen dazu geeigneten Räumen veranstalten, die ihm zur Zeit des Vertragsschlusses zur Verfügung stehen. Erwirbt er nach dem Vertragsschlusse innerhalb des Bezirkes oder bei räumlich unbeschränktem Erwerbe irgendwo eine neue Bühne, so erstreckt sich im Zweifel das Aufführungsrecht auch auf diese, vorausgesetzt, daß sie in ihren Einrichtungen eine stilgerechte Aufführung ermöglicht und den Anforderungen entspricht, welche der Urheber nach der Verkehrssitte in dieser Beziehung stellen kann.[12])

[10]) Vgl. Schuster, UrhR. der Tonkunst S. 237 ff.; Opet, Theaterrecht S. 368 ff., Arch. f. ziv. Praxis Bd. 84 S. 201 ff.

[11]) Namentlich in dem Deutschen Theaterrecht von Opet tritt dies stark hervor.

[12]) BGB. §§ 157, 242. Anders ROHG. Bd. 23 S. 362, RGE. in ZivS. Bd. 6 S. 32.

Man hat früher viel darüber gestritten, ob eine durch eine Gesetzesänderung eintretende Verlängerung der Schutzdauer dem aufführungsberechtigten Erwerber zu gut kommt oder dem Urheber. Da nicht anzunehmen ist, daß der Urheber die ursprünglich ihm zustehende Aufführungsbefugnis in weiterem Umfange übertragen will, als sie zur Zeit des Vertragsschlusses ihm zusteht, wirkt die Verlängerung der Schutzfrist nicht zugunsten des Erwerbers, sondern zugunsten des Urhebers oder seiner Erben;[13]) möglich ist aber, daß die Eventualität der Gesetzesänderung schon beim Vertragsschlusse von den Parteien ins Auge gefaßt wurde und es dabei für diesen Fall zu einer Einigung im gegenteiligen Sinne gekommen ist.

2. Der Erwerber ist verpflichtet, dem Vertragsgegner das vereinbarte oder, wenn es an einer Vereinbarung hierüber fehlt, ein angemessenes Honorar zu entrichten. Sehr häufig wird es in Tantiemen d. i. in einem Bruchteil der Einnahme (und zwar üblicher Weise der Bruttoeinnahme) bestehen. Auch der Tantiemenanspruch ist ein reines Forderungsrecht und begründet im Konkurse des Theaterunternehmers kein Aussonderungsrecht.[14]) Besteht das Honorar in einem Fixum, so ist es im Zweifel mit dem Vertragsschlusse und, wenn das Manuskript der Bühne erst später geliefert werden soll, mit dieser Ablieferung fällig.[15]) Der Verfasser hat einen Anspruch auf unentgeltliche Einräumung eines angemessenen Platzes, um jeder Aufführung seines Werkes beiwohnen zu können. Ob und in welcher Zahl er weitere Freikarten zur beliebigen Verfügung beanspruchen kann, wird durch die verschiedene jeweilige Verkehrssitte bestimmt.[16])

Eine Verpflichtung, das Werk aufzuführen, besteht für den Erwerber, auch ohne daß sie besonders bedungen ist, dann, wenn ihm das Aufführungsrecht als ein ausschließliches übertragen ist. Die Rollenbesetzung, die Inszenierung, die Wahl der Kostüme steht grundsätzlich dem Bühnenleiter zu; aber der Urheber kann verlangen, daß

---

[13]) So grundsätzlich auch der (nicht Gesetz gewordene) § 61 des Entw. zum LUG.; ebenso Allfeld, Bem. 5 zu LUG. § 60; Kohler, UrhR. S. 284; Schuster, UrhR. der Tonkunst S. 313; gegenteilig früher die Praxis und die ihr folgende herrschende Meinung und neuerdings Bock a. a. O. S. 64 ff. (wo auch die reiche ältere Literatur und die Rechtssprechung verzeichnet werden).

[14]) a. M. Kohler, UrhR. S. 350.

[15]) Analogie des VerlG. § 23.

[16]) Vgl. Opet, Theaterrecht S. 358 f.

die Aufführung in allen diesen Beziehungen eine stilgerechte, der künstlerischen Eigenart des Stückes entsprechende, sei. Der Urheber darf bis zur Aufführung Aenderungen an dem Werke vornehmen, soweit nicht durch sie ein berechtigtes Interesse der Bühnenleitung verletzt wird. Der Bühnenleiter dagegen darf, abgesehen von der notwendigen Rücksicht auf die Anordnungen der Zensur, nur solche Aenderungen vornehmen, für die der Verfasser seine Einwilligung nach Treu und Glauben nicht versagen kann.[17]) Das gleiche gilt entsprechend für Aenderungen an Tonwerken hinsichtlich der Stimmlage, der Instrumentation usw.

Ist der Zeitpunkt, bis zu welchem die Aufführung spätestens erfolgen muß, nicht vertragsmäßig festgelegt, so entscheidet darüber im allgemeinen die Reihenfolge des Abschlusses der Aufführungsverträge; doch verlangt die bona fides hier in besonderem Maße eine Berücksichtigung der individuellen Verhältnisse, z. B. der Beurlaubung der Hauptdarsteller.[18])

Die Aufführungspflicht beschränkt sich im Zweifel auf eine Aufführung.[19]) Nach französischer Anschauung[20]) hat der Urheber Anspruch auf dreimalige Aufführung;[21]) für Deutschland jedoch läßt sich ein solches Gewohnheitsrecht nicht behaupten.

VI. Beendigung.[22])

Das Aufführungsrecht erlischt auch da, wo es absoluten Charakter trägt, mit der Beendigung des Vertragsverhältnisses, durch welche es begründet wurde.[23]) Der Aufführungsvertrag wird beendigt durch einverständliche Aufhebung durch die Kontrahenten,

---

[17]) Analogie des VerlG. § 13.

[18]) Vgl. Bock a. a. O. S. 67 ff.; dagegen will Opet, Theaterrecht S. 341, im Zweifel die Reihenfolge der Einreichung der Manuskripte entscheiden lassen, wie dies der französischen Theaterpraxis zu entsprechen scheint.

[19]) Ebenso Allfeld, Bem. 11, f, aa zu § 8, Bock a. a. O. S. 68, Müller S. 40; a. M. Opet Theaterrecht S. 352.

[20]) Ebenso nach spanischem Recht, s. Opet im Arch. f. ziv. Praxis Bd. 84 S. 227 f.

[21]) Nach einem von Kohler UrhR. S. 351 angeführten (aber mißbilligten) Urteil des Seine-Trib. vom 30. Januar 1897 soll die Aufführungspflicht sogar so lange dauern, als das Stück ein Erträgnis bietet.

[22]) Vgl. zum Folgenden namentlich Opet, Theaterrecht S. 375 ff., wo jedoch das BGB. und die aus dem VerlG. sich ergebenden Analogien noch nicht berücksichtigt sind.

[23]) Analogie des VerlG. § 9 Abs. 1.

durch Eintritt des vertragsmäßig vereinbarten Endtermines, durch Ablauf der gesetzlichen Schutzfrist, ferner, wenn das Vertragsverhältnis auf eine bestimmte Zahl von Aufführungen beschränkt ist, mit diesen. Endlich löst sich das Vertragsverhältnis nach Maßgabe der §§ 275, 323 BGB. auf, wenn die Aufführung wegen eines von keinem der beiden Teile zu vertretenden Umstandes, wie z. B. wegen eines Theaterbrandes, wegen polizeilicher Schließung des Theaters oder wegen eines Zensurverbotes, unmöglich wird. In gewissen Fällen kann der Vertrag aber auch sein Ende finden durch einseitige Auflösung seitens eines der Vertragschließenden.

1. Der aufführungsberechtigte Erwerber hat ein solches Auflösungsrecht:

a) nach Maßgabe des § 326 BGB., wenn der Verfasser mit der zur Aufführung erforderlichen Ablieferung des Manuskriptes im Verzug ist; der Erwerber kann in diesem Falle nach erfolgloser Fristsetzung Schadensersatz wegen Nichterfüllung verlangen oder vom Vertrage zurücktreten;

b) wenn der Vertrag ihn zu einer größeren Zahl von Wiederholungen der Aufführung verpflichtet, wegen völligen Mißerfolges des Werkes bei den ersten Aufführungen. Dieses Auflösungsrecht beruht auf einem der Eigenart des Aufführungsvertrages entsprechenden Gewohnheitsrecht;[24]) es hat nicht die Bedeutung eines Rücktrittsrechtes, sondern die eines Kündigungsrechtes.

c) Wegen Wegfalls des Zweckes, dem die Aufführung des Werkes dienen soll, hat der Unternehmer ein Kündigungsrecht nach Analogie des VerlG. § 18; so z. B., wenn das Stück ein Festspiel zu einem Jubiläum des Landesherrn ist und dieser vorher stirbt. Doch bleibt in solchen Fällen der Honoraranspruch des Verfassers bestehen.

2. Der Urheber des Werkes kann den Vertrag aufheben:

a) nach Maßgabe des § 326 BGB. wegen Verzuges des Unternehmers. Verzug liegt nicht nur vor, wenn der Unternehmer das vereinbarte Honorar nicht rechtzeitig entrichtet, sondern auch, wenn er trotz bestehender Verpflichtung zur Aufführung diese nicht zur vereinbarten Zeit oder mangels einer Vereinbarung hierüber nicht zu der Zeit veranstaltet, zu welcher sie bei billiger Berücksichtigung der Verhältnisse, insbesondere der anderweitigen Aufführungsver-

[24]) Vgl. Opet a. a. O. S. 381, Kohler, UrhR. S. 350.

pflichtungen, möglich ist. Der Urheber kann in diesen Fällen dem Unternehmer eine angemessene Frist zur Honorarleistung bzw. Veranstaltung der Aufführung bestimmen und nach deren Ablauf Schadensersatz wegen Nichterfüllung verlangen oder vom Vertrage zurücktreten.

b) Besteht eine Aufführungspflicht nicht, so hat im allgemeinen der Urheber auch nicht das Recht, wegen unterlassener Aufführung den Vertrag zu kündigen. Doch besteht eine Verkehrssitte, nach welcher der Urheber im Wege der Kündigung[25]) dem übertragenen Aufführungsrechte den Charakter der Ausschließlichkeit entziehen kann, wenn der Erwerber des ausschließlichen Aufführungsrechtes von diesem Rechte eine gewisse Zeit lang (für die preußischen Hoftheater und das Wiener Burgtheater zwei Jahre) keinen Gebrauch gemacht hat oder nach geschehener letzter Aufführung zwei Jahre vergehen ließ, ohne die Aufführung zu wiederholen.

c) Bis zur ersten Aufführung kann der Urheber den Vertrag kündigen, wenn sich Umstände ergeben, die beim Abschlusse des Vertrages nicht vorauszusehen waren und ihn bei Kenntnis der Sachlage und verständiger Würdigung des Falles von der Bestimmung des Werkes zur Aufführung abgehalten haben würden.[26]) Ein solcher Umstand kann z. B. darin zu finden sein, daß das Werk, das schon als Buchdrama erschienen ist, als solches eine sehr ungünstige Aufnahme gefunden hat. Doch bleibt der Urheber, wenn er von diesem Kündigungsrechte Gebrauch macht, dem Unternehmer zum Ersatze der schon gemachten Aufwendungen verpflichtet.

d) Der Urheber hat ein Rücktrittsrecht wegen Eingriffes der Zensur, wenn diese eine wesentliche Aenderung des Inhaltes begehrt. Denn er ist nicht verpflichtet, die Aufführung seines Stückes in einer anderen als der von ihm selbst geschaffenen Form zu dulden.[27])

e) Endlich hat der Urheber ein Kündigungsrecht, wenn der Theaterunternehmer in Konkurs gerät, und zur Zeit der Eröffnung des Konkursverfahrens mit den Vorbereitungen zur Aufführung noch nicht begonnen war.[28])

---

[25]) Nach dem Wiener Burgtheater-Regulativ § 5 mit einer Kündigungsfrist von zwei Monaten, nach dem preußischen Hoftheater-Regulativ § 3 mit einer solchen von vier Monaten, die aber während einer Landestrauer und während der Theaterferien gehemmt ist.

[26]) Analogie des VerlG. § 35. Vgl. Kohler UrhR. S. 351.

[27]) Vgl. Opet, Theaterrecht S. 379.

[28]) Analogie des VerlG. § 36 Abs. 3.

VII. Im übrigen ist der Einfluß des Konkurses auf die beiderseitigen Rechte und Pflichten nach KO. § 17 zu beurteilen. Für eine entsprechende Anwendung der Grundsätze des VerlG. § 36 Abs. 2 ist, wenn der Konkursverwalter auf der Erfüllung besteht, kein Raum, weil die im Wege der Uebertragung erworbene Aufführungsbefugnis grundsätzlich nicht auf einen anderen weiter übertragbar ist. Eben weil die Verwertung des Aufführungsrechtes für die Masse nicht durch Uebertragung geschehen kann, wird der Konkursverwalter, für welchen die Aufrechthaltung des Betriebes durch einen von ihm angestellten Leiter auf Rechnung der Masse oft schwierig ist und das Ende des Konkurses in weite Ferne rückt, sich wohl regelmäßig für Nichterfüllung entscheiden.

§ 78.

2. Der Aufführungsagenturvertrag.[1])

I. Begriff und rechtliches Wesen.

Der Urheber kann das ihm zustehende Aufführungsrecht auch dadurch verwerten, daß er einer anderen Person oder einem Personenverbande das Recht und die Pflicht überträgt, im eigenen Namen für Rechnung des Aufführungsberechtigten mit Theater- oder Konzertunternehmern Aufführungsverträge abzuschließen, insbesondere ihnen Aufführungslizenzen zu erteilen. Für diese Tätigkeit erhält der Beauftragte, der sog. Agent, ein Entgelt in Gestalt einer Provision, die üblicher Weise 10 Prozent der dem Aufführungsberechtigten gebührenden Aufführungstantiemen bzw. des Aufführungshonorares beträgt.

Daß dieser sogenannte Aufführungsagenturvertrag nichts mit dem handelsrechtlichen Agentenverhältnisse zu tun hat, ist ohne weiteres klar; denn der Aufführungsagent soll nicht für ein fremdes Handelsgewerbe und nicht im fremden Namen, sondern im eigenen Namen die Geschäfte abschließen.

Es handelt sich aber auch nicht um ein Mäklergeschäft;[2]) denn der Aufführungsagent soll nicht, wie der Mäkler, nur die Gelegenheit zum Geschäftsabschlusse nachweisen oder das Geschäft vermitteln, sondern er soll es selbst abschließen.

[1]) Vgl. Opet, Theaterrecht S. 454 ff., Bock a. a. O. S. 54 ff.
[2]) unrichtig Heinzmann, Deutsches Theaterrecht S. 58.

Auch ein Kommissionsgeschäft liegt jedenfalls nicht in dem engeren Sinne vor, in welchem das HGB. (§§ 383 ff.) diesen Begriff faßt, da sich das handelsrechtliche Kommissionsgeschäft nur auf den Vertrieb von Waren oder Wertpapieren bezieht.[3])

Der Aufführungsagenturvertrag gehört ebenso wie der Kommissionsvertrag als ein zum Abschlusse von Rechtsgeschäften verpflichtender Vertrag zu den Geschäftsbesorgungsverträgen im Sinne des §§ 675 BGB. Ob wir ihn dabei als einen auf eine Geschäftsbesorgung gerichteten Dienstvertrag auffassen[4]) oder als einen Werkvertrag,[5]) der eine Geschäftsbesorgung zum Gegenstande hat, ist kaum von praktischer Bedeutung. Insbesondere steht dem Aufführungsberechtigten das Recht der einseitigen Kündigung bei der einen wie bei der anderen Annahme zu; für den Dienstvertrag ergibt es sich aus BGB. § 623, für den Werkvertrag aus § 649. Daß die schon fälligen Provisionen trotz der Kündigung zu entrichten sind, ergibt sich für beide Fälle aus dem Wesen der Kündigung als eines den Vertrag nur für die Zukunft, nicht auch für die Vergangenheit auflösenden Rechtsbehelfes; wenn § 649 darüber hinaus beim Werkvertrage den Unternehmer berechtigt, bei Kündigung durch den Besteller die „vereinbarte" Vergütung, also die ganze vereinbarte Vergütung, gegen Anrechnung seiner ersparten Aufwendungen usw. zu verlangen, während für den Dienstvertrag eine derartige gesetzliche Bestimmung fehlt, so ist dies für unseren Fall ohne Bedeutung, da ja die Vergütung hier in einer Provision besteht, die aus den tatsächlich

---

[3]) Opet, S. 454 nennt den Vertrag einen „nichthandelsrechtlichen Kommissionsvertrag". Dagegen ist an sich nichts zu sagen, aber der Vergleich hat keinen weiteren Wert. Die naheliegende Analogie mit den Regeln des HGB. §§ 383 ff. scheint mir überflüssig, da die direkte Anwendung des § 675 BGB. und der dort angeführten Vorschriften hier zu den gleichen Ergebnissen führt. So ergibt sich z. B. der Satz, daß, wenn der Aufführungsagent zu vorteilhafteren Bedingungen abschließt, als sie ihm vom Aufführungsberechtigten gesetzt sind, dies letzterem zustatten kommt, nicht nur aus der Analogie des HGB. § 387, sondern schon direkt aus BGB. §§ 675, 667.

[4]) So Bock a. a. O. S. 57.

[5]) Dafür scheint mir der Umstand zu sprechen, daß die Vergütung an den sog. Agenten nicht unter allen Umständen für seine Bemühungen, sondern nur im Falle eines „Erfolges" (vgl. § 631 Abs. 2), nämlich des geglückten Abschlusses eines Vertrages, entrichtet werden soll.

abgeschlossenen Verträgen geschuldet wird.[6]) Andererseits wird man bezüglich des Kündigungsrechtes des Unternehmers da, wo es sich um Dienste höherer Art handelt, die auf Grund besonderen Vertrauens übertragen zu werden pflegen — zu diesen gehören zweifellos auch die Dienste des Aufführungsagenten — stets die aus dem Zusammenhange der §§ 626, 627, 675, 671 Abs. 2 sich ergebenden Grundsätze anzuwenden haben, auch wenn man den Vertrag theoretisch nicht in die Kategorie des Dienstvertrages, sondern in die des Werkvertrages einstellt.

II. Rechte und Pflichten.

Der Aufführungsagent erlangt auf Grund des Vertrages regelmäßig das ausschließliche Recht, im eigenen Namen Aufführungslizenzen zu erteilen und unrechtmäßige Aufführungen gerichtlich zu verfolgen.[7]) Dieses Recht ist aber zugleich seine Pflicht. Er ist ferner verpflichtet, dem Urheber über seine Tätigkeit Auskunft zu erteilen, insbesondere ihn von dem geschehenen Abschlusse von Aufführungsverträgen zu benachrichtigen, ihm Rechenschaft abzulegen und ihm die Honorare oder Tantiemen, die er aus den abgeschlossenen Aufführungsverträgen erhält, abzüglich seiner Provision herauszugeben (BGB. §§ 675, 666, 667). Der Urheber hat auf Verlangen dem Agenten für die zum Abschlusse von Aufführungsverträgen erforderlichen Aufwendungen Vorschuß zu leisten (§ 669) und ist ihm zum Ersatze der Aufwendungen, die er den Umständen nach für erforderlich halten durfte, verpflichtet. (§ 670).

Ueblicherweise wird im Vertrage[7]) dem Agenten auch das Recht eingeräumt, das Werk zu vervielfältigen und im Buchhandel erscheinen zu lassen. Hat jedoch schon ein anderer das Verlagsrecht am Werke erlangt, so kann der Urheber dem Aufführungsagenten die Vervielfältigung und Verbreitung nicht mehr gestatten.

Das Vertragsverhältnis endigt im Zweifel durch den Tod des Agenten (BGB. §§ 675, 673).

---

[6]) Oder sollte etwa der Aufführungsagent in diesem Falle eine Provision aus den Aufführungsverträgen über das Werk fordern können, die ein anderer abschließt, ähnlich wie der sog. Bezirksagent nach HGB. § 89? Dafür fehlt jeder Anhalt.

[7]) Vgl. das Vertragsformular bei Opet, Theaterrecht S. 499.

§ 79.

VII. Sachverständigen-Kammern.[1])

I. Ueber Rechtsfragen soll auf dem Gebiete des Urheberrechtes wie auf anderen Rechtsgebieten nur der rechtskundige Richter entscheiden. Er darf sich dabei an die Meinungen anderer, auch „Sachverständiger", nicht binden. Wohl aber bedarf der Richter auf diesem wie auf anderen Gebieten häufig zum Zwecke der Feststellung tatsächlicher Verhältnisse der gutachtlichen Hilfe von Sachverständigen. So ist es z. B. dem unmusikalischen Richter unmöglich, aus eigener Wahrnehmung zu erkennen, ob einem Werke der Tonkunst eine Melodie zugrunde liegt, die einem anderen Werke entnommen ist.

Amtspersonen als Sachverständige bieten aus naheliegenden Gründen eine größere Gewähr, wenn auch nicht für künstlerische Einsicht, so doch für Unparteilichkeit, als von den Parteien benannte Privatpersonen.

Dieser Gedanke rechtfertigt die Einrichtung von sachverständigen Behörden. Als solche erscheinen zuerst die durch das preußische Gesetz von 1837 geschaffenen Sachverständigen-Vereine. Auch das LUG. von 1870 kennt literarische und musikalische Sachverständigen-Vereine. Das LUG. von 1901 hat sie als Sachverständigen-Kammern bezeichnet, um ihre schon vorher nicht zu bezweifelnde amtliche Eigenschaft auch im Namen deutlicher zum Ausdruck zu bringen.

Ihre nicht unangefochtene Existenzberechtigung wird man, wenn sie mit den richtigen Männern besetzt werden, bejahen dürfen unter der Voraussetzung, daß ihr fachmännisches Gutachten sich streng auf die ihnen vorzulegenden Fragen tatsächlicher, künstlerischer oder technischer Natur beschränkt und nicht zum Rechtsgutachten wird.[2])

II. Nach LUG. § 49 sollen für sämtliche Bundesstaaten[3]) Sachverständigen-Kammern bestehen.

---

[1]) Literatur: Kohler im Arch. f. Handelsrecht Bd. 47 S. 327 und UrhR. S. 95, 389 ff.; Drucker in Gew. Rechtsschutz und UrhR. Bd. 4 S. 324. Sammlungen von Gutachten s. oben S. 8.

[2]) Müller (zu LUG. § 49) dagegen meint: „Ueber alle an sie gerichteten Fragen sollen die Kammern Gutachten abgeben: über juristische und technische." Aber juristische Fragen sollen an sie überhaupt nicht gestellt werden!

[3]) Nicht in sämtlichen Bundesstaaten! Den einzelnen Staaten bleibt es überlassen, sich an die Kammern anderer Bundesstaaten anzuschließen oder sich

Der Reichskanzler erläßt die Bestimmungen über ihre Zusammensetzung und ihren Geschäftsbetrieb. Zurzeit gelten die Bestimmungen vom 13. September 1901.[4]) Darnach werden für Werke der Literatur und für Werke der Tonkunst gesonderte Kammern gebildet. Sie bestehen je aus sieben Mitgliedern und der erforderlichen Zahl von Stellvertretern. Die Ernennung erfolgt durch die Landeszentralbehörde. Die Sachverständigen werden gerichtlich beeidigt.

III. Die Aufgabe der Sachverständigen-Kammern ist eine doppelte:

1. Sie sind innerhalb ihrer Zuständigkeit verpflichtet, in Zivil- und Strafprozessen auf Erfordern der Gerichte und der Staatsanwaltschaften Gutachten über die an sie gerichteten bestimmten Fragen abzugeben. Das Gericht ist aber weder verpflichtet, ein Gutachten der Kammer einzuholen, noch ist es an dieses Gutachten, auch wenn es, wie es soll, rein tatsächlicher Natur ist, gebunden.

Das Gutachten soll in der Regel von der gesamten Kammer als einer kollegialen Behörde abgegeben werden. Die einzelnen Mitglieder der Kammern sollen nach der Ordnungsvorschrift des § 49 Abs. 4 nicht ohne ihre Zustimmung und nicht ohne Genehmigung des Vorsitzenden von den Gerichten als Sachverständige vernommen werden. Das Gericht kann aber auch die Kammer ersuchen, eines ihrer Mitglieder mit der Vertretung des Gutachtens in der Hauptverhandlung zu beauftragen und dem Gerichte zu bezeichnen.

Das Gutachten kann als solches einer Behörde im Strafprozeß verlesen werden.[5])

2. Die Sachverständigen-Kammern haben ferner schiedsrichterliche Funktion. Sie sind befugt, nicht aber auch verpflichtet, auf Anrufen beider Parteien über Schadensersatzansprüche, über die Vernichtung von Exemplaren oder Vorrichtungen sowie über die Zuerkennung des dem Berechtigten statt der Vernichtung zustehenden Uebernahmerechtes[6]) als Schiedsrichter zu verhandeln und zu

mit anderen Bundesstaaten zur Bildung gemeinsamer Kammern zu verbinden. Zurzeit bestehen im Deutschen Reiche sechs verschiedene Sachverständigen-Kammern. Preußen und Bayern haben Kammern für sich allein, die übrigen Kammern sind je für mehrere Staaten gemeinschaftlich.

[4]) S. Zentralblatt für das D. Reich 1901 S. 337.

[5]) Vgl. StPO. § 255.

[6]) Vgl. LUG. § 43.

entscheiden,[7]) nicht aber Strafen auszusprechen oder eine Buße zuzuerkennen.[8])

IV. Sachverständigen-Kammern mit den gleichen Aufgaben bestehen für das Gebiet des Urheberrechtes an Werken der bildenden Künste und der Photographie auf Grund des KUG. (§ 46). Für ihre Zusammensetzung und ihren Geschäftsbetrieb gelten zurzeit die Bestimmungen des Reichskanzlers vom 10. Mai 1907.

---

[7]) Verfahren nach ZPO. §§ 1025 ff.

[8]) Allfeld, Bem. 7 zu LUG. § 49 (ebenso Osterrieth, Bem. 3 zu KUK. § 46) hält die Sachverständigen-Kammern für zuständig zur Entscheidung über alles, was im Zivilrechtswege verfolgt werden kann, also auch über die abwehrende Klage und über die Feststellungsklage. Ob der Gesetzgeber das gewollt hat, ist angesichts des Wortlautes des § 49 zum mindesten zweifelhaft; der von Allfeld angeführte Grund, daß in der Verpflichtung zum Schadensersatz zugleich die Verpflichtung zur Unterlassung liege, ist nicht allgemein zutreffend; es kann ein gegenwärtiger Schadensersatzanspruch wegen eines in der Vergangenheit liegenden Eingriffes bestehen, während ein Unterlassungsanspruch wegen Erlöschens des absoluten Rechtes nicht mehr besteht; auch gibt es Schadensersatzansprüche, denen ein Unterlassungsanspruch überhaupt nicht parallel geht (vgl. z. B. BGB. § 906). Immerhin ist zu beachten, daß, wenn auch nicht die Kammer als solche, doch ihre Mitglieder ein Schiedsgericht im Sinne der ZPO. bilden können und als solches auch für die abwehrende und für die Feststellungsklage zuständig sein können.

Zweiter Abschnitt.

Das Urheberrecht an Werken der bildenden Künste und an Photographien.

I. Die geschichtliche Entwickelung des Kunstwerk- und Photographienschutzes.

§ 80.

1. Die Entwickelung vor der Reichsgesetzgebung.[1]

I. Daß bei den Griechen und bei den Römern vielfach Kopien von Gemälden und von plastischen Werken angefertigt und auch in den Handel gebracht wurden, steht fest.[2] Aber der Gedanke, daß damit ein Recht des Schöpfers des Originalwerkes verletzt werde, ist im Altertum offenbar nicht aufgetaucht.

Auch im Mittelalter fehlt ein besonderer Rechtsschutz des schaffenden Künstlers gegen den Nachbildner. Dieser Mangel findet seine Erklärung zum Teil darin, daß die frühmittelalterliche Kunst, soweit sie eine mönchische, im Dienste der Kirche stehende, ist, in der Hauptsache zugleich eine anonyme ist; wie dem mönchischen Ideenkreise die Betonung der Persönlichkeit überhaupt fern liegt, so ist

---

[1]) Literatur: Klostermann, Das geistige Eigentum Bd. 1 S. 60 ff.; Wächter, Das Urheberrecht an Werken der bildenden Künste, Photographien und Ornamenten (1877) S. 4 ff.; v. Seidlitz, Kunstgeschichtliches zur Urheberfrage, in den Beiträgen zum Urheberrecht (Festschrift 1895) S. 1 ff.; Osterrieth, Bem. zum Entw. eines Ges. betr. das Urheberrecht an Werken der bildenden Künste (1904) S. 2 ff.; Kommentare zum KUG. von Allfeld S. 1 ff., Müller S. 1 ff.; Kohler in Buschs Arch. Bd. 47 S. 195 ff., Kunstwerkrecht (1908) S. 1 ff.; besonders eingehend Gairal, Les oeuvres d'art et le droit (Lyon 1900) S. 54—85.

[2]) Nachweise bei Gairal S. 36 f., 55 f.

ihm auch das Bestreben fremd, den schaffenden Künstler in seiner individuellen Eigenart zu schützen. Für die spätere Zeit wird das Fehlen eines besonderen urheberrechtlichen Schutzes einmal dadurch erklärlich, daß die berufsmäßige Ausübung einer Kunst und insbesondere auch jeder kunstgewerblichen Tätigkeit vielfach an die Zugehörigkeit des Meisters zu einer die Arbeitsweise reglementierenden Gilde gebunden war,[3]) zum Teil aber wohl auch dadurch, daß ganz im Gegensatz zu den Verhältnissen der Gegenwart der bildende Künstler und der Kunstgewerbetreibende vorwiegend nur auf Bestellung, nicht in bloßer Erwartung einer solchen, arbeiteten und daher angesichts des sicheren Lohnes für ihre Arbeit deren eventueller Ausbeutung durch andere mit größerem Gleichmut entgegensehen konnten.

Mit der im 15. Jahrhundert vervollkommneten Technik der Holzschneidekunst und dem ungefähr gleichzeitigen Aufkommen des Kupferstiches war freilich die Gefahr freibeuterischer Nachbildung von Meisterwerken gewaltig gesteigert worden. Aber erst in der ersten Hälfte des folgenden Jahrhunderts scheint sich das Bedürfnis nach einem Rechtsschutze hiegegen bei den einzelnen Künstlern — zuerst, wie es scheint, bei Albrecht Dürer — fühlbar gemacht zu haben. Der Gedanke liegt nahe, daß dieses Bedürfnis nicht nur in der Gefährdung der Geldinteressen, sondern auch in dem bei den Häuptern der Renaissance gehobenen Bewußtsein von der Bedeutung der künstlerischen Einzelpersönlichkeit seinen Urgrund hatte. Vereinzelte Fälle kompositorischer Unselbständigkeit bei großen Meistern, wie etwa die starke Anlehnung von Velasquez in seiner „Krönung der Maria" an das Vorbild von Greco,[3a]) dürfen uns daran nicht irre werden lassen.

Ein Rechtsschutz wurde gewährt teils durch lokale, insbesondere Nürnberger, Nachbildungsverbote, teils in Formen von kaiserlichen Privilegien, die einzelnen Künstlern für bestimmte Werke verliehen wurden.[4])

[3]) Besonders entwickelt war das Gildenwesen für Künstler und Kunstgewerbetreibende in Frankreich, wo sich die Korporation der Goldschmiede schon im Jahre 768 durch Königsurkunden anerkannter Privilegien erfreute, die 848 durch Karl den Kahlen bestätigt wurden; s. Gairal S. 65 ff.

[3a]) Vgl. Stevenson, Velasquez (München 1904), Einleitung von E. v. Bodenhausen S. 23 ff.

[4]) So erhielt z. B. Zeitblom 1550 ein Privileg von Karl V.; vgl. Kohler in Buschs Arch. Bd. 47 S. 195 f.; dort auch über die Klage der Witwe Dürers gegen Guldemund. Weitere Nachweise bei Gairal S. 80 ff. — Über die Bedeutung der Privilegien s. oben S. 203 ff.

II. Einen allgemeinen gesetzlichen Schutz brachten zuerst in England die unter dem Einfluß von Hogarth entstandene Act 8 George II. c. 13 von 1735; sie bezog sich auf „the arts of designing, engraving and etching historical and other prints“. Ihr folgte die ergänzende Act 7 George III. c. 38 von 1766.[5]) Der Schutz dauerte 28 Jahre.[6])

In Frankreich, wo die Académie de St. Luc ihren Mitgliedern schon früher zur Pflicht gemacht hatte, für alle Nachbildungen und Abgüsse von Kunstwerken sich der schriftlichen Zustimmung des Urhebers zu versichern, schuf das Dekret des Konvents vom 19. Juli 1793 die gesetzliche Grundlage des künstlerischen Urheberrechtes.[7]) Von der Strafbarkeit der Nachbildung von Kunstwerken handeln die Art. 425—427, 428 des Code Pénal.

III. In Deutschland setzt die Gesetzgebung zum Schutze des Kunstwerkrechtes erst spät ein. Noch das Allg. Preußische Landrecht kennt überhaupt keinen Schutz der Künstler, sondern nur einen solchen der Verleger für die in ihrem Verlage erschienenen Kupferstiche.[8]) Dagegen geht das von Feuerbach geschaffene bayrische Strafgesetzbuch von 1813 in Art. 397 Abs. 3 davon aus, daß auch die Vervielfältigung von Werken der Kunst ohne Einwilligung des Urhebers zum Schadenersatz verpflichtet und strafbar ist.[9]) In Preußen wurde den Kunstwerken ein allgemeiner Rechtsschutz gegen Nachbildung und Vervielfältigung zuteil durch das Gesetz vom 11. Juni 1837[10]) §§ 21—29; die Schutzfrist betrug 10 Jahre vom Erscheinen an. Dieselbe Schutzfrist war vorgesehen in dem Bundesbeschlusse vom 9. November 1837, wonach Werke der Kunst in gleicher Weise wie literarische Erzeugnisse gegen „mechanische Vervielfältigung“ geschützt sein sollten; der Bundesbeschluß vom 19. Juni 1845

---

[5]) Beide Gesetze sind abgedruckt bei Kohler, Kunstwerkrecht S. 177 ff.

[6]) Jetzt gelten in England die Act 54 George III. c. 56 von 1814 zum Schutze der Plastik und die Act 25, 26 Vict. c. 68 von 1862 zum Schutze der Gemälde und Photographien.

[7]) Spätere Ergänzungsgesetze sind aufgeführt bei Gairal S. 121 f. Dazu kommt jetzt noch das Ges. vom 11. März 1902 zum Schutze der Raumkunst.

[8]) Teil I Titel II § 997.

[9]) Freilich blieb dies eine lex imperfecta, da die näheren Bestimmungen des Bürgerlichen Gesetzbuchs und der Polizeistrafgesetze, auf welche Art. 397 Bezug nimmt, nicht ergangen sind.

[10]) Kommentar von Hitzig (Berlin 1838).

erweiterte dann die Schutzfrist auf die Lebensdauer des Urhebers und 30 Jahre nach seinem Tode.

In den folgenden Jahrzehnten befaßten sich in einzelnen Bundesstaaten die gleichen Spezialgesetze, welche das literarische Urheberrecht regelten, auch mit dem Schutze von Kunstwerken.[11]) Einen entscheidenden Fortschritt brachte das auf dem sog. Frankfurter Entwurf beruhende bayerische Gesetz vom 28. Juni 1865[12]) dadurch, daß es auch Photographien schützte, sofern sie als Werke der Kunst zu betrachten seien,[13]) und namentlich dadurch, daß es nicht nur gegen mechanische Nachbildung, sondern auch gegen Handkopie von solchen Kunstwerken Schutz gewährte, die noch nicht zulässiger Weise vervielfältigt waren und noch dem Künstler gehörten. Dieses Gesetz steht sichtlich unter dem günstigen Einflusse der Anregungen, welche durch die auf Reform und Vereinheitlichung gerichtete Agitation der deutschen Kunstgenossenschaft[14]) gegeben waren.

Bis dahin ist der Kunstschutz in der Gesetzgebung äußerlich vereinigt und materiell aufs engste verknüpft mit dem Schutze der Schriftwerke und Tonwerke. In der Gesetzgebung des Deutschen Reiches scheiden sich die beiden Gruppen. Der gesetzlichen Verbindung und Sonderung entspricht eine solche in der Literatur.

§ 81.

2. Die Reichsgesetzgebung.

I. Nach dem Plane der Regierung des Norddeutschen Bundes sollte sich die gesetzliche Regelung des Urheberrechtes, zu welcher der Bund auf Grund des Art. 4 seiner Verfassung zuständig war, auch auf das künstlerische Urheberrecht erstrecken. Der im Februar

---

[11]) Aufzählung dieser Gesetze oben S. 211.

[12]) Kommentar hierzu von Mandry (1867).

[13]) Dies war freilich deshalb verfehlt, weil zwischen Kunstwerk und Photographie ein wesentlicher innerer Unterschied besteht (vgl unten S. 407); aber der Fortschritt lag darin, daß man sich der Notwendigkeit eines Photographienschutzes überhaupt bewußt geworden war.

[14]) Vgl. Kühns, Der Rechtsschutz an Werken der bildenden Künste, Denkschrift im Namen der Deutschen Kunstgenossenschaft (1861). Von Kühns stammt auch der Gesetzentwurf der Deutschen Kunstgenossenschaft, betr. das Urheberrecht an Werken der bildenden Künste (1864).

1870 beim Reichstag eingebrachte Gesetzentwurf befaßte sich demgemäß nicht nur mit dem Urheberrecht an Schriftwerken, Tonwerken und Abbildungen, sondern erhielt in seinen §§ 59—67 auch Vorschriften über den Kunstschutz. Da jedoch gerade dieser Abschnitt des Entwurfes, namentlich wegen seiner völligen Vernachlässigung der Interessen des Kunstgewerbes, bei der Beratung im Reichstag auf entschiedenen Widerspruch stieß, wurde er in der dritten Lesung aus dem Gesetze völlig ausgeschieden; man beschloß, das Urheberrecht an Kunstwerken in einem Sondergesetze zu behandeln.

Zu diesem Gesetze kam es im neuen Deutschen Reiche. Der nach Anhörung von Sachverständigen ausgearbeitete und vom Bundesrat mit unwesentlichen Aenderungen genehmigte Entwurf wurde vom Reichskanzler am 1. November 1875 dem Reichstage vorgelegt und von diesem, wiederum mit unbedeutenden Aenderungen, am 17. Dezember angenommen. Die Publikation erfolgte am 9. Januar 1876 als Gesetz, betreffend das Urheberrecht an Werken der bildenden Künste.[1]) Das Gesetz trat am 1. Juli 1876 in Kraft.

II. In den ersten Jahrzehnten der Daguerrotypie und Photographie waren die Anschauungen darüber, ab auch den Erzeugnissen dieser Verfahrensarten künstlerischer Urheberschutz zuteil werden solle, in der Literatur und Praxis sehr geteilt;[2]) insbesondere der preußische literarische Sachverständigenverein vertrat den ablehnenden Standpunkt. Der von der Regierung des Norddeutschen Bundes dem Reichstage im Februar 1870 vorgelegte Entwurf eines besonderen Gesetzes zum Schutze der Photographien wurde abgelehnt; man beschloß, den Photographienschutz erst im Zusammenhange mit dem zu erwartenden Kunstschutzgesetze zu regeln. Gleichzeitig mit dem Entwurf zu diesem Gesetze, aber als selbständiges Gesetz neben ihm, wurde dem Reichstage 1875 ein neuer Entwurf vorgelegt, der Annahme fand. Dieses Gesetz, betreffend den Schutz der Photographien, vom 10. Januar 1876[1]) trat in Kraft am 1. Juli 1876.

III. Die beiden Gesetze vom 9. und 10. Januar 1876 litten, wie man bei der praktischen Anwendung bald erkannte, an schweren Mängeln. Die Reform durch den Gesetzgeber wurde eingeleitet durch

---

[1]) Kommentare zu diesem Gesetze von Allfeld (1893), Scheele (1892), systematische Darstellungen von Wächter (1877), Daude, Lehrb. S. 102 ff.; Gierke, Deutsches PrivR. Bd. 1 S. 769 ff.

[2]) Nachweise bei Osterrieth, Bemerkungen S. 14 ff.

die beiden im Jahre 1902 veröffentlichten Entwürfe, von denen der erste den Photographienschutz, der zweite den Kunstschutz behandelte. Da sie beide von denselben Grundsätzen ausgingen, wurden sie mit Recht in einen neuen einheitlichen Entwurf zusammengefaßt, der im Jahre 1904 veröffentlicht und 1905 in etwas veränderter Gestalt dem Reichstage vorgelegt wurde;[3]) hier wurde das Gesetz zunächst an eine Kommission verwiesen, sodann im Dezember 1906 in dritter Lesung angenommen. Dieses neue Gesetz, betreffend das Urheberrecht an Werken der bildenden Künste und der Photographie[4]) ist datiert vom 9. Januar 1907, in Kraft seit 1. Juli 1907.[5])

Die wichtigsten Verbesserungen, welche dieses Gesetz gebracht hat, sind: die Ausdehnung des Schutzes auf Bauwerke, soweit sie künstlerische Zwecke verfolgen, auf die Erzeugnisse des Kunstgewerbes[6]) und auf die (bisher nur nach Maßgabe des LUG. geschützten) Entwürfe für beide Gattungen; die Erweiterung der Schutzdauer für

[3]) Aus der reichen Literatur zur Reform und zu den Entwürfen: Allfeld im „Recht" 1902 S. 417 ff., in Gew. Rechtsschutz und UrhR. Bd. 9 (1904) S. 258 ff. und in D. JurZ. 1906 S. 287 ff.; Diefenbach in Gew. Rechtsschutz und UrhR. 1904 S. 237 ff., 1906 S. 86 ff.; Dülfer ebenda 1905 S. 373 ff.; Drahten ebenda 1904 S. 235; derselbe, Der Rechtsschutz des bildenden Künstlers (1902); Hennig in Gew. Rechtsschutz und UrhR. 1904 S. 151 ff.; Meinhardt ebenda 1906 S. 105 ff.; Osterrieth ebenda 1906 S. 113 und S. 310 ff.; derselbe, Bemerkungen zum Entwurf usw. (1904); Bruno Meyer, Das neue photographische Kunstschutzgesetz (1902); Müller in D. JurZ. 1902 S. 430 ff.; Spieß, Kritische Bemerkungen zum Entwurf eines Gesetzes usw. (1906).

[4]) Kommentare zum KUG. von 1907 von Allfeld, Daude, Fuld, Müller, Osterrieth (sämtliche 1907 erschienen), F. Hellwag (1908). Textausgabe mit kurzen Anmerkungen von Gareis.

Systematische Darstellungen: Kohler, Kunstwerkrecht (1908); Crome, System des bürgerl. R. Bd. 4 § 529 S. 69 ff.; Dernburg, Bürgerl. R. Bd. 6 S. 153 ff. Vgl. auch Drathen, Der Rechtsschutz des bildenden Künstlers (Leipzig 1908).

[5]) Dernburg Bd. 6 S. 156 behauptet, dieser Termin des Inkrafttretens (KUG. § 55) sei einseitig vom Bundesrat festgesetzt worden. Wäre dem so, so läge darin eine Verfassungsverletzung (RVerf. Art. 5). In Wirklichkeit ist aber alles in Ordnung, da der Reichstag in seiner Sitzung vom 10. Dezember 1906, einem Antrag Müller folgend, jenen Termin beschloß. Vgl. Sten. Prot. S. 4265 ff.

[6]) Vgl. dazu M. Wassermann, Das neue Kunstschutzgesetz und sein Einfluß auf den Kunsthandel, in Leipz. Zeitschr. Bd. 1 (1907) S. 394 ff.

Photographien von 5 auf 10 Jahre; der Wegfall der bisherigen formellen Voraussetzungen des Photographienschutzes; endlich die Einschränkung der Strafbarkeit von Zuwiderhandlungen auf den Fall des Vorsatzes.

IV. Nicht alle Rechtssätze, welche das KUG. aufstellt, bilden Eigentümlichkeiten des Kunstwerkrechtes. Vielmehr stellen sie sich zum Teil nur als spezielle Anwendungsfälle von Grundsätzen des Urheberrechtes überhaupt dar, die unsere Darstellung schon im Allgemeinen Teile behandelt hat. Das gilt namentlich von den Rechtsschutzmitteln. Andere Vorschriften wiederum sind zwar nicht dem Urheberrechte überhaupt zugehörig, bieten aber völlige Parallelsätze zu den schon dargelegten Regeln des Urheberrechtes an Schriftwerken und Tonwerken, so daß auf diese Bezug genommen werden kann. Die folgende Darstellung des spezifischen Kunstwerkrechtes wird dadurch in ihrem Umfange erheblich beschränkt.

Eine Parallelerscheinung zum Urheberrecht an Schriftwerken und Tonwerken bildet insbesondere die im KUG. § 46 vorgesehene Einrichtung von Sachverständigen-Kammern; s. oben S. 395 ff.

V. Das KUG. anerkennt und regelt in seinen §§ 22—24 auch das sog. Recht am eigenen Bild. Dieses ist, ebenso wie etwa das Namenrecht, ein reines Persönlichkeitsrecht besonderer Art, welches seinem Wesen nach mit dem Urheberrechte nichts zu tun hat. Das alle Urheberrechte einschließlich des Erfinderrechtes verbindende Merkmal, daß sie Rechte an Geisteserzeugnissen sind, trifft darauf nicht zu. Daß es seine Kraft auch (nicht nur!) gegenüber dem Urheber äußert und diesen insofern, wenn ihm an sich urheberrechtliche Befugnisse zustehen, in deren Ausübung beschränkt, bildet keinen Grund, es in eine systematische Darstellung der Urheberrechte hereinzuziehen.[7])

§ 82.

Verhältnis zum früheren Recht und zeitliches Anwendungsgebiet des KUG.

I. Mit dem Inkrafttreten des neuen KUG. sind das Photographienschutzgesetz vom 10. Januar 1876 vollständig und das Kunst-

[7]) Das private Recht am eigenen Bilde steht mit dem Urheberrecht so wenig im unmittelbaren Zusammenhang, wie etwa das Recht der Theaterzensur oder das Verbot, Beleidigungen zu veröffentlichen, wodurch ja der Urheber auch in der freien Ausnützung seiner urheberrechtlichen Befugnisse beschränkt wird.

schutzgesetz vom 9. Januar 1876 zum größten Teile außer Kraft getreten. Nur die §§ 17—19 des letzteren Gesetzes wurden aufrecht erhalten (KUG. § 55), weil sich nicht übersehen ließ, ob nicht noch ältere, vor 1876 landesgesetzlich begründete, Rechte, namentlich solche aus erteilten Privilegien, bestünden, und man solche Rechte nicht abschneiden wollte. Demnach ist zwar die Erteilung von Privilegien zum Schutze des Urheberrechtes nicht mehr zulässig; aber den Inhabern der vor dem Jahre 1876 von den Regierungen einzelner deutschen Staaten erteilten Privilegien steht es frei, ob sie von ihrem Privilegium Gebrauch machen oder den Schutz des KUG. anrufen wollen. Die Geltendmachung des Privilegienschutzes ist jedoch territorial beschränkt auf den Umfang derjenigen Staaten, von welchen er erteilt ist. Sie ist ferner dadurch bedingt, daß das Privilegium ganz oder dem wesentlichen Inhalte nach dem Werke vorgedruckt oder vor oder hinter dem Titelblatt desselben bemerkt ist oder, wo dies nach der Natur des Gegenstandes nicht stattfinden konnte, bis zum 1. Oktober 1876 zur Eintragung in die Eintragsrolle[1]) angemeldet ist.

II. Die Regel ist, daß neue Gesetze mangels einer gegenteiligen ausdrücklichen Bestimmung keine rückwirkende Kraft haben. Bei dieser bleibt es für das Kunstwerkrecht insofern, als Werke, die vor dem 1. Juli 1907 nicht geschützt waren, auch künftig keinen Rechtsschutz genießen.[2]) Das ist insbesondere wichtig für Bauwerke.

---

[1]) S. oben S. 65.

[2]) Ebenso Allfeld, Bem. 2, a zu § 53. Die gegenteilige Ansicht von Osterrieth, Bem. 4 zu KUG. § 53, hat freilich de lege ferenda viel für sich. Wenn aber Osterrieth (Lehrb. des Gew. Rechtsschutzes S. 206) geltend macht, es handle sich bei seiner Auffassung nicht um eine Rückwirkung des Gesetzes, sondern um eine Anwendung der neuen Rechtsnorm auf alle Tatbestände, die den Voraussetzungen des Gesetzes entsprechen, so liegt darin keine Lösung. Ob man die Anwendung des neuen Gesetzes auf schon vorhandene ihm entsprechende Tatbestände als „Rückwirkung" bezeichnen will, ist eine untergeordnete terminologische Frage, über die man streiten mag. Sicher ist aber, daß ein allgemeiner übergangsrechtlicher Grundsatz, der dahin ginge, daß neue Gesetze auf alle ihren Voraussetzungen entsprechenden vorhandenen Tatbestände anwendbar seien, nicht besteht; dies beweisen wichtige Bestimmungen des EG. z. BGB. (vgl. Art. 170, 184, 187, 200, usw.). Vgl. auch MSchG. vom 11. Januar 1876 § 17 Abs. 1: Das Gesetz „findet Anwendung auf alle Muster und Modelle, welche nach dem Inkrafttreten desselben angefertigt worden sind".

Jedoch ordnet KUG. § 53 in doppelter Beziehung eine **Rückwirkung** an:

1. Der Schutz der zur Zeit des Inkrafttretens des neuen KUG. geschützten Werke bemißt sich von diesem Zeitpunkte an nach dem neuen Gesetze. Dies bedeutet insbesondere für die photographischen Werke, die zwischen 1903 und 1907 erschienen sind, eine Verlängerung des Schutzes.

2. Noch weitergehend bestimmt § 53, daß auf Werke der Photographie, die beim Inkrafttreten des neuen KUG. noch nicht erschienen, d. h. mit Willen des Berechtigten[3]) im Verlags- oder Kunsthandel herausgegeben sind, dessen Vorschriften auch dann Anwendung finden, wenn die bisherige Schutzfrist abgelaufen war. Die am 1. Juli 1907 schon erschienenen Werke, deren Schutzfrist bereits abgelaufen war, bleiben schutzlos.

Die besprochene Rückwirkung erleidet aber mehrfache **Einschränkungen**:

1. Wer in seinem Geschäftsbetriebe vor dem 1. Juli 1907 erlaubterweise[4]) ein Werk zur Bezeichnung, Ausstattung oder Ankündigung von Waren benutzt hat, darf das Werk trotz der durch das neue KUG. eingetretenen Erweiterung des Rechtsschutzes auch ferner ohne zeitliche Beschränkung zu diesen Zwecke benutzen (KUG. § 53 Abs. 2).

2. Erschienene Werke, die bereits vor dem 1. Juli 1907 gewerbsmäßig mittels mechanischer oder optischer Einrichtungen vorgeführt worden sind, dürfen fortan, und zwar nicht nur von dem bisherigen Benutzer, sondern durch jedermann,[5]) nach Belieben vorgeführt werden; § 53 Abs. 3.

3. Soweit eine Vervielfältigung, die nach dem 1. Juli 1907 auf Grund des neuen Gesetzes unzulässig ist, bis dahin erlaubt war, dürfen die vorhandenen Vorrichtungen, wie Formen, Platten, Steine, noch bis zum Ablaufe von 3 Jahren benutzt werden. Vorrichtungen, deren Herstellung begonnen war, dürfen fertiggestellt und bis zu demselben Zeitpunkte benutzt werden. Die Verbreitung der gemäß dieser Vorschriften hergestellten sowie der bereits vor dem 1. Juli 1907 vollendeten Exemplare ist ohne zeitliche Beschränkung zulässig. (KUG. § 54).

---

[3]) Vgl. KUG. § 30.

[4]) Vgl. Ges. vom 9. Januar 1876 § 14, Ges. vom 10. Januar 1876 § 4.

[5]) Gegen die Ausdehnung auf jedermann de lege ferenda mit Recht **Allfeld**, Bem. 18 zu § 53.

II. Gegenstand.

§ 83.

1. Allgemeine Charakterisierung.

I. Gegenstand des urheberrechtlichen Schutzes sind nach KUG. § 1 Werke der bildenden Künste und Photographien.

Zwischen beiden besteht ein tiefer innerer Unterschied: das Kunstwerk gibt eine Vorstellung wieder, die Photographie eine in der Natur gegebene Realität. Während der bildende Künstler die Erscheinungen darstellt, nachdem er sie in seiner Vorstellung schon verarbeitet und als räumliche Wirkungen gewertet hat, gibt der Photograph durch Zuhilfenahme der Wirkungen der sog. strahlenden Energic ein von dem Gestaltungsvermögen seiner Vorstellung unabhängiges Bild. Seiner Tätigkeit fehlt so das spezifisch geistig-schöpferische Moment, welches diejenige des Malers und Bildhauers eben zur Kunst erhebt.[1])

Dieser grundsätzliche Gegensatz, der die beiden Kategorien von Werken scharf trennt, wird dadurch nicht aufgehoben, daß der Photograph durch die Wahl der Stellung seines Apparates zum Gegenstande der Aufnahme und durch die Wahl der geeigneten Lichtstärke und Lichtverteilung häufig eine individuelle Tätigkeit entfaltet, welche zugleich eine gewisse Anlage zum künstlerischen Sehen voraussetzt: trotz alledem ist es immer nur die in der Natur gegebene momentane Realität, die er reproduzieren kann. Die aus seiner Vorstellungswelt entnommenen Gestaltungen, die er nach der Aufnahme in Form von Retouchen usw. mit dem Bilde vornimmt, kommen rechtlich nicht mehr in Betracht, denn das Urheberrecht ist schon entstanden mit dem Dasein des Negativs.

Andererseits bleibt jener Gegensatz auch bestehen, trotz der vielverbreiteten irrigen Meinung, daß es gerade das erstrebenswerte Ziel des Künstlers, zum mindestens des Porträtisten und Landschafters, sei, oder auch nur sein könne, die augenblickliche Realität

---

[1]) Eine völlig andere Auffassung hat Kohler, Kunstwerkrecht S. 32 f. Für ihn ist die Photographie „Ideendarstellung".

genau wiederzugeben: die Ausschaltung des gestaltenden Vorstellungsprozesses ist nur eine illusorische.[2])

Es ist demnach innerlich gerechtfertigt, wenn das KUG. Kunstwerke und Photographien als zwei verschiedene Gruppen mit verschiedener Schutzdauer behandelt und die Zwischenstufe der sog. künstlerischen Photographie rechtlich nicht kennt, sondern alle Photographien urheberrechtlich gleich behandelt.[3])

II. Gegenstand des Schutzes ist beim Kunstwerke nicht der Vorstellungsprozeß, aus welchem die Schöpfung entspringt, sondern die auf Grund der individuellen Vorstellung geschaffene Formgestaltung; diese objektive Gestaltung aber nicht in ihrer konkreten substanziellen Erscheinung, in der sie sich verkörpert, nicht als diese bemalte Leinwand oder jener behauene Marmor, sondern als immaterielles künstlerisches Ergebnis, bei welchem von dem einzelnen Verwirklichungsexemplare abstrahiert wird. Der Gegenstand des künstlerischen Urheberrechtes ist also geradeso wie der des literarischen ein unkörperlicher.

Im Gesetze tritt dies nicht mit genügender Klarheit hervor. Das KUG. gebraucht nämlich, ähnlich wie das LUG., den Ausdruck „Werk“ bald im immateriellen Sinne (so z. B. in § 1), bald im Sinne der substanziellen Verkörperung des Werkes (so z. B. in §§ 9, 10 Abs. 4).

III. Nicht Gegenstand des Schutzes sind die in der Natur gegebenen Realitäten, welche der künstlerischen Vorstellung den Stoff geben. Kein Künstler kann natürlich dem andern verwehren, dieselbe Landschaft, dieselben Menschen, die er gezeichnet oder gemalt hat, auch zu zeichnen oder zu malen. Ebensowenig sind aber Gegenstand des Schutzes die historischen oder imaginären Begebenheiten, die den Vorwurf für die künstlerische Darstellung abgeben; nicht sie sind es, die das Kunstwerk als solches in seinem eigentümlichen Bestande charakterisieren, sondern es ist die Eigenart der Formengestaltung auf Grund der individuellen Vorstellung. Das „Sujet“ ist also immer gemeinfrei.

Nicht Gegenstand des Schutzes sind auch die technische Ausfüh-

---

[2]) Nach der ästhetischen Seite ist diese Anschauung entwickelt von Adolf Hildebrand, Das Problem der Form in der bildenden Kunst (Straßburg 1. Aufl. 1893, 5. Aufl. 1904).

[3]) Vgl. auch Allfeld in D. JurZ. 1904 S. 705 f.

rungsmethode und die technischen Mittel, wie z. B. die Art der Pinselführung oder der Untermalung, die Verwendung bestimmter Farben oder bestimmter Bindungsmittel oder bei Photographien die Verwendung bestimmter Arten von Platten oder Films.

IV. Nur die aus der individuellen Vorstellung des Künstlers entspringende originale Formgestaltung ist geschützt, also nicht diejenigen Elemente des Kunstwerkes, die einem bestimmten anderen Kunstwerke oder dem historisch gegebenen Formenschatze bestimmter Stilarten oder bestimmter Völker entnommen sind. Die erforderte Originalität ist auch nicht gegeben, wenn und soweit das Werk den außerhalb der europäischen Kulturwerke heimischen Formgestaltungen, z. B. dem reichen japanischen Formenschatze, entlehnt ist.

Ein allgemein gültiges positives Merkmal dafür, wann Originalität und wann künstlerische Identität mit einem anderen Kunstwerke vorliegt, kann nicht angegeben werden; dieses Merkmal kann vielmehr, entsprechend den unendlich verschiedenen Möglichkeiten individueller Formgestaltung, nur aus der Betrachtung des Einzelwerkes entnommen werden.

In dem Gesagten liegt schon, daß der Rechtsschutz eines Kunstwerkes sich regelmäßig nicht auf alle seine Einzelheiten erstreckt, sondern auf bestimmte Elemente sich beschränkt. Denn auch die Werke der stärksten künstlerischen Individualitäten weisen Elemente auf, die nicht durch die Individualität ihres Schöpfers bedingt sind.

V. Auch das noch unvollendete Werk ist geschützt, wenn es schon eine individuelle Formgestaltung aufweist. Ebenso genießen Werke, die zu weiterer Ausführung in den Einzelheiten gar nicht bestimmt sind, wie Skizzen und Studien, den Rechtsschutz, sofern in ihnen eine eigenartige Objektivierung einer künstlerischen Vorstellung gegeben ist.

VI. Auf die Art des Materials und der Technik, in der das Verwirklichungsexemplar hergestellt ist, kommt für die Schutzfähigkeit nichts an. Ist doch überhaupt nicht das körperliche Exemplar Gegenstand des Schutzes!

VII. Ob dem Werke vom kunstkritischen Standpunkte aus ein höherer oder geringerer Wert zukommt, bleibt für die rechtliche Beurteilung völlig außer Betracht, sofern es nur überhaupt eine Eigenart der Formgestaltung aufweist, vermöge deren es objektiv geeignet ist, in dem empfänglichen Beschauer eine dem Gebiete des ästhetischen Empfindens angehörige psychische Wirkung zu erzeugen. Zu eng wäre es, diese psychische Wirkung mit der Empfindung des Gegenstandes als eines „schönen" gleichsetzen zu wollen; damit würde auch der Begriff des Kunstwerkes auf eine zu subjektive, im Wandel der Zeiten und Anschauungen allzu schwankende, Grundlage gebaut.[4])

VIII. Ohne Bedeutung für den Urheberschutz ist der Verwendungszweck des Werkes. Insbesondere steht das Gesetz, wie aus der grundsätzlichen Schutzfähigkeit der kunstgewerblichen Erzeugnisse und der Werke der Architektur deutlich hervorgeht, nicht auf dem Standpunkte, daß das Werk nicht mehr als schutzfähiges Werk der Kunst in Betracht komme, wenn es neben dem ästhetischen Zwecke, den es in sich selbst trägt, auch einen praktischen Gebrauchswert hat und dieser für die Schöpfung des Werkes den vorwiegenden Grund abgab.[5])

KUG. § 2 Abs. 1 Satz 2 sagt freilich von den Bauwerken, daß sie zu den Werken der bildenden Künste nur gehören, „soweit sie künstlerische Zwecke verfolgen". Damit ist aber nicht etwa für Bauwerke ein anderes Kriterium der Schutzfähigkeit aufgestellt als für andere Werke. Das Zweckmoment ist nicht nach der subjektiven Meinung des Künstlers, sondern nach objektiven Merkmalen zu beurteilen: „das Werk" verfolgt dann einen künstlerischen Zweck, wenn es objektiv geeignet ist, eine ästhetische Wirkung, gleichviel welchen Wertes, zu erzielen, weil es eine originale Formgestaltung aufweist. In diesem Sinne aufgefaßt ist aber der künstlerische Zweck des Werkes ein Erfordernis der Schutzfähigkeit überhaupt, nicht gerade nur der Schutzfähigkeit von Bauwerken. Ob dieser Zweck der einzige des Werkes ist, oder ob das Werk daneben oder vorwiegend auch Gebrauchszwecken dienen soll, ist bei Bauwerken ebenso gleichgültig wie bei anderen Werken.[6])

---

[4]) Das Wesen des „Ästhetischen" in allgemein befriedigender Weise positiv zu bestimmen, kann wohl nie gelingen, da sein Verständnis nicht auf Begriffen, sondern auf unmittelbarer Anschauung ruht.

[5]) Kohler, Kunstwerk und Geschmacksmuster, im Arch. f. ziv. Praxis Bd. 89 S. 1 ff., ist für eine grundsätzlich verschiedene rechtliche Behandlung der vom Standpunkte des Lebensutilitarismus aus zwecklosen Kunst und des utilitarischen Kunstgewerbes eingetreten. Der Gesetzgeber ist ihm aber nicht gefolgt.

[6]) Ich halte daher die Worte „soweit sie künstlerische Zwecke verfolgen" in KUG. § 2 für überflüssig. Sie können höchstens verwirrend wirken. Denn

Nur in einem Falle wird das Ueberwiegen des einen oder anderen Zweckes von rechtlicher Bedeutung, nicht für die Schutzfähigkeit überhaupt, aber für die formale rechtliche Einordnung. Soweit nämlich Entwürfe wegen der in ihnen gegebenen Originalität der Formgestaltung als Werke der bildenden Künste anzusehen sind, würden sie an sich nicht nur dem KUG. von 1907, sondern zugleich dem LUG. von 1901 unterstehen, wenn sie sich zugleich als Abbildungen wissenschaftlicher oder technischer Art darstellen, welche „nicht ihrem Hauptzwecke nach als Kunstwerke anzusehen sind". Diese Gesetzeskonkurrenz wird vermieden durch die Vorschrift des KUG. § 4, wonach auf solche Entwürfe ausschließlich das KUG., nicht das LUG. Anwendung findet.[7])

IX. Auch solche originale Werke der bildenden Künste und Photographien, welche unerlaubter Weise hergestellt sind oder nach der jeweils herrschenden Anschauung gegen die „guten Sitten" verstoßen, stehen unter dem urheberrechtlichen Schutze.[8]) Die Gründe, die dafür sprechen, sind die gleichen, die sich auch für die Schutzfähigkeit sittenwidriger Schriftwerke anführen lassen; s. oben S. 217 f.

X. Nicht Voraussetzung des Schutzes ist endlich die Verlagsfähigkeit des Werkes.

§ 84.

2. Die einzelnen Gruppen von Gegenständen.

Eine Aufzählung der einzelnen möglichen Gegenstände des Urheberschutzes auf dem Gebiete der bildenden Künste und der Photo-

das, was damit gesagt sein soll, daß das Werk den Schutz des KUG. nur genießt, wenn und soweit es eine aus der individuellen Vorstellung seines Schöpfers entspringende originale Formgestaltung aufweist, gilt nicht nur für Bauwerke, sondern für alle schutzfähigen Werke.

Müller S 42 konstruiert einen Gegensatz in der rechtlichen Beurteilung der kunstgewerblichen Erzeugnisse einerseits und der Bauwerke andererseits, indem er sagt: „Während alle Erzeugnisse des Kunstgewerbes ohne weiteres als Werke der bildenden Künste angegeben werden, gleichviel ob sie künstlerische Zwecke verfolgen oder nicht . . . ., finden Bauwerke nur soweit Kunstschutz, als sie künstlerische Zwecke verfolgen." Nach unserer Auffassung ist diese Antithese, zu der die Gesetzesfassung verführt, sachlich nicht begründet.

[7]) Vgl. oben S. 236

[8]) So auch Allfeld, Bem. 2 zu § 1, Osterrieth, Bem. B, II, 14 zu § 1; a. M. Kohler, Kunstwerkrecht S. 30.

graphien läßt sich bei der unbegrenzten Mannigfaltigkeit der Formen künstlerischer Betätigung kaum geben. Sie wäre auch angesichts der insonderheit auf dem Gebiete der reproduzierenden Künste keineswegs ausgeschlossenen Möglichkeit künftiger neuer Gestaltungsarten nur von ephemerem Werte.

Immerhin besteht zur ausdrücklichen Erwähnung bestimmter Gruppen insofern ein gewisser Anlaß, als für einzelne von ihnen erst in der neuesten Zeit die gesetzliche Anerkennung der Schutzfähigkeit errungen wurde.

I. In Betracht kommen:

1. Flächenbilder und Werke der Plastik. Von ihnen hat der Kunstschutz seinen Ausgang genommen. Zu den Flächenbildern gehören Zeichnungen, Gemälde jeder Art (auch Theaterkulissen), Kupferstiche, Stahlstiche, Holzschnitte, Lithographien, Radierungen usw. Zu den Werken der Plastik gehören auch Holz- und Elfenbeinschnitzereien, wie denn überhaupt das Material rechtlich ohne Bedeutung ist.

Auch in einem Blumenbeete kann sich die originale künstlerische Formgestaltung, welche die alleinige Voraussetzung des Schutzes bildet, verwirklichen.[1])

2. Bauwerke. Nach dem Ges. v. 9. Jan. 1876 (§ 3) entbehrte die Baukunst des rechtlichen Schutzes. Nur die Pläne und Zeichnungen eines Architekten standen als „Abbildungen technischer Art" unter dem Schutze des literarischen Urheberrechtes, sie durften also nicht vervielfältigt und verbreitet werden. Aber nach diesen Plänen ein Bauwerk aufzuführen, war nicht verwehrt, ebensowenig wie das Nachbauen unmittelbar nach dem Bauwerke. Dieser die berechtigten Interessen der Architekten schädigende Standpunkt ist jetzt aufgegeben. Das KUG. von 1907 (§ 2) schützt auch Bauwerke, „soweit sie künstlerische Zwecke verfolgen".[2]) Ob das Bauwerk zu-

---

[1]) Ebenso Osterrieth Bem. B, II, 3 zu § 1; anders Allfeld, Bem. 25 zu § 1, mit der Begründung, die zur künstlerischen Formgestaltung benutzten Darstellungsmittel seien notwendig aus einem anderen Stoffe als der wiederzugebende in der Natur vorhandene Gegenstand. Aber nicht die Blumen sind „der wiederzugebende Gegenstand", sondern dieser Gegenstand ist die Vorstellung eines Formgebildes, zu welchem ein reales Vorbild in der Natur überhaupt nicht gegeben zu sein braucht.

[2]) Ueber die Bedeutung dieses Zusatzes s. oben S. 410.

gleich oder sogar vorwiegend einem Gebrauchszwecke zu dienen bestimmt ist, kommt für seine Schutzfähigkeit nicht in Betracht; aber immer sind es nur die künstlerischen Elemente, nicht die rein technischen, die nach dem KUG. geschützt werden. Der Bau, der sich nur durch neue zweckmäßige Einrichtungen oder Konstruktionen, nicht zugleich durch die Gestaltung irgendwelcher individuellen künstlerischen Vorstellung auszeichnet, ist nicht geschützt.[3]) Jedoch sind die künstlerischen Elemente nicht nur insoweit schutzfähig, als sie an der Außenseite des Baues hervortreten, sondern auch soweit sie in der räumlichen Gestaltung des Innern liegen. Das Bauwerk als Ganzes ist dann geschützt, wenn eben die Originalität in der architektonischen Gliederung des Ganzen zu finden ist.

Zu den Bauwerken im weiteren Sinne gehören auch die Werke der Ingenieurkunst, wie Brücken und Aussichtstürme.[4])

Einzelne Teile des Bauwerkes können zugleich als kunstgewerbliche oder plastische Werke geschützt sein. So können z. B. gewisse Teile der Innenarchitektur, wie konstruktiv verbundene Beleuchtungskörper, zugleich als kunstgewerbliche Gegenstände in Betracht kommen.[5]) Auch Werke der Plastik, wie z. B. Karyatiden, können mit einem Bauwerke derartig organisch verbunden sein, daß sie zugleich als dessen Teile erscheinen.

Man hat sich früher, genötigt durch eine verfehlte Gesetzgebung, abgemüht, zwischen den Werken der Baukunst und denen der Plastik eine grundsätzliche Grenze zu ziehen, und diese in der Formel zu finden geglaubt, daß beim Bauwerke der Gebrauchszweck, beim Werke der Plastik der ästhetische Zweck vorwiege. Diese Formel führt aber bei mancher Werken, wie z. B. bei Brunnen und bei Grabmonumen-

---

[3]) Eine andere Frage ist natürlich, ob nicht ein Erfinder- bzw. Gebrauchsmusterschutz möglich ist.

[4]) Vgl. Osterrieth, Bem. C, IV, 4 zu § 1.

[5]) Kohler, Kunstwerkrecht S. 38, nimmt in Konsequenz seiner Auffassung, daß das Bauwerk nur als „Monumentalidee" geschützt sei, an, daß die Innendekoration für den Bauwerkschutz überhaupt nicht in Betracht komme. Aber der Gedanke, daß das Bauwerk nur als monumentale Gestaltung der Erdoberfläche dem Kunstwerkschutz unterstehe, erscheint mir zu eng. Daß das KUG. nicht grundsätzlich auf dem Standpunkte steht, nur die äußere Ansicht des Bauwerkes sei schutzfähig, zeigt übrigens § 20 Abs. 2. In der Ablehnung der Entscheidung nach dem bürgerlichrechtlichen Gesichtspunkte, ob etwas „wesentlicher Bestandteil" des Baues geworden ist, hat Kohler natürlich Recht.

ten, zu keiner sicheren Entscheidung. In Wahrheit kann ein allgemein gültiges Unterscheidungsmerkmal weder dem Zwecke des Werkes noch seinem objektiven Bestande entnommen werden. Die Grenzziehung ist jetzt auch überflüssig geworden, nachdem Werke der Baukunst in gleicher Weise geschützt werden wie Werke der Plastik.[6])

3. **Erzeugnisse des Kunstgewerbes.**[7])

Während in der Gesetzgebung und Rechtsprechung eines großen Teiles des Auslandes, namentlich Frankreichs, Belgiens und Italiens, die Werke der sog. angewandten Kunst seit langem in gleicher Weise geschützt sind, wie die der reinen Kunst,[8]) waren in Deutschland vor dem KUG. von 1907 die Erzeugnisse des Kunstgewerbes nur dem Geschmackmusterschutze nach Maßgabe des Ges. vom 11. Jan. 1876 unterstellt, vom Kunstwerkschutze aber nach der herrschenden Meinung ausgeschlossen. Der Grund hierfür ist zum Teil darin zu suchen, daß man, vielfach unter dem Einflusse einer mißverständlichen Auffassung des Gedankens: l'art pour l'art, der Meinung war, ein vorwiegender praktischer Verwendungszweck des Werkes schließe seinen Charakter als Kunstwerk aus; die Fehlerhaftigkeit dieses theoretischen Ausgangspunktes zeigte sich deutlich in der unlösbaren Schwierigkeit einer Klassifikation der zahlreichen Werke, in denen der ästhetische und der Nützlichkeitszweck derart konkurrieren, daß keiner von beiden als der vorwiegende sich bezeichnen läßt; kein Wunder, daß die Kasuistik willkürlich ausfiel!

Eine irrige Theorie wäre aber doch wohl kaum imstande gewesen, die Stellung der kunstgewerblichen Erzeugnisse unter den Kunstwerkschutz solange hintanzuhalten, wenn nicht tatsächlich in Deutschland Jahrzehnte lang zwischen der reinen Kunst und einem großen Teile des Kunstgewerbes eine bedauerliche Kluft gegähnt hätte, und wenn bei uns der Kunstgewerbetreibende immer von jenem echten Künstlerstreben und Künstlerbewußtsein erfüllt gewesen wäre, das ihn im 15. und 16. Jahrhundert auszeichnete. So aber bezeichnen gerade die siebziger und achtziger Jahre des 19. Jahr-

---

[6]) Vgl. über die Unmöglichkeit einer scharfen Abgrenzung von Plastik und Architektur J. Schmidl in Gewerbl. Rechtsschutz und UrhR. 1907 S. 30 ff.

[7]) Vgl. dazu M. Wassermann, Das neue Kunstschutzgesetz und sein Einfluß auf den Kunsthandel, in Leipz. Zeitschr. Bd. 1 (1907) S. 394 ff.

[8]) Nachweise aus dem ausländischen Recht bei Müller S. 24 ff. und Osterrieth, Bemerkungen usw. (1904) S. 62 ff.

hunderts in Deutschland einen kläglichen Tiefstand des allgemeinen Geschmacks und der Leistungsfähigkeit in kunstgewerblichen Dingen. Den erfreulichen Wandel, den hierin die neueste Zeit gebracht hat, konnte auch die Gesetzgebung nicht ignorieren. Daß die Aenderung der tatsächlichen Verhältnisse für den Standpunkt des Gesetzgebers mitbestimmend war, wird bezeugt in den Motiven zum KUG.: „seitdem die Kunst in steigendem Maße sich der Aufgabe zugewendet hat, auch die Gegenstände des täglichen Lebens zu veredeln und in ästhetisch wirksamen Formen sinnvoll auszubilden, läßt sich eine verschiedenartige Behandlung der Kunst, je nachdem sie sich dem Dienste der Gewerbe zugewendet hat oder nicht, nach der Auffassung des Entwurfes nicht mehr länger aufrecht erhalten."

KUG. § 2 bestimmt daher ausdrücklich: die Erzeugnisse des Kunstgewerbes gehören zu den Werken der bildenden Künste.

Damit will gesagt sein: wenn ein Werk überhaupt die Merkmale eines Kunstwerkes an sich trägt, tut es seiner Schutzfähigkeit keinen Eintrag, daß es gewerblich hergestellt ist und vorwiegend dem Zwecke des praktischen Gebrauches dient. Die allgemeinen Voraussetzungen des Kunstschutzes überhaupt, originale räumliche Formgestaltung auf Grund individueller Vorstellung und objektive Eignung zu ästhetischer Wirkung, sind aber auch Voraussetzungen des Schutzes für kunstgewerbliche Erzeugnisse. Auf den Verwendungszweck sowie auf das Material und die Technik, womit etwaige Verwirklichungsexemplare geschaffen sind, kommt auch hier nichts an; ebensowenig darauf, ob es sich, wie z. B. beim Bucheignerzeichen (Exlibris) [9]) oder bei einer Stickerei, um eine Verwirklichung in Flächendarstellung oder, wie bei den meisten kunstgewerblichen Gegenständen, um dreidimensionale Darstellung handelt.

Hervorzuheben ist aber, daß immer nur die immaterielle Formgestaltung der Gegenstände a l s e i n z e l n e r geschützt ist, nicht die künstlerische Gesamtwirkung, welche sich aus dem räumlichen Verhältnisse einer Mehrzahl von Gegenständen zu einander ergibt. Daher können z. B. die Kostüme geschützt sein, welche die Darsteller eines sog. lebenden Bildes tragen, nicht aber das lebende Bild als solches; es können die einzelnen Möbel eines Zimmers oder die einzelnen

---

[9]) Ueber dieses F r o m m h o l d in D. JurZ. 1906 S. 679 ff.; die dort vom Standpunkte des früheren Rechtes aus ausgesprochenen Zweifel dürften jetzt erledigt sein, nachdem auf den Verwendungszweck nichts mehr ankommt.

Stücke einer Theaterausstattung geschützt sein, nicht aber die Zimmereinrichtung oder das szenische Bild als Ganzes.

Durch die Einbeziehung der kunstgewerblichen Erzeugnisse in das Gebiet des Kunstschutzes ist dieser Schutz auf eine Menge von Gegenständen ausgedehnt worden, welche auch des Geschmacksmusterschutzes nach dem Gesetze vom 11. Jan. 1876 teilhaftig werden können. Von dem Verhältnis dieses Gesetzes zum neuen KUG. wird bei der Darstellung des Geschmacksmusterrechtes die Rede sein.

4. Entwürfe zu Werken der bildenden Künste sind unter den gleichen Voraussetzungen schutzfähig wie das fertige Werk. Die Schutzfähigkeit der Entwürfe für Erzeugnisse des Kunstgewerbes sowie für Bauwerke ist im KUG. § 2 Abs. 2 zum Ueberfluß ausdrücklich ausgesprochen. Weicht das fertige Werk von dem Entwurfe wesentlich ab, so daß es ihm gegenüber originale künstlerische Elemente aufweist, so liegen rechtlich zwei Werke vor, deren Schutzfähigkeit für jedes selbständig zu beurteilen ist. Wie vom fertigen Bauwerke nur seine künstlerischen, nicht seine technisch-konstruktiven Elemente unter dem Schutz des KUG. stehen, so auch vom Entwurfe für das Bauwerk. Nach der technischen Seite hin steht der Plan zum Bauwerk aber als „Abbildung technischer Art" gemäß LUG. § 1 Ziff. 3 unter dem Schutze des literarischen Urheberrechts. Soweit dagegen Entwürfe als Werke der bildenden Künste anzusehen sind, sind sie vom literarischen Urheberschutze ausgeschlossen; KUG. § 4.

5. Werke der Photographie.

Photographie im eigentlichen Sinne ist das durch Benutzung der sog. strahlenden Energie, insbesondere des Lichtes, erzeugte Bild, das zur Vervielfältigung mit photochemischen Mitteln bestimmt ist. Das KUG. (§ 3) schützt, hierin zur Vermeidung einer befürchteten Disharmonie zwischen dem deutschen und internationalen Rechte dem Vorbilde der Berner Uebereinkunft folgend, in gleicher Weise wie Photographien „auch solche Werke, welche durch ein der Photographie ähnliches Verfahren hergestellt werden." Jedoch liegt der Unterschied zwischen diesen Werken und denen der eigentlichen Photographie nicht in der Bilderzeugung, sondern nur in der Bildentwickelung und im Reproduktionsverfahren. KUG. § 3 kann daher leicht mißverstanden werden. Rechtlich geschützt ist schon das Negativ, und dessen Erzeugung geschieht in allen Fällen, auch in denen des

§ 3, durch Einwirkung der strahlenden Energie in ihren verschiedenen Aeußerungsformen auf einen Stoff. Das Gesetz will also offenbar nur sagen, daß es für den Rechtsschutz gleichgültig bleibt, ob die Entwickelung und Vervielfältigung des gewonnenen (und schon geschützten!) Bildes auf photochemischem Wege geschehen soll oder auf andere Weise, wie etwa beim Anilindruck, bei der Heliogravüre usw.[10])

Auf den größeren oder geringeren ästhetischen Wert, auf die „Güte", kommt bei der Photographie für den Rechtsschutz ebensowenig etwas an wie beim Werke der bildenden Kunst. Während aber das Werk der bildenden Kunst nur geschützt ist, wenn und soweit es Ergebnis einer individuellen schöpferischen Tätigkeit ist, kommt dies bei Photographien nicht in Betracht. Wenn die Rechtsordnung überhaupt die Photographie gegen Nachbildung schützen will, muß sie von dem bei Kunstwerken so wichtigen Momente der Eigenartigkeit ganz absehen und schlechthin jede Photographie schützen; diese Verschiedenheit der rechtlichen Behandlung folgt notwendig aus der schon dargelegten Wesensverschiedenheit im Schaffen des bildenden Künstlers und des Photographen: dieser gibt Realitäten wieder, jener Vorstellungen.

Der Schutz der Photographie gegen jede Art von Nachbildung tritt schon ein mit der Herstellung des Negativs auf der Platte oder dem Film und bleibt in den weiteren Entwicklungsstadien des Bildes, soweit sie innerhalb der Schutzdauer erreicht werden, bestehen. Erfährt das entwickelte Bild durch ein künstlerisches Verfahren, insbesondere durch eine Uebermalung, eine Veränderung, die als Ergebnis einer individuellen schöpferischen Tätigkeit erscheint, so genießt es in dieser veränderten Gestaltung den Kunstwerkschutz, welcher den daneben zunächst bestehen bleibenden Photographienschutz des Negativs und seiner photographischen Entwickelungen überdauert. Ob eine solche Veränderung vorliegt, ist nach den Grundsätzen zu beurteilen, welche für den Kunstwerkschutz maßgebend sind.

---

[10]) Nach meiner Auffassung handelt es sich also in KUG. § 3 nicht um eine „ausdehnende Auslegung" (so Allfeld zu § 3), sondern um eine überflüssige Konstatierung, da der Rechtsschutz schon für ein Stadium des Bildes gegeben ist, in welchem eine Unterscheidung des eigentlich photographischen und des der Photographie ähnlichen Verfahrens, von dem § 3 spricht, noch gar nicht besteht.

Von der Wahrung irgendwelcher Formalien ist der Photographienschutz nicht mehr abhängig. Nach dem früheren Rechte (Ges. vom 10. Jan. 1876 § 5) waren Abbildungen der Originalaufnahme nicht gegen Nachbildung geschützt, wenn nicht auf der Abbildung selbst oder auf dem Karton Name bzw. Firma und Wohnort des Verfertigers oder Verlegers und das Kalenderjahr des Erscheinens angegeben waren. Diesen Bezeichnungszwang hat das KUG. von 1907 fallen gelassen.

Die Kulturwerte, welche die Photographie zu schaffen vermag, sind von erheblich niedrigerer Bedeutung als die durch die bildende Kunst geschaffenen. Das rechtfertigt die kürzere gesetzliche Schutzdauer für Photographien.[11])

II. Nachbildungen von Kunstwerken und Photographien genießen in gleicher Weise wie diese den Rechtsschutz, wenn und soweit die Nachbildung dem individuellen Schaffen des Nachbildners entspringende eigenartige Elemente aufweist, welche sie gegenüber dem Originale als ein „anderes Werk" (KUG. § 15 Abs. 2) erscheinen lassen. Wann die zum Schutze der Nachbildung vorausgesetzte Aufhebung der künstlerischen Identität mit dem Originale gegeben ist, läßt sich natürlich nur in Würdigung der originalen künstlerischen Elemente des konkreten Einzelwerkes bestimmen. Im allgemeinen bleibt die Identität bestehen, wenn ein Werk der Plastik nur in einem anderen Material nachgebildet oder wenn etwa ein Aquarellbild in Oel oder Pastell kopiert wird. Sie ist dagegen regelmäßig aufgehoben und demzufolge die Nachbildung schutzfähig, wenn die angewendete Reproduktionstechnik als solche ein selbständiges künstlerisches Gestaltungsvermögen erfordert, wenn also z. B. nach einem Oelbilde eine Radierung oder ein Kupferstich oder nach einer Photographie eine Zeichnung hergestellt wird.[12]) Wird ein Kunstwerk durch Photographie nachgebildet, so genießt die Nachbildung den der Dauer nach kürzeren selbständigen Photographienschutz.

Das selbständige Urheberrecht des Nachbildners entsteht grundsätzlich ohne Rücksicht darauf, ob die Nachbildung selbst eine erlaubte

---

[11]) S. unten § 92.

[12]) Vgl. über Einzelfälle die Verhandlungen des Vereins für den Schutz des gewerblichen Eigentums in Gewerbl. Rechtsschutz und UrhR. Bd. 11 S. 127 ff.; Allfeld, Bem. 6 zu § 1; Osterrieth, Bem. B, II, 8 zu § 1 und Bem. G, III zu § 15.

oder eine unerlaubte war. Dies gilt schlechthin für das Urheberrecht in seiner negativen Funktion: der Nachbildner darf Eingriffe eines jeden in sein Urheberrecht selbständig abwehren und die aus der Verletzung entstehenden Ansprüche selbständig verfolgen. Das Urheberrecht des Nachbildners, das sich freilich auf die aus dessen eigenartigem Schaffen entspringenden Elemente beschränkt, äußert diese seine negative Funktion auch gegenüber dem Urheber des Originales. In seiner positiven Funktion jedoch steht das Urheberrecht des Nachbildners in einem gewissen Abhängigkeitsverhältnisse zum Urheberrecht am Originalwerke; der Nachbildner kann nämlich von den an sich mit dem Urheberrecht verknüpften Befugnissen der Vervielfältigung, gewerbsmäßigen Verbreitung und gewerbsmäßigen Vorführung seines Werkes, da dieses als Ganzes ja nicht nur von ihm geschaffene, sondern auch vom Originalurheber geschaffene Elemente enthält, nicht Gebrauch machen, ohne zugleich in die Rechtssphäre des Originalurhebers einzugreifen; das Gesetz bestimmt daher, daß er diese Befugnisse, sofern der Urheber des Originalwerkes gleichfalls Schutz genießt, nur mit dessen Einwilligung[13]) ausüben darf. Dieser Einwilligung bedarf er nicht mehr, wenn die Schutzdauer für das Originalwerk erloschen ist. Das bezeichnete Abhängigkeitsverhältnis hat sein Analogon in dem abhängigen Patent im Erfinderrecht.

§ 85.

3. Verbindungen.

I. Sehr häufig kommt es vor, daß ein Werk[1]) der bildenden Künste oder ein Werk der Photographie mit einem Werke[1]) der Literatur äußerlich verbunden wird. Auch die Verbindung von Werken der bildenden Kunst oder der Photographie mit einem geschützten Muster (z. B. einem Ofenschirm) oder sogar mit einem Werke der Tonkunst ist möglich: es wird z. B. eine Komposition von Brahms von Klinger illustriert. Endlich kommt es vor, daß ein Werk der bildenden Künste, besonders ein kunstgewerbliches Erzeugnis, mit ei-

[13]) Empfangsbedürftige Willenserklärung. Auf welche Vervielfältigungsarten sich die Einwilligung bezieht, ist reine Auslegungsfrage.

[1]) „Werk" hier und im Folgenden im Sinne einer Verwirklichung des Werkes.

nem Werke der Photographie in mehr oder minder geschmackvoller Weise verbunden wird.

In allen diesen Fällen, die von der ungetrennten Miturheberschaft an einem Werke[2]) wohl zu unterscheiden sind, ist die tatsächliche Verbindung der Werke urheberrechtlich ohne Einfluß. Es gilt der Grundsatz der urheberrechtlichen Selbständigkeit des einzelnen Werkes. KUG. § 7 drückt dies unnötigerweise in der Fiktionsform aus: „es gilt" für jedes dieser Werke dessen Urheber auch nach der Verbindung als Urheber. Die urheberrechtliche Selbständigkeit des einzelnen Werkes bleibt bestehen ohne Rücksicht darauf, ob die Verbindung auf einer Willenseinigung der beiden Urheber beruht oder nicht, und ohne Rücksicht darauf, ob sie berechtigter oder unberechtigter Weise vorgenommen wurde. Der Grundsatz muß auch dann gelten, wenn die äußerlich verbundenen Werke mehrerer Urheber derselben Kunstform angehören. Er gilt aber nicht, wenn Mehrere bei einem einheitlichen Werke derart zusammengewirkt haben, daß ihre Arbeiten sich nicht trennen lassen; in diesem Falle der echten Miturheberschaft besteht unter ihnen eine Gemeinschaft nach Bruchteilen im Sinne des BGB. §§ 741 ff. Ob eine solche Verbindung zu untrennbarer Einheit vorliegt, ist nach künstlerischen Gesichtspunkten zu beurteilen, nicht etwa aus dem bürgerlichrechtlichen Gesichtspunkte der Sacheinheit und des wesentlichen Bestandteils.

II. Aus dem Grundsatze der urheberrechtlichen Selbständigkeit des einzelnen Werkes folgt, daß jeder der mehreren Urheber ohne Einwilligung des andern die im Urheberrecht an seinem Werk enthaltenen Befugnisse, insbesondere auch die zur Verfügung über das Urheberrecht, eigenmächtig ausüben kann, daß die Dauer des Urheberrechtes für jedes der mehreren Werke selbständig vom Tode seines Verfassers an berechnet wird, endlich daß zur Erhebung von Ansprüchen wegen unberechtigter Eingriffe in das Recht und zur Stellung von Strafanträgen jeder nur legitimiert ist, soweit ein Eingriff in das von ihm herrührende Werk stattgefunden hat.

III. Der Grundsatz der urheberrechtlichen Selbständigkeit des einzelnen Werkes ist kein zwingender. Der einzelne Urheber kann natürlich nach den allgemeinen Regeln das Urheberrecht an seinem

---

[2]) Vgl. darüber oben S. 55 ff.

Werke oder einzelne daraus entspringende Befugnisse auf den Urheber des anderen Werkes übertragen. Eine solche Uebertragung braucht nicht immer ausdrücklich zu geschehen; ob sie aus den Umständen zu entnehmen ist, ist eine Auslegungsfrage des einzelnen Falles.[3])

III. Inhalt und Umfang des Rechtes.

1. Inhalt im allgemeinen.

§ 86.

I. Wie jedes Urheberrecht, so hat auch dasjenige an Kunstwerken und Photographien neben seinem positiven Gehalte, der in der Macht beliebiger Verfügung über das immaterielle Gut besteht, auch eine negative Funktion, die darin besteht, daß der Rechtsträger bestimmte Benutzungsarten seines immateriellen Gutes jedem anderen verbieten kann, weil sie zu seinem Alleinrecht gestaltet sind.[1]) Folgende Befugnisse sind dem künstlerischen und photographischen Urheber in Ansehung seines Werkes als ausschließliche vorbehalten.

1. Das Vervielfältigungsrecht;
2. das Recht gewerbsmäßiger Verbreitung;
3. das Recht der gewerbsmäßigen Vorführung mittelst mechanischer oder optischer Einrichtungen.

Diese einzelnen Befugnisse sind samt ihren Beschränkungen noch näher zu betrachten.

II. Durch die Einwilligung des Berechtigten bzw. bei einer Mehrheit von Rechtsträgern aller Berechtigten werden natürlich die Vervielfältigung, Verbreitung und Vorführung zulässig. Für die Einwilligung (und Genehmigung) gilt hier dasselbe wie im literarischen Urheberrecht; (s. darüber oben S. 254 f.).

III. Das Urheberrecht am Kunstwerk oder an der Photographie als einem immateriellen Gute ist seinem Wesen und Inhalt

---

[3]) Osterrieth, Bem. IV zu § 7, nimmt an, wenn ein Werk im Auftrage zum Zwecke der Verbindung mit einem anderen geschaffen wird, werde in der Regel ein Übergang der ausschließlichen Befugnisse des Urhebers auf den Auftraggeber anzunehmen sein. In dieser Allgemeinheit wird sich die Auslegungsregel aber kaum halten lassen.

[1]) Vgl. die grundsätzliche Erörterung oben S. 66 ff., auch S. 246 ff.

nach durchaus verschieden vom Sacheigentum an dem körperlichen Gegenstand, in welchem das Werk seine substanzielle Verwirklichung gefunden hat. Es besteht hier keinerlei rechtliche Gefolgschaft. Insbesondere ist, wenn der Urheber eines Werkes der bildenden Künste das Eigentum am körperlichen Werke einem anderen überläßt, darin die Uebertragung des Urheberrechtes nicht enthalten, sofern nicht aus ausdrücklicher Abrede oder den Umständen zu entnehmen ist, daß sich der Uebertragungswille auch hierauf bezieht. Andererseits ist aber auch der Sacheigentümer nicht verpflichtet, das körperliche Werk zum Zwecke der Veranstaltung von Nachbildungen an den Urheber oder dessen Rechtsnachfolger herauszugeben.

Grundsätzlich wird die Zuständigkeit und der Inhalt des Urheberrechtes am Kunstwerke auch dadurch nicht beeinflußt, daß das Werk auf Bestellung angefertigt ist. Der die Interessen der Künstler ohne zwingenden Grund erheblich schädigende Satz des KUG. von 1876 § 8, daß bei Porträts und Porträtsbüsten das Nachbildungsrecht von Gesetzes wegen auf den Besteller übergeht, kehrt im geltenden KUG. von 1907 nicht wieder. Freilich haben auch jetzt noch bei Bildnissen einer Person der Besteller und sein Rechtsnachfolger, soweit nicht ein anderes vereinbart ist, das Recht, das Werk zu vervielfältigen (KUG. § 18 Abs. 2); aber diese Vervielfältigungsbefugnis ist nicht mehr Ausfluß eines auf den Besteller übergegangenen absoluten Rechtes am immateriellen Werk, sondern nur eine einfache sog. gesetzliche Lizenz, die dem Urheber selbst gegenüber kein Verbietungsrecht gewährt; auch gibt, wenn das Bildnis ein Werk der bildenden Künste ist, diese Lizenz nur die Befugnis zur Vervielfältigung im Wege der Photographie. Eigentum des Bestellers am Werke ist nicht Voraussetzung seines Vervielfältigungsrechtes.

2. Die einzelnen ausschließlichen Befugnisse.

§ 87.

a) Das ausschließliche Vervielfältigungsrecht.

I. Der Urheber eines Werkes der bildenden Kunst oder einer Photographie hat, gleichviel ob das Werk veröffentlicht ist oder nicht, die ausschließliche Befugnis, das Werk zu vervielfältigen; KUG.

§§ 15, 17. Eine Vervielfältigung liegt vor, wenn das Werk im Ganzen oder in einem seiner geschützten Elemente auf irgendwelche Weise in einem körperlichen Gegenstande wiedergegeben wird. Durch welches Verfahren und in welchem Materiale dies geschieht, ist rechtlich gleichgültig. Insbesondere sind auch Photographien jetzt nicht mehr, wie nach dem Gesetz vom 10. Januar 1876, nur gegen Vervielfältigung auf mechanischem Wege, wie durch Herstellung von Positiven aus dem Negativ, sondern gegen jede Vervielfältigung, auch gegen solche durch Werke der bildenden Kunst, geschützt. Auch wird die Nachbildung eines photographischen Werkes nicht dadurch zu einer erlaubten, daß sie sich an einem Werke der Industrie, Fabriken, Handwerke oder Manufakturen befinden.[1])

Da es für den Begriff der Vervielfältigung auf das Nachbildungsverfahren überhaupt nicht ankommt, fällt darunter bei Bauwerken und Entwürfen von Bauwerken auch das Nachbauen. Diese Folgerung wird wegen ihrer großen praktischen Wichtigkeit vom Gesetze besonders ausgesprochen.

Ob in der Uebertragung eines Werkes in eine andere Kunstgattung eine Vervielfältigung zu erblicken ist, läßt sich nicht allgemein beantworten. Häufig wird darin eine erlaubte freie Benutzung liegen, durch welche eine eigentümliche Schöpfung hervorgebracht wird (vgl. KUG. § 16). Es kann darin aber auch eine Nachbildung liegen, bei welcher die künstlerische Identität des Werkes nicht aufgehoben wird.

KUG. § 15 sagt ausdrücklich, als Vervielfältigung gelte auch die Nachbildung. Jede Art von künstlerischem Reproduktionsverfahren wird dadurch getroffen, auch diejenige, durch welche wegen der dabei zum Ausdruck kommenden individuellen künstlerischen Tätigkeit selbst ein schutzfähiges Werk hervorgebracht wird. Die Nachbildung kann also eine widerrechtliche und zugleich gegen weitere Nachbildung geschützte sein.

Nachbildung ist auch die Ausführung eines vorhandenen Entwurfes.

II. Nicht leicht ist für die Praxis die Grenzziehung zwischen der widerrechtlichen Nachbildung und der rechtmäßigen „freien Benutzung" eines Werkes, durch welche eine eigentümliche Schöpfung

---

[1]) Anders Ges. vom 10. Januar 1876 § 4.

hervorgebracht wird. Die Schwierigkeit hat ihren Grund in der schon erwähnten Unmöglichkeit einer absoluten Bestimmung des Begriffs der ästhetischen Identität. Die Hervorbringung einer eigentümlichen Schöpfung durch freie Benutzung ist nämlich dann anzunehmen, wenn nach objektiven Kriterien, nicht nur in der subjektiven Meinung des schaffenden Künstlers,[2]) keines der schutzfähigen Elemente des benutzten Werkes in seiner künstlerischen Identität wiedergegeben ist. Ist dies richtig, so versteht es sich von selbst, daß immer eine „freie Benutzung" vorliegt, wenn nur das Sujet eines Werkes oder die zu seiner Verwirklichung angewendete technische Methode übernommen werden; denn diese Elemente sind überhaupt gemeinfrei;[3]) andererseits aber auch, daß in der äußerlichen Zusammenstellung von Einzelbildnissen zu einem einzigen Bilde keine freie Benutzung liegt.[4]) Bei unserer Auffassung hat allerdings KUG. § 16, der die freie Benutzung eines Werkes für zulässig erklärt, wenn dadurch eine eigentümliche Schöpfung hervorgebracht wird, nicht die Bedeutung einer selbständigen Rechtsnorm, sondern nur die Bedeutung einer an sich überflüssigen Feststellung eines schon aus dem Begriffe des schutzfähigen Kunstwerkes folgenden Grundsatzes.

III. Grundsätzlich ist die ohne Einwilligung des Urhebers geschehende Vervielfältigung des Werkes verboten, auch wenn sie nur in einem einzigen Exemplare als sogenannte „Einzelkopie" geschieht.[5])

IV. Es kommt für den Begriff der verbotenen Vervielfältigung nicht darauf an, ob diese unmittelbar nach dem Originalwerke geschieht oder nach einer schon vorhandenen rechtmäßigen oder unrechtmäßigen Nachbildung desselben. Daher kann z. B. im Uebermalen einer rechtmäßig hergestellten Photographie eines Kunstwerkes eine widerrechtliche Nachbildung dieses Kunstwerkes liegen.

Die ohne Einwilligung des Urhebers geschehende Vervielfältigung bleibt auch dann eine unrechtmäßige, wenn der Nachbildner die tatsächliche Möglichkeit zur Nachbildung auf rechtmäßige Weise erlangt hat, ihm z. B. das Original vom Urheber oder vom Eigen-

[2]) Daß ein objektiver Maßstab anzulegen ist, betont richtig Allfeld, Bem. 5 Abs. 2 zu § 16.

[3]) Vgl oben S. 408 f.

[4]) Vgl. RGE. in StrS. Bd. 14 S. 51 ff.

[5]) Eine noch zu erörternde Einschränkung erleidet dieser Satz durch KUG. § 18.

tümer geliehen war oder wenn er selbst Eigentümer des Originales geworden ist.

V. Die an sich rechtswidrige Vervielfältigung wird dadurch nicht zu einer rechtmäßigen, daß auf den vervielfältigten Exemplaren der Urheber genannt wird. Vielmehr kommt dadurch zur ersten Widerrechtlichkeit, die in der Nachbildung liegt, noch eine zweite, der Verstoß gegen das Signierungsverbot des KUG. § 13.

VI. Die verbotene Nachbildung ist vollendet, sobald das geschützte Werk in irgend einem schutzfähigen Teile erkennbar wiedergegeben ist. Dies kann schon zutreffen, wenn nur ein Entwurf der Nachbildung angefertigt ist, ja selbst, wenn nur eine Vorrichtung, wie etwa eine zum Abdruck fertige Druckplatte hergestellt ist, nach welcher unmittelbar ein Abzug erfolgen kann.

§ 88.

b) Das ausschließliche Verbreitungsrecht.

I. Der Urheber des Kunstwerkes oder der Photographie hat die ausschließliche Befugnis, das rechtmäßig oder unrechtmäßig in einem körperlichen Gegenstande verwirklichte Werk gewerbsmäßig zu verbreiten.

Unter Verbreitung ist hier wie im literarischen Urheberrecht eine Handlung zu verstehen, durch welche das Werk selbst in seiner körperlichen Verwirklichung oder ein Reproduktionsexemplar des Werkes einem über die bei der Herstellung oder Vervielfältigung Beteiligten hinausgehenden Personenkreise zugänglich gemacht wird. Die Verbreitung verliert den Charakter der Widerrechtlichkeit nicht dadurch, daß die Nachbildung des verbreiteten Exemplares eine nicht widerrechtliche war, z. B. in einem Lande geschah, in welchem das Werk keinen Schutz genießt.

Die herrschende Meinung engt im Anschluß an die offizielle Begründung des Gesetzes und die Anschauung der Reichstagskommission den Begriff der Verbreitung insofern ein, als sie das Ausstellen oder Zurschaustellen des Werkes oder einer Vervielfältigung nicht als „Verbreitung" auffaßt.[1]) Daß dem Gesetze selbst diese

[1]) Vgl. Allfeld, Bem. 10, Osterrieth, Bem. F, II zu § 15, Müller S. 86, Dernburg S. 64 f.; jedoch halten Dernburg a. a. O., Allfeld, Gewerbl. Rechtsschutz und UrhR. Bd. 9 S. 265 und Osterrieth, Bemerkungen zum Entwurf 1 S. 119 ff. de lege ferenda die Anerkennung des ausschließlichen Rechtes des Urhebers auf öffentliche Ausstellung für berechtigt.

Auffassung zugrunde liegt, ersieht man deutlich daraus, daß in § 15 dem Urheber neben der ausschließlichen Befugnis, das Werk gewerbsmäßig zu verbreiten noch das besondere ausschließliche Recht zugeschrieben wird, es gewerbsmäßig mittelst mechanischer oder optischer Einrichtungen vorzuführen, was ja überflüssig gewesen wäre, wenn in der Verbreitungsbefugnis schon allgemein die Schaustellungsbefugnis inbegriffen wäre.

Aber es führt doch leicht zu einer schiefen Rechtsauffassung, wenn zur Begründung dieses Standpunktes in den Motiven und einem Teile der Literatur geltend gemacht wird: „Es sei nicht angängig, dem Eigentümer des Werkes oder seinem Gläubiger zu untersagen, das zum Verkauf gestellte Werk im Wege der Ausstellung öffentlich darzubieten; ein solches Verbot würde für den Kunsthandel eine ernste Erschwernis bedeuten; aber auch die Nutzung des Werkes durch entgeltliche Darstellung müsse als Ausfluß des Eigentums nach allgemeinen Grundsätzen dem Eigentümer vorbehalten werden."

Vor dem Sacheigentum würde die Schaustellungsbefugnis regelmäßig auch dann Halt machen, wenn sie an sich in der Verbreitungsbefugnis enthalten wäre. Das ganze ausschließliche Verbreitungsrecht des Urhebers bezieht sich nämlich, gerade so wie dasjenige des literarischen Urhebers,[2]) nicht auf solche Verwirklichungsexemplare und Reproduktionsexemplare des Werkes, die mit seinem Willen derart in Verkehr gebracht sind, daß sie Eigentum eines anderen geworden sind. Es fehlt jeder Grund, das ausschließliche Verbreitungsrecht des Künstlers und Photographen anders zu verstehen als dasjenige des literarischen Urhebers, und dieses ist, wie vom Reichsgericht[3]) anerkannt wird, ein vollkommenes Analogon zu der ausschließlichen Befugnis des Patentinhabers,[4]) den Gegenstand der Erfindung in Verkehr zu bringen. Ist dies durch den Berechtigten selbst einmal geschehen, so ist sein Recht erschöpft. Der nunmehrige Eigentümer hat jetzt die Befugnis der Weiterverbreitung, also nach dem Grundsatze: plus continet minus, jedenfalls auch die der Schaustellung.

Bei dieser Auffassung wird das ausschließliche Verbreitungs-

---

[2]) Vgl. darüber eingehend oben S. 258. Die dort dargelegten Grundsätze gelten auch hier.

[3]) RGE. in ZivS. Bd. 63 S. 394 ff.

[4]) Vgl. PG. von 1891 § 4.

recht des Urhebers zwar in seiner Bedeutung wesentlich eingeschränkt, darum aber doch nicht aufgehoben. Es äußert insbesondere seine volle Wirkung, wenn der rechtmäßige Erwerber des Kunstwerkes oder eines Reproduktionsexemplares nach diesem rechtmäßiger oder unrechtmäßiger Weise weitere Vervielfältigungen herstellt: diese darf er nicht weiter veräußern oder sonst gewerblich verbreiten, denn bezüglich dieser ist das ursprüngliche Verbreitungsrecht des Urhebers, welches sich auf alle, nicht nur auf die mit seinem Willen hergestellten, Exemplare erstreckt, noch nicht erschöpft. Das ausschließliche Verbreitungsrecht des Urhebers (bzw. des Verlegers, der das Recht vom Urheber ableitet) bleibt auch dann bestehen, wenn das erste Inverkehrbringen der Exemplare zwar nicht widerrechtlich, aber doch wider den Willen oder ohne Wissen des ursprünglich Berechtigten erfolgt ist. Wenn also z. B. in einem ausländischen Staate ein Schutz gegen Verbreitung deutscher Werke nicht besteht, so ist die hier ohne Willen und Wissen des Berechtigten vorgenommene erstmalige Verbreitung keine rechtswidrige; aber durch diese Verbreitung wird das Recht des Urhebers bzw. seines Rechtsnachfolgers, die Exemplare in den Schutzländern zum ersten Male in Verkehr zu bringen, nicht erschöpft, eine in diesen Ländern durch den Erwerber vorgenommene Weiterverbreitung ist also eine rechtswidrige.[5])

II. Von der Schaustellung abgesehen ist es an sich gleichgültig, in welcher Form die Verbreitung geschieht, ob durch bloßes Feilhalten oder durch Verkauf oder durch Vermietung.

Nur auf das Verleihen erstreckt sich nach Kunstwerkrecht (KUG. § 15) ebenso wie nach literarischem Urheberrecht die ausschließliche Befugnis des Urhebers nicht, obwohl an sich auch das Verleihen unter den Begriff der Verbreitung fällt. Diese Beschränkung ist aber hier wie dort von verhältnismäßiger geringer Bedeutung, da das Verleihen im juristischen Sinne des Leihvertrages aufzufassen ist,[6]) für welchen die Unentgeltlichkeit der Gebrauchsüberlassung wesentlich ist. Ein Privilegium für Leihinstitute ist also damit nicht geschaffen.[7])

---

[5]) Zu wesentlich gleichen Ergebnissen kommen Allfeld, Bem. 13 zu § 15 und mit etwas anderer Begründung Mittelstädt in D. JurZ. 1906 S. 1128 ff.; vgl. auch Osterrieth S. 118, Dernburg S. 68.

[6]) a. M. Dernburg S. 62.

[7]) Vgl. oben S. 257, wo auch die Literatur über die Frage angegeben ist.

III. Nur auf die „gewerbsmäßige" Verbreitung erstreckt sich das ausschließliche Recht des Urhebers. Gewerbsmäßig ist die Verbreitung nicht nur dann, wenn sie in einem Gewerbebetriebe erfolgt, der sich mit der Verbreitung von Kunstwerken, Reproduktionen oder Photographien befaßt, sondern ebenso wie im literarischen Urheberrecht überhaupt dann, wenn sie nicht rein persönlichen oder häuslichen Zwecken dient. Gewerbsmäßig ist also z. B. auch die Verbreitung eines Kunstblattes an die Mitglieder eines Kunstvereines oder die Verbreitung zu Unterrichtszwecken in Gewerbeschulen.[8]) Der Begriff der Gewerbemäßigkeit erfordert nicht, daß die Verbreitung durch eine Mehrzahl von Exemplaren geschieht. Auch in der Veräußerung eines einzigen Exemplares kann also eine widerrechtliche gewerbsmäßige Verbreitung liegen, vorausgesetzt, daß in Ansehung dieses Exemplares das Verbreitungsrecht des Urhebers nicht schon dadurch erschöpft ist, daß er selbst es in Verkehr gebracht hat.

§ 89.

c) Das ausschließliche Vorführungsrecht.

I. Das KUG. von 1907 (§ 15) hat das Alleinrecht des Urhebers auch auf die gewerbsmäßige Vorführung seines Werkes mittelst mechanischer und optischer Einrichtungen erstreckt. Dieses Recht bezieht sich sowohl auf Werke der bildenden Kunst als auch auf Photographien. Praktisch dient es hauptsächlich den Interessen der Photographen, für die eine Beeinträchtigung darin liegen kann, „daß Spezialitätentheater und ähnliche Veranstaltungen photographische Bilder zur Vorführung von sogenannten Projektionsbildern gewerblich ausnutzen und hiedurch die wirtschaftliche Verwertung des durch die Vorführung bekannt gewordenen und des Interesses beraubten Originales erschweren."[1])

Der Schutz ist nicht nur gegen Vorführung durch solche Einrich-

---

[8]) In diesem Sinne auch Kohler, Kunstwerkrecht S. 61, Osterrieth, Bem. E, II, 5 zu § 15; anders Allfeld, Bem. 11 zu § 15, Müller S. 87, Dernburg S. 63. Vgl. über die sehr bestrittene Bedeutung der Gewerbemäßigkeit im Gebiet der Urheberrechte überhaupt oben S. 69.

[1]) Begründung zu § 15 S. 21 ff.

tungen gegeben, welche, wie der Kinematograph,[2]) den Anblick des Werkes einer Mehrheit von Personen gleichzeitig zugänglich machen, sondern auch gegen Veranstaltungen, die mehreren Personen hintereinander den Anblick ermöglichen, wie Mutoskope und Stereoskope. Gleichgültig ist es auch, ob zur Vorführung das Originalexemplar oder eine seiner Nachbildungen verwendet wird, ferner ob das Bild durch Vermittelung eines Diapositivs oder ohne solches projiziert wird, gleichgültig auch, ob die Herstellung des zur Vorführung verwendeten Exemplares mit Recht oder Unrecht erfolgt ist.

Vorausgesetzt ist aber, daß durch die besondere mechanische oder optische Einrichtung der Anblick des Werkes erst ermöglicht wird.[3])

Während der Entwurf des KUG. gegen solche Vorführungen Schutz gewähren wollte, die mittelst „mechanisch-optischer" Einrichtungen erfolgen, so daß die beiden Merkmale des Mechanischen und des Optischen hätten zusammentreffen müssen, hat die Reichstagskommission mit Rücksicht auf die technische Entwickelung die Fassung geändert, so daß es genügt, wenn die Einrichtung nur optischen, oder, was kaum vorkommen wird, nur mechanischen Charakters ist. Insbesondere ist damit entschieden, daß auch die Vorführung mittelst einfachen Stereoskops oder Mikroskops dem Urheber ausschließlich zusteht.

II. Nur die „gewerbsmäßige" Vorführung ist dem Urheber vorbehalten; der Begriff des Gewerblichen ist hier im gleichen Sinne zu verstehen, der ihm im Urheberrecht überhaupt zukommt; vgl. darüber oben S. 69. Die gewerbsmäßige Vorführung braucht nicht zugleich eine öffentliche zu sein. Wohl aber ist umgekehrt aus der Oeffentlichkeit auf die Gewerbsmäßigkeit zu schließen;[4]) daher ist die ohne Einwilligung des Urhebers oder seines Rechtsnachfolgers vor einem großen Publikum gelegentlich eines wissenschaftlichen Vortrages erfolgende Vorführung rechtmäßig hergestellter Bilder eine widerrechtliche.[5])

---

[2]) Nach deutschem Recht ist beim Kinematographen nur das einzelne Momentbild als solches (als Werk der Photographie) geschützt, nicht die in der Reihenfolge der Bilder zum Ausdruck kommende Kombinationsidee. Anders Art. 14 der revidierten Berner Konvention (in der Fassung der Berliner Konferenz vom 13. November 1908).

[3]) Vgl. Osterrieth, Bem. E, III 4 zu § 15.

[4]) a. M. Osterrieth, Bem. E, III, 5 zu § 15.

[5]) Gegenteiliger Ansicht Allfeld, Bem. 17 zu § 15, in Konsequenz seiner von der unsrigen verschiedenen Auffassung der Gewerbsmäßigkeit überhaupt, s. oben S. 69.

§ 90.

3. Beschränkungen der ausschließlichen Urheberbefugnisse.

Wie der Urheber eines Schriftwerkes oder Tonwerkes, so muß sich auch der Schöpfer eines Kunstwerkes oder einer Photographie zugunsten mannigfacher anderer mit seinem eigenen Interessenkreise kollidierender Kulturzwecke eine Einschränkung seiner ausschließlichen Befugnisse am Werke in verschiedener Richtung gefallen lassen. Diese Beschränkungen des Immaterialgüterrechtes sind den gesetzlichen Eigentumsbeschränkungen im Sachenrecht vergleichbar; die ihnen entspringenden für jedermann oder zugunsten bestimmter Personen bestehenden Gebrauchsbefugnisse werden mehrfach als „gesetzliche Lizenzen" bezeichnet. Sie haben weder den Charakter von gegenständlichen Rechten noch den von obligatorischen Ansprüchen, überhaupt nicht den von subjektiven Rechten. Ihre Bedeutung besteht einfach darin, daß die der Betätigung der natürlichen Handlungsfreiheit durch die Urheberrechte gezogene Schranke sich hier in gewissen Beziehungen verengt, der Handlungsfreiheit also in diesen Beziehungen ein weiterer Spielraum bleibt.

Diese sog. gesetzlichen Lizenzen im Kunstwerkrecht gehen mit denen im literarischen Urheberrechte auch da, wo die tatsächlichen Verhältnisse eine Analogie bieten, nicht völlig parallel. Namentlich besteht keine Lizenz zur Uebernahme von Illustrationen aus Zeitungen.

Im einzelnen sind die gesetzlichen Beschränkungen der ausschließlichen Befugnisse des Künstlers und Photographen folgende:

I. Um die freie Benutzung von Werken, namentlich zu Studienzwecken, nicht zu erschweren, bestimmt das Gesetz (§ 18 Abs. 1), daß die Vervielfältigung zum eigenen Gebrauch zulässig ist, wenn sie unentgeltlich bewirkt wird.[1]) Nicht nur die sogenannte Handkopie oder mechanische Einzelreproduktion, z. B. durch photographische Aufnahme, wird unter diesen Voraussetzungen gestattet, sondern jede Vervielfältigung in einer beliebigen Zahl von Exemplaren. Die Nachbildungen dürfen aber nicht durch Verbreitung oder Vorführung mittelst optischer oder mechanischer

[1]) Vgl. dagegen für das Geschmacksmusterrecht MSchG. § 6 Ziff. 1, wonach als verbotene Nachbildung nicht anzusehen ist „die Einzelkopie eines Musters oder Modells, sofern dieselbe ohne die Absicht der gewerbsmäßigen Verbreitung und Verwertung angefertigt wird".

Einrichtungen gewerblich ausgenützt werden, denn die Lizenz bezieht sich nur auf die Vervielfältigung.

Nicht vorausgesetzt ist, daß die Nachbildung von demjenigen persönlich angefertigt wird, zu dessen eigenem Gebrauche sie bestimmt ist; nur muß die Herstellung, wenn sie von einem andern bewirkt wurde, unentgeltlich erfolgt sein, was so zu verstehen ist, daß der andere für die Herstellung als solche keine Entlohnung erhält; Ersatz der baren Auslagen ist keine Entlohnung.[2])

Was unter Vervielfältigung „zum eigenen Gebrauch" gemeint ist, ist streitig. Unseres Erachtens bildet sie den Gegensatz zur Vervielfältigung zu gewerblichen Zwecken.[3]) Zum eigenen Gebrauche erfolgt die Vervielfältigung also dann, wenn sie rein persönlichen oder häuslichen Zwecken dient, wobei es nicht darauf ankommt, ob diese Zwecke praktische Gebrauchszwecke oder wissenschaftliche oder künstlerische Studienzwecke sind oder ob die Vervielfältigung lediglich zum ästhetischen Genuß durch Anschauen bestimmt ist. Dagegen geht die rechtsgeschäftliche Verwendung, auch durch Verschenken an Personen, die nicht Familienmitglieder sind, über den Bereich des „eigenen Gebrauchs" hinaus. Der Wortlaut des Gesetzes deutet darauf hin, daß es nur auf die Absicht des eigenen Gebrauchs bei der Vervielfältigung, nicht auf die Tatsache des eigenen Gebrauchs ankommt. Praktisch ist aber diese Auffassung[4]) nicht durchzuführen, da es nicht angängig ist, über Rechtsgrenzen psychische Interna entscheiden zu lassen, die nicht durch äußere Vorgänge in die Erscheinung getreten sind; und auch vom Standpunkte der Interessen aus, welche die Veranlassung zum Gesetz gegeben haben, kann es nicht auf die bloßen Absichten, sondern nur auf Handlungen ankommen.

Auf das Nachbauen nach einem Bauwerke oder nach Plänen bezieht sich die Gestattung durch § 18 Abs. 1 nicht. Das Nachbauen ohne Einwilligung des Berechtigten ist also unter allen Umständen

---

[2]) Vgl. Allfeld, Bem. 6 zu § 18; anders Müller S. 99.

[3]) Im selben Sinne Kohler, Kunstwerkrecht, S. 58; Bedenken dagegen äußert Dernburg S. 60. Zu eng ist es, wenn Müller S. 98 meint, auch der Gebrauch durch Familienangehörige sei ausgeschlossen; andererseits geht es zu weit, wenn Osterrieth sagt, eigener Gebrauch liege auch vor, wenn ein Kunsthistoriker das Werk zur Erläuterung seiner Vorlesungen vorführt (gegen diese Auffassung Allfeld, Bem. 5 zu § 18).

[4]) Sie tritt namentlich bei Allfeld a. a. O. hervor.

widerrechtlich, selbst wenn es etwa durch den Architekten zum Gebrauch für die eigene Person und Familie geschieht.

Es ist verboten, auf der an sich erlaubten, weil zum eigenen Gebrauch unentgeltlich hergestellten, Vervielfältigung den Namen oder eine sonstige Bezeichnung des Urhebers in einer Weise anzubringen, die zu Verwechslungen Anlaß geben könnte. (§ 18 Abs. 3.)

II. Nachbildungsbefugnis des Bestellers bei Personenbildnissen.

Nach den Gesetzen von 1876 (KUG. § 8, PhotG. § 7) sollte bei Porträts und Porträtbüsten das ausschließliche Nachbildungsrecht auch ohne Vertrag von selbst auf den Besteller übergehen;[5]) dieser sollte also Inhaber eines gegenständlichen Rechtes werden, das er gegenüber jedermann, auch gegenüber dem Urheber selbst, geltend machen konnte. Diese weitgehende Privilegierung[6]) des Bestellers vertrug sich schwer mit berechtigten Interessen des Urhebers und wurde namentlich von den Berufsphotographen als unbillig empfunden.

Das neue Recht (KUG. § 18 Abs. 2) hat die Befugnis des Bestellers auf das richtige Maß zurückgeführt. Jetzt ist bei Bildnissen einer Person dem Besteller, gleichgültig ob er selbst oder ein anderer der Abgebildete ist, sowie seinem Rechtsnachfolger gestattet, das Werk in einer beliebigen Anzahl von Exemplaren zu vervielfältigen. Aber diese gesetzliche Gestattung gibt dem Besteller nicht ein ausschließliches Recht, das er auch gegenüber dem Urheber geltend machen könnte. Vielmehr bleibt dem Urheber und seinen Rechtsnachfolgern das aus seinem Schaffen entstandene Vervielfältigungsrecht, welches in seinem Urheberrecht enthalten ist, grundsätzlich als ein ausschließliches, das jedem Dritten gegenüber wirkt, nur gerade nicht gegenüber dem Besteller. Die Befugnis des Bestellers ist also jetzt ihres Charakters als eines gegenständlichen Rechtes, ja überhaupt als eines besonderen subjektiven Rechtes, entkleidet; sie ist weiter nichts mehr als die rechtliche Möglichkeit der

[5]) Vgl. oben S. 42 Anm. 3.

[6]) Noch weiter geht das österreichische Recht, welches das Urheberrecht von vornherein dem Besteller zuspricht; Ges. vom 26. Dezember 1895 § 13 Abs. 1: Bei Porträts, welche gegen Entgelt bestellt wurden, sie mögen Werke der bildenden Künste oder der Photographie sein, stehen die Rechte des Urhebers dem Besteller zu.

Ueber den Rechtszustand in anderen Ländern s. Müller S. 102 ff.

freien Betätigung seiner Handlungsfähigkeit in Bezug auf die Vervielfältigung des von ihm bestellten Bildnisses.[7])

Des näheren ist die Befugnis des Bestellers folgendermaßen begrenzt:

1. Vorausgesetzt ist, daß in dem Werke das Bildnis einer lebenden oder toten Person oder einer Gruppe von Personen, wenn auch nicht den einzigen, so doch den Hauptgegenstand der Darstellung bildet. Die Abgrenzung dieser Fälle von denjenigen, in welchen die Personen nur als Staffage zur Landschaft oder Architektur erscheinen, ist unter Umständen nicht leicht. Eine analoge Ausdehnung des § 18 Abs. 2 auf andere Werke als Personenbildnisse ist ausgeschlossen. Aber nichts hindert, unter dem „Bildnis" einer Person auch ihre Karikatur zu begreifen.[8])

2. Ist das Bildnis ein photographisches, so ist dem Besteller jede Art der Nachbildung gestattet, auch die durch ein Werk der bildenden Kunst.

Ist aber das Bildnis ein Werk der bildenden Künste, so darf, solange der Urheber lebt, die Vervielfältigung durch den Besteller nur im Wege der Photographie erfolgen, es müßte denn sein, daß sie zu seinem eigenen Gebrauche unentgeltlich bewirkt wird.

3. Der Besteller kann die Vervielfältigung auch durch einen andern für sich vornehmen lassen.

4. Es ist verboten, auf der vom Besteller oder für ihn hergestellten Vervielfältigung den Namen oder eine sonstige Bezeichnung des Urhebers des Werkes in einer Weise anzubringen, die zu Verwechselungen Anlaß geben kann.

5. Nur die Vervielfältigung steht dem Besteller zu, nicht auch die gewerbliche Verbreitung[9]) und Vorführung mittelst mechanischer oder optischer Einrichtungen.

6. Die Vervielfältigungsbefugnis des Bestellers kann durch Vertrag zwischen ihm und dem Urheber ausgeschlossen werden.

---

[7]) Eine andere Auffassung hat offenbar Kohler, Kunstwerkrecht S. 69, der die Lizenz des Bestellers „ein aus dem Immaterialrechte hervorgehendes Teilrecht" nennt.

[8]) a. M. Osterrieth, Bem. II, 3, b zu § 18.

[9]) Dagegen kritisch Kohler, Kunstwerkrecht S. 71.

7. Das Vervielfältigungsrecht des Urhebers wird in seinem positiven Gehalte durch die Vervielfältigungsbefugnis des Bestellers nicht berührt; nur seine negative Funktion wird beschränkt insofern, als sein ausschließlicher Charakter nicht gegen den Besteller geltend gemacht werden kann. Nicht der Besteller als solcher, wohl aber der Abgebildete, kann jedoch ein starkes persönliches Interesse daran haben, daß ohne seine Einwilligung sein Bildnis von niemandem, auch nicht vom Urheber, verbreitet oder öffentlich zur Schau gestellt wird. Dieses Interesse des Abgebildeten ist durch KUG. § 22[10]) unter besonderen Rechtsschutz gestellt und damit als ein besonderes Persönlichkeitsrecht anerkannt worden, welches man das „Recht am eigenen Bild" zu nennen pflegt. Daß er keinen urheberrechtlichen Charakter hat, wurde schon hervorgehoben.[11])

III. Werke an öffentlichen Straßen und Plätzen.

Der Gedanke, daß Werke, die sich an öffentlichen Straßen und Plätzen befinden, grundsätzlich für die Nachbildung frei sein sollen, entspricht einem natürlichen Rechtsempfinden des Volkes, welches diese Werke, soweit sie sich in ihrer äußeren Erscheinung der Oeffentlichkeit zukehren, in gewissem Sinne als Gemeingut betrachtet. Er entspricht aber auch den speziellen Interessen zahlreicher kleiner Gewerbetreibender, die ihren Verdienst durch den Vertrieb von photographischen Abbildungen und Ansichtspostkarten finden.

Die Freigabe solcher Werke für die Nachbildung oder wenigstens für gewisse Arten der Nachbildung findet sich schon vor dem Gesetze von 1876, das sie in § 6 Ziff. 3 anerkannt hat, in manchen Gesetzgebungen deutscher Einzelstaaten, so z. B. Bayerns; sie findet sich auch mehrfach in der Gesetzgebung des Auslandes,

---

[10]) Einschränkungen in §§ 23, 24.

[11]) Die Behauptung von Müller (S. 99), § 18 Abs. 2 behandle das sog. „Recht am eigenen Bildnis" im Zusammenhang mit § 22, kann nur verwirrend wirken, denn

1. braucht es sich in § 18 Abs. 2 überhaupt nicht um ein eigenes Bildnis des Bestellers zu handeln;

2. ist das „Recht am eigenen Bild" (§ 22) ein absolutes Persönlichkeitsrecht, das seine verbietende Funktion gegen jedermann äußert, während es sich in § 18 Abs. 2 nicht um die Begründung eines absoluten Rechtes des Bestellers, sondern nur um eine Einschränkung des Urheberrechtes eines andern handelt.

so z. B. Oesterreichs,[12]) und wird auch von der französischen Praxis[13]) anerkannt.

Auch das KUG. von 1907 (§ 20) hat trotz der aus Künstlerkreisen erhobenen Einwände grundsätzlich daran festgehalten, die Herstellung von Nachbildungen solcher Werke dem freien Wettbewerb zu überlassen und damit das ausschließliche Recht des Künstlers zu beschränken.

Im einzelnen gilt bezüglich der Voraussetzungen und Grenzen der durch § 20 gegebenen Einschränkung des Urheberrechtes Folgendes:

1. Vorausgesetzt ist, daß sich das Werk d. h. ein Verwirklichungsexemplar des Werkes mit oder ohne Willen des Urhebers bleibend an öffentlichen Wegen, Straßen oder Plätzen befindet. Den Gegensatz zum Bleibenden bildet die Aufstellung zu einem vorübergehenden Zwecke.[14]) Mit „öffentlichen" Wegen, Straßen und Plätzen sind nicht solche gemeint, deren berechtigtes und unterhaltungspflichtiges Subjekt eine öffentliche Körperschaft ist, sondern ohne Rücksicht auf ihre rechtliche Zuständigkeit solche, deren Benutzung grundsätzlich jedermann offen steht; auch der nichtöffentliche Weg im Sinne des (partikularrechtlich verschiedenen) Wegerechtes kann ein öffentlicher im Sinne des KUG. sein. Daß der Zugang ununterbrochen frei ist, gehört nicht zum Begriff der Oeffentlichkeit; daher gehören z. B. auch Friedhöfe oder öffentliche Parkanlagen, die nachts geschlossen sind, hieher, ebenso solche an öffentlichen Plätzen gelegene Werke, die zeitweilig, wie z. B. ein öffentlicher Brunnen im Winter, zum Schutze gegen Witterungseinflüsse verdeckt sind. Daß ein an einem öffentlichen Platze gelegenes Werk, etwa ein Denkmal, mit einem schützenden Gitter umgeben ist, hebt natürlich den Charakter der Oeffentlichkeit noch nicht auf.

2. Die Wiedergabe kann nur „durch malende oder zeichnende Kunst oder durch Photographie", also nur durch Flächendarstellung erfolgen, nicht durch Plastik oder Architektur. Da es wohl nicht so sehr auf die angewandte Technik, als auf die

---

[12]) Ges. vom 26. Dezember 1895 § 39: Als Eingriff in das Urheberrecht ist nicht anzusehen .... 4. Die Nachbildung von Werken der bildenden Künste, welche an dem öffentlichen Verkehr dienenden Orten bleibend sich befinden, ausgenommen die Nachbildung von Werken der Plastik durch die Plastik.

[13]) Nachweise bei Kohler, Kunstwerkrecht S. 65 Anm. 18.

[14]) Vgl. etwa BGB. § 95.

Flächenwirkung ankommt, muß über den strengen Wortlaut des Gesetzes hinaus angenommen werden, daß auch die Wiedergabe durch Mosaiken, Intarsien, Stickereien, Applikationen, Diaphanien freigegeben ist.[15])

3. Die Vervielfältigung darf aber auch durch malende oder zeichnende Kunst, was namentlich für Fresken und Sgraffiti von Bedeutung ist, nicht an einem Bauwerke erfolgen.

4. Bei Bauwerken erstreckt sich die Befugnis zur Vervielfältigung nur auf die dem öffentlichen Platze oder Wege zugekehrte äußere Ansicht. Sie erstreckt sich also nicht auf Höfe, Treppenhaus und sonstige Innenräume, aber auch nicht auf die in diesen Räumen aufgestellten oder sonstwie untergebrachten Werke. Insbesondere erstreckt sie sich nicht auf Kunstwerke, die in Museen, Galerien, Kirchen usw. öffentlich aufgestellt sind.[16])

5. Dadurch, daß ein Werk im Sinne des bürgerlichen Rechtes Bestandteil eines anderen Gegenstandes geworden ist, z. B. als Fresko an der Wand eines Hauses sich befindet, wird die Befugnis zur Wiedergabe selbstverständlich nicht aufgehoben; andernfalls wäre ja diese Befugnis für weitaus die meisten Fälle eine illusorische, da Werke, die bleibend an öffentlichen Straßen und Plätzen aufgestellt sind, regelmäßig nach dem BGB. wesentliche Bestandteile eines Grundstücks geworden sind.

6. Gestattet ist sowohl die Wiedergabe des Werkes im Gesamtbilde seiner Umgebung als auch die Wiedergabe des Werkes für sich allein oder einzelner seiner Teile.

7. Die Vervielfältigung ist nur zulässig, wenn an dem wiedergegebenen Werke keine Aenderung vorgenommen wird. Gestattet sind jedoch Uebertragungen des Werkes in eine andere Größe und solche Aenderungen, welche das zur Vervielfältigung angewendete Verfahren mit sich bringt. KUG. § 21. Diese Aenderungen liegen

---

[15]) Ebenso Allfeld, Bem. 14, Osterrieth, Bem. IV, 1 zu § 20. Wenn aber Kohler, Kunstwerkrecht S. 67 sogar die Wiedergabe des Werkes durch ein Modell im Kleinen als gestattet erklärt, dürfte dies nicht nur über den Wortlaut, sondern auch über den Zweck des Gesetzes hinausgehen.

[16]) Doch möchte ich im Gegensatze zu Osterrieth, Bem. III, 2, b zu § 20 annehmen, daß sich das Werk nicht gerade unter freiem Himmel zu befinden braucht, um unter § 20 zu fallen; so befinden sich z. B. auch die in der Münchener Feldherrnhalle aufgestellten Werke (von denen freilich zwei gemeinfrei sind) „an einem öffentlichen Platze“.

bei photographischen und rein zeichnerischen Nachbildungen schon in dem Fehlen der Farben, im übrigen kommen namentlich Vereinfachungen in Betracht.

8. Es wäre zu wünschen, daß der Nachbildner im Falle des § 20 verpflichtet wäre, den Namen des Urhebers auf der Vervielfältigung anzugeben, wenigstens soweit er auf dem der Oeffentlichkeit zugekehrten Teile des Werkes erkennbar angebracht ist. Diese Verpflichtung läßt sich aber leider aus dem Gesetze nicht entnehmen.[17]) Eine auf ihre Begründung gerichteter in der Reichstagskommission gestellter Antrag wurde abgelehnt.

9. Soweit nach dem Gesagten ein Werk vervielfältigt werden darf, ist auch seine gewerbliche Verbreitung und Vorführung zulässig.

IV. **Benutzung für wissenschaftliche und didaktische Schriftwerke.**

Im Interesse der freien wissenschaftlichen Forschung und der allgemeinen Volksbildung bestimmt KUG. § 19, im Grundgedanken mit dem bisherigen Rechte[18]) übereinstimmend: Zulässig ist die Vervielfältigung und Verbreitung, wenn einzelne Werke in eine selbständige wissenschaftliche Arbeit[19]) oder in ein für den Schul- oder Unterrichtsgebrauch bestimmtes[20]) Schriftwerk ausschließlich zur Erläuterung aufgenommen werden.

Jedoch ist diese Entlehnungsbefugnis beschränkt auf solche Werke, die entweder erschienen, d. h. in Vervielfältigungen im Kunsthandel öffentlich angeboten, oder bleibend öffentlich ausgestellt sind. Ob Werke die sich in Privatgalerien befinden, bleibend öffentlich ausgestellt sind, hängt davon ab, ob nach dem Willen des Eigentümers

---

[17]) Die Verpflichtung verneinen auch Allfeld, Bem. 19 zu § 20 und Müller S. 116 f.; a. M. Osterrieth unter Berufung auf den Grundsatz des KUG. § 12; aber an Stelle des § 12 tritt eben hier die Spezialnorm des § 21.

[18]) KUG. von 1876 § 6 Ziff. 4.

Das österreichische Ges. vom 26. Dezember 1895 § 39 bestimmt, daß als Eingriff in das Urheberrecht nicht anzusehen sei . . . 5. Die Aufnahme von Nachbildungen einzelner erschienener Werke der bildenden Künste bloß zur Erläuterung des Textes in ein Schriftwerk, wenn das letztere als die Hauptsache erscheint. Es besteht jedoch die Verpflichtung, den Urheber des Originales oder die benützte Quelle anzugeben.

[19]) Kataloge von Kunsthändlern oder Versteigerern gehören dazu nicht, vgl. Ber. des RTK. S. 12.

[20]) Vgl. oben S. 270 f.

der Zutritt dem Publikum gestattet sein soll, ohne daß von vornherein ein Endtermin bestimmt ist; daß der Eigentümer die Gestattung jederzeit widerrufen kann, kommt hier nicht in Betracht;[21]) fehlt doch auch dem in einem staatlichen Museum befindlichen Kunstwerke nicht etwa deshalb die Eigenschaft als eines bleibend ausgestellten, weil der Staat die rechtliche Möglichkeit hat, es an Private zu veräußern oder sonst der allgemeinen Zugänglichkeit zu entziehen.

Ebenso wie das literarische Zitat, wenn es erlaubt sein soll, zur literarischen Eigenleistung dessen, der es bringt, im Verhältnis des bloßen Mittels zum Zweck stehen muß,[22]) so darf auch die Entlehnung des Kunstwerkes oder der Photographie für eine wissenschaftliche oder didaktische Arbeit nur ein deren literarischem Zwecke dienendes und untergeordnetes Hilfsmittel sein. Wo, wie so häufig bei Verbindung eines Textes mit einem Kunstwerke, das Zweckverhältnis das umgekehrte ist, besteht die Benutzungsfreiheit nicht; sie besteht aber auch dann nicht, wenn, wie beim künstlerischen Buchschmuck, der innere gedankliche Zusammenhang mit dem wissenschaftlichen oder didaktischen Werke überhaupt fehlt.

Eine Entlehnung eines Kunstwerkes ohne irgendwelche Aenderungen ist gar nicht möglich. Schon jedes Reproduktionsverfahren führt notwendig zu irgendwelcher Aenderung der technischen Elemente, welche in ihrer Gesamtheit den künstlerischen Eindruck bedingen. Solche Aenderungen, welche das für die Vervielfältigung angewendete Verfahren mit sich bringt, sind natürlich, wie KUG. § 21 überflüssigerweise hervorhebt, gestattet, ebenso Uebertragungen des Werkes in eine andere Größe. Dagegen sind andere Aenderungen an dem wiedergegebenen Werke unzulässig.

Die Bezeichnung des Werkes und seines Urhebers gehört nicht zum Bestande des Kunstwerkes als solchen. Das Aenderungsverbot bezieht sich daher auch nicht auf diese Bezeichnung. Immerhin hat der Entlehner des Werkes die Pflicht, die Quelle, sofern sie auf dem Kunstwerke genannt ist, in irgend einer Weise deutlich anzugeben, wenn auch nicht gerade auf der Reproduktion selbst. Die Unterlassung ist strafbar (s. oben S. 188 ff.). Als Quellenbezeichnung ist bei Kunstgewerbetreibenden auch ihr Warenzeichen anzusehen.

---

[21]) Anders Allfeld, Bem. I, 3, b, β und Osterrieth Bem. III, 2, b zu KUG. § 19.

[22]) Vgl. oben S. 269.

§ 91.

IV. Das Recht als Gegenstand der Übertragung und der Zwangsvollstreckung.[1])

I. Uebertragung.

1. Das künstlerische und photographische Urheberrecht kann ebenso wie die übrigen Urheberrechte nicht nur der Ausübung nach, sondern der Substanz nach unbeschränkt oder beschränkt, auch mit der Begrenzung auf ein bestimmtes Gebiet, übertragen werden. Hinsichtlich der Bedeutung und Form solcher Uebertragung sowie hinsichtlich der Pflichten, namentlich der Gewährleistungspflicht, des Veräußerers, ebenso für die Bestellung eines Nießbrauches oder eines Pfandrechtes am Immaterialgute, gelten für das Kunstwerkrecht keine anderen Regeln als für die Urheberrechte überhaupt; es kann daher auf die Darlegung dieser Verhältnisse im Allgemeinen Teile verwiesen werden.[2])

2. Daß die Ueberlassung des Sacheigentums am Werke in seiner stofflichen Erscheinung oder an der photographischen Aufnahme nicht gleichbedeutend ist mit der Uebertragung des Urheberrechtes am Kunstwerk als einem immateriellen Gute, ist nur eine logische Folge der Wesungsungleichheit von Urheberrecht und Eigentum überhaupt. Auch eine Vermutung dafür, daß mit der Uebertragung des einen Rechtes die des anderen verbunden sei, besteht nicht. Daß gerade im KUG. § 10 Abs. 3 (im Gegensatze zum LUG.) diese Vermutung ausdrücklich abgelehnt wird, ist umso eher erklärlich und zweckmäßig, als die entgegengesetzte Regel der Laienauffassung nahe liegt, bei Porträts und Porträtsbüsten früher bei uns Gesetz war[3]) und in Oesterreich[4]) jetzt noch geltendes Recht ist

Der Sacheigentümer des Kunstwerkes oder einer Photographie ist nicht verpflichtet, das Werk zum Zwecke der Veranstaltung von

---

[1]) Von der Vererbung des Urheberrechts an Kunstwerken, die keine Besonderheit gegenüber der Vererbung des literarischen Urheberrechtes aufweist, ist schon im Allgemeinen Teile (s oben § 23 S. 106 ff.) gehandelt.

[2]) Vgl. oben §§ 18—22 S. 80 ff.

[3]) KUG. von 1876 § 8, PhotGes. § 7.

[4]) Ges. vom 26. Dezember 1895 § 13.

Nachbildungen an den Urheber oder dessen Rechtsnachfolger herauszugeben.[5])

Im Vertragswege freilich kann dies alles anders gestaltet werden. Insbesondere kann beim Vertrage auf Eigentumsübertragung am körperlichen Werk der Wille der Parteien dahin gehen, daß sich damit die Uebertragung des Urheberrechtes oder bestimmter urheberrechtlicher Befugnisse am Werke als Immaterialgut verbinden soll, und der dahingehende Wille kann, da sein Ausdruck keiner bestimmten Form bedarf, auch aus konkludentem Verhalten der Parteien und den begleitenden Umständen zu entnehmen sei. Die Frage, ob das Immaterialrecht dem Eigentum folgt, ist damit eine solche der Vertragsauslegung, für welche die Rücksicht auf Treu und Glauben und die Verkehrssitte von entscheidender Bedeutung sind.[6]) Die Auslegung des Parteiwillens ergibt z. B. regelmäßig, daß in der Uebertragung des Eigentums am Negativ der photographischen Platte oder am Film zugleich zum mindesten die Uebertragung des Vervielfältigungsrechtes liegen soll; dagegen bedarf es in diesem Falle zur Annahme der Uebertragung des Urheberrechtes überhaupt[7]) wohl noch eines weiteren Anhaltspunktes, der etwa darin gefunden werden kann, daß der Eigentumserwerber sich mit der Herstellung und Verbreitung von photographischen Reproduktionen gewerblich befaßt.

3. Auch im Falle der Uebertragung des Urheberrechtes bleibt bei Kunstwerken ebenso wie bei Schrift- und Tonwerken (vgl. KUG. § 12 mit LUG. § 9), soweit nicht ein anderes vereinbart ist, das Aenderungsrecht dem Urheber vorbehalten. Es handelt sich dabei um eine individualrechtliche Befugnis absoluter Natur. Eine Schranke ist ihr nur insofern gezogen, als der Rechtserwerber Aenderungen vornehmen darf, für die der Berechtigte seine Einwilligung nach Treu und Glauben nicht versagen kann.[8]) Leider hat das Gesetz durch seine Fassung das Mißverständnis nicht ausgeschlossen, als ob für den bildenden Künstler im Gegensatz zum Schriftsteller und Komponisten das ausschließliche Aenderungsrecht noch weiter eingeschränkt sei. KUG. § 12 sagt nämlich, im Falle der Ueber-

---

[5]) Vgl. den (im neuen KUG. als selbstverständlich gestrichenen) § 8 Abs. 2 des Ges. von 1876.

[6]) Vgl. Begründung zum Entwurf eines KUG. S. 18.

[7]) Dafür anscheinend Allfeld, Bem. 8 zu KUG. § 10.

[8]) Beispiele hiefür bei Allfeld, Bem. 7 und Osterrieth, Bem. V, 3 zu § 12; vgl. auch Kohler, Kunstwerkrecht S. 151.

tragung habe der Erwerber nicht das Recht, „bei der Ausübung seiner Befugnisse" an dem Werke selbst, an dessen Bezeichnung oder an der Bezeichnung des Urhebers Aenderungen vorzunehmen. Also, hat man geschlossen, steht der Rechtsschutz dem Urheber nicht zu, wenn der Erwerber das Werk in verändertem Zustande öffentlich ausstellt, denn die Schaustellung gehört nicht zu den „Befugnissen", die im Urheberrechte liegen.[9])

Diese Auffassung steht zweifellos im Widerspruch mit dem Zweckgedanken des Gesetzes, das den Künstler eben dagegen schützen will, daß sein Werk in verfälschter Weise vor die Oeffentlichkeit gebracht wird. Sie wird aber auch durch den Wortlaut des Gesetzes nicht zwingend gefordert. Man darf nur die „Befugnisse" nicht beschränken auf die negative Funktion des Rechtes als eines Ausschließungsrechtes. Auch das Ausstellen gehört zu den „Befugnissen" des Inhabers eines künstlerischen Urheberrechtes, nur steht diese Befugnis eben nicht ihm allein zu.[10]) Aber nichts nötigt uns, von vornherein für alle Fälle die „Befugnisse" als gleichbedeutend mit „ausschließlichen Befugnissen" zu verstehen. Das Gesetz will mit jener wenig glücklichen Klausel nur sagen: selbst wenn der Erwerber des Urheberrechts Handlungen vornimmt, zu denen er als solcher an sich befugt ist, trifft ihn doch wie jeden Dritten das Aenderungsverbot.

II. Der Kunstverlag.[11])

1. Das VerlG. v. 19. Juni 1901 befaßt sich nur mit dem Verlage von Schriftwerken und Tonwerken, nicht auch mit demjenigen von Werken der bildenden Künste und der Photographie. Auch das KUG. enthält darüber, abgesehen von dem nur eine Spezialfrage regelnden § 11, keine Bestimmung. Zwar hatte die Reichsregierung gleichzeitig mit dem Entwurf zum neuen KUG. auch den Entwurf eines besonderen Gesetzes über das Verlagsrecht bei

[9]) So Allfeld, Bem. 4 zu § 12, der jedoch die rechtspolitische Unrichtigkeit dieser Auffassung selbst empfindet; m. E. richtig Osterrieth S. 94.

[10]) Vgl. die Ausführung über die positive und negative Funktion des Rechtes oben S. 67; hier zeigt sich, daß sie nicht bloß von theoretischer Bedeutung ist.

[11]) Literatur: Hennig, Bausteine zu einem Kunstverlagsgesetz, im Börsenblatt f. den D. Buchhandel 1904 S. 5012 ff.; Kohler, Kunstwerkrecht S. 95 ff.; Gairal, Les oeuvres d'art et le droit S. 306 ff.; die Kommentare zum KUG. von Allfeld S. 71 ff. (Bem. 14 zu § 10), Müller S 16, 68, Osterrieth, S. 73 ff. Vgl. auch die Begründung zum KUG. S. 11.

Werken der bildenden Künste und der Photographie ausgearbeitet. Bei der Beratung dieses Entwurfes durch Sachverständige kam man aber zu der Anschauung, daß eine einheitliche allen Ansprüchen gerecht werdende Regelung bei der großen Ungleichheit der auf dem Gebiete des Kunstverlages herrschenden Verhältnisse und mit Rücksicht auf die gerade jetzt im stärksten Flusse befindliche Entwicklung der Vervielfältigungstechnik noch nicht möglich sei, es vielmehr geratener sei, erst die verschiedenartigen im Kunstverkehr herrschenden Gebräuche zu sammeln. Aus diesem gesetzgeberischem Vorbereitungsstadium ist die Sache bis jetzt nicht herausgekommen.

2. Bei diesem Stand der Dinge ist es für die heutige rechtliche Beurteilung ausgeschlossen, etwa die von den Verhältnissen des Buchverlages ausgehenden Vorschriften des VerlG. von 1901 auf den Kunstverlag einfach in ihrer Gesamtheit entsprechend zu übertragen. Es bedarf immer der Prüfung, ob eine analoge Uebertragung im einzelnen Falle wirklich den Bedürfnissen des konkreten Geschäftstypus mit besonderer Rücksicht auf die Art des zu verlegenden Gegenstandes entspricht. Die Analogie wird auf dem Gebiete des dem literarischen Verlage tatsächlich ähnelnden Illustrationsverlages im allgemeinen eher möglich sein, als auf demjenigen des Kunstverlages im engeren Sinne und des kunstgewerblichen Verlages.[12]) So ist es z. B. unmöglich und den Geschäftsgebräuchen durchaus zuwiderlaufend, für die Vervielfältigung und Verbreitung kostbarer Bronzen die verlagsgesetzlichen Vorschriften über die Auflage zu übernehmen; von einer Verpflichtung zur Herstellung von 1000 Exemplaren kann hier natürlich keine Rede sein. Andererseits wäre z. B. für den Verlag von Ansichtskarten die Normalhöhe der Auflage mit 1000 Exemplaren viel zu niedrig gegriffen. Freiexemplare ferner sind im Kunstverlage plastischer Werke überhaupt nicht üblich, während bei Buntdruck und Photographien regelmäßig solche, wenn auch in geringer Zahl, gewährt werden.[13])

3. Die beim Mangel besonderer vertragsmäßiger Festsetzung für den Kunstverlag geltenden Rechtssätze beruhen also in erster Linie

[12]) Über die verschiedenartigen Verhältnisse auf diesen Gebieten namentlich Osterrieth a. a. O.

[13]) Vgl. Hennig a. a. O. S. 5017.

auf der in dem besonderen Geschäftszweige herrschenden Verkehrssitte. Nach ihr bemißt sich insbesondere der Umfang der Befugnisse des Verlegers und die Möglichkeit ihrer Weiterübertragung. Im Zweifel ist von der Regel auszugehen, daß für die Uebertragung von Befugnissen keinerlei Vermutung spricht, daß daher auch bezüglich des Umfangs der Uebertragung, soweit nicht eine feste Verkehrssitte für das Gegenteil nachweisbar ist, zugunsten des Künstlers zu entscheiden ist; namentlich darf daraus, daß dem Verleger eine bestimmte Reproduktionsart gestattet wird, nicht ohne weitere Anhaltspunkte auf die Gestattung aller Reproduktionsarten geschlossen werden.

4. Die Vervielfältigungs- und Verbreitungsbefugnis des Kunstverlegers kann an sich obligatorischer oder gegenständlicher Natur sein. Wenn diese Befugnis ihm aber als eine ausschließliche übertragen wird,[14]) so ist sie im Zweifel zugleich als eine gegenständliche, also gegen jeden Dritten wirkende, anzusehen.[15])

Dieses gegenständliche Verlagsrecht entsteht mit der Ablieferung des Werkes an den Verleger und erlischt mit der Beendigung des Vertragsverhältnisses. Seinem Wesen nach ist es ein aus dem Urheberrechte im Wege konstitutiver Uebertragung abgeleitetes, diesem gleichartiges, inhaltlich aber beschränktes, absolutes Recht. Die Mittel zu seinem Schutze sind die urheberrechtlichen; sie stehen dem Verleger gegen den Künstler selbst wie gegen Dritte zu Gebote.

5. Während es aber für den echten Verlagsvertrag über Schriftwerke und Tonwerke charakteristisch ist, daß sich mit dem Rechte des Verlegers zur Vervielfältigung und Verbreitung des Werkes auch seine Verpflichtung hiezu verbindet, ist diese Verbindung beim Kunstverlag keine notwendige. Ob eine solche Verpflichtung des Verlegers anzunehmen ist, hängt hier mangels ausdrücklicher vertragsmäßiger Begründung von den Umständen ab, als welche die Entgeltlichkeit, die Kunstgattung, welcher der Gegenstand zugehört, das überwiegende Interesse des einen oder anderen Teiles in Betracht kommen.[16])

---

[14]) Auslegungsfrage!

[15]) Begründung oben § 65, IV, 2 S. 314; im Sinne des Textes auch Allfeld, Bem. 14 zu KUG. § 10; a. M. Osterrieth S. 82.

[16]) Gerade in diesem Punkte könnte wohl nur eine gesetzliche Regelung die erwünschte Klarheit und Sicherheit des Rechtszustandes bringen.

Die eigene Enthaltungspflicht des Künstlers in Bezug auf Vervielfältigung und Verbreitung als Folge des von ihm abgeschlossenen Verlagsvertrages bezieht sich im Zweifel nur auf die spezielle Vervielfältigungsart, zu deren Anwendung er den Verleger berechtigt hat.

6. Nicht zweifellos ist beim Mangel einer gesetzlichen Regel, ob der Kunstverleger die ihm durch den Verlagsvertrag eingeräumten Rechte auf einen andern übertragen kann.[17]) Jedenfalls besteht kein Grund zu der Annahme, daß der Kunstverleger in dieser Beziehung besser gestellt sein soll als der literarische Verleger. Man wird, wo die geschäftlichen Interessen überwiegen, wie beim Photographienverlag und beim Ansichtskartenverlag, den § 28 VerlG.[18]) analog anzuwenden haben; wo jedoch, wie bei Werken der Plastik, die Reproduktion persönliche Vertrauenssache ist und nur mit Rücksicht auf die individuellen Fähigkeiten des Rechtserwerbers übertragen zu werden pflegt, muß die Zulässigkeit der Weiterübertragung ohne Zustimmung des Urhebers grundsätzlich verneint werden und braucht für die Verweigerung der Zustimmung nicht erst ein besonderer „wichtiger Grund" vorhanden zu sein.

7. Besteht das Urheberrecht am Kunstwerke nicht mehr, so kann auch von der Verschaffung eines gegenständlichen Verlagsrechtes daran keine Rede sein. Durch den Verlagsvertrag (sog. unechter Verlagsvertrag) können in diesem Falle nur obligatorische Rechte und Pflichten entstehen.

Verschweigt der Verlaggeber arglistig, daß ihm an dem Kunstwerke ein Urheberrecht nicht oder nicht mehr zusteht, so sind die Rechtsbehelfe des Verlegers entsprechend dieselben wie in dem gleichen Falle bei Schriftwerken und Tonwerken; s. oben § 76, 2, a und b S. 382.

8. Sondervorschriften gibt KUG. § 11 für diejenigen Fälle, in welchen ein künstlerischer oder photographischer Beitrag für ein periodisches Sammelwerk, insbesondere eine Zeitung oder Zeitschrift, zur Veröffentlichung angenommen wird; nämlich:

a. ist aus den Umständen zu entnehmen, daß der Verleger das ausschließliche Recht der Vervielfältigung und Verbreitung erhalten

---

[17]) Zu der Frage äußern sich in verschiedenem Sinne Hennig a. a. O. S. 5016, Kohler S. 98, 101, Allfeld Bem. 14 S. 74, Osterrieth S. 82.

[18]) Darüber oben S. 358 ff.

soll, so bleibt dem Urheber die freie weitere Verfügung über seinen Beitrag;

b. hat der Verleger das ausschließliche Recht der Vervielfältigung und Verbreitung erhalten, so darf gleichwohl, soweit nicht ein anderes vereinbart ist, der Urheber anderweit verfügen, wenn seit dem Ablaufe des Kalenderjahres, in welchem der Beitrag erschienen ist, ein Jahr verstrichen ist.

Für Beiträge zu einem nichtperiodischen Sammelwerke, z. B. einem Ausstellungskataloge, gelten die gleichen Regeln dann, wenn dem Urheber ein Anspruch auf Vergütung für den Beitrag nicht zusteht.

9. Wenn der Künstler oder Photograph die Vervielfältigungen für eigene Rechnung selbst herstellt oder herstellen läßt, und sie dann einem Verleger zum alleinigen Vertriebe überläßt, liegt ein sogenannter Kommissionsverlag vor. Für diesen gelten wie für den literarischen Kommissionsverlag nicht die Grundsätze des Verlagsrechtes, sondern die Regeln des HGB. über das Kommissionsgeschäft und ergänzend die Vorschriften des BGB. über die auf eine Geschäftsbesorgung gerichteten Werkverträge.[19])

III. Zwangsvollstreckung.

1. Auf dem Gebiete des Kunstwerk- und Photographierechtes gelten für die Zwangsvollstreckung in das Recht des Urhebers hinsichtlich ihrer Zulässigkeit und Durchführung die gleichen Grundsätze wie im literarischen Urheberrecht. Eine solche Zwangsvollstreckung darf daher gegen den Urheber selbst nur mit dessen Einwilligung stattfinden, die nicht durch den gesetzlichen Vertreter erteilt werden kann. Gegen den Erben des Urhebers ist ohne seine Einwilligung die Zwangsvollstreckung nur zulässig, wenn das Werk oder eine Vervielfältigung davon erschienen ist; (KUG. § 14.) Vgl. darüber des Näheren oben S. 300 ff.[20])

2. Nach den gleichen Vorschriften bemißt sich die Zulässigkeit der Zwangsvollstreckung in solche Formen, Platten, Steine oder sonstige Vorrichtungen, welche ausschließlich zur Vervielfältigung des konkreten Werkes bestimmt sind; dahin gehört auch das Negativ der photographischen Platte oder des Films.[21]) Dagegen ist eine Aus-

---

[19]) Vgl. BGB. § 675.

[20]) Dort auch Literaturangaben.

[21]) Die Durchführung der Vollstreckung richtet sich, da es sich um eine solche in körperliche Sachen handelt, nach ZPO. § 808 ff.

dehnung auf Vorrichtungen, die der Vervielfältigung des konkreten Werkes zwar dienlich, aber nicht zu ihr ausschließlich bestimmt sind, wie z. B. photographische Apparate, Entwickelungsmaschinen, Kopierrahmen, nicht angängig; die Zulässigkeit der Vollstreckung in solche Vorrichtungen bemißt sich nach ZPO. § 811 Ziff. 5, wonach bei Künstlern und anderen Personen, welche aus persönlichen Leistungen ihren Erwerb ziehen, die zur persönlichen Fortsetzung der Erwerbstätigkeit unentbehrlichen Gegenstände der Pfändung nicht unterworfen sind.

Dies alles gilt aber nur für die Zwangsvollstreckung wegen Geldforderungen. Ist dagegen die Vorrichtung unmittelbarer Gegenstand eines Herausgabeanspruchs, wegen dessen die Vollstreckung erfolgt, so ist diese ohne Rücksicht auf den Verwendungszweck der Sache beim Schuldner grundsätzlich unbedingt zulässig; sie richtet sich nach ZPO. §§ 883 ff. Jedoch ist dabei zu beachten, daß ein auf Eigentum sich stützender Herausgabeanspruch gar nicht besteht, wenn nach den Vorschriften über die Verarbeitung (BGB. § 950) das an den Vorrichtungen usw. bestehende Eigentum infolge einer Verarbeitung zugunsten des Verarbeiters erloschen ist; eine solche Verarbeitung liegt z. B. bei der photographischen Platte schon in ihrer Belichtung.

3. Die Zwangsvollstreckung in das Kunstwerk als immaterielles Gut kann nach unserem Vollstreckungssysteme nur erfolgen durch Vollstreckung in das Recht des Urhebers an diesem Gute; (s. oben Nr. 1.)

4. Etwas anderes ist die Zwangsvollstreckung in das Kunstwerk bzw. die Photographie als Sache, also in das verkörperte Werk. Ihre Zulässigkeit unterliegt im Kunstwerk- und Photographienrecht nicht, wie im Schriftwerkrecht,[22]) den Beschränkungen, denen die Vollstreckung in das Recht unterworfen ist. Hier entscheidet vielmehr das KUG. durch sein von der Kritik[23]) nicht mit Unrecht getadeltes Schweigen die Kollision zwischen dem persönlichen Interesse des Künstlers und dem Geldinteresse seines Gläubigers zugunsten des letzteren. Die Zulässigkeit der Vollstreckung in das körperliche Werk unterliegt keiner weiteren Beschränkung als der durch ZPO. § 811 Ziff. 15 gegebenen, welche für vollendete

[22]) LUG. § 10; vgl. oben S. 300 ff.

[23]) z. B. Spieß, Kritische Bem. zum Entwurf (1906) S. 54.

Werke ohne Bedeutung ist, für Skizzen, Entwürfe und Studien aber in Betracht kommen kann;[24]) denn sie können unter Umständen[25]) zur persönlichen Fortsetzung der Erwerbstätigkeit für den Künstler unentbehrlich sein.

An der Zuständigkeit des Urheberrechtes wird durch die Pfändung und Versteigerung des körperlichen Werkes nichts geändert.

Da das körperliche Werk des Künstlers oder Photographen grundsätzlich Gegenstand der Zwangsvollstreckung sein kann, fällt es in dessen Konkurs auch in die Konkursmasse.[26])

5. **Die Zwangsvollstreckung in Reproduktionsexemplaren** des Werkes ist unbeschränkt zulässig. Sie bildet ein vollkommenes Analogon zur Zwangsvollstreckung in die im Wege der Vervielfältigung hergestellten Exemplare eines Schriftwerkes.[27])

§ 92.

V. Endigung des Kunsturheberrechtes, insbesondere Ablauf der Schutzdauer.

I. Das Urheberrecht an Werken der bildenden Künste und der Photographie erlischt:

1. durch Verzicht seitens des Berechtigten; dafür gilt dasselbe wie für den Verzicht auf das literarische Urheberrecht; (s. oben § 62, I S. 298 f.);

---

[24]) **Kohler**, Kunstwerkrecht S. 155 f. nimmt an, die Pfändung der körperlichen Skizzen könne, abgesehen von ZPO. § 811 Ziff. 5 nicht erfolgen, wenn der Künstler sie nicht zum Zwecke des Verkaufs bereits in die Öffentlichkeit gerückt habe, etwa durch Ausstellung in seinem Atelier. Wäre dieser Persönlichkeitsschutz im Sinne eines Rechtes der Intimität in der Zwangsvollstreckung wirklich gegeben, dann müßte er in gleicher Weise wohl auch gegenüber fertigen Werken (als realen Körperstücken) durchgreifen. Das hat aber der Gesetzgeber offenbar nicht gewollt, wie der Vergleich zwischen KUG. § 14 und LUG. § 10 deutlich zeigt. Vgl. auch Begründung zu § 14; **Allfeld**, Bem. 6, **Osterrieth** Bem. VII zu § 14. Anders liegt die Sache im österreichischen Recht, wo § 14 Abs. 2 des Ges. vom 26. Dezember 1895 die Zwangsvollstreckung gegen den Urheber unter anderem für zulässig erklärt im Bezug auf „zum Verkauf fertiggestellte Werke der bildenden Kunst".

[25]) Die Entscheidung kann nur aus der Würdigung der konkreten Verhältnisse erfolgen.

[26]) Im übrigen gilt für den Konkurs des Künstlers entsprechend dasselbe wie für den des Schriftstellers; s. oben § 64 S. 307 f.

[27]) Vgl. oben § 63, III S. 307.

2. durch erbloses Versterben des Berechtigten, da es nicht an den Fiskus als gesetzlichen Erben fällt;

3. durch Ablauf der gesetzlichen Schutzdauer.

II. Für die gesetzliche Schutzdauer des Urheberrechtes an Werken der bildenden Künste bestehen in der Hauptsache die gleichen Regeln[1]) wie für die Schutzdauer des literarischen Urheberrechtes. Namentlich besteht hier wie dort die dreißigjährige Schutzfrist, beginnend mit dem Ablaufe des Kalenderjahres in welchem der Urheber gestorben ist.[2]) Ferner wird auch im Kunstwerkrecht bei Werken, die aus mehreren in Zwischenräumen veröffentlichten Abteilungen bestehen, sowie bei fortlaufenden Blättern oder Heften jede Abteilung, jedes Blatt oder Heft für die Berechnung der Schutzfristen als besonderes Werk angesehen, und wird bei Lieferungswerken die Schutzfrist erst von der Veröffentlichung der letzten Lieferung an berechnet.

Im einzelnen gelten jedoch folgende Abweichungen:

1. Während das literarische Urheberrecht nur endigt, wenn beim Ablaufe der 30 Jahre nach dem Tode des Urhebers auch schon 10 Jahre seit der ersten Veröffentlichung des Werkes abgelaufen sind, kommt es für die Schutzdauer des Kunstwerkrechtes auf die Veröffentlichung des Werkes, wenn sein Urheber eine physische Person ist, nicht an. Nur wenn einer juristischen Person nach KUG. §§ 5, 6 das Urheberrecht zusteht, wird die 30jährige Schutzfrist vom Ablaufe des Kalenderjahres an berechnet, in welchem das Werk erschienen, d. h. in Nachbildungen in den Verkehr gelangt ist;[3]) doch soll sich daraus, wenn das Werk erst nach dem Tode des Urhebers erscheint, keine Begünstigung der juristischen Personen ergeben; in diesem Falle bleibt es daher bei der Regel, daß die 30jährige Frist vom Ablaufe des Kalenderjahres an gerechnet wird, in welchem der Tod erfolgt ist.

2. Anonym und pseudonym erschienene Werke werden im Kunstwerkrecht im Gegensatz zum literarischen Urheberrechte ebenso behandelt wie die alethonym erschienenen. Die Eintragsrolle[4]) ist für sie von keiner Bedeutung.

---

[1]) KUG. §§ 25, 27—30.

[2]) Vgl. hierzu und zum folgenden oben § 61 S. 294 ff.

[3]) Auch im Kunstwerkrecht gilt, wie im literarischen Urheberrecht, die Regel, daß für die Schutzdauer nur ein Erscheinen in Betracht kommt, das der Berechtigte bewirkt hat; vgl. KUG. § 30 mit LUG. § 35.

[4]) Vgl. oben S. 65.

III. Der Photographienschutz wird entsprechend der verhältnismäßig geringeren Bedeutung der Photographie nur kürzere Zeit gewährt als der Schutz von Werken der bildenden Künste. Immerhin hat ihn das KUG. (§ 26) gegenüber dem Photographienschutzgesetz von 1876, nach welchem er nur 5 Jahre gewährt wurde, verlängert. Er endigt mit dem Ablaufe von 10 Jahren[5]) seit dem Erscheinen des photographischen Werkes; war dieses bis zum Tode des Urhebers noch nicht erschienen, so endet er mit Ablauf von 10 Jahren[5]) seit dem Tode des Urhebers. Ist das ursprüngliche Urheberrecht dessen, der die Aufnahme gemacht hat, auf einen andern übergegangen, wie dies bei Aufnahmen, die von Angestellten einer photographischen Anstalt gemacht werden, regelmäßig der Fall ist, so kommt dies für die Schutzdauer nicht in Betracht: für diese ist der Tod des Urhebers maßgebend, nicht der des Rechtsnachfolgers.

Die Schutzfrist gilt gleichmäßig für Photographien aller Art, gleichviel welcher Wert ihnen zukommt. Der in der Reichstagskommission gestellte Antrag, solche Photographien länger zu schützen, welche „künstlerische Zwecke verfolgen", wurde abgelehnt.

Den der älteren Gesetzgebung[6]) eigentümlichen Bezeichnungszwang hat das KUG. als zu lästig fallen gelassen. Der Beweis des Zeitpunktes des Erscheinens, von welchem an die Schuldfrist läuft, ist dadurch freilich erschwert worden, da die Vervielfältigungsexemplare diesen Zeitpunkt nicht mehr anzugeben brauchen. Die Frage nach der Beweislast hat damit erhöhte Bedeutung gewonnen. Allgemeinen Grundsätzen zufolge muß derjenige, der aus dem Bestehen eines photographischen Urheberrechtes Rechte ableitet, beweisen, daß das Erscheinen des Werkes nicht mehr als 10 Jahre hinter dem Ablaufe des letzten Kalenderjahres zurückliegt.

[5]) gerechnet vom Schlusse des Kalenderjahres an, KUG. § 29.

[6]) PhotGes. von 1876 § 5; darnach war der Schutz an die Voraussetzung geknüpft, daß die Vervielfältigungsexemplare auf der Abbildung selbst oder auf dem Karton den Namen bzw. die Firma sowie den Wohnort des Photographen oder des Verlegers und das Kalenderjahr, in welchem die rechtmäßige Abbildung zuerst erschienen ist, enthalten.

Dritter Abschnitt.

Das Urheberrecht an Geschmacksmustern.[1])

1. Einleitung.

§ 93.

Geschichtliche Entwickelung des Geschmacksmusterschutzes.[2])

I. Unsere moderne deutsche Gesetzgebung ist, nachdem sie Kunstschutz und Geschmacksmusterschutz zuerst scharf auseinandergehalten hatte, in ihrem neuesten Entwickelungsstadium durch die weite Ausdehnung des Kunstschutzes dazu gelangt, die Grenze zwischen beiden Gebieten, wenn auch nicht hinsichtlich der Durchführung, so doch hinsichtlich des Gegenstandes des Schutzes völlig zu verwischen.

Denselben Mangel einer scharfen Linie zwischen beiden Gebieten zeigen die geschichtlichen Anfänge des Geschmacksmusterrechtes zugunsten der flandrischen Gobelinweberei im 16. Jahrhundert. Wenn eine Brüsseler Verordnung von 1525[3]) dem Meister, der „un nouveau patron en carton, soit d'histoire, soit d'autres su-

---

[1]) Neuere Gesamtdarstellungen: Daude, Lehrb. des UrhR. (1888) S. 109 ff.; Gierke, Deutsches PrivR. Bd. 1 S. 831 ff.; Crome, System des bürgerl. R. Bd. 4 § 530 S. 81 ff.; Osterrieth, Lehrbuch des gewerblichen Rechtsschutzes (1908) S. 203 ff.; Kohler, Musterrecht (1909).

[2]) Literatur: Landgraf, Musterrecht und Musterschutz (1875); E. Philipon, Traité de la propriété des dessins de fabrique (Paris 1880); Edmunds, The law of copyright in designs (London 1895); Paul Schmid, Die Entwickelung des Geschmacksmusterschutzes in Deutschland (Berlin 1896); A. Vaunois, Les dessins et modèles de fabrique (Paris 1898); E. Pouillet, Traité théor. et prat. des dessins et modèles de fabrique, 4. ed. (Paris 1903); Osterrieth, a. a. O. S. 203 ff.; Kohler a. a. O. S. 8 ff.

[3]) Vgl. Wauwermans, Le droit des auteurs en Belgique (Bruxelles 1894) S. 24, wo auch eine ähnliche Zwecke verfolgende Verordnung Karl V. von 1544 angeführt ist; Osterrieth S. 204; Kohler S. 8.

jets" ausführen läßt, Schutz gegen Nachahmung seines Werkes unter Androhung einer Geldstrafe bei Zuwiderhandlung angedeihen läßt, so läßt sich dieser Schutz bildmäßiger Darstellungen ebenso gut unter dem Gesichtspunkte des Kunstschutzes wie unter dem des Musterschutzes begreifen. Dasselbe gilt von einer Bestimmung in dem Florentiner Statuto dell' Arte di Porta S. Maria von 1580 zugunsten der tessitori e tessitrici.[4])

II. Einem reinen Industrieschutze dienten die Ordonnanzen, die im 18. Jahrhundert zugunsten der seit ihrer Begründung im Jahr 1466 zu immer höherer Blüte gelangten Lyoner Seidenfabrikation ergingen. In der von Philipon entdeckten Ordonnance des Konsulats von Lyon von 1711 liegt noch kaum ein urheberrechtlicher Gedanke: sie verbietet allen in der Manufaktur Angestellten, „de prendre, voler, vendre, prêter, remettre et se servir directement ou indirectement des dessins qui leur ont été confiés pour fabriquer." [5]) Wohl aber tritt die Idee eines gegen jedermann wirkenden Ausschließungsrechtes hervor in dem Arrêt du Conseil d'Etat vom 19. Juni 1744;[6]) bemerkenswert ist dabei der Mangel jeder zeitlichen Beschränkung des Schutzes.

Eine solche Beschränkung enthielt der für ganz Frankreich gültige Arrêt du Conseil du Roi vom 14. Juli 1787:[7]) la durée de ce privilège sera de quinze années pour les étoffes destinées aux ameublements et ornements d'église, et de six pour celles brochées et façonnées servant à l'habillement ou à tout autre usage.[8]) Zugleich wird aber den Fabrikanten als formale Voraussetzung für den Schutz ihrer Muster auferlegt, „d'en présenter l'esquisse originale ou en échantillon, à leur choix, au bureau de leur communauté".

Das Dekret vom 19. Juli 1793[9]) schützte neben den Schrift-

---

[4]) Osterrieth a. a. O.; Kohler S. 9 f.; Lastig, Markenrecht und Zeichenregister (1889) S. 193.

[5]) Aehnlich das Reglement vom 1. Oktober 1737 Art. 134; s. Pouillet S. 4, Vaunois S. 3.

[6]) Art. 12 und 13, abgedruckt bei Pouillet S. 5.

[7]) Abgedruckt bei Pouillet S. 7 ff.

[8]) Den hiedurch beunruhigten Lyoner Fabrikanten wurde jedoch, wie Pouillet S. 10 berichtet, durch ein königliches Spezialprivileg zeitliche Unbeschränktheit des Schutzes zugesichert.

[9]) S. oben S. 209.

stellern, Komponisten und Malern auch die „dessinateurs, qui feront graver les dessins“; auf Musterzeichnungen für die Weberei, die Stickerei, und die Buntpapierfabriken (dominoteries) konnte dieser Schutz nur mittelst einer extensiven Gewaltinterpretation ausgedehnt werden.[10]) Von Modellen war überhaupt nicht die Rede.

Den durch die Revolution ihrer Privilegien beraubten Lyoner Seidenfabrikanten gelang es, von Napoleon im Zusammenhang mit der Einrichtung ihres conseil de prud'hommes, einer lokalen gewerblichen Jurisdiktionsbehörde, zugunsten ihrer Muster ein Spezialgesetz vom 18. März 1806 zu erwirken.[11]) Voraussetzung des Schutzes war die Hinterlegung des versiegelten Musters beim conseil de prud'hommes und Zahlung einer Gebühr. Dieses Gesetz, die Grundlage des heutigen französischen Geschmacksmusterrechtes, wurde später im Verwaltungswege auch auf andere Industriestädte, in denen conseils de prud'hommes eingesetzt wurden, ausgedehnt,[12]) durch die Gerichtspraxis auf alle Arten von Mustern und durch die Entscheidung des Pariser Kassationshofs vom 25. Nov. 1881 auch auf gewerbliche Modelle erstreckt. Die der deutschen Gesetzgebung eigentümliche Trennung der Geschmacksmuster von den gewerblichen Mustern und Modellen ist dem französischen Rechte fremd.

III. In England beginnt die Musterschutzgesetzgebung mit Act 27 George III c. 38[13]), wodurch die Erfinder, Zeichner oder Drucker neuer und eigentümlicher Muster für den Druck von Leinen, Kattun, Kaliko und Mousseline ein Alleinrecht erhielten, jedoch nur auf die Dauer von zwei Monaten.

Räumliche, gegenständliche und zeitliche Erweiterungen des Schutzes brachten Gesetze von 1789 und 1794 und namentlich die Act 2 und 3 Vict. c. 17 von 1839.[14])

---

[10]) s. über die Unsicherheit in Literatur und Praxis Vaunois S. 11 ff., Pouillet S. 15 ff.

[11]) Darüber ausführlich Pouillet S. 17 ff., wo das Gesetz auch abgedruckt ist.

[12]) Fabriken, die nicht im Bezirke eines conseil du prud'hommes gelegen waren, konnten auf Grund der Ordonnance vom 17. Aug. 1825 (abgedruckt bei Vaunois S. 301, Pouillet S. 25) ihre Muster bei der Gerichtsschreiberei des Tribunal de commerce bzw. des Zivilgerichts erster Instanz hinterlegen.

[13]) In deutscher Uebersetzung abgedruckt bei Paul Schmid S. 15 ff.

[14]) Teilweise abgedruckt bei P. Schmid S. 17 ff.

Unter Aufhebung der bisherigen Gesetze regelte sodann die Act 5 und 6 Vict. c. 100 vom 10. August 1842[15]) den Musterschutz einheitlich für alle Industriezweige. Die Schutzdauer war für die einzelnen Klassen von Mustern verschieden, von 9 Monaten bis zu einem Jahre. Voraussetzung des Schutzes war Anmeldung zum Register und Anbringung des Registrierungsvermerkes auf dem Muster selbst.[16]) Dieses Gesetz[17]) beschränkte sich streng auf Geschmackmuster, Gebrauchsmuster dagegen (designs not being of an ornamental character) fanden Schutz durch Act 6 und 7 Vict. c. 65 v. 22. Aug. 1843. Zu beiden Gesetzen ergingen in den folgenden Jahrzehnten eine Reihe von Ergänzungsgesetzen.

Die scharfe Scheidung zwischen Geschmacksmuster und Gebrauchsmuster wurde aufgegeben in der Patents-, Designs and Trade Marks Act (46 und 47 Vict. c. 67) vom 25. Aug. 1883, welche in ihrem Abschnitt III[18]) das gesamte Musterschutzwesen neu regelte.

Auch die heute maßgebende Act 7 Edw. VII c. 29. v. 28. Aug. 1907, in welcher die Art. 49 ff.[19]) vom Musterschutz handeln, versteht unter designs sowohl die Geschmacksmuster als auch die Gebrauchsmuster. Sie hält am Eintragungszwange fest. Der Rechtsschutz dauert fünf Jahre von der Eintragung an.

IV. Aus der Gesetzgebung anderer Länder[20]) sind hervorzuheben:

Das österreichische Mustergesetz vom 7. Dez. 1858, abgeändert durch Ges. v. 23. Mai 1865. Darnach dauert der Schutz drei Jahre, er erlischt aber bei Nichtausführung innerhalb eines Jahres. Das Gesetz galt auch in Ungarn, hier hat jedoch neuestens (1907) der Musterschutz im Verordnungswege eine Neugestaltung erfahren; (vgl. PMZBl. 1908 S. 35 ff.).

---

[15]) P. Schmid S. 21 ff.

[16]) Durch die Buchstaben „Rd" mit der Registernummer.

[17]) Gesetzgebungstechnisch ist es in seiner weitschweifigen Kasuistik bezeichnend für den in der englischen Gesetzgebung überhaupt hervortretenden Mangel an abstrakter Begriffsbildung.

[18]) P. Schmid S. 30 ff.

[19]) abgedruckt bei Kohler, Musterrecht S. 23 ff.

[20]) Vgl. Vaunois S. 253 ff., Kohler, Musterrecht S. 15 ff; R. Stephan und Paul Schmid, Der Schutz der gewerblichen Urheberrechte des In- und Auslandes (in M. v. Heckels Handb. und Lehrb. der Staatswissenschaften Bd. 13, 1899).

Das schweizerische Gesetz vom 30. März 1900; es schützt Geschmacksmuster und Gebrauchsmuster einschließlich der Modelle, jedoch mit Ausnahme der Muster für Baumwollen- und Seidenfabrikate: drei Schutzperioden von je 5 Jahren, Entsiegelung des eingereichten Musters nach Ablauf der ersten Periode.

Das italienische Gesetz vom 30. Aug. 1868; es bezieht sich auf Geschmacksmuster und Gebrauchsmuster; der Schutz dauert zwei Jahre, erlischt jedoch nach einem Jahre, wenn nicht bis dahin mit der Ausführung begonnen ist.

V. Entwickelung in Deutschland.

In Schlesien und in Chursachsen ergingen im 18. Jahrhundert eine Reihe gewerbepolizeilicher Mandate, welche teils die Vorlegung von Mustern bei der Behörde vorschrieben,[21] teils den in der Spitzenmanufaktur und in der Damastweberei angestellten Arbeitern und Klöppelmägden unter Strafe verboten, die ihnen anvertrauten Muster an Fremde auszuliefern.[22] Den Schutz des Fabrikationsgeheimnisses bezweckt auch das „Reglement für die Gold- und Silber-Etoffes, auch Seiden- und Sammetfabriken" in Berlin vom 25. März 1766, welches den fabrizierenden Meistern anbefiehlt, „die Muster, die ihnen in die Zeuge zu bringen anvertraut werden, aus keinerlei Ursache und Vorwand weder zu verkaufen, noch zu verschenken oder zu verlehnen".[23]

Der Gedanke, daß dem Urheber des Musters als solchem ein Alleinrecht zustehen müsse, dringt aber doch in Deutschland erst im 19. Jahrhundert, und zwar zuerst in den Rheinlanden, mit der französischen Gesetzgebung, ein.

Die Gesetzgebung des deutschen Bundes und die preußische Gesetzgebung waren für den Musterschutz trotz verschiedener Anregungen gleich unfruchtbar. § 25 des preußischen Ges. vom 11. Juni 1837 lehnt es ausdrücklich ab, den Kunstwerkschutz auch auf Muster an den Erzeugnissen der Manufakturen, Fabriken und Handwerke zu erstrecken.

---

[21]) So das Schlesische Manufakturen-Patent vom 8. Mai 1710, s. P. Schmid S. 38 f.

[22]) In Chursachsen Mandat vom 4. April 1721 (die Bestrafung ungetreuer Klöppelmägde betreffend); Ordnung für die Damastweber, bestätigt durch Reskript vom 1. Mai 1743; Klöppelmandat vom 6. Februar 1804; Reskript vom 8. April 1812, betr. die Damastweberei in Großschönau. Vgl. P. Schmid S. 35 ff.

[23]) P. Schmid S. 40; dort auch Verordnungen gegen die Nachahmung der Meissener Porzellanmalerei vom 27. Aug. 1761 und vom 24. Mai 1775

Einer Anregung der badischen Regierung auf der 10. Zollvereinskonferenz ist es zu verdanken, daß der preußische Minister für Handel, Gewerbe und öffentliche Arbeiten durch eine Zirkularverfügung vom 25. Januar 1854 die beteiligten Industriekreise zu gutachtlicher Aeußerung über die Erlassung eines einheitlichen Musterschutzgesetzes aufforderte.[24]) Daraufhin legten die Aeltesten der Berliner Kaufmannschaft einen von einer Sachverständigenkommission ausgearbeiteten Gesetzentwurf vor.[25]) Im ganzen aber war das Ergebnis jener Rundfrage ein ungünstiges; von 62 Korporationen stimmten nur 16 für den gesetzlichen Musterschutz, 46 dagegen. Nebenher ging eine private Agitation von Interessenten aus den verschiedensten Teilen Deutschlands. —

Nach der Gründung des Reiches richtete 1872 die bayerische Regierung an den 5. Deutschen Handelstag in Leipzig ein Promemoria, um die Musterschutzbewegung wieder in Gang zu bringen. Der Handelstag verwies die Sache an die Handelskammern, von denen sich verschiedene, zuerst die von Mühlhausen, im Sinne der Notwendigkeit eines Reichsgesetzes äußerten.[26]) Sodann veranstaltete 1874 der Bundesrat unter Künstlern und Industriellen eine Enquête über die Zweckmäßigkeit eines allgemeinen Musterschutzes; unter dem Eindruck des Mißerfolges, den das deutsche Kunstgewerbe auf der Wiener Weltausstellung 1873 erlitten hatte, lauteten fast alle Antworten befürwortend. Die Reichsregierung arbeitete nun einen Gesetzentwurf aus und legte ihn am 1. Nov. 1875 dem Reichstage vor, der ihn am 18. Dez. in dritter Lesung annahm. Das Gesetz, betr. das Urheberrecht an Mustern und Modellen[27]) ist publiziert am 11. Januar 1876, in Kraft seit 1. April 1876.

---

[24]) Schon 1848 hatte Dr. Meißner einen Privatentwurf veröffentlicht; vgl. P. Schmid S. 51 ff.

[25]) Ein Gegenentwurf wurde dem badischen Ministerium von Fabrikanten aus dem Wiesental vorgelegt.

[26]) Landgraf S. 46 ff., Schmid S. 73 ff.

[27]) Kommentare von O. Dambach (1876); Paul Schmid, Gesetze zum Schutz des gewerblichen Eigentums, S. 30 ff.; Allfeld in seinem Kommentar zu den Reichsgesetzen über das gewerbliche Urheberrecht (1904) S. 306 ff.; Stenglein, Strafrechtliche Nebengesetze (dritte Aufl. 1903) S. 33 ff.

Textausgaben mit Anmerkungen: R. Stephan (5. Aufl. 1900); Georg Müller in der Guttentagschen Sammlung kleinerer privatrechtlicher Reichsgesetze 2. Aufl. 1908) S. 274 ff.

§ 94.

Der deutsche Geschmacksmusterschutz und sein Verhältnis zum Kunstschutz.

I. Das MSchG. vom 11. Jan. 1876 gilt trotz seiner schweren Mängel, die man längst empfunden hat, noch heute.

An den Grundprinzipien, auf denen es beruht: Voraussetzung der Neuheit und Eigentümlichkeit des Musters, Anmeldungszwang, System der Eintragung ohne materielle Vorprüfung, ist, wenn das Gesetz überhaupt beibehalten werden soll, wohl nicht zu rütteln.[1]) Auch daß unser Recht nicht, wie das englische, einen Zwang zur Versehung der einzelnen Reproduktionsexemplare mit der Registrierungsmarke kennt, und daß ihm der dem österreichischen und italienischer Rechte eigentümliche Verfall des Rechtes wegen Nichtausführung innerhalb eines Jahres fremd ist, verdient Billigung.

Unzweckmäßig ist es aber, daß die Registrierung der Geschmacksmuster nicht, wie die der Gebrauchsmuster, zentralisiert ist, sondern den mit der Führung der Handelsregister betrauten Behörden, also jetzt den Amtsgerichten, übertragen ist. Ein innerer Zusammenhang des Musterregisters mit dem Handelsregister, der die Führung beider durch die gleiche Behörde erfordern würde, besteht nicht. während die Zentralisierung den unverkennbaren Vorteil haben würde, daß sie den Interessenten auf eine einfache Weise einen Ueberblick der sämtlichen schon angemeldeten Muster ermöglicht.

Viel schwerer als dieser formale Mangel wiegen aber die Uebelstände, die sich materiellrechtlich aus einer verfehlten Gesetzestechnik angesichts der auf anderen urheberrechtlichen Gebieten inzwischen erfolgten Fortschritte ergeben. Das MSchG. erledigt nämlich in seinem § 14 den ganzen Rechtsschutz des Urhebers durch eine summarische Verweisung auf Bestimmungen des Gesetzes vom 11. Juni 1870, betr. das Urheberrecht an Schriftwerken. Dieses Gesetz von 1870 ist für sein eigenes Anwendungsgebiet durch das LUG. von 1901 außer Kraft gesetzt; für das Gebiet des Geschmacksmuster-

---

[1]) Gegen die Einführung des Vorprüfungssystems, für welches Kohler eintrat (vgl. Arch. f. ziv. Praxis Bd. 87 S. 1 ff.), hat sich aus praktischen Gründen die 1896 in Berlin tagende Konferenz der deutschen und österreichischen Vereine für gewerblichen Rechtsschutz ausgesprochen. Im Patentrecht liegen die Verhältnisse anders.

schutzes aber gilt es mit seinen veralteten Bestimmungen infolge jener Massenverweisung, soweit sie überhaupt einen Sinn ergibt,[2]) heute noch fort. Die schlimmste Folge ist, daß schon die einfach fahrlässige Nachbildung eines Geschmacksmusters kriminell strafbar ist,[3]) während bei den übrigen Urheberrechten nur die wissentliche Verletzung bestraft wird. Ein Fehler ist ferner, daß, wenn man am Wortlaute des Gesetzes festhalten will, bei Verletzung des Geschmacksmusterrechtes die Buße höchstens den Vermögensschaden auszugleichen vermag, nicht auch wegen des ideellen Schadens gewährt werden kann.[4]) Auch fehlt jeder tiefere Grund dafür, warum bei Geschmacksmusterverletzungen der Höchstbetrag der Buße nur 6000 Mark beträgt, während er bei Gebrauchsmusterverletzungen auf 10000 Mark festgesetzt ist. Endlich dürfte auch zur Beibehaltung des dem Geschmacksmusterrechte eigentümlichen Deliktes der „Veranlassung" zur Veranstaltung einer Nachbildung (vgl. oben S. 161 f.) kaum ein rechtspolitisches Bedürfnis bestehen.

II. Zu alledem kommt nun neuerdings der Grenzstreit, der dadurch entstanden ist, daß das KUG. von 1907 in seinem § 2 Erzeugnisse des Kunstgewerbes und Entwürfe für solche Erzeugnisse dem Kunstschutze unterstellt. Kunstgewerbliche Muster und Modelle zu schützen ist aber eben der Zweck des Geschmacksmustergesetzes. Wie verhalten sich nun die beiden Gesetze zueinander?[5])

1. Wer die Zwecklosigkeit als zum Wesen des Kunstwerkes gehörig betrachtet, gelangt von vornherein zu einem Gegensatz zwischen dem Muster als einer den Aufgaben der Industrie dienenden

---

[2]) Sinnlos ist die Verweisung auf § 24 des LUG. von 1870.

[3]) MSchG. § 14 mit LUG. von 1870 § 18 Abs. 1.

[4]) Arg. MSchG. § 14 mit LUG. von 1870 § 18 Abs. 1 und 4 („statt der aus diesem Gesetze entspringenden Entschädigung ....").

[5]) Literatur: Kohler, Kunstwerkrecht S. 28 f., 46 f., 52 f.; Dernburg, Bürgerl. R. Bd. 6 S. 172; Allfeld, Bem. 5 zu KUG. § 2; Osterrieth zu KUG. § 2 S. 33 ff.; derselbe, Lehrb. des gewerbl. Rechtsschutzes S. 257 ff.; E. Müller zu KUG. § 2 S. 22 ff.; Mittelstädt in D. JurZ. 1908 S. 810; Schanze in Leipz. Zeitschr. Bd. 2 (1908) S. 651 ff., 754 ff., 822 ff.; Breit ebenda Bd. 3 (1909) S. 343 ff., 434 ff. und in Zeitschr. f. Industrierecht Bd. 3 S. 112 ff.; Dietrich in Zeitschr. f. Industrierecht Bd. 4 S. 1 ff., 13 ff.

Vgl. auch den noch vor dem KUG. geschriebenen Aufsatz von Kohler, Kunstwerk und Geschmacksmuster, im Arch. f. ziv. Praxis Bd. 87 S. 1 ff.

Zweckschöpfung und der Kunst als einer freien zwecklosen Schöpfung.[6]) Von diesem Standpunkte aus betrachtet, müßten die beiden Gesetze zueinander im Verhältnis der Exklusivität stehen, da sie ganz verschiedene Gegenstände betreffen.

Die Betrachtungsweise, die so im Zweckmomente eine scharfe Abgrenzung finden will, ist aber zweifellos nicht die der geltenden Rechtsordnung. Das KUG. zeigt dadurch, daß es auch die Erzeugnisse des Kunstgewerbes und Bauwerke zu den Werken der bildenden Künste rechnet, deutlich, daß der Nützlichkeitszweck an sich den Kunstschutz nicht ausschließen soll. Dieser Zweck kann also auch nicht die Bedeutung eines Grenzzeichens zwischen beiden Gebieten haben.

2. Es ist behauptet worden, nach dem KUG. geschützt seien nur diejenigen Erzeugnisse des Kunstgewerbes, die Werke der bildenden Kunst sind, zu den Werken der bildenden Kunst sei aber nicht jedes künstlerische Raumgebilde zu rechnen, sondern nur dasjenige, welches ein „Bildwerk" sei.[7]) Daraus ergebe sich eine Verschiedenheit im Gegenstande der beiden Gebiete.

Aber es ist willkürlich, die subjektive ästhetische Anschauung, die den Begriff der bildenden Kunst auf Bildwerke einschränkt, als die gesetzliche anzusprechen.[8]) Insbesondere ist diese Anschauung schwerlich in Einklang zu bringen mit der Tatsache, daß das Gesetz auch die Bauwerke als Werke der bildenden Kunst schützt. Das Gesetz rechnet zu diesen auch schlechthin „die Erzeugnisse des Kunstgewerbes", und es hieße doch dem herrschenden Sprachgebrauche Gewalt antun, wenn man etwa alle Möbel und Beleuchtungskörper, da

---

[6]) So Kohler im Arch. f. ziv. Praxis Bd. 87 S. 6 ff. Dasselbe meint wohl Georg Müller zu MSchG. § 1, wenn er sagt, vom Kunstwerk im Sinn des KUG. unterscheide sich das Geschmacksmuster dadurch, daß es nicht eine „unbefangene" künstlerische Idee wiedergeben, sondern nur einen Gebrauchsgegenstand ästhetisch gestalten wolle.

[7]) So namentlich Schanze a. a. O.; ähnlich nunmehr Kohler im Musterrecht S. 52 f., der unter Aenderung seiner früheren Ansicht sagt, der Unterschied zwischen Kunst und Muster liege nicht in der Bestimmung, sondern im Gegenstande; die Raumform komme beim Geschmacksmuster nur als Raumform in Betracht, „nicht als ein Weltschöpfungsideen darstellendes Bild"; die Weltschöpfungsidee sei Gegenstand des Kunst-, nicht des Musterschutzes. Dagegen ausführlich Breit a. a. O.

[8]) Daß es sich für uns hier nicht um die Aufstellung einer ästhetischen Theorie, sondern um die Feststellung des Gesetzesinhaltes handelt, sei besonders betont.

sie keine „Bildwerke“ sind, nicht als Erzeugnisse des Kunstgewerbes ansehen wollte.

Freilich besteht für Erzeugnisse des Kunstgewerbes, damit sie den Schutz des KUG. genießen, wie für alle Kunstwerke, das Erfordernis, daß sie dazu bestimmt und objektiv geeignet sind, eine ästhetische Wirkung zu erzielen. Dieselbe Voraussetzung besteht aber auch für den Geschmacksmusterschutz, so daß daraus ein Unterscheidungsmerkmal nicht entnommen werden kann.

3. In Wahrheit läßt sich eine abgrenzende Linie zwischen den dem KUG. unterstellten kunstgewerblichen Erzeugnissen und den Gegenständen des Geschmacksmusterschutzes überhaupt nicht ziehen. Vielmehr sind alle Gegenstände, die des Geschmacksmusterschutzes teilhaftig werden können, auch nach dem KUG. geschützt.[9])

4. Trotzdem kann keine Rede davon sein, daß etwa das Musterschutzgesetz durch das KUG. völlig aufgehoben sei.[10]) Das müßte besonders ausgesprochen sein. Beide Gesetze stehen nebeneinander in Geltung; nur hat der Inhalt des Rechtes am Geschmacksmuster,

---

[9]) Diese Auffassung teilen im wesentlichen Allfeld, Breit, Daude, (Komm. zum KUG. S. 18), E. Müller; ferner das vielumstrittene Urteil des OLG. Dresden vom 31. März 1908 (Spitzen und Stickereien betr.) in Gewerbl. Rechtsschutz und UrhR. Bd. 13 S. 305 ff., PMZBl. 1908 S. 206 ff. Anders Kohler (Musterrecht S. 53), Dernburg, Mittelstädt, Schanze, alle a. a. O.

Osterrieth zu KUG. § 2 S. 33 f. teilt grundsätzlich die von uns vertretene Anschauung; nur behauptet er, die Prüfung auf die Erfordernisse des Geschmacksmusters sei eine mildere als die auf die Erfordernisse eines Werkes der bildenden Künste, da das Muster nicht unbedingt auf einer individuellen Anschauung beruhen müsse, sondern sich auch „aus einem Einfall, einer Kombination“ ergeben könne, „die ihrem Wesen nach nicht individuell ist“. Diese Scheidung zwischen Einfall und individueller Anschauung läßt sich aber nicht durchführen.

[10]) Vgl. Breit a. a. O. S. 345 ff. Der von Breit hervorgehobene Gesichtspunkt, daß der für das Geschmacksmuster wesentliche Begriff der Neuheit auf dem Gebiete des Kunstschutzes keine Rolle spielt, ist theoretisch richtig, praktisch allerdings scheint er mir nicht von großer Bedeutung zu sein; gewiß ist es begrifflich möglich, daß bei einem Werke kunstgewerblichen Charakters das für den Kunstschutz sowie für den Geschmacksmusterschutz bestehende Erfordernis der Eigentümlichkeit vorliegt, während es an der nicht für den Kunstschutz, wohl aber für den Geschmacksmusterschutz noch dazu erforderten Neuheit fehlt. Aber tatsächlich kommt der Fall, daß ein Künstler unabhängig von einem anderen ein mit dessen schon vorhandenem originalen Erzeugnisse zufällig künstlerisch völlig identisches Erzeugnis gleichfalls original schafft, nicht leicht vor.

wie er durch das MSchG. festgestellt wird, durch das KUG. teils Erweiterungen, teils Beschränkungen erfahren; (s. darüber unten § 101).

Hier sei hervorgehoben:

a) daß der Urheber, obwohl er schon unter dem Schutze des KUG. steht, doch sein Geschmacksmuster zum Musterregister anmelden kann;

b) daß der Urheber eines Geschmacksmusters, auch bevor er dieses hat eintragen lassen, und auch, wenn er es überhaupt nicht eintragen läßt, den Kunstschutz geltend machen kann;

c) daß er diesen Schutz auch noch nach Ablauf der Schutzfrist des eingetragenen Geschmacksmusters bis zum Ablaufe der längeren Kunstschutzfrist geltend machen kann;

d) daß der Urheber seine Ansprüche im Falle einer Rechtsverletzung nach seinem Belieben auf den einen oder andern formalen rechtlichen Gesichtspunkt stützen kann. Ihrer Natur nach aber sind die Rechtsschutzmittel die gleichen.

5. Der Schutz des KUG. hat vor dem Geschmacksmusterschutz den Vorzug der Formfreiheit, der Unentgeltlichkeit und der längeren Dauer. Der Geschmacksmusterschutz dagegen hat den Vorzug der Publizität und der mit der Anmeldung gegebenen Vermutung der Urheberschaft. Ob diese Vorteile jedoch rechtspolitisch so hoch anzuschlagen sind, daß sie die Aufrechthaltung des Musterschutzgesetzes lohnen, ist zum mindesten zweifelhaft. Unseres Erachtens wäre die Aufhebung des ganzen Gesetzes die richtige Folge der Rechtslage, zu welcher die Entwickelung in Deutschland nun einmal geführt hat. Wenn aber das MSchG. überhaupt weiter bestehen bleiben soll, ist es dringend reformbedürftig.

II. Das Geschmacksmuster als Gegenstand des Rechtes.

§ 95.

1. Allgemeine Charakterisierung.

I. Der Gegenstand des Musterschutzes ist wie der aller Urheberrechte ein unkörperlicher. Nicht in ihrer substanziellen Verwirklichung, sondern als Formgestaltungsideen sind Muster und Modelle geschützt. Sie sind Immaterialgüter in demselben Sinne wie Schriftwerke und Erfindungen.

Das MSchG. gebraucht den Ausdruck „Muster und Modelle“ in doppeltem Sinne, indem es darunter bald das immaterielle Gut versteht (so z. B. in § 1), bald, wie bei den Bestimmungen über die Niederlegung (§ 9), körperliche Verwirklichungsexemplare.

Wenn auch nicht das Werk in seiner Körperlichkeit geschützt wird, sondern das Werk als Idee, so wird der Schutz doch nur derjenigen Idee zuteil, die sich in einer konkreten Formgestaltung objektiviert hat. Ist diese Gestaltung eine Flächendarstellung, so spricht man von Muster, ist sie eine plastische Gestaltung, von Modell.

II. Nur die schöpferische Tätigkeit kann Musterschutz finden, nicht die bloße erkennende und entdeckende. Wer daher ein bei uns unbekanntes Muster etwa auf einer antiken Vase oder in dem fast unerschöpflichen Formenschatze der Japaner entdeckt, erwirbt kein Musterrecht; ebensowenig, wer ein in dem Formenreichtum der Natur, wie der Fauna des Meeres oder dem Pflanzenreiche oder in Kristallen, gegebenes Formvorbild zu kunstgewerblichen Zwecken einfach mechanisch übernimmt.[1]) Er kann aber geschützt werden, wenn er durch selbständige Variierung solcher gegebener Formen oder durch eigenartige Verwendungsmittel oder eigenartige Farbengebung eine in der Natur noch nicht gegebene eigentümliche ästhetische Wirkung erzielt;[2]) schutzfähig ist aber auch in diesem Falle nicht das der Natur entnommene Muster als solches, sondern nur in der Eigenart seiner Wiedergabe.[3])

III. Geschützt ist nur das Muster als unkörperliches Ergebnis, nicht die Herstellungsmethode[4]) oder die technischen Mittel, deren es zu ihrer Anwendung bedarf.

IV. Das Geschmacksmuster muß zwar objektiv geeignet sein, eine auf dem Gebiete des Aesthetischen liegende Wirkung hervorzu-

---

[1]) anders Osterrieth, Lehrb. des gewerbl. Rechtsschutzes S. 29 unter d.

[2]) Vgl. Kohler, Koloritmuster und Naturahmung, im Arch. f. ziv. Praxis Bd. 88 S. 268 ff.

[3]) Bedenklich RGE. in ZivS. Bd. 65 S. 123 ff. Der bloße Gedanke, die Form eines am Zweige hängenden Kirschenpaares zu einem Kontakte für ein elektrisches Läutwerk zu verwenden, ist an sich nicht schutzfähig; seiner Formgestaltung aber fehlt die Eigentümlichkeit, wenn sie, wie in jenem Falle, derart ist, daß sie für jeden geübten an das Vorbild der Natur sich haltenden Techniker eine einfache Sache ist.

[4]) Vgl. RGE. in ZivS. Bd. 61 S. 50.

bringen, aber auf den höheren oder geringeren Wert dieser Wirkung vom Standpunkte einer künstlerischen Kritik kommt es nicht an; auch das geschmacklose Muster kann Schutz finden. Ebensowenig spielt der Wert, der dem Muster für den Handelsverkehr zukommt, eine Rolle: so wenig es für den Begriff des schutzfähigen Schriftwerkes darauf ankommt, ob es verlagsfähig ist, ebensowenig hängt die Musterschutzfähigkeit davon ab, ob das Muster tatsächlich einen Gewerbetreibenden findet, der es nachbilden will, oder gar davon, daß sich die Reproduktionsexemplare als gangbare Handelsartikel erweisen. Freilich setzt MSchG. § 1 ein „gewerbliches" Muster oder Modell voraus. Damit will aber nur gesagt sein, daß es seiner Art nach generell, also ohne Rücksicht auf die individuellen Verhältnisse und die Marktlage, geeignet ist, als Vorbild für die Gestaltung eines Industrieerzeugnisses zu dienen.[5])

V. Können auch Muster oder Modelle, welche dem seiner Natur nach wandelbaren Begriffe der guten Sitten widersprechen, musterrechtlichen Schutz finden? Eine positive Bestimmung hierüber fehlt. Es wurde schon dargelegt (s. oben S. 217 f.), daß und warum die Bestimmung des PG. von 1891, wonach sittenwidrige Erfindungen nicht patentiert werden können, auf Schriftwerke und Kunstwerke nicht analog angewendet werden darf. Für das Geschmacksmusterrecht liegt jedoch ebenso wie für das Gebrauchsmusterrecht die Sache anders. Der spezifische Musterschutz in seiner Vervollkommnung entsteht ebenso wie der Patentschutz nicht schon mit der Schöpfung des Werkes durch den Urheber, sondern nur unter besonderer Mitwirkung der Staatsgewalt; diese Mitwirkung muß der Staat wohl bei sittenwidrigen Werken versagen.[6])

Die ganze Frage hat übrigens bei der jetzigen Gesetzeslage an praktischer Bedeutung dadurch verloren, daß das neue und eigentümliche Geschmacksmuster, auch wenn es sittenwidrig ist, unter allen Umständen unter dem Schutze des KUG. steht.

---

[5]) Daß „gewerblich" hier nicht den Gegensatz zum Künstlerischen bedeuten kann, ist bei der heutigen Gesetzeslage unzweifelhaft. Vgl. Osterrieth a. a. O. S. 227.

[6]) a. M. Osterrieth a. a. O. S. 231.

§ 96.

2. Erfordernisse im Einzelnen.

I. Gegenstand des Schutzes sind gewerbliche Muster und Modelle. Das MSchG. deutet auffallenderweise nicht an, daß es damit nur solche Muster und Modelle meint, welche eine auf dem Gebiete des Aesthetischen gelegene Wirkung zu erzeugen bestimmt und objektiv geeignet sind. Es war daher nach der Einführung des Gesetzes zunächst auch zweifelhaft und bestritten, ob dieses seine Wirkung nicht auch auf solche Muster erstrecke, deren Eigenart auf dem Gebiete des Technischen liegt, indem sie einem neuen und eigentümlichen Gebrauchszwecke dienen. Mit dem Wortlaute des Gesetzes war diese Auffassung vereinbar, und angesichts der Tatsache, daß auch manche ausländische Gesetzgebungen zwischen Geschmacksmuster und Gebrauchsmuster keine scharfe Grenze ziehen, war sie auch rechtspolitisch zum mindesten vertretbar. Die Praxis freilich hat ihr widersprochen[1]) und durch die weitere Entwickelung der deutschen Gesetzgebung ist sie vollends unmöglich geworden. Indem nämlich das GMG. vom 1. Juni 1891 den Schutz der Muster, die dem Arbeits- oder Gebrauchszweck durch eine neue Gestaltung, Anordnung oder Vorrichtung dienen sollen, regelt, ist außer Zweifel gestellt, daß das Anwendungsgebiet des MSchG. sich auf solche Muster und Modelle beschränkt, welche dem Zwecke dienen, Industrieerzeugnisse so zu gestalten, daß sie den Formensinn anregen.

Der Unterschied zwischen Geschmacksmuster und Gebrauchsmuster ist also darin zu finden, daß beim Geschmacksmuster das neue und eigentümliche Element auf dem Gebiete des Aesthetischen, beim Gebrauchsmuster dagegen auf dem des praktischen Benutzungszweckes liegt. Es ist möglich, daß sich in demselben Modelle beides vereinigt, indem dieses zugleich solche eigentümliche Elemente enthält, die eine neue ästhetische Wirkung hervorzurufen geeignet sind, und solche, die dem Gebrauchszwecke in bisher unbekannter Weise dienen. Dann kann der Urheber das Modell sowohl für den Geschmacksmusterschutz als auch zum Gebrauchsmusterschutze anmelden.[2]) Die beiden Schutzarten stehen aber dann, wie-

---

[1]) **Vgl. ROHG. Bd. 24 S. 109.**

[2]) **Vgl. RGE. vom 16. April 1902 im „Recht" 1902 S. 270 Nr. 1378.**

wohl sie denselben Gegenstand betreffen, selbständig nebeneinander, insbesondere hinsichtlich der Schutzdauer.[3])

II. Die auf dem Gebiete des Aesthetischen gelegene neue Anregung muß eine durch den Gesichtssinn vermittelte sein. Deshalb sind eine nur auf den Tastsinn wirkende neue Gestaltung eines Tuches oder einer Seide[4]) oder ein neues Kochrezept oder ein neuer Parfüm vom Geschmacksmusterschutz ausgeschlossen.

Der Gesichtseindruck braucht aber, soweit es sich um Flächenerzeugnisse handelt, nicht notwendig durch die Eigenart der zeichnerischen Gestaltung und Linienführung des Gebildes hervorgerufen zu sein, sondern er kann auch durch dessen eigenartige Farben- und Glanzwirkung begründet sein.[5]) Der Wortlaut des Gesetzes steht dieser Auffassung nicht entgegen und sein Zweck, der Hebung des Kunstgewerbes im weitesten Sinne zu dienen, ist ihr günstig. Wenn nun aber auch neue eigentümliche Gestaltungen, die als ästhetisch anregende Vorbilder für Industrieerzeugnisse dienen können, nicht nur durch Verwendung zeichnerischer Formelemente, sondern auch durch Farbenkombinationen hervorgebracht werden können, so muß doch daran festgehalten werden, daß durch die Verwendung einer einheitlichen Farbe den Erfordernissen der Eigentümlichkeit und Neuheit tatsächlich nicht Genüge getan werden kann und daher das Uni-Muster als Farbenwirkung niemals Geschmacksmusterschutz erlangen kann; denn die möglichen Vorstellungen von Einheitsfarben sind schon erschöpft. Etwas anderes ist es, daß ein neuer technischer besonders chemischer, Prozeß, wodurch eine bestimmte Farbenwirkung erzielt wird, Erfinderschutz erlangen kann.[6])

---

[3]) Über das Verhältnis des Geschmacksmusters zum Warenzeichen s. RGE. vom 21. September 1906 in D. JurZ. 1906 S. 1318 und Kohler, Musterrecht S. 73.

[4]) Vgl. Kohler im Arch. f. ziv. Praxis Bd. 88 S. 275.

[5]) Vgl. Stobbe, D. PrR., 3. Aufl. Bd. 3 S. 53; Kohler im Arch. f. ziv. Praxis Bd. 88 S. 268 ff.; Allfeld, Bem. 3, c zu MSchG. § 1; RGE. in StrS. in PMZBl. 1904 S. 224 und insbesondere RGE. in ZivS. Bd. 61 S. 44 ff. (anders freilich RGE. in ZivS. Bd. 45 S. 59 ff.).

[6]) Auf der Grenze zum Gebiete des Gebrauchsmusterschutzes, aber doch noch innerhalb desjenigen des Geschmacksmusterschutzes, liegen diejenigen Fälle, in welchen bei einem Seiden- oder Baumwollstoffe weder durch zeichnerische Gestaltung noch durch Verwendung bestimmter Farben, sondern durch die Stellung der verschiedenen Fäden zueinander oder sonstige technische Behandlung des Stoffes eine eigentümliche Glanz- oder Changeant-Wirkung hervor-

III. Das Erzeugnis muß neu und eigentümlich sein, um als schutzfähiges Geschmacksmuster zu gelten.

1. Eigentümlich ist es, wenn es als das Ergebnis der individuellen Geistestätigkeit seines Urhebers erscheint. Die Eigentümlichkeit bildet also den Gegensatz zur bloßen Nachbildung von Schöpfungen anderer Urheber oder von gegebenen Naturformen. Wenn jedoch die fremde Schöpfung oder die Naturform nur als Motiv benützt wird und durch charakteristische Abänderungen oder Zusätze eine individuelle Neugestaltung erfährt, ist das Erfordernis der Eigentümlichkeit erfüllt, und es kommt bei einer derartigen Umgestaltung eines fremden Erzeugnisses für deren selbständige Schutzfähigkeit nicht darauf an, ob die Benutzung des fremden Elementes mit Recht oder mit Unrecht erfolgt ist. Genießt doch auch die unrechtmäßige Bearbeitung eines Schriftwerkes selbständigen Urheberschutz!

Eigentümlichkeit kann auch ein ganz einfaches Muster, wie etwa ein Vorbild für ein Monogramm, aufweisen.

2. Regelmäßig wird auf kunstgewerblichem Gebiete das, was eigentümlich ist, im Augenblicke seiner Schöpfung auch neu sein, d. h. von den schon bekannten Formvorbildern sich irgendwie unterscheiden. Notwendig ist dies aber nicht. Der Zufall kann es fügen, daß aus der Vorstellungskraft eines durchaus selbständig Schaffenden ein Formgebilde entsteht, welches mit einem schon vorhandenen, von einem anderen geschaffenen oder in der Natur gegebenen, Formgebilde übereinstimmt. Auf dem Gebiete der Bildwerkkunst wird dies nicht vorkommen, aber bei rein ornamentalen Mustern ist es immerhin möglich. Da wird es von Bedeutung, daß das MSchG. für die Schutzfähigkeit außer dem Erfordernisse der Eigentümlichkeit noch das weitere Erfordernis der Neuheit aufstellt. Die Neuheit muß im Zeitpunkte der Anmeldung bestehen.

Die Neuheit ist nicht schon damit gegeben, daß ein schon bekanntes Muster zur Darstellung in einem anderen Stoffe bestimmt wird.[7])

An der Neuheit fehlt es, wie MSchG. § 7 Abs. 2 zeigt,

gebracht wird. Vgl. über diese Frage, die namentlich in Frankreich eine Rolle spielt, Vaunois, Les dessins et modèles de fabrique S. 38 ff.; Pouillet, Traité théor. et prat. des dessins et mod., 4. Aufl. S. 41 ff. und die dort angeführte Judikatur; auch Kohler im Arch. f. ziv. Praxis Bd. 88 S. 272 ff.

[7]) Vgl. RGE. in ZivS. Bd. 49 S. 179, in StrS. Bd. 23 S. 92.

jedenfalls dann, wenn zur Zeit der Anmeldung ein nach dem Muster oder Modell gefertigtes Erzeugnis bereits verbreitet d. h. Personen, die außerhalb des häuslichen Kreises des Urhebers stehen, derart zu Gesicht gebracht ist, daß seine Nachbildung ermöglicht ist. Die Verbreitung hat neuheitzerstörende Wirkung ohne Rücksicht darauf, ob sie mit Recht oder mit Unrecht erfolgt. An der Neuheit fehlt es aber auch, wenn das Muster oder Modell in öffentlichen Druckschriften[8]) bereits derartig beschrieben ist, daß darnach die Benutzung durch andere Sachverständige als möglich erscheint.[9])

An sich würde auch die Zurschaustellung des Geschmacksmusters auf einer Ausstellung neuheitzerstörend wirken. Dieser den Interessen der Kunstgewerbetreibenden zuwiderlaufenden Folge wird aber vorgebeugt durch den besonderen zeitweiligen Schutz, welcher nach dem Reichsgesetz, betr. den Schutz von Erfindungen, Mustern und Warenzeichen auf Ausstellungen, vom 18. März 1904[10]) für Ausstellungen gewährt wird; für welche Ausstellungen wird im einzelnen Falle durch eine Bekanntmachung des Reichskanzlers im Reichsgesetzblatt bestimmt. Dieser zeitweilige Schutz hat die Wirkung, daß die Schaustellung oder eine anderweitige spätere Benutzung oder spätere Veröffentlichung des Musters der Erlangung des gesetzlichen Musterschutzes nicht entgegensteht, sofern die Anmeldung zur Erlangung dieses Schutzes von dem Aussteller oder dessen Rechtsnachfolger binnen einer Frist von sechs Monaten nach der Eröffnung der Ausstellung bewirkt wird. Diese Anmeldung geht anderen Anmeldungen vor, die nach dem Tage des Beginnes der Schaustellung eingereicht worden sind.

IV. Für welchen Gewerbezweig die Vervielfältigung des Musters bestimmt werden soll, kommt für seine Schutzfähigkeit nicht in Betracht, ebensowenig, ob die Vervielfältigung durch Handfertigkeit oder durch ein mechanisches Verfahren bewirkt werden soll.[11])

---

[8]) Die Druckschriften brauchen nicht gerade aus den letzten hundert Jahren zu stammen, die Analogie des PG. von 1891 § 2 gilt hier nur für den Grundgedanken, nicht in Einzelheiten; vgl. Kohler, Musterrecht S. 79.

[9]) Anders Allfeld, Bem. 3, b, aa zu MSchG. § 1, der annimmt, daß die Verbreitung bloß einer Beschreibung ohne Abbildung überhaupt nicht genüge, um die Neuheit zu zerstören.

[10]) RGBl. 1904 S. 141.

[11]) Gierke S. 832.

Auch kann der Schutz nicht deshalb versagt werden, weil das Muster, etwa durch ein mit ihm verbundenes Monogramm, erkennen läßt, daß es nur für den Gebrauch eines einzelnen Abnehmers bestimmt ist.

§ 97.

3. Kombinationsmuster.

I. Die Neuheit und Eigentümlichkeit eines Geschmacksmusters kann auch auf einer Vereinigung von Elementen beruhen, die als einzelne schon bekannt sind, da eben durch die Verbindung eine ästhetische Gesamtwirkung erreicht werden kann, die etwas gegenüber dem bloßen Nebeneinander der schon gegebenen Einzelwirkungen Selbständiges und bisher noch nicht Dagewesenes darstellt.[1])

Der Schutz der in diesem Falle dem Kombinationsmuster als solchem wegen seiner Gesamtwirkung zuteil wird, ist nicht zugleich ein Schutz der einzelnen Elemente und ist von dem etwa bestehenden Urheberrechte an diesen unabhängig. Der an der Kombination Urheberberechtigte kann also nicht verbieten, daß ein anderer ein Element seines Kombinationsmusters für seine Zwecke entlehnt oder zu einer neuen Kombination verwendet, es sei denn, daß er zugleich Urheber dieses Einzelelementes ist und für dieses selbständigen Schutz genießt.[2]) Ob er sich durch den Gebrauch seiner Kombination seinerseits eines widerrechtlichen Eingriffs in die Musterrechte schuldig macht, welche anderen etwa an den einzelnen Elementen zustehen, hängt davon ab, ob deren ästhetische Einzelwirkungen auch nach der Verbindung noch hervortreten oder ob sie in der Kombination aufgehen und verschwinden; in letzterem Falle ist die Uebernahme in die Kombination keine rechtswidrige; denn nur die Nachbildung, welche das Muster zu der ihm eigentümlichen ästhetischen Wirkung bringt, ist dem Urheber ausschließlich vorbehalten.

---

[1]) Vgl. Kohler im Arch. f. ziv. Praxis Bd. 88 S. 282, Musterrecht S. 88 ff., Allfeld, Bem. 4, a zu MSchG. § 1.

[2]) Daran darf uns der Wortlaut des MSchG. § 1, wonach auch das Recht, ein Muster teilweise nachzubilden, dem Urheber zusteht, nicht irre machen. Denn die Kombinationswirkung begründet als solche ein selbständiges einheitliches Muster, dessen Eigenart auch nicht „teilweise" dadurch wiedergegeben wird, daß ein einzelnes Element nachgebildet wird.

II. Von diesem echten Kombinationsmuster zu unterscheiden ist der Fall, daß für ein und dasselbe Industrieerzeugnis mehrere Geschmacksmuster nebeneinander verwendet werden. Bei solcher äußeren Verbindung in einem Gegenstande behalten die einzelnen Muster ihre rechtliche Selbständigkeit, gleichgültig ob sie von demselben oder mehreren Urhebern stammen. Dies gilt namentlich hinsichtlich der formalen Voraussetzungen des Schutzes (Anmeldung, Niederlegung) und hinsichtlich der Dauer des Schutzes. Jeder Urheber kann auch bei widerrechtlichen Eingriffen in sein Muster die Rechtsschutzmittel selbständig geltend machen. Die Verbindung hat rechtliche Wirkung hier nur insofern, als jeder der beiden Berechtigten gehindert ist, ohne Einwilligung des andern den ganzen Gegenstand nachzubilden, der die beiden Muster enthält. Jedes der beiden Musterrechte äußert also gegenüber dem Urheber des andern so gut wie gegenüber jedem Dritten seine negative Funktion.

III. Eine solche äußere Vereinigung zweier rechtlich selbständiger Muster liegt auch vor, wenn für einen und denselben Gegenstand, da er zugleich einen ästhetischen eigenartigen Eindruck erregt und eine neue technische Raumgestaltung darstellt, der Geschmacksmusterschutz und der Gebrauchsmusterschutz besteht.[3]) Da es sich, nach der deutschen Gesetzgebung wenigstens, um verschiedene Schutzarten handelt, hindert die erfolgte Eintragung in das eine Register die Eintragung in das andere auch dann nicht, wenn der Urheber und Anmelder des Geschmacksmusters und der des Gebrauchsmusters verschiedene Personen sind.[4])

Insofern aber kommt hier die Vereinigung zur Geltung, als der Träger eines jeden der beiden Rechte während der Schutzdauer gehindert ist, den nach doppelter Richtung geschützten Gegenstand ohne Einwilligung des andern gewerbsmäßig nachzubilden oder Reproduktionsexemplare desselben gewerbsmäßig zu verbreiten; auch hier äußert jedes der beiden Rechte gegenüber dem andern seine ver-

---

[3]) Über diese Möglichkeit oben S. 463.

[4]) Ganz anders Kohler, Musterrecht S. 73; nach ihm ist „der zweite Eintrag nichtig; denn beide Register müssen in dieser Hinsicht als Einheit betrachtet werden". Der deutschen Gesetzgebung entspricht diese Annahme der Registereinheit nicht.

bietende Funktion. Läuft aber, was bei der formalen Selbständigkeit der beiden Rechte möglich ist, die Schutzdauer des einen vor der des andern ab,[5]) so entfaltet letzteres seine volle Kraft auch nach der positiven Seite.

III. Subjekt und Begründung des Rechtes.

§ 98.

1. Subjekt des Rechtsschutzes.

I. Subjekt des Urheberrechtes am Geschmacksmuster ist der Urheber des Musters oder Modells, das ist derjenige, durch dessen individuelle gestaltende Tätigkeit das Muster oder Modell in seiner Eigenart hervorgebracht worden ist. Der Urheber, nicht der Anmelder als solcher, ist Subjekt des Rechtes.[1]) Denn Entstehungsgrund des Rechtes ist die Urheberschaft, nicht die Anmeldung; diese hat nur deklaratorische Bedeutung.

Die Anmeldung ist zwar nach dem MSchG. formales Erfordernis für die Vervollkommnung des Rechtes. Gleichwohl vermag das aus der Tatsache der individuellen Schöpfung entspringende Urheberrecht am Geschmacksmuster schon vor der Anmeldung seine Wirkung zu äußern. Die Wirkung des Rechtes am nichtangemeldeten und nichteingetragenen Geschmacksmuster zeigt sich darin, daß dieses Recht schon vererblich und veräußerlich ist,[2]) ferner, daß es als absolutes gegenständliches Recht unter dem Schutze des § 823 BGB. steht.

Die Rechtsqualität des Urheberinteresses vor der Anmeldung wird auch allgemein anerkannt.[3])

---

[5]) Dabei kommt, abgesehen von der Verschiedenheit in der Dauer des Geschmacksmusterschutzes (MSchG. § 8) und des Gebrauchsmusterschutzes (GMG. § 8), besonders in Betracht, daß das Geschmacksmuster zugleich unter dem Kunstschutze steht, welcher stets von längerer Dauer ist als der Gebrauchsmusterschutz.

[1]) Dies folgt schon aus der Natur der Urheberrechte überhaupt. Außerdem erhellt es deutlich aus der Fassung der §§ 7 Abs. 1, 8 Abs. 1 MSchG.

[2]) Übertragung und Vererbung des Urheberrechtes am angemeldeten wie am nichtangemeldeten Muster richten sich nach den allgemeinen Grundsätzen; s. darüber im Allgemeinen Teil S. 80 ff, 106 ff.; über den Nießbrauch S. 98 ff., über das Pfandrecht S. 102 ff.

[3]) Vgl. Gierke S. 836 f.; Allfeld Bem. 1 zu § 7; Osterrieth, Lehrb. S. 242; Kohler, Musterrecht S. 90. RGE. in ZivS. Bd. 8 S. 19.

Jetzt hat aber dieses unvollkommene Urheberrecht seine praktische Bedeutung völlig verloren, da es überholt und absorbiert wird von dem inhaltlich kräftigeren kunstgewerblichen Urheberrechte auf Grund des KUG., dessen Gegenstand ja auch Geschmacksmuster sind.[4])

II Die nach dem MSchG. § 13 bestehende Vermutung der Urheberschaft sowie die Rechtsverhältnisse bei der Miturheberschaft sind schon im Allgemeinen Teile besprochen; vgl. S. 49 und 55 ff.

III. Ausländer. Das Subjekt des Musterrechtes braucht nicht notwendig Reichsangehöriger zu sein. Das deutsche MSchG. will ohne Rücksicht auf die Staatsangehörigkeit des Gewerbetreibenden dem Schutze des inländischen Kunstgewerbes dienen. Aus diesem Zweckgedanken erklärt sich, daß das Gesetz Anwendung findet [5])

1. auf alle Muster und Modelle inländischer Urheber, sofern die nach den Mustern und Modellen hergestellten Erzeugnisse im Inlande verfertigt sind, gleichviel ob sie im Inlande oder im Auslande verbreitet werden;[6])

2. auf die im Inlande gefertigten Erzeugnisse solcher ausländischer Urheber, die im Gebiete des deutschen Reiches ihre gewerbliche Niederlassung haben. Es genügt, wenn diese eine Zweigniederlassung ist;[7]) erforderlich ist aber eine für den regelmäßigen Geschäftsbetrieb eingerichtete im deutschen Reiche gelegene Räumlichkeit.

Wo das Muster selbst entstanden ist, kommt nicht in Betracht.

Diese ganze rechtspolitisch bedenkliche Bestimmung des § 16, [8]) wonach das im Auslande hergestellte Muster des Inländers schutzlos ist und der Schutz des Ausländers an dessen Gewerbebetrieb im Inlande gebunden wird, wird in ihrer Bedeutung erfreulicherweise erheblich abgeschwächt durch die internationalrechtliche Regelung in der Pariser Uebereinkunft, von der später die Rede sein wird.

---

[4]) Vgl. oben S. 457 ff.

[5]) MSchG. § 16.

[6]) Inländer ist, wer eine deutsche Staatsangehörigkeit oder die Reichsangehörigkeit besitzt. Einen einheitlichen für alle Verhältnisse geltenden Inlandsbegriff gibt es nicht. Hier gehören zum „Inland" das Gebiet des Deutschen Reiches, die deutschen Schutzgebiete, deutsche Kriegsschiffe überall, andere deutsche Schiffe auf hoher See; nicht dagegen die Konsulargerichtsbezirke.

[7]) ebenso Stephan-Schmid, Der Schutz der gewerblichen Urheberrechte, S. 336; Osterrieth, Lehrb. S. 236; a. M. Allfeld, Bem. 3 zu § 16.

[8]) Gegen sie Osterrieth a.-a. O. S. 248, Kohler, Musterrecht S. 112.

§ 99.

2. Urheberrecht des Anstaltseigentümers.

I. Während das Urheberrecht der Angestellten an den von ihnen hervorgebrachten Geistesschöpfungen und Erfindungen im allgemeinen noch Gegenstand des Streites ist,[1]) ist für das Gebiet des Geschmacksmusterrechtes in MSchG. § 2 eine positive Bestimmung gegeben bezüglich solcher Muster und Modelle, welche von den in einer inländischen gewerblichen Anstalt beschäftigten Zeichnern, Malern, Bildhauern usw. im Auftrage oder für Rechnung des Eigentümers der Anstalt angefertigt werden. Der Anstaltseigentümer gilt, wenn durch Vertrag nichts anders bestimmt ist, als der Urheber der Muster und Modelle. Die einzelnen Voraussetzungen für die Anwendung dieser aus dem russischen Rechte übernommenen und inzwischen auch von anderen Gesetzgebungen nachgeahmten Vorschrift sind:

1. die dauernde Beschäftigung des Zeichners, Malers usw. im Geschäftsbetriebe einer inländischen gewerblichen Anstalt. Auf die Art der Entlohnung kommt es dabei nicht an; ebensowenig auf den Ort, wo der Angestellte seine Tätigkeit ausüben soll; dieser Ort braucht sich nicht gerade in den Anstaltsräumen zu befinden. Dem wahren Urheber bleibt aber sein Urheberrecht, wenn er, ohne in einem dauernden Beschäftigungsverhältnisse zur Anstalt zu stehen, nur gelegentlich, wenn auch zu wiederholten Malen, mit der Anfertigung von Mustern für die Anstalt beauftragt wird.[2])

2. Die Anstalt muß eine gewerbliche sein, d. h. dem Zwecke dienen, ihrem Inhaber eine ständige Einnahmequelle zu sein. Kunstgewerbliche Schulen gehören dazu nicht. Im übrigen ist es aber gleichgültig, ob der Anstaltseigentümer ein Privater oder eine öffentliche Körperschaft, etwa der Staat, ist.

3. Die Anstalt muß im Inlande gelegen sein. Dagegen ist deutsche Staatsangehörigkeit des Anstaltseigentümers nicht vorausgesetzt,[3]) ebensowenig wie die des Angestellten. Auch ist es gleichgültig, ob der Anstaltszweig, in welchem der Angestellte beschäftigt

---

[1]) Vgl. darüber oben S. 42 ff.

[2]) Vgl. RGE. in StrS. Bd. 13 S. 219 ff.

[3]) ebenso Osterrieth, Lehrb. S. 234; a. M. Allfeld, Bem. 3 zu § 2.

ist, zur Hauptniederlassung oder zu einer Zweigniederlassung des Anstaltseigentümers gehört.

4. Die Anfertigung muß im Bereiche der dem Angestellten vertragsmäßig obliegenden Verpflichtungen erfolgen. Ein ausdrücklicher Auftrag für das konkrete Muster ist nicht erforderlich. Entwirft der Angestellte in den Geschäftsräumen, ja vielleicht sogar unter Benutzung der geschäftlichen Einrichtungen und Hilfsmittel, für sich Muster und Modelle, deren Herstellung mit seinen dienstlichen Obliegenheiten nichts zu tun hat, so kann er natürlich seinem Geschäftsherrn verantwortlich werden, aber das Urheberrecht an diesen Mustern verbleibt ihm selbst.

II. Der Anstaltseigentümer allein hat unter den genannten Voraussetzungen das Recht, das Muster oder Modell anzumelden und damit den spezifischen Musterschutz zu erlangen. Ob das schon vor der Anmeldung bestehende kunstgewerbliche Urheberrecht auf Grund des KUG. ihm zusteht, richtet sich aber nicht nach MSchG. § 2, sondern nach den oben S. 42 ff. entwickelten allgemeinen Grundsätzen über das Urheberrecht an Schöpfungen der Angestellten.[4])

III. Manche nehmen an, es entstehe im Falle des MSchG. § 2 aus fremder Urheberschaft ein originäres Urheberrecht.

Gierke[5]) will die Erklärung für diese seltsame Annahme darin finden, daß hier die durch den Eintritt des Angestellten in das Geschäft begründete „personenrechtliche Gemeinschaft" wirksam wird. Der Angestellte habe seine Persönlichkeit im Zweifel dergestalt in den Dienst des gewerblichen Unternehmens gestellt, daß seine geistigen Schöpfungen auf kunstgewerblichem Gebiete als Hervorbringungen des gewerblichen Verbandes und demgemäß als Persönlichkeitsgüter des zum alleinigen Träger dieses Verbandes berufenen Geschäftsherrn erscheinen.

Hier wird aber die Gierke'sche Lieblingsidee von der Verbandspersönlichkeit zur reinen Fiktion. In Wahrheit stehen die Angestellten in einem kunstgewerblichen Betriebe als solche zu einander in gar keinem, zum Geschäftsinhaber aber nur in einem obligatorischen, nicht in einem korporativen Rechtsverhältnisse. Man mochte zugunsten jener Idee in früheren Zeiten mit einiger Berechtigung wenigstens auf psychologische Momente, wie die Anhänglichkeit der

[4]) Vgl. Osterrieth a. a. O. S. 235.

[5]) D. PrivR. Bd. 1 S. 833 f.

Angestellten an das Geschäft und dessen Inhaber und das daraus sich ergebende Solidaritätsgefühl hinweisen, obwohl auch diese Momente sich schwerlich für eine juristische Konstruktion eignen; aber unter den heutigen Verhältnissen fehlt bei dem fortwährenden Wechsel des Personals und der zunehmenden Lockerung des persönlichen Pietätsverhältnisses, welches den Meister mit den Gesellen, den Fabrikherrn mit den Arbeitern, verbindet, jener Theorie regelmäßig sogar diese schwache Stütze.

Unseres Erachtens handelt es sich im MSchG. § 2 überhaupt nicht um ein originäres Urheberrecht des Anstaltseigentümers, sondern um ein abgeleitetes. Fingiert wird nur die Uebertragung.[6])

IV. Anders liegt die Sache, wenn der Angestellte lediglich mit der Ausführung des vom Geschäftsinhaber erfundenen Musters beschäftigt ist. Da hier eine individuelle schöpferische Tätigkeit des Angestellten gar nicht vorliegt, kommt ein in seiner Person entstandenes Urheberrecht nicht in Frage. Der Fall liegt rechtlich analog demjenigen, in welchem jemand als Geselle oder gewerblicher Arbeiter eine körperliche Sache im Auftrage und nach genauen Weisungen eines anderen bearbeitet oder verarbeitet; wie hier nicht er selbst, sondern sein Geschäftsherr durch die Spezifikation das Sacheigentum erwirbt,[7]) so erwirbt auch der Zeichner, der nach genauen Weisungen eines andern ein von diesem erdachtes Muster zeichnet, nicht selbst das Immaterialrecht, sondern dieses steht als ein originäres dem Geschäftsherrn zu. Hier bedarf es also nicht der Fiktion der Uebertragung.

IV. Inhalt und Umfang des Rechtes.

§ 100.

1. Das ausschließliche Nachbildungs- und Verbreitungsrecht und seine Schranken.

I. Der Urheber des Geschmacksmusters hat nach MSchG. § 1 das ausschließliche Recht, das Muster oder Modell ganz oder teilweise nachzubilden. Nicht nur die mechanische Nachbildung ist ihm vorbehalten, sondern auch die Nachbildung mit der Hand, wie etwa durch Schnitzerei.

---

[6]) Vgl. oben S. 44 f.

[7]) Vgl. Riezler, Der Werkvertrag S. 28 f.

Das ausschließliche Nachbildungsrecht des Urhebers beschränkt sich nach deutschem Rechte auch nicht, wie nach englischem, auf das bestimmte Gewerbe, für dessen Bereich das Muster zunächst erdacht wurde. Vielmehr kann der Urheber die Nachbildung grundsätzlich verbieten ohne Rücksicht auf das Anwendungsgebiet, für welches sie erfolgt.[1]) Daher kann z. B. ein geschütztes Gobelinmuster auch nicht für Möbelstoffe verwendet werden. Die Uebertragung des Nachbildungsrechtes kann aber auf einen bestimmten Gewerbebetrieb beschränkt werden.

Dadurch, daß das nachgebildete Werk nicht nur aus nachgebildeten, sondern daneben oder sogar in der Hauptsache aus originalen Elementen besteht, wird die Nachbildung keine erlaubte.

Verbotene Nachbildung liegt nach MSchG. § 5 auch vor:

1. wenn bei Hervorbringung derselben ein anderes Verfahren angewendet worden ist, als bei dem Originalwerke;

2. wenn die Nachbildung in anderen räumlichen Abmessungen oder Farben hergestellt wird als das Original, oder wenn sie sich vom Originale nur durch solche Abänderungen unterscheidet, welche nur bei Anwendung besonderer Aufmerksamkeit wahrgenommen werden können;

3. wenn die Nachbildung nicht unmittelbar nach dem Originalwerke, sondern mittelbar nach einer Nachbildung desselben geschaffen ist.

Der Rechtschutz ist aber immer nur gegen solche Nachbildung gegeben, welche in der Absicht, sie zu verbreiten, hergestellt wird. Nachbildung zum persönlichen oder häuslichen Gebrauche ist also erlaubt, nicht aber Nachbildung zum Zwecke der Ausstellung, auch wenn die Verkaufsabsicht fehlt. Beweisschwierigkeiten können daraus entstehen, daß nicht erst die Tatsache der Verbreitung, sondern schon die unter Umständen äußerlich nicht klar zu Tage tretende Absicht der Verbreitung die Nachbildung zur verbotenen macht; für diese Absicht spricht keinerlei Vermutung; wer sie behauptet, hat die Tatsachen und Umstände, aus denen sie im konkreten Falle zu folgern ist, zu beweisen. Daß die Absicht auf Verbreitung an eine größere Zahl von Personen gerichtet sei, ist nicht notwendig; auch kommt

---

[1]) Dagegen vom gesetzgebungspolitischen Standpunkte aus Kohler, Musterrecht S. 119.

es nicht darauf an, ob die Verbreitung im Inlande oder im Auslande geschehen soll.

II. Der Urheber bzw. sein Rechtsnachfolger können die Nachbildung genehmigen. Diese Genehmigung bedarf keiner bestimmten Form. Sie kann auch mit Beschränkung auf eine bestimmte Zeit oder auf ein bestimmtes räumliches Anwendungsgebiet (Bezirkslizenz) oder auf einen bestimmten Geschäftszweig erfolgen oder sich auf eine bestimmte Zahl von Nachbildungsexemplaren beschränken. Im Zweifel liegt in der bloßen Genehmigungserteilung nicht die Einräumung eines gegenständlichen und ausschließlichen Rechtes; ein solches kann aber im Wege konstitutiver Uebertragung[2]) für den Erwerber begründet werden.

In der Regel schließt nur die „Genehmigung", welche vor der Nachbildung erfolgt,[3]) deren Rechtswidrigkeit aus. Ob eine nach der rechtswidrigen Nachbildung erteilte Genehmigung sich nur auf die Zukunft bezieht oder auch als Verzicht auf die Ansprüche aus der schon geschehenen Rechtsverletzung aufzufassen ist, ist Auslegungsfrage.

III. Die „freie Benutzung" einzelner Motive eines Musters oder Modells zur Herstellung eines neuen Musters oder Modells ist schon begrifflich keine Nachbildung. Solche liegt nur vor, wenn ein Muster oder Modell in seinem charakteristischen individuellen Bestande wiedergegeben wird.[4]) Ob die Grenze von der erlaubten freien Benutzung zur unerlaubten Nachbildung überschritten ist, kann im einzelnen Falle nur auf Grund eines ästhetischen Werturteiles entschieden werden, bei welchem dem subjektiven Empfinden notwendig ein gewisser Spielraum bleibt.

IV. Gesetzliche Lizenzen. Das ausschließliche Nachbildungsrecht des Urhebers ist beschränkt durch gewisse gesetzliche Lizenzen.[5]) Nach MSchG. § 6 ist nämlich erlaubt:

1. Die Einzelkopie eines Musters oder eines Modells, sofern dieselbe ohne die Absicht der gewerbsmäßigen Verbreitung und Verwertung angefertigt wird. Mit dem mißverständlichen Ausdrucke

---

[2]) S. oben S. 87.

[3]) also die „Einwilligung" im Sinne des BGB.; der Sprachgebrauch des MSchG. deckt sich nicht mit demjenigen der §§ 182 ff. BGB.

[4]) Vgl. RGE. in StrS. Bd. 33 S. 43 ff.; Bd. 36 S. 46; auch RGE. in StrS. vom 26. März 1906 in D. JurZ. 1906 S. 824.

[5]) Über deren rechtliche Bedeutung s. oben § 90 S. 430.

„Einzelkopie" meint das Gesetz nur den Gegensatz zu der durch ein mechanisches Verfahren hergestellten Nachbildung,[6]) nicht etwa ein einziges Reproduktionsexemplar. Zum Zwecke des persönlichen oder häuslicher Gebrauches dürfen also auch mehrere mit der Hand gefertigte Einzelexemplare hergestellt werden.

2. Die Nachbildung von Mustern, welche für Flächenerzeugnisse bestimmt sind, durch plastische Erzeugnisse und umgekehrt.[7])

Für die Frage, ob ein Flächenmuster oder ein plastisches Modell vorliegt, ist entscheidend, ob das bezweckte und erzielte Ergebnis dem Formensinne durch die Wirkung der Fläche oder als plastisches Erzeugnis entsprechen soll. Das war namentlich von Bedeutung für eigentümliche Typen der Schriftgießerei. Bei der Druckschrift kann das Ziel der Anregung des ästhetischen Gefühls nicht durch die Anschauung der plastischen Stempel, Matrizen, Typen erreicht werden, sondern nur durch die Herstellung des Druckes selbst, für welchen sie Verwendung finden sollen. In der Herstellung der Stempel, Matrizen, Typen liegt daher schon der Beginn der als *Flächen*erzeugnis wirkenden Herstellung der geschützten Druckschrift, und der Nachbildner kann sich nicht auf MSchG. § 6 Ziff. 2 berufen.[8])

Die Unterscheidung von Flächenmustern und plastischen Modellen, von welcher MSchG. § 6 Ziff. 2 ausgeht, tritt auch im formellen Musterrechte scharf hervor. Nach der auf Grund des MSchG. § 9 Abs. 4 ergangenen Bekanntmachung des Reichskanzlers vom 29. Februar 1876 muß nämlich bei der Anmeldung bestimmt angegeben werden, ob das Muster, dessen Eintragung verlangt wird, für Flächenerzeugnisse oder für plastische Erzeugnisse bestimmt ist. Wenn der Anmelder eine solche Angabe unterlassen hat, so ist er zur nachträglichen Beibringung derselben mit dem Bemerken aufzufordern, daß die Eintragung des Musters vor Abgabe dieser Erklärung nicht stattfinden könne. Die Anmeldung eines und desselben Musters für Flächenerzeugnisse und für plastische Erzeugnisse ist unzulässig.[9])

Wenn derselbe Gegenstand sowohl neue Flächenelemente als auch

---

[6]) Vgl. RGE. in ZivS. Bd. 22 S. 174 ff.

[7]) Jetzt praktisch bedeutungslos infolge KUG. § 17; vgl. unten § 101, I, 3.

[8]) Anders RGE. in ZivS. Bd. 14 S. 46 ff. und *Allfeld*, Bem. 3, d zu MSchG. § 6; vgl. aber jetzt RGE. in ZivS. Bd. 61 S. 178 ff. und *Kohler* im Arch. f. Bürgerl. R. Bd. 27 S. 205 ff.

[9]) Ueber die Zulässigkeit der letzteren Vorschrift der Instruktion s. *Allfeld* a. a. O. S. 329 f.

neue plastische Elemente aufweist, bleibt demnach nur übrig, mehrere Muster anzumelden; dabei kann in Betracht kommen, daß die Eigenart jedes Musters gerade in seiner Verbindung mit dem anderen gelegen ist.

3. Erlaubt ist endlich die Aufnahme von Nachbildungen einzelner Muster oder Modelle in ein Schriftwerk.[10]) Wie viele Muster in das Schriftwerk aufgenommen werden, ist dabei nicht von Belang, sofern nur das Werk als Ganzes ein „Schriftwerk" und nicht etwa dem Hauptzwecke nach ein Musterbuch mit erläuterndem Texte bildet.

V. Daß dem Musterberechtigten als solchem das ausschließliche Recht der gewerbsmäßigen Verbreitung von Nachbildungen des Musters zusteht, ist im Gesetze nicht ausdrücklich gesagt, folgt aber zwingend daraus, daß derjenige, welcher Exemplare des Werkes, die den Vorschriften des Gesetzes zuwider angefertigt sind, vorsätzlich innerhalb des Deutschen Reiches gewerbsmäßig feilhält, verkauft oder in sonstiger Weise verbreitet, dem Urheber nach Maßgabe des von ihm verursachten Schadens ersatzpflichtig wird und außerdem mit Geldstrafe bestraft wird. Dies ergibt sich aus der durch MSchG. § 14 vorgeschriebenen entsprechenden Anwendung des § 25 des Ges. vom 11. Juni 1870.[11])

Auf die von einem anderen rechtmäßig hergestellten Nachbildungsexemplare bezieht sich, wie der Wortlaut des § 25 zeigt, das ausschließliche Verbreitungsrecht des Musterberechtigten nicht.

§ 101.

2. Einfluß des KUG. auf den Inhalt des Geschmacksmusterrechtes und auf die Zwangsvollstreckung.

I. Die im Vorstehenden gezeichneten Grenzen des ausschließlichen Rechtes des Musteranmelders ergeben sich, wenn dessen Rechtsstellung lediglich vom Standpunkte des MSchG. aus betrachtet wird. Diese Grenzen haben nun aber neuerdings eine erhebliche Erweiterung dadurch erfahren, daß das Geschmacksmuster zugleich als

---

[10]) Eine Einschränkung ergibt sich aber aus KUG. § 19; s. unten § 101, II, 1 S. 478.

[11]) Vgl. Gierke S. 837 Anm. 33; Allfeld, Bem. 4, b zu MSchG. § 1. Gesetzgebungstechnisch ist diese Art der Feststellung des ausschließlichen Verbreitungsrechtes natürlich zu mißbilligen.

kunstgewerbliches Erzeugnis unter dem Schutze des KUG. steht,[1]) dieses aber dem Berechtigten eine Reihe von Befugnissen gewährt, die ihm in seiner Eigenschaft als Musterinhaber auf Grund des MSchG. nicht zustehen würden. Die Vorteile des Kunstschutzes kann der Urheber des Geschmacksmusters auch während der Zeit in Anspruch nehmen, in welcher sein Muster angemeldet und ins Musterregister eingetragen ist.

Die durch das KUG. gegebenen Erweiterungen des Rechtsinhaltes sind:

1. Der Urheber hat auch das ausschließliche Recht, das Geschmacksmuster gewerbsmäßig mittelst mechanischer oder optischer Einrichtungen vorzuführen. Das MSchG. kennt dieses Recht nicht.

2. Das dem Urheber zustehende Recht der ausschließlichen Verbreitung erstreckt sich auch auf solche Exemplare, die nicht widerrechtlich, z. B. in einem dem Urheber keinen Schutz gewährenden Lande, hergestellt sind.

3. Der Urheber kann auch die Nachbildung in einer anderen Darstellungsart untersagen, da nach KUG. § 17 eine Vervielfältigung ohne Einwilligung des Berechtigten unzulässig ist, gleichviel durch welches Verfahren sie bewirkt wird. Dadurch ist die Bestimmung des MSchG. § 6 Ziff. 2, wonach es gestattet sein soll, Muster, welche für Flächenerzeugnisse bestimmt sind, durch plastische Erzeugnisse nachzubilden und umgekehrt, praktisch außer Anwendung gesetzt.[2]) Lex posterior derogat legi priori.

II. Andrerseits hat aber das ausschließliche Recht des Musterinhabers durch das KUG. nach dem Grundsatze, daß im Kollisionsfalle das jüngere Gesetz dem älteren vorgeht, auch Einschränkungen erfahren.

1. Die durch MSchG. § 6 Ziff. 3 gegebene gesetzliche Lizenz, Nachbildungen einzelner Muster oder Modelle in ein Schriftwerk aufzunehmen, wird durch KUG. § 19 beschränkt. Darnach ist die Entlehnung nur gestattet, wenn die Nachbildung des kunstgewerblichen Erzeugnisses in eine selbständige wissenschaftliche Arbeit oder in ein für den Schul- oder Unterrichtsgebrauch bestimmtes Schriftwerk ausschließlich zur Erläuterung des Inhaltes aufgenommen wird.

---

[1]) Über das Verhältnis des KUG. zum MSchG. im Allgemeinen s. oben S. 457 ff.

[2]) Vgl. Osterrieth, Lehrb. des gewerbl. Rechtsschutzes S. 250.

2. Der Musterberechtigte muß sich, obwohl dies im MSchG. nicht bestimmt ist, auf Grund des KUG. § 20 gefallen lassen, daß seine Werke, sofern sie sich bleibend an öffentlichen Wegen, Straßen oder Plätzen befinden, durch malende oder zeichnende Kunst oder durch Photographie nachgebildet, verbreitet und vorgeführt werden.[3])

III. Ueber die Zwangsvollstreckung in das Musterrecht gibt das MSchG. keine Bestimmung. Vor dem KUG. ging die herrschende Meinung[4]) dahin, daß wegen des persönlichen Interesses, das der Urheber des Musters an der Nichtveröffentlichung haben kann, vor der Anmeldung eine Zwangsvollstreckung in das Recht gegen den Urheber oder dessen Erben unmöglich ist und eben deshalb auch der Urheber nicht im Zwangswege zur Anmeldung genötigt werden kann; daß mit der Anmeldung aber die vermögensrechtliche Funktion des Rechtes in den Vordergrund tritt[5]) und dieses daher Gegenstand der Zwangsvollstreckung sein kann.

Jetzt unterliegt die Möglichkeit der Zwangsvollstreckung den Beschränkungen, welche durch KUG. § 14 gegeben sind. Darnach findet die Zwangsvollstreckung in das Recht des Urhebers gegen den Urheber selbst ohne dessen Einwilligung nicht statt; gegen den Erben ist sie ohne seine Einwilligung nur zulässig, wenn das Muster oder eine Vervielfältigung davon erschienen ist.[6])

Es könnte sich nur fragen, ob nicht angesichts des Grundsatzes, daß die Einwilligung an keine bestimmte Form gebunden ist und auch aus konkludentem Verhalten gefolgert werden kann, in der Anmeldung und Hinterlegung des Musters eine vorbehaltslose Einreihung des Musters in die Verkehrsgegenstände, ein Verzicht auf die Geltendmachung der Individualinteressen, und damit ein der Einwilligung gleichwertiges Verhalten zu erblicken ist, aus welchem sich die

---

[3]) Vgl. Osterrieth a. a. O. S. 247.

[4]) Gierke S. 838; Stephan-Schmid, Der Schutz der gewerblichen Urheberrechte, S. 333; Allfeld, Bem. 3 zu MSchG. § 3. Vgl. auch Kohler, Musterrecht S. 42.

[5]) Die Auffassung, daß das Muster erst mit der Anmeldung zu einem Vermögensstück geworden ist (so Allfeld a. a. O.), möchte ich aber ablehnen. Ein Vermögensstück und damit möglicher Gegenstand der Übertragung und Vererbung ist es schon mit der Schöpfung durch den Urheber.

[6]) Vgl. des Näheren oben S. 300 ff. Über die Durchführung der Zwangsvollstreckung s. noch Wertheimer, Die Zwangsvollstreckung in gewerbliche Schutzrechte, in Leipziger Zeitschr. 1908 S. 279 ff., 352 ff.

unbedingte Zulässigkeit der Zwangsvollstreckung ergibt. Rechtspolitisch wäre ein solches Ergebnis nur zu billigen. Im Sinne des geltenden Rechtes liegt dies aber nicht, da die durch das KUG. erforderliche Einwilligung vom Urheber wenn auch nicht ausdrücklich, so doch im Bewußtsein der bevorstehenden Zwangsvollstreckung oder im Hinblick auf deren Möglichkeit erteilt sein muß, die Anmeldung des Musters aber nicht zum Schlusse hierauf nötigt.

V. Formelles Musterrecht.

§ 102.

1. Anmeldung, Niederlegung, Eintragung.

I. Wie alle ausländischen Gesetzgebungen so macht auch das deutsche MSchG. den Rechtsschutz in seiner Vervollkommnung abhängig von der Erfüllung formaler Voraussetzungen; diese sind die Anmeldung zur Eintragung in das Musterregister und die Niederlegung eines Exemplares oder einer Abbildung des Musters oder Modells bei der Registerbehörde; (MSchG. § 7). Die darauf ohne Prüfung der materiellen Berechtigung folgende Eintragung soll namentlich dem Zwecke dienen, die öffentliche Kenntnisnahme von den schon bestehenden ausschließlichen Berechtigungen und ihrer Dauer sämtlichen Interessenten zu ermöglichen. Tatsächlich wird dieser Zweck bei dem in Deutschland für die Registrierung der Geschmacksmuster herrschenden Systeme der Dezentralisation nur sehr unvollkommen erreicht.

Auch abgesehen davon ist die praktische Bedeutung der Anmeldung und Niederlegung gering. Wo kein Urheberrecht da ist, vermögen diese Akte auch keines zu schaffen; sie wirken nicht konstitutiv für die Entstehung des Rechtes. Ist ein Nichtberechtigter infolge seiner Anmeldung eingetragen, so kann der in Wahrheit Berechtigte von ihm zwar nicht etwa Uebertragung des Rechtes verlangen;[1]) denn wer kein Recht hat, kann auch keines übertragen. Er kann von dem Nichtberechtigten auch nicht dessen Einwilligung in eine „Umschrei-

[1]) In diesem Punkte richtig Allfeld, Bem. 1 zu § 7, gegen Stephan-Schmid, Der Schutz der gewerblichen Urheberrechte S. 333.

bung" des Musters im Register verlangen;[2]) denn die Eintragung des wahren Berechtigten im Register ist nicht von der Zustimmung eines Nichtberechtigten abhängig. Wohl aber kann er begehren, daß der ohne Berechtigung Eingetragene in die Löschung des auf ihn lautenden Eintrages willige;[3]) denn wenn auch durch die Eintragung des Nichtberechtigten für diesen kein Recht geschaffen wird, so wird dadurch doch ein dem wahren Rechte des Berechtigten widersprechender formaler Zustand geschaffen, an dessen Beseitigung dieser ein Interesse hat; seinem rechtlichen Wesen nach ist daher der Löschungsanspruch hier eine besondere Erscheinungsform des negatorischen Anspruchs. Die Legitimation des Berechtigten zur negatorischen Klage ergibt sich schon aus seinem ihm schon vor der Anmeldung auf Grund des KUG. zustehenden kunstgewerblichen Urheberrechte. Der Berechtigte kann gegen den zu Unrecht Eingetragenen aber auch die negative Feststellungsklage gemäß ZPO. § 256 erheben.

Auch die Funktion der Anmeldung und Niederlegung, das aus dem kunstgewerblichen Schaffen des Urhebers schon entstandene Urheberrecht zu verstärken, hat jetzt ihre Bedeutung in der Hauptsache dadurch verloren, daß es einer solchen Verstärkung gar nicht mehr bedarf, weil das Geschmacksmuster als kunstgewerbliches Erzeugnis schon unter dem Schutze des KUG. steht, welches das Urheberrecht als ein vollkommenes schon mit der Schöpfung des Werkes anerkennt.

Immerhin haben Anmeldung und Niederlegung immer noch den Vorteil, daß sich an sie die Vermutung der Urheberschaft gemäß MSchG. § 13 knüpft.[4])

II. Die Anmeldung und Niederlegung müssen erfolgen, bevor ein nach dem Muster oder Modell gefertigtes Erzeugnis[5]) verbreitet wird, wobei es nicht darauf ankommt, ob die Verbreitung durch den Urheber selbst oder durch einen anderen, und ob sie mit Willen des

---

[2]) Dies meint Allfeld a. a. O. (wo es übrigens anstatt Zeichenregister Musterregister heißen soll), und ihm folgend Osterrieth S. 253.

[3]) Den Löschungsanspruch verneinen Allfeld, Bem. 4 zu § 7, Osterrieth S. 252 f. und das Reichsgericht in Seuff. Arch. Bd. 42 S. 317; dagegen läßt Kohler, Musterrecht S. 129 (ebenso schon Gierke S. 837) die Löschungsklage zu, nimmt aber an, es könne sich dabei nur um eine Feststellungsklage handeln.

[4]) S. oben S. 49.

[5]) Bloße Musterproben sind keine „Erzeugnisse"; vgl. RGE. in StrS. in PMZBl. 1901 S. 150.

Urhebers oder gegen den solchen erfolgt.[6]) Gegen denjenigen, der vor der Anmeldung unberechtigter Weise die Verbreitung vornimmt, kann der Urheber jetzt auf Grund des KUG. mit allen urheberrechtlichen Schutzmitteln vorgehen.[7])

III. Die beiden Akte der Anmeldung und der Niederlegung wirken nur in ihrer Verbindung; die Anmeldung ohne Niederlegung ist ebenso bedeutungslos wie diese ohne jene.

IV. Die Anmeldung ist eine amtsempfangsbedürftige Willenserklärung. Sie wird wirksam mit ihrem Zugehen an das Registergericht. Sie hat schriftlich oder zu Protokoll des Gerichtsschreibers zu geschehen. Nur ein voll Geschäftsfähiger kann sie selbständig wirksam vornehmen. Der in der Geschäftsfähigkeit Beschränkte bedarf zur Anmeldung, damit diese wirksam sei, der Einwilligung seines gesetzlichen Vertreters;[8]) denn wenn die Anmeldung nicht mit der Niederlegung verbunden wird, ist sie ohne Bedeutung; wird sie aber mit ihr verbunden, so zieht dies die Verpflichtung zur Gebührenzahlung nach sich.

Inhalt der Anmeldung ist der Antrag auf Eintragung des Musters oder Modells in das Musterregister. Nach § 5 der Bekanntmachung des Reichskanzler-Amtes vom 29. Febr. 1876[9]) muß bei schriftlichem Antrag die Echtheit der Unterschrift des Antragstellers von einer zur Führung eines öffentlichen Siegels berechtigten Person, unter Beidrückung dieses Siegels, amtlich beglaubigt sein; wird der Antrag mündlich zu Protokoll gestellt, so muß die Identität der Person des Antragstellers, sofern dieser dem Gericht nicht bekannt ist, durch einen bekannten und glaubhaften Zeugen erwiesen werden. Bei der Anmeldung ist ferner (nach § 6 der Bek.) anzugeben, ob das

---

[6]) Vgl. RGE. in ZivS. Bd. 4 S. 108.

[7]) Damit erledigt sich eine frühere Streitfrage; vgl. einerseits Gierke, S. 837 Anm. 29, der den Ersatzanspruch des Urhebers grundsätzlich bejaht, anderseits Allfeld, Bem. 6 zu MSchG. § 7, der ihn (abgesehen von den Fällen des BGB. § 826 und des alten WettbewGes. § 9) grundsätzlich verneint.

[8]) a. M. Kohler, Musterrecht S. 94. Allerdings ist der Schutz nicht von der Gebührenzahlung abhängig und ist auch die Nichtzahlung kein Erlöschungsgrund; aber das ist wohl auch nicht entscheidend, maßgebend ist allein BGB. § 107.

[9]) gültig auf Grund des MSchG. § 9 Abs. 4 Satz 3; dort ist dem Reichskanzler überlassen, Vorschriften „über die Führung des Musterregisters" zu geben.

Muster bezw. das Modell für Flächenerzeugnisse oder für plastische Erzeugnisse bestimmt ist.[10])

Eine Beschreibung des Musters in der Anmeldung ist natürlich zulässig, aber nicht notwendig, da ihr Zweck schon durch die vorgeschriebene Niederlegung erfüllt wird.

V. Die Niederlegung hat ebenso wie die Anmeldung rechtsgeschäftlichen Charakter; sie ist, da sie nur in Verbindung mit der Anmeldung wirkt, Hilfsrechtsgeschäft zu dieser. Bei der Niederlegung des MSchG. ist nicht, wie bei der Hinterlegung der §§ 688 ff. BGB., die Verwahrung der Sache der die Regelung des Geschäftsinhaltes beherrschende Zweck, sondern die Erleichterung einer Feststellung der Identität des angemeldeten Musters. Daher geht durch die Niederlegung zwar wie bei der Verwahrung das Eigentum am hinterlegten Exemplare nicht auf die Hinterlegungsstelle, deren Subjekt hier der Staat ist, über, im übrigen aber sind die Regeln über den Verwahrungsvertrag nicht ohne weiteres anzuwenden.[11])

Gegenstand der Niederlegung muß entweder ein körperliches Exemplar des Musters oder Modells oder eine, gleichgültig in welcher Technik ausgeführte, Abbildung sein. Durch eine bloße Beschreibung des Gegenstandes wird die Niederlegung nicht ersetzt.

Die Muster oder Modelle können offen oder versiegelt, einzeln oder in Paketen niedergelegt werden. Die Pakete dürfen jedoch nicht mehr als 50 Muster oder Modelle enthalten und nicht mehr als 10 Kilogramm wiegen. MSchG. § 9 Abs. 4.[12]) Eine diesen Vorschriften sichtlich widersprechende Niederlegung ist als unwirksam zurückzuweisen.

VI. Die Eintragung in das Musterregister ist amtliche Beurkundung der Anmeldung. Sie wird bewirkt, ohne daß eine vor-

---

[10]) Vgl. oben S. 476.

[11]) Insbesondere sind die §§ 692, 693, 695, 696 BGB. nicht anwendbar; auch ist naturgemäß kein Raum für die Anwendung aller Vorschriften, die sich mit der Vergütung befassen.

[12]) Vgl. dazu § 7 der Bekanntmachung des Reichskanzlers vom 29. Februar 1876. Die dort gegebene Vorschrift, daß an jedem Muster bzw. an jedem Paket mit Mustern die Fabriknummern oder die Geschäftsnummern, unter welchen die Muster in den Geschäftsbüchern des Urhebers oder seines Rechtsnachfolgers eingetragen sind, angegeben sein müssen, kann nur für solche Urheber gelten, die überhaupt Geschäftsbücher zu führen verpflichtet sind. Vgl. auch Osterrieth S. 240 Anm. 1.

hergehende Prüfung über die Berechtigung des Antragstellers oder über die Richtigkeit der zur Eintragung angemeldeten Tatsachen stattfindet. (MSchG. § 10). Die im Patentrecht bestehende Vorprüfung ist also dem deutschen Geschmacksmusterrecht fremd, es herrscht das reine Anmeldesystem.

Damit, daß es eine Prüfung der Berechtigung des Antragstellers ausschließt, kann das Gesetz aber nicht sagen wollen, daß die Anmeldung jedes beliebigen Gegenstandes im Musterregister zu beurkunden sei. Eine Prüfung der Eigentümlichkeit und Neuheit freilich darf nicht stattfinden; wenn aber ein Gegenstand angemeldet wird, an welchem seiner Natur nach ein Geschmacksmusterrecht gar nicht bestehen kann, und dies ohne nähere Prüfung klar ist, wenn also z. B. ein neues Parfum oder ein Kochrezept angemeldet wird, ist die Eintragung zu verweigern, und aus der Anmeldung entsteht in solchen Fällen nicht einmal der äußere Schein eines Rechtes. Ist die Eintragung irrtümlich erfolgt, so kann das Registergericht sie gemäß FG. § 142[13]) von Amts wegen löschen.

Die Eintragung wirkt ebensowenig rechterzeugend wie die Anmeldung. Wird bestritten, daß der Eintragung ein materielles Recht zugrunde liegt, so ist dieser Streit nicht durch die Registerbehörde, sondern im Wege des ordentlichen Zivilprozesses zu entscheiden.

Die Eintragung enthält keine nähere Beschreibung des Musters. Dagegen ist der Zeitpunkt der Eintragung genau zu vermerken.[14])

Die Eintragungen werden monatlich im „Deutschen Reichsanzeiger" bekannt gemacht. Die Kosten der Bekanntmachung hat der Anmelder zu tragen.

Eintragsscheine werden nur auf ausdrückliches Verlangen des Anmeldenden erteilt.

§ 103.

2. Die Führung der Musterregister.

I. Zuständigkeit. Das Musterregister wird von dem mit der Führung der Handelsregister beauftragten Gerichtsbehörden, jetzt also von den Amtsgerichten, geführt.[1]) Der Urheber hat die Anmeldung und

---

[13]) anwendbar auf Grund des § 1 Abs. 2 der Bek. vom 29. Februar 1876.

[14]) Formulare für die Eintragung in der Anlage A der Bek. vom 29. Februar 1876 (§ 2).

[1]) MSchG. § 9; FG. § 125.

Niederlegung des Musters beim Amtsgerichte seiner Hauptniederlassung, und falls er eine eingetragene Firma nicht besitzt, beim Amtsgerichte seines Wohnsitzes[2]) zu bewirken. Urheber, welche im Inlande weder eine Niederlassung noch einen Wohnsitz haben, müssen die Anmeldung und Niederlegung beim Amtsgerichte in Leipzig bewirken.

II. Nähere Vorschriften über die Führung des Musterregisters hat das Reichskanzleramt auf Grund gesetzlicher Ermächtigung durch die Bekanntmachung vom 29. Febr. 1876 erlassen.

III. Das Musterregister ist ein öffentliches Register. Es ist jedermann gestattet, von dem Register und den nichtversiegelten Mustern und Modellen Einsicht zu nehmen und sich beglaubigte Auszüge aus dem Register erteilen zu lassen.[3]) (MSchG. § 11). Die versiegelten Pakete dagegen sind nur im Falle eines Rechtsstreites darüber, ob ein Muster oder ein Modell gegen Nachbildung geschützt ist, oder eines Strafverfahrens von der Registerbehörde zur Herbeiführung der Entscheidung zu öffnen. Die Oeffnung erfolgt nur auf einen Antrag des Urhebers oder auf ein Ersuchen des Gerichtes, des Schiedsgerichtes oder der Staatsanwaltschaft.[4])

Abgesehen hievon erfolgt die Eröffnung der versiegelt niedergelegten Muster drei Jahre nach der Anmeldung, beziehentlich, wenn die Schutzfrist eine kürzere ist, nach deren Ablauf. MSchG. § 9 Abs. 5.

Nach Ablauf der Schutzfrist werden die niedergelegten Muster und Modelle sowie deren Abbildungen vier Jahre lang aufbewahrt. Demnächst ist an den Urheber bzw. seinen Rechtsnachfolger die Aufforderung zu richten, sie wieder in Empfang zu nehmen, widrigenfalls darüber anderweit verfügt würde.[5]) Wird dieser Aufforderung nicht entsprochen, so verliert der Urheber an den hinterlegten Gegenständen sein Eigentum zugunsten des Fiskus. Die Muster sind dann, sofern sie einen Wert nicht besitzen, zu vernichten, im übrigen aber einer öffent-

[2]) MSchG. § 9 Abs. 2 sagt zwar: „seines Wohnortes"; das ist aber, wie sich aus Abs. 3 ergibt, nur ein Redaktionsversehen. Vgl. Allfeld, Bem. 2 zu § 9.

[3]) Für jeden Auszug sowie für jeden Eintragsschein wird eine Gebühr von 1 Mark erhoben. MSchG. § 12 Abs. 3 Satz 2.

[4]) Vgl. Allfeld, Bem. 2 zu § 11.

[5]) Vgl. Bek. vom 29. Februar 1876 § 12 (in der Fassung der Bek. vom 12. November 1883).

lichen Sammlung oder Anstalt zu überweisen oder auf geeignetem Wege zu veräußern.

IV. Die Gebühren für den Geschmacksmusterschutz sind im Vergleich zu den Patentgebühren außerordentlich niedrig. Für jede Eintragung und Niederlegung eines einzelnen Musters oder eines Paketes wird nämlich, sofern die Schutzfrist nicht für mehr als drei Jahre beansprucht wird, eine Gebühr von einer Mark für jedes Jahr erhoben. Nimmt der Urheber eine längere Schutzfrist in Anspruch, so hat er für jedes weitere Jahr bis zum zehnten Jahre einschließlich eine Gebühr von zwei Mark, vom elften bis zum fünfzehnten Jahre eine Gebühr von drei Mark jährlich für jedes einzelne Muster oder Modell zu entrichten. MSchG. § 12.[6]) Bruchteile eines Jahres werden dabei für voll gerechnet.

V. Rechtsmittel. Gegen die Verfügung des Registerrichters, welche die Anmeldung zurückweist, steht dem Anmelder das Rechtsmittel der an keine Frist gebundenen einfachen Beschwerde zu. Ueber die Beschwerde entscheidet das Landgericht. Die Beschwerde kann beim Registergericht oder beim Beschwerdegericht eingereicht werden.[7]) Gegen die Entscheidung des Beschwerdegerichts ist das Rechtsmittel der weiteren Beschwerde zulässig, wenn die Entscheidung auf einer Verletzung des Gesetzes beruht.

Das Registergericht kann aber gemäß FG. § 18 seine abweisende Verfügung auch von sich aus nachträglich zugunsten des Anmelders auf dessen neuen Antrag abändern.

VI. Endigung des Geschmacksmusterrechtes, insbesondere Ablauf der Schutzfrist.

§ 104.

I. Der durch das MSchG. gewährte Geschmacksmusterschutz erlischt:

1. durch Verzicht. Eine Form für diesen ist gesetzlich nicht vorgeschrieben. Aus der Analogie des Patentrechts muß gefolgert wer-

---

[6]) Vgl. dazu Bek. vom 29. Februar 1876 § 8.

Eingaben, Auszüge usw., welche die Eintragung in das Musterregister betreffen, sind stempelfrei. MSchG. § 12 Abs. 1.

[7]) FG. §§ 19 ff.

den, daß der Verzicht, auch wenn das Muster angemeldet und eingetragen ist, nicht notwendig der Registerbehörde gegenüber erklärt zu werden braucht, sondern daß jede zur Kenntnisnahme für die Oeffentlichkeit bestimmte Verzichtserklärung genügt. Ist der Verzicht der Registerbehörde gegenüber erklärt, so hat diese den Eintrag zu löschen.[1]) Aber die Wirksamkeit des Verzichts hängt nicht von der Löschung ab.

Der Verzicht auf das eingetragene Geschmacksmuster ist im Zweifel nicht zugleich als Verzicht auf das unabhängig davon auf Grund des KUG. bestehende kunstgewerbliche Urheberrecht aufzufassen.

2. Der Musterschutz erlischt dadurch, daß nach dem Muster Exemplare, wenn auch in noch so geringer Zahl im Auslande hergestellt werden; denn die im Ausland hergestellten Exemplare sind für die Nachbildung frei. MSchG. § 16 Abs. 2. Große Bedeutung hat dies nicht, da trotz des Erlöschens des Musterschutzes der Kunstschutz auf Grund des KUG. bestehen bleibt.

3. Der Musterschutz erlischt ferner durch die Rechtskraft des Urteils, welches einer erfolgreichen Löschungsklage stattgibt.[2])

4. Endlich erlischt der Musterschutz durch Ablauf der Schutzfrist.

II. Schutzfrist.[3]) Der Geschmacksmusterschutz ist wie jeder urheberrechtliche Schutz[4]) zeitlich begrenzt. Auf kunstgewerblichem Gebiete erfordert das Interesse des Berechtigten je nach der Art seiner Erzeugnisse bald einen kürzeren, bald einen längeren Schutz. Das deutsche Recht trägt dieser Verschiedenartigkeit des Bedürfnisses nicht wie das englische dadurch Rechnung, daß es für verschiedene Klassen von Mustern Schutzfristen von verschiedener Dauer schafft, sondern dadurch, daß es innerhalb einer Mindest- und Höchstgrenze dem Urheber selbst die Wahl der Schutzdauer überläßt. Dieses System ermöglicht eine noch engere Anpassung an die individuellen Bedürfnisse als das Klassensystem.

Die Mindestdauer des Schutzes beträgt ein Jahr, die Höchstdauer

---

[1]) Eine ausdrückliche Bestimmung fehlt allerdings; aber es kann unmöglich gewollt sein, daß bei zweifellosem Untergang des Rechtes der Eintrag bestehen bleibt und dadurch den irrigen Anschein des Schutzes erregt. Osterrieth, Lehrb. des gewerbl. Rechtes, S. 252 scheint eine Löschung überhaupt für unzulässig zu halten.

[2]) Über die Zulässigkeit der Löschungsklage überhaupt oben S. 481.

[3]) Vgl. Damme, Dauer, Verlängerung und Erneuerung gewerblicher Schutzrechte, in Zeitschr. für das ges. Handelsrecht Bd. 62 S. 92 ff.

[4]) Vgl. oben S. 78 ff.

15 Jahre. Bei der Anmeldung kann der Urheber innerhalb dieser Grenzen die Dauer nach Belieben wählen; den Schutz auf ein Jahr oder mehrere Jahre und dazu den Bruchteil eines weiteren Jahres zu wählen, ist weder gebräuchlich noch zweckmäßig,[5]) aber zulässig.[6])

Wird nicht schon bei der Anmeldung eine längere als die dreijährige Schutzdauer gewählt, so kann eine Ausdehnung der Schutzfrist nur nach Ablauf von drei Jahren und sodann wiederum nach Ablauf von zehn Jahren der Gesamtschutzfrist verlangt werden. (MSchG. § 8 Abs. 3).[7]) Die Verlängerung der Schutzfrist ist in das Musterregister einzutragen.

Der Lauf der Frist beginnt mit der Anmeldung.[8])

III. Keine Endigungsgründe sind die Nichtausführung des Musters und die Unterlassung der Gebührenzahlung.[9])

VII. Sachverständigenvereine.

§ 105.

I. Während auf dem Gebiete des literarischen und künstlerischen Urheberrechts die Sachverständigenvereine, ohne daß damit eine Aenderung ihres rechtlichen Wesens eingetreten wäre, durch die neuere Gesetzgebung in „Sachverständigenkammern" umgewandelt wurden,[1]) bestehen für das Gebiet des Geschmacksmusterschutzes die Sachverständigenvereine fort auf Grund des MSchG. § 14 mit LUG. von 1870 § 31. Ebenso wie die Sachverständigenkammern haben sie den Charakter einer Behörde.

II. Ihre Aufgabe ist eine doppelte:

1. Sie sind verpflichtet, auf Erfordern des Gerichtes Gutachten über die an sie gerichteten Fragen abzugeben. Auf reine Rechtsfragen soll sich jedoch ihr Gutachten nicht erstrecken.

2. Sie sind befugt, auf Anrufen der Beteiligten über streitige Entschädigungsansprüche und die Einziehung nach Maßgabe des Gesetzes als Schiedsrichter zu verhandeln und zu entscheiden. Eine

---

[5]) schon weil die Gebühr doch für das ganze Jahr bezahlt werden muß

[6]) So auch Dambach, Bem. 4, Allfeld, Bem. 2 zu § 8.

[7]) Vgl. RGE. in ZivS. Bd. 46 S. 93.

[8]) Berechnung nach BGB. §§ 187 Abs. 1, 188 Abs. 2, 3.

[9]) So auch Gierke S. 840, Allfeld, Bem. 2 zu 8.

[1]) S. oben S. 385.

Verpflichtung zu schiedsrichterlicher Tätigkeit besteht jedoch für sie nicht.

III. Die Sachverständigenvereine sollen nach MSchG. § 14 Abs. 2 aus Künstlern, aus Gewerbetreibenden verschiedener Gewerbezweige und aus sonstigen Personen, welche mit dem Muster- und Modellwesen vertraut sind, zusammengesetzt werden. Die Instruktion über die Zusammensetzung und den Geschäftsbetrieb der Sachverständigenvereine zu erlassen, ist durch das Gesetz dem Reichskanzler überlassen.[2])

IV. Die Sachverständigenvereine sind nach der Entwickelung, welche die deutsche Gesetzgebung genommen hat, nunmehr eine überflüssige Einrichtung. Ihre Aufgaben können ebensogut von den auf Grund des KUG. § 46 gebildeten Sachverständigenkammern erfüllt werden, deren Begutachtung und schiedsrichterlicher Tätigkeit ja auch kunstgewerbliche Fragen unterliegen[3]) und zu deren Mitgliedern auch Kunstgewerbetreibende berufen werden können.

---

[2]) Vgl. die Instruktion des Reichskanzleramtes vom 29. Februar 1876 (Abänderungen vom 16. Juli 1879 und vom 25. Oktober 1882).

[3]) Vgl. die Bestimmungen des Reichskanzlers vom 10. Mai 1907 § 1.

Sachregister.

Die Ziffern bedeuten die Seiten.

FSC
www.fsc.org
MIX
Papier | Fördert
gute Waldnutzung
FSC® C083411

Kolibri 360 GmbH
Ferdinand-Jühlke-Straße 7
99095 Erfurt, Deutschland
produktsicherheit@kolibri360.de